"十三五"国家重点出版物出版规划项目
国家科学技术学术著作出版基金资助项目

中国古代青铜器的现代材料学

潘春旭　著

北　京
冶金工业出版社
2023

内 容 提 要

中国古代青铜器是中国文物中的瑰宝，是人类文明起源的标志之一，具有重要的历史和文化意义。作为一种金属材料，对古代青铜技术起源与发展的研究，终究是一个材料学问题，符合材料科学技术的一般规律。本书以现代材料学、材料加工工艺学为基础，基于材料科学与工程四要素"成分与组织结构—制备—性能—应用和使用效能"之间相互关系为指导和分析讨论的原则，借助先进的材料表征测试技术，通过对中国古代青铜器残片的分析，探讨和再现古代青铜文明的高超技艺，丰富了古代青铜器的研究方法和内容，全面揭示青铜技术的材料学特点，叙述古代青铜器的前世今生。

本书可为古代青铜研究提供资料和参考，可供考古研究者和对青铜器感兴趣的读者阅读参考，也可作为相关专业师生的教学参考书。

图书在版编目（CIP）数据

中国古代青铜器的现代材料学/潘春旭著 . —北京：冶金工业出版社，2023.7

"十三五"国家重点出版物出版规划项目

ISBN 978-7-5024-8646-4

Ⅰ. ①中⋯ Ⅱ. ①潘⋯ Ⅲ. ①青铜器（考古）—材料科学—研究—中国
Ⅳ. ①K876.414

中国版本图书馆 CIP 数据核字（2020）第 243063 号

中国古代青铜器的现代材料学

出版发行	冶金工业出版社	电　　话	（010）64027926
地　　址	北京市东城区嵩祝院北巷 39 号	邮　　编	100009
网　　址	www.mip1953.com	电子信箱	service@ mip1953.com

责任编辑　张熙莹　王　双　美术编辑　彭子赫　版式设计　郑小利　孙跃红
责任校对　郑　娟　李　娜　责任印制　禹　蕊
北京捷迅佳彩印刷有限公司印刷
2023 年 7 月第 1 版，2023 年 7 月第 1 次印刷
787mm×1092mm　1/16；27.5 印张；666 千字；423 页
定价 169.00 元

投稿电话　（010）64027932　投稿信箱　tougao@cnmip.com.cn
营销中心电话　（010）64044283
冶金工业出版社天猫旗舰店　yjgycbs.tmall.com
（本书如有印装质量问题，本社营销中心负责退换）

前　言

材料是人类赖以生存和发展的物质基础。

石器、青铜器、铁器是人类社会进化的里程碑。"金属工具的出现"或"冶金术"与"国家的形成"和"文字的发明"共同构成了人类跨入文明社会的三大标志。还有一种观点认为：人类有史以来，真正能称得上"深刻地改变了人类的生活"的变革只有两次，一次是金属冶炼技术的出现，一次是以蒸汽机为代表的工业革命。

中国古代青铜器是中国文物中的瑰宝。在数千年的历史中，发展演变出了一套完整体系，具有鲜明的中国特色和风格，巍然屹立在世界青铜文明之巅。它不仅是古代先进文明和文化艺术的结晶，更是一项重要的科技创新，是古代先进生产力的代表产物。作为一种重要的基础材料和战略资源，青铜材料与青铜器制作技术的出现，不是一个简单的手工技艺问题，它对当时社会的政治、经济、军事、文化、科技、教育传承、生活理念与品质等方方面面都产生过重要作用。也就是说，一个拥有青铜技术，能够制作出精美青铜器的古代社会，必定是一个技术进步，具有较高文明程度的社会。一个看似简单的青铜器，需要雄厚的经济实力和技术基础作支撑。

青铜器，古时称"金"或"吉金"，是重要的文物研究门类之一。对古代青铜器的研究与考证，历来受到人们的重视。汉代已有学者考释青铜器铭文，自北宋到清代发展出了中国独有的"金石学"。在近代考古学中，对青铜器的研究更是一个热门领域，研究方向包括：编辑青铜器著录，探索青铜器背后的历史价值、文化和艺术内涵，以及青铜器的铸造加工技术等。这些研究绝大多数是基于历史学方法，研究人员也多是来自历史学、考古学、社会学、艺术及科技考古等领域的专家学者。

然而，作为一种金属材料，对古代青铜技术和青铜器的研究，本质上是一个材料学问题。古代冶金技术，以及铜和铜合金（青铜）的起源与发展，应该符合材料科学技术发展的一般规律。探索和深刻解读古代冶金术和青铜技术起源与发展的丰富物质与技术内涵，揭示中国古代工匠超人的聪明智慧，以及无限的创造性和创新性，更需要基于现代材料学的理论、原理和研究方法，同时，也需要资深材料学家的深度参与。

当我们面对无数个造型多样、制作精良、花纹繁缛、千奇百怪的古代青铜器时，有没有思考过这样一些问题：为什么人类文明的起源一定要有青铜？金属冶炼和青铜加工技术是怎么起源的，背后的技术支撑是什么，采用了什么样的科学与技术，与现代材料学又有哪些"异曲同工"与"不谋而合"的工艺和作用？这些都是非常有意义的课题。然而，将青铜作为一种材料，从材料学角度探讨和研究古代青铜器制作技术及发展过程的论著还见之甚少。

本书以现代材料学与材料加工工艺学为基础，基于材料科学与工程四要素"成分与组织结构—制备—性能—应用和使用效能"之间相互关系为指导和分析讨论的原则，采用先进的材料学测试表征方法与技术，通过对中国古代青铜器残片的分析，探讨和再现古代青铜文明的高超技艺，丰富古代青铜器的研究方法和内容，全面揭示青铜器的材料学特点，叙述古代青铜器的前世今生。

由于没有类似论著作为参考，本书在古代青铜器的现代材料学研究方面进行尝试，起到抛砖引玉的作用。关于内容的选择和编排上，特作如下说明：

（1）基于材料科学技术的古代青铜文明起源与发展历程。近年来，"中华文明探源"成为热门话题。本书基于材料科学技术原理和研究方法，提出了一些具有创新性的观点，并试图回答古代青铜技术和青铜器研究中的热点问题，如：1）"文明起源"为什么一定要有青铜？2）提出了古代青铜起源的必要条件，即三个偶然的"发现"和四个创新的"发明"。3）认为与现在的新材料研发一样，古代青铜技术的发展也要经历"实验室小试—现场中试—产业化生产和应用"这样一个非常复杂的过程。4）青铜技术的发展和传承更需要专业培训和教育。

（2）现代材料学相关基础知识简介。为了内容的系统性及普及材料专业基础知识，便于阅读和理解后续章节内容，本书在第2~4章简要介绍了一些材料学基础知识。这些内容的列入主要基于两个想法：一是古人在青铜技术中可能会用到，或者已经用到的技术和方法；二是现在进行古代青铜器研究时，可以进一步使用的技术和方法，如固体中的扩散和断口分析等。

（3）探讨性的内容。古代青铜技术和青铜器研究是一个永恒的课题，基于材料学的研究相对较少。本书提出的一些理论和想法也还需要更长时间和更深入的研究，这里只是一些初步的成果，起到抛砖引玉的作用。例如：古代金属器或青铜器的直接测年断代问题；青铜合金化技术产生的年代问题，即：什么时候古人开始对不同器物选择不同合金配比的。希望感兴趣的读者继续进行更深入和全面的研究，取得创新性成果。

（4）利用现代材料学理论和方法对一些特殊青铜器进行的研究。这是本书的重点和特色内容，例如：对几件特殊古代青铜器制作工艺的探讨和分析，利用固体扩散理论对古代青铜器表面富锡层的模拟计算与可行性的分析，断口分析和纳米压痕技术的应用等。

（5）青铜器锈蚀现象和机理的再讨论。古代青铜器锈蚀是文物保护中最受关注的问题，多数是基于化学和电化学研究方法和思路。本书从材料学及物理学的理论出发，提出了一些新的研究方法和锈蚀机理。例如，发现"一次锈蚀"产物与"二次锈蚀"产物之间的晶体结构变化非常符合物理学中的"自发性对称性破缺"理论，为青铜器保护的"可控制性"与"可预测性"提供了理论基础；另外，从 SEM 形貌观察和 EDS 成分测试发现锈蚀产物的发展和演变是沿着 α-Cu 晶界进行的，提出了"向内生长"新机制等。

（6）利用材料检测技术对古代青铜器进行鉴定和修复，供有兴趣的读者参考。

本书力求做到理论严谨、结构合理、文字精练和图片清晰。本书也是著者和课题组师生近二十年研究成果的总结，是我们共同合作所走过的研究进程的见证，书中大多数内容来自于学生们在读书期间发表的学术论文和毕业论文。希望用这些成果的点滴细节来证明古代工匠们在青铜技术方面所取得的辉煌成就。

本书著者和合作者大多是物理和材料专业出身，不仅对考古是外行，甚至也不是传统意义上"科技考古"的研究者。我们的教学与研究工作也主要集中在材料物理和纳米材料等新材料领域。对于古代青铜器的研究大多是出于个人兴趣，以及一些研究机会和机缘，从自身专业角度提出了一些思考和见解。所以在本书中，有关考古方面的表述必定有很多不够专业和不严谨的地方，期望得到考古领域读者的指正。另外，材料科学与工程学科是一个涵盖领域非常广泛的学科，我们所知、所做的范围有限，如有表述不当或者不全面的地方，请同行的读者谅解。

　　本书共有16章，由潘春旭撰写、统筹整理和编排。本书研究内容是课题组师生共同完成的，具体的贡献如下：李洋（5.4节、7.2节、9.3节、9.4节、10.2节、10.3节、11.3节、12.3～12.6节）、江旭东（6.3节（部分）、7.3节（部分）、10.4节（部分）、10.6节（部分）、14章、15章）、廖灵敏（6.2节、7.4节、8.3节、9.2节）、李冰洁（6.3节（部分）、7.3节（部分）、10.4节（部分）、10.6节（部分）、12.2节）、傅淳琳（第13章）、杨延鹏（11.2节（部分）、11.4节（部分）、11.6节）、曹晓娟（11.2节（部分）、11.4节（部分））、黄宗玉（10.5节）、何康（8.4节）、李思诗（4.3～4.8节）。

　　感谢国家科学技术学术著作出版基金和武汉大学多个教学研究项目的资助。

　　由于著者水平有限，书中不足之处，恳请读者批评指正。

潘春旭

2022年9月于武汉大学珞珈山

目　　录

1 绪 论

1.1 概述

有史以来，真正能称得上"深刻地改变了人类的生活的"只有两件事：一是金属冶炼技术的出现，二是以蒸汽机为代表的工业革命。

1819 年，丹麦考古学家 J. C. Thomsen 提出了被认为是人类社会进化里程碑的"三段分期法"：石器时代、青铜时代、铁器时代。他通过生产工具和生活用具材料的演变来说明史前社会的发展过程，具有较强的科学性，并被考古学者普遍接受。

关于文明时代开始标准的确立，有一个非常重要的分水岭事件。1958 年，在美国芝加哥大学东方研究所召开的"近东文明起源"研讨会上，美国人类学家 C. Kluckhohn 提出了人类跨入文明社会的三个考古标准：城市（国家）、金属工具（青铜器）、文字，并很快被世界学术界所公认。我国考古学家夏鼐先生通过对殷墟考古发掘，也归纳出中国文明起源的三个基本要素：城市（国家）、文字制度和发达的青铜铸造技术[1]。在人类跨入文明社会的三大标志中，国家的形成被认为是物质文明，文字的发明是精神文明，而金属工具（青铜器）的出现则属于科技文明。

然而，提出"人类社会进化的里程碑"和"在人类跨入文明社会的三大标志"这些重要概念的学者都是考古学家、人类学家或历史学家，他们都没有解释为什么要用"石器、青铜、铁器三类器物"进行分期，而不用别的器物。也就是说，除了石器以外，为什么要以青铜和钢铁作为人类文明产生和社会进步的标志，而不是对人类社会发展也发挥过非常重要作用的事物，如陶器、玉器、瓷器、桑蚕、丝绸、小麦、水稻、家畜、天文星象、酿酒、造船等，这该如何理解呢？

众所周知，世间万物都是由物质组成的，物质的进一步发展，就是材料。我们的生活离不开材料，社会经济的发展和技术的发展更离不开材料的支撑。如今，材料产业是国民经济建设、社会进步和国防安全的物质基础。材料与信息、能源被认为是现代社会发展的三大支柱；新材料技术、信息技术和生物技术被视为新技术革命的重要标志。材料科学与技术的发展水平已经成为衡量一个国家国防力量、经济发展水平和综合实力的重要指标之一，也被称为是"发明之母"和"产业粮食"。作为一种金属材料，对于古代青铜器的研究，终究是一个材料学问题。

在古代，青铜，也就是铜（Cu）-锡（Sn）合金，是一种重要的基础材料和战略资源。

春秋时期《左传》中的一句"国之大事，在祀与戎"，让很多人认为古人发明青铜器就是为了"祭祀和战争"。因为要祭祀，就产生了大量的青铜礼器，这也是大家最喜欢和引以自豪的事情；因为有战争，更是需要大量的青铜剑、青铜戈、青铜箭镞等青铜兵器。这是古代青铜器的全部吗？

从新材料的发现、发明到广泛应用的发展规律来看，金属冶炼和青铜的出现，古人最初的目的和动机，应该是为了改善生存条件，发展生产的需要，绝不是为了祀与戎。祀与戎只是青铜技术发展到一定阶段和水平以后的结果。大量的青铜礼器和兵器因为埋藏于古代墓葬或窖藏中而得以保留，供我们后人收藏和欣赏，而更多的青铜工具和生活器具由于不适宜作为明器或者陪葬品，只有少数被保留了下来，绝大多数都消失在了漫长的历史长河中。因此，数千年前青铜的出现，绝对不是一个简单的手工技艺问题，它对当时社会的政治、经济、军事、文化、科技、教育传承、生活理念与品质等方面都产生过深远的影响。换句话说，制作陶器、玉器，发展农业、蚕桑、畜牧养殖，是人类对自然认识的本能、生存需求和好奇心的驱使；而金属冶炼和青铜技术的发明，需要技术的创新和知识的传承，代表了先进生产力，属于科技文明。这也是"在人类跨入文明社会的三大标志"中，为什么要有"金属工具的出现"这个选项的原因。可以相信，在远古时期，石器、青铜器和铁器的制作与使用水平同样代表了当时的经济发展水平，是综合实力的象征，对社会与文明的起源与发展起到了重要的基础性推动作用，并深刻地改变了人类的生活。

然而，长期以来，对古代青铜器的研究，人们更多地是关注其冶炼与铸造技术、政治意义、祭祀和军事作用、纹饰和造型艺术等内容，笔者认为这是不够的。从材料科学角度来说，如果不能正确认识古代青铜技术，则不能准确解读和理解古代青铜器的意义与作用，甚至会影响我们对青铜文明起源与发展进程的准确阐述。

1.2 古代青铜技术和古代青铜器的研究方法问题

古代青铜技术和古代青铜器的研究方法问题也就是想说明对于古代青铜和青铜器的研究来说，什么才是专业的解读？

对于古代青铜器的研究已有悠久的历史。汉代已有学者考释青铜器铭文，到北宋出现了著录研究青铜器的专书，名为《金石学》，并一直延续到清末民初。可以说，古代青铜器的绝大部分研究工作局限于历史学和考古学领域，专家学者也多为历史学和考古学出身。近几十年来，一些具有理工科教育背景的学者参与到古代青铜技术和青铜器的研究中，极大地推动了该领域的研究深度和广度。

古代青铜的组成材料铜（Cu）、锡（Sn）、铅（Pb）及它们的合金属于金属材料，青铜器的制作与加工也属于材料加工技术范畴，都属于材料学领域。因此，它们的起源和发展应该符合材料科学技术的一般发展规律，对它们的解读和研究也应该遵循材料学的研究方法，也就需要具有较深材料学研究经历的学者参与研究，才能探究其本质，还原历史真相。

笔者对古代青铜器的解读分为四个层次，如图1.1所示。

（1）普通民众：主要关心它的收藏和经济价值。

（2）爱好者：能够进一步认识到它的历史和艺术价值，甚至铸造技术上的复杂性和先进性，将器型浑厚和造型精美的古代青铜器视为不可多得的精品。

（3）文博专业：对于一些经历过机械、材料、铸造等专业学习，具有一定理工科基础，又长期在文博领域工作的学者来说，他们面对不同的古代青铜器，能够更深入地认识到其在冶金和铸造加工等工艺方面的差异和水平高低，给出某一方面的专业解读和分析。

（4）材料专业：作为金属材料的一种，笔者认为要实现对古代青铜和青铜器的全面和完整的研究和专业解读，应该从研究材料科学与工程四要素入手，即"成分与组织结构—制备—性能—应用和使用效能"四要素之间的相互关系，如图1.2所示。

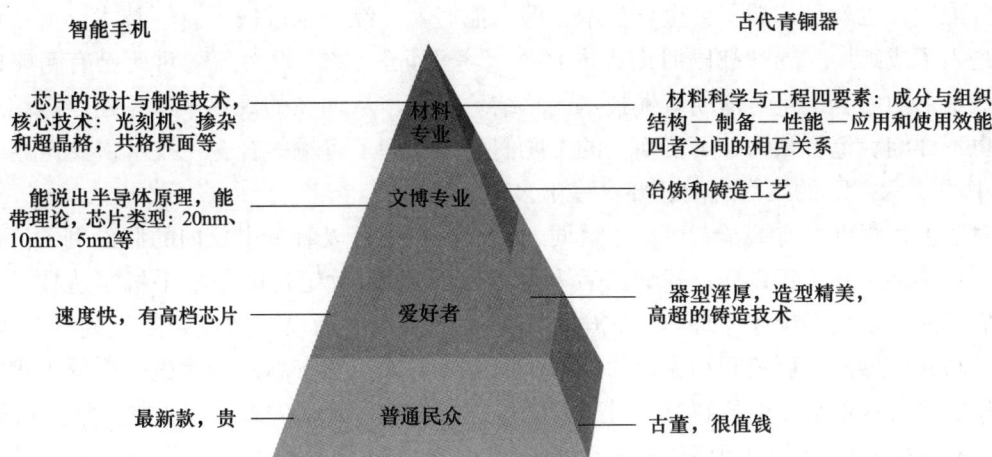

图1.1 对古代青铜器的解读

智能手机

芯片的设计与制造技术，核心技术：光刻机、掺杂和超晶格，共格界面等 —— 材料专业

能说出半导体原理，能带理论，芯片类型：20nm、10nm、5nm等 —— 文博专业

速度快，有高档芯片 —— 爱好者

最新款，贵 —— 普通民众

古代青铜器

材料科学与工程四要素：成分与组织结构—制备—性能—应用和使用效能四者之间的相互关系

冶炼和铸造工艺

器型浑厚，造型精美，高超的铸造技术

古董，很值钱

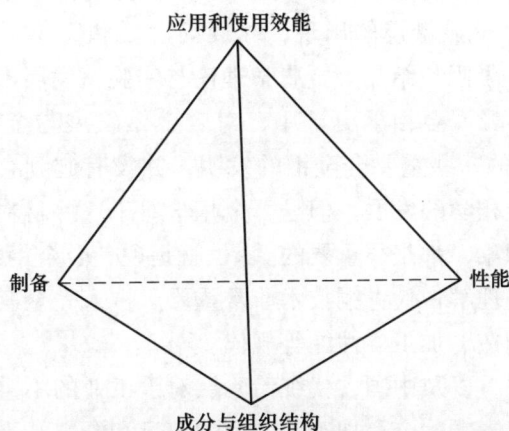

图1.2 材料科学与工程四要素及其相互之间的关系

材料的四要素反映了材料科学与工程研究的共性问题，其中"制备"和"应用和使用效能"是两个普遍的关键要素。在实际研究中，这四个要素之间需要相互借鉴、相互补充和相互渗透。也就是说，材料的应用和使用效能是其固有性能在工作状态（受力、气氛、温度）下的表现；材料的固有性能由材料"成分与组织结构"决定；材料的"制备"是获得高质量和低成本产品的关键，是制造技术的一部分，也是整个技术发展的关键一步，它利用了研究与设计的成果，同时也有赖于经验总结和广泛的试验工作。

作为一名工程技术人员，在评价一个设备、部件、零件的优劣或质量时，需要考虑如下的因素：必须保证使用的基本性能（力学、物理），具有一定的寿命（疲劳、磨损、腐蚀）；便于制造，即可以生产出来；可接受的成本。这几点要求是相互矛盾的，但是必需利用各项知识，从中找到一个合理的配合。

实际上，材料科学与工程四要素的核心原理是：在新材料开发过程中，通过四要素之间的反复试验和验证，获得最佳性能，最后达到应用要求，俗称"炒菜法"。

对于古代青铜器制作工匠来说，如果他们针对不同器物，能够有意识地采用不同的金属成分配比，也就是掌握了合金化技术，那么他们就已经完全掌握了青铜技术，或者说青铜器进入了成熟期。春秋战国时期齐国官书《考工记》中的"六齐"对此已有粗略的记载，这本书的内容也是对前期青铜技术的总结。但是，从现在的观点来看，这个总结很粗糙，也不详细。笔者认为，可能商代的工匠们已经掌握了青铜的合金化技术，要比《考工记》中的"六齐"的撰写时间还要早一千多年。

对于上述观点，有些学者可能不赞同，那么我们还可以看一个反向的假设例子。比如说，几百年甚至几千年以后，我们的后人要考古解读 21 世纪初的智能手机制造技术，如果他们只能解读到半导体原理、集成电路和芯片等层次，而没有解读到如光刻机、掺杂、超晶格和共格界面等更核心和关键的技术，那么我们现在从事芯片和手机制造的工程技术人员肯定认为这不是专业的解读。对于三千年前的古代青铜器的解读，也是一样的道理。

还有人会有疑问：利用现代材料学的四要素来研究几千年前的古代青铜器，是否合适？要回答这个问题，也很简单，因为材料科学是一门实验和实践学科。

例如，一些天才的科学家通过对自然界矿物的观察，于 17 世纪以后出现了晶体学。直到近 100 年来，由于电子显微镜的出现，才逐渐发展和完善了相变、位错与缺陷、扩散、表面与界面、形变、凝固与结晶等金属学理论与实验，发展出了现代金相学[2]。著名材料学家 C. S. Smith 在专著《金相学史》中，对合金钢发展与金相学关系有一段精辟论述[3]："金相学对于最早的一些重要合金钢的发明，并没有起到直接促进作用。相反，这些合金钢的研究促进了金相学的发展。但是，金相学对于这些材料的改进，以及合金元素对相变的作用等知识的积累，都是很重要的。"也就是说，合金钢的产生并没有理论指导，完全是凭经验，这对我们理解古代青铜技术非常重要。古人完全有可能通过大量的试验获得青铜冶金、合金化、制造、加工、性能等规律。

然而，由于文献缺失，以及中国古代统治阶层对手工业的不重视和从业人员较低的社会地位等原因，使得古代青铜冶金和加工等方面的信息和资料几乎没有得到系统记录和流传，也使我们无法通过文字和图像资料来了解和窥视当年青铜时代的发展盛况。

利用现代材料学理论和表征测试手段，对探索和研究青铜时代古人冶炼金属、制作器物的过程和可能采用的工艺技术具有重要的意义，有助于复原古代人类生活方式，揭示古代科学技术与人文的发展历程，丰富历史学和考古学知识。

1.3 古代文物背后的技术支撑与制作难度

在历史和考古的很多论述与研究中，我们经常会看到对古代石器、陶器、玉器、骨器、瓷器、漆器、丝绸，以及青铜器的制作工艺和手工作坊的描写。特别是对于古代玉器的制作技术赞不绝口，这一方面是中国有悠久的玉文化，另外，一些古代玉器的精美程度也确实让我们现代人叹为观止。比如著名的良渚玉琮（见图 1.3）[4]、红山玉猪龙，还有种类繁多的璧、璜、璋、珑、琥、环、圭等玉器，以及代表至高无上的地位和权力的玉钺、玉杖、玉冠、玉玺等。有人甚至建议在人类社会进化里程碑的石器时代、青铜时代、

图 1.3 良渚玉琮王：神之徽章[4]

铁器时代之间，再加入一个玉器时代，以充分显示中国玉文化的博大精深，但是并没有获得国际上的普遍认可。

还有陶器的巅峰制作——蛋壳黑陶杯，如图 1.4 所示[5]，被誉为四千年前地球文明最精致的逆天之作，是山东龙山文化标志性陶器。其壁厚度均匀，薄如蛋壳，最薄处仅为 0.2~0.3mm，质地极为细腻坚硬，就是今天仿制，也不是易事。

图 1.4 山东姚官庄遗址出土龙山文化蛋壳黑陶杯[5]

贾湖骨笛，如图 1.5 所示[6]，是河南博物院的镇馆之宝，出土于河南舞阳县贾湖遗址，距今 7800~9000 年，具有极准音阶和能发出七级音律，只能用匪夷所思来理解。

这些远古时期人类的杰作，确实让今天的人们对我们祖先的智慧和能力无比敬佩。

然而，笔者认为，这些神器的制作确实非常困难，需要极高超的能力和水平。但是与制作一件青铜器相比，它们之间的技术难度是天壤之别。或者说，完全没有可比性，实际上是量变与质变的差距。

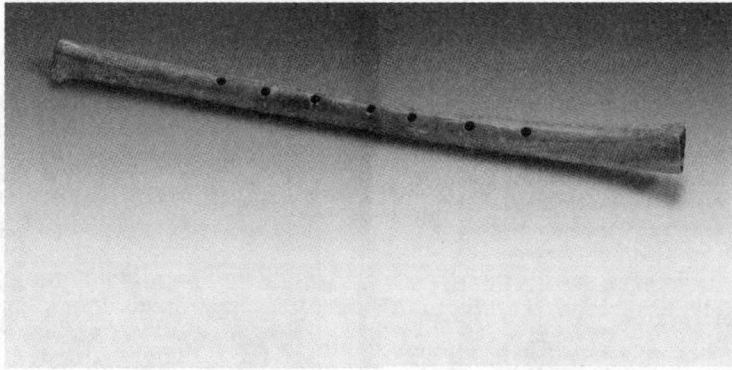

图 1.5 河南舞阳县贾湖遗址出土的"贾湖骨笛"[6]

1.3.1 陶器的制作

陶器在人类发展历史上具有重要意义，是人类第一次利用天然物的发明结果，是人类按照自我的意志创造出来的一种新东西，也就是从利用自然工具到人工制备工具。陶器的发明标志着新石器时代的开始，是人类社会由旧石器时代过渡到新石器时代的标志之一。陶器的产生，是和农业经济的发展联系在一起的，一般是先有了农业，然后才出现了陶器。

制陶器的流程大约是：陶土→成型→烧制→器物。实际上，这个由陶土变成陶器的过程是一个量变过程，仅仅是物质外形发生了变化。

纵观世界上不同地区的人类发展历史可以发现，人类在长期的生活实践中，任何一个古代农业部落和人群都能各自独立创造出陶器来，可能风格会有不同。换句话说，当人类的智力发展到一定水平以后，出于生活和生产的需要，自然而然地就会创造出陶器。这表明制陶器是人类的天性，人类发展初期阶段的产物。如果有些古人心灵手巧再加上长期的陶器制作锻炼和训练，要制备出类似于蛋壳黑陶杯的极品陶器，也是完全可能的。

1.3.2 玉器的制作

与制陶器相比，制作一件玉器更是一个量变过程，即把一个普通的石头，通过雕刻打磨，变成了一件精美的石头，仅仅是外形上的变化。

我们知道，打制石器是人类先民最早掌握的一个技能，是人类为了生存本能的一项技术，发展至今已有数万年历史。在旧石器时代，原始人通过对石片或石核进行简单加工就可以获得可用于日常生活的打制石器。进一步通过在不同材料上更加精细的雕刻而产生了艺术品。磨制石器的出现标志着新石器时代的到来。古人通过对工具的进一步加工，使得器物形态上的划分更加细致，出现了斧、锈、凿、刀、镶、簇等。这一时期，人们开始了对玉石的加工，例如红山文化时期的玉猪龙，良渚文化中的玉琮等玉器表面都有雕刻而成的纹饰且制作精美。在安徽省含山县凌家滩村遗址中，考古出土了一件距今 6000 年左右的玉人，玉人身上的钻孔不超过 0.17mm，管壁也只有 0.02mm。很难想象 6000 多年前的古人是使用什么工具，制作了这件玉人。

确实，雕刻一件玉器需要很多技术和特殊工具，特别是制作一件精美的玉器更需要工匠具备高超的艺术鉴赏力、独特的审美能力和精湛的雕刻技艺。但是，与制陶器一样，制玉器是出于天性和好奇心，人们不需要学习就可以在木头、石头上进行雕刻，并且通过长期的锻炼和训练，也可以发明出各种工具，制作出各式各样的精美玉器。借用北宋文学家欧阳修在《卖油翁》中的一句话，就是："我亦无他，惟手熟尔。"还有重要的一点是，雕刻玉器对人类的生存和生活水平的提高并没有起到任何作用，更多地是一种身份和地位的象征。所以可以说雕刻是人类好奇心的表现，玉器是生存以外的创作。

1.3.3 青铜器的制作

古代青铜的出现是物质发明的一次革命，是一个从矿石到金属和合金的质变，属于原始创新。

要获得一件青铜器，哪怕是最简单的器物，也要经过一个复杂的生产流程：矿石→冶炼纯金属→合金化→制模和制范→铸造或锻打等加工→青铜器。这中间的每一道工序，都要求古代工匠必须具备一定的专业知识和专业技能才能完成。与制陶器和制玉器相比，制青铜器在工艺和技术上都复杂困难得多。

这也就是为什么要将金属工具（青铜器）出现作为文明形成的三大标志之一，显示其特殊的重要性。青铜器属于科技文明的产物，代表了先进生产力。而陶器、玉器则没有这个意义，也就不可能有所谓的陶器时代、玉器时代、农业时代这样的说法。

所以说，金属冶炼技术的出现被认为是可以与蒸汽机为代表的工业革命比拟的，有史以来，真正能称得上深刻地改变了人类的生活的两次重大革命性事件之一。

1.4 古代青铜文明的起源与发展的研究方法问题

按照科学发展规律，或者说材料科学的创新发展规律，首先出现具有原创性的发现，然后引发一系列的技术新发明和新创造，再通过不断地改进和发展，最终实现产业化大批量生产，改变人们的生活，促进社会和文明的向前发展。

例如，1818 年，英国天才科学家 M. Faraday 发现在钢中加入某种元素可以提高钢的某些性能；继而 1868 年，英国人 R. F. Mushet 发明了锰（Mn）-钨（W）系自硬（自淬）钢，用于切削工具。1882 年，被认为是现代合金钢奠基人的 R. A. Hadfield 相继发明了高锰耐磨钢和硅钢等，一直沿用至今[7]。1986 年，美国国际商用机器公司（IBM）设在瑞士苏黎世的实验室的德国物理学家 J. G. Bednorz 与瑞士物理学家 K. A. Muller 发现高温超导体（1987 年获诺贝尔物理学奖）；1988 年，法国科学家 A. Fert 和德国科学家 P. Grünberg 发现巨磁电阻效应（2007 年获诺贝尔物理学奖）；1991 年，日本 NEC 公司 Sumio Iijima 发现碳纳米管[8]；2004 年，英国曼彻斯特大学科学家 A. Geim 和 K. Novoselov 发现石墨烯（2010 年获诺贝尔物理学奖）[8]等一系列重要发现，都进一步引发了一系列重大发明和产业革命，改变了我们的生活。

古代金属（铜、锡、铅、金、银、铁等）和青铜的出现与发展也应该符合一般材料的发展规律。也就是说，我们研究和探索古代青铜文明的起源与发展，应该从金属（青铜）冶炼或冶金现象的发现和技术的发明来探源，而后面经过不断的工艺改进与技术进步，最后实现大规模生产，并能够随心所欲地制备出各种各样青铜器的时候，则表明其已经进入了成熟期。

实际上，科学和技术上的创新（发现与发明）自有其规律性和逻辑性，古今都一样。

发现是指已有的事物、现象，从隐藏不为人知的状态变为众人所知的状态的过程。简单地说，自然界已有的东西，被认识了就是发现。例如：电磁转换效应、量子效应、X 射线、低温超导和高温超导、引力波等属于基础研究，也是诺贝尔奖的主要奖励对象。

发明是结合已有的事物，创造出来的新事物，这期间有创造的过程。简单地说，已有发现的组合，产生新的东西，就是发明。例如，发电机、芯片、CT 仪、火车、电冰箱、微波炉、不粘锅等，属于技术应用领域，专利的授予对象。

发现与发明之间的逻辑关系：（1）先有发现，后有发明；（2）发现以后，很长时间，才有发明；（3）有发现，无发明；（4）一个发现，产生一个发明；（5）一个发现，产生多个发明；（6）多个发现，产生一个发明，或者多个发明。

下面从发现、发明和发展的一般规律，探讨在研究古代青铜文明的起源与发展这个重大课题中应该遵循的基本原则和主要内容。

1.4.1 古代金属（青铜）技术起源：三个现象的发现

1.4.1.1 发现一：天然纯（单质）金属的发现

在自然界中，存在有天然金、自然铜和铁陨石等单质金属。它们与石头不同，具有特殊的颜色，并且容易进行变形，而不会破碎，也就是韧性好。如果遇到或者捡到这种自然金属，古人应该很容易与坚硬的石头区别，比如说利用它们特殊的颜色可以加工成各种装饰品，戴在身上。古人发现和认识自然纯金属的时代应该比较早，在考古中如何鉴别是自然金属，还是冶炼的纯金属，需要进一步研究。

1.4.1.2 发现2：纯（单质）金属熔炼现象的发现

人类如何第一次发现石头（矿石）可以转变为金属的质变过程，这是冶金史上非常重要的一个课题，包括：铜矿→铜（Cu），锡矿→锡（Sn），铅矿→铅（Pb）等。很多学者都对此给予了广泛和高度的关注。

比如说，有一种观点认为[9,10]，含铜量高的孔雀石铜矿（碱式碳酸铜，$(CuOH)_2CO_3$），色彩鲜艳翠绿，多露于地表上，容易引起古人注意，而被采集和使用。在木炭燃烧的火窑中，就能将孔雀石熔化获得纯铜金属。其原理是：当温度达到 710℃时，窑内 CO 最稳定，通过连续发生还原反应，可以提炼出纯铜。化学反应式：$(CuOH)_2CO_3+2CO→3CO_2+2Cu+H_2O$。也就是说，古人无意当中将孔雀石铜矿与炭火联系在了一起，而当炭火熄灭以后，发现原来漂亮的石头变成了柔软的金属，这是一个偶然的发现。

同样地，还需要对青铜器中的另外 2 个重要金属 Sn 和 Pb 的熔炼过程的发现给予解释和考古证据。

按照科学史上重要科学发现的规律，这种石头变金属的现象可能很多人都见到和发现过，但只有具有好奇心和敏锐观察力的天才人物才有可能抓住这个现象，并将其发扬光大。说明金属熔炼现象的发现有一个很大的技术阈值和一般人难以逾越的鸿沟。

这个发现如果没有传承下来，失传了，要想重新开始，再恢复起来，也是很难的，甚至是不可能的，要等到下一个天才人物的出现。在考古发掘中，人们经常会遇到一种现象，在某些文化地域发展过程中，青铜器的出土不具有连续性。因此，提出了偶然制造和使用青铜器的观点，实际上这是不可能的。说明很多人并没有意识到"金属熔炼现象的发现"的重要性。另外，在研究中华文明起源的问题上，很多学者认为城市、文字、冶金术的三大文明标准不符合中国国情，刻意回避冶金术或金属工具的出现的条件，也说明是对金属冶炼发现的难度认识不足。关于这方面的观点和解读将在后面详细论述。

1.4.1.3 发现3：青铜合金化的发现

本书第一次提出：青铜合金化是古代青铜器发展过程中的一个重要发现。也就是说，古人是什么时间，如何发现：（1）有意识地在 Cu 里加入其他金属，如 Sn、Pb、Zn、Ni 等金属以后，能够改变其性能（熔点、强度）。（2）出于什么样的动机，要把不同金属进行混合冶炼，通过添加金属含量的变化对铜基体性能的影响，进而发现了合金化？因为那个时候还没有成分分析和测量仪器。

可以说，青铜合金化的发现的意义和难度不亚于金属熔炼现象的发现。在考古上，就是要确定古人有意识地进行青铜合金配比的最早时间。

在现代材料学研究和发展史上，合金化概念的提出和成熟具有里程碑意义。众所周知，现代合金钢的先驱是 M. Faraday，他在 1818 年发现在钢中加入某种元素可以提高钢的某些性能[7]，导致了后来无数种合金和合金钢，以及新材料的发明与应用，其制备方法被俗称为"炒菜法"。

如果将青铜合金化作为最早合金化概念的提出时间，那么就提前了几千年，具有非常重要的科学史意义。

另外，青铜合金化的发现也说明古人已经具有了现代材料学中的材料设计与调控的科学理念。也就是说，他们已经或者必须具备以下的能力和知识：（1）具有提炼不同纯金属的能力。（2）熟悉每一种金属的特性。（3）也是最重要的一点，掌握了青铜合金化的特性，即不同金属的熔合，以及相同金属的不同含量配比，都会对青铜器的性能，如强度、硬度、韧性、耐磨性、耐腐蚀性等产生明显的影响。

如果说铸造、锻造、焊接和表面处理等属于金属加工技术，那么青铜设计与合金化则已经上升到了材料科学范畴，解决了青铜"做什么"和"怎么做"技术中的"是什么"和"为什么"问题。这是否表明在先秦时期，古人已经揭示了青铜器制作过程中的因果性和规律性，出现了现代材料科学的理念呢？

很显然，探讨和追寻最早提出与采用青铜合金化发现的时间段及发展线路，是青铜技术发展中一个非常重要的节点，而在现在的研究和文献中尚未涉及。

1.4.2 古代金属（青铜）技术起源：四个技术领域的发明

在科学创新过程中，按照前面提到的发现与发明的逻辑关系。古代青铜器的三个发现，在天才人物的不断探索和持之以恒的推动下，必然出现一大批新发明和新创造。从大类归纳，重要的发明主要有四个领域。

1.4.2.1 发明1：熔炼技术的发明

熔炼技术的发明就是金属冶炼工艺的发明，以及冶炼装置的设计和制造，从而实现从矿石中大量冶炼金属的技术与装置。

古人在发现了矿石在火中可以变成金属这个奇妙的现象以后，为了获得大量的金属，如 Cu、Sn、Pb 等，他们必须要进一步设计和制作出冶炼炉，制定出冶炼工艺和实施步骤，以及解决如何排除杂质和提纯的一系列技术问题。

可以想象，对一个完全没有经验，没有人教，一切从零开始的古人来讲，这是非常困难的。而完善这一套系统，可能需要数十年，甚至数百年的长期摸索和经验积累。这是制陶器和制玉器技术所不能比拟的地方。

1.4.2.2 发明2：金属成型技术的发明

金属成型技术的发明就是铸造、锻打、焊接、表面处理等冷热金属加工技术的发明。

古人在获得了金属以后，如何将金属或合金变成生产工具，改善生活条件，提高生活水平和质量，是顺理成章要考虑的事情。

目前，铸造技术的发展是古代青铜器中研究最多的一个领域。实际上，以古人的聪明才智，他们针对生产和生活的需求，发明出各种各样的金属加工技术是完全可能的，不仅仅只有铸造。这些金属加工技术，现在都是大学独立的热门专业，在国民经济建设的制造业中扮演着非常重要和关键的作用。每一个金属加工领域中又会涉及一大批关键技术和应用场景。

1.4.2.3 发明3：金属矿开采技术的发明

金属矿开采技术的发明就是找矿、露天开采、地下开采（竖井、平巷、盲井）、选矿、采矿工具等技术的发明。

逻辑上讲，古人在发现了金属熔炼现象和研发出冶炼技术以后，进一步就是要获得尽可能多的矿石，也就是采矿。

令人叹为观止的湖北省大冶市铜绿山古铜矿遗址，展示出古人具有很高实用性和科学性的深井采矿技术。开采时间被认为始于商代，历经西周、春秋战国，一直延续到西汉，持续时间长达一千余年，是中国迄今发现的古矿遗址中时代最早、保存完好、规模最大、持续生产时间最长的一处古铜矿遗址。

关于铜绿山采矿的年代上限，一种说法是商代中期，还有一种说法是夏或商代早期。这是因为武汉的盘龙城遗址的时间为商代早期，它就是中原商王朝在南方设置的一个城址，用于控制江南的铜矿资源。

众所周知，中国的铜矿资源主要集中在四大矿区（储量占全国总储量的 2/3 以上），即长江中下游铜矿带、川滇地区（云南东川、易门等）矿区、中条山矿区和甘肃矿区（白银厂和金川等）。其中，长江中下游铜矿带居于首位，包括：（1）湖北大冶矿区（中国五大铜基地之一），辖下的铜绿山矿为国内屈指可数的大型富铜矿藏，素有"状元矿"之称。（2）江西，又称"铜省"（铜矿资源占全国总储量的 30% 以上），主要矿山有德兴、瑞昌、九江、铅山和东乡五处。（3）安徽有铜矿点 200 余处，约 90% 的储量分布于长江两岸的铜陵、南陵、贵池、安庆等地。大冶铜绿山、瑞昌铜岭、铜陵铜官山等属于矽卡岩型矿床，矿石品位较高，富矿约占 40%。该铜矿带的各个铜矿，经过长期风化作用，次生富集的氧化带厚达数十米至百米，适合于古代技术条件下的开采和冶炼。皖南地区的铜矿藏，虽然大多数是不具备现代工业采冶价值的小矿点和矿化点，但由于矿石品位高，距地表浅近，恰巧利于古人找矿和采冶。长江中游地区的铜矿遗址主要有江西瑞昌、湖北大冶和安徽铜陵。

实际上，从技术上或者难易程度上讲，古人首先应该是开采露出地面的矿石，比如说，颜色鲜艳漂亮的孔雀石铜矿（或者蓝铜矿），也就是最先发现能够石头变金属的矿石。而当表面的矿石开采完毕以后，才开始向地下开采矿石，并通过紫色的铜草花来寻找新的矿源。出于安全和效率的考虑，还发明了各种采矿技术，如搭建矿道（竖井、马门头结构、平（斜）巷、盲井等）、照明、通风、排水、各种工具等，充分反映了古代矿工们的聪明才智和创造精神。

如果这样推算，铜绿山的铜矿开采时间还可以向前推移。目前，按照的一些考古证据，在位于湖北省京山市钱场镇的油子岭文化（公元前3800—前3450年）遗址中，发现了有意从山上带到平原的孔雀石铜矿石，因而判断在长江中游地区，古人对铜料的认识甚至可以溯源于大溪文化时期（公元前4400—前3500年）[9-10]。

对长江中游铜矿开采与冶炼遗存的深入研究，还有一个重要意义在于为探讨和揭示青铜起源本土说的秘密提供直接证据。

1.4.2.4　发明4：合金化技术的发明

在前面提出的青铜合金化的发现属于科学范畴，即解决了青铜技术中的"是什么"和"为什么"问题。下一步就需要将发现转变技术，也就是针对不同器物，能够有意识地采用不同的金属成分配比。

目前，关于青铜中铜-锡配比与器物关系的最早记载主要来自《考工记》中的"六齐"："钟鼎之齐，六分其金而锡居一；斧斤之齐，五分其金而锡居一；戈戟之齐，四分其金而锡居一；大刃之齐，三分其金而锡居一；削杀矢之齐，五分其金而锡居二；鉴燧之齐，金锡半。"金即为铜。

众所周知，被认为是齐国官书《周礼·考工记》的主体内容编纂于春秋末至战国初期，部分内容补于战国中晚期。应该是对当时或者前期青铜器制作技术的总结，也可能是齐国当时青铜冶铸业的记录，而不是春秋时期所有诸侯国普遍遵循的法则。即认为《考工记》并非《周礼》原文，特别是现在所见《考工记》是明代的版本，是否与原文一致也存疑。实际上，"六齐"是一个十分复杂的问题。它有合乎科学的一面，即当时的铸造工匠已能正确地认识到不同锡含量的青铜具有不同的性能，并适用于制作不同类型的器物。然而，"六齐"的具体内涵与目前科学检测得出的古代青铜器的实际金属锡含量存在较大的差距，并不能完整和全面地反映当时青铜技术的发展水平，以及前期的发展历程。

现在的疑问是：这是古人发明合金化技术与实施应用的最早时间吗？如果不是，那么更早的时间点是什么时候？这个问题应该也是青铜起源研究中的一个重要问题之一，需要引起重视。

实际上，借鉴现代合金钢的发现与发明历史，可以认为如果古人掌握了青铜的合金化技术，那么他们就已经完全掌握了青铜技术，也就是说，青铜文明的发展进入了成熟期。

这时，古人已经有技术和能力可以随心所欲地制备出各种各样、千奇百怪、精美绝伦的青铜器。至于说不同地区、不同社会、不同民族的古人制作出不同形状、种类、大小，甚至很怪异的青铜器，可能更多地取决于文化、习俗、宗教、传统，以及青铜原材料资源的多少等因素，而与技术无关。

1.4.3 古代金属（青铜）技术的发展历程

按照上面的论述，从大类来分，古代青铜起源简单归纳为三个偶然的发现和四个创新的发明。

从科学发现的历史，特别是曾经获得过诺贝尔奖的重大科学发现经过来看，发现具有偶然性，需要天才人物的好奇心和敏锐的观察力。因为面对一个未知现象，有人能够发现，有人会熟视无睹。

例如，1895 年 11 月 8 日，德国物理学家 W. C. Rontgen 在实验中偶然发现了 X 射线，并通过持续的研究确定了 X 射线的性质和来源等，于 1901 年获得第一届诺贝尔物理学奖。

2009 年获得诺贝尔物理学奖的华裔科学家高锟，于 1966 年发现光在玻璃中的全反射现象可以用于信息传播，并开创性地提出能够利用玻璃制作光学纤维实现高效传输信息的基本原理。在当时被称为匪夷所思，但在争论中，高锟通过不断的艰苦努力，终于使理论逐步变成现实，在全世界掀起了一场光纤通信的革命，造福了全社会，甚至改变了人们的生活习惯。

古代青铜器的发现和发明等原始创新，是非常艰难的，甚至都不具有可重复性。也就是说，如果发现和发明的内容与技术失传了或者断代了，要想再恢复起来非常困难，甚至不可能。

现代材料学的大量事例告诉我们，不仅要有发现和发明的起源，还要经历一个发展历程，即：实验室小试—现场中试—产业化生产和应用，才是一种新材料从理论到产品，最终走向成功所必须经历的研发过程，也是一个非常复杂的过程，一个环节出现问题，轻者延误时间，重者前功尽弃。

长期从事材料科学与工程领域研究和开发新产品的学者和工程技术人员都知道，在研究中有了新发现和新发明，可以立刻撰写论文和专利，但是要想把论文和专利的内容变为产品，推向市场，让社会接受产生经济效益，还有很长的路要走。在现实中，绝大部分的论文和专利都没有转化为产品和产生经济效益。简单地说，新材料的研发过程，要经历以下几个阶段：

（1）撰写论文和专利阶段。以新发现和新发明为目标，实验过程不计成本，甚至不计代价，获得新发现和新发明的原理和过程。

（2）实验室小试阶段。以产业化和产品开发为目标，进一步研究开发和优化方法，也就是确定最佳的工艺路线。与上一阶段不同，还要考虑更多的因素，如产率高、设备技术条件和工艺流程简单、原材料来源充裕而且便宜，以及安全生产和环境卫生等。小试主要从事探索、开发性的工作，要拿出合格试样，且经济技术指标达到预期要求，就可告一段落，转入中试阶段。充分的小试是中试和产业化生产成功的保证。

（3）现场中试阶段。中试与小试的区分不仅仅在于使用材料的多少，以及所用设备的大小，两者要完成不同时段的不同任务。中试是从小试实验到工业化生产必经的过渡环节；在生产设备上基本完成由小试向生产操作过程的过渡，确保按操作规程能始终生产出预定质量标准的产品；是利用在小型的生产设备进行生产的过程，其设备的设计要求、选择及工作原理与大生产基本一致；在小试成熟后，进行中试，研究工业化可行工艺，设备选型，为工业化设计提供依据。

1）中试过程要解决的问题是：如何采用工业手段和装备完成小试的全流程，并基本达到小试的各项经济技术指标，当然规模也扩大了。

2）中试放大的目的：验证、复审和完善实验室工艺所研究确定的工艺路线，是否成熟、合理，主要经济技术指标是否接近生产要求；研究选定的工业化生产设备结构、材质、安装和车间布置等，为正式生产提供数据、最佳物料量和物料消耗。

3）中试放大的重要性。中试就是小型生产模拟试验。中试是根据小试实验研究工业化可行的方案，它进一步研究在一定规模的装置中各步实验和生产条件的变化规律，并解决实验室中所不能解决或发现的问题，为工业化生产提供设计依据。虽然在第一阶段中新发现和新发明的本质和基本原理不会因实验生产的不同而改变，但其最佳工艺和生产条件则可能随实验规模和设备等外部条件的不同而改变。一般来说，中试放大是实现快速和高水平进入工业化生产的重要过渡阶段，其水平代表工业化的水平。中试放大是新材料研发到生产的必由之路，也是降低产业化风险的有效措施。

（4）产业化生产和应用阶段。中试阶段成功以后，即进入产业化大批量和大规模生产。包括设备尺寸增加、原材料数量增加、生产线增加，以及操作人员的增加等。同时还要保证生产线上下来的产品满足质量要求，如果出现问题，还要根据变化情况决定是否需要再次的小试和中试验证。

从材料学的角度，古代青铜和青铜器制作技术的发展，应该也是沿着这样的一条路径。在对青铜冶炼和铸造遗址的发掘过程中，期待考古学者能从这个思路发现和提供更多的考古学证据。

1.4.4 古代金属（青铜）技术发展历程中的传承问题

古代的金属矿石开采、各种不同金属的冶炼、青铜的合金化，以及各种各样青铜器的制作，是一个庞大、复杂、参与人数众多的系统工程。对于一个具有成熟发达青铜器生产和制造的社会，不仅需要大批普通劳动者的参与，更需要有众多的管理者和大量的专业技术人员。比如说，除了帝王或诸侯作为最高统治者和管理者以外，还要有总工程师和总设计师，以及各个领域的技术负责人，这样才能完成青铜器整个产业链的生产和新产品研发过程。

这里就有一个关于古代青铜技术的专业培训与传承问题，也是在历史学和考古学上一直没有涉及的问题。

按照青铜技术的复杂程度及所涉及管理和技术等层面的范围，使其很难做到口耳相传和代代相传等家族式的简单传承关系。也就是说，青铜和青铜器制作技术必须要通过专业性的培训来实现技术的代代传承与不断发展。就像现在通过大学、大专、中专、技校等教育和培训，来培养未来能够从事材料研发和生产的技术人才和产业工人一样。这样才能保证由天才人物偶然发现和创新发明的青铜技术，经历数百年，甚至数千年的长时间发展，不会中断。

按照现在的观点，中国的青铜器时代在公元前两千年左右形成，至春秋战国时期，经历了15个世纪，到商代晚期和西周早期，青铜冶炼与铸造技术水平达到了巅峰。实际的时间段可能更长，起源点至少会到公元前3000年以上。期间的传承过程，虽然漫长，但源源不断，青铜技术和水平也不断提高，最后达到登峰造极的地步，制作于战国早期，被描述为鬼斧神工甚至举世无双的曾侯乙尊盘和曾侯乙编钟（1978 年出土于湖北省随州市曾侯乙墓，现藏于湖北省博物馆），就是最好的见证。

那么，在这数千年的发展过程中，青铜技术是如何传承，如何进行培训，有没有教材，是值得进一步研究的重要课题，也是探索青铜文明起源和发展必须要搞清楚的问题。

在许多的考古发掘中，已经注意到了一个现象，即在某些地域范围内，青铜技术没有得到连续发展，则可能是没有得到传承，中断了几百年，甚至上千年，说明了培训与传承的重要性。而制陶器、制骨器和制玉器则不存在这种长时间中断的问题。

最后，可以说除了没有电力以外，经过数千年的传承和发展，古人已经把青铜技术发挥到了极致。

1.4.5　文明起源中青铜的重要性

中华文明的起源，中华文明五千年，如何实证？这都是必须要面对和回答的问题。

针对人类跨入文明社会的"三大标志"，有人又将国家的形成对应为物质文明；文字的发明对应于精神文明；金属（青铜）工具的出现对应于科技文明。可见对于一个文明社会来讲，这三者确实是缺一不可。

国内有学者认为西方学术界关于界定文明的三要素并不是绝对的标准，认为多样性世界，多样性文明，需要多样性的文明标志（满天星斗）。进而提出了中国方案认定的标准[11]，包括：

（1）农业发展，人口增加，形成区域中心并逐步发展为早期城市。

（2）制作玉器、绿松石器、精致陶器、漆器等具有高技术含量的手工业专业化，并为权贵阶层控制。

（3）出现了脱离劳动、专门管理社会事务的阶层，社会出现严重的贫富贵贱分化，形成了不同的阶级。

（4）出现了掌握军事指挥权与信仰祭祀权的王者，以及为王者营建的都邑、王者居住的宫殿、埋葬王者和权贵阶层的高等级墓葬。

（5）出现彰显权贵阶层身份的礼器和礼制。

（6）战争和暴力成为社会常态，出现一部分人对另一部分人的剥削和奴役的现象，贵族墓中出现人殉，或用人为宫殿奠基。

（7）形成由王者控制的、血缘与地缘关系结合、依靠社会规范和暴力进行管理的区域政体——早期国家。

还有一个观点认为："20 年来，中华文明起源研究成就斐然，中国学者基于大量考古实践提出了文明标准的中国方案，一是生产发展，人口增加，出现城市；二是社会分工和社会分化不断加剧，出现阶级；三是权力不断强化，出现王权和国家。这些认识，突破了西方学者城市、文字、冶金术的文明标准局限性，为揭示中华文明演进的动力、法则、路径，构建中华文明起源逻辑发展链条，奠定了基础。"[12]

在这些中国方案的论点中，都避开了文字和金属工具或者称冶金术。而把制作玉器、绿松石器、精致陶器、漆器等手工业专业化来替代金属工具或冶金术。实际上，正如本章前面所述，制作青铜器是矿石向金属的质变，而制陶器、制玉器、制漆器只是一个量变过程，技术难度有天壤之别。

还有一个重要的特征区别是：制陶器、制玉器、制漆器可以是全聚落参与，也可是个别成员制作。而制作青铜器，从采矿、冶炼、合金化、制模翻范，到最后铸造成型，几乎需要全社会的参与与合作，缺一不可，可以想象其在管理上和技术上的复杂程度。这种差距可以类比于制作一辆木制板车或马车与制作一辆汽车，在技术上和工程上都没有可比性。

古代青铜（Cu-Sn 合金）是当时社会的一种重要的基础材料和战略资源。青铜的出现，不是一个简单的手工技艺问题，它对当时社会的政治、经济、军事、文化、科技、教育传承、生活理念与品质等方面都产生过重要作用，代表了先进生产力。

古代青铜和青铜器的最初作用，必定是为了发展生产，改善生活条件和质量，更多的是制作成生产工具和生活器具，以及战争兵器，只是到了高级阶段，才开始逐渐被权贵们用于祭祀礼器和钟鸣娱乐。

所以，以青铜和钢铁作为人类文明产生和社会进步的标志，而不是其他事物，是由于金属冶炼和青铜技术的发现与发明需要技术的原始创新和知识的传承，属于科技文明，代表了先进生产力，也极大地促进了当时社会的发展与进步，最终，使人类从野蛮走向了文明。

1.4.6 青铜实证中华文明不止五千年

近年来，中华文明探源成为了历史和考古领域的热门话题。一般认为，中国有百万年的人类史、一万年的文化史、五千多年的文明史。

显然，文化与文明不是一个概念，很多人不能够进行区分，甚至认为大部分相同，少部分不同，这是完全错误的。在一些文章和书籍中，我们会经常看到将文化与文明概念混用的情况，比如，受到大家关注的三星堆遗址考古，在专家解读，以及新闻和影视报道中，就经常说到三星堆文化和三星堆文明，似乎没有理解这两种提法之间具有本质上的区别。

下面，笔者从文化与文明的区别、如何定义文明的"起点"和"起源"谈谈自己的观点，最后提出仅从目前的青铜考古发现就可以实证"中华文明不止五千年"。

1.4.6.1 文化与文明的定义

A　文化的定义

文化是相对于经济、政治而言的人类全部精神活动及其产品。广义上说人创造的一切都是文化。

考古学文化，有特定含义，专门指考古发现中，可供人们观察到的，属于同一时代、分布于共同地区，并且具有共同特征的一群遗存。世界范围内发现和命名难以计数，中国有近百种，如仰韶文化、良渚文化、屈家岭文化、周口店文化、红山文化、大汶口文化、河姆渡文化、龙山文化等文化遗址。

B　文明的定义

文明的原文单词为"civilization"，源于拉丁文"civis"，意思是城市的居民。其本质含义是人民生活于城市和社会集团中的能力，引申后意为一种先进的社会和文化发展状态，以及到达这一状态的过程，涉及领域广泛，包括民族意识、技术水准、礼仪规范、宗教思想、风俗习惯，以及科学知识的发展等。简单地说，文明是人类所创造的物质财富和精神财富的总和，一般分为物质文明和精神文明。

考古学文明，也称为文明的起源，未有严格定义。一般观点是，国家的形成、文字的发明、金属工具的出现，是人类跨入文明社会的三大标志。

英国考古学家 V. G. Childe 的观点认为，城市出现是文明时代开始的标志。但是城市生活内容应该包括高效的食物生产、具有较多的人口、有职业和阶级的分化、出现冶金术、发明了文字与记述系统、修建有神庙等公共建筑、产生早期的科学和艺术等。后来，简称为文明四要素：文字、金属器、城市、祭祀礼仪中心。

按照这个标准，世界有四大文明古国，即古代埃及——尼罗河流域，古代巴比伦——二河流域（底格里斯河和幼发拉底河），古代印度——印度河流域，古代中国——黄河流域。

前面的这些描述，还是不能让我们认识到文化与文明的差别，差别到底在哪里？

C "文化"与"文明"的区别

（1）文化是中性词，如知音文化、企业文化、校园文化、饮食文化、熟人文化、宗教文化等。

文明是褒义词，例如文明古国、文明社会、文明现象、文明阶段等。

（2）文化无标准（多样性），物质文化和非物质文化，随社会不断发展而形成的各种风俗习惯，以及一群人在一起生活而形成的共同的风俗习惯，如风土人情、传统习俗、生活方式、宗教信仰、艺术、伦理道德、法律制度、价值观念、审美情趣、精神图腾等。

文明有标准（有优劣），比如有文明公约，文明城市评比、满足条件的授牌、退步的还要取消称号，某种的行为很文明，或者不文明，等。

（3）文化有地域性（地方特色），如北方有中原文化、秦陇文化、晋文化、齐鲁文化等北方地域文化；南方有楚文化、荆楚文化（又名湖湘文化）、吴越文化、徽文化、赣文化、江淮文化、巴蜀文化、岭南文化、滇黔文化等南方地域文化。

文明具有普适性，不分国家、地域、民族、肤色、宗教，文明的标准都是一样的。例如，我们常说中华文明与世界各国文明交流互鉴，形成人类文明。

（4）文化是静态的，具有相对不变性。文化是对一群人的共同存在方式的描述，在一定时期内相对不变；当然随着社会发展，有些文化会得到发展，而有些文化被扬弃。

文明是动态。自从文明起源和诞生以后，发展呈螺旋向上态势。

表 1.1 中所列的文化与文明之间差异，不一定符合社会学、哲学和历史学上的严格定义和论述。但是，通过上面简单的分析和对比，可以看出文化与文明具有完全不同的特征和内涵。便于在讨论历史和考古现象时，加以区分和谨慎使用；另外，这个认知对于文明探源研究也具有重要的意义。也就是说，我们应该按照国际公认的标准确定文明的起点，而不是拿文化的起点，来代替文明的起点。

表 1.1 "文化"与"文明"异同的总结对比

文 化	文 明
中性词	褒义词
无标准（多样性）	有标准（有优劣）
地域性（地方特色）	普适性（中华文明与世界各国文明交流互鉴，形成人类文明）
静态（相对不变）	动态（自从文明起源和诞生以后，发展呈螺旋向上态势）
中国一万年的文化史	中国五千多年的文明史

1.4.6.2 如何定义文明的起点和起源？

按照国际上认可的文明起源标准，四大文明古国的文明起源时间大概是：古代埃及文明 6000 多年前；古代巴比伦文明 5000 多年前；古代印度文明 5000 多年前；古代中华文明只有 4000 多年或 3500 多年前，不到 5000 年。

古代中华文明没有到 5000 年，或者说中华文明 5000 年的说法没有得到国际上的广泛认可，这是因为如果从中国商代晚期的甲骨文（公元前 1100—前 1400 年）算起就只有 3500 年；如果从夏代青铜器（公元前 2070—前 1600 年）的开始成熟和大面积金属冶炼算起，则只有 4000 多年。

显然这是不正确的。商代晚期的甲骨文和夏代的青铜器都是成熟和广泛使用的文字与冶金术，其真正起源和开始的时间应该更早。那么，怎么寻找和定义这个起源和开始时间呢？

对于一个人来说，出生年月和出生地，以及相关的父母与祖辈等，是他的重要起源或开始的信息。同理，对于古代青铜技术的起源，也应该这样来寻找它的出生年月及出生地，即寻找导致冶金术产生的先期准备条件，如矿石资源、陶器烧造、炭火高温等。

我们不能认同甲骨文与夏代青铜器是中华文明起源时间，也就像我们不能将一个人会跑步的时间说成是他开始走路的时间一样。

一个人走路的起点是迈出第一步的时间，一个人说话的起点是第一次喊爸爸妈妈的时间。当然，因为是起点和刚开始，会有很多不完善的地方，比如说话口齿不清，走路步履蹒跚等。

还有一个更恰当的类比——航空器或飞机的发明。1903 年 12 月 17 日，美国人莱特兄弟首次试飞了完全受控、依靠自身动力、机身比空气重、持续滞空不落地的飞机，也就是世界上第一架飞机——飞行者一号。随后，经过数十年、无数人的不懈努力，才有了现代的大型客机，如波音 747、空客 A380，以及战斗机、运输机等各种飞行器。也就是说，莱特兄弟的飞机才是航空器（飞机）的起源，而不是波音 747、空客 A380、F16 战斗机。

这启示我们在追溯青铜起源的时候，要特别关注如下现象：

（1）金属冶炼遗址，如铜渣、矿渣、冶炼炉、冶炼工具等。

（2）注意收集和发现小件铜器或青铜器。这些青铜器多是为生产工具或者生活用具，一般不会出现在墓葬里，会出现在遗址（古代垃圾堆），并且很多已经严重锈蚀，是古人用完以后丢弃的物品。但是，这正是古人实际使用的物品，更有研究价值。在墓葬中出土的青铜礼器，或典型的青铜器只具有历史和文化价值，而不能作为青铜起源的证据。

（3）尽量追踪这些与金属冶炼有关的遗址和物品的最早的时间，也可能是最接近冶金术诞生的时间。

（4）注意甄别青铜技术起源的外来说和本土说。从冶金术的发展来说，本土说青铜技术起源的特征为：最初的金属冶炼设施比较简陋，规模较小，金属器物造型比较简单，金属配比也没有规律，说明是无意添加，或者是多金属矿石冶炼的结果，也就是还没有冶炼纯金属的能力；然后随着时间的增加，金属冶炼设施变得更为复杂和规模增大，器物变得多样化，除了普通简单器物以外，开始出现容器或空腔器等制作难度较高，形制复杂的器物，青铜的金属成分配比也开始变得有规律，说明是有意添加，即具有了合金化的概念。

而对于由外面传进来的"外来说"，其最早和最开始的青铜技术可能就已经进入了较为高级的阶段，说明是突然出现的青铜技术，而没有逐步发展的痕迹可循。在考古发现中，这种变化和差异的甄别对于青铜文明探源也非常重要。

1.4.6.3　青铜实证中华文明不止五千年

众所周知，目前国际上公认的人类跨入文明社会的三大标志为：国家的形成、文字的发明、金属工具的出现。一些学者也提出了中国标志或中国方案，以回避文字的发明和金属工具的出现，或冶金术的出现。实际上，即使按照国际公认的三大标志也不难实证中华文明五千年。

（1）关于"国家的形成"。很多历史和考古学者做了大量的研究工作，现在已经发现了多个具有五千年以上历史的古城址。最为著名的有：

1）良渚古城遗址。它位于浙江省杭州市余杭区瓶窑镇，距今 5300~4300 年。良渚古城总占地面积 $3km^2$，被认为是中国长江下游环太湖地区的一个区域性早期国家的权力与信仰中心。

2）河洛古国。位于河南省巩义市河洛镇的双槐树遗址，距今 5300~5000 年，属于仰韶文化中晚期巨型聚落遗址。遗址为 3 个大型环壕布局，面积达 117 万平方米，具有军事防御功能，被认为是黄帝的都邑所在地。

（2）关于金属工具的出现或冶金术的出现。目前，在中华文明探源工程中，大家主要关注一些大型遗址和墓葬，如河南省偃师的二里头遗址，以及河南省安阳市殷墟的妇好墓和四川省广汉市的三星堆遗址，一方面这些遗址的年代较晚，远远没有达到五千年历史；另外，也是最重要的一点是，这些遗址出土的青铜器是青铜技术发展到了较高水平时期的产物，甚至是成熟期的青铜器，不能作为青铜起源的标志。

实际上，在考古发掘中已经发现了很多青铜器和金属冶炼遗址，其时间也远远超过五千年，在文献中也有大量的记载[9,10,13-15]。例如：

1）最早的铜器。两件黄铜——半圆残片和一根铜管（见图 1.6）：陕西省临潼区城北姜寨遗址出土，遗址的碳十四测定为公元前 4675 年±135 年，仰韶早期（半坡类型一期）。铜片成分（质量分数）：Cu 66.54%，Zn 25.56%，Sn 0.87%，Pb 5.92%，Fe 1.11%，铸态组织；铜管成分（质量分数）：Cu 69%，Zn 32%，Sn 0.5%，S 0.5%~0.6%，由铜片卷成。

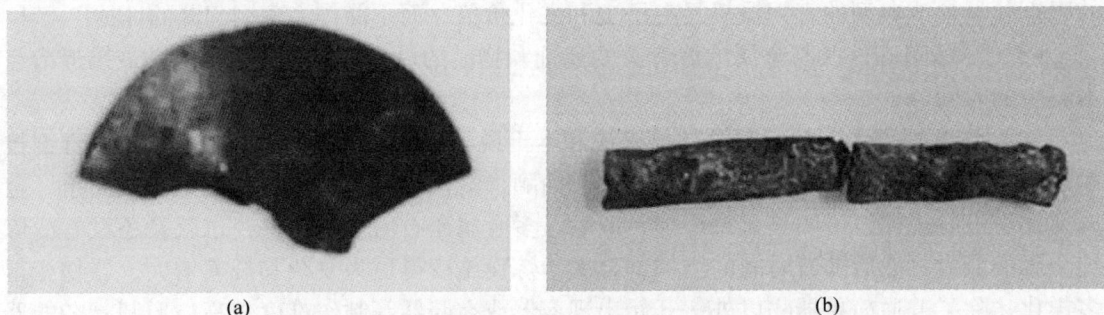

(a)　　　　　　　　　　　　　　　　　　(b)

图 1.6　黄铜残片（a）和黄铜管（b）

2）黄铜笄。公元前 4000—前 3500 年，陕西渭南北刘遗址出土，仰韶文化（庙底沟类型）。

3）铜渣（黏附于坩埚或熔炉残片上）。公元前 3000—前 2000 年，山西榆次源涡镇出土，仰韶文化晚期的义井类型遗址。化学成分（质量分数）：Cu 67.67%，Si 26.81%，Ca 12.39%，Fe 8.00%。

4）最早的青铜器锡青铜刀。公元前 2680—前 2355 年，于甘肃马家窑文化遗址出土，仰韶文化（马厂类型晚期），单范法铸造。

5）铸造青铜饰件的模具陶范。公元前 4500—前 4000 年，内蒙古敖汉旗红山文化（西台类型）遗址出土。

6）红铜铜环。公元前 3500—前 3000 年，辽宁建平牛河梁红山文化遗址出土，含 Cu 99%。

7）红铜屑。公元前 4100—前 2600 年，山东大汶口文化遗址出土。

8）发现孔雀石铜矿。公元前 4400—前 3500 年，长江中游大溪文化出土。

9）从山上带到平原的铜矿石。公元前 3800—前 3450 年，湖北京山油子岭文化遗址出土。与该地区露于地表的孔雀石铜矿有关，容易引起人的注意而被采集。

10）铜块（或者是冶炼废料）和炼缸。公元前 3300—前 2700 年，荆门京山屈家岭管理区一百三十亩遗址出土，屈家岭文化晚期至石家河文化早期。考古现场显示的不仅是原始冶炼遗迹，可能是冶炼技术已经跃升到较为高级的新阶段。

11）铜块和青铜锛。公元前 2900—前 2400 年，湖北荆门屈家岭文化遗址（石家河文化地层）出土。青铜锛含 Sn 0.6%~1%。由于锡不会出现在自然铜料中，也不会从泥土中吸收，因此应该是人工有意加入的合金成分。

12）青铜技术与文化中心。公元前 3100—前 2400 年，湖北天门石家河城址，兴建于屈家岭文化末期至石家河文化中晚期。

从上面零星出土的考古证据可以看出，在中国的"东西南北中"都发现有距今 5300 年以上的铜或青铜遗址，或者反映金属冶炼技术的遗址，最远的可以到距今 6000 余年。

早期青铜器被发现的数量少，其原因可能是主要为生活和生产用品，保留难；另外，对于贵族阶层，青铜器还没有大量用于礼器，以及将青铜器埋入墓葬还没有形成风气，说明早期的青铜社会还相对公平。

目前，一般认为青铜时代是以较多地配制和使用锡青铜作为标志[15]。《中国大百科全书·考古学》对青铜时代的定义为以青铜为制造工具、用具和武器的重要原料的人类物质文化发展阶段，并解释中国的青铜时代最初源于黄河流域，从公元前 21 世纪开始，直到公元前 5 世纪止，经历了 1500 多年的历史。大体相当于文献记载的夏、商、周以至春秋时期，与中国的奴隶制国家的产生、发展和衰亡相始终[16]。也有很多人认为起点为不迟于公元前 2000 年，即夏代二里头文化时期，结束时间也有争议，有人认为是公元前 221 年秦始皇统一中国[17]。

然而，按照材料学发展规律，以及前面讲到的青铜技术"3 个发现"和"4 项发明"，古人是否掌握或具有青铜技术，如金属冶炼和加工技术等，这才是最重要的。也就是古代青铜技术中的"能不能"与"会不会"的问题。一旦有了这个起点，后面就是不断进步、熟练和提高的过程。这个过程可能很快，也可能比较缓慢，不可能也不存在所谓偶然制造和使用青铜器的问题。

古人掌握了青铜技术以后，做什么样的青铜器，大的、小的、正常的、怪样的等，更多地与文化、宗教、信仰、传统、资源多少有关。

另外，在古文献记载中，中国最早采铜冶铜活动是在 5000 年以前的黄帝时代。例如，《史记 孝武本纪》称"黄帝采首山铜，铸鼎于荆山下"；《集解》描写"首山属河东蒲坂"，也就是现在的山西省永济市，中条山西麓是一个铜矿山；《山海经》也记载"出铜之山凡 14 处"，其中山西 5 处、河南 2 处、陕西 7 处。

综合上面的文献和考古证据都可以实证，在中国大地上青铜技术不止五千年。

在进一步的考古发掘中，还要收集更多的实物证据。同时注意甄别青铜技术起源的本土说和外来说，这是另外一个研究领域。

（3）关于"文字的发明"。很显然，距今只有 3500 年左右的商代末期的甲骨文肯定不能作为文字的起源，真正的中国文字的发明时间应该更早，现在主要是局限于考古证据的不足。

关于文字的发明不是笔者的专业范围，这里不予深入讨论。

但是，这里想提供一个线索：正如前面所述，青铜技术或者冶金术是一个系统工程，需要大量的人力、物力和专业技术人员，其传承和发展需要专业培养和职业训练，家庭式作坊、家族式代代相传，特别是口耳相传，是不可能的。如果是大规模有规划的职业培训，则需要统一的教材。这样也可能催生了文字的发明，也就是说，文字的发明与金属工具的出现具有某种相关性。这是一个有趣的课题，希望引起文字学研究者的关注。

综上所述，在人类跨入文明社会的三大标志中，国家的形成和金属工具的出现已经有可靠的实证。进一步深入研究，如果能够实证文字的发明不止五千年，则可以向世界宣布中华文明五千年是真实存在和毋庸置疑的，完成我们当代人的历史使命。这可能也是国家提出深化中华文明探源工程的真正含义。

参 考 文 献

[1] 夏鼐. 中国文明的起源 [M]. 北京：中华书局，2009.

[2] 杨平. 材料科学名人典故与经典文献 [M]. 北京：高等教育出版社，2012.

[3] Smith C S. A History of Metallography [M]. Chicago：University of Chicago Press，1960.

[4] 刘斌. 法器与王权：良渚文化玉器 [M]. 杭州：浙江大学出版社，2019.

[5] 张学海. 龙山文化 [M]. 北京：文物出版社，2006.

[6] 霍锟，李宏. 贾湖骨笛 [M]. 郑州：大象出版社，2017.

[7] 郭可信. 金相学史话（4）：合金钢的早期发展史 [J]. 材料科学与工程，2001，19（3）：2-9.

[8] 潘春旭，张豫鹏. 火焰中的碳纳米材料——从零维到一维和二维 [M]. 北京：科学出版社，2013.

[9] 郭静云，邱诗萤，范梓浩，等. 中国冶炼技术本土起源：从长江中游冶炼遗存直接证据谈起（一）[J]. 南方文物，2018（3）：57-71.

[10] 郭静云，邱诗萤，范梓浩，等. 中国冶炼技术本土起源：从长江中游冶炼遗存直接证据谈起（二）[J]. 南方文物，2019（3）：41-55.

[11] 朱忠鹤. 为什么说中华礼制源头在"牛河梁" [N]. 辽宁日报，2022-07-20（8）.

［12］张清俐．探寻中国文明起源的陶寺模式 ［N］．中国社会科学报，2022-7-27.

［13］华觉明．中国古代金属技术——铜和铁造就的文明 ［M］．郑州：大象出版社，1999：15.

［14］许宏．东亚青铜潮：前甲骨文时代的千年变局 ［M］．上海：生活·读书·新知三联书店，2021.

［15］何堂坤．中国古代金属冶炼和加工工程技术史 ［M］．太原：山西教育出版社，2009.

［16］中国大百科全书考古学编辑委员会．中国大百科全书·考古学 ［M］．北京：中国大百科全书出版社，2004.

［17］李伯谦，唐际根．青铜器与中国青铜时代 ［M］．合肥：中国科学技术大学出版社，2018.

2 现代材料学基础与材料表征技术简介

2.1 概述

正如在上一章中所述：作为一种金属材料，古代青铜器的研究，或者说古代冶金和青铜技术起源和发展的探索，终究是一个材料学问题。

中国古代漫长的青铜技术发展历史，由于资料和记录的缺失，以及古代统治者对手工业和技术的不重视，具体经历了什么样的"发现与发明"过程，已经不可知了。然而，作为一种金属材料，古代青铜的冶炼、加工、制作和应用等也应该符合一般材料的发展规律。

众所周知，材料科学是一门实验和实践的学科。现代材料学的许多概念，如晶体学、晶体结构和金相学等，都是无数个天才科学家通过对自然界大量的观察和实验而得出的结论。正如著名材料学家史密斯（Cyril Stanley Smith，1903—1992 年）在专著《金相学史》中对合金钢发展与金相学关系的一段论述："金相学对于最早的一些重要合金钢的发明并没有起到直接促进作用。相反，这些合金钢的研究促进了金相学的发展。但是，金相学对于这些材料的改进，以及合金元素对相变的作用等知识的积累，都是很重要的。"[1]

同样，从逻辑上推断，数千年前的古人完全有可能，通过大量的实验和实践，获得金属冶炼、合金化、制造、加工、性能等规律和知识，提出一个"青铜学"。古代的青铜技术或者冶金术，从采矿、冶炼单一金属，到配合金铸造和加工出各种各样、数量众多的青铜器，是一个庞大的系统工程，需要大量的人力、物力和专业技术人员参与其中，并且还经历了数百年、数千年的传承和发展。这是家庭式作坊、家族式代代相传，特别是口耳相传的形式，不可能完成的任务。也就是说，必须要有专业培养和职业训练。他们一定有一套系统的理论和教材，甚至可能专门发明了文字来记录经验和积累知识，从而推动了青铜技术的不断传承与发展。从逻辑上讲，一定会有这样的过程，只是这些信息和资料被淹没在了漫漫的历史长河中，需要我们去发现和发掘，不断解开重重迷雾，展现古代青铜技术发展的壮阔历史。

本书提出一个观点，即：对古代青铜器的解读和研究，应该基于材料科学与工程学科四要素，也就是"成分与组织结构 → 制备 → 性能 → 应用和使用效能"四者之间的关系。因此，系统了解和掌握材料学知识，对于准确和正确解读古代青铜技术发展历程，不仅是必需的，还是必要的。为了保持本书内容的完整性，普及材料学专业知识，以及便于后面章节的阅读和理解，本章简要介绍现代材料学的部分基础知识，并尽可能多地列出可能与古代青铜技术研究有关的知识要点，便于研究者参考和查阅，如需要更详细和深入的内容还可以参阅相关的文献、教材和专著。

2.2 晶体学基础简介

晶体学是现代材料学的基础，无论金属材料还是非金属材料通常都是晶体。晶体的结构特征是具有三维周期性（即存在长程有序）和对称性；性能特点是具有确定的熔点和各向异性。对于晶体的对称性，主要有以下规律：（1）允许有1、2、3、4、6次旋转对称性，不允许有5次和高于6次的旋转对称性；（2）可分为7个晶系，14种空间点阵，又称Bravais点阵；（3）具有32个晶体学点群，230个空间群。

对于古代青铜器常用金属，如铜和铜合金，特别是对于铜锡（Cu-Sn）合金，以及加铅的铜锡合金（Cu-Sn+Pb）来说，其本身的物相结构并不多，或者说并不复杂。然而，最新的研究发现，青铜锈蚀产物的生长，除了决定于化学热力学中的吉布斯自由能降低以外，还遵从物理学中的"自发对称性破缺"现象，也就是说，锈蚀前后的晶体结构类型倾向于由对称性高晶系向对称性低晶系转变，而同一晶体类型的锈蚀则可以相互转化，现成共生[2]。

众所周知，锈蚀与保护是目前古代青铜器研究的重要领域和内容，而青铜的锈蚀产物众多，且晶体结构复杂。而确定晶体对称性的高低，则需要对比其点群的母子群和子群链。另外，在已知材料晶体空间群条件下，需要比较晶类-点群的阶、比较有心平移群和母子群关系等条件，来定量地确定它们的对称性高低。因此，通过深入学习和了解晶体学基本知识，对于深入研究青铜的锈蚀过程和机理，实现古代青铜器从被动的有害锈蚀清除，向主动通过合理选择保护环境将有害锈蚀转变为无害锈蚀进行保护，具有重要的理论和实际意义。

2.2.1 晶体结构的基本概念

晶体是指其内部原子（分子或离子）在三维空间做有规则的周期性重复排列的物体。晶体中原子（分子或离子）在空间的具体排列方式称为晶体结构。材料的许多特性都与晶体中原子（分子或离子）的排列方式有关，因此分析材料的晶体结构是研究材料的一个重要方面。

为了便于研究和描述晶体内原子（分子或离子）的排列规律，通常把原子（分子或离子）视为刚性小球，并把不停地热振动的原子（分子或离子）看成在其平衡位置上静止不动，且处在振动中心，如图2.1（a）所示。把晶体中的原子（分子或离子）抽象为规则排列于空间的几何点，即可得到一个由无数几何点在三维空间排列而成的规整的阵列，这种阵列称为空间点阵，如图2.1（b）所示，这些几何点称为阵点或结点。这些阵点可以是原子（分子或离子）的中心，也可以是彼此等同的原子群或分子群的中心，但各

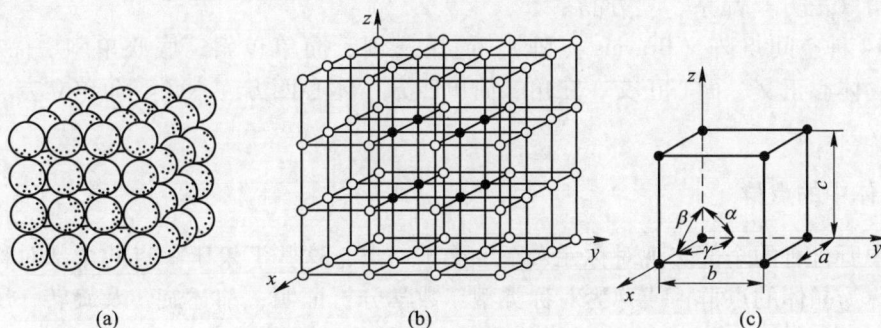

(a)　　　　　　　　(b)　　　　　　　　(c)

图2.1　晶体中的原子排列示意图

(a) 原子堆积模型；(b) 晶格；(c) 单位晶胞

阵点的周围环境都必须相同。用一系列平行直线将阵点连接起来，形成一个三维的空间格架，称为晶格或空间格子，如图 2.1 (b) 所示。

晶体中原子排列具有周期性的特点，因此，为了方便，可以从晶格中选取一个能够完全反映晶格特征的最小几何单元来研究晶体结构，这个最小的几何单元称为单位晶胞，如图 2.1 (c) 所示。为了描述单位晶胞的大小和形状，以单位晶胞角上的某一阵点为原点，以该单位晶胞上过原点的 3 个棱边为 3 个坐标轴 x、y、z（称为晶轴），则单位晶胞的大小和形状就由这 3 条棱边的长度 a、b、c，称为晶格常数或点阵常数，以及棱边夹角 α、β、γ，称为轴间夹角，一共 6 个参数完全表达出来。习惯上，x、y、z 轴分别以原点的前、右、上方为轴的正方向，反之为负方向。通常用 α、β 和 γ 分别表示 y-z 轴、z-x 轴和 x-y 轴之间的夹角。

简单来说，点阵就是无限全同点的集合，是对晶体结构的最大简化和抽象。然后，具体应用到晶体空间时，空间点阵（Bravais 点阵）的类型共有 14 种，比如：面心立方、体心四方等，属于是一种点的空间分布方式。点群是点操作的集合，即对称操作。将晶体中可能存在的各种宏观对称元素通过一个公共点，按一切可能性组合起来，总共有 32 种。所以点群都是对称操作，如 C_1、C_2、D_2 等。点阵是静止的，如果对其进行对称操作，它会变化，从而衍生出空间群，即晶体学空间对称操作的集合。因此，230 种空间群是点阵跟点群进行组合得到的。点阵是操作对象，点群是操作方法，空间群是操作结果。这就是它们之间的联系和区别。这相当于木头、加工方法和木制品三者之间的关系。

2.2.2　晶系与空间点阵

自然界中的晶体有成千上万种，它们的晶体结构各不相同。根据单位晶胞中上述 6 个参数（a、b、c、α、β、γ）将晶体进行分类，分类时只考虑 a、b、c 是否相等，α、β、γ 是否相等，以及它们是否呈直角等方面的特征，而不涉及单位晶胞内原子的具体排列情况，这样就将晶体划分成 7 种类型，即 7 个晶系，所有的晶体均可归纳在这 7 个晶系中。1845 年，法国物理学家 Auguste Bravais 根据"每个阵点具有相同的周围环境"的要求，用数学分析方法证明晶体中的阵点排列方式只有 14 种，这 14 种空间点阵就叫作布拉菲（Bravais）点阵，它们分别属于 7 个晶系：

（1）7 大晶系。三斜晶系、单斜晶系、正交（斜方）晶系、四方晶系、六角（六方）晶系、三角（三方）晶系、立方晶系。

（2）14 种空间点阵（Bravais 点阵）。简单三斜、简单单斜、底心单斜、简单正交、底心正交、体心正交、面心正交、三角、简单四方、体心四方、六角、简单立方、体心立方、面心立方。

2.2.3　晶体中的点群

晶体中所含有的全部宏观对称元素至少交于一点，这些汇聚于一点的全部对称元素的各种组合称为晶体的点群，或称为对称类型。数学分析证明，前述旋转及旋转—反演对称操作所可能有的三维空间点群共有 32 种，每一种晶体的宏观对称性必须属于 32 种点群中的一种。

点群不存在平移操作，由于无限大周期性的限制，晶体中宏观对称元素（点对称元素）为：旋转轴、反轴、镜面、对称中心；对应的对称操作只能有 8 个：1、2、3、4、6、i、m 和−4。因此，得到的 32 个晶类（点群）为：C_1、C_i、C_2、C_s、C_{2h}、D_2、D_{2v}、D_{2h}、C_3、C_{3i}、D_3、C_{3v}、D_{3d}、C_4、C_{4h}、D_4、C_{4v}、D_{4h}、S_4、D_{2d}、C_6、C_{6h}、D_6、C_{3v}、D_{6h}、C_{3h}、D_{2h}、T、T_h、T_d、O、O_h（这里用 Schoenflies 符号表示，还可以用国际符号表示，请参考相关书目）。

2.2.4 晶体中的空间群

晶体内部结构中全部对称要素的集合称为"空间群"。一切晶体结构中总共只能有 230 种不同的对称要素组合方式，即 230 个空间群。它是由俄国结晶学家费多洛夫和德国结晶学家薛弗利斯于 1890—1891 年间各自独立地先后推导得出来的，因此又称为"230 个费多洛夫群"。

晶体的对称性，不仅包括了宏观对称元素（点对称元素：旋转轴、反轴、镜面、对称中心）所构成的 32 个点群；而且也包括了微观对称元素，因此 32 个点群再加上平移对称元素（微观对称元素：点阵、螺旋轴和滑移面）就构成了 230 个空间群。也就是说，每个点群都对应着多个空间群。

应该注意，与点阵、螺旋轴、滑移面对应的对称操作，空间上的每一点都移动了，具有这种性质的操作称空间操作。因为空间操作直接与晶体微观结构的周期性相联系，因此也称微观对称操作。与空间操作相对应的对称操作要素只能存在于无限的结构中，而不能存在于有限的晶体中。包括了这些与平移有关的操作之后，晶体的对称运动可以全部分类成 230 个对称操作群，称晶体空间群，也称空间群。

2.2.5 材料的非晶态

固态物质除了晶体以外，还有一大类称为非晶体。从内部原子（或离子、分子）排列的特征来看，晶体结构的基本特征是原子在三维空间呈周期性排列，即存在长程有序；而非晶体中的原子排列却无长程有序的特点，如玻璃和蜡烛等。

在通常的冷却条件下，金属凝固后形成晶体，而玻璃，冷却后则呈非晶态。另外，有很多材料常常可以是晶态也可以是非晶态。例如，如果以极快的冷速（对纯金属冷速要达到约 10^{10} K/s，对一些合金冷速可降至 10^6 K/s）将液体金属冷却，则可形成非晶体金属也叫金属玻璃。另外，许多物质像氧化物、硅酸盐、硼酸盐和磷酸盐等也易于形成非晶态。

古代青铜器的锈蚀产物中，很多为非晶态或者为微晶态。

2.3 合金中的相结构与铜合金

众所周知，前秦时期的古代青铜器主要为纯铜（红铜或紫铜）、铜锡（Cu-Sn）合金，以及加铅的铜锡合金（Cu-Sn+Pb），也有少量的铜砷（Cu-As）合金（砷铜）[3]。秦汉以后则出现了更多的铜合金，如铜锌（Cu-Zn）合金（黄铜）、铜镍（Cu-Ni）合金（白铜）等，用于铸钱、铜镜、铜炉和铜像等器物。从现代材料学的角度，全面学习和认识金属与合金的相结构和组织结构特征，对于研究和解读古代青铜的铸造、加工与使用等具有重要意义，有利于厘清和探索青铜技术的发展历程。

2.3.1 合金与相的概念

2.3.1.1 合金

虽然纯金属获得了一定的应用，但是作为结构材料，纯金属在性能上的局限性，特别是强度低，不能满足实际应用的要求。因此，在工业上广泛使用的金属材料绝大多数是合金。

根据定义，合金是由金属和其他一种或多种元素，通过化学键合而形成的材料[4]。获得化学键合的方法可以是熔炼、烧结或者其他方法。例如，钢就是主要由铁（Fe）和碳（C）所组成的合金，而青铜则是由铜（Cu）与锡（Sn），或铝（Al）、铍（Be）等元素组成的合金。

组成合金的最基本的、独立的物质称为组元，或简称为元。由两个组元组成的合金称为二元合金，由 3 个组元组成的合金称为三元合金，由 3 个以上组元组成的合金则称为多元合金。

由给定组元可以配制成一系列成分不同的合金，这些合金组成一个合金系统，称为合金系，两个组元为二元系，三个组元为三元系，更多组元称为多元系。

2.3.1.2 相

与纯金属不同，在一定的外界条件（一定的温度和压强）下，一定成分（指合金的总成分）的合金内部不同区域可能具有不同的成分、结构和性能。人们把具有相同的（或连续变化的）成分、结构和性能的部分（或区域）称为合金相，或简称相。因此，在一定的外界条件下一定成分的合金可以由若干不同的相组成，这些相的总体便称为合金的组织。

2.3.2 合金相的晶体结构

在液态下，大多数合金的组元均能相互溶解，成为均匀的液体，因而只具有一个液相。在凝固后，由于各组元的晶体结构、原子结构等不同，各组元间的相互作用不同，在固态合金中可能出现不同的相结构，主要有固溶体和中间相（或称金属间化合物）两大类。

2.3.2.1 固溶体

固溶体是一种组元（溶质）溶解在另一种组元（溶剂，一般是金属）中，其特点是溶剂（或称基体）的点阵类型不变，溶质原子或是代替部分溶剂原子而形成置换式固溶体，或是进入溶剂组元点阵的间隙中而形成间隙式固溶体。一般来说，固溶体都有一定的成分范围。溶质在溶剂中的最大含量（即极限溶解度）便称为固溶度。

（1）置换式固溶体。溶质原子位于溶剂晶格的某些结点位置而形成的固溶体，如同在这些结点上的溶剂原子被溶质原子所置换，所以简称为置换式固溶体，如图 2.2 所示。

（2）间隙式固溶体。当溶质原子比较小时，如碳（C）、氮（N）、硼（B）等，它们插入晶格间隙而形成的固溶体，简称为间隙式固溶体，如图 2.3 所示。

形成固溶体时，虽然仍保持溶剂的晶体结构，但由于溶质原子的大小与溶剂不同，形成固溶体时必然产生晶格畸变（或称点阵畸变），如图 2.4 所示。形成置换固溶体时，若

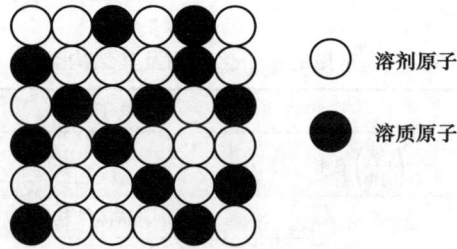

图 2.2 置换式固溶体示意图

○ 溶剂原子

● 溶质原子

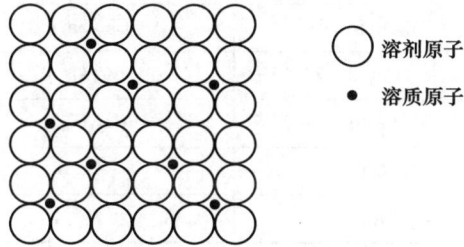

图 2.3 间隙式固溶体示意图

○ 溶剂原子

· 溶质原子

溶质原子比溶剂原子大，则溶质原子周围晶格发生膨胀，平均晶格常数增大；反之，若溶质原子较小，则溶质原子周围晶格发生收缩，使固溶体的平均晶格常数减小。溶质原子溶入造成的晶格畸变使塑性变形抗力增加，位错移动困难，因而使固溶体的强度、硬度提高，塑性和韧性有所下降，这种现象称为固溶强化。固溶强化是提高金属材料力学性能的重要途径之一。

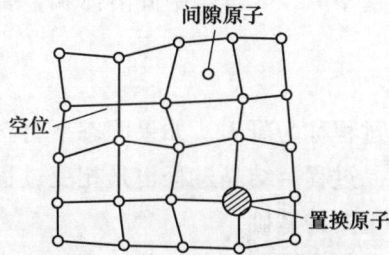

图 2.4 固溶体中的晶格畸变

2.3.2.2 金属间化合物（中间相）

在合金中，当溶质含量超过固溶体的溶解度时，除了形成固溶体外，还将形成晶体结构不同于任一组元的新相，称为金属间化合物。金属间化合物可有多种类型，但它们在二元状态图上所处的位置总是在两个固溶体区域之间的中间部位，所以又称为中间相。

中间相的特点：（1）晶体结构不同于组成元素。组元原子在中间相中各占一定的点阵位置，呈有序排列；（2）中间相多数是金属之间或金属与类金属之间的化合物，其结合以金属键为主，因此它们具有金属性，其性能不同于单个组元，往往有明显的改变；（3）中间相通常是按照一定的或大致一定的原子比结合，可用化学分子式表示。根据其主导因素可分为正常价化合物、电子化合物、间隙相和间隙化合物、拓扑密堆相等。表 2.1 为常见的电子化合物及其结构类型。

表 2.1　常见的电子化合物及其结构类型

合金系	电子浓度		
	$\frac{3}{2}\left(\frac{21}{14}\right)$ β 相	$\frac{21}{13}$ γ 相	$\frac{7}{4}\left(\frac{21}{12}\right)$ ε 相
	晶体结构		
	体心立方晶格	复杂立方晶格	密排六方晶格
Cu-Zn	CuZn	Cu_5Zn_8	$CuZn_3$
Cu-Sn	Cu_5Sn	$Cu_{31}Sn_8$	Cu_3Sn
Cu-Al	Cu_3Al	Cu_9Al_4	Cu_5Al_3
Cu-Si	Cu_5Si	$Cu_{31}Si_8$	Cu_3Si
Fe-Al	FeAl		
Ni-Al	NiAl		

古代青铜器主要为铜-锡（Cu-Sn）二元合金。在许多文献中也经常能够看所谓的铜-锡-铅（Cu-Sn-Pb）三元合金的提法。但是，Pb 与 Cu 和 Cu-Sn 合金之间没有固溶关系，也不能形成金属间化合物，只能以"分离或游离"的状态存在。也就是说，Pb 是作为夹杂物或者杂质元素存在于 Cu-Sn 合金中，而不是合金元素。基于以上合金的定义和合金化原理，不存在所谓的"Cu-Sn-Pb 三元合金"。因此，在本书中，认为更专业的称呼应该是"加 Pb 的 Cu-Sn 合金"，或者写为"Cu-Sn+Pb"形式。其他有关 Sn 含量对青铜性能的影响，以及热加工原理等，也是基于 Cu-Sn 合金中固溶体和金属间化合物等概念。

2.4　纯金属与合金的凝固

物质从液态到固态的转变过程称为凝固。如果固态下材料为晶体，凝固过程是晶体在液态中的生成过程，也称为结晶过程。结晶过程也是相变过程，了解结晶过程也为了解相变过程及相变的普遍规律提供重要的基础。

绝大多数金属和合金的生产与成型都经历熔化、浇铸、冷却过程，凝固为固态得到铸件，再经过其他加工成材。凝固过程中由于外界条件的差异，所获得铸件的内部组织会有所不同，它们的物理、化学和力学性能也会因之而异，对随后的加工工艺或使用带来很大的影响。了解材料的凝固过程，掌握其有关规律，对控制铸件质量、提高制品的性能等都是很重要的。

众所周知，绝大多数古代青铜器是铸造加工方式制作而成的。因此，系统学习和研究金属与合金的凝固特征和理论，对于探索古代工匠在制作青铜器过程中所采用的方法和工艺具有重要意义。

本节主要介绍与古代青铜器铸造相关金属和合金的凝固基本知识，例如过冷度、晶体形核与长大、凝固组织特征、晶粒细化工艺等，以有助于对古代青铜器制作工艺的理解和认识，探索古代工匠高超的青铜器制作技术。

2.4.1 金属结晶的现象

2.4.1.1 过冷现象

晶体凝固的热力学条件：实际凝固温度应低于熔点 T_m，即需要有过冷度。也就是说，纯金属自液态缓慢冷却时，随着冷却时间的不断增加，热量不断地向外界散失，温度也连续下降；当温度降到理论结晶温度 T_0（或者熔点 T_m）时，液态纯金属并未开始结晶，而是需要继续冷却到 T_0 以下某一温度 T_n 时，液态金属才开始结晶，如图 2.5 所示，这种现象称为过冷现象。理论结晶温度与实际结晶温度之差称为过冷度，即有 $\Delta T = T_0 - T_n$。图中有一个平台，这是由于液态纯金属在结晶时产生结晶潜热与向外界散失的热量相等的原因。这个平台一直延续到结晶过程完毕，纯金属全部转变为固态为止，然后再继续向外散热直至冷却到室温，相应的冷却曲线呈连续下降。

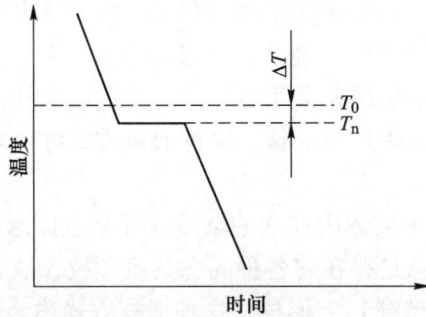

图 2.5 纯金属的过冷曲线

一般来讲，实际结晶温度总是低于理论结晶温度，过冷度随金属的本性和纯度的不同，以及冷却速度的差异可以在很大的范围内变化。金属种类不同，过冷度的大小也不同；金属的纯度越高，则过冷度越大。当这两个因素确定之后，过冷度的大小主要取决于冷却速度。在实际工程应用中，液态金属冷却速度总是比较快，冷却速度越快，则过冷度越大，实际结晶温度越低。

2.4.1.2 形核与长大过程

结晶过程是形核与长大的过程。结晶时，首先在液体中形成具有某一临界尺寸的晶核，然后这些晶核再不断地凝聚液体中的原子继续长大。形核过程与长大过程既紧密联系又相互区别，如图 2.6 所示。

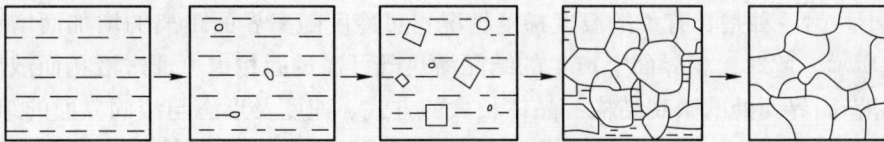

图 2.6 金属结晶过程示意图

当液态金属过冷至理论结晶温度以下的实际结晶温度时，晶核并未立即产生，而需要经过一定时间以后才开始出现第一批晶核；结晶开始前的这段停留时间称为孕育期。随着时间的推移，已形成的晶核不断长大，与此同时，液态金属中又产生第二批晶核；依此类推，原有的晶核不断长大，同时又不断产生新的第三批、第四批、……，就这样液态金属中不断形核，形成的晶核不断长大，使液态金属越来越少，直到各个晶体相互接触，液态金属耗尽，结晶过程进行完毕。

由一个晶核长成的晶体，就是一个晶粒。由于各个晶核是随机形成的，其位向各不相同，因此各晶粒的位向也不相同，这样就形成一块多晶体金属；如果在结晶过程中只有一个晶核形成并长大，则形成一块单晶体金属。

2.4.2　形核

形核是指固相核心的形成过程，形核方式分为均匀形核和非均匀（异质）形核两种。

（1）均匀形核。由近程有序的原子团（晶胚）转变为晶核。液态纯金属的内部原子排列从整体来看是不规则的，但在某些局部会存在一些尺寸大小不同的有规则排列的小原子团，它们是不稳定的，时起时伏，直至温度过冷到实际结晶温度并停留一段时间以后，这些在一定尺寸以上的原子小集团就会稳定下来，即形成晶核并开始慢慢长大。这种由液体结构内部自发长出的晶核称为自发晶核，这种形核方式称为均匀形核，又称均质形核或自发形核。

（2）非均匀形核。依附于液体内存在的杂质或外来表面形核。在实际铸造中，均匀形核现象很少，通常金属液中总是存在着各种固态杂质颗粒，液态金属的原子常常依附于这些固态杂质颗粒（包括铸模型壁）上形核，这种形核方式称为非均匀形核，又称非自发形核。实际金属的结晶主要是按非均匀形核的方式进行。

实验证明均匀形核所需的形核功较大，需要很大的过冷度才能形核，而实际金属中不可避免地存在着杂质颗粒，这些杂质促进了非均匀形核的进行，因此实际工程应用中的金属铸件结晶时的过冷度一般都在20℃以下。

2.4.3　长大

晶核一旦形成便开始长大。影响晶体长大的因素有：

（1）液-固界面处的温度梯度：液-固界面处的温度分布是晶体生长时需要考虑的一个重要因素，它可分为正梯度和负梯度两种。一般液态金属在铸型中凝固，其热量是通过型壁传导散出，因此靠近型壁温度最低，凝固最早发生，而越靠近熔液中心，温度越高，即具有正的温度梯度，如图2.7（a）所示。故在凝固晶体前沿的过冷度是随离界面距离的增加而减小。另一种是具有负的温度梯度情况：过冷度随离界面距离的增加而增大，如图2.7（b）所示。此时，相界面上产生的结晶潜热既可通过固相也可通过液相而散出。

（2）液-固界面处的微观结构：晶体长大的方式、速度及形态与液固界面的结构有关。固-液界面按微观结构分类可分为光滑界面和粗糙界面。光滑界面是指固相表面为基本完整的原子密排面，固液两相截然分开，从微观上看界面是光滑的。但是从宏观来看，界面呈锯齿状的折线。粗糙界面是指在微观上高低不平、粗糙、存在几个原子厚度的过渡层。但是宏观上看，界面反而是平直的。

（3）晶核长大机制：连续长大、二维形核台阶生长、依赖螺位错的螺旋长大。

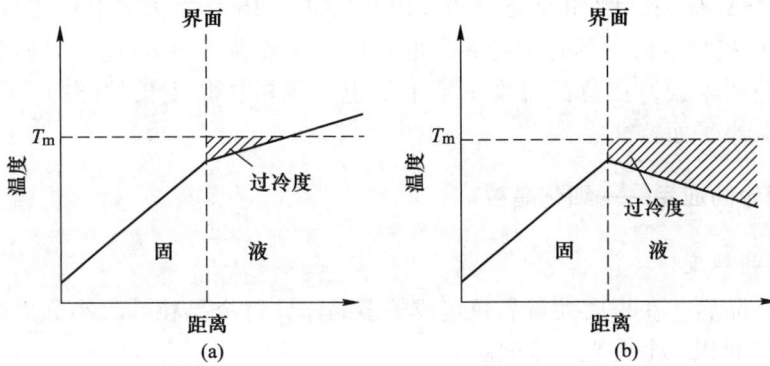

图 2.7 两种温度分布示意图
（a）正梯度；（b）负梯度

2.4.4 纯金属凝固时的生长形态

纯金属凝固时的生长形态，取决于液-固界面的微观结构和界面前沿液相中的温度分布情况。即在正的温度梯度下的情况，宏观生长方式为平面状生长；在负的温度梯度下的情况，宏观生长方式为树枝状生长。

（1）正温度梯度下纯金属结晶的平面生长：正的温度梯度下，结晶潜热只能通过固相而散失，相界面的推移速度受固相传热速度所控制。晶体的生长是以接近平面状向前推移。

（2）负温度梯度下纯金属结晶的树枝状生长：负的温度梯度下，相界面上产生的结晶潜热既可通过固相也可通过液相而散失。相界面的推移不只由固相的传热速度所控制，在这种情况下，如果部分的相界面生长凸出到前面的液相中，则能处于温度更低（即过冷度更大）的液相中，使凸出部分的生长速度增大而进一步伸向液体中。在这种情况下液-固界面就不可能保持平面状而会形成许多伸向液体的分枝（沿一定晶向），同时在这些晶枝上又可能会长出二次晶枝，在二次晶枝再长出三次晶校，如图 2.8 所示。晶体的这种生长方式称为树枝生长或树枝状结晶。树枝状生长时，伸展的晶枝轴具有一定的晶体取向，这

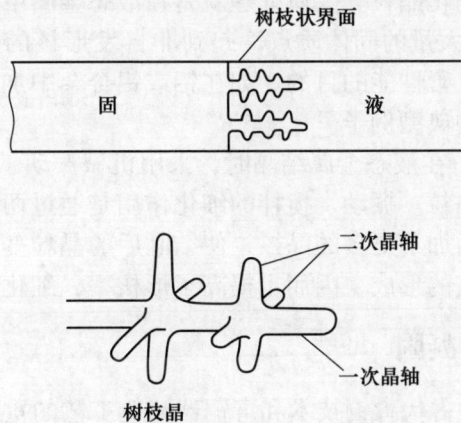

图 2.8 树枝状晶体生长示意图

与其晶体结构类型有关，例如面心立方<100>方向、体心立方<100>方向和密排六方<1010>方向。树枝状生长在具有粗糙界面的物质（如金属）中表现最为显著，而对于具有光滑界面的物质来说，在负的温度梯度下虽也出现树枝状生长的倾向，但往往不甚明显，而仍保持其小平面特征。

2.4.5 凝固理论的应用——细化晶粒

2.4.5.1 晶粒度

实际金属结晶后，获得由大量晶粒组成的多晶体，每个晶粒的大小称为晶粒度，通常采用晶粒的平均面积或平均直径来表示。

金属材料的晶粒大小（或单位体积中的晶粒数）对材料的性能有重要的影响。例如，其强度、硬度、塑性和韧性都随着晶粒细化而提高，因此，控制材料的晶粒大小具有重要的实际意义。应用凝固理论可有效地控制结晶后的晶粒尺寸，达到使用要求。

金属结晶时，每个晶粒都是由一个晶核长大而成的，晶粒的大小取决于形核率和长大速率的相对大小。形核率越大，则单位体积中的晶核数目越多，每个晶核的长大余地越小，因而最后长成的晶粒越细小。同时，长大速度越慢，则在长大过程中将会形成越多的晶核，因而晶粒越细小。反之，形核率越小，长大速度越快，则晶粒越粗大。

因此，凡能促进形核、抑制长大的因素，都能细化晶粒。反之，凡能抑制形核、促进长大的因素，都使晶粒粗化。

2.4.5.2 控制晶粒度的方法

在工程上，为了细化晶粒度以提高铸件及焊缝的性能，可以采用以下几种方法：

（1）控制过冷度。在一般金属结晶时的过冷范围内，过冷度越大，晶粒越细小，所以可以通过增大过冷度来细化晶粒。增加过冷度主要可以通过提高液体金属的冷却速度和过冷能力来达到。在铸造中可以用金属型铸造代替砂型铸造，以及改变铸造工艺，包括采用提高金属熔化温度，降低浇铸温度和慢速浇铸等措施，以提高铸件的冷却速度，获得较大的过冷度。

（2）变质处理。对于厚大铸件来说，很难获得较大的冷却速度，即使可以冷却得很快，也会因各部位冷却不均匀而产生较大的内应力，导致铸件变形甚至开裂，这时就要采用变质方法或物理方法来细化晶粒。变质处理就是在液态金属中加入某些物质（称为变质剂），使它在金属液中形成大量的固体质点，起到非自发形核的作用，促进形核，抑制长大，从而达到细化晶粒，改善性能的目的。如在铝或铝合金中加入微量钛，钢中加入微量钛、铝等，就是变质处理的典型例子。

（3）振动、搅拌处理。在液态金属结晶时，采用机械振动、超声波振动或电磁搅拌处理等方法，可获得细小的晶粒。振动、搅拌的细化作用是通过两个方面进行的，一是使正在生长的枝晶破碎，从而增加了更多的晶核，使结晶后的晶粒变细；二是由于振动、搅拌提供了能量，促使自发晶核的形成，因而也提高了形核率，细化了晶粒。

2.5 二元相图及合金的凝固

本节内容是研究和探索古代青铜技术和青铜器铸造工艺的重要基础，限于篇幅，只做简单介绍。

2.5.1 二元相图概论

合金相图表明了合金系的状态与温度、成分间的关系，表示合金系在平衡条件（即缓慢加热或冷却条件）下，不同温度、成分下的各相的关系，因此又称为平衡相图。

利用相图，可以了解不同成分的合金，在不同温度时的平衡条件下的状态，由哪些相组成，每个相的成分及相对含量等，还能了解合金在加热冷却过程中可能发生的转变。因此，相图是进行微观分析，制定铸造、锻造、热处理工艺的重要依据。

在常压下，二元合金的相状态决定于温度与成分，因此二元合金相图可用温度-成分坐标系的平面图来表示。所涉及的基本概念包括：相律、相图的表示方法、杠杆定律，以及匀晶相图、共晶相图、包晶相图及其凝固特征等。

2.5.2 二元相图的应用

二元相图的应用主要在如下4个方面：（1）分析凝固的过程、组织；（2）判断热处理的可能性；（3）判断决定热处理温度、热加工温度；（4）判断合金的性能。

相图既可以表明合金成分与组织间的关系，又可以反映不同合金的结晶特点。合金的力学性能和物理性能决定于它们的成分和组织，合金的某些工艺性能则取决于其结晶特点。因此，在相图、合金成分、合金性能之间有着一定的联系，利用这些规律，可以根据相图大致判断不同合金的性能，作为开发和选用合金的参考。

例1：合金力学性能与相图的关系

图2.9表明了相图与合金力学性能的关系。由图可知，当合金由两相组成时，这些性能是组成相性能的计算平均值，即与合金成分呈直线关系。固溶体的力学性能与合金成分呈曲线关系；对应化合物在曲线上出现奇异点。事实上双相合金的力学性能还与各相的分散度有关，组成相越细小分散，其强度、硬度越高，如图2.9中虚线所示。

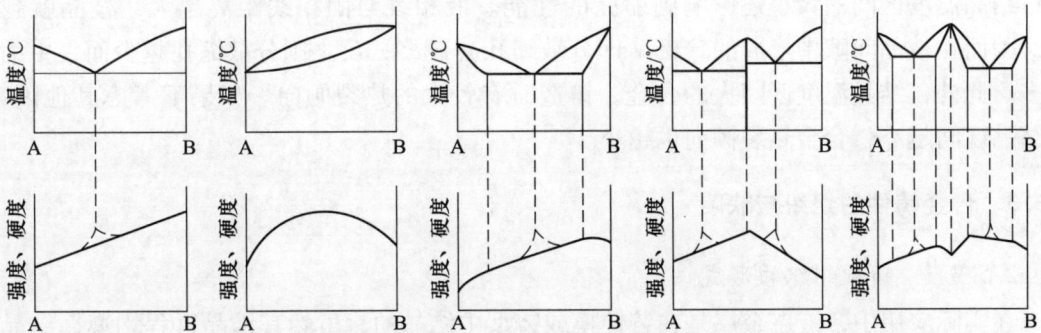

图2.9 相图与合金硬度和强度之间的关系

例2：合金铸造性能与相图的关系

合金的铸造性能主要表现在：流动性（即液体充填铸型的能力）、缩孔、偏析及热裂倾向等方面。从状态图来看，合金的铸造性能首先是决定于液相线与固相线间的水平距离及结晶的温度间隔（液相线与固相线间的垂直距离）。试验表明，液相线与固相线间的水平距离及垂直距离越大，则固溶体的枝晶偏析越大，合金的流动性越差，如图2.10所示。

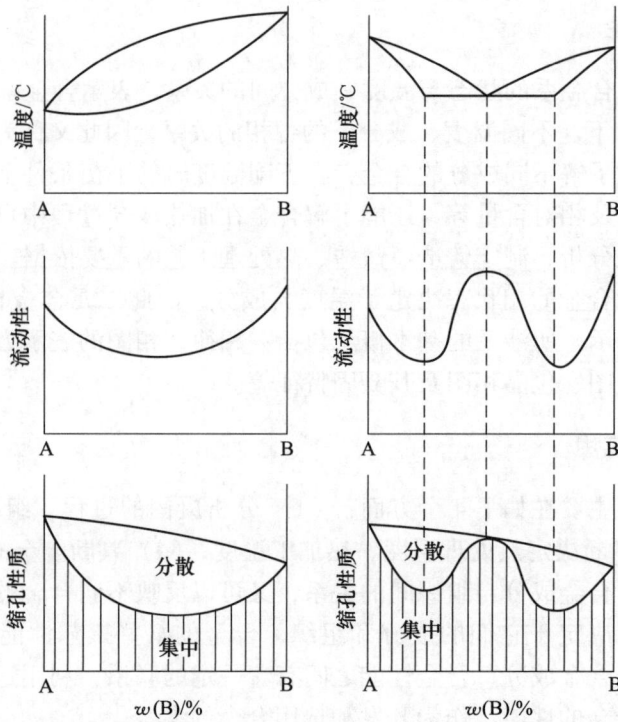

图 2.10 相图与合金流动性和缩孔性质之间的关系

图 2.10 还表明，形成固溶体的合金流动性不如纯金属，而且在液相线和固相线的最大间隔处达到最低点。在具有共晶转变的合金系中，靠近共晶成分的合金流动性最好，因为此处液相线与固相线的间隔最小，而且这里的合金熔点最低。

结晶温度区间的大小还影响到缩孔的性能。液相线与固相线距离越大，枝晶就越发达，因而在枝晶间隙中形成的疏松（即分散缩孔）越多；反之则分散缩孔越少而集中缩孔越多。此外，结晶温度区间大的合金，铸造时有较大的热裂倾向。如果不考虑其他因素，则结晶区间越小，合金热裂倾向也越小。

2.5.3 合金铸件的组织与缺陷

2.5.3.1 铸锭组织的形成

在实际应用中，液态金属是在铸锭模或铸型中结晶的，虽然其结晶过程均遵循结晶的普遍规律，但是由于其冷却条件的复杂性，因而使铸锭或铸件的结晶过程及结晶组织具有其自身的特点和复杂性。金属铸锭的宏观组织通常由三个晶区组成，即外表层的细晶区、中间的柱状晶区和心部的等轴晶区，如图 2.11 所示。根据浇注条件的不同，铸锭中存在的晶区数目和它们的相对厚度可以改变。

（1）表层细晶区。铸锭的最外层是一层很薄的细小等轴晶粒区，各晶粒的取向是随机的。当金属液注入铸模后，由于模壁温度较低，表层金属液受到模壁的强烈过冷，形成大量晶核，同时，模壁及金属液中的杂质有非均匀形核的作用，因而形成细晶组织。

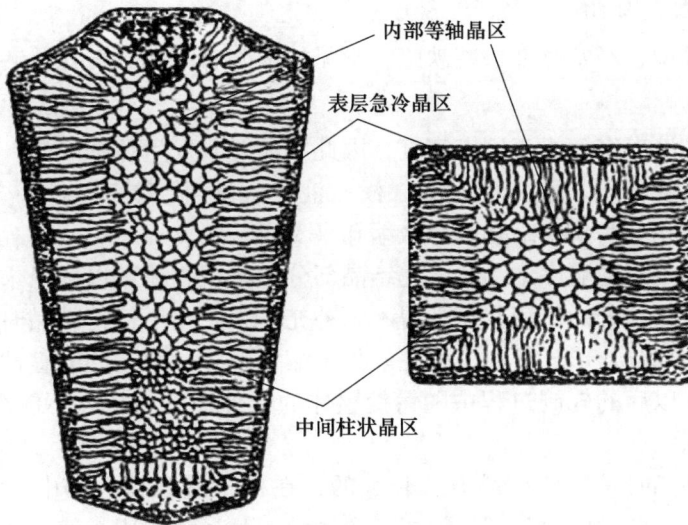

图 2.11 铸锭组织示意图

（2）柱状晶区。柱状晶区由垂直于模壁的粗大的柱状晶构成。在细晶区形成的同时，模壁温度升高，金属液冷却减慢。此外，由于细晶区结晶潜热的释放，使细晶区前沿液体的过冷度减小，形核率大大下降，此时各晶粒可较快成长，它们的生长方向是任意的，但只有那些一次晶轴垂直于模壁的晶体，因与散热方向一致而优先生长，从而长成柱状晶粒，而另一些晶轴倾斜于模壁的晶体的生长则受到阻碍而不能继续生长。

（3）中心等轴晶区。随着柱状晶的发展，经过散热，铸锭中心部分的液态金属的温度已比较均匀，全部降至熔点以下，再加上液态金属中的杂质等因素的作用，满足了形核时对过冷度的要求，于是在整个剩余液体中同时形核。由于此时的散热已经失去了方向性，晶核在液体中可以自由生长，在各个方向上的长大速度差不多相等，于是就长成了等轴晶。当它们长到与柱状晶相遇，全部液体凝固完毕后，就形成了明显的中心等轴晶区。

2.5.3.2 铸锭组织的特性

表层细晶区的晶粒十分细小，组织致密，力学性能很好。但由于细晶区的厚度一般都很薄，有的只有几毫米厚，因此没有多大的实际意义。

在柱状晶区中，晶粒彼此间的界面比较平直，组织比较致密。但当沿不同方向生长的两组柱状晶相遇时，其接触面会富集较多的杂质、气泡等，因而是铸锭的脆弱结合面，当压力加工时，易于沿这些脆弱面开裂。对塑性差的金属或合金，如钢铁和镍合金等，应力求避免形成发达的柱状晶区，否则往往导致热轧开裂而产生废品；而对塑性好的金属或合金，即使全部为柱状晶组织，也能顺利地进行热轧而不至开裂。此外，柱状晶区的性能有方向性，沿柱状晶晶轴方向的强度较高。

与柱状晶区相比，等轴晶区的各个晶粒在长大时彼此交叉，枝杈间的搭接牢固，裂纹不易扩展。另外，等轴晶区不存在明显的脆弱界面，各晶粒的取向各不相同，其性能也没有方向性。这是等轴晶区的优点。但其缺点是等轴晶的树枝状晶比较发达，分枝较多，因此组织不够致密，但对性能的影响不大。因此，一般的铸锭，尤其是铸件，都要求得到发达的等轴晶组织。

2.5.3.3 铸锭的缺陷

在铸锭或铸件中，经常存在一些缺陷，常见的缺陷有缩孔、气孔及夹杂物等。

A 缩孔

大多数金属的液态密度小于固态密度，因此结晶时要发生体积收缩，使原来填满铸型的液态金属凝固后就不再填满，此时如果没有液体金属继续补充的话，就会出现收缩孔洞，称为缩孔。缩孔分为集中缩孔和分散缩孔（又称疏松）。

金属铸锭由表及里地顺序结晶时，先结晶部分的体积收缩可以由尚未结晶的液态金属来补充，而最后结晶部分的体积收缩则得不到补充，因此整个铸锭结晶时的体积收缩都集中到了最后结晶的部分，形成了集中缩孔。集中缩孔破坏了铸锭的完整性，并使其附近含有较多的杂质，在以后的轧制过程中随铸锭整体的延伸而伸长，并不能焊合，造成废品，所以必须予以切除。

大多数金属结晶时是以树枝晶方式长大的，在柱状晶和粗大的中心等轴晶形成过程中，由于树枝晶的充分发展及各晶枝间相互穿插和相互封锁作用，使一部分液体被孤立分隔于各枝晶之间，凝固收缩时得不到液体的补充，于是在结晶结束之后，便在这些区域形成许多分散的显微缩孔，称为疏松。疏松使铸锭的致密度降低，在一般情况下，疏松处没有杂质，表面也未被氧化，在压力加工时可以焊合。

B 气孔

在液态金属中总会或多或少地溶有一些气体，而气体在固体中的溶解度往往比在液体中小得多，因此，当液态金属凝固时，其中所溶解的气体将逐渐富集于结晶前沿的液体中，最后在液-固界面上的有利位置形核并长大，形成气泡，或称气孔。另外，气泡也可由于液体中的某些化学反应所产生的气体而形成。如果气体在结晶完毕时还来不及逸出，就会保留在铸锭内部，形成气孔。气孔在轧制过程中大多可以焊合，但表面氧化的气孔，会造成微细裂纹和表面起皱现象，严重影响金属的质量，所以在冶炼和铸造过程中，应严格控制可能产生气孔的各种因素。

C 夹杂物

铸锭中的夹杂物，根据其来源可分为两类，一类称为外来夹杂物，如在浇注过程中混入的耐火材料等；另一类称为内生夹杂物，它是在液态金属冷却过程中形成的，如金属与气体（如氧、氮等）形成的金属氧化物或其他金属化合物，有时会残留在铸锭内。夹杂物的存在对铸锭的性能会产生一定的影响。

2.6 固体中的扩散

固体中的扩散现象和理论是现代材料学的重要内容之一。扩散的定义是晶体中原子的迁移过程。广义定义是原子倾向于从化学势高的地方向化学势低的地方扩散，即扩散是由于化学势梯度决定的。从微观上说扩散不是原子与原子之间的直接交换，而是原子与空位之间的交换，即原子向某一方向扩散，也可以说，有空位向相反的方向移动。扩散一般分为两类：（1）原子扩散，在单晶体中进行，扩散的结果不改变晶体的基本结构；（2）反应扩散，扩散的结果形成了与原来晶体不同的新结构（新相）。在固体材料中很多现象都与扩散有关，如熔化、凝固、固溶、沉淀、相变、再结晶、晶粒长大、均匀化、范性形变、氧化、脱碳、渗碳、蠕变、烧结、压焊等。

本节把扩散专门进行介绍是由于在研究中发现某些古代青铜器表面有数十至数百微米厚的"富锡层"。通常认为制作这个"富锡层"是古人为了装饰、耐腐蚀和耐磨损等，对青铜器表面进行了热浸或擦锡处理，又称膏剂涂覆法。

按照现代材料学理论，"富锡层"的形成本质是在高温下，Sn 原子向 Cu（或 Cu-Sn 合金）中的一个扩散过程。也就是说，将 Sn 涂敷在青铜器表面，加热使 Sn 熔化，由于浓度差，Sn 向青铜基体内扩散，并形成 Cu-Sn 合金及中间相，从而在表面形成一层致密高硬度的"富锡层"。

然而，在理论上存在一个问题，即 Sn 原子半径（0.158nm）大于 Cu 原子半径（0.128nm），根据固态物质扩散理论，Sn 在 Cu 中的扩散过程属于置换式原子扩散机制。众所周知，在实际中这个过程会非常缓慢，难以进行。

那么，古代工匠通过膏剂涂覆法获得具有一定厚度的"富锡层"是否具有科学依据和可行性呢？要解决这个问题，就需要学习和了解固体扩散理论和扩散机制，并利用扩散理论进行模拟计算与实验验证，以探讨古代青铜器的表面处理工艺过程。

2.6.1 扩散定律

扩散定律是由 A. Fick 提出的，因此又称菲克（Fick）定律，包括菲克第一定律和菲克第二定律。菲克第一定律描述了原子扩散通量 J 与浓度梯度（dc/dx）之间的关系，即扩散通量与浓度梯度成正比，并且扩散方向与浓度梯度方向相反。菲克第一定律描述了一种扩散物质的质量浓度不随时间变化的稳态过程，因而不能描述大多实际情况的非稳态扩散。因此，在引入质量守恒定律后，由菲克第一定律导出了可应用于非稳态过程的第二定律。根据不同扩散问题的初始条件和边界条件，由菲克第二定律可求解出扩散物质随时间和位置的变化规律。

2.6.1.1 菲克第一定律

菲克第一定律是 A. Fick 于 1855 年通过实验导出的。菲克第一定律指出，在稳态扩散过程中，扩散流量 J 与浓度梯度（dc/dx）成正比：

$$J = -D\frac{dc}{dx} \tag{2.1}$$

式中，D 为扩散系数，是描述扩散速度的重要物理量，它表示单位浓度梯度条件下，单位时间单位截面上通过的物质流量，cm^2/s；负号表示物质沿着浓度降低的方向扩散。

从菲克第一定律看，扩散的驱动力是浓度梯度，即物质从高浓度向低浓度扩散，扩散的结果导致浓度梯度的减小，直至成分均匀，扩散停止。但实际上，在某些情况下的扩散，物质出现从低浓度向高浓度扩散的"上坡扩散"或"逆向扩散"的现象。扩散的热力学分析表明，扩散的驱动力是化学势梯度（$d\mu/dx$），而不是浓度梯度，由此不仅能解释正常的"下坡扩散"现象。也能解释"上坡扩散"的反常现象。

2.6.1.2 菲克第二定律

实际上，稳态扩散的情况是很少的，大部分属于非稳态扩散，这就要应用菲克第二定律。菲克第二定律是由第一定律推导出来的。在非稳态扩散过程中，若 D 与浓度无关，则菲克第二定律的表达式为：

$$\frac{\partial c}{\partial \tau} = D \frac{\partial^2 c}{\partial x^2}$$

(2.2)

式中，τ 为时间。

这个方程不能直接应用，必须结合具体的初始条件和边界条件才能求出积分解以便应用。

2.6.2　扩散的本质

固态物质中的原子在其平衡位置并不是静止不动的，而是不停地以其结点为中心以极高的频率进行着热振动。原子振动的能量大小与温度有关，温度越高，则原子的热振动越激烈。当温度不变时，尽管原子的平均能量是一定的，但每个原子的热振动还是有差异的，有的振动能量可能高些，有的可能低些，这种现象称为能量起伏。

在固态金属中，原子按一定的规律呈周期性地重复排列着，其所处的晶格间的位能也呈周期性规律变化，如图 2.12 所示。原子的每个平衡位置都对应着一个势能谷，在相邻的平衡位置之间都隔着一个势垒，原子要由一个位置跳到另一个位置，必须越过中间的势垒，而原子的平均能量总是低于势垒，所以原子在晶格中要改变位置是非常困难的。但是，由于原子的热振动存在着能量起伏，因此总会有部分原子具有足够高的能量能够跨越势垒 Q，从原来的平衡位置跃迁到相邻的平衡位置上去。原子克服势垒所必需的能量称为激活能，它在数值上等于势垒高度 Q。因此，固态扩散是原子热激活的过程。

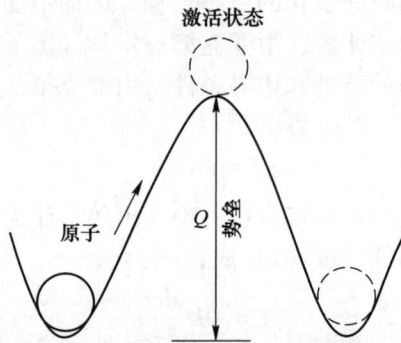

图 2.12　固体金属中的周期势场

固态中原子的移动没有方向性，即向各个方向跃迁的概率都是相等的。但在浓度梯度或应力梯度等扩散推动力的作用下，金属中的特定原子向特定方向跃迁的数量增大，产生该种原子的宏观定向移动。

2.6.3　扩散机制

所谓扩散机制，就是扩散原子在晶体点阵中移动的具体方式。目前人们还不能直接观察到原子的移动方式，但提出了几种扩散模型。

2.6.3.1　间隙式原子扩散机制

在间隙固溶体中，尺寸较大的溶剂原子构成了固定的晶体点阵，而尺寸较小的间隙原子处在点阵的间隙中。由于固溶体中间隙数目较多，而间隙原子数量又很少，这就意味着在任何一个间隙原子周围几乎都是间隙位置，为间隙原子的扩散提供了必要的结构条件。也就是说，小的间隙原子，如钢铁中的碳、氮原子，存在于晶格的空隙中，扩散时就由一个空隙位置跳到另一个空隙位置，如图 2.13 所示。然而，间隙原子换位时，必须从金属原子之间挤过去，这就是势垒的成因。扩散激活能就用于克服这一势垒。式（2.3）为扩散系数计算公式：

$$D = D_0 e^{-\frac{Q}{kT}} \tag{2.3}$$

式中，D_0 为扩散常数；Q 为扩散激活能；k 为玻耳兹曼常量；T 为温度。

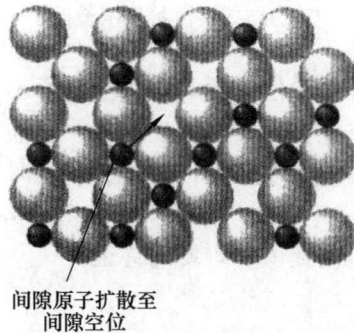

间隙原子扩散至
间隙空位

图 2.13　间隙式原子扩散示意图

2.6.3.2　置换式原子扩散机制

置换式原子扩散是原子通过相邻两原子直接交换位置。由于原子几乎是刚性球体，因此一对原子交换位置时，它们相邻的原子必须退让出适当的空间，这样势必引起交换原子附近晶格发生强烈的畸变，需要的扩散激活能很大，对扩散机制很不利，如图 2.14 所示。因此，一般来说，这种扩散机制很难实现。

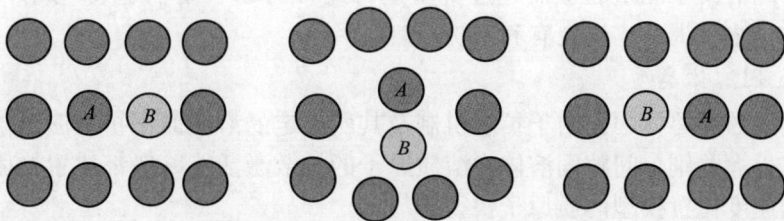

图 2.14　置换式原子扩散示意图

2.6.3.3　空位式原子扩散机制

空位式原子扩散是原子从正常位置跳到邻近空位，即通过原子与空位交换位置而实现扩散。在固态金属中，每一温度下都存在一定浓度的空位。由于空位的存在，给原子的迁移提供了一个方便的途径，可以使空位旁边的原子很容易地迁移到空位上去，同时使空位在新的结点上出现，如图 2.15 所示。式（2.4）为面心立方（fcc）结构时的扩散系数计算公式：

$$D = D_0 e^{-\frac{Q+E_s}{kT}} \tag{2.4}$$

式中，D_0 为扩散常数；Q 为扩散激活能；E_s 为空位形成能；k 为玻耳兹曼常量；T 为温度。

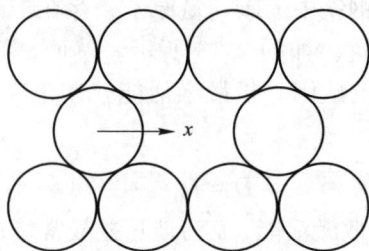

图 2.15 空位扩散示意图

在空位扩散时，扩散原子跳入空位，此时所需的能量不大，但每次跳动必须有空位移动与之配合，即原子进入相邻空位实现一次跳动之后，必须等到一个新的空位移动到它的邻位，才能实现第二次跳动。因此实现空位扩散，必须同时具备两个条件：（1）扩散原子周围存在点阵空位（结构条件）；（2）扩散原子具有超越势垒的自由能（能量条件）。柯肯达尔效应的发现为确定这一机制提供了重要的佐证。

2.6.4 影响扩散的因素

2.6.4.1 温度

温度是影响扩散系数的最主要因素。在一定条件下，扩散系数可用下式表示：

$$D = D_0 e^{-\frac{Q}{kT}} \tag{2.5}$$

式中，D_0 为扩散常数；Q 为扩散激活能；k 为玻耳兹曼常量；T 为温度。

D_0 和 Q 与温度无关，决定于金属的成分和结构，因此由此式可知，扩散系数 D 与温度 T 呈指数关系，随着温度的升高，扩散系数急剧增大。这是由于温度越高，原子的振动能就越大，因此借助于能量起伏而越过势垒进行迁移的原子概率越大。此外，温度升高，金属内部的空位浓度提高，这也有利于扩散。

2.6.4.2 固溶体类型

在不同类型的固溶体中，由于扩散机制及其所决定的溶质原子扩散激活能不同，因而扩散能力存在很大差别。间隙固溶体中溶质原子的扩散激活能一般都比置换固溶体的溶质原子小，扩散速度比置换型溶质原子快得多。

2.6.4.3 晶体结构

（1）不同的晶体结构具有不同的扩散系数。在致密度大的晶体结构中的扩散系数都比致密度小的晶体结构中的扩散系数要小得多，致密度越小，原子越易迁移。

（2）结构不同的固溶体由于对扩散元素的固溶度不同及由此所引起的浓度梯度差别，也将影响扩散速度。

（3）晶体的各向异性也影响到扩散的进行，尤其是对一些对称性较低的晶体结构，扩散的各向异性相当明显。

2.6.4.4 晶体缺陷

金属晶体中的空位、位错、晶界和表面等晶体缺陷在扩散过程中起着极重要的作用。

增加缺陷密度会加速金属原子和置换原子的扩散，而对于间隙原子则不然，一方面会加速其扩散，另一方面会促使其偏聚，反而阻碍扩散，所以情况较复杂。

2.6.4.5 浓度

无论是置换式或是间隙式固溶体，其组元的扩散系数都会随浓度变化而改变。

2.6.4.6 合金元素

在二元合金中加入第三元素时，扩散系数也发生变化，其影响较为复杂。

2.6.5 反应扩散

反应扩散（或称相变扩散），是通过扩散使固溶体内的溶质组元超过固溶极限而不断形成新相的扩散过程。

反应扩散速度取决于化学反应和原子扩散两个因素，也就是决定于原子在化合层中扩散速度（v_D）及界面生成化合物的反应速度（v_R），并受速度慢因素控制，控制因素可转化：

（1）$v_R < v_D$，通常化合物层厚度薄时出现，扩散层厚度与时间呈线性关系；

（2）$v_D < v_R$，通常是在化合物层厚度较厚时，浓度梯度减小、扩散减慢，此时扩散层厚度与时间呈抛物线关系。

由反应扩散所形成的相可参考平衡相图进行分析。实验结果表明，在二元合金反应扩散的渗层组织中不存在两相混合区，只有孤立的单相区存在，而且在它们的相界面上的浓度是突变的，它对应于相图中每个相在一定温度下的极限溶解度，不存在两相混合区的原因可用相平衡的热力学来解释。

2.7 材料的塑性变形

现代材料学的理论和实践表明直接浇铸的铸态金属构件是不能直接使用的。这是由于铸态组织往往具有晶粒粗大、组织不均匀、成分偏析及材质不致密等缺陷，因此金属材料经冶炼浇铸后，大多数要进行各种压力加工，如轧制、锻造、挤压、拉丝和冲压等，制成型材和工件。金属材料经压力加工（塑性变形）后，不仅外形尺寸发生了改变，而且内部组织和性能也会发生很大的变化，如图 2.16 所示。

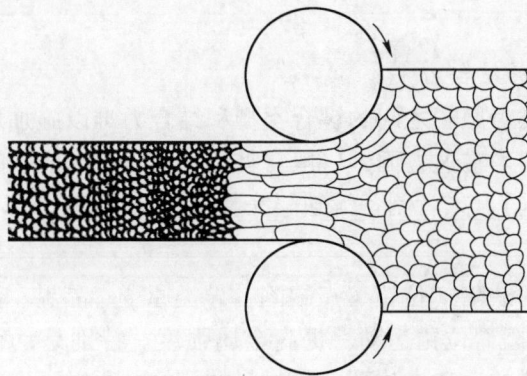

图 2.16 金属轧制示意图

例如，冷塑性变形不仅可以改变金属材料的外形，而且使其内部组织发生了改变。随变形量增大，晶粒逐渐沿着变形方向被拉长，变形量较大时，可被拉成纤维状，称纤维组织。金属冷变形时，由于晶体发生转动，使金属晶体中原为任意取向的晶粒逐渐调整到取向趋于一致，产生变形结构。另外，在冷塑性变形过程中，外力所做的功有一部分（10%）转变为储存能，其表现方式为宏观残余应力、微观残余应力及点阵畸变。点阵畸变及位错密度增加使金属强度、硬度升高，塑性、韧性下降。

经塑性变形的金属材料绝大多数还要进行退火处理，退火又会使金属材料的组织和性能发生与形变相反的变化，这个过程称为回复与再结晶。塑性变形、回复与再结晶是相互影响、紧密联系的。讨论这些过程的实质与规律，对于深入了解金属材料各项力学性能指标的本质，充分发挥材料强度的潜力，正确制定和改进金属压力加工工艺，提高产品质量及合理用材等都有重要的意义。

众所周知，古代青铜器大多数为铸造成型，大量的考古发掘和研究也发现在中国的不同地域和不同时期有经过了热加工或冷加工的铜器样品[5]，甚至有厚度小于 1.5mm，甚至只有 0.5mm 左右的，经过锻打而成的"薄壁青铜器"[6-7]。

这些古代青铜器的冷热加工应该都是在铸造之后。古代工匠是否已经掌握了铸造与后续冷热加工的关系？值得我们重新思考。限于篇幅，相关内容不再做进一步介绍。

2.8 材料的强化

人类最早利用的材料性质就是力学性质。材料的强度是材料性能中最重要的一项，对于结构材料来说，材料的强度更是决定该材料是否胜任实际要求的关键。

古人能够做到"不同青铜器物，采用不同合金配比"，表明他们通过长期大量的实践和实验，已经掌握了金属强化的规律和精髓。按照现在材料学理论，材料的强化途径有很多，数千年前的古代工匠掌握和利用了哪些途径呢？这是一个值得研究的课题。

本节简要介绍材料强化理论，以及几种常用的材料强化方法，如细晶强化、固溶强化、弥散强化和加工硬化等，这些方法有可能被古人"有意"或"无意"之中采用。以现代材料强化理论为指导，对进一步深入了解和研究古代青铜技术的发展水平和发展过程具有重要的指导意义。

2.8.1 材料的强化途径

2.8.1.1 原子之间的结合力

根据物理原理，人类对原子之间的键合类型和结合力难以施加影响，难以去改变键合类型和结合力来强化材料。在这方面，一般常见的方法就是形成新的相（因为新相中的原子键合类型和结合力不同），或者制备无缺陷完整晶体（如晶须）。

2.8.1.2 缺陷

向晶体内引入大量的缺陷（位错、点缺陷、异类原子、晶界、高度弥散的质点或不均匀性偏聚等），这些缺陷阻碍位错运动，提高金属强度。特别是，有很多方法来影响材料中的位错，通过影响位错的运动来达到强化材料的目的。所以可以说，关于材料位错的研究是近代金属物理领域中的最大成果之一。

2.8.1.3　材料的强化方式

（1）合金化和冷加工：构件处于高应力的塑性形变状态。

（2）热处理：固态下要发生相变、有序强化等。

这些强化方式的实现需要一定的条件，不能说对于任何一种材料都可以采用上述某种强化方法来增加其强度。如果在该材料的相图中没有共析相变反应，自然不可能采用共析分解强化。对于那些没有塑性变形的脆性材料，也无法利用冷加工的方法来进一步强化材料。

2.8.2　细晶强化

2.8.2.1　定义

实验和理论分析证明，多晶体的强度随其晶粒细化而提高，晶粒大小（平均直径 d）与屈服强度（σ_s）之间存在以下关系：

$$\sigma_s = \sigma_0 + Kd^{-1/2}$$

式中，σ_0，K 均为材料常数。

这个公式是由英国物理学家 E. O. Hall 和 N. J. Petch 于 20 世纪 50 年代提出的，所以称为 Hall-Petch 公式。这个公式适用于大多数金属材料，并且也大致适用于次晶粒大小对金属屈服强度的影响。

这种通过细化晶粒以提高金属强度的方法称为细晶强化，是目前提高金属材料力学性能的有效途径之一。细晶强化的特点还在于在提高材料强度的同时，也使材料的塑性和韧性得到改善，这是其他强化方法所不能比拟的。

2.8.2.2　材料的晶粒细化工艺

目前实现材料晶粒细化的方法主要有冶金处理细化，如凝固组织细化技术和化学处理法、热处理与加工工艺（如机械处理法）、磁场或电场处理细化、机械球磨法、非晶晶化法等。

（1）凝固组织细化技术。由金属凝固理论可知，等轴晶的形成条件是：凝固界面前沿的液相中有晶核来源，在液相中存在晶核形成和生长所需的过冷度。因而对金属和合金材料凝固组织的细化，无外乎是基于以下的基本原理：增加液相中的形核质点，提高形核率；降低晶核的长大速度或抑制晶核的长大；控制结晶前沿的温度分布等。

目前，金属凝固组织细化方法主要有 4 类：浇注过程和传热条件控制方法、化学处理方法、机械处理方法和外加物理场方法。

浇注过程和传热条件控制方法，包括浇注工艺控制技术、低温浇注、提高冷却速度和增加过冷度等。

提高冷却速度快速凝固可明显细化金属的凝固组织，获得非常好的细化效果。薄板坯连铸工艺使铸坯的凝固冷却速率提高 1~2 个数量级，快速凝固使二次枝晶臂间距减小，最小臂间距可达到亚微米级。

（2）化学处理方法。化学处理的方法是指向金属熔体中添加少量的化学物质或化学元素。这种物质一般称为孕育剂或变质剂。该方法操作简便，细化效果显著。但要求孕育剂细小且弥散才能有效细化晶粒，否则将影响材料的性能。

（3）机械处理方法。机械处理方法主要包括机械搅拌和机械振动两种方法。

采用机械搅拌可造成液相和固相之间产生不同程度的相对运动，即液态金属的对流运动，从而引起枝晶臂的折断、破碎和增殖，达到细化晶粒的目的。但该方法存在两方面不足，一是对熔体搅拌时，易卷入气体，且得不到金属液的及时补充，易形成气孔、缩松等缺陷；二是对高熔点的金属液进行搅拌时，搅拌器损耗严重，对金属熔体造成污染，产生新的质量问题。

采用机械振动的方法也是借助金属熔体的对流运动破碎枝晶，引起晶核增殖来达到凝固组织细化的目的。但该方法在操作中，当机械振动频率提高时，金属凝固组织细化效果会降低，引起钢锭碳化物偏析和疏松严重等问题。

（4）外加物理场方法。本书不作详细介绍，可参见相关文献。

2.8.3　固溶强化

溶质原子的存在及其固溶度的增加，使基体金属的变形抗力随之提高。图 2.17 所示为利用纳米压痕仪测量的 Cu-Sn 合金中 α-Cu 固溶体硬度随溶质元素 Sn 含量增加而提高的曲线[8]。

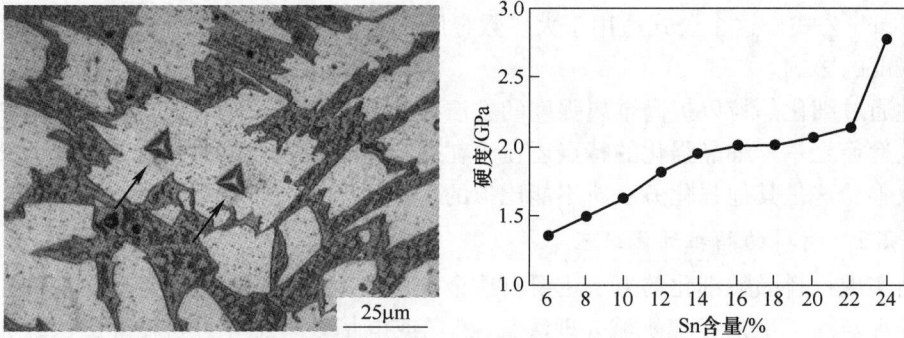

图 2.17　Cu-Sn 合金中 α-Cu 相硬度随 Sn 含量增加的变化规律[8]

一般认为固溶强化是由于多方面的作用，主要有溶质原子与位错的弹性交互作用、化学交互作用和静电交互作用，以及当固溶体产生塑性变形时，位错运动改变了溶质原子在固溶体结构中以短程有序或偏聚形式存在的分布状态，从而引起系统能量的升高，由此也增加了滑移变形的阻力。

影响固溶强化的因素，主要有：（1）溶剂原子和溶质原子的尺寸差别越大，固溶强化的效果越大；（2）添加的合金元素越多，固溶强化的效果也越大。

2.8.4　弥散强化

弥散强化是指将多相组织混合在一起所获得的材料强化效应。通过控制这些相的尺寸、形状、数量和单个相的性能，可以获得理想的性能组合。如果材料中添加的合金元素太多，以致超过了其溶解度，就会出现第二相，形成两相合金。在这两种相之间的界面上的原子排列不再具有晶格完整性。在金属等塑性材料中，这些相界面会阻碍位错的滑移，使材料得到强化，这就是弥散强化的由来。所以，在弥散强化合金中，一定存在着一种以上的相。那些含量大的连续分布的相称为基体，而第二相则一般是数量较少的析出物，有时这两种相也可以是同时形成的。

弥散强化的实质是利用弥散的超细微粒阻碍位错的运动，从而提高材料的力学性能。

在古代青铜器中，在 Cu-Sn 合金中加 Pb 是一个很奇特的现象。众所周知，现代青铜材料中是不加 Pb 的。然而，Pb 与 Cu 和 Cu-Sn 合金之间没有固溶关系，只能以"分离和弥散"的形式存在。Pb 除了增加铸造组织的形核概率获得晶粒细化以外，还有没有弥散强化的作用？值得重新认识和研究。

2.8.5 马氏体相变强化

本节之所以要介绍马氏体相变强化，是由于在一些文献和传说中，春秋末期到战国初期的越国铸剑师欧冶子（约公元前 560—前 510 年），在铸造惊世名剑时采用了淬火工艺。实际上，欧冶子铸造的是钢剑，而不是青铜剑，因为只有钢才有淬火硬化效应，而青铜则没有。这种淬火效应本质上就是马氏体相变强化。

马氏体相变是一种无扩散相变或称位移型相变。严格地说，位移型相变中只有在原子位移以切变方式进行，两相间以宏观弹性形变维持界面的连续和共格，其畸变能足以改变相变动力学和相变产物形貌的才是马氏体相变。

马氏体是黑色金属材料的一种组织名称，是碳在 α-Fe 中的过饱和固溶体。最先由德国冶金学家 Adolf Martens（1850—1914 年）于 19 世纪 90 年代在一种硬矿物中发现。一般情况下，将钢加热到一定温度后经迅速冷却，得到的能使钢变硬、增强的淬火组织——马氏体。马氏体的三维组织形态通常有片状或者板条状，但是在金相观察中（二维）通常表现为针状，这也是为什么在一些地方通常描述为针状的原因。马氏体的晶体结构为体心四方结构（bct）。在中、高碳钢中加速冷却通常能够获得这种组织。高的强度和硬度是钢中马氏体的主要特征之一。20 世纪以来，对钢中马氏体相变的特征累积了较多的知识，又相继发现在某些纯金属和合金中也具有马氏体相变。广泛地把基本特征属马氏体相变型的相变产物统称为马氏体。

马氏体相变强化机制主要包括以下 4 个方面：

（1）固溶强化。间隙原子碳处于 α-Fe 相晶格的扁八面体间隙中，造成晶格的正方畸变并形成一个应力场。该应力场与位错发生强烈的交互作用，从而提高马氏体强度。

（2）相变强化。马氏体转变时在晶体内造成密度很高的晶格缺陷，无论板条状马氏体中的高密度位错还是片状马氏体中的孪晶都阻碍位错运动，从而使马氏体强化。

（3）时效强化。马氏体形成以后，碳及合金元素的原子向位错或其他晶体缺陷处扩散偏聚或析出，钉扎位错，使位错难以运动，从而造成马氏体强化。

（4）晶界强化。马氏体板条或马氏体尺寸越小，马氏体强度越高，是由于马氏体相界阻碍位错运动，过冷奥氏体晶粒越细，马氏体强度越高。

2.8.6 加工硬化

众所周知，金属的性能可以通过冷加工，即在低温下使金属发生形变的方法来改变。在古代青铜器中常常会发现有经过多次捶打的加工痕迹，这些处理除了加工变形的需要外，古代工匠是否也希望获得高强度青铜器呢？毕竟通过冷热加工而使金属硬化的现象非常容易被感知和观察到,至于他们是否能够有意识地使用这种硬化方法,还需要我们在深入的研究中去不断探索。

根据硬化机理,加工硬化,又称为应变硬化,是由于位错增殖所引起的,与位错的交互作用有关。随着塑性变形的进行,位错密度不断增加,位错之间的距离随之减小,位错间的交互作用增强,大量形成位错缠结、不动位错和位错胞等障碍,造成位错运动阻力的增大,引起变形抗力的增加。这样,金属的塑性变形就变得困难,要继续变形就必须增大外力,从而提高了金属的强度。所以能够产生加工硬化的材料必须是位错能够滑移的塑性材料。金属经塑性变形,其力学性能将发生明显的变化,即随着变形程度的增加,金属的强度、硬度增加,而塑性、韧性下降。

2.9　金属的回复和再结晶

金属经过塑性变形会发生加工硬化现象,而且内部产生残余内应力。为了去除内应力,或者为了消除加工硬化现象以便继续变形,需要对冷变形金属进行加热处理,这就是回复和再结晶。

在研究一些古代青铜器时,常常会发现有些经过锻打的器物,如高锡薄壁青铜器和铠甲丝等,其微观组织中并没有发现锻打拉长或压扁的变形组织,而是均匀的回火组织[6,9]。显然这些青铜器在制作过程中,不仅经受了多次锻打,还经过了多次的热处理。这些处理工艺是出于什么目的而进行的,是为了消除残余应力,或者为了获得更好的强度与韧性的综合性能?按照古人的智慧,这些现代材料学中才出现的概念,也许他们早就掌握了。

冷塑性变形的金属在再次加热时,按加热温度及其组织、性能变化的不同,可分为回复、再结晶和晶粒长大三个阶段,如图 2.18 所示。

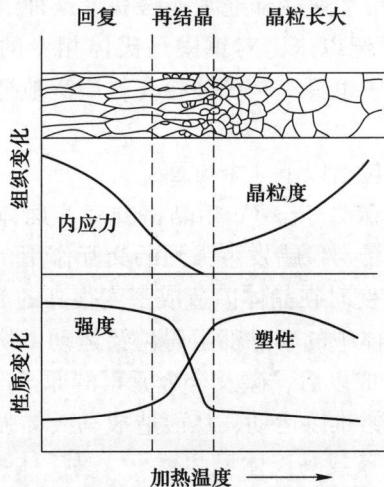

图 2.18　变形金属加热时组织和性能变化示意图

2.10　两种材料表征技术及其应用

材料表征就是提出并在实验中测定描述材料特性的特征参数,阐明这些参数的材料学内涵。材料表征技术则是测定这些特征参数的手段,对于材料学研究意义重大。可供表征的材料特征参数是多方面和多样化的，如化学组成、结构（形貌、微观组织、晶体结构、电子结构）、性能（热学性能、电学性能、磁学性能、力学性能）等。因此，材料学家一般都会根据各自研究的需要选择合适的材料表征技术。随着材料科学和其他交叉学科的快速发展，材料表征技术发生了很大变化，研究对象从宏观到微观层次上更加深入，研究方法趋于综合，以及"原位"测试。其中一些先进的材料表征技术经过几十年的研究和探索，已经积累了大量的成果和经验，有一套完整的理论体系和实验技术。例如，扫描电子显微镜（SEM）及能谱仪（EDS）就是目前观察微观结构和测试化学成分最常用的仪器，拉曼光谱仪也是分析物质成分和晶体结构十分有效的仪器，而纳米压痕仪则可用于微米级微区力学性能的测试。

最近几十年，考古学家一直在思考一个问题：如何从比原先少得多的考古遗存中获取比原先更多的信息？而新兴的材料表征技术则为解答这个难题提供了可能。

在很多论著中对电子显微镜和光谱仪等常规材料表征技术和方法都有了非常详细的介绍和论述，本章主要介绍两种表征技术：电子背散射衍射（EBSD）分析和纳米压痕仪的基础知识，一方面是为了方便后面章节的阅读与理解，另一方面是因为这两种方法在考古和科技考古类文献中还涉及较少，希望通过介绍能够在今后的研究中被广泛使用。

2.10.1　电子背散射衍射分析

EBSD 是近 20 年来发展的新的材料表征技术，已经与能谱仪（EDS）一样，成为扫描电镜（SEM）中的一个常规附件。它通过分析电子束在倾斜样品表面所激发出的衍射菊池花样，从而确定晶体结构、取向关系等晶体学信息，实现了在块状样品上同时进行显微组织形貌观察和晶体学数据分析。该技术具有以下特色：（1）同时展现晶体材料微观形貌、结构与取向分布；（2）高的分辨率（纳米级），特别是与场发射枪扫描电子显微镜（FEG-SEM）配合使用时；（3）与透射电子显微镜（TEM）相比，样品制备简单，可直接分析大块样品；（4）随着计算机运算速度的不断加快，数据统计性能不断提高，现在可达每秒 750 个取向的测定速度。EBSD 技术的优异性使其成为材料显微组织表征的有力手段，并在材料科学研究中获得了广泛应用。

为了更好地阅读和理解本书的研究内容与结果，本小节对 EBSD 技术的原理和应用等进行简要介绍。如果需要进一步学习，可以查阅相关资料[10,11]。

2.10.1.1　扫描电镜中的背散射电子

当一束电子入射到样品表面时会产生多种电子信号，其中背散射电子是与样品表面相互作用后逃离样品表面的那部分电子，且通常是弹性散射的结果。背散射电子是初级弹性电子经过非弹性散射损失了一部分能量的电子。

背散射电子的效率与样品倾斜角有密切的关系。由于低能背散射电子产生的光信号很弱，因此，对背散射电子衍射谱有贡献的电子主要来自能量接近入射电子能量的背散射电子。背散射电子的产生概率随入射电子与样品表面之间夹角的减小而增大，将试样高角度倾斜，可以使电子背散射衍射强度增大。当倾斜角达到一定值后，背散射电子效率趋于平缓。研究表明，倾斜角以 50°~80°之间为宜，EBSD 样品倾斜角一般为 70°。

2.10.1.2   EBSD 技术的晶体学基础

应用 EBSD 技术完成的两个最主要工作就是快速确定晶体结构和晶体取向。

在 EBSD 分析中首先要建立和提供所需的或可能的晶体结构库文件。因此，首先需要了解晶体结构分类及晶体的对称性规律。晶体的对称性分为宏观对称和微观对称。宏观对称是针对晶体的外观而言，其对称要素包括反映面、旋转轴和对称中心，这些对称要素的组合将晶体分为 7 大晶系、32 种点群。微观对称是晶格内部的特征，不能在有限的图形内实现。其对称要素包括平移轴、螺旋轴、滑移面。晶体结构的全部对称要素的组合可得到 230 种空间群。每一种空间群符号表示了不同的晶体结构及原子的排列方式。

然后，还需了解晶体取向和界面的表达方式。晶体的取向定义为晶体的 3 个晶轴（如[100]—[010]—[001]）在样品坐标系（如轴向—横向—法向）的相对方位。取向的表达方式分为两种：（1）数字表示法，包括密勒指数、矩阵、欧拉角和角轴对，且这些表示方法之间可以互相转换；（2）图形表示法，包括极图、反极图、欧拉取向空间和罗格里格斯矢量。界面包括晶界面和相界面。其中，晶界面可根据两侧的晶粒取向差的关系分为小角度晶界、重合位置点阵晶界和大角度晶界；相界面往往表示的是新相和母相之间特定的取向关系。掌握了这些基础知识，才能熟练分析 EBSD 数据，从而提出所需晶体材料信息。

2.10.1.3   EBSD 的系统组成

典型的 EBSD 系统组成如图 2.19 所示。在扫描电镜样品室内，相对于入射电子束，样品被高角度倾斜（70°）并正对着 EBSD 探头。当入射电子束与样品表面发生衍射作用时，产生菊池带；衍射锥体组成的三维衍射花样投影到二维磷屏幕上被截出相互交叉的菊池衍射花样；衍射花样进而被磷屏幕后面的 CCD 相机接收，经过图像处理器处理（包括信号放大、加和平均、去除背底等），再由抓取图像卡采集到计算机中，通过 Hough 变换自动确定菊池带的位置、宽度、强度和带间夹角，并将这些信息与对应的晶体学库中的理

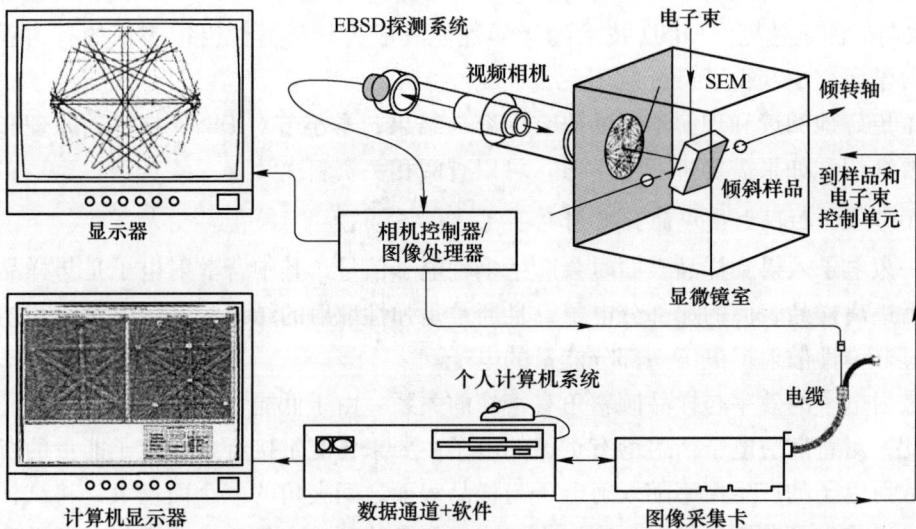

图 2.19   EBSD 系统组成示意图

论值比较，最后标定出晶面指数与晶带轴，以及所测晶粒晶体坐标系相对样品坐标系的取向。

2.10.1.4 EBSD 技术的数据获得及相关原理

A 菊池衍射花样的产生原理

在 SEM 下，电子束与大角度倾转的样品表面作用产生背散射电子，这些背散射电子在传出样品时入射到一定的晶面上，当满足布拉格衍射条件时便产生衍射花样，出现线状菊池衍射花样。由于样品呈高角度倾转，背散射电子传出的路径很短，使得大量衍射电子可从表面逃逸出来，且被磷屏幕接收，如图 2.20 所示。由于 EBSD 的探测器接收角宽度很大，它包含的菊池线对数远远多于透射电子衍射图所包含的菊池线对数。每一对菊池线对应晶体中的一组晶面，由不同晶面形成的菊池线对构成一幅电子背散射衍射花样。EBSD 菊池花样含有丰富的信息，不仅可以确定晶粒取向和结构，还有其他方面的应用。例如点阵的应变情况，即当点阵发生弯曲菊池带会变得模糊；又如再结晶晶粒比形变晶粒的菊池衍射花样清晰很多，这也是软件可自动鉴别再结晶区域和形变区域的依据；分析中软件将菊池衍射花样的突然变化作为判断晶界的准则。

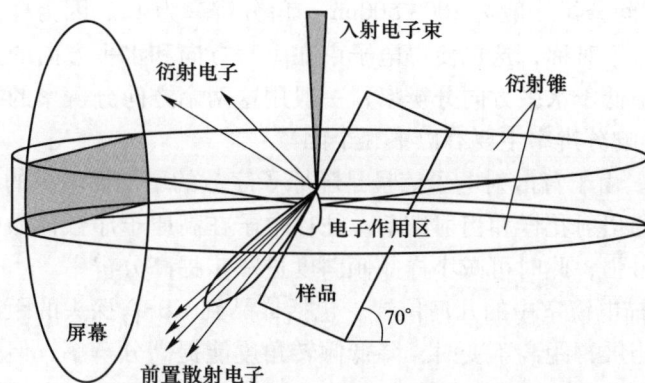

图 2.20 SEM 下菊池衍射花样的产生原理

B 取向标定和相结构鉴定原理

使用 EBSD 系统进行晶体取向标定和相结构鉴定时都要参考标准的晶体学库。有时相似的同结构类型的晶体学库可代用，如面心立方结构铝（Al）的晶体学库文件可用于铜（Cu）、镍（Ni）等。此时，仅需获得菊池带间夹角关系。但当同时进行两个结构相同、点阵常数不同的晶体取向分析时，还需知道菊池带的宽度。在一幅菊池衍射花样图中，菊池线交叉处（菊池极）代表一个结晶学方向，因此可用三菊池极法确定晶体取向。多套三菊池极相互校正后，便可准确地确定所分析样品区域的结晶学取向。

与晶体取向关系标定相比，相鉴定过程更难，更复杂一些，因为还需要获得晶体结构、对称性和原子占位等可靠的晶体学库文件数据。另外，不同相结构的晶体具有不同 EBSD 菊池衍射花样形貌。

C 菊池带的自动识别原理

为了摆脱繁重而又单调的手动标定衍射花样，人们又开始研究自动标定的方法，这首先需要解决的问题是如何确定相对衬底较弱的菊池带。1964 年，Paul Hough 发明了有效自动寻找菊池带的方法，称为 Hough 变换。Hough 变化不仅能确定更弱的菊池带，而且自动识别过程时间短，与菊池带的质量也无关。这些过程在本质上属于图像识别技术。

简单地说，Hough 变换是将原始花样上的一个点按极坐标方程转换为 Hough 空间的一条正弦曲线；这些曲线在 Hough 空间交于同一点，即原始图中一条直线对应 Hough 空间中的一点。这样，由强度较高的菊池带经 Hough 转变得到的强度也较高，使计算机能有效定出菊池带的位置、强度和宽度。一条菊池带经 Hough 转变后成为一对最亮和最暗的点，两点间距就是菊池带的宽度。计算机以前 5 条最强的菊池带信息来计算晶面指数、晶带轴指数和取向。实际过程中，为加快运算速度，往往采用了将 5×5 像素等于 1 点的简化方式。

目前 EBSD 商品软件中普遍采用了 Hough 变换来识别菊池带的坐标，计算菊池带的宽度和带间夹角。标定过程中，确定的菊池带越少，解析的可能结果越多。对于立方或其他有较高对称性的材料，较少的菊池带能快速解析可能的结果；低对称性或难以分析的材料要多选择一些菊池带高精确解析。

D 影响 EBSD 分辨率的因素

EBSD 技术的空间分辨一般为 200~500nm，角分辨率为 1°。因为样品的倾斜性，电子在样品表面的作用区不对称，这也使得电子束在垂直方向和水平方向的分辨率具有一定差异。垂直方向分辨率低于水平方向分辨率，一般用这两个方向分辨率的乘积和平均值表示 EBSD 的分辨率。影响分辨率主要有以下几个因素：

（1）样品材料。由于背散射电子信号是随原子序数的增加而增高的，因此高原子序数的样品具有更清晰的衍射花样和衍射细节。往往电子在高原子序数样品中的穿透力小，获得的背散射电子信号强，此时可减小样品倾斜度进一步提高分辨率。

（2）样品在扫描电镜室中的几何位置。包括样品到 EBSD 探头的距离、倾转角度和样品工作距离。一般当屏幕距离不变时，降低倾转角度能提高分辨率，但又减少了背散射电子的信号，因此通常选用 70°倾斜角较为合适，衍射花样也不易畸变。同时，小的工作距离具有较高分辨率，但也要注意距离太小容易碰撞到极靴。

（3）加速电压。加速电压和电子束及样品表面的作用区大小是呈线性关系的。若要求高的分辨率，则需要减小加速电压，低电压下电子束不易漂移。大的加速电压也有一定的优点，可以提高磷屏幕的发光效率具有更亮的衍射花样，且不受表面磁场的干扰。加速电压的提高使得菊池带变细，但面间距和菊池带轴角不变。

（4）束流。束流的影响不如加速电压明显。一般电子束越细，其在样品中的作用区就越小，相应分辨率较高，但衍射花样清晰度会降低，标定困难，采用折中值较宜。

因此，一般较为理想的工作参数为 70°倾斜角，15mm 工作距离，20kV 加速电压和 5nA 束流。必要时，还可对 EBSD 系统取向进行校正。即在进行 EBSD 分析前，先用已知取向的标准样品对仪器进行标定，确定探测荧光屏到电子束汇聚点的工作距离，然后分析试样时始终保持该工作距离不变。

2.10.1.5 EBSD 技术在材料科学中的应用

由于 EBSD 技术的不断完善和成熟，它常常作为材料显微结构表征的首选手段，被广泛应用于金属、陶瓷、矿物、薄膜等材料，以及地质、半导体器件和微电子封装系统的研究中。利用 EBSD 技术分析和研究材料主要有两个层次：一是 EBSD 技术的初级分析，主要指直接通过测出的数据了解材料发生的微观过程，即没有对这些数据进行加工分析；二是 EBSD 技术的高级分析，指一些通过 EBSD 数据的进一步处理及加入相关的一些知识，从而更进一步得到材料过程的信息，以及建立材料的微观结构模型。

A 显微组织的定性和定量分析

在过去几年里，EBSD 技术的最大的应用领域是对材料显微组织的定性和定量分析，尤其是对一些复杂结构的表征，如焊接组织[12-14]。这可归因于 EBSD 技术快速的成像速度，目前已报道的最快数据采集速度是每秒 750 个扫描点。在逐点扫描的过程中，显微组织的改变引起菊池花样的细微变化都将被记录下来，并最终通过取向成像图反映出来。利用 EBSD 技术观测材料，相对于传统的金相观测手段，可获得更多晶体结构信息。如在晶粒取向分布图中，不仅可以得知每个晶粒的取向，还可以统计晶粒的大小分布、分析晶轴比例、计算晶粒之间的取向关系和取向差[12-13]。对于多相材料，可同时获得相结构的特征分布和相应的取向特征分布。值得一提的是，EBSD 技术晶粒的定义与传统利用金相显微镜直接观测获得的晶粒概念是不同的。在 EBSD 取向成像过程中，晶粒是由晶界取向差来区分的，若定义晶界取向差为某一值时（或称为最低晶界取向差限度值），则在逐点扫描中任意两点间的取向差大于这一设定值就会形成晶界。

B 取向及织构的定量分析

取向和织构的特征分布是 EBSD 技术的一个主要研究应用，其表示方法十分丰富，有极图、反极图、取向分布函数。在材料制备、加工或处理过程中，某些晶粒取向相对于其他晶粒取向有明显的优势，即具有择优取向而形成织构。织构对材料力学和物理性能有着重要的影响。

C 相鉴定与相鉴别

目前，EBSD 技术可以对七大晶系任意对称性的样品进行自动取向测量和标定。该技术结合 EDS 的成分分析可以进行未知相的鉴定。在 EBSD 标定过程中，将未知相产生的菊池衍射花样与数据库中备选相的衍射菊池花样进行对比，当数据库中某一备选相对其他备选相的衍射花样与实际衍射花样匹配度最高时，该相即为所鉴定结构的相。EDS 分析和 EBSD 分析在相鉴定过程中一般是分两个步骤依次进行。化学成分的分析有助于相结构的鉴定，在标定过程中能有效选取备选相。EBSD 相分析技术的另一个优势就是鉴别化学成分相似或相近相。

D 其他应用

上面介绍的应用是 EBSD 技术的基础数据分析。这些数据主要是通过两种方式表达出来的：一种是由显微织构提出的晶体取向及相互之间的关系，如晶粒取向、结构、晶界取向差及晶粒尺寸等；另一种是从传统的宏观织构测量中衍生出来，如极图、反极图、取向分布函数图等。利用这些基础数据可进行深入分析，获得更多材料内部的信息，从而扩展 EBSD 技术在材料科学研究中的应用。

EBSD 技术广泛应用于研究形变材料的塑性性质和形变过程。如应力-应变行为、滑移或孪晶引起的形变、材料加工过程（轧制、挤出、拉伸、烧结、热处理等）中产生的形变，以及一些力学性能（如加工硬化、压痕反应等）相关的形变行为[15]。形变过程中，晶粒内部会发生取向变化及生成大量小角度晶界。这些小角度晶界具有特殊转轴分布，是与特定类型的位错滑移和位错运动量相关的。通过 EBSD 技术统计小角晶界转轴及转角分布，可分析材料的显微组织变化规律，从而确定材料的形变机制。

回复与再结晶的研究也是 EBSD 技术的一个较大应用领域。经过冷形变处理的材料在随后的热处理过程中，以及材料在热处理同时受机械加工作用，晶粒都会发生回复与再结晶现象，即静态再结晶和动态再结晶。EBSD 技术在研究回复与再结晶中，晶粒的取向、尺寸、织构等显微组织演变具有明显优势。

EBSD 技术可有利地分析相转变行为及相间取向关系。相间取向分析有助于理解相变动力学、固态相变、形变诱发相变等现象，常见于材料外延生长、析出、形核等过程中，极图是分析不同相之间取向关系的有效方法。

最后要提到的是 3D-EBSD 取向成像技术，这是 EBSD 技术的一项重要扩展，通过结合聚焦离子束（FIB）和 SEM 获得双束电子，不仅能精密地对立体样品进行原位切割，还能达到高质量的成像图。3D-EBSD 技术的应用主要有两方面的研究。首先它可以研究一些特殊材料或难于制样的材料。其次，三维成像图相对二维图像能提供更多晶体内部结构的信息，如晶粒的体积分布、晶界的取向分布等。

2.10.2　纳米压痕仪及其应用

长期以来，人们一直将压痕法作为测量材料硬度的常用方法。其原理是：记录下压头最大载荷，并在压头卸载后测量残余压痕面积，利用最大荷载除以压痕面积即可得到硬度，所以传统的硬度测试是不考虑压痕过程中的弹性形变。在显微硬度测量中，压痕载荷一般在 0.1~10N 之间。随着微电子材料、薄膜材料和微纳米材料科学的发展，材料（厚度）尺寸越变越小，常常在微米级或亚微米级，甚至纳米级，传统的压痕法显然已经无法满足对这些材料力学性能研究的需要。

近年来，人们研究和发展了一种新的力学测试技术——纳米压痕技术，又称深度敏感压痕技术[16]。它是通过连续控制和记录压头在样品表面的载荷，以及相应位移深度来获得完整的加载和卸载的载荷-位移深度曲线，并由曲线数据来计算材料的力学性能参量。该方法的压头载荷和位移深度分辨率分别小于 50nN 和 0.02nm，大大地扩展了可测试材料的尺寸范围。而且，纳米压痕技术不但可以给出材料的硬度和弹性模量值，而且可以定量表征材料的其他性能，如残余应力、流变应力、屈服强度、形变硬化及断裂韧性、蠕变的激活能和应变速率敏感指数、疲劳失效、摩擦磨损性能等，在材料科学领域应用广泛。

2.10.2.1　纳米压痕仪的基本理论

A　Oliver-Pharr 方法[16]

在压痕实验中，压头接触试样表面时，试样首先发生弹性变形，随着载荷的增加，试样开始发生塑性变形，并且形成与压头形状一致的压痕；当压痕实验结束，压头离开试样表面时，试样中仅发生弹性形变的组织得到恢复。

传统显微硬度测试方法，只关注加载曲线位于最大荷载点（即最大位移深度）时的信息，并且在计算最大位移深度时的压痕面积时，完全忽略试样在卸载曲线过程中发生的弹性恢复，因此其测量的残余压痕面积往往小于最大位移深度时的压痕面积，计算得到的硬度值也偏大。

1992 年，W. C. Oliver 和 G. M. Pharr 成功地建立一次完整的加载和卸载的载荷-位移深度曲线与试样的力学性能参数之间的联系，因此这种方法被称为 Oliver-Pharr 方法[16]，并成为目前大部分商用纳米压痕仪所采用的计算硬度和弹性模量这两个最常用力学性能参量的方法。

基于 Oliver-Pharr 方法获得纳米压痕硬度与传统显微硬度的区别显而易见，具体如下：

（1）硬度定义。纳米压痕硬度定义为压头压入过程中，在某一压痕表面投影上单位面积所承受的瞬时力，即样品对接触载荷承受能力的度量；维氏显微硬度定义为压头卸载后残余在压痕表面积上单位面积所承受的平均力，反映了样品抵抗残余变形的能力。

（2）压痕面积计算方法。纳米压痕技术是通过测量出压痕深度再根据经验公式计算出接触面积；常规的维氏显微硬度仪根据卸载后的压痕照片获得压痕表面积。

因此，相比于常规的维氏显微硬度仪，纳米压痕技术具有以下优势：（1）更多力学性能的表征（如硬度、弹性模量、断裂韧性和蠕变特性等）；（2）更小的测试范围（微米级或亚微米级微区）。

B　连续刚度技术（CSM）[17]

连续刚度技术实现了通过一次压入行为获得硬度和弹性模量随压入深度的变化曲线，又称为连续刚度测量法（CSM）[17]。在非均质材料中，显微结构和力学性能随着深度的变化而变化，因此对于这些材料在压入过程中的连续测试是非常重要的，所以该技术是纳米压痕测试方法发展过程中的一次重大改进。

CSM 方法适合分析显微结构和力学性能随着深度的变化而变化的非均质材料，特别适用于薄膜或涂层等容易受基底效应影响的材料，它可通过观察力学性能随压头压入试样时的压痕深度变化曲线或载荷-压痕深度曲线，来准确判断薄膜或涂层的力学性能在多大压入深度时开始受到基底的影响，可以有效测量薄膜或涂层的真实力学性能。此外，CSM 技术能够直接获得材料力学性能的连续变化，取代了常规方法的离散多次测量结果，并节省了大量的测量时间。

2.10.2.2　纳米压痕仪的结构组成

目前，生产商品化的纳米压痕仪的公司很多，虽然产品各有不同，但纳米压痕仪的基本组成系统基本相同，主要包括了以下 5 个部分，如图 2.21 所示。

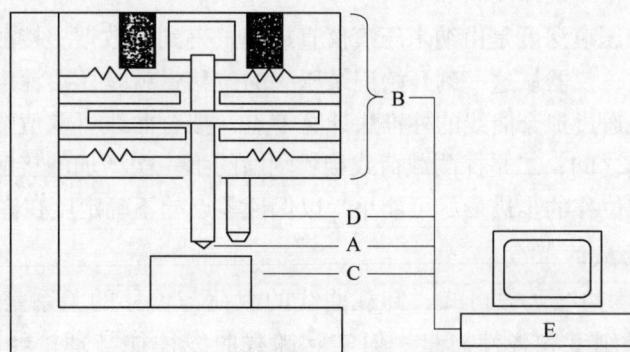

图 2.21　纳米压痕仪工作原理图

A—压头；B—传感系统；C—样品台及其控制系统；D—显微观察系统；E—数据采集与处理系统

A　压头

压头是纳米压痕仪的基础，通常采用金刚石作为压头材料。压头的形状和尖锐程度还决定了计算力学性能参量时一些经验参数的选取，并会引起测试数据的误差，厂商也尝试制造出尖锐程度更接近于理想形状的压头。为了在最小范围内测试材料的力学性能参量，目前，一般优先选择 Berkovich 三棱锥压头，或者 Cube-Cornor 正三棱锥压头。与 Vicker 四棱锥压头相比，三棱锥形压头具有锋利的尖端，更适合小尺度范围的测量。

B　传感系统

传感系统是纳米压痕仪的核心，主要包括荷载感应系统和压痕深度位移感应系统两大部分。荷载感应系统控制超低载荷（可小至纳牛级）作用于试样上，而压痕深度位移感应系统则将载荷的深度位移（至少至纳米级）变化转换为可接收和处理的信息。这两个感应系统的精度决定了整个纳米压痕仪系统的技术水平，一些高端的纳米压痕仪可以通过在这一部分增加组件和模块的形式提高系统的精度。

C　样品台及其控制系统

通过控制试样在水平方向的位移，间接达到控制压痕水平方向的位移的目的。一般而言，纳米压痕仪水平方向位移的精度都低于压痕深度位移的精度，通常在微米级，不过对于一些用于测量亚微米级或纳米级材料的高端纳米压痕仪，其水平方向位移的精度也会提升至纳米级。

D　显微观察系统

纳米压痕仪一般都配有光学显微镜系统，以用于观察试样，选择合适的压痕区域。一些高端的纳米压痕仪还配备类似原子力显微镜（AFM）的组件，既可在压痕实验前观察试样表面平整度或试样位置，又可在压痕实验后，对亚微米或纳米尺度压痕进行成像，并能提供丰富的压痕形变及裂纹等信息，实现"原位"测量。

E　数据采集与处理系统

对压痕深度位移传感系统获得的信息进行处理，再结合荷载感应系统给出的信息，可以获得材料的力学性能定量结果及样品表面形貌结构。

2.10.2.3　影响纳米压痕技术数据精度的主要因素

A　可靠的荷载和压痕深度数据

理论上，荷载和压痕深度是由纳米压痕仪直接测试得到的数据。接触零点就是压头与样品表面的初始接触点，仪器从这一刻开始记录压头的位移量就是压痕深度。确定接触零点目前有两种方法：一是通过拟合曲线的外推法计算零点，拟合曲线可取值的范围应在从零点到最大压痕深度的10%之间；二是探测载荷或接触刚度的第一次增加的接触点为零点，为得到这个接触零点，力或位移的步进量尽可能小，以保证零点的不确定度在许可范围内。

B　荷载-压载曲线的拟合

由载荷-压痕深度曲线函数可知，卸载曲线的载荷与位移的关系是呈指数关系的，进而可以确定弹性接触刚度和弹性模量。但实际卸载曲线往往与理论经验之间存在一些偏差，特别是对薄膜材料和梯度材料等在厚度方向上不均匀的试样。因此，通常的做法是只取卸载曲线顶部来进行拟合。

C 热漂移系数

纳米压痕实验对周围环境的要求比较高，振动和温度的变化都能导致压痕深度测量值的误差。一般而言，纳米压痕测试仪被要求放置在地基稳固且安静的环境中，并配备减振台及隔离柜，这些措施都能有效避免周围的振动干扰对压痕深度测量值的影响。此外，在进行纳米压痕实验之前还需设定允许进行热漂移校准工作，以减小温度对位移漂移的影响。

2.10.2.4 纳米压痕仪的应用

A 硬度和弹性模量的测量

硬度和弹性模量的测量是纳米压痕仪最常用的功能，适合纳米压痕技术的材料种类很多，主要包括以下 3 类：

（1）小尺寸材料。利用纳米压痕技术测试微米级或亚微米级尺寸的材料或微区具有传统显微硬度仪无法比拟的优势，既可以测试传统的多相材料和单晶等，又可以测试新兴的微米/亚微米材料，辅助其他先进技术甚至可以将测试范围扩展至纳米级。

（2）非均质材料及其界面，包括了薄膜、涂层和梯度材料及其界面。精确测量它们的硬度和弹性模量是在传统测试方法中是无法实现的。

（3）特殊硬度或弹性模量的材料。例如，陶瓷材料和高分子材料等，利用纳米压痕技术可以获得更准确的测量值。

B 残余应力测量

材料中的残余应力-应变是一个受人们广泛关注的研究课题。研究发现残余应力对纳米压痕过程的影响是其载荷-位移深度曲线相比于没有残余应力时理想状态的曲线存在一定程度的背离[18]。

C 划痕和摩擦实验

划痕测试是在材料科学和摩擦学研究中表征材料的抗磨损性能。在纳米压痕划痕测试中，载荷可以是常数，也可以是增速的，最后测量划痕深度。划痕实验中，采用圆锥压头比 Berkovich 压头效果更好，因为 Berkovich 三棱锥压头很难保持划痕方向的一致性。划痕在材料表面产生的破坏被原位记录，并在划痕结束后通过成像技术显示出来。

D 其他应用

纳米压痕技术还可分析由材料尺度效应引起的力学性能变化。当材料尺寸微小化时，其机械特征与传统尺寸下的特征有着极大的不同，已有的宏观理论在微观情况下不再适用，即尺度效应。尺度效应具体表现为材料的硬度值依赖于压头压入材料的深度，并随着压入深度的减小而增大。大量实验表明，许多材料的纳米压痕硬度随压痕深度的减小而迅速增加，表现出不同程度的尺度效应。为量化这种尺度效应，提出了塑性梯度应变理论。不难看出，纳米压痕技术在材料科学研究中将具有越来越重要的地位。

2.11 能谱仪及其定量分析误差问题

能谱仪，全称能量分散 X 射线谱仪（EDS），主要用于材料表面的化学成分定性和定量分析，是扫描电镜（SEM）和透射电镜（TEM）中最常用的附件。

在科技考古应用中被广泛用于文物和考古材料，特别是青铜器（金属器）的化学成分分析，也可以说，当青铜器等金属文物出土以后，大家最想知道的是它的成分组成，虽然有多种测量方法和手段，但最准确的就是 EDS 测量和分析。然而，由于大部分人对 EDS 的测量原理不清楚，常常会对测量结果的解读和应用出现偏差。例如，当某一元素（锡或铅）含量较小（质量分数小于 2.00%）时，一方面这个数据本身就会有高达±50%的误差；另一方面它可能不能被认为被是一个被有意加入的元素，而是作为杂质混进去的。还有一种情况，当测量某一个纯金属颗粒或合金相时，还会测到其他的元素，这可能是测量信号的"梨形分布"导致测量范围扩大，空间分辨率降低造成的，而不是真的这些金属颗粒或合金相中增加了某种元素。

本节对 EDS 的工作原理、结构与特点、定性与定量分析方法、测量误差来源等做简要介绍，供研究者在应用 EDS 时做参考。

2.11.1 能谱仪的工作原理

2.11.1.1 能谱仪（EDS）工作原理图

能谱仪（EDS）工作原理如图 2.22 所示。即探头接收特征 X 射线信号 → 把特征 X 射线光信号转变成具有不同高度的电脉冲信号 → 放大器放大信号 → 多道脉冲分析器把代表不同能量（波长）特征 X 射线的脉冲信号按高度编入不同频道 → 在荧光屏上显示谱线（见图 2.23）→ 利用计算机进行定性和定量计算。EDS 实际上是一套复杂的电子仪器。

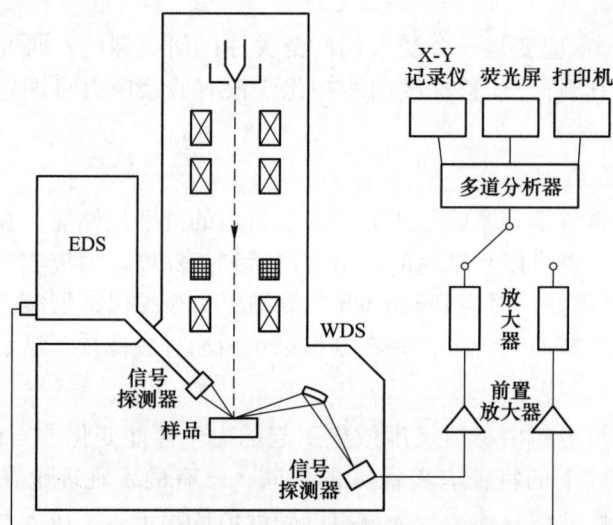

图 2.22   能谱仪（EDS）工作原理图

EDS 主要是通过接收和分析样品产生的特征 X 射线来对材料的化学成分进行定性与定量测量，而特征 X 射线的产生机理与样品物质的原子结构有关。

2.11.1.2 特征 X 射线的产生机理

众所周知，原子壳层按其能量大小分为不同等层级，通常用 K、L、M、N 等字母代表它们的名称。当入射电子的能量超过某一临界值时，可以将样品物质原子深层的电子激发到能量较高的外部壳层或激发出原子层外，使原子电离。入射电子将自己的能量给予受激

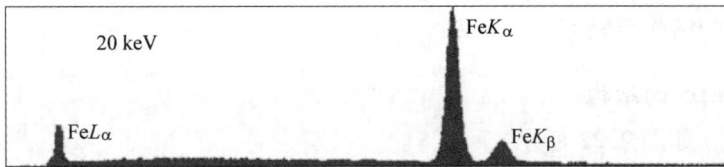

图 2.23 Fe 的 EDS 谱线

发的原子，而使它的能量增高，原子处于激发状态。例如：如果 K 层电子被激发出 K 层，称 K 激发；L 层电子被激发出 L 层，称 L 激发，其余各层依此类推（见图 2.24）。产生 K 激发的能量为 $W_K = h\nu_K$，入射电子的能量必须满足：$eV \geqslant W_K = h\nu_K$，才能产生 K 激发。其临界值为 $eV_K = W_K$（其中，V_K 为临界激发电压）。

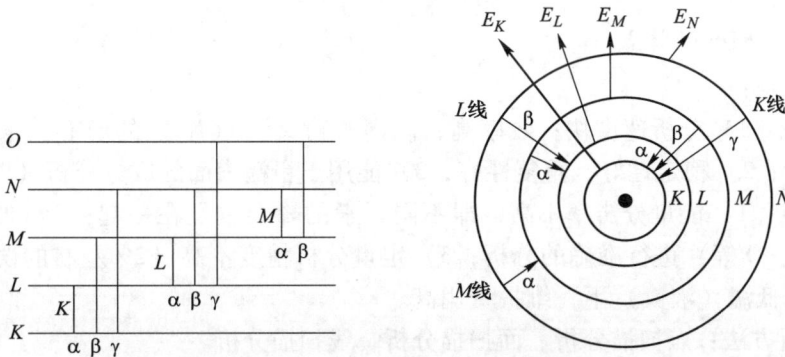

图 2.24 特征 X 射线产生机理示意图

处于激发状态的原子有自发回到稳定状态的倾向，此时外层电子将填充内层空位，相应伴随着原子能量的降低。原子从高能态变成低能态时，多出的能量以特征 X 射线形式辐射出来。因物质一定，原子结构一定，两特定能级间的能量差一定，故辐射出的特征 X 射波长一定。当 K 电子被打出 K 层时，如 L 层电子来填充 K 空位时，则产生 K_α 辐射。此 X 射线的能量为电子跃迁前后两能级的能量差，即：

$$h\nu_{K_\alpha} = W_K - W_L = h\nu_K - h\nu_L$$

2.11.1.3 特征 X 射线的命名方法

同样当 K 空位被 M 层电子填充时，则产生 K_β 辐射。M 能级与 K 能级之差大于 L 能级与 K 能级之差，即一个 K_β 光子的能量大于一个 K_α 光子的能量；但因 $L \rightarrow K$ 层跃迁的概率比 $M \rightarrow K$ 层跃迁的概率大，故 K_α 辐射强度比 K_β 辐射强度大 5 倍左右。

显然，当 L 层电子填充 K 层后，原子由 K 激发状态变成 L 激发状态，此时更外层，如 M、N、…层的电子将填充 L 层空位，产生 L 系辐射。因此，当原子受到 K 激发时，除产生 K 系辐射外，还将伴生 L、M、…等系的辐射。除 K 系辐射因波长短而不被窗口完全吸收外，其余各系均因波长长而被吸收。

K_α 双线（$K_{\alpha1}$ 和 $K_{\alpha2}$）的产生与原子能级的精细结构相关。L 层的 8 个电子的能量并不相同，而分别位于 3 个亚层上。K_α 双线系电子分别由 L_{III} 和 L_{II} 两个亚层跃迁到 K 层时产生的辐射，而由 L_{I} 亚层跃迁到 K 层，因不符合选择定则，因此没有辐射。

2.11.2　能谱仪的结构与特点

2.11.2.1　EDS 的结构

EDS 的结构，如图 2.22 所示。

（1）Si(Li)（锂漂移硅）探测头或 SDD（硅漂移二极管）探测头。作用：把特征 X 射线光子信号转换成电脉冲信号，脉冲高度与 X 射线光子的能量成正比。

（2）放大器（场效应管、预放大器、主放大器）。作用：放大电脉冲信号。

（3）多道脉冲高度分析器。作用：把脉冲按高度不同编入不同频道，也就是说，把不同的特征 X 射线按能量不同进行区分。

（4）信号处理和显示。计算机：鉴别谱、定性、定量计算；荧光屏、打印机：记录分析结果。

2.11.2.2　EDS 的特点

EDS 的特点：

（1）优点：1）分析速度快；效率高，能同时对 $Z>11$（Na）的所有元素进行快速定性、定量分析；2）稳定性好，重复性好；3）能用于粗糙表面的成分分析（断口等）。

（2）缺点：1）能量分辨率不高，即不同元素的峰会重叠在一起；2）难以对超轻元素（如 C、N、O 等）进行准确的分析；3）定量分析精度不高（2%左右的误差）；4）探头长期需置于低温（液氮）下，维护费用高。

（3）分析方法：点扫描分析、面扫描分析、线扫描分析。

2.11.3　能谱仪的定性分析

2.11.3.1　EDS 点扫描分析

EDS 点扫描分析谱线鉴别可以用以下两种方法：

（1）根据经验及谱线所在的能量位置，估计某一峰或几个峰是某元素的特征 X 射线峰，让能谱仪在荧光屏上显示该元素特征 X 射线标志线来核对；

（2）当无法估计可能是什么元素时，根据谱峰所在位置的能量查找元素各系谱线的能量卡片或能量图来确定是什么元素。

一般来说，对于试样中的主要元素（例如含量（质量分数）大于 10%）的鉴别是容易做到正确可靠的；对于试样中的次要元素（例如含量在 0.5% ~ 10%）或微量元素（例如含量小于 0.5%）的鉴别，必须注意谱的干扰、失真、谱线的多重性等问题，否则会产生错误。

2.11.3.2　EDS 线扫描分析

EDS 线扫描分析主要用于成分非均匀分布情况，如成分偏析、元素在材料相界和晶界上的富集与贫化等。

测量方法：使聚焦电子束在试样观察区内沿一选定直线（穿越粒子或界面）进行慢扫描，EDS 处于探测某一元素特征 X 射线状态。显像管射线束的横向扫描与电子束在试样上的扫描同步，用 EDS 探测到的 X 射线信号强度（计数率）调制显像管射线束的纵向位置，就可以得到反映该元素含量变化的特征 X 射线强度沿试样扫描线的分布。

通常将电子束扫描线和特征 X 射线强度分布曲线重叠于二次电子图像之上可以更加直观地表明元素含量分布与形貌、结构之间的关系。

2.11.3.3 EDS 面扫描分析

在一幅 X 射线扫描像中，亮区代表元素含量高，灰区代表元素含量较低，黑色区域代表元素含量很低或不存在。EDS 面扫描分析也是用于测量成分的非均匀分布情况。

2.11.4 能谱仪的定量分析与误差来源

2.11.4.1 EDS 定量分析的依据

某一元素的特征 X 射线强度与该元素在样品中的含量成比例。设在同一实验条件下，测得未知样品中某元素 A 的特征 X 射线强度为 I_A，含量为 C_A；标准样品中 A 元素的特征 X 射线强度为 I'_A，含量为 C'_A：则有关系：$I_A/I'_A = C_A/C'_A$；测得：$C_A = (I_A/I'_A)C'_A = k_A C'_A$。

然而，如果直接用此公式进行计算，误差为 20% 左右。这是由于 I_A 和 I'_A 的大小除了与元素的含量有关以外，还与样品的性质、化学元素的分布等有关系，因此需要进行修正，也就是所谓的 "ZAF 修正"。修正后的公式为：$C_A = (ZAF)k_A C'_A$。

2.11.4.2 ZAF 修正

（1）Z 修正（又称原子序数修正）：是对分析体积中所有元素的电子背散射及阻止本领引起的 X 射线强度变化进行的校正。如果试样和标样的平均原子序数不同，入射电子在受到减速过程中，由卢瑟福散射而重新射出试样和标样的电子束及电子被减速的程度均不同，即激发 X 射线的电子数不同。平均原子序数大，则进入试样的深度小，而背散射电子数目多，进入试样激发 X 射线的电子数少。对原子序数不同造成的这种影响进行校正，即为原子序数（Z）校正。原子序数修正系数 K_Z 为：

$$K_Z = \frac{R_{st}}{R_{sp}} \frac{\int_{E_K}^{E_0} \frac{Q_K}{S_{st}} dE}{\int_{E_K}^{E_0} \frac{Q_K}{S_{sp}} dE} \tag{2.6}$$

式中，E 为电子的初始能量；E_K 为某元素 K 壳层的临界电离能；Q_K 为一个能量为 E 的离子在其单位电子路程长度里使 A 元素的 K 壳层产生电离的概率。

一般认为，当试样与标样的平均原子序数差大于 4 就要做原子序数修正。

（2）A 修正（又称吸收修正）：是对检测到的元素 X 射线在穿过试样时，受到所有元素吸收而造成的 X 射线强度损失的校正，在定量分析中这一项是最重要的校正。吸收系数校正因子 K_A 为：

$$K_A = \frac{f(X_{st})}{f(X_{sp})} \tag{2.7}$$

式中，函数 f (X) 与 Z、E_0、E_K、吸收系数、密度、吸收长度等物理量均有关。

（3）F 修正（又称荧光修正）：入射电子直接激发的特征 X 射线为初级 X 射线；初级 X 射线在射出样品过程中，会再次激发其他原子的内层电子，而产生的更多的特征 X 射线，称为二级 X 射线或荧光 X 射线。这种多次激发会增加该元素的特征 X 射线强度，使测得的元素含量高于实际含量，需要扣除。荧光效应校正系数 K_F 为：

$$K_F = \left(1 + \frac{I_{CA}}{I_A} \right)_{st} \left(1 + \frac{I_{fA}}{I_A} + \frac{I_{CA}}{I_A} \right)_{sp} \tag{2.8}$$

综合 Z、A、F 三种校正，得出最后的定量分析总公式：

$$C_A = K_A \frac{R_{(A)} S_A}{R_A S_{(A)}} \cdot \frac{f_{(A)}(x_A)}{f_n(x_n)} \cdot \frac{1}{1 + \sum_{B}^{n} \left(\frac{I_A^f}{I_A^P} \right) r} = K_A(ZAF) \tag{2.9}$$

ZAF 校正法被认为只是理论校正的可靠方法，误差能缩小到 2% 以内。

由于 ZAF 定量校正模型引入的近似和简化对轻元素不完全适合，轻元素的深度分布函数、质量吸收系数等还缺少数据，不同来源的数据相差较大，另外，轻元素本身也有 X 射线荧光产额低、吸收系数大等特点，因此对轻元素的定量分析结果不是很好。

2.11.4.3　EDS 定量测量的误差来源

EDS 定量分析方法主要是两种：标样法和无标样法。标样法测量结果最准确，但是需要大量的标量储备，实际应用上非常不方便，只有在一些特殊情况和特殊行业才使用。一般实验室最方便快捷的 EDS 定量分析都是使用的无标样法，也就是使用式（2.9）进行计算，获得待测样品的化学成分含量。这个公式中 ZAF 修正经过多年大量的模型计算和改进，已经非常成熟，并编成软件，由厂家提供。使用者只需按照说明进行操作即可。

这里主要介绍无标样法定量分析过程中可能产生的误差来源，包括：由于 EDS 测量原理而造成的固有误差，以及操作者可能造成的误差，这个误差可以通过调整，尽量减小。

A　EDS 的固有误差

（1）特征 X 射线的"梨形分布"（入射电子束在样品中的扩展效应）导致的误差，如图 2.25 所示。一般来说，对于 SEM 分辨率有两重含义：对于微区成分分析，指能分析的最小区域；对于成像，是指能分辨两点之间的最小距离。两者主要取决于入射电子束的直径，但并不等于直径，因为入射电子束与试样相互作用会使得入射电子束在试样内的有效激发范围大大超过入射电子束的直径。入射电子激发试样内各种信号的发射范围不同，各种信号成像的分辨本领不同。

对于特征 X 射线来说，其发射广度（分辨率）R_X 最大，在 100~1000nm 范围；产生的深度 Z_m 为 500~5000nm。也就是说，EDS 测量所使用的特征 X 射线的激发范围大于 SEM 入射电子束的直径。当我们把 SEM 电子束打在样品待测量点的位置（金属颗粒或合金相）时，我们实际可能也测到了它周围基体的成分，这就是为什么经常会测到一些不需要的元素的原因。

（2）ZAF 修正产生的误差。在满足一定的样品和设定参数条件后，分析的准确度取决于待测元素的含量范围和分析谱线的能量。一般来说，测量的准确度随含量的升高而提高，随谱线能量的减小或因重叠峰的存在而下降。对于中等原子序数的元素（如青铜中的铜、锡和铅），若含量（质量分数）在 10% 以上，相对误差为 5%~10%；当含量（质量分数）降到 10%~1%，相对误差上升 30%；含量（质量分数）在 1%~0.5%，相对误差高达 30%~50% 之间。

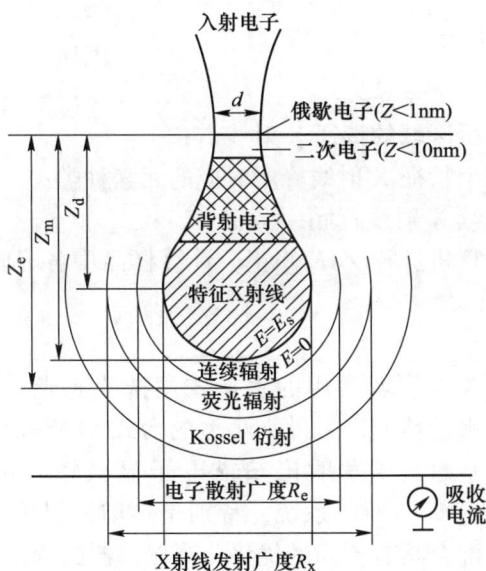

图 2.25 入射电子产生的各种信号的深度和广度范围

Z_d—电子达到完全扩散的深度；Z_e—电子穿透深度；Z_m—特征 X 射线产生的深度

一般规定，对于含量均匀、无水、稳定和平整的试样（超轻元素除外）定量分析允许的相对误差范围为[19]：含量（质量分数）>20%，允许的相对误差 ≤ 5%；3%<含量（质量分数）≤20%，允许的相对误差<10%；1% ≤含量（质量分数）≤3%，允许的相对误差≤30%；0.5% ≤含量（质量分数）<1%，允许的相对误差 < 50%。

（3）元素归一化带来的不同测量次数之间的误差。一般进行测量的时候，要多次（3次以上）测量，然后求平均，才是更准确的结果。

B 人为引起的误差

（1）收谱时间的影响。增加收谱时间可以减小误差。EDS 定量分析时，对特征 X 射线的采集是一个统计规律，在排除仪器电子线路和试样自身稳定性因素之外，从统计学角度看，采集到的总脉冲计数越多，元素的相对误差就越小；元素所占的百分比含量越高，其相对的误差也就越小。因此，在实际操作时，应尽可能地延长收谱时间让谱峰"瘦身"变苗条，分辨率提高。但时间过长又会影响测量效率，并导致样品局部污染增加，需要综合考虑。

（2）扣背底的影响。在测量中，有"自动扣背底"和"手动扣背底"两种选择，不同的扣背底模式会获得不同的成分含量值。在实际操作中，需要根据背底的不同形状，灵活选择两种模式。总的原则是要将影响测量精度的"谱背底"彻底扣除，扣少了和扣多了都会对测量结果有影响。

（3）样品表面的影响。一般来说，平整样品表面的测量精度高于不平的样品表面，例如断口表面。所以对断口样品进行成分测量时，会有较大的误差。另外，对于不平的样品表面，还可以通过调整 EDS 探头与样品台之间的夹角来获得最佳的测量结果。

2.11.5 能谱仪成分分析步骤

EDS 成分分析步骤：

（1）收谱：获得待分析区域的特征 X 射线谱；

（2）峰鉴别：鉴别每个特征 X 射线峰所对应的元素种类；

（3）扣背底：扣除连续 X 射线背底；

（4）定量计算：用计算机进行 ZAF 修正，计算样品中各元素的含量，一般有两种数据：质量分数和摩尔分数；

（5）输出结果。

总的来讲，与在科技考古领域常用的手持式便携荧光光谱仪（XRF）相比，SEM＋EDS 系统具有更高的成分测量精度，另外，小型的台式 SEM+EDS 系统也已经开始普及。从测量精度和效率方面考虑，场发射枪扫描电子显微镜（field emission gun scanning electron microscope，FEG-SEM）+EDS 系统，特别是热场发射枪 SEM 具有电子束密度高、分辨率高等特点，与 EDS 配合具有更高的优势，当然仪器的价格也更加昂贵。在考古文物研究中，具体采用哪一种化学成分测量方法，取决于实际需求和必要性。

参 考 文 献

[1] Smith C S. A History of Metallography [M]. University of Chicago Press，1960.

[2] Yang Y P，Cao X J，Li Y，et al. Spontaneous symmetry-breaking in the corrosion transformation of ancient bronzes [J]. Minerals，2020，10（8）：656-670.

[3] 潜伟，孙淑云，韩汝玢. 古代砷铜研究综述[J]. 文物保护与考古科学，2000，12（2）：43-50.

[4] 潘金生，全建民，田民波. 材料科学基础 [M]. 北京：清华大学出版社，1998：89-90.

[5] 中国社会科学院考古研究所科技考古中心. 科技考古（第三辑）[M]. 北京：科学出版社，2011.

[6] Li Y，Wu T T，Liao L M，et al. Techniques employed in making ancient thin-walled bronze vessels unearthed in Hubei province，China [J]. Applied Physics A，2013，111（3）：913-922.

[7] 李洋. 炉锤之间：先秦两汉时期热锻薄壁青铜器研究 [M]. 上海：上海古籍出版社，2017.

[8] Li Y，He K，Liao C W，et al. Measurements of mechanical properties of α-phase in Cu-Sn alloys by using instrumented nanoindentation [J]. Journal of Materials Research，2012，27（1）：192-196.

[9] Liao L M，Pan C X，Ma Y. The manufacturing techniques of armor threads excavated from the Emperor Qin Shi Huang's Mausoleum，China [J]. Transactions of Nonferrous Metals Society of China，2010，20（3）：395-399.

[10] 杨平. 电子背散射衍射技术及其应用 [M]. 北京：冶金工业出版社，2007.

[11] Schwartz A J，Kumar M，David P. Electron Backscatter Diffraction in Materials Science [M]. Springer，New York：Kluwer Academic，2009.

[12] Huang Y M，Wu Y M，Pan C X. EBSD study of solidification characteristics of an austenitic stainless steel weld pool [J]. Materials Science and Technology，2010，26（6）：750-753.

[13] 黄亚敏，吴佑明，付强，等. 利用 SEM 和 EBSD 的"原位跟踪"观测技术研究奥氏体不锈钢及其焊接接头的超高温组织转变过程 [J]. 电子显微学报，2008，27（6）：432-438.

[14] 潘春旭，黄亚敏，傅强. 材料微结构—性能关系的"原位跟踪"观测技术与应用 [J]. 金属热处

理，2010，35（3）：1-7.

［15］黄亚敏，潘春旭. 基于电子背散射衍射（EBSD）技术的材料微区应力应变状态研究综述［J］. 电子显微学报，2010，29（1）：1-11.

［16］Oliver W C，Pharr G M. An improved technique for determining hardness and elastic modulus using load and displacement sensing indentation experiments［J］. Journal of Materials Research，1992，7（6）：1564-1583.

［17］Li X D，Bhushan B. Development of continuous stiffness measurement technique for composite magnetic tapes［J］. Scripta Materialia. 2000，42（10）：929-935.

［18］Huang Y M，Li Y，He K. Micrometer-scale residual stress measurement in fusion Bound of dissimilar steel welded Joints by using a nano-indenter system［J］. Materials Science and Technology，2011，27（9）：1453-1460.

［19］袁明永. X射线能谱定量分析中超常误差产生原因的研究［J］. 浙江大学学报（农业与生命科学版），1998，24（S1）：89-90.

3 金属冶金与加工技术简介

3.1 概述

在对古代青铜技术的研究中，对金属冶炼和青铜加工工艺，特别是对铸造研究的最多、最全面和深入，出版的著作也最多[1-3]。为了体现系统性，本书对已有较详细论述的内容只做简要介绍，而对于其他著作中涉及较少，对于古代青铜器加工工艺研究又较为重要的内容，则做较为详尽的介绍。

本章内容主要基于以下3点：（1）仅介绍不需要电力的内容；（2）对于每一种工艺和技术，尽可能广泛介绍，为读者或研究者提供尽可能多的研究思路；（3）内容尽量简要和概括，如需要详细了解相关内容，可以进一步查阅更加专业的专著和文献。

3.2 青铜中主要金属元素的冶炼

在自然界中，除少数金属外，大多数金属以化合物的形式存在。由金属矿物转变为金属，一般要经过探矿、开采、选矿、富集、冶炼、精炼等阶段。

金属冶炼就是把金属从矿石中提炼出来。由于矿石中的金属元素绝大多数是以正化合价存在的，因此金属冶炼的实质是使金属化合物中的金属离子得到电子而还原成单质金属（$M^{n+} + ne = M$）。或者说利用氧化—还原反应，使化合态的金属得到电子，还原为游离态的金属。

金属的冶炼步骤一般为：（1）矿石的富集，因为在矿物中金属元素含量一般不高，要通过富集作用将含量提高，同时除去杂质，提高矿石中有用成分的含量；（2）冶炼，利用化学原理将金属还原；（3）精炼，将冶炼的金属进一步去掉微量杂质。

金属冶炼常用以下4种方法：热分解法、电解法、热还原法和物理提炼。其中热还原法适合于大多数金属的冶炼，还可以进一步细分为：氢气还原法、一氧化碳还原法、焦炭还原法、活泼金属还原法（主要用铝热反应）等。

一般认为，青铜时代的发展主要经历3个阶段：第一阶段，利用自然铜；第二阶段，利用单金属矿炼出红铜，或利用双金属、多金属共生矿直接冶炼出铜合金，如砷铜、黄铜、青铜和白铜等；第三阶段，先冶炼出不同的单质金属，然后再配制出多种不同成分的合金，也就是合金化技术。

对于第三阶段，其金属的冶炼水平已经达到了现代冶金水平。也就是，首先冶炼或者提炼出纯的金属；然后，根据不同器物的使用和性能需要，进行不同元素，或者不同含量的配比，即合金化。

众所周知，金属的冶炼过程不仅需要特殊的高温炉，更是一个复杂物理化学反应的控制过程。要想获得理想的纯金属，从技术上还有很多问题需要解决，例如，矿石的筛选、破碎与研磨、熔融金属中的杂质去除等。古人是如何进行铜（Cu）、锡（Sn）和铅（Pb）三大金属元素的冶炼，由于没有文献记录，已经不可知了。现在，我们只能通过考古发现，结合现代技术、模拟实验和理论分析，一窥究竟。

3.2.1 铜与铜的冶炼

铜，元素符号为 Cu，元素周期表中原子序数为 29，相对原子质量为 63.546，密度为 $8.92g/cm^3$，熔点为 1083.4℃±0.2℃，沸点为 2567℃。铜是一种呈紫红色光泽的金属，稍硬，极坚韧，耐磨损，有很好的延展性，较好导热性、导电性和耐腐蚀能力。铜及其合金在干燥的空气里很稳定，但在潮湿的空气里其表面会生成一层绿色的碱式碳酸铜 $Cu_2(OH)_2CO_3$，俗称铜绿。自然界中的铜被分为自然铜、氧化铜矿和硫化铜矿。常见化合物有氢氧化铜、氧化铜和硫酸铜。由于铜在自然界储量非常丰富，性能优良，且加工方便，在中国有色金属材料的消费中仅次于铝（Al），被广泛地应用于电气、机械制造、建筑工业、交通运输等领域。

铜冶金技术的发展经历了漫长的过程，至今铜的冶炼仍以火法冶炼为主，其产量约占世界铜产量的 85%，现代湿法冶炼的技术正在逐步推广，其具有成本低的优势。

火法冶铜是先将含铜百分之几或千分之几的原矿石通过选矿提高到 20%~30%（质量分数），作为铜精矿，在密闭鼓风炉、反射炉、电炉或闪速炉等进行造锍熔炼，产出的熔锍（冰铜）送入转炉进行吹炼成粗铜。

火法冶铜的原理是：

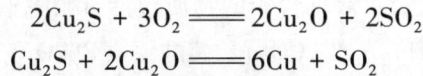

$$2Cu_2S + 3O_2 = 2Cu_2O + 2SO_2$$
$$Cu_2S + 2Cu_2O = 6Cu + SO_2$$

具体工艺流程包括：焙烧、熔炼、吹炼、精炼等工序，以硫化铜精矿为主要原料。焙烧分半氧化焙烧和全氧化焙烧（"死焙烧"），脱除精矿中部分或全部的硫，同时除去部分砷、锑等易挥发的杂质。熔炼主要是造锍熔炼，目的是使铜精矿或焙烧矿中的部分铁氧化，并与脉石、熔剂等造渣除去，产出含铜较高的冰铜。吹炼能够消除烟害，回收精矿中的硫。

3.2.2 锡与锡的冶炼

锡，元素符号为 Sn，原子序数为 50，相对原子质量为 118.71，熔点为 231.89℃，沸点为 2260℃，密度为 $7.28g/cm^3$。锡是一种有银白色金属光泽的低熔点金属，纯锡质柔软，常温下展性好，化学性质稳定，不易被氧化，常保持银闪闪的光泽。锡在地壳中的含量为 0.004%，几乎都以锡石（氧化锡）的形式存在，此外还有极少量的含锡硫化物矿。作为"五金"（金、银、铜、铁、锡）之一，锡也是最早被人类使用的元素。目前锡主要用于制造焊锡、镀锡板、合金、化工制品等，产品被广泛应用于电子、信息、电器、化工、冶金、建材、食品包装、机械、原子能及航天工业等行业。

锡的矿石是锡石（SnO_2），包括形成矿脉的山锡和由其流出堆积而成的砂锡。经过选矿可得含锡量（质量分数）40%~70% 的锡精矿。锡的冶炼方法主要取决于精矿（或矿石）的物质成分及其含量。一般以火法为主，湿法为辅。现代锡的生产，一般包括 4 个主要过程：炼前处理、还原熔炼、炼渣和粗锡精炼。

（1）炼前处理。炼前处理是为了除去对冶炼有害的硫（S）、砷（As）、锑（Sb）、铅（Pb）、铋（Bi）、铁（Fe）、钨（W）、铌（Nb）、钽（Ta）等杂质，同时达到综合回收各种有用金属的目的。炼前处理的方法包括精选焙烧和浸出等作业，根据所含杂质的种类不同，可采用一个或几个作业组成的联合流程。

（2）还原熔炼。还原熔炼主要是使氧化锡还原成粗锡。由于在冶炼时锡易进入渣中，一般需要进行两步还原熔炼。首先不考虑回收率，只是为了得到高品位粗锡（含锡90%左右）。因此，需控制较弱的还原气氛和适当温度，这必然会限制锡氧化物的完全还原，因此炉渣含锡较高（这种渣称富渣）。

（3）炼渣。即第二次还原，用烟化炉挥发方法，进一步在炉渣中添加焦炭、石灰石进行再次还原冶炼，获得含锡约90%的粗锡。

（4）粗锡精炼。主要是除去铁、铜、砷、锑、铅、铋和银等杂质，同时综合回收有用金属，得到的锡可达99.8%～99.9%。粗锡精炼一般分为火法精炼和电解精炼。锡精矿冶炼工艺流程，对于不同品位锡精矿，冶炼工艺流程不同。

3.2.3 铅与铅的冶炼

铅，元素符号为 Pb，原子序数为 82，相对原子质量为 207.2，密度为 11.3437g/cm³，熔点为 327.502℃，沸点为 1740℃。铅是一种略带蓝色的银白色金属，但是在空气中很容易被氧化，形成灰黑色的氧化铅。常见含铅的物质包括有密陀僧（PbO）、黄丹（Pb₂O₃）、铅丹（Pb₃O₄）、铅白（Pb(OH)₂·2PbCO₃）、硫酸铅（PbSO₄）等。铅在自然界主要以方铅矿（PbS）及白铅矿（PbCO₃）的形式存在，也存在于铅矾（PbSO₄）中，偶然也有本色铅。铅矿中常杂有锌、银、铜等元素。铅的延性弱，展性强，抗腐蚀性高，抗放射性穿透的性能好。由于性能优良，铅、铅的化合物及其合金被广泛应用于蓄电池、电缆护套、机械制造、船舶制造、轻工、氧化铅等行业。

冶炼铅元素的原料主要为硫化铅精矿和少量块矿。

3.3 金属热加工简介

3.3.1 铸造

铸造，又称金属液态凝固成型，是人类掌握比较早的一种金属热加工工艺。绝大部分的古代青铜器是通过铸造制作。

铸造，首先需要熔炼金属和制造铸型，然后将熔融金属浇入铸型，凝固后获得具有一定形状、尺寸和性能金属零件毛坯的成型方法。也就是说，铸造是将金属熔炼成符合一定要求的液体并浇进铸型里，经冷却凝固、清整处理后得到有预定形状、尺寸和性能的铸件的工艺过程。

铸造主要分为普通砂型铸造和特种铸造两大类，其中特种铸造包括金属型铸造、压力铸造、熔模铸造（又称失蜡铸造，或脱蜡铸造法）和离心铸造等。

3.3.1.1 铸造的特点

铸造的特点如下：

（1）采用铸造方法可获得外形及内腔复杂的铸件。

（2）铸造的适用范围广，机械中大多数金属都可以进行铸造，特别是低塑性不能锻造和焊接生产的材料。

（3）铸件的形状及尺寸与零件接近，因而切削加工的工作量较小，能节省金属材料和加工工时。

（4）铸造用的原材料来源广，且设备简单，成本较低。

3.3.1.2 合金的铸造性能

铸造性能是指合金在铸造过程中所表现出的适应能力，通常是指合金的流动性、收缩性、吸气性及偏析等性能，其中尤以流动性和收缩性最为重要。合金铸造性能是选择铸造金属材料、确定铸件的铸造工艺方案及进行铸件结构设计的依据。

3.3.1.3 铸造结构的工艺性

铸造工艺对铸件结构的要求：（1）铸件外形轮廓应力求简单，简单的外形将给制模和制芯带来很大方便，应尽量采用直线轮廓，少用曲面和内凹形状，尤其是非圆曲面。（2）尽量减少分型面数目，分型面数量越少，采用砂箱数越少，同时减少型芯数量，使造型工艺简化，减少错箱、偏芯等缺陷，提高铸件质量。（3）尽量避免小凸台、耳、肋的结构，可避免采用活块造型，使造型简单。（4）减少不必要的凹坑或内腔，以减少型芯数量。（5）凡垂直于分型面的不加工的表面都应具有一定的倾斜度，即结构斜度。

合金铸造性能对铸件结构的要求：（1）铸件壁厚应适当并均匀。（2）铸件壁的连接或转弯处应有结构圆角，防止产生应力集中、产生裂纹等缺陷。（3）铸件壁的连接应避免交叉或锐角，防止金属液局部积聚而产生缩孔、缩松等缺陷。（4）尽量避免铸件有过大的水平面。（5）铸件在冷却时应能自由收缩，减少内应力，防止产生裂纹。（6）细长和大而薄的平板件在收缩时，容易产生翘曲变形。

3.3.1.4 普通砂型铸造

利用型砂和芯砂制造铸型的铸造方法，分为手工砂型铸造和机器砂型铸造，前者主要用于单件、小批量生产，后者则适用于大批量生产。利用砂作为铸模材料，又称砂铸或翻砂，包括湿砂型、干砂型和化学硬化砂型3类。好处是成本较低，因为铸模所使用的沙可重复使用；缺点是铸模制作耗时，铸模本身不能被重复使用，须破坏后才能取得成品。

砂型铸造工艺过程包括：造型材料、模样和芯盒、造型、制芯、浇注系统、冒口、合箱、浇注、落砂和清理，如图3.1所示。

3.3.1.5 熔模铸造（失蜡法铸造）

熔模铸造又称失蜡铸造，包括压蜡、修蜡、组树、沾浆、熔蜡、浇铸金属液及后处理等工序。失蜡铸造是用蜡制作所要铸成零件的蜡模，然后蜡模上涂以泥浆，这就是泥模。泥模晾干后，放入热水中将内部蜡模熔化。将熔化完蜡模的泥模取出再焙烧成陶模，一般制泥模时就留下了浇注口，再从浇注口灌入金属熔液，冷却后，所需的零件就制成了。

熔模精密铸造是在古代蜡模铸造的基础上发展起来的。作为文明古国，中国是使用这

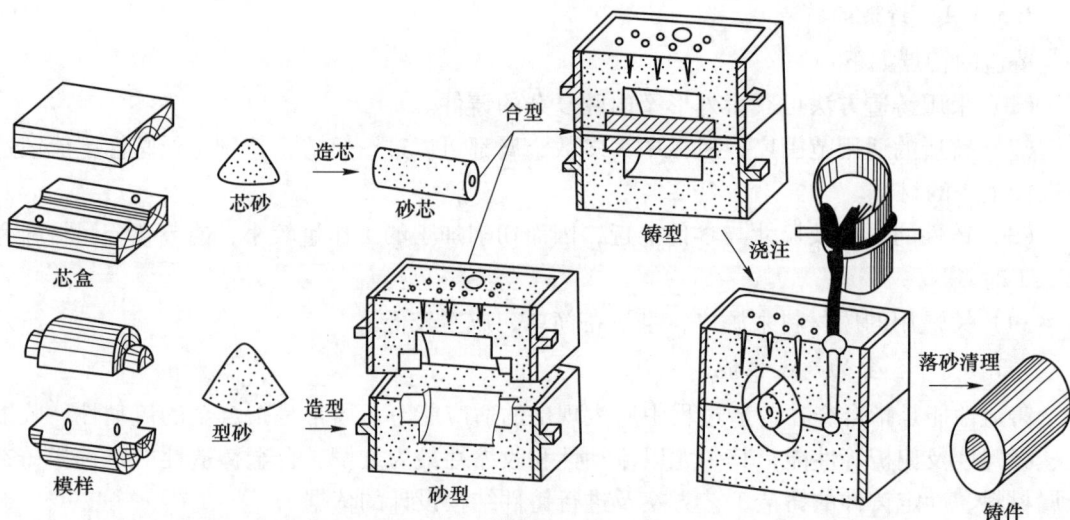

图 3.1　铸造过程示意图

一技术较早的国家之一。有研究认为我国的失蜡法至迟起源于春秋时期，例如，河南淅川下寺 2 号楚墓出土的"云纹铜禁"制作于春秋中期（公元前 620—前 647 年），被认为是迄今所知的最早的失蜡法铸件。此铜禁四边及侧面均饰透雕云纹，四周有 12 个立雕伏兽，体下共有 10 个立雕状的兽足。透雕纹饰繁复多变，外形华丽而庄重，反映出春秋中期我国的失蜡法已经比较成熟。战国、秦汉以后，失蜡法更为流行，尤其是隋唐至明、清期间，铸造青铜器采用的多是失蜡法。即使现在的青铜器仿制也多是采用失蜡法。

现代熔模铸造方法在工业生产中得到实际应用是在 20 世纪 40 年代。当时航空喷气发动机的发展，要求制造像叶片、叶轮、喷嘴等形状复杂、尺寸精确及表面光洁的耐热合金零件。由于耐热合金材料难于机械加工，零件形状复杂，以致不能或难以用其他方法制造，因此，需要寻找一种新的精密的成型工艺，于是借鉴古代流传下来的失蜡铸造，经过对材料和工艺的改进，现代熔模铸造方法在古代工艺的基础上获得重要的发展。所以，航空工业的发展推动了熔模铸造的应用，而熔模铸造的不断改进和完善，也为航空工业进一步提高性能创造了有利的条件。

3.3.1.6　消失模铸造（实型铸造）

消失模铸造，又称实型铸造，是将与铸件尺寸形状相似的石蜡或泡沫模型黏结组合成模型簇，刷涂耐火涂料并烘干后，埋在干石英砂中振动造型，在负压下浇注，使模型气化，液体金属占据模型位置，凝固冷却后形成铸件的新型铸造方法。

与熔模铸造（失蜡法铸造）相比，在液态金属浇铸时，消失模铸造的内部仍然存在一个实型模具，而不是空腔。这个实型模由泡沫塑料做成的，受高温金属作用自然气化消失。从工艺上来说，这种铸造方法更为简洁，成本低、精度高、设计灵活、清洁环保、适合复杂铸件，显然是更为先进的一种铸造工艺。

现代的消失模铸造技术于 1958 年由美国人 H. F. Shroyer 发明，他采用可发性泡沫塑料模样制造金属铸件，并获得了专利（专利号 USP2830343）。古代工匠是否也使用过相似或者相同的工艺？以古人的聪明才智也不是没有可能，还有待我们进一步更加专业化的探索和发现。

消失模铸造技术主要有 6 种形式：压力消失模铸造技术、振动消失模铸造技术、半固态消失模铸造技术、消失模壳型铸造技术、消失模悬浮铸造技术和真空低压消失模铸造技术。

3.3.1.7 其他特种铸造

（1）金属型铸造。将金属液浇入用金属制成的铸型中而获得铸件的铸造方法。利用熔点较原料高的金属制作铸模。其中细分为重力铸造法、低压铸造法和高压铸造法。受制于铸模的熔点，可被铸造的金属也有所限制。

（2）压力铸造。在高压下，快速将液态或半液态金属压入金属型中，并在压力下凝固，以获得铸件的一种铸造方法。

（3）离心铸造。将金属液浇入高速旋转的铸型中，使金属液在离心力作用下填充铸型和结晶的铸造方法。

3.3.1.8 铸造中的热处理

对于铸造工程师而言，铸后热处理对于改善铸造工件的质量非常重要。热处理不仅可以改变或影响铸件的组织及性质，同时还可以获得更高的强度、硬度，改善其磨耗抵抗能力等。由于目的不同，铸后热处理主要分成两大类：

（1）铸造组织不会经热处理而发生变化，或者也不应该发生改变。主要用于消除内应力，而组织、强度及其他力学性质等不因热处理而发生明显变化。

（2）铸造基本组织发生变化。大致分为 5 类：软化退火、正火处理、淬火、表面硬化处理和析出硬化处理。

3.3.2 铸件的组织与控制

对于古代青铜器研究来说，很多时候是通过其组织特征来判断所采用的铸造工艺。例如，越王勾践剑的剑刃部分，与其他部位相比，其树枝晶非常细小和致密，这就有可能在铸造时采用了特殊的工艺。这个特殊性包括：刃部和脊部的不同，以及这把剑与其他普通剑的不同。因此，充分认识铸造工件的组织特征和调控工艺，对于深入研究古代青铜器的铸造工艺非常重要。也许古代工匠经过长期的实践发明了很多不为所知的工艺，正等待着我们去探索。

3.3.2.1 铸件的宏观组织

一般来说，铸造工件的宏观组织主要由 3 部分组成：表层激冷晶区（晶粒细小），中间柱状晶区（晶粒垂直于型壁排列，且平行于热流方向）和内部等轴晶区（晶粒较为粗大）。同时，也可以通过控制铸造条件来获得不同的宏观组织，如图 3.2 所示。

例如，对于大多数工业应用，希望获得各向同性的等轴细晶粒组织。因此，在实践中应创造条件抑制晶体的柱状长大，促使内部等轴晶的形成和等轴晶细化。对于断裂来说，裂纹最易沿晶界扩展（特别是存在着溶质及杂质偏析时）。柱状晶相碰的地带溶质及杂质聚积严重，造成强度、塑性、韧性在柱状晶的横向方向大幅度下降，对热裂纹敏感，腐蚀介质中易成为集中的腐蚀通道。柱状晶的特点是各向异性，对于诸如磁性材料、发动机和螺旋桨叶片等这些强调单方向性能的情况，采用定向凝固获得全部柱状晶的零件反而更具优点。

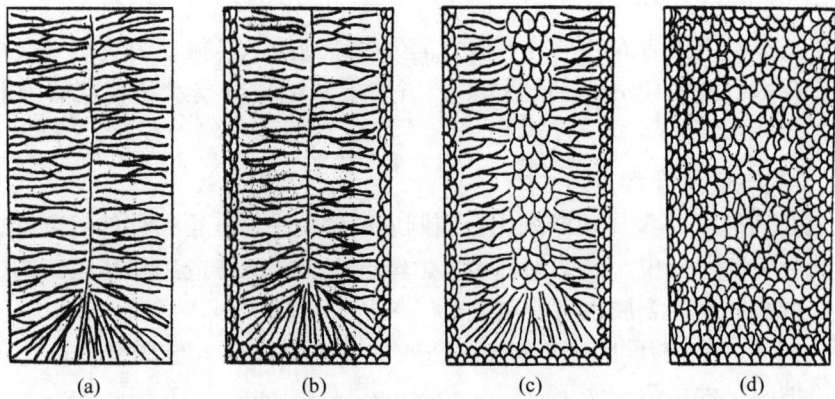

图 3.2　几种不同类型的铸件宏观组织示意图

（a）只有柱状晶；（b）表面细等轴晶加柱状晶；（c）三个晶区都有；（d）只有等轴晶

因此，如何在技术上有效地控制铸件的宏观组织十分重要。首先，有必要学习各晶区组织的形成机理。

3.3.2.2　表面激冷区的形成机理

型壁附近熔体由于受到强烈的激冷作用，产生很大的过冷度而大量非均质生核，各种形式的晶粒游离也是形成表面细等轴晶的"晶核"来源。这些晶核在过冷熔体中采取枝晶方式生长，由于其结晶潜热既可从型壁导出，也可向过冷熔体中散失，从而形成了无方向性的表面细等轴晶组织，如图 3.3 所示。

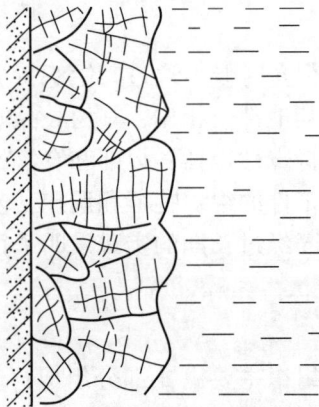

图 3.3　表面激冷区的形成机理示意图

一旦型壁附近的晶粒互相连结而构成稳定的凝固壳层，凝固将转为柱状晶区由外向内的生长，表面激冷细晶粒区将不再发展。因此稳定的凝固壳层形成得越早，表面细晶粒区向柱状晶区转变得也就越快，表面激冷区也就越窄。

3.3.2.3　柱状晶区的形成机理

稳定的凝固壳层一旦形成，柱状晶就直接由表面细等轴晶凝固层某些晶粒为基底向内生长，发展成由外向内生长的柱状晶区，如图 3.4 所示。枝晶主干取向与热流方向平行的枝晶生长迅速。

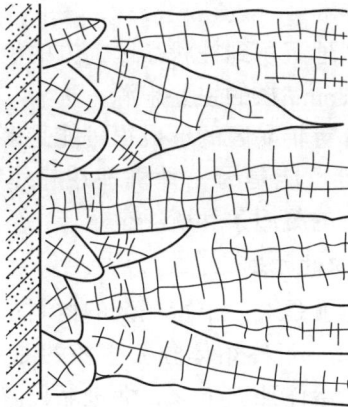

图 3.4 柱状晶区的形成机理示意图

柱状晶区开始于稳定凝固壳层的产生，而结束于内部等轴晶区的形成。因此柱状晶区的存在与否及宽窄程度取决于上述两个因素综合作用的结果。如果在凝固初期就使得内部产生等轴晶的晶核，将会有效地抑制柱状晶的形成。

3.3.2.4 内部等轴晶的形成机理

A "成分过冷"理论

在固溶体合金凝固时，在正的温度梯度下，由于固-液界面前沿液相中的成分有所差别，导致固-液界面前沿的熔体的温度低于实际液相线温度，从而产生的过冷称为成分过冷。这种过冷完全是由于界面前沿液相中的成分差别所引起的。温度梯度增大，成分过冷减小。成分过冷不仅受热扩散的控制，更受溶质扩散的控制。

成分过冷必须具备两个条件：第一，固-液界面前沿溶质的富集而引起成分再分配；第二，固-液界面前方液相的实际温度分布，或温度分布梯度必须达到一定的值。

对合金而言，其凝固过程同时伴随着溶质再分配，液体的成分始终处于变化当中，液体中的溶质成分的重新分配改变了相应的固-液平衡温度，这种关系由合金的平衡相图所规定。利用"成分过冷"判断合金微观的生长过程。

成分过冷对合金凝固组织形态的影响是：随着成分过冷度从小变大，使界面成长形状从平直界面向胞状和树枝状发展。

内部等轴晶的"成分过冷"理论认为，随着凝固层向内推移，固相散热能力逐渐削弱，内部温度梯度趋于平缓，且液相中的溶质原子越来越富集，从而使界面前方成分过冷逐渐增大。当成分过冷大到足以发生非均质生核时，便导致内部等轴晶的形成。

B 激冷等轴晶型壁脱落与游离理论

在浇注的过程中及凝固的初期激冷，等轴晶自型壁脱落与游离促使等轴晶形成，浇注温度低可以使柱状晶区变窄而扩大等轴晶区。溶质的偏析容易使晶体在与型壁的交会处产生"脖颈"，具有"脖颈"的晶体不易于沿型壁方向与其相邻晶体连接形成凝固壳。另外，在浇注过程和凝固初期存在的对流容易冲断"脖颈"，使晶体脱落并游离出去。

C　枝晶熔断及结晶雨理论

生长着的柱状枝晶在凝固界面前方的熔断、游离和增殖导致了内部等轴晶晶核的形成，称为"枝晶熔断"理论。

液面冷却产生的晶粒下雨似地沉积到柱状晶区前方的液体中，下落过程中也发生熔断和增殖，是铸锭凝固时内部等轴晶晶核的主要来源，称为"结晶雨"理论。

目前比较统一的看法是内部等轴晶区的形成很可能是多种途径起作用。在不同情况下可能是一种机理起主导作用，也可能是另一种机理在起作用，或者是几种机理的综合作用，而各自作用的大小当由具体的凝固条件所决定。

3.3.2.5　铸件宏观结晶组织的控制

对铸件结晶组织的控制，也就是对三个特征区的控制。实际上，这三个结晶区的形成和转变决定于两个基本条件：（1）过冷熔体独立生核的能力；（2）晶粒游离、增殖或重熔的程度。也就是说，凡能强化熔体独立生核，促进晶粒游离，以及有助于游离晶的残存与增殖的各种因素都将抑制柱状晶区的形成和发展，从而扩大等轴晶区的范围，并细化等轴晶组织。

A　宏观凝固组织对铸件性能的影响

表面细晶：区域较薄，影响小。

柱状晶：择优生长晶体，细长，粗大，排列位向一致，力学性能方向性明显，由于溶质再分配，在柱状晶与等轴晶间可能存在"弱面"，易于形成热裂纹。

内部等轴晶：各向同性，偏析元素、非金属夹杂、气体分布分散，彼此嵌合，无"弱面"，但粗大时易于产生缩松。

B　浇注工艺的控制

浇注温度：合理降低浇注温度是减少柱状晶、获得及细化等轴晶的有效措施。但过低的浇注温度将降低液态金属的流动性，导致浇不足和冷隔等缺陷的产生。

浇注方式：通过改变浇注方式强化对流对型壁激冷晶的冲刷作用，能有效地促进细等轴晶的形成。但必须注意不要因此而引起大量气体和夹杂的卷入而导致铸件产生相应的缺陷。

C　冷却条件的控制

控制冷却条件的目的是形成宽的凝固区域和获得大的过冷，从而促进熔体生核和晶粒游离。小的温度梯度（G_L）和高的冷却速度（R）可以满足以上要求。但就铸型的冷却能力而言，除薄壁铸件外，这两者不可兼得。

对薄壁铸件，可采用高蓄热、快热传导能力的铸型。对厚壁铸件，一般采用冷却能力小的铸型以确保等轴晶的形成，再辅以其他晶粒细化措施以得到满意的效果。

悬浮浇注法可同时满足小的 G_L 与高的 R 的要求。悬浮浇注法是在浇注过程中将一定量的固态金属颗粒加入金属液中，从而改变金属液凝固过程，达到细化组织、减小偏析、减小铸造应力的目的的一种工艺方法。

悬浮浇注法的特点：（1）显著细化铸件组织，提高力学性能，改善铸件厚大断面力学性能均匀性；（2）减小凝固收缩，使冒口减小 15% ~ 35%；（3）减少缩松，提高铸件致密性；（4）减小铸造应力，减小铸件热裂倾向；（5）改善宏观偏析；（6）提高凝固速度，改善铸型受热状况；（7）可以实现浇注过程合金化。

在古代青铜器中加入大量的 Pb 金属，是否出于这个目的？这是一个需要进一步研究的问题。在本书的后续章节中，进行详细的论述。

D　孕育处理

孕育处理是浇注之前或浇注过程中向液态金属中添加少量物质以达到细化晶粒、改善宏观组织目的的一种工艺方法。

孕育主要是影响生核过程和促进晶粒游离以细化晶粒；而变质则是改变晶体的生长机理，从而影响晶体形貌。变质在改变共晶合金的非金属相的结晶形貌上有着重要的应用，而在等轴晶组织的获得和细化中采用的则是孕育方法。

E　动力学细化

（1）铸型振动：在凝固过程中振动铸型可使液相和固相发生相对运动，导致枝晶破碎形成结晶核心。振动还可引起局部的温度起伏，有利于枝晶熔断。振动铸型可促使"晶雨"的形成。

（2）超声波振动：超声波振动可在液相中产生空化作用，形成空隙，当这些空隙崩溃时，液体迅速补充，液体流动的动量很大，产生很高的压力。当压力增加时凝固的合金熔点温度也要增加，从而提高了凝固过冷度，使形核率提高，晶粒细化。

（3）液相搅拌：又称振动浇注法，采用机械搅拌或振动、电磁搅拌或气泡搅拌均可造成液相相对固相的运动，引起枝晶的折断、破碎与增殖，达到细化晶粒的目的。主要用于各种复杂铸型而不至于损坏，振动器安装在浇口杯或浇铸槽上，金属液流过振动后进入型腔。

3.3.2.6　铸造缺陷与控制

（1）合金中的偏析：合金在凝固中发生的化学成分不均匀现象叫偏析。微观偏析：合金微小范围内（约一个晶粒范围）的化学成分不均匀性，如晶内偏析和晶界偏析，如图3.5所示。宏观偏析：合金凝固断面上各部位的化学成分不均匀性，常有正常偏析、逆偏析和重力偏析等。正偏析：$c_s > c_0$；负偏析：$c_s < c_0$。

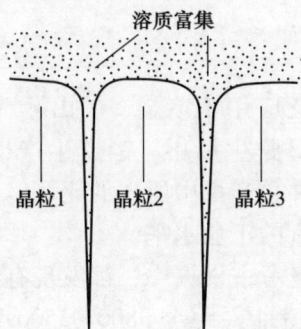

图 3.5　合金中的偏析示意图

（2）气孔：因气体分子聚集而在金属中产生的空洞叫气孔。

原因：液态金属中气体溶解度降低而逸出的分子状态的气泡；侵入气体不被金属溶解形成的气泡，如图3.6所示。按气体来源分类：析出性气孔、侵入性气孔和反应性气孔；

按气体种类分类：氢气孔、氮气孔和一氧化碳气孔。

危害：减小有效工作断面导致应力集中产生裂纹；产生疏松导致气密性下降和耐蚀性降低。

图 3.6 铸件中气孔的形成示意图

（3）夹杂物：夹杂物是金属内部或表面存在的与基本金属成分不同的物质。

（4）缩孔与缩松。铸件在凝固过程中，由于合金的液态收缩和凝固收缩，往往在铸件最后凝固的部位出现孔洞。容积大而集中的孔洞称为缩孔，细小而分散的孔洞称为缩松。

缩孔分为内缩孔和外缩孔，一般产生于铸件厚壁处、两壁相交处及内浇口附近等凝固较晚或凝固缓慢的部位。缩孔特征为尺寸较大，形状不规则，表面不光滑，有枝晶脉络状凸起。

缩孔的形成机理为：在凝固体积收缩时，得不到液态金属的补充；另外，逐层凝固时，通过液态金属的流动使收缩集中于铸件，最后在凝固部位形成集中缩孔。

缩松分为宏观缩松（简称缩松）和微观缩松（显微缩松）。缩松多出现于结晶温度范围较宽的合金中，常分布在铸件壁的轴线区域、缩孔附近或铸件厚壁的中心部位。

缩松的形成机理为：在糊状凝固过程中，在糊状区存在液固共存，使得液体流动困难，导致晶间树枝间得不到补充，最后产生分散的小缩孔。

3.3.3 锻造

在现代工业中，锻造生产广泛应用于冶金、矿山、汽车、机械、石油、化工、航空、航天、兵器等工业领域。就是在日常生活中，锻造生产也具有重要位置。从某种意义上说，锻件的年产量、模锻件在锻件总产量中所占的比例，以及锻造设备大小和拥有量等指标，在一定程度上反映了一个国家的工业水平。

在中国各地及不同时期的大量考古发掘中，都发现有经过了热加工或冷加工的青铜铜器样品[4]，如：河南偃师二里头遗址（距今 3800～3500 年，相当于古代文献中的夏、商王朝时期）有 8 件铜器样品有热加工或热冷加工的组织；陕西神木新华遗址（新石器时代晚期至夏代）发现锡青铜刀铸造成型后，又对刃部及尖背部进行过加热、锻打。可以看出，青铜器的锻造或者锻打有可能与铸造工艺一起发明和发展。因此，与铸造一样，研究和探索青铜器锻造工艺的发展历史也具有重要意义。然而，目前有关古代青铜器的锻造工艺研究较少，可能与研究者对于锻造工艺和特点的认识不足有关。本节拟对锻造工艺进行简要和系统的介绍，如需要深入理解可以进一步参看相关文献和专著。

3.3.3.1 锻造的定义和分类

根据锻造温度可以分为热锻造、温锻造和冷锻造。根据成型机理，锻造可分为自由锻造、模锻造、碾环、特种锻造。下面分别进行简介。

（1）热锻造。热锻造是在高于坯料金属再结晶温度上的锻造工艺。热锻造目的有3方面：

1）减少金属的变形抗力，因而减少坯料变形所需的锻压力，使锻压设备吨位大为减少；

2）改变铸件金属的铸态结构，在热锻过程中经过再结晶，粗大的铸态组织变成细小晶粒的新组织，并减少铸态结构的缺陷，提高金属的力学性能；

3）提高金属的塑性，这对一些低温时较脆难以锻压的合金尤为重要。

（2）温锻造。温锻造是在再结晶温度以下且高于室温的锻造工艺。采用温锻工艺的目的是获得精密锻件，温锻的优势也就在于可以提高锻件的精度和质量，同时又没有冷锻那样大的成型力。温锻工艺的应用与锻件材料、锻件大小、锻件复杂程度有密切的关系。

（3）冷锻造。冷锻造是冷模锻、冷挤压、冷镦等塑性加工的统称。冷锻造是对金属在再结晶温度以下的成型加工，是在回复温度以下进行的锻造。生产中习惯把不加热毛坯进行的锻造称为冷锻造。冷锻造材料大都是室温下变形抗力较小、塑性较好的铝及部分合金、铜及部分合金、低碳钢、中碳钢、低合金结构钢。冷锻件表面质量好、尺寸精度高、劳动条件好、生产效率高，能代替一些切削加工。冷锻能使金属强化，提高零件的强度。

（4）自由锻造。自由锻造指用简单的通用性工具，或在锻造设备的上、下砧铁之间直接对坯料施加外力，使坯料产生变形而获得所需的几何形状及内部质量的锻件的加工方法。基本工序包括镦粗、拔长、冲孔、切割、弯曲、扭转、错移及锻接等。自由锻采取的都是热锻方式。

（5）模锻造。模锻造又分为开式模锻造和闭式模锻造。金属坯料在具有一定形状的锻模膛内受压变形而获得锻件。模锻一般用于生产重量不大、批量较大的零件。模锻造可分为热模锻造、温锻造和冷锻造。

闭式模锻造和闭式镦锻造属于模锻造的两种先进工艺，由于没有飞边，材料的利用率就高。用一道工序或几道工序就可能完成复杂锻件的精加工。由于没有飞边，锻件的受力面积就减少，所需要的荷载也减少。

（6）碾环。碾环是指通过专用设备碾环机生产不同直径的环形零件。

（7）特种锻造。特种锻造包括辊锻、楔横轧、径向锻造、液态模锻等锻造方式，这些方式都比较适用于生产某些特殊形状的零件。

3.3.3.2 锻造的工艺流程

不同的锻造方法有不同的流程，其中以热模锻的工艺流程最长，一般顺序为：锻坯下料—锻坯加热—辊锻备坯—模锻成型—切边—冲孔—矫正—中间检验（检验锻件的尺寸和表面缺陷）—锻件热处理（用以消除锻造应力，改善金属切削性能）—清理（主要是去除表面氧化皮）—矫正—检查（一般锻件要经过外观和硬度检查，重要锻件还要经过化学成分分析、力学性能、残余应力等检验和无损探伤）。

3.3.3.3 锻造的特点

（1）与铸件相比，金属经过锻造加工后能改善其组织结构和力学性能。铸造组织经过锻造热加工变形后由于金属的变形和再结晶，使原来的粗大枝晶和柱状晶粒变为晶粒较细、大小均匀的等轴再结晶组织，使铸锭内原有的偏析、疏松、气孔、夹渣等压实和焊合，组织变得更加紧密，提高了金属的塑性和力学性能。

（2）金属经锻造或热轧等热变形加工后，常会出现具有明显层状特性的显微组织，称为带状组织。带状组织与枝晶偏析沿加工方向拉长有关。它的存在将降低金属的强度、塑性和冲击韧度，可通过多次正火或扩散退火来消除。

（3）具有较高的生产率。

（4）节约金属材料。

（5）应用范围广。锻件质量从不到1g的表针到重达数百吨的大轴都可锻造。

3.3.3.4 青铜的锻造问题

在实际生活和生产中，我们见得较多的是钢铁工件的锻造（锻打）情况，而青铜（Cu-Sn合金）的锻造则完全不同。

（1）钢铁锻造。锻打温度为800~1200℃，温度区间较宽为400℃，这是由于锻造过程必须在具有面心立方（fcc）结构韧性好的γ-Fe（奥氏体）相区进行。因此，锻造时需要加热使低温下硬度较高的体心立方（bcc）结构的α-Fe（铁素体），或硬度更高的体心正方结构的马氏体（A），完全转变为γ-Fe（奥氏体）。

（2）铜锡（Cu-Sn）合金锻造。需要分两种情况：1）对于纯铜和Sn含量小于6.0%的青铜，由于全部为α-Cu相，韧性好，不存在锻造温度范围问题，在室温下就可以进行锻打成型。2）而对于Sn含量大于6%的青铜，主要由α-Cu相+（α+δ）共析相组成。由于低温下存在硬脆的δ-Cu（$Cu_{31}Sn_8$）相，锻造时必须使δ-Cu相完全转变为韧性较好的β-Cu（Cu_5Sn）相才能进行。因此，锻造温度只能在586~798℃之间进行，温度区间较窄，仅为212℃。所以古代青铜器的锻打需要较高的技术水平，特别是对温度的控制[3]。

3.3.4 焊接

焊接在人们的生产和生活中占有重要的地位，可以说"一种材料，如果不能够进行焊接，或者说没有焊接性，几乎就没有使用价值！"可以毫不夸张地说，没有现代焊接方法发展，就不会有现代工业技术的今天！

焊接技术是随着金属的应用而出现的，古代的焊接方法主要是铸焊、钎焊和锻焊。考古研究认为，公元前3000多年，埃及就出现了锻焊技术。而在中国，公元前2000多年的殷（商）朝即开始采用铸焊制造兵器，到公元前200年，已经掌握了青铜的钎焊及铁器的锻焊工艺[5-7]。例如，春秋战国时期曾侯乙墓中的建鼓铜座上有许多盘龙，就是分段钎焊连接而成的，与现代软钎料成分相近。

可以说，由于使用炉火作热源，温度低、能量不集中，无法用于大截面、长焊缝工件的焊接，古代焊接技术长期停留在铸焊、锻焊和钎焊的水平上，只能用以制作装饰品、简单的工具和武器，如图3.7所示。

图 3.7 西周中期邓仲牺尊附饰与器壁的连接情况[7]

3.3.4.1 焊接的定义、特点和分类

A 焊接的定义

焊接是通过加热或加压，或两者同时并用，并且用或不用填充材料，使两个分离的物体产生原子间结合而连接成一体的一种成型加工方法。

B 焊接的特点

优点：（1）节省材料，比铆接件、铸件和锻件等结构质量轻；（2）以小拼大、化大为小，制造重型、复杂的机器零部件，简化铸造、锻造及切削加工工艺，获得最佳技术经济效果；（3）焊接接头具有良好的力学性能和密封性，适于制造各类容器；（4）可以在不同部位采用不同性能的材料，充分发挥各种材料的特长，达到经济和优质。

不足：（1）焊接结构不可拆卸，给维修带来不便；（2）焊接结构中会存在焊接应力和变形；（3）焊接接头的组织性能往往不均匀，并会产生焊接缺陷，导致失效断裂等事故。

C 焊接的分类

金属焊接方法有 40 种以上，根据焊接过程中加热程度和工艺特点，可以分为 3 大类：

（1）熔化焊接。将工件焊接处局部加热到熔化状态，形成熔池（通常还加入填充金属），冷却结晶后形成焊缝，被焊工件结合为不可分离的整体。常见的熔焊方法有气焊、电弧焊、电渣焊、等离子弧焊、电子束焊、激光焊、铸焊等。

（2）压力焊接。在焊接过程中无论加热与否，均需要加压的焊接方法，属于固态焊接。常见的压焊有电阻焊、摩擦焊、冷压焊、扩散焊、爆炸焊、锻焊等。

（3）钎焊。采用熔点低于被焊金属的钎料（填充金属）熔化之后，填充接头间隙，并与被焊金属相互扩散实现连接。又将钎料熔点低于 450℃ 的钎焊称为软钎焊，钎料熔点高于 450℃ 的钎焊称为硬钎焊。钎焊过程中被焊工件不熔化，且一般没有塑性变形。

对于没有电力及对结构性能要求不高的青铜时代，对应于这三类焊接工艺，则为铸焊、锻焊和钎焊。

3.3.4.2 铸焊

铸焊是一种用范组合成铸型进行浇铸的方法，属于熔化焊接工艺。

早期的范只能铸一件器物，商代中期发展到一范可铸多件，春秋时期有可重复使用的器形简单的泥范。范铸法具有铸接、铸焊、铸镶等多种工艺形式：

（1）铸接。在器体上加铸附件，或先铸出附件再和器体铸接，如商代的四羊方尊即为其代表作。

（2）铸焊。把分铸的部件用铅锡合金或铜铸焊在一起，成为成型铸件，如春秋时期的莲鹤方壶。

（3）铸镶。将预铸的花纹状红铜片安放在范内，浇铸器件时镶铸在器件表面。经磨砺抛光，铜片呈现和器件不同的色泽，具有装饰效果。

3.3.4.3 锻焊

锻焊是将金属加温后用锤子击打，使其焊接在一起的加工方法，属于压力（固态）焊接工艺。锻焊被认为是最古老的焊接方法。

在这种焊接术中，两种金属片被加热到低于其熔化温度，或者说，金属被加热使其达到塑性状态，加热温度可以因金属而异。在完成加热过程之后，进行锤击或者外力施加在金属片上，使它们完美地连接在一起。

3.3.4.4 钎焊

A 钎焊的历史

钎焊是人类最早使用的材料连接方法之一。在埃及出土的古文物中，就有用银铜钎料钎焊的管子和用金钎料连接的护符盒，据考证分别是 5000 年前和近 4000 年前的物品。中国在公元前 5 世纪的战国初期也已经使用锡-铅（Sn-Pb）合金钎料，在秦始皇兵马俑青铜器马车中也大量采用了钎焊技术。中国最早见诸文献记载的钎焊是汉代班固所撰《汉书》中有云："胡桐泪状似眼泪也，可以焊金银也，今工匠皆用之。"

B 钎焊的定义

钎焊的能源可以是化学反应热，也可以是间接热能。它是利用熔点比被焊材料的熔点低的金属作钎料，经过加热使钎料熔化，毛细管作用将钎料吸入接头接触面的间隙内，润湿被焊金属表面，使液相与固相之间相互扩散而形成钎焊接头，如图 3.8 所示。因此，钎焊是一种"固相兼液相"的焊接方法。

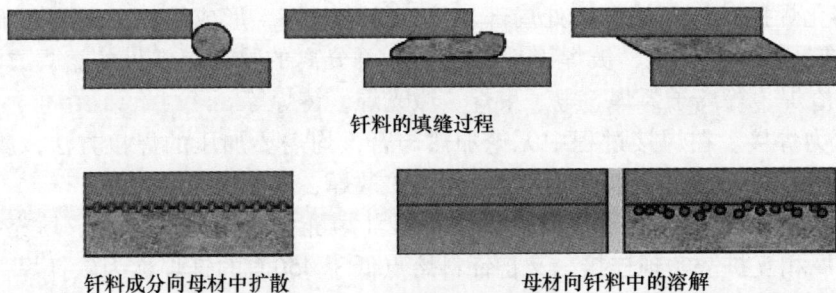

钎料的填缝过程

钎料成分向母材中扩散　　　　母材向钎料中的溶解

图 3.8 钎焊原理示意图

钎料是形成钎焊接头的填充金属，钎焊接头的质量在很大程度上取决钎料。钎料应该具有合适的熔点、良好的润湿性和填缝能力，能与母材相互扩散，还应具有一定的力学和物理化学性能，以满足接头使用性能要求。

C 钎焊的分类

根据钎料熔点的不同，钎焊又分为软钎焊和硬钎焊。

(1) 软钎焊。钎料熔点低于450℃的钎焊称为软钎焊，常用钎料是"锡铅"钎料，它具有良好的润湿性和导电性。软钎焊的接头强度一般为60~140MPa。

(2) 硬钎焊。钎料熔点高于450℃的钎焊称为硬钎焊，常用钎料是黄铜钎料和银基钎料。硬钎焊多用于受力较大的钢和铜合金工件，以及工具的钎焊。硬钎焊的接头强度为200~490MPa。

D 钎焊过程

表面清洗好的工件以搭接形式装配在一起，把钎料放在接头间隙附近或接头间隙之间。当工件与钎料被加热到稍高于钎料熔点温度后，钎料熔化（工件未熔化），并借助毛细作用被吸入和充满固态工件间隙之间，液态钎料与工件金属相互扩散溶解，冷凝后即形成钎焊接头。钎焊形成的焊缝称为钎缝。较之熔焊，钎焊时母材不熔化，仅钎料熔化；较之压焊，钎焊时不对焊件施加压力。

钎焊过程的主要工艺参数是钎焊温度、保温时间，即吸收的热量大小。钎焊温度通常选为高于钎料液相线温度25~60℃，以保证钎料能填满间隙。钎焊保温时间视工件大小及钎料与母材相互作用的剧烈程度而定。大件的保温时间应长些，以保证加热均匀。钎料与母材作用强烈的，保温时间要短。一般来说，一定的保温时间是促使钎料与母材相互扩散，形成牢固结合所必需的。但过长的保温时间将导致熔蚀等缺陷的发生。

几乎所有的加热热源都可以用作钎焊热源，如烙铁钎焊、波峰钎焊、火焰钎焊、浸沾钎焊、感应钎焊、炉中钎焊、真空钎焊等。

E 钎焊的特点

(1) 钎焊加热温度较低，接头平整美观，组织和力学性能变化小，变形小，工件尺寸精确，适合于焊接精密、复杂和由不同材料组成的构件。

(2) 接头表面光洁，气密性好，形状和尺寸稳定，焊件的组织和性能变化不大，可连接相同的或不相同的金属及部分非金属。

(3) 可焊同种金属，也可焊异种材料，且对工件厚度差无严格限制。

(4) 有些钎焊方法可同时焊多焊件、多接头，生产率很高。

(5) 钎焊设备简单，生产投资费用少。

(6) 接头强度低，耐热性差，且焊前清整要求严格，钎料价格较贵。

(7) 钎焊前对工件必须进行细致加工和严格清洗，除去油污和过厚的氧化膜，保证接口装配间隙。

3.3.5 热处理

金属热处理是机械制造中的重要工艺之一，与其他加工工艺相比，热处理一般不改变工件的形状和整体的化学成分，而是通过改变工件内部的显微组织，或改变工件表面的化学成分，赋予或改善工件的使用性能。其特点是改善工件的内在质量，而这一般不是肉眼所能看到的。

为使金属工件具有所需要的力学性能、物理性能和化学性能，除合理选用材料和各种成型工艺外，热处理工艺往往是必不可少的。

古代青铜器制造中是否存在有目的和主动的热处理，仍然是一个值得研究和探索的问题。例如，在明显经过锻打的青铜器中，并没有看到塑性变形后的条形组织，而是平衡组织，说明其有热处理的过程，但是这是有意为之的吗？

另一个让非材料专业人士产生误解的是刀剑的"淬火"处理。实际上，淬火硬化只是对于钢铁材料的处理工艺，而对应青铜材料，不仅没有硬化效应，而且还会产生软化。所以现在认为春秋战国时期欧冶子等人铸造的不是青铜剑，而是钢铁剑。也就是说，传说中的欧冶子铸造的 8 把宝剑：龙渊、太阿、工布、湛卢、纯钧、胜邪、鱼肠、巨阙，以及他的女儿莫邪和女婿干将铸造的"雌雄剑"都是钢铁剑，而不是青铜剑。很多文献和文艺作品中的描述，都是不正确的。

本节简要介绍金属热处理的主要概念和工艺特征，便于研究者参考，更详细的论述还需要查阅更加专业的文献和论著。

3.3.5.1　热处理的历史

在从石器时代发展到铜器时代和铁器时代的过程中，热处理的作用逐渐为人们所认识。早在公元前 770—前 222 年，古代工匠在生产实践中就已发现，铜、铁的性能会因温度和加压变形的影响而发生变化。公元前 6 世纪，钢铁兵器逐渐被采用，为了提高钢的硬度，淬火工艺得到迅速发展。

1863 年，英国金相学家和地质学家展示了钢铁在显微镜下的 6 种不同的金相组织，证明了钢在加热和冷却时，内部会发生组织改变，钢中高温时的相在急冷时转变为一种较硬的相。1885 年法国人奥斯蒙德（F. Osmond）确立的铁的同素异构理论，以及 1897 年英国人奥斯汀（W. C. Roberts-Austen）最早制定的铁碳（Fe-C）相图，为现代热处理工艺初步奠定了理论基础。

3.3.5.2　热处理的定义

热处理是将金属材料放在一定的介质内加热、保温、冷却，通过改变材料表面或内部的金相组织结构，来控制其性能的一种金属热加工工艺。从狭义上讲，材料的热处理指的是将材料加热到相变温度以上发生相变，再施以冷却再发生相变的工艺过程。通过这个相变与再相变，材料的内部组织发生了变化，因而性能变化。同一种材料，如果采用不同的热处理工艺，其性能会差别很大，这也是热处理的魅力所在。

理论和实践都表明，热处理工艺（或制度）选择要根据材料的成分，材料内部组织的变化依赖于材料热处理与其他热加工工艺，材料性能的变化又取决于材料的内部组织变化。因此，材料科学与工程四要素之间的相互依赖关系贯穿在材料加工的全过程之中。

3.3.5.3　热处理的基本要素

热处理工艺有三大基本要素：加热、保温、冷却。这三大基本要素决定了材料热处理后的组织和性能。

（1）加热：热处理的第一道工序。不同的材料，加热工艺和加热温度都不同。

加热温度是热处理工艺的重要参数之一，选择和控制加热温度，是保证热处理质量的关键。加热温度随被处理的金属材料和热处理的目的不同而异，但一般都是加热到相变温度以上，以获得高温组织。

（2）保温：高温下的相组织转变需要一定的时间，因此当金属工件表面达到要求的加热温度时，还须在此温度保持一定时间，使内外温度一致，显微组织转变完全，这段时间称为保温时间。保温时间和介质的选择与工件的尺寸和材质有直接的关系。一般工件越大，导热性越差，保温时间就越长。

（3）冷却：热处理的最终工序，也是热处理最重要的工序。冷却方法因工艺不同而不同，主要是控制冷却速度。一般退火的冷却速度最慢，正火的冷却速度较快，淬火的冷却速度更快。

3.3.5.4 热处理的基本类型

金属热处理工艺大体可分为整体热处理、表面热处理和化学热处理三大类。根据加热介质、加热温度和冷却方法的不同，每一大类又可区分为若干不同的热处理工艺。同一种金属采用不同的热处理工艺，可获得不同的组织，从而具有不同的性能。

（1）整体热处理。对工件整体加热，然后以适当的速度冷却，以改变其整体力学性能的金属热处理工艺。钢铁整体热处理大致有退火、正火、淬火和回火四种基本工艺。

（2）表面热处理。表面热处理只加热工件表层，以改变其表层力学性能的金属热处理工艺。为了只加热工件表层而不使过多的热量传入工件内部，使用的热源须具有高的能量密度，即在单位面积的工件上给予较大的热能，使工件表层或局部能短时或瞬时达到高温。

（3）化学热处理。通过改变工件表层化学成分、组织和性能的金属热处理工艺。化学热处理与表面热处理不同之处是后者改变了工件表层的化学成分。化学热处理是将工件放在含碳、氮或其他合金元素的介质（气体、液体、固体）中加热，保温较长时间，从而使工件表层渗入碳、氮、硼和铬等元素。渗入元素后，有时还要进行其他热处理工艺，如淬火及回火。化学热处理的主要方法有渗碳、渗氮、渗金属等。古代青铜器中，通过"膏剂涂覆法"在表面形成具有一定厚度的"富锡层"，其形成机制与化学热处理相同，在本书的后续章节中有详细论述。

3.3.5.5 退火

退火又可分为完全退火、等温退火、球化退火、去应力退火等工艺。

3.3.5.6 淬火

淬火分为单质淬火、双介质淬火、分级淬火、等温淬火、表面淬火等工艺。

3.3.5.7 回火

回火为淬火以后进一步改善材料组织和性能的热处理工艺。

3.3.5.8 时效处理

在本书中，首次提出了采用"时效"理论，结合纳米测试技术，通过测量"时间-硬度"和"时间-导电性"之间的关系，实现古代青铜器（金属器）的"直接"测年断代。在后续章节中将有较为详细的论述，在此主要介绍"时效"和"时效处理"的基本概念等内容。

A　定义与目的

时效或时效处理是一种常见的热处理工艺。它是指金属工件经固溶处理、冷塑性变形或铸造及锻造后，在较高的温度或室温放置，其性能、形状、尺寸随时间而变化的热处理工艺。例如，有色金属淬火后形成不稳定组织（亚稳定组织），这种组织为了向稳定组织发展而进行固溶体分解和析出过饱和溶质原子。

在室温下进行的过饱和固溶体的分解称为自然时效。但对多数合金来讲，自然时效过程非常缓慢。为了提高固溶体的分解速度，一般需要将合金加热到一定温度（远低于淬火温度），使固溶体分解加速，这种过程称为人工时效。一般时效处理时间为数小时到数日。在铝合金、钢、铜合金及镍基、钴基合金中都存在时效现象。研究表明，材料的硬度与时效时间之间存在一个对应关系，即时效曲线，如图3.9所示。

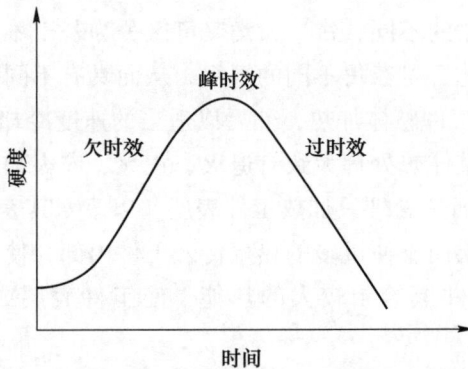

图 3.9　时效曲线示意图

B　时效机制

对于大多数合金来讲，在低温下分解一般经历三个阶段。首先是过饱和固溶体中溶质原子沿基体的一定晶面富集，形成偏聚区（GP区），其与母相共格，往往呈薄片状。进一步延长时间或提高温度，GP区长大并转变为中间过渡相，其成分与晶体结构处于母相与稳定的第二相之间的某种中间过渡状态。最后，中间过渡相转变为具有独立晶格结构的稳定第二相，与母相不共格。开始析出的第二相处于弥散状态，一般是薄片状。计算表明，进一步延长时间或升高温度，弥散的第二相开始聚集长大，温度越高，长大越快，使合金的硬化性能下降。

C　时效的影响因素

对于同一成分的合金来讲，影响时效效果的主要工艺因素有：时效温度和时间、淬火加热温度和冷却速度，以及时效前的塑性变形等。

a　时效温度的影响

当固定时效时间，对同一成分合金在不同温度下进行时效处理，合金硬化与时效温度的关系如图3.10所示。随着时效温度的升高，合金的硬度增大。当硬度增大到某一数值后，达到极大值。进一步升高温度，硬度下降。合金硬度增大的阶段称为"强化时效"；下降的阶段称为"软化时效"或者"过时效"。时效温度与合金硬化的这种变化规律与过饱和固溶体分解过程有关。

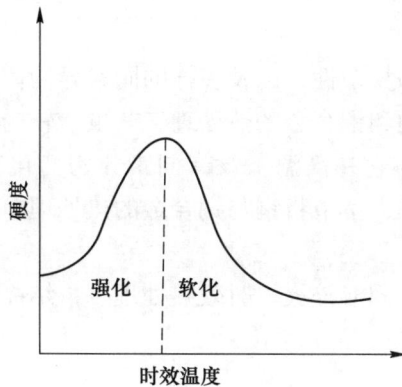

图 3.10 时效温度对硬度的影响曲线

b 时效时间的影响

当固定时效温度，对同一成分合金在不同时间下进行时效处理，合金硬化与时效时间的关系如图 3.9 所示。随着时效时间增加，硬度缓慢上升，并出现极大值，即获得最佳硬化效果，进一步延长时效时间，则开始软化。而在不同温度变化时，不同时间对应的硬度变化又有不同。在较低温下，随着时效时间的增加，硬度缓慢上升。进一步提高时效温度，则合金在较早的时间内开始软化，而且硬化效果随温度的升高而降低。

c 淬火温度、淬火冷却速度和塑性变形的影响

实验表明，淬火温度越高，淬火冷却速度越快，在淬火过程中固定下来的固溶体晶格中的空位浓度越大，则固溶体的分解速度及硬化效果都将增大。淬火速度减慢时，晶格中淬火产生的过剩空位将减少。若冷却速度过低，固溶体在冷却过程中还可能发生分解，使过饱和度降低。无论降低固溶体对溶质原子的过饱和度，还是减少晶体中过剩空位的浓度，都会降低合金时效速率和强化效果。

合金淬火后进行冷塑性变形，将强烈影响过饱和固溶体的分解过程。其作用与高温淬火的作用相似，增加过饱和固溶体的晶格缺陷，从而提供更多非自发晶核，提高固溶体分解速度和析出物密度，得到更为弥散的析出物质点，使合金的硬化效果增大。

D 过时效及其机制

在现代工业中，时效处理是为了提高材料的强度，时效强化的实质是过饱和固溶体在时效过程中发生沉淀、偏聚、有序化等反应产物，增加了位错运动的阻力。但是，从时效曲线可知，如果长时间的时效处理会使材料进入过时效阶段，反而会造成强度下降。

过时效造成强度下降的原因：当时效温度或者时效时间超过强化峰值以后，材料固溶体基体的晶格畸变显著减小，过渡相与母相完全脱离共格关系转变成稳定相，导致合金的强化效果明显下降；同时，随着析出相长大，间距变大，以及位错密度降低、元素扩散、晶界迁移等现象的发生，宏观表现为材料的强度降低，塑韧性有所提高。

古代金属文物属于超长期自然时效过程，其硬度和弹性模量等力学性能必然为下降趋势，另外其电阻率等物理性能也可能发生微小的变化。如果能够进行精确测定，找出这些性能与时间的关系，就可以对其进行测年断代。

3.3.6   铜与铜合金的热处理

由于钢铁组织的丰富性和复杂性，以及多样的同素异构体，一般的热处理主要是针对钢铁材料进行处理的工艺。铜和铜合金的热处理工艺虽然较为简单，但有其特殊性，如纯铜是无法进行热处理的，因为它在高温下没有同素异构变化，主要是对铜合金进行热处理。为了读者便于阅读和理解，本节将铜与铜合金的热处理单独列出，便于在研究中注意区分和查阅。

铜合金的热处理方法有：固溶淬火、时效热处理、再结晶退火、高温均匀化退火、低温消除应力退火、低温强化退火等。

3.3.6.1   均匀化退火

均匀化退火是将铜合金加热到接近熔点的温度，保持一定时间，然后缓慢冷却的退火工艺。均匀化过程是一个原子扩散过程，因此又称为扩散退火。主要目的是消除铸造时，在铜合金铸锭中形成的成分偏析。一般 Cu-Sn 合金的结晶区间大，成分偏析严重，需要均匀化退火。铍青铜及白铜铸件通常也都要进行均匀化退火。加热温度以不发生熔化为度（白铜为 1000℃），黄铜铸件在高温下加热时表面易于脱锌，一般不进行均匀化退火。均匀化退火多在燃料炉中加热，炉气成分应控制在弱还原性和弱氧化性之间。

在均匀化退火过程中，温度高、原子扩散快、枝状偏析消失、沿晶界分布的不平衡共晶体和不平衡相被溶解。在均匀化温度下是过饱和固溶体，保温过程中将析出第二相。有的第二相可能被球化，从而显著提高合金的塑性及组织稳定性。合金化程度较高的变形合金铸锭，一般都进行均匀化退火，以提高它们的塑性变形能力。

3.3.6.2   中间再结晶退火（软化退火）

中间再结晶退火，又称软化退火，即两次冷轧之间以软化为目的的再结晶退火。具体工艺为：把工件加热到再结晶温度以上，保持一定时间，然后缓慢冷却。

主要目的在于：清除加工硬化，也就是细化晶粒，充分消除内应力，降低合金的强度和硬度，提高塑性。冷轧后的合金产生纤维组织并发生加工硬化，经过把合金加热到再结晶温度以上，保温一定的时间后缓慢冷却，使合金再结晶成细化的晶粒组织，获得好的塑性和低的变形抗力，以便继续进行冷轧加工。这种退火是铜合金轧制中最主要的热处理。

3.3.6.3   去应力退火（低温退火）

去应力退火（低温退火）是把铜合金加热到一个较低温度（低于材料再结晶开始温度），保持一定时间以缓慢冷却的热处理工艺。其主要目的：（1）消除残余应力，因此低温退火温度应尽量低，以避免材料的软化。（2）去除铸件、焊接件及冷成型件的内应力，以防止零件变形与开裂，也能提高抗蚀性（因零件存在拉应力时，在腐蚀介质中，极易产生应力腐蚀）。

3.3.6.4   成品退火

成品退火，即冷轧到成品尺寸后，通过控制退火温度和保温时间来得到不同状态和性能的最后一次退火。成品退火有两种：再结晶温度以上退火和再结晶温度下的低温退火。

3.3.6.5 坯料退火

坯料退火是热轧后的坯料,通过再结晶退火来消除热轧时不完全热变形所产生的硬化,以及通过退火使组织均匀的热处理方法。

3.3.6.6 时效(回火)硬化和固溶淬火

时效(回火)硬化热处理的目的在于固溶淬火后,析出溶质原子,强化合金。时效温度要求较为严格,炉温必须尽量保持均匀。

固溶淬火是时效前的热处理工艺。目的在于在固溶温度下保温后急速冷却,以获得最大限度的过饱和固溶体,通常与时效析出热处理共同应用,提高材料性能。

3.3.6.7 不同铜及铜合金的热处理方法

A 纯铜热处理

纯铜(紫铜,古代称为红铜)为面心立方晶格,塑性变形能力高,但中温区塑性剧烈降低,应避免在此区间进行压力加工。热压加工一般在 800~900℃进行。中温脆性区一般认为是铅等低熔点杂质引起的。

工业纯铜大多只进行再结晶退火,退火温度为 500~700℃,其目的是消除内应力,使铜软化或者改变其晶粒度。

B 黄铜热处理

黄铜热处理一般有两种:(1)防"季裂"退火。260~300℃保温后空冷。黄铜冷加工产生残余应力,会导致应力腐蚀,产生季节性碎裂现象。低温退火的主要目的在于消除残余应力,因此低温退火温度应尽量低,以避免材料的软化。(2)再结晶退火。540~600℃保温后水冷。其目的是消除加工硬化,恢复塑性和获得细晶粒组织。

退火硬化现象:α-Cu 黄铜冷变形后于再结晶温度以下退火,其硬度不但不降低,反而有所升高。例如 H70,冷变形 50%后在 235C 退火 1h,抗拉强度升高 30MPa,伸长率降低 2%。试验证明,含 Zn>10%的黄铜、含 Al>4%的青铜、含 Mn>5%的青铜和含 Ni>30%的白铜都有这种退火异常硬化现象,也称变形时效。

C 青铜热处理

a 锡青铜

铜与锡的合金称为锡青铜,最主要的特点是耐蚀、耐磨、弹性好和铸件体积收率很小。图 3.11 所示为 Cu-Sn 合金相图。

锡青铜的用途:(1)高强弹性材料,如弹簧、弹片、弹性元件;(2)耐磨材料,如轴承套、齿轮等;(3)艺术铸件和铜像等。

铜锡合金中的原子扩散速度进行很慢,共析转变只有在长时间保温才能进行。另外,一般生产条件下,冷却速度快,合金中不出现 α-Cu+ε-Cu 组织。从工程角度出发,锡青铜的锡含量一般都小于 10%,得到的是单相 α-Cu 组织,因此锡青铜不能进行热处理强化。

根据锡青铜的使用目的和加工方法,常用热处理是均匀化退火、再结晶退火和去应力退火。消除枝晶偏析的均匀化退火,通常处理温度为 625~725℃,1~6h;锡青铜在冷变形工序之间,中间再结晶退火消除形变硬化,例如 QSn6.5-0.4 的再结晶退火温度为

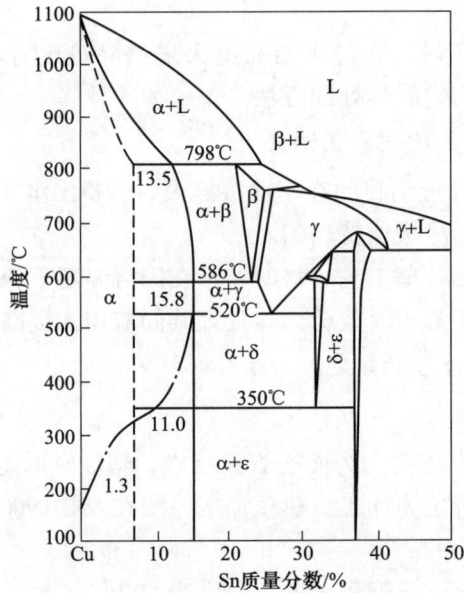

图 3.11　Cu-Sn 合金相图

600℃；用作弹性元件的锡青铜 QSn4-3 等不能进行再结晶退火，只进行去应力退火，退火温度为 250~300℃。

b　铝青铜

锡价格昂贵，所以用其他合金元素代替锡。铝青铜就是其中之一。铝青铜具有良好的力学性能、耐蚀性能和抗磨性能。工业上应用最多的青铜通常采用淬火温度 930~940℃，盐水冷却，250~300℃回火 2~3h，硬度挺高，也可进行正火消除共析体来提高塑性。高强度铝青铜则采用 900~930℃加热淬火，盐水冷却，低于 500℃时效处理，可大大提高强度和硬度。

c　铍青铜

含铍的铜合金为铍青铜，铍含量（质量分数）一般为 1.5%~2.5%。铍青铜是一种用途极广的沉淀硬化型合金，经固溶及时效处理后，强度可达 1250~1500MPa，并具良好的导热、导电、耐蚀和耐磨性。可用于制造高级弹性元件和特殊耐磨元件，还用于电器转向开关（无磁、冲击无火花）点接触器等。

热处理特点是：固溶处理后具有良好的塑性，可进行冷加工变形。但在进行时效处理后，却具有极好的弹性极限，同时硬度、强度也得到提高。

3.4　金属冷加工简介

在金属工艺学中，冷加工则指在低于再结晶温度下使金属产生塑性变形的加工工艺，如冷轧、冷拔、冷锻、冷挤压、冲压等。冷加工在使金属成型的同时，通过加工硬化提高了金属的强度和硬度。

金属冷加工的优点和限制：

（1）在强化金属的同时可以获得所需的形状。

（2）可以获得很好的尺寸公差和表面粗糙度。

（3）便宜。

（4）有些金属只能进行有限程度的冷加工，因为它们在室温下表现为脆性。

（5）冷加工削弱了延展性、导电性和耐腐蚀性。但因冷加工而导致的导电性减小的程度小于其他强化加工的影响，所以冷加工也被用来强化导电材料，如铜丝。

（6）如果各向异性的特性和残余应力控制得当的话，它们也会带来好处。如果控制不当，就会大大削弱材料性能。

（7）由于冷加工的效果会在高温下降低甚至消失，因此对于那些工作在高温环境下的部件来说，不适用冷加工强化。

在古代青铜器研究中，经常可以看到冷加工的描述[4]。这些所谓的冷加工应该是冷锻打。另外，在一些批量制作的古代青铜戈、青铜矛和青铜剑的刃部有时候也可以看到平直的机械打磨痕迹，似乎是高速旋转的砂轮打磨造成的。但是到目前为止，好像还没有砂轮出土的考古证据。

本节简要介绍现代金属冷加工的工艺特点，期望为进一步探索古人在金属冷加工方面的历史提供详细和专业的参考资料。理论上讲，以古代工匠的聪明才智，只要不涉及电力的冷加工工艺，都有可能被发明和使用，让我们拭目以待吧。

3.4.1 冷锻

冷锻是冷模锻、冷挤压、冷镦等塑性加工的统称，又叫作冷体积成型，是一种制造工艺也是一种加工方法。冷锻工艺由材料、模具、设备三要素构成。

冷锻是对金属在再结晶温度以下的成型加工，是在回复温度以下进行的锻造。生产中习惯把不加热毛坯进行的锻造称为冷锻。冷锻材料大都是室温下变形抗力较小、塑性较好的铝及部分合金、铜及部分合金、低碳钢、中碳钢、低合金结构钢。冷锻件表面质量好，尺寸精度高，能代替一些切削加工。冷锻能使金属强化，提高零件的强度。

3.4.2 冲压

冲压是靠压力机和模具对板材、带材、管材和型材等施加外力，使之产生塑性变形或分离，从而获得所需形状和尺寸的工件（冲压件）的成型加工方法。冲压和锻造同属塑性加工（或称压力加工），合称锻压。板料、模具和设备是冲压加工的三要素。

按冲压加工温度分为热冲压和冷冲压。前者适合变形抗力高、塑性较差的板料加工；后者则在室温下进行，是薄板常用的冲压方法。它是金属塑性加工（或压力加工）的主要方法之一，也隶属于材料成型工程技术。

3.4.3 冷挤压

冷挤压就是把金属毛坯放在冷挤压模腔中，在室温下，通过压力机上固定的凸模向毛坯施加压力，使金属毛坯产生塑性变形而制得零件的加工方法。或者说，挤压是迫使金属块料产生塑性流动，通过凸模与凹模间的间隙或凹模出口，制造空心或断面比毛坯断面要小的零件的一种加工工艺方法。

如果毛坯不经加热就进行挤压，便称为冷挤压。冷挤压是无切屑、少切屑零件加工工艺之一，是金属塑性加工中一种先进的工艺方法。如果将毛坯加热到再结晶温度以下的温度进行挤压，便称为温挤压。

3.4.4 冷轧

冷轧是在热轧板卷的基础上加工轧制出来的，一般来讲是热轧→酸洗→冷轧这样的加工过程。现代的冷轧需要强大的电力辅助，在青铜时代很难实现。

3.4.5 冷拔

拉拔是用外力作用于被拉金属的前端，将金属坯料从小于坯料断面的模孔中拉出，以获得相应的形状和尺寸的制品的一种塑性加工方法，如图 3.12 所示。

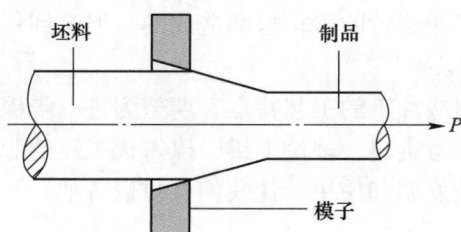

图 3.12 拉拔加工示意图

按照温度分类，在再结晶温度以下的拉拔是冷拔，在再结晶温度以上的拉拔是热拔，在高于室温低于再结晶温度的拉拔是温拔。

冷拔的优点：（1）尺寸精确，表面光洁；（2）工具、设备简单；（3）连续高速生产断面小的长制品。

冷拔缺点：（1）道次变形量与两次退火间的总变形量有限；（2）长度受限制。

3.4.6 切削

金属切削加工是指用切削工具（包括刀具、磨具和磨料）把坯料或工件上多余的材料层切去成为切屑，使工件获得规定的几何形状、尺寸和表面质量的加工方法。切削包括车、铣、刨、钳、磨等方法。

任何切削加工都必须具备 3 个基本条件：切削工具、工件和切削运动。

切削工具应有刃口，其材质必须比工件坚硬。不同的刀具结构和切削运动形式构成不同的切削方法。用刃形和刃数都固定的刀具进行切削的方法有：车削、钻削、镗削、铣削、刨削、拉削和锯切等；用刃形和刃数都不固定的磨具或磨料进行切削的方法有：磨削、研磨、珩磨和抛光等。

切削加工是机械制造中最主要的加工方法。虽然毛坯制造精度不断提高，精铸、精锻、挤压、粉末冶金等加工工艺应用日广，但由于切削加工的适应范围广，且能达到很高的精度和很低的表面粗糙度，在机械制造工艺中仍占有重要地位。

四川三星堆遗址中出土的"青铜纵目面具"上的方形开口可能与切屑与切割有关。

3.5　金属表面处理技术简介

表面处理技术（工程）是人类在与自然环境抗争过程中逐步摸索和发现的生存手段。打磨过的石器和骨器更加易于猎取食物，涂抹颜料的器皿更加美观，涂抹生漆的弓箭更加容易保存。

表面处理技术起源于中国、古希腊等文明古国。在长期生存和生产过程中，人们创造了许许多多表面处理工艺技术。很多考古发现都表明，古代工匠在制作青铜器时进行过表面处理。例如，在铜镜表面发现了纳米层[8]。另外，最为大家公认的是通过简单的热浸或擦锡，又称"膏剂涂覆法"，在青铜器表面进行"富锡"处理，形成一个"富锡层"。根据器物和使用要求不同，其目的大概分为3个：（1）装饰。为了获得银白色的装饰表面。富锡层经打磨后具有银白色光泽，使器物更加美观，主要应用碗、盆、罐等生活用具。（2）耐磨和高强度。富锡层耐磨性能和强度高于普通青铜，主要用于剑、矛、戈等表面的处理[9]。（3）防锈。防止在使用过程中青铜器表面形成铜绿锈蚀。富锡层的耐腐蚀性能好，不易出现锈蚀。

表面工程是将材料的表面与基体一起作为一个系统进行设计，利用各种表面技术，使材料的表面获得材料本身没有而又希望具有的性能的系统工程[10]。表面工程技术最突出的技术特点是无需改变整体材质，就能获得本体材料所不具备的某些特殊性能。一般的表面覆盖层厚度从几十微米到几毫米。

表面工程技术内容广泛，根据是否改变表面性质或状态，表面工程技术一般分为两类：表面涂层和表面改性，如图3.13所示。如果将这两类方法进行复合和交叉使用，还进一步发展出了复合表面工程。表面工程与人们的生产、生活息息相关。

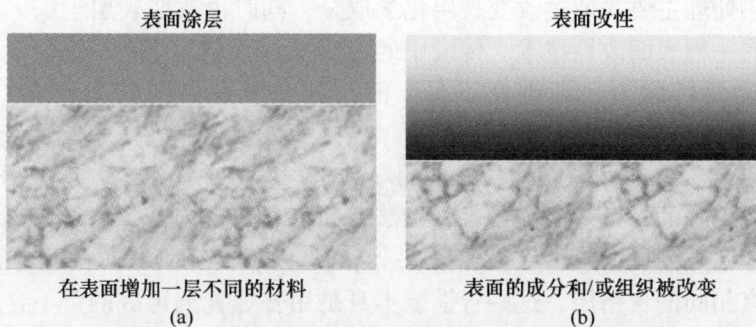

图 3.13　表面涂层（a）和表面改性（b）的示意图

表面改性是指仅材料表层的化学成分和显微组织发生变化，而材料的厚度不发生变化。主要技术如表面热强化处理、表面机械强化处理、表面化学热处理、离子注入、表面能量束合金化等。

表面涂层表示在材料表面增加一层另一种不同的材料。主要技术如涂料和有机涂料、电镀和化学镀、热喷涂、物理气相沉积、化学气相沉积等。

表面工程的意义：（1）表面工程技术是保证产品质量的基础工艺技术，满足不同工况服役与装饰外观的要求，显著提高产品的使用寿命、可靠性与市场竞争能力。（2）表面工程技术是节能、节材和挽回经济损失的有效手段。（3）表面工程技术在制备新型材料方面具有特殊的优势。

本书的观点认为：只要不需要电力作为动力的技术，在古代青铜器的制作过程中都有可能被使用。因此，本节将简要介绍不需要电力的表面处理技术。如金属表面改性技术中的火焰淬火和化学热处理、金属表面镀层技术中的化学镀、热浸镀，以及金属表面化学转化膜技术。

3.5.1　火焰淬火

火焰淬火是仅通过改变表层组织，不改变化学成分，而调制表层力学性能的一种表面改性技术。

火焰淬火原理是用乙炔-氧火焰（最高温度达 3100℃）或煤气-氧火焰（最高温度达 2000℃）将工件表面快速加热，随后喷液（水或有机冷却液）冷却的一种表面淬火方法。

现在认为火焰淬火始于 19 世纪初期，但是由于该方法简便，无需特殊设备，也可能在更早是时候已经被古人所利用。

火焰淬火的优点：（1）设备简单、投资少、成本低。（2）适用于单例，或小批生产，也适用于大型工件的局部淬火要求。（3）不易产生表面氧化与脱碳。（4）不受现场环境与工件大小的限制，适用性广，操作简便。

火焰淬火的缺点：（1）不易稳定地控制产品质量。（2）大部分是手工操作和凭肉眼观察来掌握温度。表面容易烧化、过热与淬裂，很难达到均匀的淬火层与高的表面硬度。（3）实现机械化流水生产较为困难。（4）火焰加热的均匀性很难保证。

3.5.2　化学热处理

表面化学热处理主要是通过改变表层化学成分，同时也改变表层组织，从而达到调制表层力学性能的一种表面改性技术。传说中的"越王勾践剑"进行了铬盐氧化或者硫化等防腐处理，虽说到目前为止证据尚不足，但是如果存在，则属于现在的表面"渗铬（Cr）"和"渗硫（S）"技术。

另外，1974 年，在陕西省临渔县发现的秦始皇陶俑坑中出土了大量青铜镞，其光洁如新，就像刚铸造出来的一样。研究发现青铜镞表面覆有致密的含铬（Cr）氧化层，厚度约 10μm，平均含铬量（质量分数）为 2%。另外，从 1968 年河北满城西汉中山靖王墓中出土的青铜镞也有相同的含铬层。这些青铜镞本身是用普通青铜铸成的，不含铬。显然，含铬层是后来处理上去的。这个表面层的防腐蚀能力很强，可耐酸、碱侵蚀。研究认为古代很可能采用了铬盐氧化处理方法，也就是渗铬化学热处理[11]。推测古人采用的工艺如下：先将重铬酸钾加热熔融，保持在 500℃ 左右，然后将青铜镞浸入，使其表面发生化学反应，形成致密的氧化层，约经半小时后取出，在空气中冷却，再在清水中浸泡，洗去粘附的可溶性物质。提出铬酸盐的制备方法为：将铬铁矿和天然碱混合，并掺以一定量的氧化钙，在高温下焙烧，其产物经水浸泡，除去杂质，得到铬酸盐溶液，再加入一定量的醋，即可获得重铬酸盐。

在化学热处理中，渗碳、渗氮、渗硫等非金属化学热处理主要应用于钢铁的表面处理，在铜合金中应用较少。因此，本小节主要对化学热处理基本概念、原理，以及渗金属等的相关内容做简要介绍，供大家在研究中参考，提供新的思路。

3.5.2.1 定义和类别

化学热处理是利用化学反应，有时兼用物理方法改变金属表层化学成分及组织结构，以便得到比均质材料更好的技术经济效益的金属热处理工艺。由于机械零件的失效和破坏大多数都萌发在表面层，特别在可能引起磨损、疲劳、金属腐蚀、氧化等条件下工作的零件，表面层的性能尤为重要。经化学热处理后的金属构件，实质上可以认为是一种特殊复合材料。心部为原始成分的材料，表层则是渗入了合金元素的材料。心部与表层之间是紧密的晶体型结合，它比电镀等表面防护技术所获得的心部、表部的结合要强得多。

化学热处理的方法繁多，多以渗入元素或形成的化合物来命名，如渗碳（液体、固体、气体渗碳）、渗氮、碳氮共渗（高温、中温、低温）、渗硫、渗硼、渗金属等。

3.5.2.2 化学热处理的三个基本过程

化学热处理的三个基本过程：

（1）化学渗剂分解为活性原子或离子的分解过程；

（2）活性原子或离子被工件表面吸收和固溶的吸收过程；

（3）被渗元素原子不断向内部扩散的扩散过程。

3.5.2.3 处理工艺

化学热处理工艺包括：渗剂的化学组成和配比，渗剂分解反应过程的控制和参数测定，渗入温度和时间的控制，工件的准备，渗后的冷却规程及热处理，化学热处理后工件的清理及装炉量等。无论何种化学热处理工艺，若按其渗剂在化学热处理炉内的物理状态分类，则可分为固体渗、气体渗、液体渗、膏糊体渗、液体电解渗、等离子体渗和气相沉积等工艺。

3.5.2.4 渗金属

渗金属是指一种或多种金属原子渗入另一种基体金属表面层的化学热处理工艺。它通过金属的表面层合金化使工件表面具有某些合金的特性，如耐热、耐磨、抗氧化、耐腐蚀等。生产中常用的有渗铝、渗铬、渗硼、渗硅等。

一般来说，渗金属的工艺过程是：将金属工件放在含有渗入金属元素的渗剂中，加热到一定温度，保持适当时间后，渗剂热分解所产生的渗入金属元素的活性原子便被吸附到工件表面，并扩散进入工件表层，从而改变工件表层的化学成分、组织和性能。

与渗非金属相比，金属元素的原子半径大，不易渗入，渗层浅，一般须在较高温度下进行。金属元素渗入以后形成的化合物或钝化膜具有较高的抗高温氧化能力和抗腐蚀能力，能适应不同的环境介质。

渗金属的方法主要有固体法（如粉末包装法、膏剂涂渗法等）、液体法（如熔盐浸渍法、熔盐电解法、热浸法等）和气体法。金属元素可单独渗入，也可几种共渗。

3.5.2.5 渗铬（铬盐氧化处理）

渗铬，又称铬盐氧化处理，是在高温下将活性铬（Cr）通过表面吸收及铬、铁和碳的相互扩散作用，在工件表面生成一层结合牢固的金属、铬、碳合金层的工艺方法。这一铬碳化合物层具有良好的耐磨性，抗高温氧化性，热疲劳性，在大气、自来水、蒸汽和油品、硫化氢、硝酸、硫酸、碱、氯化钠水溶液介质中有较高的抗蚀性。这些优良的综合性能使渗铬工艺广泛地应用于有耐磨、耐热、耐腐蚀等性能要求的工件上。

常用的渗铬方法有固体粉末渗铬、熔盐渗铬、气体渗铬。

（1）固体粉末渗铬。将工件埋入由供铬剂（铬粉或铬铁粉）催化剂（卤化物等）和填充剂（Al_2O_3 或 SiO_2 等）组成的渗铬剂中，在高温密封容器中发生反应，生成铬碳化物层。

（2）熔盐渗铬。将工件浸入熔盐中，在 900~1100℃ 保温适当时间，获得一定厚度的渗铬层。采用的基础盐主要是硼砂，此外还有氯化物及碱和碱土元素。在以硼砂为基的熔盐渗铬方法中，以硼砂为基础盐，三氧化二铬加金属铬粉或硅钙稀土等为供铬剂，以金属铝粉为还原剂。

（3）气体渗铬。渗铬剂在铬罐内通过反应产生的卤化亚铬蒸气与工件作用，使铬沉积在工件表面并渗入工件内。渗铬温度一般为 950~1100℃。气体法渗铬速度快，渗层质量优良，但存在着气体易爆、有毒、有腐蚀性及工艺过程较难控制的问题。

（4）膏剂渗铬。将渗铬剂调制成膏状涂敷在工件表面，通过加热使铬渗入工件内。膏剂通常由供铬剂、熔剂和黏结剂组成。供铬剂采用 74~50μm（200~300 目）的金属铬或铬铁粉。熔剂常用冰晶石，它在渗铬温度下熔化并形成卤化铬。黏结剂可用水玻璃、糊精、硅酸盐等各种化合物。

3.5.3   化学镀

在表面处理技术过程中，化学镀占有很重要的位置。由于不需要电力，化学镀有可能是古人采用的表面处理技术之一。然而，现代化学镀是 1946 年美国国家标准局的 A. Brenner 和 G. Ridell 在美国电化学协会（AES）第 34 届年会上提出的。

3.5.3.1   定义与特点

化学镀，也称无电镀或者自催化镀，是在无外加电流情况下，通过置换或氧化—还原反应来实现盐溶液中的金属离子在被保护金属上沉积的一种表面处理技术。它主要是利用合适的还原剂使溶液中的金属离子有选择地在经催化剂活化的表面上还原析出成金属镀层的一种化学处理方法。

化学镀层主要有：银、镍、铜、钴等。基材有：铸铁、钢铁、铜及铜合金、铝及铝合金等。

化学镀液中常用的还原剂有：次磷酸盐、甲醛、肼、硼氢化物、胺基硼烷和它们的衍生物等。

与电镀相比，化学镀技术具有的优势有：镀层均匀、孔隙小、密度大、不需直流电源设备，可在金属、非金属和半导体材料上沉积，也可在形状复杂的镀件上得到均匀镀层。另外，由于化学镀技术废液排放少，对环境污染小及成本较低，是一种环保型的表面处理工艺。

3.5.3.2   技术特性

（1）耐腐蚀性强。该工艺处理后的金属表面为非晶态镀层，抗腐蚀性特别优良，经硫酸、盐酸、烧碱、盐水同比试验，其腐蚀速率低于 1Cr18Ni9Ti 不锈钢。

（2）耐磨性好。由于催化处理后的表面为非晶态，即处于基本平面状态，有自润滑性。因此，摩擦系数小，非黏着性好，耐磨性能高，在润滑情况下，可替代硬铬使用。

（3）光泽度高。催化后的镀件表面光泽度可与不锈钢制品媲美，呈白亮不锈钢颜色。工件镀膜后，表面光洁度不受影响，无须再加工和抛光。

（4）表面硬度高。经本技术处理后，金属表面硬度可提高一倍以上。

（5）结合强度大。镀层与金属基件结合强度大，不起皮、不脱落、无气泡。

（6）仿型性好。在尖角或边缘突出部分，没有过分明显的增厚，即具有很好的仿型性，镀后不需磨削加工，沉积层的厚度和成分均匀。

（7）工艺技术高适应性强。在盲孔、深孔、管件、拐角、缝隙的内表面可得到均匀镀层。

3.5.4 热浸镀

在古代表面处理中，青铜器表面"富锡层"的形成可能就是使用了现代的热浸镀锡技术，在考古文献中一般称为"膏剂涂覆法"，也有称为"鎏锡"。在河南安阳发掘的殷墟遗址中出土有虎面镀锡铜盔，虽历经 3000 多年，表面光耀如新，说明在商代古人已经掌握了镀锡技术。有关"富锡层"的形成机理及其在古代青铜器中的应用，在本书的后续章节中还有详细的论述。

3.5.4.1 定义与原理

热浸镀简称热镀，是把被镀的金属工件浸入到远比工件熔点低的熔融金属中，使其表面形成一层金属镀层的一种工艺方法。镀层金属的熔点必须比被镀金属的熔点低得多，故热镀层金属都采用低熔点金属及其合金，如锡（231.9℃）、铅（327.4℃）、锌（419.5℃）、铝（658.7℃）及其合金，钢是最常用的基体金属。主要以防腐蚀为目的，并有一定装饰作用。

热浸镀过程是金属基体与镀层金属之间通过互渗、化学反应、扩散等方式形成冶金结合的合金镀层。因此，镀层与基体之间有很好的结合力，与电镀和化学镀比，热浸镀的镀层较厚，其耐腐蚀性能也有较大提高。

根据热浸镀前处理方法不同，其工艺可分为熔剂法和保护气法两大类。按照镀层材料的不同，又可分为热镀锌、热镀铝、热镀锡等工艺。

3.5.4.2 工艺分类

根据热浸镀工件前处理方法的不同，可将热浸镀工艺分为熔剂法和保护气体还原法两类：

（1）熔剂法。工艺流程为：工件→碱洗→酸洗→水洗→稀盐酸处理→熔剂处理→热浸镀→后处理→成品。

1）碱洗。目的是除工件表面油污。碱液一般由氢氧化钠、碳酸钠和磷酸三钠。

2）酸洗。目的是除工件表面氧化皮。工件表面的氧化皮由 Fe_2O_3、Fe_3O_4 和少量 FeO 所组成。

3）稀盐酸处理。目的是防止工件氧化，同时去除工件上残存的铁盐。

4）熔剂处理。目的是清除工件表面残存的铁盐及酸洗后在空气中又产生的氧化皮，以及清除熔融金属表面的氧化物，降低其表面张力，改善与工件表面的湿润性。

5）热浸镀。经熔剂处理的工件放入熔融金属中，即可在其表面镀上一层金属。浸镀时加热可采用煤、煤气、天然气或油，也可用感应电加热。

6）后处理。目的是保证产品质量。后处理内容包括冷却和平整矫直，即：热浸镀后工件必须冷却，目的是避免未凝固的镀层被划伤；镀后工件表面有变形，需平整矫直。

（2）保护气体还原法。工艺流程为：工件→微氧化炉→还原炉→冷却→热浸镀→后处理→成品。

1）微氧化炉。由煤气或天然气加热。工件进入氧化炉，火焰将工件表面油污、乳化液烧掉，同时工件表面生成氧化膜。

2）还原炉。用电阻或辐射管间接加热。炉内密封有保护气体（氢气与氮气混合）。工件进入还原炉，一方面将工件表面的氧化皮还原为适合热浸镀的活性海绵状物质；另一方面将工件继续加热进行再结晶退火。

3）冷却。工件在保护气氛中冷却到一定温度，再进行热浸镀。

3.5.4.3 热浸镀锡与古代镀锡工艺

锡是白色且有金属光泽的金属，具有耐变色、柔软、无毒和延展性好等特点。热浸镀锡是采用热浸镀方法的镀锡工艺，可获得结合力好、耐腐蚀性强、光亮的结晶镀层。锡镀层耐腐蚀（有机酸），无毒，焊接性好，表层光亮且不易变色，可进行印刷及装饰。因此，多年来一直在包装业和食品罐头中应用。锡晶花工艺是在热浸镀锡后，经过特殊的处理工艺，使锡镀层呈现出美丽的规则花纹，富有立体感，使锡制装饰品具有艺术效果。

现在我们看到最多的是热浸镀锡钢板（即马口铁）。近年来，由于锡资源紧张，电镀锡已在若干领域取代了热浸镀锡，但在一些需要厚镀层及电器、无线电工程等方面，热浸镀锡仍被应用。

一般来说，古代青铜器表面富锡处理的目的主要有3个：

（1）装饰。为了获得银白色的装饰表面。高锡层经打磨后具有银白色光泽，使器物更加美观。

（2）耐磨。高锡层耐磨性能高于普通青铜。

（3）防锈。防止在使用过程中青铜器表面形成铜绿锈蚀。高锡层的耐腐蚀性能好，不易出现锈蚀。

从出土文物的镀锡层和古代流传的手工技艺分析，古代青铜器上的镀锡工艺大致有3种，即热浸镀锡、熔融浇灌镀锡和锡汞齐镀锡。

（1）**热浸镀锡工艺**。首先将青铜器表面进行砂磨，清理表面的锈及污物；浸入经发酵酸化的溶液中进行酸洗处理，再用水冲洗洁净；在加热到沸腾的油槽中脱净水分后，移置于盛有熔融锡容器中，保持一定的时间，以形成铜锡（Cu-Sn）合金固溶体，以及在表面形成覆锡层；冷却后，用刮板或刷子等工具就行表面整平和抛光。热浸镀锡工艺适用于通体镀锡的器物。

（2）**熔融浇灌镀锡工艺**。将锡放置在铜或铁勺中加热熔化，把熔化成液态状的锡浇灌在预先清理干净的青铜器表面，使锡液流展平滑，待冷却后用工具稍加清理平整。这种工艺适用于局部镀锡的器物，方法比较简单，还可用来修补器物。

（3）汞齐镀锡工艺。适用于局部镀锡和通体镀锡。该工艺需要事先配制好锡汞齐。锡汞齐是古代炼丹时最早制成的汞齐之一，即将水银和锡以不同温度分别加热，达到一定温度后混合一起即可制成锡汞齐。

由于水银沸点较低（356℃沸腾），首先将锡汞齐涂抹在器物表面，再放置在火上烘烤，当青铜器加温到200~350℃时，涂层里的水银蒸发，锡则熔融流展，并与青铜器表面熔合黏结成镀锡层。这样反复数次，可使锡镀层不断加厚。

3.5.5 化学转化膜技术

对于考古人来说，金属表面化学转化膜技术还很陌生，古代工匠在青铜器或其他金属器物制作中是否使用了该项技术，还未见报道和提及。本节做简要介绍，希望在今后的考古发掘和研究中引起重视，能够从更专业和细致的角度来探索和认识古代的表面处理技术。

3.5.5.1 定义

金属表面化学转化膜技术又称化学转化涂层技术，是使金属与特定的腐蚀液相接触，通过化学或电化学手段，使金属表面形成一层稳定的、致密的、附着良好的化合物膜，这种通过化学或电化学处理所生成的膜层称为化学转化膜。从本质上讲，化学转化膜是指由金属的外层原子和介质中的阴离子发生化学反应在金属表面上生成的膜层。成膜的典型反应可用下式表示（其中，M 为参加反应的金属或镀层金属，A 为介质中的阴离子）。

$$m\text{M} + n\text{A}^{x-} \longrightarrow \text{M}_m\text{A}_n + xne$$

由此可见，化学转化膜的形成实际上可以看作是受控的金属腐蚀过程。电子是视为反应产物来表征的。化学转化膜的形成既可是金属-介质界面间的纯化学反应，也可以是在施加外电源的条件下所进行的电化学反应。

化学转化膜几乎在所有的金属表面都能生成。由于化学转化膜是金属基体直接参与成膜反应而成的，因此膜与基体的结合力比电镀层和化学镀层这些外加膜层大得多。

3.5.5.2 表面化学转化膜的分类

表面化学转化膜按主要组成物类型分为：氧化物膜（氧化）、磷酸盐膜、（磷化）铬酸盐膜（钝化）和草酸盐膜等。按转化过程中是否存在外加电流分为：化学转化膜和电化学转化膜，后者常称为阳极转化膜。根据形成膜时所采用的介质，可将化学转化膜分为以下几类：（1）氧化物膜：金属在含有氧化剂的溶液中形成的膜，其成膜过程叫氧化。（2）磷酸盐膜：金属在磷酸盐溶液中形成的膜，其成膜过程称磷化。（3）铬酸盐膜：金属在含有铬酸或铬酸盐的溶液中形成的膜，其成膜过程习惯上称钝化。

3.5.5.3 铜及铜合金化学氧化

阳极上发生铜的氧化，其反应如下：

$$\text{Cu} \longrightarrow \text{Cu}^{2+} + 2e$$

阴极上有：

$$\text{H}_2\text{O} \longrightarrow \text{OH}^- + \text{H}^+$$

如下反应促成了氧化铜转化膜的生成：

$$Cu^{2+} + OH^- \longrightarrow Cu(OH)^+$$
$$Cu(OH)^+ + OH^- \longrightarrow Cu(OH)_2$$
$$Cu(OH)_2 \rightarrow CuO \cdot H_2O \longrightarrow CuO + H_2O$$

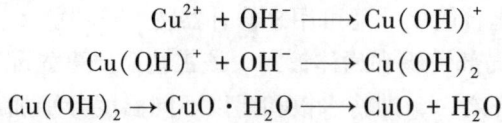

3.5.5.4   金属的铬酸盐处理（钝化）

铬酸盐处理是指使金属表面转化成以三价铬和六价铬组成的铬酸盐为主要组成的膜的一种工艺方法。该方法所用介质一般是以铬酸、碱金属的铬酸盐或重铬酸盐为基本成分的溶液。金属经铬酸盐处理，不但可以提高抗蚀性能，还能提高金属同漆层或其他有机涂料的粘附能力，并能获得好的装饰外观，而且该工艺方法简便易行（工作温度多为室温），适用性广，所需的处理时间较短，因此应用普遍。

3.6   表面装饰工艺简介

在人类历史上，从远古时代到今日的现代社会，表面装饰技术长盛不衰，是社会和文明发展水平的象征，不仅代表了技术的进步，促进人们艺术审美、欣赏、鉴别水平的提高，更是人类进入了精神满足和情感愉悦层面的表现。在古代，尤其是春秋战国时期，由于社会变革和思想解放，以及青铜器物本身发展需要，更加注重青铜器的外观装饰，例如，镶嵌绿松石、孔雀石、琉璃、玉、玛瑙、红珊瑚，以及错红铜、错金银、鎏金银、鎏锡、涂漆等工艺。进而发展出了一系列表面装饰工艺和技术，主要有抛光、涂漆、镶嵌、鎏（镀）锡、錾刻，甚至蚀刻等。由于这些加工工艺属于百工小技，不为统治阶层所重视，因此在历史文献中很难找到这方面的系统叙述。因此，本节将对表面装饰工艺进行简要介绍。

在众多的考古发现和研究中，经常会发现在古代金属器和金属器表面进行过表面处理，或者说进行的表面装饰处理。这些处理是无意的，还是有意为之的？有时候并不是非常明确。另外，如果是有意处理的，那么古人又采用了什么样的工艺过程呢？

本节将简要介绍在古代青铜器或者金属器装饰方面广泛应用的工艺，如抛光、涂装、蚀刻、錾刻和镶嵌等。

3.6.1   抛光

人类对石器、骨器的打磨抛光和打孔被认为是表面工程的标志性节点[12]。距今 2.7 万~3.2 万年前，以山顶洞文化为代表的早期人类文化已经出现了骨制品钻孔和磨制技术，最具代表性的是一根残长 8.2cm、针眼直径 0.31~0.33cm 的骨针，针身有明显的刮磨痕迹。石器、骨器的打磨抛光和打孔等表面技术不断被传承和发展，例如河姆渡文化（距今约 7000 年前）遗址出土的石器大多通体磨光，器型规整，甚至出现了玉石装饰物品，这些玉石制作精细，表面经过多次抛光。

对于作为礼器的古代青铜器来说，除了具有庄严、精致的纹饰图案外，表面平整光滑也是一个重要的要求。因此，可以看到许多青铜器在铸造和加工成型以后，都进行过精心修整，以及磨光与抛光精饰，其中古代的磨光与抛光技术以铜镜最有代表性。

3.6.1.1   定义

抛光是指利用机械、化学或电化学的作用，使工件表面粗糙度降低，以获得光亮、平整表面的加工方法。抛光不能提高工件的尺寸精度或几何形状精度，而是以得到光滑表面或镜面光泽为目的，有时也用以消除光泽（消光）。

抛光对象主要为金属、玉、木、骨等表面。抛光方法一般分为机械抛光、液体抛光、化学抛光、化学机械抛光和电解抛光等。在古代，由于不存在电力，电解抛光、超声波抛光、磁研磨抛光等不在此介绍。

3.6.1.2 机械抛光

机械抛光是通过机械摩擦等方式对工件进行抛光的加工方法，也就是靠切削材料表面塑性变形去掉被抛光后的凸部而得到平滑面的抛光方法。机械抛光是利用抛光工具和磨料颗粒或其他抛光介质对工件表面进行的修饰加工。

一般用附有磨料的布、皮革或木材等软质材料的轮子（或者用砂布、金属丝）高速旋转以擦拭工件表面，以提高其表面光洁度。以手工操作为主，特殊零件可使用转台等辅助工具，表面质量要求高的可采用超精研抛光方法。利用该技术可以达到 R_a 为 $0.008\mu m$ 的表面粗糙度，是各种抛光方法中最高的。光学镜片模具常采用这种方法。

3.6.1.3 液体抛光

液体抛光又称流体抛光，是利用高速流动的含磨料磨削液冲刷工件表面达到抛光目的的加工方法。与其他抛光方法一样，液体抛光只能降低工件的表面粗糙度，而不能提高尺寸和形状精度。

常用方法有磨料喷射加工、液体喷射加工、流体动力研磨等。流体动力研磨是由液压驱动，使携带磨粒的液体介质高速往复流过工件表面。

液体抛光的生产率极高，表面粗糙度 R_a 可达到 $0.4\sim0.1\mu m$，并且不受工件形状的限制，可以对某些其他光整加工方法无法加工的部位（如孔抛光、交叉孔去毛刺、管内壁等）进行抛光，这是其他抛光方法所不及的特点。

3.6.1.4 化学抛光

化学抛光是让材料在化学介质中，由于"尖端效应"而使表面微观凸出部分较凹下部分优先溶解，从而得到平滑光亮表面的加工方法。

这种方法的主要优点是不需复杂设备，可以抛光形状复杂的工件，可以同时抛光很多工件，效率高。化学抛光的核心问题是抛光液的配制。化学抛光得到的表面粗糙度一般为数 $10\mu m$。

3.6.2 涂装

3.6.2.1 定义

涂装是指对金属和非金属表面覆盖保护层或装饰层的处理和装饰方法，主要作用是工件的防护、防腐、装饰和美观等。

研究显示至今为止所发现最早、认可度较高的表面涂装物是"漆弓"[12]。距今 8000 年前的跨湖桥遗址出土的"漆弓"，除了其柎手位置，均见有带皱痕且局部脱落的漆皮，是我国迄今为止发现的最早的涂漆制品，是中华原始人类改善生活、美化生活的一项重要发明。另外，新石器时期的彩陶艺术，把表面处理涂装技术推向高潮。例如仰韶文化（公元前 5000—前 3000 年）的彩陶制作工序为：将加工好的陶坯上用天然矿物材料绘制成各种装饰图案，经过打磨，再入窑烧制，最终形成彩陶。

涂装是一个系统工程，它包括涂装前对被涂物表面的处理、涂布工艺和干燥三个基本工序，以及设计合理的涂层系统，选择适宜的涂料，确定良好的作业环境条件，进行质量、工艺管理和技术经济等重要环节。

3.6.2.2 防护涂层的分类与保护机理

金属的腐蚀破坏都是从表面开始的，现代腐蚀防护的一个常用方法就是在工件表面制作一个防护涂层。防护涂层一般可分为金属涂层和非金属涂层，如图 3.14 所示。除了需要电力的涂层制备，如电镀和离子注入以外，其他技术都有可能在古代出现。

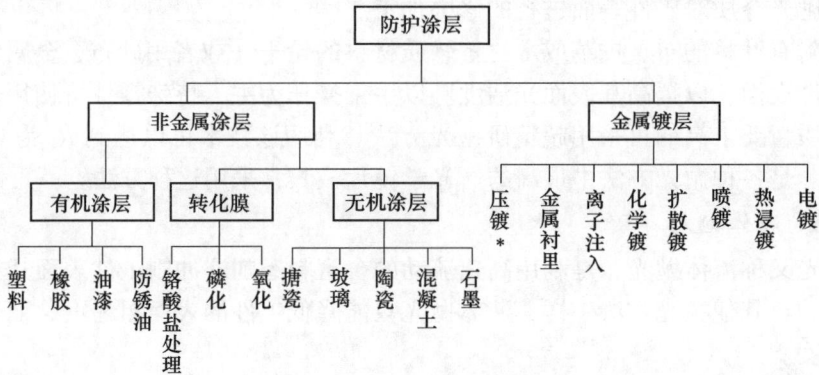

图 3.14 防护涂层的分类

（ * 表示使用压力加工的方法将不同金属结合成复合材料）

3.6.2.3 常用涂装方法

根据涂料品种、性能、施工要求及固化条件，以及基体的材质、形状、大小、表面状况等具体情况，选择适当的施工方法和工艺设备。常用的涂装方法如下：

（1）浸涂。一种用浸渍达到涂装目的的施工方法。其操作是将被涂物全部浸没在漆液中，待各部位都沾上漆液后将被涂物提起离开漆液，自然或强制地使多余的漆液滴回到漆槽内，经干燥后在被涂物表面形成涂膜。该法只能用于颜色一致的涂装，不能套色，且被涂物上下部的涂膜厚薄不均匀，溶剂挥发量大，易污染环境，涂料的损耗率也较大。

（2）喷涂。喷涂是通过喷枪或碟式雾化器，借助于压力或离心力，将涂料分散成均匀而微细的雾滴，施涂于被涂物表面的涂装方法。喷涂可分为空气喷涂、无空气喷涂、静电喷涂，以及上述基本喷涂形式的各种派生方式，如大流量低压力雾化喷涂、热喷涂、自动喷涂、多组喷涂等。常见的是油漆的喷涂，即通过喷枪使油漆雾化，涂覆于物体表面，有压缩空气喷漆、高压无空气喷漆、静电喷漆多种。

（3）刷涂。人工用毛刷蘸取涂饰色浆，涂刷于材料表面的涂装方法。

（4）辊涂。以转辊作为涂料载体，涂料在转辊表面形成一定厚度的湿膜，然后借助转辊在转动过程中与被涂物接触，将涂料涂敷在被涂物的表面。辊涂适用于平面状的被涂物，用以替代刷涂法，可提高涂装效率。

（5）电泳涂装。利用外加电场使悬浮于电泳液中的颜料和树脂等微粒定向迁移并沉积于电极之一的基底表面的涂装方法。发明于是 20 世纪 30 年代末。

（6）刮涂。采用刮刀进行手工涂装，以制得厚涂膜的一种涂装方法。刮刀有金属、玻璃钢、牛角片、木质、硬胶皮等。视其材质和形状的不同，可分别用于填孔、补平、塞缝、抹平等作业。

（7）静电喷涂。利用电晕放电原理使雾化涂料在高压直流电场作用下荷负电，并吸附于荷正电基底表面放电的涂装方法。需要电力，所以古代没有这种方法。

（8）搓涂。利用蘸涂料的纱团，反复划圈进行擦涂的方法。

3.6.3 蚀刻

众所周知，在古代青铜器上经常有各种图案、花纹、铭文。大部分可以认为是铸造和錾刻制作的，然而也有一些花纹，甚至铭文，如果仔细观察可发现其形态并不太符合铸造工艺，类似于"越王勾践剑"的东周时期兵器上"菱形花格"，因此怀疑是蚀刻的结果，也就是利用强腐蚀液腐蚀出来的[13]。现在也有青铜器作伪者采用蚀刻方法伪造铭文，甚至在欧洲有专门的铜质蚀刻盔甲制品。那么，在先秦时期对于铜和铜合金的蚀刻采用了什么配方的蚀刻剂是一个有趣的课题，还需要更多的考古证据支持，也可能永远是一个谜。

3.6.3.1 定义

蚀刻是将材料使用化学反应或物理撞击作用而移除的技术。蚀刻技术可以分为湿蚀刻和干蚀刻两类。

湿蚀刻也称为光化学蚀刻，就是利用合适的化学溶液腐蚀去除材质上未被光阻覆盖（感光膜）的部分，达到一定的雕刻深度，形成凹凸或者镂空成型效果。

干蚀刻是将特定气体置于低压状态下施以电压产生等离子体，然后对材料进行粒子轰击，除去特定区域部分的蚀刻方法。由于需要使用电力，属于近代的才有的方法，不在此进行介绍。

蚀刻加工就是用酸或者碱为反应剂对金属或者非金属进行腐蚀来进行定制加工的工艺手段，通俗地说，就是用药水在金属材料上腐蚀出需要的图形。该技术能在金属表面创造出具有高度装饰性的浅浮雕，而又不影响其结构的完整性。

3.6.3.2 铜与铜合金的蚀刻

在现代蚀刻工艺中，铜和铜合金的蚀刻主要用于电子工业线路板、印染滚筒刻花和标牌铭牌等。古代的青铜器是否使用了蚀刻技术，还需要我们进一步研究。

目前，已经使用的铜蚀刻液类型有 6 种类型：酸性氯化铜、碱性氯化铜、氯化铁（三氯化铁）、过硫酸铵、硫酸+铬酸、盐酸+双氧水。

（1）酸性氯化铜蚀刻液的蚀刻机理：

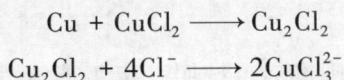

$$Cu + CuCl_2 \longrightarrow Cu_2Cl_2$$
$$Cu_2Cl_2 + 4Cl^- \longrightarrow 2CuCl_3^{2-}$$

（2）碱性氯化铜蚀刻液的蚀刻机理：

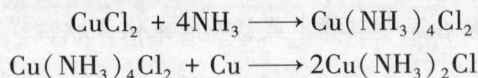

$$CuCl_2 + 4NH_3 \longrightarrow Cu(NH_3)_4Cl_2$$
$$Cu(NH_3)_4Cl_2 + Cu \longrightarrow 2Cu(NH_3)_2Cl$$

（3）氯化铁（三氯化铁）蚀刻液的蚀刻机理：

$$FeCl_3 + Cu \longrightarrow FeCl_2 + CuCl$$

$$FeCl_3 + CuCl \longrightarrow FeCl_2 + CuCl_2$$
$$CuCl_2 + Cu \longrightarrow 2CuCl$$

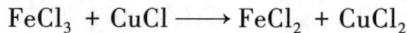

（4）过硫酸铵蚀刻液的蚀刻机理：

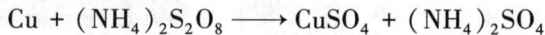

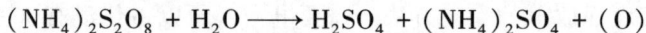

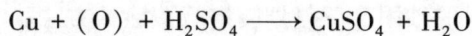

$$Cu + (NH_4)_2S_2O_8 \longrightarrow CuSO_4 + (NH_4)_2SO_4$$
$$(NH_4)_2S_2O_8 + H_2O \longrightarrow H_2SO_4 + (NH_4)_2SO_4 + (O)$$
$$Cu + (O) + H_2SO_4 \longrightarrow CuSO_4 + H_2O$$

若添加银作为催化剂，则：

$$Ag^+ + S_2O_8^{2-} \longrightarrow 2SO_4^{2-} + Ag^{3+}$$
$$Ag^{3+} + Cu \longrightarrow Cu^{2+} + Ag^+$$

（5）部分铜与铜合金蚀刻液配方：

1）三氯化铁（$FeCl_3$）：80%~85%，浓盐酸（HCl）：15%~20%，蚀刻温度：30~40℃。缺点：腐蚀液无法再生，有污染。

2）氯化铜（$CuCl_2$）：5%，浓盐酸（HCl）：10%，双氧水（H_2O_2）：25%，水：60%；蚀刻温度：30~40℃。

3）氯化铜（$CuCl_2$）：15%，氨水（$NH_3 \cdot H_2O$）：10%~20%，pH值：9.5~9.8；蚀刻温度：40~60℃。

参考以上蚀刻剂，结合现代科技的微痕和微量分析，期望能够揭示古代青铜器花纹和铭文的蚀刻工艺，以及证实这种技术和工艺的存在。

3.6.4 錾刻

錾刻工艺是我国流传很早的传统手工技艺。始源于夏商，兴盛于大唐，从出土的商周青铜器、金银器上的一些錾刻文、镶嵌和金银错等文物标本可知，这种技术至今已有3000多年的发展历史。

3.6.4.1 定义

錾（zàn）在《说文》中的解释为："錾，小凿也。"錾刻就是利用金、银、铜等金属材料的延展性，用各种"錾子"在金、银、铜等材料表面进行加工的传统手工技艺。

完成一件精美的錾刻作品需要十多道工艺程序，操作者除了要有良好的技术外，还要能根据加工对象的需要，自己打制出得心应手的錾刻工具，打制工件的金属板材，调制固定工件的专用胶料、配制焊药、摹绘图案等。因此，錾刻操作过程复杂，技术难度大，要求操作者具备良好的综合素质，既要有绘画、雕塑的基础，又要掌握钳工、锻工、板金、铸造、焊接等多种技术。

3.6.4.2 錾刻工艺

錾刻工艺是在设计好器形和图案后，按照一定工艺流程，以特制的工具和特定的技法，在金属板上加工出千变万化的浮雕状图案。錾刻造型主要分为平面的"片活"和立体的"圆活"。"片活"是平装在某些器物上或悬挂起来供人欣赏；"圆活"则多作为实用器皿使用。

传统的金属雕刻与錾刻工艺复杂，工具多达几百种，根据雕刻的纹饰物、器具的造型需要不断制作出不同形状的錾头或錾刀。錾头大致分为两种，一类是錾头不锋利的，可錾刻较圆润的纹样；另一类是錾头锋利如凿子，可錾出较细腻的纹样。镂空工艺也是一种錾刻技法，要錾刻掉设计中不需要的部分，形成透空的纹样称镂空或透雕。

（1）阳錾。一种凸出饰物表面的錾刻花纹装饰，錾去的是花纹外的余料。

（2）阴錾。一种凹进饰物表面的錾刻花纹装饰，錾去的是花纹本身。

（3）平錾。在饰物表面的錾雕，直接錾去花纹图案的线条。

（4）镂空。在片或胎型上錾出花纹后，再顺花纹边缘先錾刻，錾掉不需要的部分，留下的就是镂空的花纹图案。

錾刻过程复杂和困难，加工一件錾刻工艺品往往需要数月，甚至数年的时间。錾刻主要是看錾子（凿子）的功夫和手指技巧的变化运用，达到指力、腕力、腰力及运气为一体（简称"三力一气"）形成流水的操作过程。通常因不同艺人指法技巧的差异，錾刻出的每件图纹均不相同，这也是手工錾刻工艺与其他现代工艺无法比照所具有的独特之处。

錾刻工艺的核心是"錾活"。使用的主要工具是各式各样的成套錾子，这些錾子都是自制的，现在一般用工具钢或弹簧钢打制。常用大小不等的錾子有勾錾、直口錾、双线錾、发丝錾、半圆錾、方踩錾、半圆踩錾、鱼鳞錾、鱼眼錾、豆粒錾、沙地錾、尖錾、脱錾、抢錾等数十种。

3.6.4.3 錾刻基本技法

（1）勾。在素胎上用各种弯度的"勾錾"，勾勒出基本图样，一般纹样的线条弯度就是勾錾的弧度。"勾活"一般在素胎的正面操作。

（2）落。把基础纹样中不需要凸起的地方用沙地錾压下去，图案出现基本层次。"落活"也是在素胎的正面操作。

（3）串。基础纹样中凸度不够的地方，用面积大小不同的圆头点錾，从素胎的背面冲一下，以达到要求的高度。"串活"是在素胎的背面操作。

（4）台。按产品要求选用相同的"楦"，把料片铺在"楦"上，用不同的锤子把片材敲打成"楦"形，也即胎型。

（5）压。即"冲压"。

（6）采。用方的、圆的、大小面积不同的采錾，把纹样表面处理平整光滑。

（7）丝。用组丝錾把纹样的线条处理清晰，使图案锦上添花。

（8）戗（qiāng）。利用戗的方法表现明与暗，对比强烈，艺术感染力强。

3.6.4.4 铜及铜合金的錾刻

在青铜时代，随着青铜器制作和加工技术的不断发展，铜錾刻技艺日趋成熟，铜工艺品也从最初的常用型过渡到实用与装饰并举时代。

铜錾刻工艺纯属民间手工技艺。它不仅要求艺人们有较高的艺术天赋和精湛过硬的技艺水平，且心、手、力均还需通融配合。铜錾刻也称铜刻、镌刻、镂刻，指用錾刀在铜质器物上刻划，是器物成型后的进一步加工技术。

图3.15所示为西周晚期青铜宗周钟[14]（中国台北故宫博物院收藏），从正面铭文的壁画可以看出有明显的錾刻痕迹。图3.16所示为战国早期青铜曾姬壶[14]（中国台北故宫博物院收藏），这个壶为一对2个，奇特的是在2个壶的壶口内壁部位都有相同文字的铭文五行29字。书中介绍这些铭文为铸造，但是如果仔细观察，似乎也是錾刻而成的。这

些判断只是来自图片的直观分析，基体情况还要通过微痕分析和近距离观察才能确定。有关中国古代青铜器錾刻铭文的可行性分析，在本书第13章还有详细介绍。

图 3.15 西周晚期青铜宗周钟[14]
（中国台北故宫博物院收藏）

图 3.16 战国早期青铜曾姬壶[14]
（中国台北故宫博物院收藏）

3.6.5 镶嵌

提起中国古代青铜镶嵌文物，最为著名的在被誉为"最早的中国"二里头遗址出土的夏代绿松石镶嵌兽面纹牌饰，如图 3.17 所示[15]。牌饰以青铜铸成主体框衬，整整齐齐地镶嵌着数百片绿松石，虽历经 4000 多年仍无一松动脱落，工艺精湛。更为令人惊奇的是，在距今 6500~4500 年前的大汶口文化中，也发现了在骨雕筒、象牙雕筒，以及玉饰上镶嵌绿松石的遗物。

图 3.17　绿松石镶嵌兽面纹牌饰[15]

（河南偃师二里头出土）

镶嵌绿松石饕餮纹铜牌饰，又名镶嵌绿松石兽面纹铜牌饰。镶嵌铜牌饰是一种主要流行于夏代的青铜器，以镶嵌绿松石为最大特征，是集铸造和镶嵌于一身的神秘艺术品。所嵌绿松石磨成种种形状，互相结合，非常精巧。如此精美的杰作，表明夏代绿松石镶嵌技法已相当成熟，同时也开启了青铜器镶嵌工艺的先河。

3.6.5.1　定义

镶嵌是将一个物体嵌入另一个物体中，使两者固定；镶是指把物体嵌入，嵌是指把小物体卡紧在大物体的空隙里。镶嵌多用于工艺制作术语，也称屏雕。或者说，镶嵌是规则平面的分割，镶嵌图形是完全没有重叠并且没有空隙的封闭图形的排列。一般来说，构成一个镶嵌图形的基本单元是多边形或类似的常规形状，例如经常在地板上使用的方砖。在中国，除了镶嵌绿松石青铜牌饰以外，以金玉珠宝作为饰物的镶嵌历史也十分久远。

3.6.5.2　宝石的镶嵌方法

宝石材料和金属材料的连接方式主要包括穿接、粘接、绕接和固接，这几种方法都属于冷连接。穿接是指使用金属丝、线、管穿过宝石中的孔，以实现金属与宝石的结合；粘接是指使用粘接剂将宝石粘在金属上，以实现金属与宝石的结合；绕接是指使用金属丝缠绕宝石，以实现金属与宝石的结合；固接是指将宝石牢固固着于金属中的多种方法的统称。

3.6.5.3　数学上的镶嵌条件

从数学的角度看，用不重叠摆放的多边形把平面的一部分完全覆盖，用形状和大小完全相同的一种或几种平面图形进行拼接，彼此之间不留空隙、不重叠地铺成一片，这就是平面图形的密铺，通常把这类问题叫做用多边形的平面镶嵌。

数学无处不在，生活中我们用瓷砖铺成的地面或墙面时，相邻的地砖或瓷砖平整地贴合在一起，整个地面或墙面没有一点空隙。这些地砖或瓷砖铺满地面的数学条件是：对于 n 边形，可以分成 $(n-2)$ 个三角形，内角和是 $(n-2) \times 180°$，一个内角的度数是 $(n-2) \times 180° \div n$，外角和是 $360°$。若 $(n-2) \times 180 \div n$ 能整除 360，那么这个 n 边形就能铺满地面；若不能，则不能铺满地面，如图 3.18 所示。

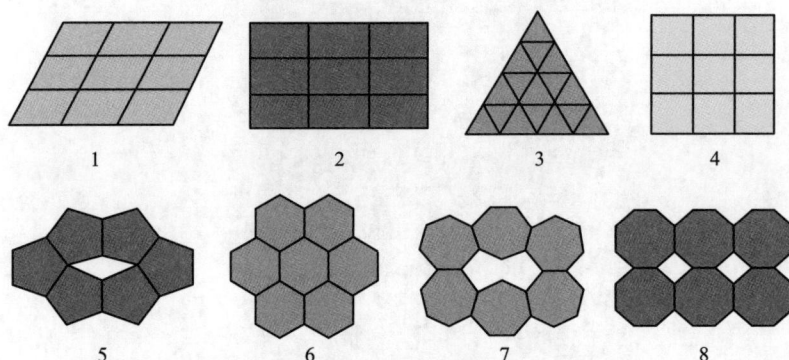

图 3.18　晶体的旋转对称性与平面图形

3.6.6　鎏金

金（Au）是一种金属元素，原子序数为 79，是一种广受欢迎的贵金属。在自然界中，金以单质形式出现在岩石中的金块或金粒、地下矿脉及冲积层中。金单质在室温下为固体，密度高、柔软、光亮、抗腐蚀、延展性好。金是一种过渡金属，在溶解后可以形成三价及单价正离子。金与大部分化合物都不会发生化学反应，但可以被氯、氟、王水及氰化物侵蚀。金能够被水银溶解，形成汞齐（但这并非化学反应）。

金外观呈现出富有光泽的黄色，用黄金制作的物品，给人们赋予鲜艳明亮的自然色彩美。因此，金在史前时期已经被认知及高度重视。它可能是人类最早使用的金属，被用于装饰及仪式。考古证据显示，我国在距今 3000 多年前的殷商时代，就已经认识和使用金制作金叶薄片、条状金片，以及加工成金箔包覆的装饰品。由于黄金极好的化学稳定性，使古代遗存下来的金饰物品至今仍然保持金光闪亮的光泽，具有很好的装饰和防腐性能。

3.6.6.1　定义

鎏金，又称"火镀金"或汞镀金，是利用黄金在高温下溶于汞（水银）的特点，将金汞混合剂涂抹在金属器物表面镀金的一种装饰加工工艺。也就是把金和水银合成的金汞齐涂在金属器表层，加热（烘烤）使水银（汞）蒸发，使金牢固地附在金属器表面不脱落的技术。

在青铜上鎏金的技术发明于春秋时期（也有人认为是战国时期），至今已有2500多年历史，我国是世界上最早使用这一技术的国家。鎏金是一种古老而神奇的黄金传统装饰工艺，至今仍在民间流行。在东周和汉代以后均颇为流行，是当时最值得称道的铜器表面装饰工艺之一，河北满城汉墓出土的著名的长信宫灯就是鎏金珍品之一。鎏金先后称为黄金涂、金黄涂、金涂、涂金、镀金，宋代开始称为"鎏金"。

3.6.6.2 金汞齐（"金泥"）的制作

金汞齐（"金泥"）的制作方法为：

（1）将黄金块或金砖锤打（或辗压）成0.1~0.3mm厚的薄片，然后剪切成1~2mm的小碎片（越细薄越容易溶化）。

（2）依据黄金用量的多少，按黄金：水银=1：(6~8)的质量比例称取水银。

（3）将坩埚放置在炉中加热至600~800℃，把已烧红的坩埚从炉中取出。

（4）迅速把黄金碎片放入热坩埚里，等金片颜色变红，再将水银倒入坩埚。同时用干净的细木棒（或无烟木炭棒、竹棒、玻璃棒）不停搅拌。此时汞会蒸发，冒出浓烈的白烟。待白烟下沉，而坩埚里的水银冒起很多小泡，表明黄金已经全部被水银溶解。

（5）在陶瓷盆（或玻璃杯）中盛放相当坩埚一半溶积量的沸腾清水。

（6）将液态金汞齐（呈白色液态）倒入热水盆中，然后再用冷水冷却。沉在盆底的金汞齐变成浓稠如泥的状态，搅拌时被烧的木棒灰、污物会漂浮在水面应清除掉，再把金汞齐倒入另一容器中，用清水封存备用。

3.6.6.3 鎏金工艺

鎏金工艺的一般流程为：预备处理→涂金泥（俗称"抹金"）→烤黄或称"开金"→刷洗→压光。

（1）预备处理。在鎏金制作之前，器物必需进行表面油污及锈物的洁净处理，以保证鎏金层与基体表面的牢固结合。

（2）表面涂金泥。将金汞齐与盐、矾的混合液均匀地抹在被器物表面，边抹边推压，以保证金属组织致密，与器物粘附牢固。此过程通称"抹金"。

（3）烤黄或"开金"。以适当的温度经炭火温烤，使水银蒸发，黄金固着于铜器表面，颜色由白色转为金黄色，此过程称为"开金"。

（4）"压光"与清洗。用毛刷沾酸梅水刷洗，并用玛瑙或玉石制成的"压子"沿着器物表面进行磨压，使镀金层致密，与铜器结合牢固，直到表面出现发亮的鎏金层，此过程通称"压光"。再经过清洗等工序，一件精美鎏金件的便诞生了。

鎏金的安全问题：汞及汞的化合物均是剧毒物质，易在配制金汞齐、抹金泥、烤黄及刷洗时容易造成汞中毒。汞蒸气压在20℃时是0.0013mmHg(0.173Pa)，容易蒸发，产生汞蒸气，气温越高，蒸发越快。泵蒸气和汞盐（除了一些溶解度极小的如硫化汞）都是剧毒的，口服、吸入或接触后汞蒸气会导致头痛、发烧、腹部绞痛、呼吸困难等症状，甚至可以导致脑和肝损伤。最初使用金汞齐时的工匠并不知道汞会对人的身体产生危害。久而久之，古人发现金涂匠的寿命非常短，往往都在而立之年就病入膏肓了，再加之手艺传承的保密性及对工匠的严格筛选，导致掌握鎏金工艺的手艺人并不多。因此，鎏金时必须通风良好，并有良好的抽吸汞蒸气的设施，以免汞蒸气吹散在周围而污染环境。刷洗的废水应收集处理，切勿排放到江河湖泊及井水附近。

鉴别一件器物表面是否经过了鎏金，主要是看表层是否残有汞。鎏金工艺发展到汉代达到高峰，汉代贵族墓葬多有鎏金之器，并往往鎏金工艺与鎏银、镶嵌等工艺相结合，集多种装饰工艺于一体。

参 考 文 献

[1] 万全文. 青铜冶铸 [M]. 武汉：长江出版社，2019.

[2] 刘煜. 殷墟出土青铜礼器铸造工艺研究 [M]. 广州：广东人民出版社，2018.

[3] 李洋. 炉捶之间：先秦两汉时期热锻薄壁青铜器研究 [M]. 上海：上海古籍出版社，2017.

[4] 中国社会科学院考古研究所科技考古中心. 科技考古（第三辑）[M]. 北京：科学出版社，2011.

[5] 苏荣誉. 中国青铜技术与艺术（丁酉集）[M]. 上海：上海古籍出版，2019.

[6] 尹海洁，黄鹰航. 中国古代青铜器焊接技术的历史演进 [J]. 自然辩证法通讯，2019，41（8）：57-61.

[7] 张昌平. 商周青铜礼器铸造中焊接技术传统的形成 [J]. 考古，2018（2）：88-98.

[8] 王昌燧，陆斌，刘先明，等. 古代黑镜表层 SnO_2 结构成分研究 [J]. 中国科学（A 辑），1994，24（8）：840-843.

[9] 廉海萍，谭德睿，吴则嘉，等. 2500 年前中国青铜兵器表面合金化技术研究 [J]. 特种铸造与有色金属，1998（5）：56-58.

[10] 王学武. 金属表面处理技术 [M]. 北京：机械工业出版社，2014.

[11] 未寿康，章伯垠. 中国有色金属史（十）：表面处理技术 [J]. 有色金属，1990，42（2）：72-76.

[12] 刘炼，段海涛，詹胜鹏. 中国表面处理技术发展历程浅析——石器时代表面处理技术 [J]. 材料保护，2019，53（13）：146-171.

[13] 谭德睿，廉海萍，吴则嘉，等. 东周铜兵器菱形纹饰技术研究 [J]. 考古学报，2000（1）：111-146.

[14] 蔡玟芬. 精彩一百：国宝总动员 [M]. 台北：台北故宫博物院，2011.

[15] 陈旭著. 夏商考古 [M]. 北京：文物出版社，2001.

4 材料断口分析

4.1 概述

在现代材料学的理论和实践中，断口分析占有非常重要的地位。通过断口的形态分析可以研究一些断裂的基本问题，如断裂起因、断裂性质、断裂方式、断裂机制、断裂韧性、断裂过程的应力状态和裂纹扩展速率等。如果要求深入地研究材料的冶金因素和环境因素对断裂过程的影响，通常还要进行断口表面的微区成分分析、主体分析、结晶学分析和断口的应力与应变分析等。断口分析现已成为对金属构件进行失效分析的重要手段。

断口分析的用途主要包括：

（1）失效分析。失效分析是断口分析最重要的应用。如发现裂纹源和纹裂扩展方向，分析是否有机械损伤、是否有腐蚀损伤、是否有不合理的设计尖角等，从而找出原材料、制造过程、热处理、使用条件等诸多环节中可能存在的问题。

（2）原材料缺陷分析。通过断口分析可以发现零件材料本身的缺陷，如夹杂、偏析、缩孔和疏松等。

（3）零件加工缺陷分析。利用断口可分析零件制造过程中所造成的质量缺陷，如铸造裂纹、焊接裂纹、锻压裂纹等。

（4）热处理质量分析。利用断口分析热处理工序所产生的问题十分重要，典型应用如过烧断口、过热断口、回火脆性断口及利用断口估测渗碳层厚度等。

（5）使用环境分析。从断口分析可以判断出开裂零件是否受到腐蚀、应力腐蚀及环境温度过低而产生冷脆等问题。

然而，在大多数情况下，对于古代青铜器来说并不存在以上分析的必要性。本章将断口分析单独列出来介绍主要有 3 个目的：

（1）为青铜器金相分析提供更多的研究方法。目前，在古代青铜器的材料学分析中，都会利用光学显微镜和扫描电子显微镜（SEM）观察和研究微观组织特征，再结合能谱仪（EDS）化学成分测试，进一步推断出当时青铜器的制作过程和所采用的制作工艺等信息。而断口分析除了可以用作显微组织分析以外，还能够获得材料力学性能方面的定性或定量的信息，如强度、韧性、脆性等。例如，常说××青铜器经过××特殊处理以后，具有刚柔并济的特性。虽然组织观察可以给出结论，但是断口分析则可以提供更加专业和明确的证据。如果古人工匠使用了更加精细的工艺调整，也可以通过断口的脆-韧形貌变化进行对比和判断。

（2）获得新的材料学信息。众所周知，材料金相样品制备过程有一套标准程序，如切割、镶嵌、研磨、抛光、侵蚀等。然而，这些严格的样品制备过程有时候会掩盖一些材料内部信息。断口分析是对材料组织结构的直接观察，没有人为干扰，观察结果更能反映材料本身的真实信息。例如，在作者的前期研究中[1]，通过断口分析发现青铜中铅（Pb）颗粒实际上是一个"中空泡状结构"，而在普通金相分析时，由于研磨和抛光作用，这个"中空泡状结构"被填埋了，所以大家一直认为是个"实心"的铅颗粒。另外，在薄壁青铜器研究中，横截面的断口观察发现表层还有一个仅 $20\mu m$ 左右的"富锡层"，表明古人在制作薄壁青铜器时还进行过表面处理，分析认为这是古人为了美观进行装饰处理的结果，进一步丰富了古代青铜器的制作工艺和水平[2]。

　　3）用于古代青铜器的模拟研究，评估其强度、韧性等力学性能。

　　有关断裂和断口分析的资料很多，这里只做简要介绍，理清断口分析的脉络，在具体研究中，如需进一步详细了解，请再查阅相关文献。

4.2　断口的来源

　　金属破断后获得的一对相互匹配的断裂表面，称断口。一般来说，断裂总是发生在金属组织中最薄弱的地方，断口记录着有关断裂全过程的许多珍贵资料，所以在研究断裂时，对断口的观察和研究一直受到重视。

　　材料出现断裂和产生断口的方法和形式很多，主要分为自然断裂和人为断裂两种。结合古代青铜器研究的特点和需要，本节简要介绍几种获得断口的方法，以便在研究中选择采用，获得更加准确的古代青铜器材料和加工工艺等信息。

4.2.1　拉伸断裂

　　拉伸断裂试验，又称抗拉试验，或者称为单向静拉伸试验，是指在承受轴向拉伸载荷下测定材料特性的试验方法。通过拉伸试验，获得"应力-应变"拉伸曲线，进而可以测定材料弹性变形、塑性变形和断裂过程中最基本的力学性能指标，如正弹性模量 E、屈服强度 $\sigma_{0.2}$、屈服点 σ_s、抗拉强度 σ_b、断后伸长率 δ 及断面收缩率 ψ 等。它是材料力学性能试验的基本方法之一。

　　拉伸实验需要专用的设备、样品、夹具等，如图 4.1 所示。要获得准确和可对比的实验数据，一般需要遵从严格的实验步骤。从外观上看，样品在拉伸力的作用下，首先被拉长，最后完全断开，如图 4.2 所示。

4.2.2　冲击断裂

　　冲击断裂试验用于测量金属在冲击载荷下的力学性能，是一种动态力学性能试验，又叫冲击韧性试验。冲击实验的种类有一次摆锤冲击实验、落锤试验和爆破鼓突试验等。

　　摆锤冲击断裂试验是 1900 年由夏比（G. Charpy）提出的，以后获得广泛使用。在工程上主要是用它评定冶金质量和加工工艺质量，以及测定韧性-脆性转变温度。与拉伸断裂试验相比，摆锤冲击断裂试验操作简单，工作效率高。

　　摆锤冲击断裂试验的原理就是能量守恒定律，如图 4.3 所示。按照摆锤打断冲击试样后损失多少计算冲击功，是能量单位。冲击功（冲击韧性）的意义在于它代表指定温度下，材料在缺口和冲击载荷速度的共同作用下的脆性趋势及程度。它反映的是材料的缺口敏感性，不是材料抗冲击载荷的能力。也就是说，材料的脆化趋势并不是冲击造成的，而是缺口引起的，冲击起到次要作用。

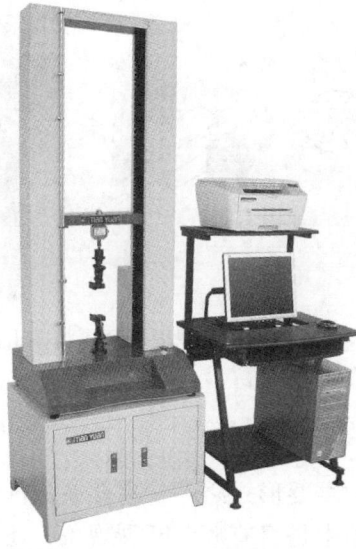

(a)

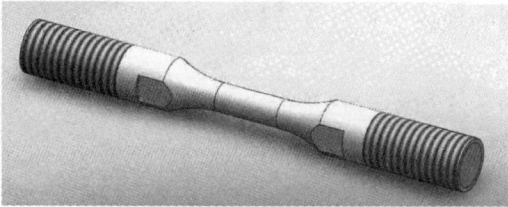

(b)

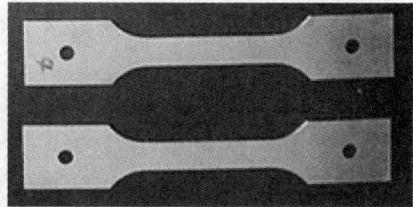

(c)

图 4.1 拉伸实验需要的设备和样品示意图

（a）电子拉伸试验机；（b）圆柱型拉伸实验试样；（c）平板型拉伸实验试样

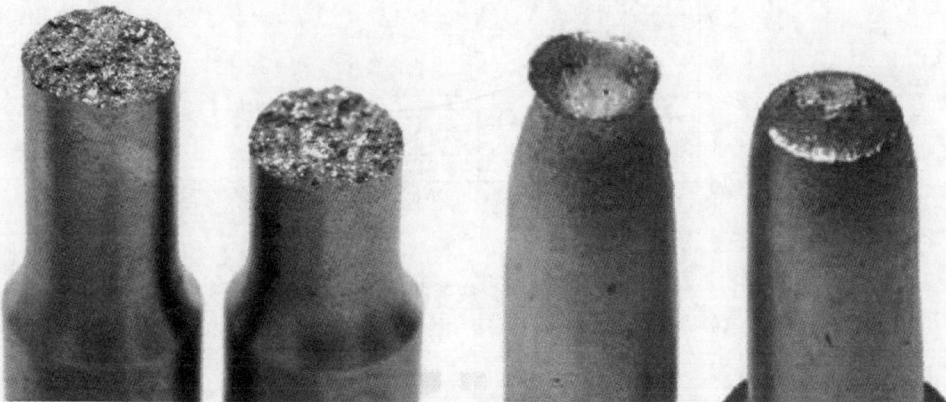

(a)

(b)

图 4.2 样品的拉伸断裂

（a）脆性断裂；（b）韧性断裂

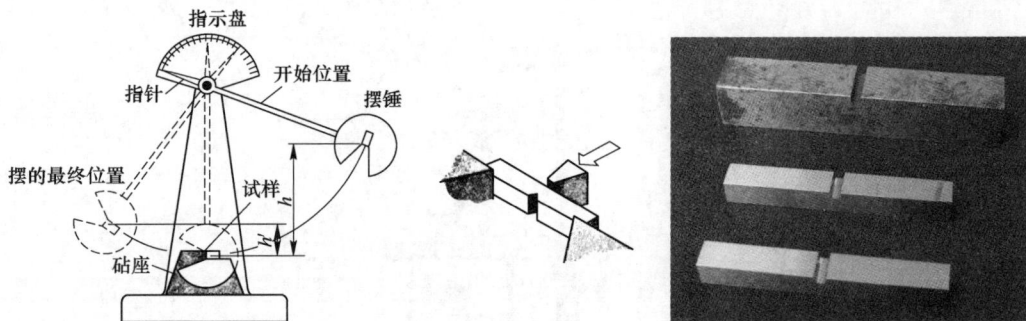

图 4.3   摆锤冲击试验原理示意图与冲击试验机

4.2.3   疲劳断裂

疲劳断裂是金属构件断裂的主要形式之一，在金属构件疲劳断裂失效分析基础上形成和发展了疲劳学科。古代青铜器中是否有疲劳断裂现象，还未见报道。本节内容希望能够引起研究者的注意，对于长期使用并发生断裂的古代青铜器，也可能有疲劳现象发生。

疲劳断裂是在交变应力作用下，虽然零件所承受的应力低于材料的屈服点，但经过较长时间的工作后产生裂纹，或突然发生断裂的现象。它以疲劳辉纹为标志，是超出材料的疲劳极限后产生的断裂现象。

材料的疲劳性能由疲劳曲线描述，如图 4.4 所示。它是指金属承受交变应力（σ）和断裂循环周次（N）之间的关系曲线。各种材料对交变应力的抵抗能力，是以在一定循环作用次数 N 下，不产生断裂破坏的最大应力 σ_N 来表示的。

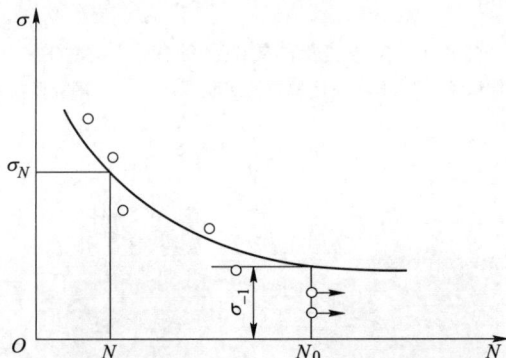

图 4.4   疲劳曲线

4.2.4   其他非标准断口

前面提到的拉伸断口、冲击断口和疲劳断口，其获取和试验过程都有严格的程序，特别是为了使试验数据具有可比性，对样品的大小、形状等都有严格的规定。在古代青铜器的研究中，如果是进行模拟试验，则需要用到这些试验方法。

然而，在研究中，如果只是单纯为了观察材料或者古代青铜器的断口形貌，没有性能测试数据等方面的要求，则可以采用非标准的断裂试验方法。下面介绍一些方法，读者还可以在实践中不断提出新的方法。

4.2.4.1 直接打断获得断口

一些较小或者较细的青铜器残件样品可以直接打断或者掰断。例如：具有较长金属杆的古代青铜箭镞，可以用手直接在箭杆处掰断获得断口。图4.5所示为著者通过直接掰断青铜箭镞的箭杆，发现了中间有一个"纯铅芯"，从而提出了新的青铜冶炼时的加铅方法；对于较大的样品，则可以把样品夹在台钳上，然后用锤子打断来获得断口。

图4.5 青铜箭镞箭杆的横截面断口形貌

4.2.4.2 在低温和缺口下打断获得断口

对于青铜来说，如果锈蚀不严重，一般同时具有较高的强度和韧性，也就是俗称的"很黏"。对其进行机械或者手工切割都很有难度，要把它打断并不容易。因此，在制作断口前，可以采用两种方法进行预处理：一是边缘制作一个缺口；二是在液氮温度（-196℃）中进行冷却。

在断裂研究中有一个"缺口效应"，它是指在材料的缺口部位施加应力，容易引起应力集中，加速造成破坏的现象。如果在青铜试样上用线切割机，或者电锯、手锯等简单地切一个缺口，再打断时就会容易得多。

另外，对于韧性高的材料，可以将试样放入液氮中冷却一下，也会容易被打断。或者将缺口和液氮冷却两种方法同时使用。图4.6所示为经过缺口和冷却双重预处理后再打断而获得的战国青铜剑的断口形貌。这把纯Cu-Sn青铜剑残件的Sn含量（质量分数）为18%，表层做了"富Sn"处理，Sn含量（质量分数）为38%[3]。

4.2.4.3 非标准试样的冲击断口

著者在研究异种金属焊接接头时，为了观察两种不同金属焊接交接部位的显微组织特征，提出了一种"非标准试样"，用于获得焊接接头熔合区的冲击断口，如图4.7所示[4]。

图4.7（a）所示为标准的焊接接头断口试样。根据不同的研究需要，缺口被开在不同部位。这样很明显会存在以下问题：（1）很难直接观察到区域很窄的熔合区的断口形态；（2）很难从焊缝、熔合区、热影响区至母材连续的断口形态变化中进行直观分析；（3）缺口开在熔合区时，冲击断口常常是沿熔合区剥离；（4）冲击值分散，没有可比性。

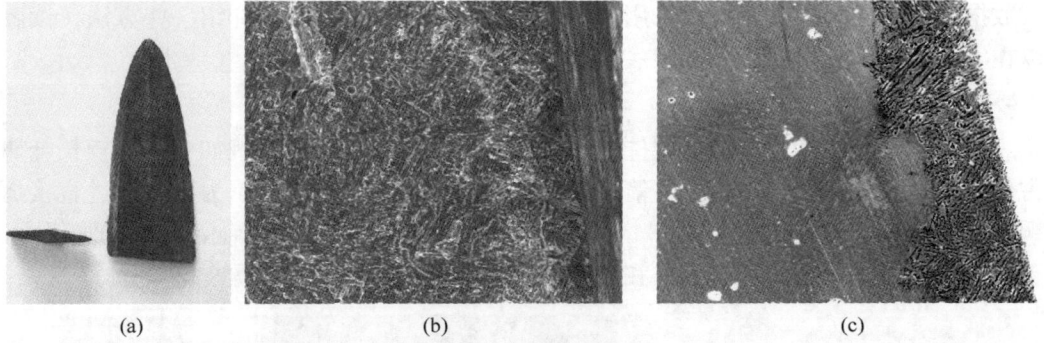

图 4.6　战国青铜剑残件的横截面断口形貌

（a）青铜剑残件；（b）断口；（c）金相组织

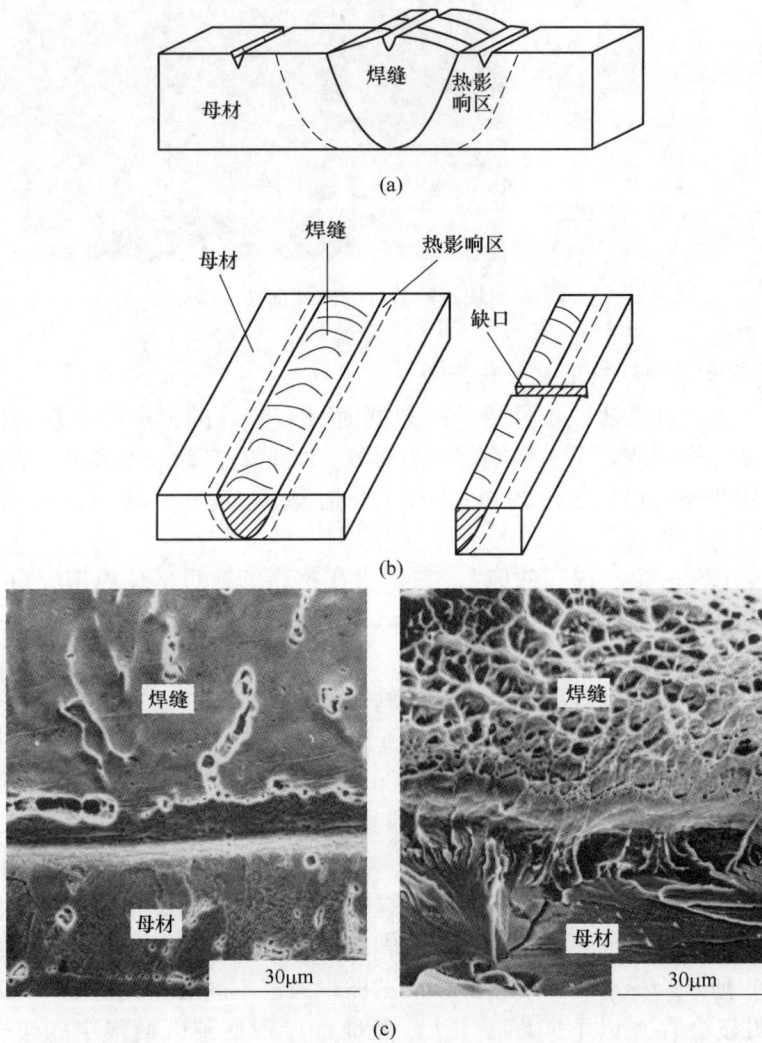

图 4.7　异种金属焊接接头冲击样品设计与形貌观察

（a）标准冲击试样；（b）非标准冲击试样；（c）断口和金相对比观察（20 号钢+A302（Cr25Ni13）异种钢焊接接头）

图4.7（b）所示为著者设计的"非标准焊接接头断口试样"。它的特点和问题：（1）可以直接观察到包括熔合区在内的整个接头的连续断口形态变化特征；（2）可以实现金相组织和断口形态的对比观察，即一半用于观察断口形貌，另一半磨平后用于观察金相组织，如图4.7（c）所示；（3）可以用于制作拉伸试样；（4）冲击值无可比性（因为是一个混合值）。

4.3　断口的分类

4.3.1　宏观分类

按断口表面宏观变形分类：

（1）脆性（解理和准解理）断口。断口附近没有明显的宏观塑性变形，材料断裂前伸长率小于3%的断口称为脆性断口。

（2）韧性（延性）断口。断口附近有明显的宏观塑性变形的断口称为韧性断口。

（3）韧-脆混合断口，又称为准脆性断口。介于脆性断口和韧性断口之间，在电子显微镜下可观察到解理、准解理和韧窝等多种形貌特征。

按断面所受到的外力类型分类：

（1）正断断口。受正应力引起的断裂，与最大正应力方向垂直的断口称为正断断口。断口宏观形貌较平整，微观形貌有韧窝、解理花样等。

（2）切断断口。受切应力引起的断裂，与最大切应力方向一致的断口称为切断断口。断口的宏观形貌较平滑，微观形貌为抛物线状的韧窝花样。

（3）混合断口。正断与切断断口相混合的断口。

4.3.2　微观分类

按断裂路径分类：

（1）沿晶断口。多晶体沿不同取向的晶粒界面分离，所形成的断口称为沿晶断口。沿晶断口大部分是脆性的，如回火脆性断口、氢脆断口、应力腐蚀断口、液态金属脆性断口、脆性相在晶界析出而形成的晶界脆性断口等。

（2）穿晶断口。裂纹穿过晶粒内部扩展，形成的断口。穿晶断裂可以是脆性的，也可以是韧性的。韧窝、滑移和延伸、解理断口等都属于穿晶断口。

在实际断裂失效的断口上，多数情况是既有沿晶特征，又有穿晶特征。

按微观形貌分类，断口可分为解理断口、准解理断口、韧窝断口、疲劳断口、沿晶断口等。一般情况下为混合形貌断口，即解理、疲劳和韧窝共存，疲劳和沿晶共存，韧窝和准解理共存等。有时宏观断口不同区域显示不同的微观断口。

4.4　断口试样的切取、保存与清洗

断口表面是脆弱的，遭受机械及环境损害时会破坏其显微组织特征。因此，在分析时必须小心地处理断裂试样。断口试样的切取、保存与清洗技术是准确进行断口分析的必要前提。

4.4.1　断口试样的切取

很多断口分析的检测工具，如扫描电镜（SEM），对试样尺寸有要求，所以常常需要

把含有断口的部分从整个构件上切下。

切取前和切取时要小心保护断口，使断口及临近的区域不受任何的损伤，不遭受高温氧化、污染，不改变形貌、组织，并尽量保持干燥。

4.4.2 断口保存技术

观察断口时，使断口表面应保持材料在断裂瞬时的真实状态，防止重要的证据遭到破坏或被隐藏。因此，在断口分析的各个阶段，都必须小心地保存断口，使之保持原貌[5]。

断口损伤一般分为机械损伤和化学损伤，可能发生在断裂过程中，也可能发生在断裂过程后。

（1）防止机械损伤。可用布带或棉花保护断口，避免用手指触摸断口或擦拭断口，禁止将两个断口互相对接。

（2）防止化学腐蚀。最好将断口吹干后放置在干燥器中，或连同干燥剂一同包好。

（3）断口涂层。除非一个断口在产生后就立即进行分析，否则应该尽快把断口保存起来以免受到环境的侵袭。仅仅吹干并保存在密封容器中隔离断口并不能起到很好的保护效果，因此，必须使用防腐蚀的表面涂层来防止断口表面的氧化与腐蚀。常用的涂层有丙烯漆和透明塑料，丙烯漆很容易用酮类完全溶掉，透明塑料可以用三氯乙烯溶剂溶掉。

4.4.3 断口清理技术

断口表面的损伤和污染是不可避免的。一般情况下，机械损伤对原始断口表面形貌的破坏是永久性的，强烈的腐蚀性环境（如高温氧化）也常使断口表面不能成功复原。然而，如果断口表面发生的是化学损伤和一般的污染，而且不是太严重，则可运用清理技术来除去表面的尘埃、油污、氧化膜或腐蚀层，使断口表面最大限度地恢复到原始状态。

常用的清理断口方法有：吹干燥空气、软毛刷刷洗、用有机溶剂喷射（浸泡）、超声清洗、塑料复型粘贴与剥离、电解清洗、化学侵蚀等。其中超声清洗法效率较高，用超声波清洗机在丙酮或无水乙醇中清洗断口试样，可去除较牢固的污垢、沉积物和涂层，如使用碳酸钠溶液或氢氧化钠溶液，可以有效地去除钢断口上的氧化和腐蚀产物。

4.5 韧性断口

韧性断裂，又称为延性断裂、塑性断裂，是指材料断裂前及断裂过程中产生明显宏观塑性变形的撕裂过程。韧性断裂是一个比较缓慢的过程，在断裂过程中需要不断地消耗能量，伴随着大量的塑性变形。

4.5.1 韧性断裂的过程与特点

4.5.1.1 韧性断裂的过程

韧性断裂的过程可以用"微孔形核→微孔长大→微孔聚合"三部曲描述，如图 4.8 所示。

（1）当拉伸载荷达到最大值时，试样发生颈缩。在颈缩区形成三向拉应力状态，且在试样的心部轴向应力最大。

（2）在三向应力的作用下，使得试样心部的夹杂物或第二相质点破裂，或者夹杂物或第二相质点与基体界面脱离结合而形成微孔。

（3）增大外力，微孔在纵向与横向均长大；微孔不断长大并发生连接而形成大的中心空腔。最后，沿45°方向切断，形成杯锥状断口。

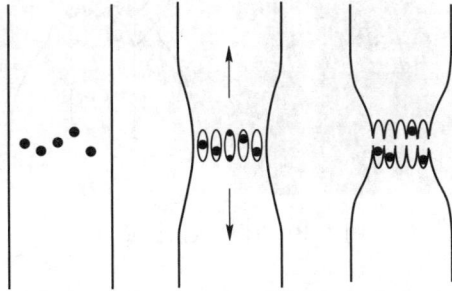

图 4.8　韧性断裂过程示意图

4.5.1.2　韧性断裂的特点

韧性断裂具有如下特点：

（1）韧性断裂时一般裂纹扩展过程较慢，而且要消耗大量塑性变形能。

（2）断裂前发生宏观塑性变形，使结构或零件的形状、尺寸及相对位置改变，有断裂的预兆，能及时发现，一般不会造成严重后果。

（3）通常在断裂终端区能观察到剪切唇，如图 4.9 所示。

（4）根据不同的材料，断口表面可能出现纤维状或丝状结构。

（5）断裂处的横截面通常会因紧缩而减小，如图 4.9 所示。

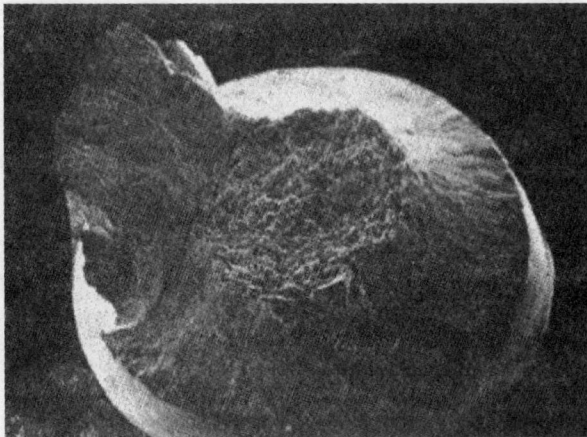

图 4.9　韧性断口的剪切唇形貌

4.5.2　韧性断口的特征

4.5.2.1　韧性断口的宏观特征

韧性断口一般分为杯锥状（或双杯状）、凿峰状、纯剪切断口等，其中塑性金属光滑圆试样拉伸产生的杯锥状断口是一种最为常见的韧性断口，如图 4.10 所示。

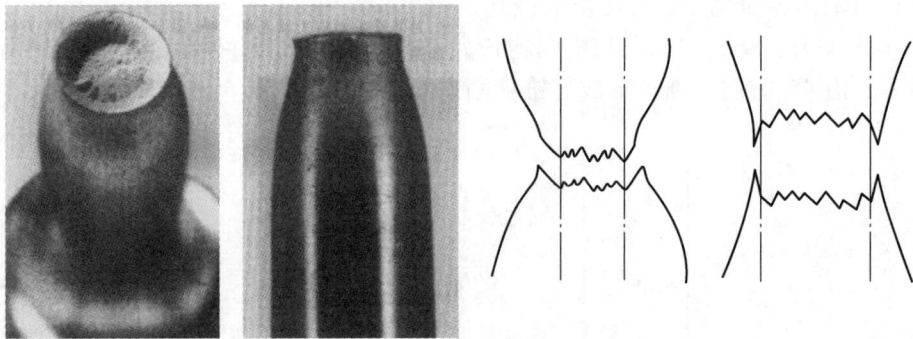

图 4.10 杯锥状韧性断口

韧性断口通常可分为纤维区、放射区和剪切唇区三个区域，即断口特征的三要素，如图 4.11 所示。

（1）纤维区（裂纹源）。在颈缩前的均匀变形阶段，材料内部开始随机产生微孔和微孔聚集，进而形成微裂纹，并缓慢扩展，在这一过程中吸收了大量的塑性功，形成的断口较平坦，成暗灰色，称为纤维状断口，断口平面与拉力轴线垂直。

（2）放射区。裂纹失稳扩展，快速撕裂。断裂吸收能量显著降低，形成具有放射状花样特征的比较光亮平坦的断口区，称为放射区。放射花样呈发散状，与裂纹扩展方向一致，收敛于裂纹源。放射区特征对断裂分析很有意义，经常用它作为判断裂纹源位置的依据。

（3）剪切唇。裂纹快速扩展至接近试样表面时，在与拉伸轴线成45°方向上形成剪切断口，称为剪切唇。剪切唇表面光滑，是试样表面层自由变形和快速剪切的结果。

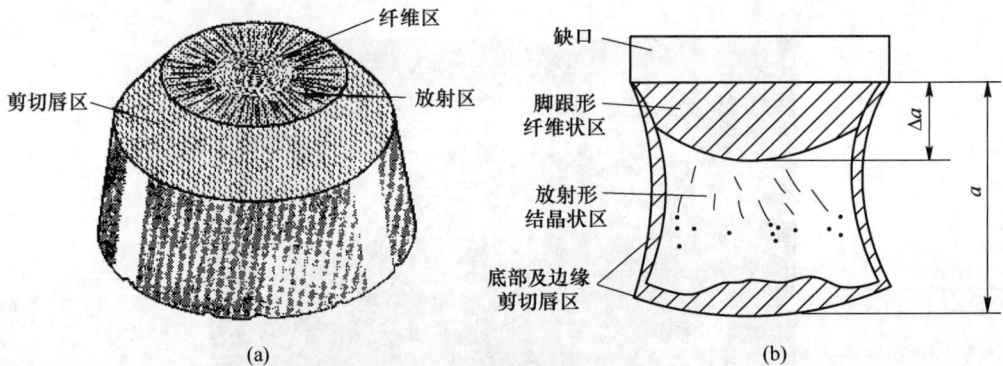

图 4.11 韧性断口特征区
(a) 拉伸断口；(b) 冲击断口

4.5.2.2 韧性断口的微观特征

延性断裂的微观特征是"韧窝"形貌，在扫描电镜（SEM）下，可以看到断口由许多凹进或凸出的微坑组成。在微坑中可以发现有第二相粒子。韧窝的形状因应力状态而异。在正应力作用下，韧窝是等轴形的；在扭转载荷作用下，韧窝被拉长为椭圆形。韧窝的形成实际上是一个材料内部微孔形成、长大和连结的过程。在每一个韧窝内都含有一个第二相质点，或者夹杂物颗粒。

实际金属中总有第二相粒子存在，它们是微孔成核的源。第二相粒子分为两大类：一类是夹杂物；另一类是强化相，它们本身比较坚实，与基体结合比较牢固，是位错塞积引起的应力集中或在高应变条件下，第二相与基体塑性变形不协调而萌生的微孔。

因此，韧性断口的形成过程就是：（1）裂纹源。材料中的非金属夹杂物和第二相或其他脆性相（统称为异相）颗粒是微孔形成的核心。（2）裂纹扩展。初始裂纹沿拉伸方向延长，形成空洞。（3）断裂。空洞连接的结果。

韧窝的形状主要取决于应力状态，空洞与作用力方向垂直（正应力作用）时产生"等轴韧窝"，而空洞受切向作用力或撕裂作用（切应力或扭转载荷作用）时产生"撕裂韧窝"和"剪切韧窝"，又称为"拉长韧窝"，如图 4.12 所示。

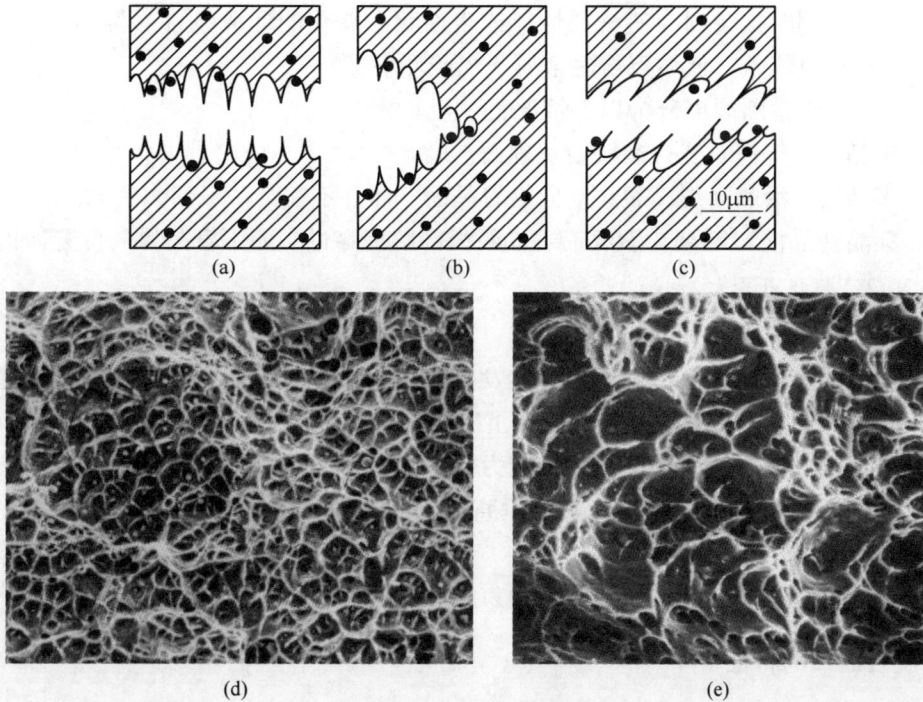

图 4.12　韧窝的形貌特征

（a）正断裂产生的韧窝；（b）撕裂韧窝；（c）剪切韧窝；（d）等轴韧窝；（e）拉长韧窝

韧窝的尺寸包括它的平均直径和深度。影响韧窝尺寸的主要因素为第二相质点的尺寸、形状、分布，以及材料本身的相对塑性、变形硬化指数、应力、温度等。

4.6　脆性断口

脆性断裂是指材料未经明显变形而发生的断裂。脆断时承受的工作应力较低，通常不超过材料的屈服强度，甚至不超过常规的许用应力，所以又称为低应力脆性断裂。

4.6.1　脆性断裂的过程与特点

4.6.1.1　脆性断裂的过程

脆性断裂一般发生在高强度或低延展性、低韧性的金属和合金上，但即使金属有较好的延展性，在如低温、厚截面、高应变率（如冲击）或有缺陷等情况下，也会发生脆性断裂。脆性断裂引起材料失效一般是因为冲击，而非过载。

脆性断裂（狭义）包括低应力脆断和环境介质条件下的脆断。

（1）低应力脆断，是指在弹性应力范畴内，在许用应力条件下一次加载引起的脆性断裂。外在原因或内部原因都会导致这类断裂的发生。外在原因包括受载时的加载速率、环境温度对材料性能的影响、零部件或构件形状设计中引起的应力集中等。内部原因包括材料内部存在的宏观缺陷（裂纹、空洞、大块夹杂、缩松等）和材料本身的质量问题。

（2）环境介质条件下的脆断，也是一种低应力脆断。环境介质因素是指零部件或构件在受载情况下，同时接触到会使材料性能或表面状态恶化的环境条件。例如：潮湿空气、水、熔盐、硫化氢气氛、低熔点熔融金属、辐照环境等。

一般来说，脆性断裂可分为以下情况：

（1）单晶体。解理断裂，裂纹沿解理面扩展。

（2）多晶体。沿晶断裂，裂纹走向沿着晶面，而并不在某一平面内运动。

（3）穿晶（晶内）断裂。裂纹沿着晶粒内部解理穿过，而不管晶界的位置如何。

4.6.1.2　脆性断裂的特点

脆性断裂的特点有：

（1）没有明显预兆，往往表现为突然发生的快速断裂过程，裂纹的扩展速度很快，接近声速，因而具有很大的危险性，造成严重后果，特别受到关注。

（2）主要为低应力脆断，即在弹性应力范围内一次加载引起的脆断。

（3）脆性断裂的断口一般与正应力垂直，宏观上比较齐平光亮，常呈放射状或结晶状；微观上断口呈人字或放射花样。

（4）裂纹生长快速，常常伴之以大的声响。

4.6.2　脆性断口的特征

4.6.2.1　脆性断口的宏观特征

在断裂前没有可以观察到的塑性变形，断口一般与正应力垂直，断口表面平齐，呈现晶体学平面或晶粒的外形，断口颜色比较光亮，有时相对灰暗一些。断口边缘没有剪切"唇口"（或很小），如图4.13所示。

穿晶脆性断裂的断口一般比较光亮，因为裂纹扩展是沿晶粒内部某些晶面劈开的。由于被劈开的晶面是完整的表面，当光线照在这些晶面上时就反射出闪闪的亮光，这种断裂也称为解理断裂。

4.6.2.2　脆性断口的微观特征

脆性断裂从微观晶体破坏的方式上可分为：解理（穿晶）断裂、准解理断裂和沿晶断裂。

A　解理（穿晶）断裂

解理断裂是金属或合金在正应力作用下，因原子间结合键被破坏而产生的一种穿晶断

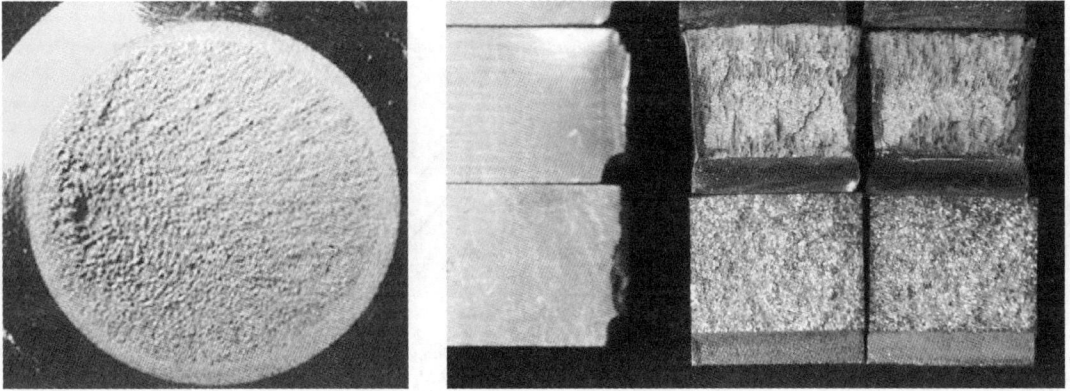

图 4.13 脆性断口的宏观特征

裂，开裂速度快。解理断裂沿着特定的结晶面（称为解理面）发生，解理面一般是表面能最小的晶面，且往往是低指数的晶面，并会在不同高度的平行解理面之间产生解理台阶。解理裂纹扩展过程中，众多的台阶相互汇合，便形成河流花样，河流的流向与裂纹扩展方向一致。

解理断裂常见于体心立方（bcc）和密排六方（hcp）金属及合金，低温、冲击载荷和应力集中常促使解理断裂的发生。面心立方（fcc）金属很少发生解理断裂。

解理断口的微观特征有：解理台阶、河流花样、"舌头"花样和"鱼骨状"花样、瓦纳线等。

（1）解理台阶。解理台阶是两个不同高度的解理面相交形成的，如图 4.14 所示。解理裂纹与螺位错交截，以及次生解理和撕裂是形成解理台阶的两种主要方式。

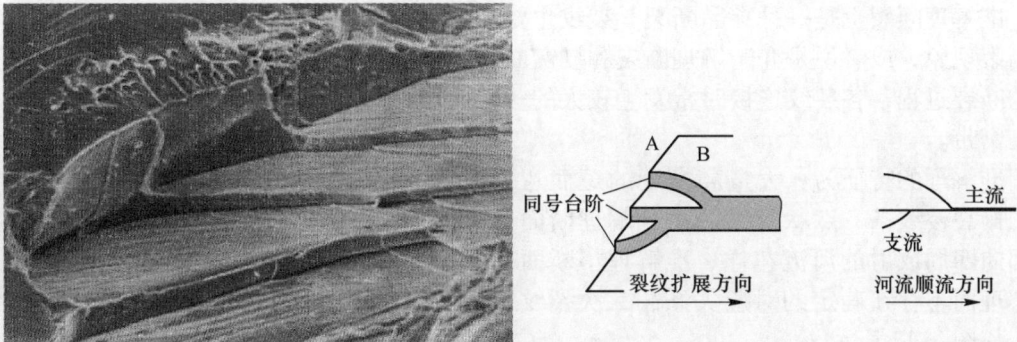

图 4.14 脆性断裂中解理台阶的 SEM 形貌

（2）河流花样。解理断口的主要特征是河流花样，如图 4.15 所示。河流花样中的每条支流都对应着一个不同高度的相互平行的解理面之间的台阶。解理裂纹扩展过程中，众多的台阶相互汇合，便形成了河流花样。在河流的上游，许多较小的台阶汇合成较大的台阶，到下游，较大的台阶又汇合成更大的台阶。河流的流向恰好与裂纹扩展方向一致。所以人们可以根据河流花样的流向，判断解理裂纹在微观区域内的扩展方向。

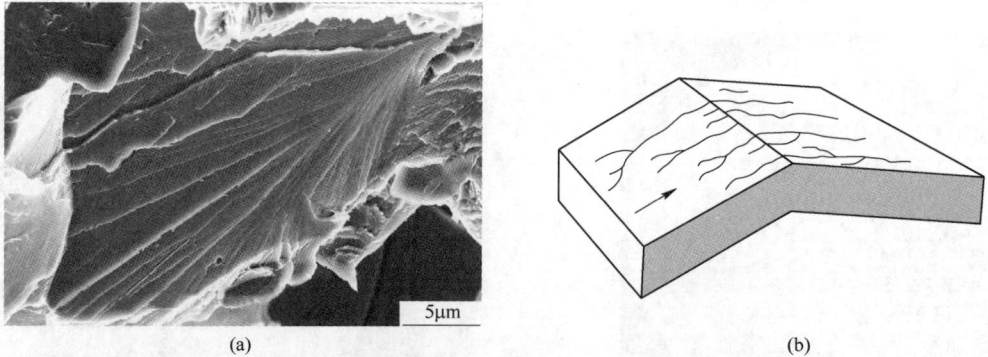

图 4.15 脆性断裂中河流花样的 SEM 形貌（a）和示意图（b）

（3）"舌头"花样和"鱼骨状"花样。体心立方（bcc）和密排六方（hcp）结构金属中存在着形变孪晶，或者在变形过程中生成的孪晶。当裂纹前沿遇到孪晶时，会以孪晶和基体分离的方式而偏离原来的扩展方向，结果是形成"舌头"花样，如图 4.16 所示，有时会产生另外一种"鱼骨状"花样。

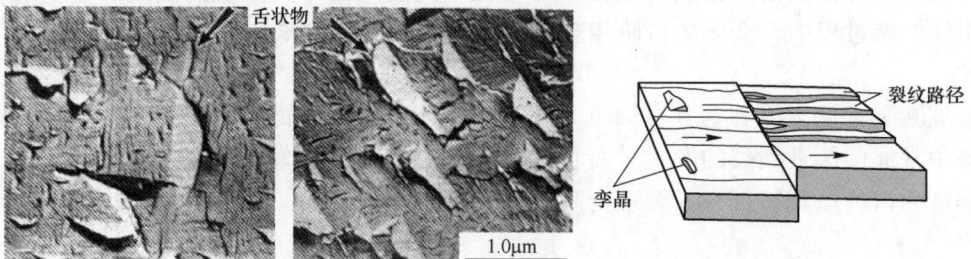

图 4.16 脆性断裂中"舌头"花样的 SEM 形貌和示意图

B 准解理断裂

准解理断裂也是一种穿晶断裂，裂纹主要沿着晶粒内的解理面扩展，但伴随一定的塑性撕裂现象，或者说是介于解理断裂和韧窝断裂之间的一种过渡断裂形式。准解理为不连续的断裂过程，各裂纹连接时常发生较大的塑性变形，形成撕裂棱或微孔聚合的韧窝，甚至韧窝带。

准解理的特征为：大量高密度的短而弯曲的撕裂棱线条、点状裂纹源由准解理断面中部向四周放射的河流花样、准解理小断面与解理面不存在确定的对应关系、二次裂纹等，如图 4.17 所示。

准解理与解理断裂的异同：（1）准解理裂纹常起源于晶内硬质点，向四周放射状地扩展，而解理裂纹则自晶界一侧向另一侧延伸；（2）准解理断口有许多撕裂棱；（3）准解理断口上局部区域出现韧窝，是解理与微孔聚合的混合型断裂；（4）准解理断裂的主

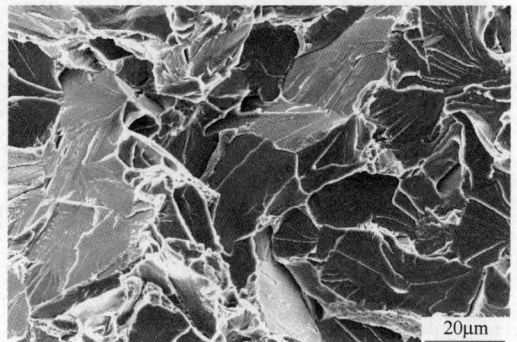

图 4.17 脆性断裂中准解理断口的 SEM 形貌

要机制仍是解理，其宏观表现是脆性的。所以，常将准解理断裂归入脆性断裂。

C 沿晶断裂

沿晶断裂是多晶体中裂纹沿晶界形核、扩展所导致的脆性断裂，也就是沿晶界的开裂。裂纹扩展总是沿着消耗能量最小，即原子结合力最弱的晶界进行的，如图 4.18 所示。多数情况下，沿晶断裂属于脆性断裂。

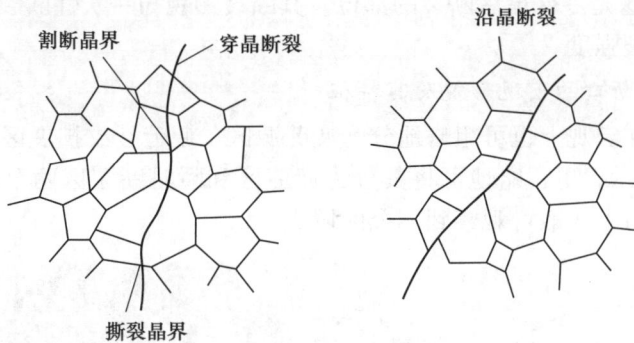

图 4.18　穿晶断裂与沿晶断裂示意图

一般情况下，晶界不会开裂。发生沿晶断裂，势必由于某种原因降低了晶界结合强度。当金属或合金沿晶界析出连续或不连续的网状脆性相时，在外力的作用下，这些网状脆性相将直接承受载荷，很易于破碎形成裂纹并使裂纹沿晶界扩展，造成试样沿晶界断裂，它是完全脆性的断裂。

宏观形貌：（1）晶粒特别粗大时形成石块或冰糖状断口，晶粒明显，晶界面上多显示光滑无特征形貌，如图 4.19 所示。（2）晶粒较细时形成结晶状断口。（3）沿晶韧窝断口表面的晶界上有大量的小韧窝。（4）沿晶断裂的结晶状断口比解理断裂的结晶状断口反光能力稍差，颜色黯淡。

图 4.19　脆性断裂中沿晶断口的 SEM 形貌

4.7　其他断口

4.7.1　疲劳断口

4.7.1.1　疲劳断口的三要素

疲劳断口的三要素包括：

（1）疲劳源。有点源、线源等，多源合并往往形成台阶。

（2）疲劳扩展区。这是疲劳断口的主体部分。不同的起源、受力情况，会形成不同的形貌，据此能够推断零件的受力过程。就像一个记录仪，完整地记录零件的断裂过程，这是我们分析的重要部分。疲劳扩展区往往较光滑，并有疲劳辉纹存在。

（3）瞬断区。这是零件最后断裂的部位。其断裂形貌与一次性断裂相同。其面积对应着最后断裂时的断裂强度。

4.7.1.2 疲劳断口的宏观形貌及其特征

一般疲劳断口在宏观上也可粗略地分为疲劳源区、疲劳裂纹扩展区和瞬时断裂区三个区域，如图 4.20 所示，更粗略地可将其分为疲劳区和瞬时断裂区两个部分。大多数工程构件的疲劳断裂断口上一般可观察到三个区域。

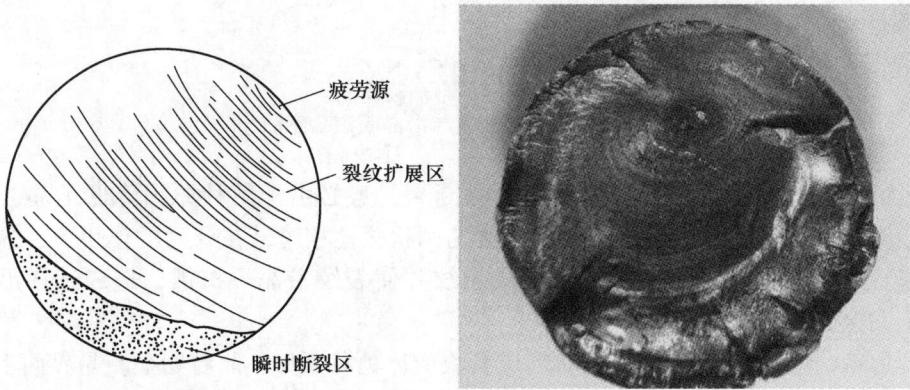

图 4.20 疲劳断口宏观形貌

4.7.1.3 疲劳断口的微观形貌及其特征

疲劳断口微观形貌的基本特征是在电子显微镜下观察到的条状花样，通常称为疲劳条痕、疲劳条带、疲劳辉纹等。疲劳辉纹是具有一定间距的、垂直于裂纹扩展方向、明暗相交且互相平行的条状花样，如图 4.21 所示。它可以近似地代表一个周期作用力所造成的裂纹开展距离。

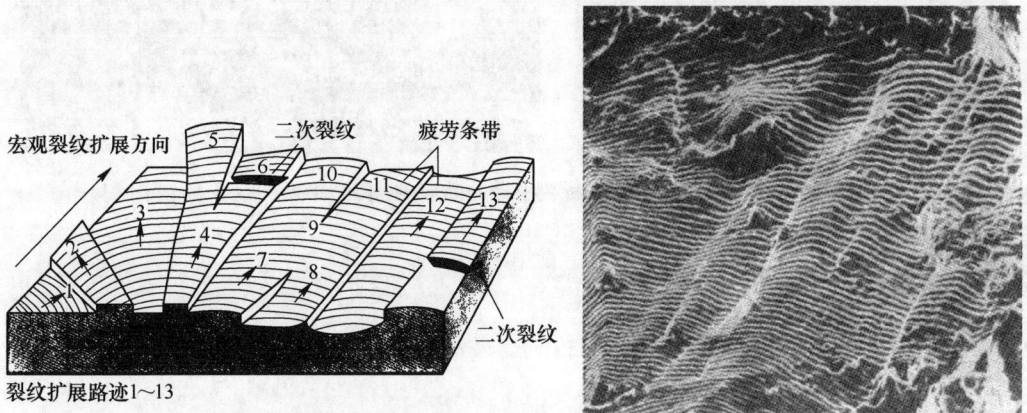

图 4.21 疲劳断口的微观形貌

4.7.2 应力腐蚀断口

一般情况下，侵蚀性环境都会使材料的力学行为受到损伤，使材料的断裂表现出脆化倾向。由于长期处于埋葬环境，很多古代青铜器都有严重的锈蚀，其断裂符合环境腐蚀断裂特征，断口应该也与应力腐蚀断口相似。

应力腐蚀断裂（SCC）是金属在拉伸应力（或压应力下）和腐蚀介质共同作用下发生断裂破坏。导致应力腐蚀的环境包括潮湿的空气、雨水、海水、氨水、氯化物溶液、氮化物溶液、酸、某些有机溶液、熔盐等。

应力腐蚀裂纹容易在表面有缺陷的地方首先孕育发生，然后沿与拉应力垂直的方向，也即垂直于构件表面的方向扩展。应力腐蚀裂纹最重要的特点是分叉向深度方向发展，剖开后裂纹呈现树枝状，主裂纹粗宽，与主应力垂直。

应力腐蚀断裂断口的宏观形貌呈现脆性特征，有时带有少量塑性撕裂痕迹；裂源是多源的，由于介质的腐蚀作用，裂纹形成区或亚稳扩展区呈暗色或灰黑色；最终断裂区具有金属光泽，常有放射状花样或人字纹。应力腐蚀断口有的是沿晶断口，晶面有撕裂脊；有时也可观察到韧窝、腐蚀坑、二次裂纹，也可能有穿晶断裂，断口有河流、扇形、泥状、块状花样等，也有混合型的，具体形貌取决于应力腐蚀系统及其影响因素，如图 4.22 所示[6]。

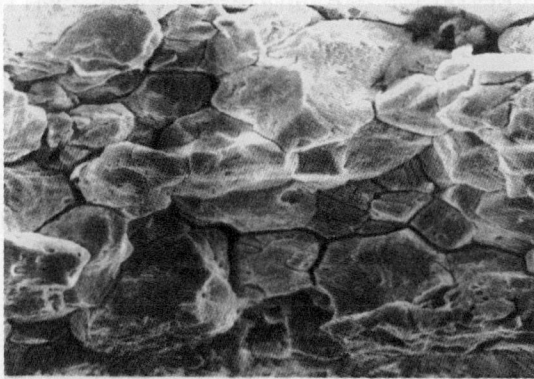

图 4.22 18-8 不锈钢在连多硫酸环境下产生的应力腐蚀沿晶开裂断口[6]

4.8 断口分析方法

断口分析方法主要包括用肉眼、放大镜、光学显微镜和电子显微镜（SEM 和 TEM）等手段对材料断口进行宏观及微观的观察分析，以了解材料发生断裂的原因、条件、断裂机理及与断裂有关的各种信息的方法[7]。

4.8.1 宏观分析方法

断口的宏观（低倍）分析是指用肉眼、放大镜或较低放大倍数（<200 倍）的立体显微镜等来研究断口宏观特征的一种方法，是断口分析的第一步。

断口宏观分析的主要目的：

（1）对主断口有一个全面的了解；

（2）初步确定断裂类型和方式，为判明断裂失效的性质（如脆性断裂、韧性断裂、疲劳断裂、应力腐蚀断裂等）提供依据；

（3）初步判断金属材料断裂源的位置和裂纹扩展方向；

（4）估计断裂失效件应力集中的程度和名义应力的高低（疲劳断口）；

（5）观察材料的冶金质量和热处理质量，尤其是仔细观察断裂源区有无宏观缺陷；

（6）初步判断材料的强度水平、工作温度、工作环境等。

需要注意的几个特征：

（1）断口上是否存在特征花样（放射花样、人字纹花样或弧形迹线等）。放射花样特征一方面表征裂纹在该区的扩展是不稳定的、快速的，另一方面沿着放射方向的逆向或人字纹尖顶，可追溯到裂纹源所在位置。

（2）断口四周平滑中心粗糙的形貌特征。

（3）断口表面的粗糙程度。一般情况下，断口越粗糙，即表征断口特征的花样越粗大，则剪切断裂所占的比例越大；如果断口越平坦，或者花样越细，则沿晶断裂、解理断裂所占的比例越大。

（4）断面的光泽与色彩。由于构成断面的许多小断面往往具有特有的金属光泽与色彩，因此当不同断裂方式所造成的这些小断面集合在一起时，断口的光泽与色彩会发生微妙的变化。

（5）断面与最大正应力的交角（倾斜角）。不同的应力状态、不同的材料及外界环境，断口与最大正应力的夹角不同。

（6）断口上特征区的划分和位置分布、面积大小等。

（7）材料缺陷在断口上呈现的特征。若材料内部存在缺陷，则缺陷附近存在应力集中，因而在断口上留下缺陷的痕迹。

4.8.2　电子显微镜分析方法

电子显微镜分析是指利用由高速电子作为光源的仪器进行分析的技术总称，包括透射电子显微镜（TEM）、扫描电子显微镜（SEM）、能谱仪（EDS）等成分显微分析技术。电子显微镜分析技术是断口分析的必备工具，它可以把断口形貌放大十几倍到几十万倍，从而可研究微观形貌特征和结构，同时还可以进行微区成分分析等。

4.8.2.1　扫描电子显微镜（SEM）断口分析技术

扫描电子显微镜（SEM）是断口显微学研究中最普及的技术。与光学显微镜相比，SEM 具有很多优势，但单独使用 SEM 也是不可取的。同时，由于其成像原理较为复杂，而且有很多影响因素，设备的设置和控制就变得非常重要。总的来说，虽然 SEM 易于获得清晰且富有大量信息的图像，但获取定量的断口形貌信息比较困难。

SEM 具有以下优点：

（1）聚焦景深很大，可以研究粗糙样品表面，而且可以获得清晰的图像；

（2）放大倍数可以连续的在 10 倍到 10 万倍之间变化，便于对样品细节进行观察；

（3）一般的商业用扫描电子显微镜的分辨率可到 6nm 左右；

（4）可进行三维形貌观察，图像立体感强；

（5）样品制备简单，可直接无损观察实物样品；

（6）与能谱仪（EDS）、俄歇谱仪等仪器配合，可直接定性和定量探测样品表面微区成分；

（7）除了常规的断口微观形貌和成分分析外，还可以进行动态观察、立体观察及裂纹尖端张开位移的测量等。

4.8.2.2 透射电子显微镜（TEM）断口分析技术

由于 TEM 要求小而薄的试样，因此不能用于断口表面形貌的直接观察，一般要采用复型的方法来制备试样，常用的复型有一级复型和二级复型两种。

4.8.2.3 断口表面微区成分分析

断口表面微区成分分析是断口分析中的重要内容。常见的分析仪器有俄歇电子能谱仪（AES）、离子探针、电子探针（EPMA）、X 射线波谱仪（WDS）和 X 射线能谱仪（EDS）等。

4.8.3 其他分析方法

4.8.3.1 断口特殊分析方法

断口特殊分析方法主要有断口制剖面术、断口蚀坑术、断口金相术等分析技术。这里不再做介绍。

4.8.3.2 断口的分形分析方法

分形是通过对许多复杂形状的不规则物体进行仔细观察和综合分析的基础上于 1975 年正式提出的一个几何名词。分形理论揭示了非线性不规则系统中有序与无序的统一，确定性与随机性的统一。自相似性和 Hausdroff 维数是分形的两大特点。自相似性是指局部和整体具有相似的性质，体现了分形具有跨越不同尺度的对称性。Hausdroff 维数可以定量描述分形结构自相似的程度、不规则程度或破碎程度。

众所周知，金属断裂表面是粗糙和不规则的，仔细观察断口表面会发现，裂纹均以 Z 字形扩展，大的 Z 字形套小的 Z 字形，具有近似的自相似性质，因此在一定尺度范围内可以把它看作是一种分形结构，可以用分形维数来描述断口的特征[8]。

金属断口分形维数的测定方法有小岛法、垂直截面法、谱分析法、二次电子扫描法、数字图像法、相关函数法和 SEM-FD 法等。用分形理论分析金属的断口表面，建立分形维数与金属宏观力学性能之间的关系有十分重要的意义。

4.8.3.3 断口的定量分析方法

（1）断口表面的成分定量分析：指对断口表面平均化学成分、微区成分、元素的面分布及线分布、元素沿深度的变化、夹杂物及其他缺陷的化学元素比等参数进行分析和表征。

（2）断口表面结构定量分析：是对断口的晶面指数、断口表面微区（杂第二相等）的结构分析。

（3）断口形貌特征的定量分析：是断口表面的各种花样，包括各种断口特征花样区域的相对大小及与材料组织、结构、性能和导致发生断裂的力学条件、环境条件之间的相互关系。

（4）断口表面的定量技术：主要是以立体观察（利用立体摄影测量）、剖面轮廓和投影图像为基础，利用体视学和统计学原理得到断口的定量信息。

参 考 文 献

[1] Liao L M, Pan C X. The relationships between microstructures and properties of Chinese Ancient Bronzes [J]. Wuhan University Journal of Nature Science, 2013, 18 (3): 226-232.

[2] Li Y, Wu T T, Liao L M, et al. Techniques employed in making ancient thin-walled bronze vessels unearthed in Hubei Province, China [J]. Applied Physics A, 2013, 111 (3): 913-922.

[3] Xie C, Fu C L, Li S S, et al. A special ancient bronze sword and its possible manufacturing technique from materials science analysis [J]. Materials, 2022, 15 (1): 2491-2503.

[4] 潘春旭. 异种钢及异种金属焊接——显微结构特征及其转变机理 [M]. 北京：人民交通出版社, 2000.

[5] 布鲁克斯 查利 R, 考霍莱 阿肖克. 工程材料的失效分析 [M]. 北京：机械工业出版社, 2003.

[6] 韩顺昌, 等. 金属腐蚀显微组织图谱 [M]. 北京：国防工业出版社, 2008.

[7] Hull D. 断口形貌学观察、测量和分析断口表面形貌的科学 [M]. 李晓刚, 董超芳, 等译. 北京：科学出版社, 2009.

[8] Mandelbrot B B. The Fractal Geometry of Nature [M]. New York：W. H. Freeman and Company, 1982.

5 古代金属器直接测年方法初探

5.1 概述

众所周知，测年断代是考古研究和文物鉴定中最为关注的问题。考古年代学就是利用各种方法和手段求证或检测古代遗迹和遗物年代的科学，包括相对年代和绝对年代。

5.1.1 相对年代

相对年代是指不同的考古学文化和遗存在时间上相对早晚关系，一般情况下，具体早（或晚）多少年并不清楚，主要依据为考古地层学和器物类型学。

（1）考古地层学：确定相对年代的最直接证据及科学地获取考古资料的基础，原理来自地质学中的层位学。

（2）考古类型学：借鉴生物学中的分类原理，在考古学中又称为标型学或器物形态学。它按照外部形态研究考古遗迹和遗物的演化顺序。其方法是将遗迹和遗物按用途、制法和形制归类，根据形态的差异程度，排列出各自的发展序列，确定出土物的相对年代关系。对不同文化的遗迹、遗物类型进行比较，还可以判定文化之间的承继或相互影响关系。考古类型学是科学地归纳、分析考古资料的方法论。

5.1.2 绝对年代

绝对年代是指以确切的纪年给出时间顺序，即遗迹、遗物距今时间，如某某文化距今多少年。确定绝对年代主要有两个途径：

（1）依赖文献记载，或具有明确纪年的考古实物资料确定年代。如器物上的纪年铭文及墓志、碑碣、简牍、帛书等。最有名的是现存于湖北省博物馆的越王勾践剑和吴王夫差矛。"越王勾践自作用剑"和"吴王夫差自乍（作）甬（用）矛"的铭文分别表明了两件国宝的年代。

（2）对于无任何文字记载的文物和史前考古，则需要借助一系列的自然科学方法检测出绝对年代。其基本原理是：寻找一个保存时间与可测物理量、化学量、生物或地质岩石特征等之间的对应关系。通过数十年努力，自然科学家几乎穷尽了所有的可能性，提出了许多测年方法[1-2]，如碳-14法、树木年轮法、热释光和光释光法、钾-氩法、古地磁法、裂变径迹法、氨基酸外消旋法、黑曜岩水合法、铀系法、电子自旋共振法等，其中以碳-14断代最为大家所知。利用这些方法基本解决了含碳有机物、陶瓷和石器等文物的测年问题。

然而，由于金属的相对稳定性，古代金属文物的直接测年断代一直是一个世界难题。目前主要是采用间接方法，即通过对金属器中附属残留物的测年来确定其年代，例如，残留范土的热释光测量[3-4]、食物残存和烟炱的碳-14测年[1]。

近年来，有研究者尝试采用电化学方法，通过分析古代青铜器表面锈蚀的演变来对青铜器进行直接测年，提出了固体微粒伏安法断代法[5]和电化学阻抗谱法断代法[6]。然而，由于适用范围小，仅适用于在空气中被缓慢腐蚀的样品，而不适合土壤埋藏环境和海洋环境等问题，这些方法的应用受到限制。

众所周知，古代金属器，特别是青铜器，在保留下来的先秦时期文物中占绝对多数，其年代确定对于历史学和考古学的重要性不言而喻。多年前，我国著名考古学家、原湖北省博物馆馆长谭维四先生曾对本书作者说："目前只有青铜器测年问题没有解决，你们从事理工研究的同志能否解决这个问题？"考古前辈的期望，让我们一直在思考现代材料学理论能否为古代金属文物的测年断代提供可能性呢？

实际上，根据材料科学原理，金属的稳定性是相对的，而内部组织结构与性能的变化和不稳定性是永恒的，只是这些变化很小，或者在短时期里不易被观察到，例如金属中的疲劳、蠕变和时效等现象和效应。金属疲劳是指材料、零构件在循环应力或循环应变作用下，在一处或几处逐渐产生局部永久性累积损伤，经一定循环次数后产生裂纹或突然发生完全断裂的过程。比如说飞机机翼的一次摆动并不会使其断裂，其产生的局部损伤可能只是原子级或者纳米级的，即在断口中看到的一条条"疲劳辉纹"，但是经过数十年的长期积累，则会产生事故。一辆汽车过桥也是同样的道理。另外，高温蠕变是由于金属长期在高温服役下产生晶粒长大和合金元素均匀化等而导致的一种软化现象；还有"时效处理"，是工业上常用的一种热处理工艺，用于调控和改善金属工件的性能。

本章介绍我们对于古代金属器，特别是古代青铜器，提出的一个具有原创性的"直接"测年方案：即以材料"时效"为理论基础[7]，以纳米测试技术为手段，通过建立古代金属器保存时间与力学性能和物理性能可测量之间的对应关系，实现直接测年断代。该方法属于比较测年法，即通过对比标准时效曲线，获得未知年代金属（青铜）器的年代。

目前，我们仅有一些初步的研究成果，但已经表明从理论和原理上讲，解决古代金属器的年代测定问题是可以实现的。虽然还有许多问题有待进一步研究和解决，但是与传统的碳-14法和释光法等方法相比，该方法更为简单和经济，并且可能具有更高的准确度。也希望感兴趣的研究者能够进一步开展深入研究，不断完善这个方法，使其成熟，并最终达到普及应用的水平。

5.2   金属时效简介

时效或时效处理是一种常见的热处理工艺。它是指金属工件经固溶处理、冷塑性变形或铸造、锻造后，在较高的温度或室温放置，其性能、形状、尺寸随时间而变化的热处理工艺。其中，在工业上应用最多的是通过时效处理，改变材料的力学性能（硬度），也就是时效强化，图5.1所示为材料的硬度与时效时间之间存在一个对应关系，即时效曲线。在铝合金、钢、铜合金及镍基、钴基合金中都存在时效现象。

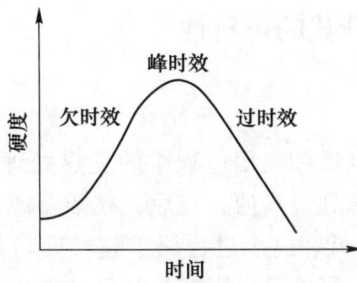

图 5.1 时效曲线示意图

5.2.1 时效机制

按照时效曲线，对于大多数合金来讲，在低温下分解一般经历 3 个阶段：

（1）在过饱和固溶体中，溶质原子沿基体的一定晶面富集，形成偏聚区（GP 区），与母相共格，往往呈薄片状。

（2）进一步延长时间或提高温度，GP 区长大并转变为中间过渡相（θ'' 和 θ' 相），其成分与晶体结构处于母相与稳定的第二相之间的某种中间过渡状态。

（3）中间过渡相转变为具有独立晶格结构的稳定第二相（θ 相），与母相不共格。开始析出的第二相处于弥散状态，一般是薄片状。计算表明，这种形状的弹性能最低，因此固溶体析出的新相最容易形成薄片状。进一步延长时间或升高温度，弥散的第二相开始聚集粗化，硬化性能下降。

5.2.2 对时效的影响因素

对于同一成分的合金来讲，影响时效效果的主要工艺因素有时效温度和时间、淬火加热温度和冷却速度，以及时效前的塑性变形等。

（1）时效温度的影响。当固定时效时间，对同一成分合金在不同温度下进行时效时，随着时效温度的升高，合金的硬度增大。当硬度增大到某一数值后，达到极大值。进一步升高温度，硬度下降。合金硬度增大的阶段称为强化时效。下降的阶段称为软化时效或者过时效。时效温度与合金硬化的这种变化规律是同过饱和固溶体分解过程有关的。

（2）时效时间的影响。当固定时效温度对同一成分合金在不同时间下进行时效时，随着时效时间增加，硬度缓慢上升，并出现极大值，即获得最佳硬化效果，进一步延长时效时间，则开始软化。

（3）过时效及其机制。在现代工业中，时效处理是为了提高材料的强度。时效强化的实质是过饱和固溶体在时效过程中发生沉淀、偏聚、有序化等现象，增加了位错运动的阻力导致其强度增加。但是，从时效曲线可知，如果长时间的时效处理会使材料进入"过时效"阶段，反而会造成强度下降。因此，进行时效处理时必须严格控制加热温度和保温时间，才能得到比较理想的强化效果。

过时效造成强度下降的原因是：当时效温度或者时效时间超过强化峰值以后，材料固溶体基体的晶格畸变显著减小，过渡相与母相完全脱离共格联系，而转变成稳定相，导致合金的强化效果明显下降；同时，随着析出相长大，间距变大，以及位错密度降低、元素扩散、晶界迁移等现象的发生，宏观表现为材料的强度降低，塑韧性有所提高。

5.3　古代金属器直接测年断代的可行性

5.3.1　原理和方法

对于古代青铜器来说，在制造和使用过程中的受热处理会对"时效曲线"产生影响，使其硬度在数月或数年时间内达到最高值；随后，在数百或数千年埋藏保存过程中，由于"过时效"效应，硬度会不断降低。这个过程属于超长期自然时效过程，其硬度和弹性模量等力学性能必然为下降趋势，另外其电阻率等物理性能也可能发生相应的微小变化。如果能够进行精确测定，找出这些性能与时间的关系，就可以对其进行测年断代。

然而，这些组织和性能的变化是非常微小的。进一步的挑战是：如何对它们进行精确测量？

众所周知，近年来不断出现了许多新的纳米尺度表征技术，在组织和性能测量方面具有精度高、灵敏度高和范围小（即空间分辨率高）等特点。例如，高分辨电子显微镜、原子力显微镜、纳米压痕仪，以及一些高精度物理性能测量仪等。其中，纳米压痕仪又称深度敏感压痕技术，可直接精确测量材料微区中许多力学性质，如弹性模量、硬度、屈服强度、加工硬化指数等力学性能的微小变化，在材料领域应用广泛。利用纳米压痕技术测量样品弹性模量和硬度的计算方法由 Oliver 和 Pharr 在 1992 年提出[8-9]，其原理为：在加载过程中，试样表面在压头作用下首先发生弹性变形，随着载荷的增加，试样开始发生塑性变形，加载曲线呈非线性；卸载曲线反映被测物体的弹性恢复过程，通过分析卸载曲线可以得到材料的硬度和弹性模量等参量。

据此，我们提出的古代金属文物直接测年的原理和方法就是：利用纳米表征技术高精度、高灵敏度和高空间分辨率的特点，首先精确测定已知年代古代金属（青铜）器的显微组织、力学性能和物理性能，再依据时效理论中"过时效"机制，获得古代金属（青铜）强度和导电性能随时间的变化规律，建立超长期自然时效曲线（即"性能-时间"关系曲线）或相应的数据库；然后，对未知年代的古代金属（青铜）器，测量其性能值；最后，通过对比已知的"性能-时间"关系曲线或数据库，确定其制作或开始使用时间。

初步对一件战国时期青铜剑的测试显示，其平均纳米硬度值为 1.649GPa±0.110GPa；而相同合金成分模拟样品的平均纳米硬度值为 2.287GPa±0.106GPa，差别明显。可见，从理论和方法上，对古代金属器的年代测定是可以实现的。

5.3.2　关键的科学与技术问题

围绕金属文物"直接"测年问题，需要解决的重要科学问题和关键技术有：

（1）揭示金属在超长期自然时效过程中的微结构变化，以及其对力学性能和物理性能等的影响；

（2）古代金属文物长期保存中微结构-性能关系的高精度表征；

（3）建立古代金属文物在长期保存中准确的时间-性能关系：曲线或数据库；

（4）实现基于纳米科技的古代金属文物直接测年方法与实用化技术。

研究目标有：

（1）理论上，揭示金属超长期自然时效过程中"微结构-性能关系的演变特征与规律，建立古代金属文物保存时间与力学性能（如硬度和弹性模量等）和物理性能（如导电性或电阻率等）之间关系的超长期时效曲线和数据库。

（2）技术上，发展一种直接测年方法——比较测年法，即通过对比时效曲线或者数据库，实现对未知年代金属文物的测年断代，为实际应用提供理论依据和技术指导。实现古代金属文物绝对年代测年精度达到±100年左右。

（3）应用场景：由于误差和可靠性等因素，主要用于古代青铜器的真伪鉴定，特别是判断是否为近代以来铸造。为文博单位的应用和征集青铜器的真伪鉴定提供理论与技术依据。同时，也需要仪器厂家开发出完整器的无损检测专用仪器。

技术路线如图 5.2 所示。

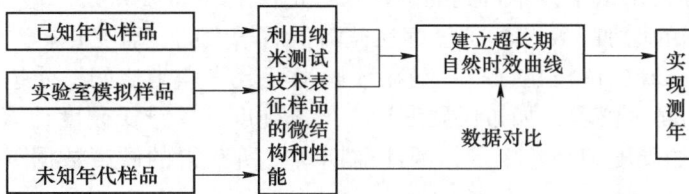

图 5.2　技术路线

要把这个测年断代方法转化成一个实用化技术还存在一些挑战，例如：

（1）准确年代金属器物样本的收集。需要大量收集已有确定年代的金属文物样品，特别是残件样品，包括不同时间和不同的化学成分，而不是仅有大概的年代，如商代后期、战国中期等。这就需要很多考古单位和博物馆之间的通力合作才能够完成。

（2）实验室模拟古代样品的保存时间，以弥补样品不足。也就是建立实验室高温短时间处理与器物室温长时间保存之间在微结构和性能方面的对应关系，弥补标准古代金属器物样本不足。在现代材料科学研究中，这是一种常用的研究方法——外推法，如桥梁、建筑物、压力容器等的寿命预测。但是对于金属长达几千年时间的自然时效数据拟合与外推还没有被研究过，需要建立新的模型，甚至新的模拟公式。

（3）金属文物种类复杂性所面临的挑战。按照考古上的分类，古代金属器包括铜器（青铜、红铜、砷铜、黄铜）、铁器、金银器、铅锡器这几大类。另外，从加工工艺上也较为复杂，有铸造、锻造（热锻打和冷锻打）、退火，以及混合加工等。众所周知，铜可以与许多元素形成合金，元素的固溶度对铜合金的性能有很大影响，例如，对于铸造的Cu-Sn 合金来说，随 Sn 固溶度增加，基体 α-Cu 相的力学性能（硬度和弹性模量）随之增加，而合金的熔点降低。因此，在对古代青铜器进行测年的时候，需要对不同年代和不同Sn 含量的青铜器分别进行表征和测试，也就是需要建立多个时效曲线和数据库。同时，对应于每一条时效曲线，α-Cu 相中的 Sn 含量要尽可能保持一致，误差应该保持在 1%～2%，使其不至于对性能有明显的影响。下面是我们做的一些初步实验。

5.4　基于纳米压痕技术对青铜中 α-Cu 相力学性能的研究

一般认为具有实用价值的锡青铜中，Sn 的质量分数应小于 30%。根据 Cu-Sn 二元合金相图[10]，在这个成分范围内，锡青铜的凝固结晶过程为先形成树枝状 α-Cu 相，然后析出富锡的 δ-Cu 相，最后得到 α+δ 共析组织。锡青铜的力学性能主要受 Sn 元素的影响，可以通过准确控制 Sn 含量而获得理想力学性能的 Cu-Sn 合金[11-12]。α-Cu 相是 Sn 溶解于 Cu 中而形成的固溶体，呈面心立方晶格，具有良好的塑性和韧性。Sn 在 Cu 中的最大固溶度为 15.8%（质量分数），且 α-Cu 相的强度随着含 Sn 量的增加而提高[13]。但是在不同的铸造条件下，Sn 在 α-Cu 相中的最大固溶度会有所不同[14]。

近年来，已有学者意识到 α-Cu 相树枝晶对 Cu-Sn 二元合金的力学性能有着重要影响。例如，Audy 等人[14]通过对不同时代的青铜铸钟的 α-Cu 相树枝晶和 α+δ 共析相显微硬度测试，认为从 15 世纪到 20 世纪，由于 α-Cu 相中含 Sn 量的增加，从而使青铜铸造的钟的显微硬度有逐渐增加的趋势。α-Cu 相既对 Cu-Sn 合金的力学性能有所影响，又表现出一些与合金完全不同的力学性能特质。此前研究一般认为，锡青铜的时效现象并不明显。但 Bashir 等人[15]对经粉末冶金技术得到的 Cu-10%Sn 合金（质量分数）进行 250℃ 热处理发现，随热处理时间的增加，α 相的硬度存在先降低后增大的显著变化。

但是，由于 α-Cu 相树枝晶直径一般在数微米至数十微米之间，受边界效应和基底效应的影响，常规的测试仪器，如布氏硬度计、洛氏硬度计、维氏硬度计等一般很难准确获得 α-Cu 相树枝晶的硬度和弹性模量，因此前期研究所获得的硬度数据一般都存在离散和重复性差的问题。

近年来，随着现代材料分析测试手段的不断发展，一种新的测试和分析材料微观力学性质的方法——纳米压痕仪，又称深度敏感压痕技术[16]，为解决上述难题提供了可能。纳米压痕技术根据压痕过程的加载和卸载曲线，获得材料显微硬度、弹性模量等数据。纳米压痕技术不但广泛应用于各种现代工业材料的力学性能测试[17]，也被应用于古代牙齿釉面[18-19]、植硅石[20]和古代石制品[21]等考古材料微米级微区的力学性能测试。

本章利用纳米压痕技术，系统研究了 Cu-Sn 合金中含 Sn 量（质量分数）在 6%~24% 范围内，含 Sn 量的变化对 α-Cu 相的硬度和弹性模量的影响，以及 Cu-20%Sn 合金在 250℃ 下不同时间热处理后 α-Cu 相的力学性能变化。通过深入研究，以期为 Cu-Sn 合金的进一步应用提供理论依据。

5.4.1 锡含量对青铜 α-Cu 相力学性能的影响

图 5.3 所示为不同含 Sn 量下 Cu-Sn 合金铸态显微组织形貌，可以看出主要由先凝固的树枝状 α-Cu 相和富锡的 α+δ 共析相组成，并存在少量气孔和铸造缺陷，为典型的铸态组织。随着含 Sn 量的增加，α-Cu 相树枝晶发育清晰，枝晶间间隙增大，同时 α+δ 共析相所占比例增多。特别是当含 Sn 量接近和超过最大固溶度 15.8% 以后，α+δ 共析相逐渐连成网状，而当含 Sn 量达到 24% 时，Cu-Sn 合金树枝晶消失，转变为致密的针状 α+δ 共析相。试样 Cu-22%Sn 的 XRD 图谱也显示 Cu-Sn 合金中仅含有 α-Cu 相和 δ-Cu 相，如图 5.4 所示。

为了实验数据更为准确，纳米压痕测量按照如下实验条件进行：（1）用于纳米压痕测量的试样仅抛光至镜面，而不进行常规的金相组织浸蚀处理，这是因为金相组织浸蚀会造成试样表面的高度变化，从而影响测试值的准确性；（2）每个试样的 α-Cu 相树枝晶上分别各测量 5 个压痕点进行平均；（3）每 2 个压痕点的间距大于 20μm，以避免尺寸效应，如图 5.5 所示；（4）为了避免试样表层因机械抛光形成的塑性变形层的影响，取压痕深度 1000~1300nm 区间内的测量平均值为硬度和弹性模量值；（5）计算弹性模量值所取的泊松比为 0.34。

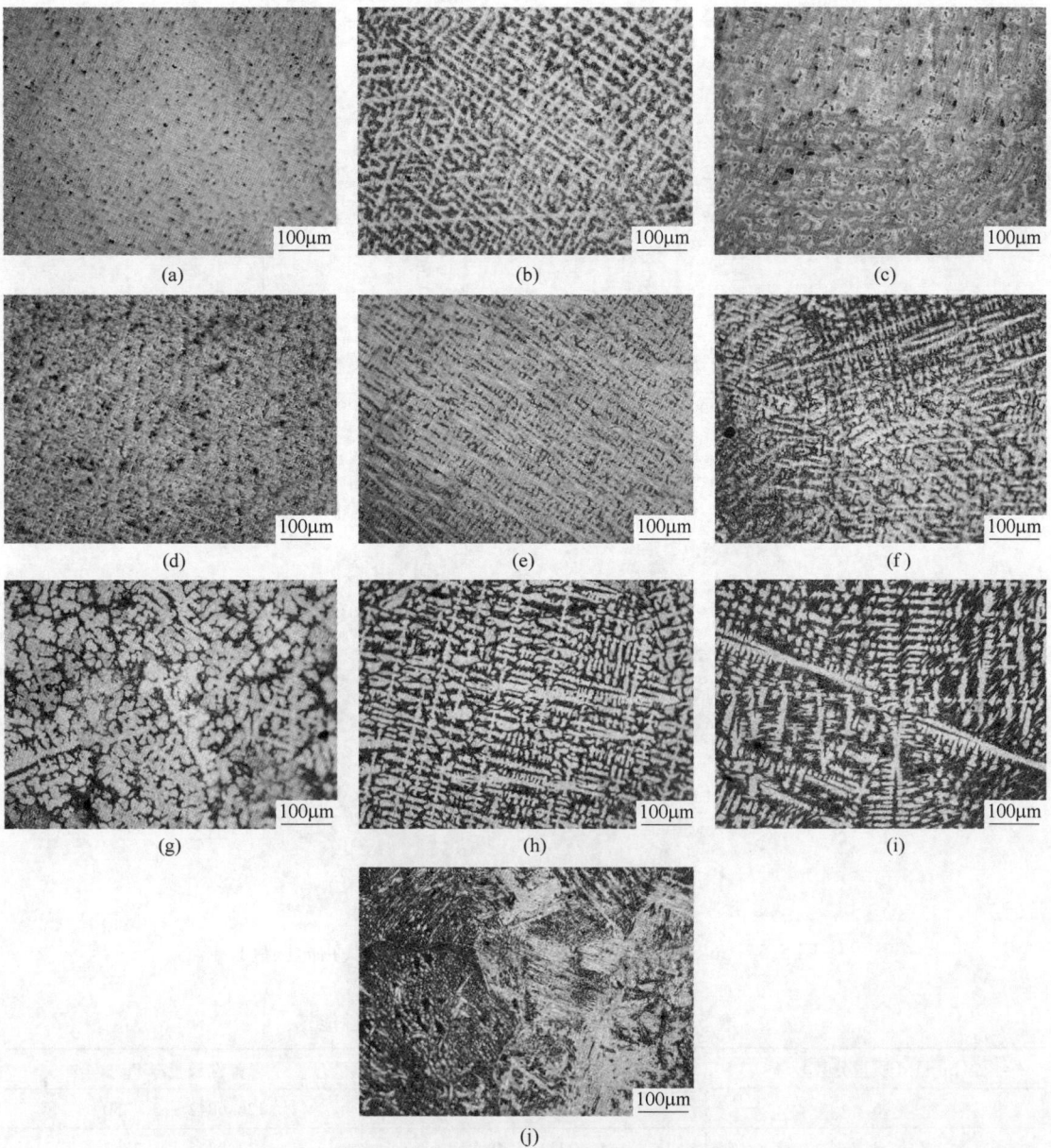

图 5.3 铸造 Cu-Sn 合金腐蚀后金相图

（a）Cu-6%Sn；（b）Cu-8%Sn；（c）Cu-10%Sn；（d）Cu-12%Sn；（e）Cu-14%Sn；

（f）Cu-16%Sn；（g）Cu-18%Sn；（h）Cu-20%Sn；（i）Cu-22%Sn；（j）Cu-24%Sn

表 5.1 所列为利用纳米压痕仪对 α-Cu 相硬度和弹性模量的测试结果。如图 5.6 所示，实验发现，在 6%~14%含 Sn 量范围内，α-Cu 相的硬度随含 Sn 量的增加呈线性增大，在 14%~22%含 Sn 量范围内，硬度变化较小，几乎为一个平台，但当含 Sn 量超过 22%以后，α-Cu 相硬度急剧增加。但是随着含 Sn 量的变化，α-Cu 相的弹性模量值变化较小，基本在 120~130GPa 之间变化，如图 5.7 所示。

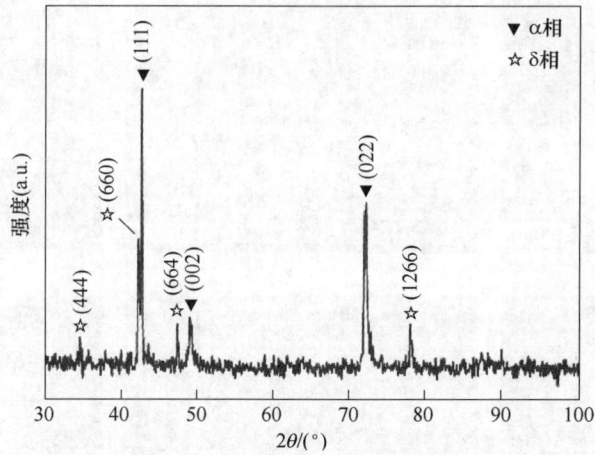

图 5.4 Cu-22%Sn 合金的 XRD 图谱

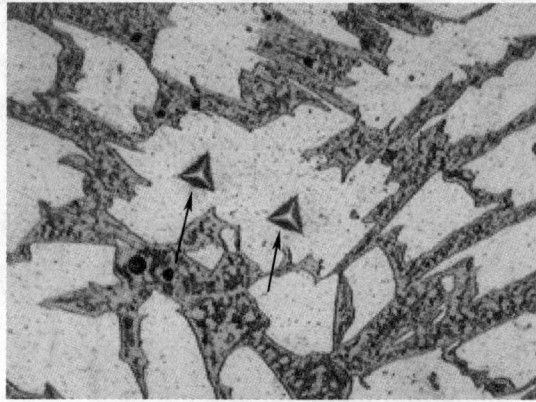

图 5.5 Cu-Sn 合金中 α-Cu 相的压痕照片（箭头指向压痕）

表 5.1 Cu-Sn 合金中 α-Cu 相的力学性能

含 Sn 量（质量分数）/%	硬度/GPa	弹性模量/GPa
6	1.3538 ± 0.0819	126.6842 ± 3.4250
8	1.4972 ± 0.0448	133.2305 ± 3.2753
10	1.6250 ± 0.0331	129.8958 ± 5.0927
12	1.8146 ± 0.0746	127.0721 ± 8.0141
14	1.9520 ± 0.0636	121.9110 ± 2.4662
16	2.0044 ± 0.1344	122.8247 ± 4.3385
18	2.0084 ± 0.1248	126.9693 ± 3.1995
20	2.0574 ± 0.0656	121.8225 ± 3.2498
22	2.1330 ± 0.0692	126.3474 ± 1.9778
24	2.7800 ± 0.0788	128.3422 ± 3.6943

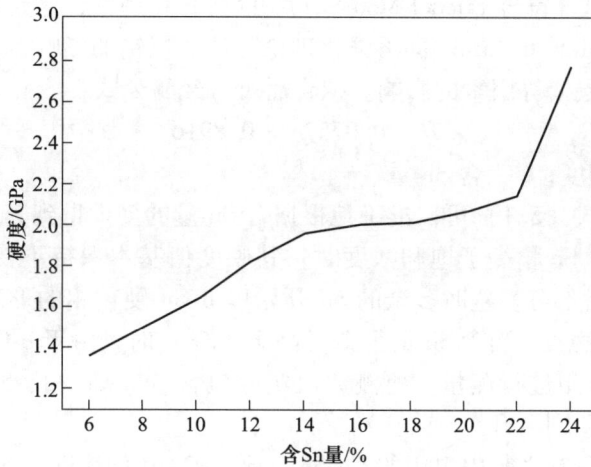

图 5.6 Cu-Sn 合金中 α-Cu 相的硬度随含 Sn 量的变化

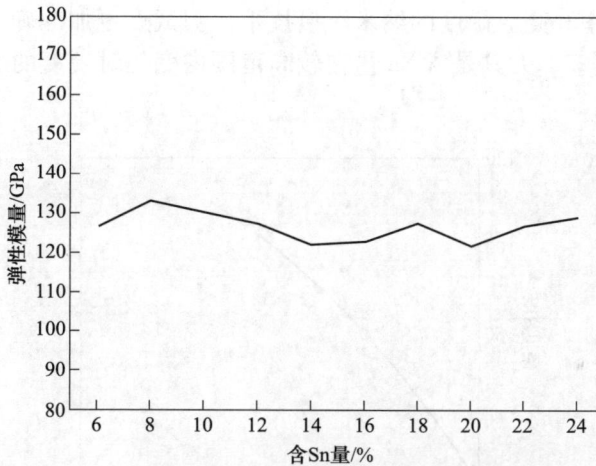

图 5.7 Cu-Sn 合金中 α-Cu 相的弹性模量随含 Sn 量的变化

众所周知，Sn 元素在 Cu-Sn 合金中主要起提高强度的作用。从 Cu-Sn 二元相图可知，当含 Sn 量低于 15.8% 时，主要以 α-Cu 相的固溶强化为主。固溶强化的原因一般包括以下几个因素：（1）原子尺寸因素引起的强化；（2）弹性模量效应引起的强化；（3）固溶体有序化引起的强化等。由于 Sn 原子半径（0.158nm）和弹性模量（46.9GPa）均与 Cu 原子半径（0.128nm）和弹性模量（124.1GPa）存在差异，因此在 Cu-Sn 合金中 α-Cu 相的固溶强化主要决定于原子尺寸效应和弹性模量效应。

一般认为，对于面心立方结构合金的置换式固溶强化，其屈服应力 σ 与 c^n 呈正比（其中，c 为溶质原子浓度，n 为与位错和溶质原子相互作用有关的常数）。在不同固溶强化理论中，n 的取值不同，例如：在 Friedel-Fleischer 理论[22] 中 $n = 1/2$，在 Mott-Nabarro-Labusch 理论[23-25] 中 $n = 2/3$，Friedel-Mott-Suzuki 理论[26-27] 中 $n = 1$。从图 5.6 的实验结果来看，当 Cu-Sn 合金中 Sn 的含量小于最大固溶度时，α-Cu 相的硬度 H 随含 Sn 量呈线性变化，表明其 n 接近于 1，符合 Friedel-Mott-Suzuki 固溶强化理论，这是因为相比于其他两个固溶强化理论，Friedel-Mott-Suzuki 固溶强化理论强调了层错的影响，也就是综合考虑了原子尺寸、弹性模量和层错等因素的影响。拟合后可得经验公式：

$$H = 0.0757c + 0.8916 \tag{5.1}$$

式中，H 为 α-Cu 相硬度；c 为含 Sn 量。

也就是说，利用式（5.1）可以准确地根据含 Sn 量的多少得到其对应的硬度值。

而当 α-Cu 相中含 Sn 量高于饱和浓度时，其硬度值基本保持不变，约为 2GPa，即图 5.6 中曲线的中间平台部分。这时多余的 Sn 开始以 δ-Cu 硬化相的形态析出，首先分布于晶界处，然后向晶内发展。当含 Sn 量很高（高于 22%）时，由于 δ-Cu 相的大量析出，这时已经很难仅对 α-Cu 相进行测量，所测数值实际包含了 α-Cu 相、δ-Cu 相、晶界和相界等，因此造成硬度的急剧上升。

而到目前为止，所有文献中引用的 Cu-Sn 合金 α-Cu 相硬度随含 Sn 量变化的曲线如图 5.8 所示[28]，该结果是采用常规的洛氏硬度计测量得到的。很显然，这个曲线的测试点较少，且含 Sn 量的变化范围窄，另外，由于测试压痕较大，很难避免 δ-Cu 相的影响。本章采用具有高空间分辨率和高灵敏度的纳米压痕技术，测试点更加准确，测量精度更高，且含 Sn 量的变化范围更广，尤其是含 Sn 量在较高范围内变化时硬度的变化曲线，这方面的研究还未见报道。

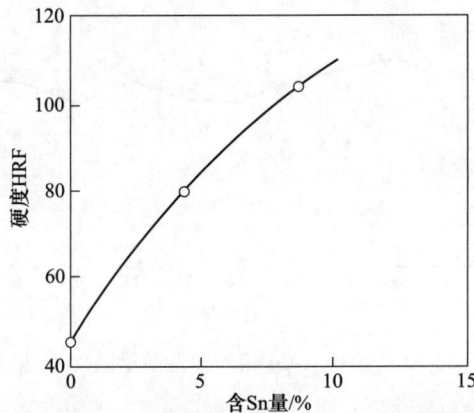

图 5.8 Cu-Sn 合金中 α-Cu 相洛氏硬度随含 Sn 量变化的曲线[28]

由于金属的弹性模量 E 主要决定于原子间的键合性质和原子的排列方式两个因素，通常表示有：

$$E = k/r^m \tag{5.2}$$

式中，E 为弹性模量；k、m 为材料常数；r 为晶格常数。

由于 Cu 与 Sn 的原子半径差异较小，因此 Sn 含量变化对 Cu 的晶格常数影响不大，也就是说对弹性模量的影响有限。

本章测得 Cu-Sn 合金中 α-Cu 相的弹性模量相对稳定，测量值在 121~133GPa 的范围内波动（见图 5.7）。由于我们采用的是标准的 Oliver-Pharr 方法，所得结果与 Dub 等人[29] 的一致。弹性模量值的波动可以认为是由于铸态凝固结晶组织的取向发生变化引起的[30]。

5.4.2 热处理对青铜 α-Cu 相力学性能的影响

研究高温时效过程中 Cu-Sn 合金中 α-Cu 相的性能变化具有基础理论意义和实际价值。图 5.9 所示为 Cu-20%Sn 合金在 250℃下，经不同时间热处理后的显微组织特征。可以看出，热处理对 α-Cu 相的显微形貌影响不大，仍为树枝状铸态形貌，但在 α-Cu 相内出现了一些点状析出物，且析出物的数量随着热处理时间的延长而增加。

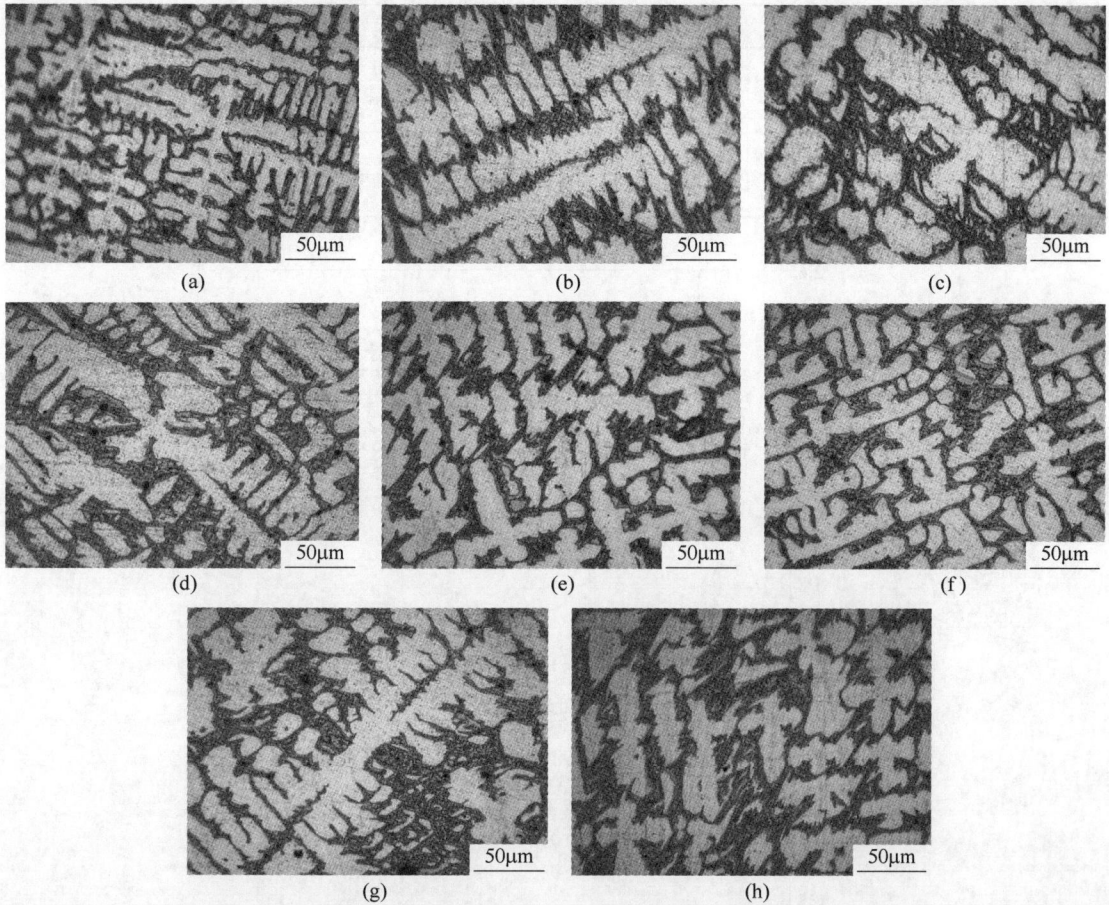

图 5.9 Cu-20%Sn 合金在 250℃下不同热处理时间腐蚀后金相图
（a）未经热处理；（b）热处理 1h；（c）热处理 2h；（d）热处理 4h；（e）热处理 8h；
（f）热处理 16h；（g）热处理 32h；（h）热处理 64h

纳米压痕仪的测量显示，α-Cu 相的硬度和弹性模量均随着热处理时间的延长发生了明显变化，见表 5.2、图 5.10 和图 5.11。这种变化大致可以分为三个阶段：

（1）第一阶段，热处理 2h 以内时，α-Cu 相的硬度从 2.1GPa 下降到 1.8GPa，且弹性模量从 121.8GPa 下降到 115.7GPa；

（2）第二阶段，热处理 2h 后，硬度和弹性模量开始随保温时间的延长而增加，硬度上升到 2.0~2.1GPa，弹性模量为 123.9~126.7GPa；

（3）第三阶段，当热处理达到 32h 以后，α-Cu 相的硬度值趋于稳定，约稳定在

2.3GPa，但弹性模量值略有下降趋势，从 131.8GPa 下降至 125.6GPa。

表 5.2 Cu-20%Sn 合金 250℃下不同时间热处理后 α-Cu 相的力学性能

热处理时间/h	硬度/GPa	弹性模量/GPa
0	2.0574±0.0656	121.8225±3.2498
1	1.8118±0.0258	115.7097±2.6341
2	1.7852±0.1081	122.0121±6.0829
4	1.8844±0.0897	123.8628±3.4524
8	2.0056±0.0594	126.6855±3.2217
16	2.1766±0.0571	124.1677±1.7493
32	2.3144±0.0449	131.8034±0.9201
64	2.3692±0.0906	125.6369±2.0452

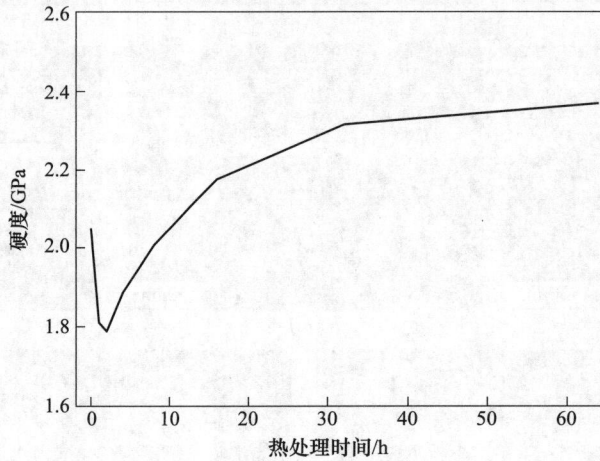

图 5.10 Cu-20%Sn 合金中 α-Cu 相的硬度在 250℃下随热处理时间的变化

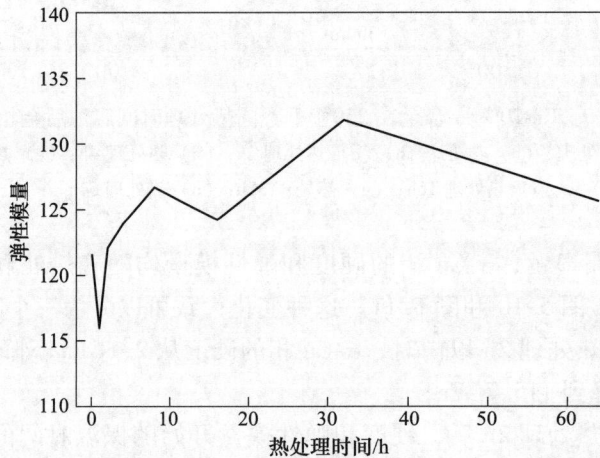

图 5.11 Cu-20%Sn 合金中 α-Cu 相的弹性模量在 250℃下随热处理时间的变化

这个结果与 Bashir 等人[15]的硬度测试结果相似，但是 Bashir 等人是用粉末冶金技术制备的 Cu-10%Sn 合金，然后在 250℃下进行时效处理。其硬度测试是采用的洛氏硬度计。他们认为硬度的变化与试样中的孔隙率有关，而与 α-Cu 相中的第二相（如 ε-Cu₃Sn）析出无关。

对于本书来说，纳米压痕仪的高空间分辨率可以保证压痕的测量位置严格位于 α-Cu 相晶粒内，从而避免其他因素，如晶界、相界、孔隙、析出相和夹杂物等的影响。因此我们的测量结果中的硬度变化原因应该与 Bashir 等人[15]的不同，也就是说与孔隙率无关。初步分析认为引起 Cu-20%Sn 合金在 250℃下经不同时间时效处理后 α-Cu 相硬度的变化原因如下：

（1）第一阶段，开始加热 2h 以内的硬度急剧降低主要是 α-Cu 相回复作用的结果。即在 Cu-Sn 合金的铸造过程中，由于快速冷却使 α-Cu 相内部产生晶格缺陷和残余应力。当在 250℃进行加热处理时，α-Cu 相内的位错重排，位错密度减少，残余应力被消除，从而导致 α-Cu 相硬度下降，直至最低点[15]。Gao 等人[31]对 Cu-0.61%Cr 合金时效研究中也观察到类似的现象。

（2）第二阶段，硬度的缓慢上升主要是 α-Cu 相内第二相析出造成的。从图 5.9 可以看出，在时效处理过程中，α-Cu 相内部点状弥散析出物明显增多，这些析出物具有较高的硬度，导致 α-Cu 相的硬度值上升，析出强化效果明显。

（3）第三阶段，为饱和阶段，即当时效处理达到一定时间后，第二相粒子析出已经很充分，α-Cu 相的硬度值趋势平缓，进入稳定状态。

热处理后，Cu-20%Sn 合金 α-Cu 相的弹性模量变化与硬度的变化基本一致，整个变化过程符合上述 3 个阶段的解释。但弹性模量测试值存在明显离散现象，分析主要由于 Cu 基合金 α-Cu 相的高各向异性对于其弹性模量的影响较硬度更为明显，尤其是在长时间的高温热处理后，α-Cu 相发生回复再结晶，晶体取向随之变化，也会导致弹性模量的变化。虽然对于 Cu 基合金的相关研究较少，但其他合金柱状晶的相关研究已有报道。例如，黄亚敏和潘春旭等人[32]利用 SEM 和 EBSD 的"原位跟踪"观测技术研究奥氏体不锈钢及其焊接接头，发现高温下，焊缝区相邻柱状晶因回复再结晶，导致晶体取向发生变化，逐步合并趋于〈100〉方向，但晶粒并无明显长大。

上述关于 Cu-Sn 合金的 α-Cu 相可能存在类似时效现象的发现，与前人研究不同，但限于现有的实验结果，目前仅给出了初步的机理解释，还需进行更多的实验做进一步分析。

简而言之，总结上述实验结果和讨论可以得出以下结论：

（1）铸造锡青铜 α-Cu 相的硬度受含 Sn 量变化的影响，当含 Sn 量低于 Sn 在 Cu 中的最大固溶度时（6%~14%），硬度随含 Sn 量增加线性增大，固溶强化现象符合 Friedel-Mott-Suzuki 理论，并得到硬度随含 Sn 量变化的经验公式：$H=0.0757c+0.8916$；当含 Sn 量高于 Sn 在 Cu 中的最大固溶度时（16%~22%），硬度不随含 Sn 量的增加而明显增大；对于含 Sn 量不小于 24% 的锡青铜，由于显微组织发生了显著变化，使其硬度的测试值较真实值偏大。不同含 Sn 量锡青铜 α-Cu 相的弹性模量变化主要受晶体取向的影响。

（2）经 250℃下热处理后，α-Cu 相硬度先发生了明显下降，之后又随着热处理时间延长呈抛物线增长，并最终趋于稳定，表明 Cu-Sn 合金的 α-Cu 相可能存在类似时效的现象。α-Cu 相的弹性模量的变化则受到回复再结晶后晶体取向变化的影响。

参 考 文 献

[1] 陈铁梅. 科技考古学 [M]. 北京：北京大学出版社，2008.

[2] 赵丛苍. 科技考古学概论 [M]. 北京：高等教育出版社，2006.

[3] 马宏林，周伟强，Martini M，等. 利用陶范或砂范对青铜器进行间接热释光断代 [J]. 核技术，1999（10）：622-624.

[4] 夏君定，王维达. 热释光测定青铜器陶范年代 [J]. 文物保护与考古科学，2002（S1）：266-270.

[5] Doménech-Carbó A, Doménech-Carbó M T, Capelo S, et al. Dating archaeological copper/bronze artifacts by using the voltammetry of microparticles [J]. Angewandte Chemie International Edition, 2014, 53（35）：9262-9266.

[6] Doménech-Carbó A, Capelo S, Piquero J, et al. Dating archaeological copper using electrochemical impedance spectroscopy. Comparison with voltammetry of microparticles dating [J]. Materials and Corrosion, 2016：67（2）：120-129.

[7] 韩汝玢，孙淑云，李秀辉. 中国古代铜器的显微组织 [J]. 北京科技大学学报，2002，24（2）：219-230.

[8] Oliver W C, Pharr G M. An improved technique for determining hardness and elastic modulus using load and displacement sensing indentation experiments [J]. Journal of Materials Research, 1992, 7（6）：1564-1583.

[9] Oliver W C, Pharr G M. Measurement of hardness and elastic modulus by instrumented indentation：Advances in understanding and refinements to methodology [J]. J Mater Res, 2004, 19（1）：3-20.

[10] Scott D A. Metallography and Microstructure of Ancient and Historic Metals [M]. Malibu CA, USA：The Getty Conservation Institute, 1991.

[11] Selver R, Varol R. Some thermal and physical characteristics of sintered tin bronze bearings [J]. Metall, 2002, 57（1/2）：28-32.

[12] Ünlüa B S, Atik E. Evaluation of effect of alloy elements in copper based CuSn10 and CuZn30 bearings on tribological and mechanical properties [J]. Journal of Alloys and Compounds, 2010, 489：262-268.

[13] 何堂坤. 先秦青铜合金技术的初步探讨 [J]. 自然科学史研究，1997，16（3）：273-286.

[14] Audy J, Audy K. Analysis of bell materials：Tin bronzes [J]. China Foundry, 2008, 5（3）：199-204.

[15] Bashir F, Butt M Z, Saleemi F. Microstructural and Hardness Studies of Cu-10%Sn Alloy Under Different Aging Conditions [J]. Journal of Materials Engineering and Performance, 2008, 17（1）：123-126.

[16] Li X D, Bhushan B Development of continuous stiffness measurement technique for composite magnetic tapes [J]. Scripta Materialia, 2000, 42（10）：929-935.

[17] Li X D, Bhushan B A review of nanoindentation continuous stiffness measurement technique and its application [J]. Materials Characterization, 2002, 48（1）：11-36.

[18] Riede F, Wheeler J M. Testing the "Laacher See hypothesis"：Tephra as dental abrasive [J]. Journal of Archaeological Science, 2009, 36：2384-2391.

[19] Darnell L A, Teaford M F, Livi K J T, et al. Variations in the mechanical properties of alouatta palliata molar enamel [J]. American Journal of Physical Anthropology, 2010, 141：7-15.

[20] Sanson G D, Kerr S A, Gross, K A. Do silica phytoliths really wear mammalian teeth [J]. Journal of Archaeological Science, 2007, 34：526-531.

[21] Lerner H, Du X D, Costopoulos A, et al. Lithic raw material physical properties and use-wear accrual [J]. Journal of Archaeological Science, 2007, 34：711-722.

[22] Fleischer R, Hibbard W. The Relation between Structure and Mechanical Properties of Metals（vol. 1）

　　　　　［M］. London：H. M. S. O.，1963：262.

［23］ Mott N，Nabarro F. Report on the Strength of Solids ［M］. London：Physical Society，1948：1-19.

［24］ Mott N. Imperfections in Nearly Perfect Crystals ［M］. New York：John Wiley，1952：173.

［25］ Nabarro F. Dislocations and Properties of Real Materials ［M］. London：The Institute of Metals，1985：152.

［26］ Friedel J. Dislocations ［M］. New York：Addison-Wesley，1964：224.

［27］ Suzuki T，Takeuchi S，Yoshinaga H. Dislocation Dynamics and Plasticity ［M］. Berlin Heidelberg：Springer-Verlag，1991：32.

［28］ Joseph R D. Copper and Copper Alloys ［M］. USA：ASM International. Handbook Committee，2001：44-46.

［29］ Dub S N，Lim Y Y，Chaudhri M M. Nanohardness of high purity Cu (111) single crystals：The effect of indenter load and prior plastic sample strain ［J］. Journal of Applied Physics，2010，107：043510.

［30］ 郭振丹，王秀芳，杨晓萍，等. 多晶 Cu 中 Young's 模量和硬度与晶体取向的关系 ［J］. 金属学报，2008，44（8）：901-904.

［31］ Gao N，Huttunen-Saarivirta E，Tiainen T，et al. Influence of prior deformation on the age hardening of a phosphorus containing Cu-0. 61%Cr alloy ［J］. Materials Science and Engineering，2003，342：270-278.

［32］ 黄亚敏，吴佑明，付强，等. 利用 SEM 和 EBSD 的"原位跟踪"观测技术研究奥氏体不锈钢及其焊接接头的超高温组织转变过程 ［J］. 电子显微学报，2008，27（6）：432-437.

6 中国古代青铜器合金化技术及其重要意义

6.1 概述

在本书中，基于材料学原理，我们提出一个观点，即如果古人掌握了青铜的合金化技术，则他们已经完全掌握了青铜技术。具体来说，就是针对不同的青铜器物，古人能够有意识地采用不同的金属含量配比，说明这个时期的青铜技术已经达到了成熟期。这在中国古代青铜文明发展过程中也具有重要的里程碑意义。

在现代材料学研究中，新材料设计和开发的核心就是获得一个最佳的元素配方，以满足工程应用的要求，俗称"炒菜法"。看似简单的炒菜法，实际上非常复杂：（1）需要知道单独元素的性能；（2）需要知道不同元素之间的相互作用和相互影响；（3）需要知道添加不同元素、不同含量，对材料性能有什么影响；（4）需要进行大量的实验测试，特别是当添加元素种类很多的时候；（5）有时候，在实验室开发的配方，在工厂生产时，由于出现偏差，而导致产品质量达不到要求，新产品开发失败，这样的例子也很多。

炒菜法合金制备的核心秘密与目的就是，根据不同的应用需要→添加不同元素→采取适当的加工工艺→获得合金特殊性能（强度、韧性、耐磨、耐腐蚀、耐低温、耐高温等）→满足实际工程应用需要和要求。借助现代的分析测试仪器，有时候这种"配方"中的元素含量甚至要精确到小数点后面的很多位，实际上，也就是按照材料科学与工程四要素进行反复实验和试错的结果。

大家知道，材料科学是一门实验科学，或者经验科学。现在的材料学理论是在总结大量实验结果和经验的基础上提出的，它又反过来指导新材料研究，并进一步促进了材料科学的发展。也就是说，材料研究和发展本身，并不需要材料科学理论的支持。美国著名材料学家史密斯（Cyril Stanley Smith，1903—1992 年）在专著《金相学史》书中，对合金钢发展与金相学关系有一段精辟论述："金相学对于最早的一些重要合金钢——锰钢、硅钢、镍钢、甚至高速钢或不锈钢的发明，并没有起到直接促进作用。相反，这些合金钢的研究促进了金相学的发展。但是，金相学对于这些材料的改进，以及合金元素对相变的作用等知识的积累，都是很重要的。"也就是说，合金钢的产生并没有理论指导，完全是凭经验。这对我们理解古代青铜中元素配比的变化，非常重要。古人完全有可能，通过大量的实验，获得青铜配方的规律。

按照这个思路，如果古代工匠能够有意识和有规律地使用不同金属元素，以及不同金属的不同含量配比用于制作不同用途的青铜器物，说明他们不仅具有很高的金属加工水平，更具有了现代材料学中的材料设计与调控理念。他们不仅需要有提炼金属的能力，还要熟悉每一种金属的特性，以及不同金属配比对器物性能的影响。

如果说铸造、锻造和焊接等属于技术，而金属合金设计则已经上升到了科学范畴，也就是说，古代工匠已经在按照材料科学与工程四要素进行青铜的成分设计与开发，不仅知道青铜技术中的"做什么"和"怎么做"，还懂得"是什么"和"为什么"的道理。显然古人已经揭示了青铜器制作过程中的因果性和规律性，出现了现代科学的理念。

目前，关于古代青铜合金配比规律的最早记载主要来自春秋战国时期齐国官书《考工记》中的"六齐"。虽有合乎科学的一面，但其具体内涵与目前科学检测得出的古代青铜器的实际含量存在较大的差距，并不能完整和全面反映当时青铜器技术的发展水平，以及前期的发展历程。《考工记》中的"六齐"重要意义在于，2500 年以前的中国古人已经提出了"合金化"概念，而现代意义上的"合金"或"合金钢"发现与提出，则是 1818 年，由英国天才科学家迈克尔·法拉第（Michael Faraday，1791—1867 年）首先开始实验研究的，并首创了金相分析方法，所以他也被认为是一位伟大的冶金学家，合金理论的先驱人物。他发现电磁感应和电化学现象是在 1821 年以后。

实际上，《考工记》中的"六齐"只是对前人在青铜技术方面经验和实践的总结，也就是说，古人掌握"合金化"规律的时间应该更早。更早的时间点是什么时候？这就需要我们进行深入研究。很显然，探索最早提出"不同青铜器，采用不同合金配比"理念的时间段，是青铜器技术发展一个非常重要的节点。

目前，不同学者根据各自研究视角对中国青铜时代进行阶段划分，例如：根据青铜器形制、纹饰和铭文，将青铜时代分为五期；根据青铜铸造技术，将青铜时代分为六期；综合考虑冶炼、铸造技术和其他工艺技术等因素，提出青铜时代"五期"说，即草创期、形成期、鼎盛期、滞延期、转变期。

实际上，从材料科学原理来说，将古代青铜中金属元素配比变化作为解读中国青铜时代发展的阶段分期，也就是从无规律到有规律的变化过程，可能更科学，更为重要，也更符合古代青铜的发展规律。

本章介绍作者在该领域做的一些初步研究工作，抛砖引玉。进一步可以对具有明确青铜器发展脉络的遗址，通过系统梳理不同时期青铜器元素配比变化特征的实验测定和统计，较全面地弄清在不同文化体系下，古代青铜器的发展与分期进程，对进一步完善中国青铜文明和技术的发展历史具有重要意义。

6.2 古代青铜器中金属的选择与器物关系——以湖北楚墓出土青铜器为例

6.2.1 研究背景

楚国，又称荆、荆楚，是中国历史上春秋战国时代（公元前 770—前 221 年）的一个重要诸侯国，最早兴起于汉江流域的丹水和淅水交汇的淅川一带，最终在公元前 223 年亡于秦国。从一个"土不过同"的蕞尔小国发展成为"地方五千里"的泱泱大国，楚国全盛时的最大辖地大致为现在的湖北全境，陕西、四川、湖南、河南、安徽、江苏、江西、浙江、贵州、广东部分地方。楚国国都郢，在今天的荆州，后迫于秦，迁陈和寿春。

湖北地区是楚墓的集中分布区，目前所发掘楚墓的数量居各省份前列。湖北地区由于地域广阔，地理环境的多样性、各地早期文化背景及其在楚国发展进程中地位的差异，使其境内楚墓呈现出较为复杂的区域性特征。作为是春秋战国时期一个幅员辽阔、国力强盛的南方大国，楚国青铜器因具有独特的形制而自成一系。在湖北的楚国墓葬中出土了大量编钟、剑、戈、鼎、簋、壶、盘、匜、缶等一大批制作精美的青铜器。

一般来说，青铜冶炼的发展主要经历了三个阶段：第一阶段主要是自然铜的利用；第二阶段是利用单金属矿、双金属或多金属共生矿直接冶炼出铜合金；第三阶段是利用两种和多种单金属配制出多种不同成分的合金。

众所周知，在先秦时期人们已经完全掌握了青铜的合金化技术，能够熟练地根据不同器物的使用性能和要求，采用不同的合金配比、冷热加工处理和表面处理等工艺，以期达到艺术性与实用性的完美统一。这显示出古代工匠在当时可利用材料和技术非常有限的情况下，已经将青铜材料的冶炼和加工技术发挥和使用到了极致。实际上，我们对古人制作青铜器的许多技术还只是肤浅的认识和理解，以至于许多古代青铜器至今我们还无法复制，许多现象还无法进行解释。

按照现代材料学理论，在铜（Cu）-锡（Sn）和加铅（Pb）的铜（Cu）-锡（Sn）合金中，Sn 的作用主要有以下 3 个方面：

（1）降低熔点。当 Sn 含量（质量分数）达 14% ~ 25% 时，Cu-Sn 合金熔点便降至799℃，如图 6.1（a）所示。

（2）提高强度。这是由于 Sn 与 Cu 之间形成了金属间化合物 δ-Cu（$Cu_{41}Sn_{11}$）硬质相，并且随着 Sn 含量增加，青铜的抗拉强度和硬度增加，当 Sn 含量（质量分数）达到10%时，抗拉强度达最大值，当 Sn 含量达到 25% 之后，硬度达到最大值，如图 6.1（b）所示。

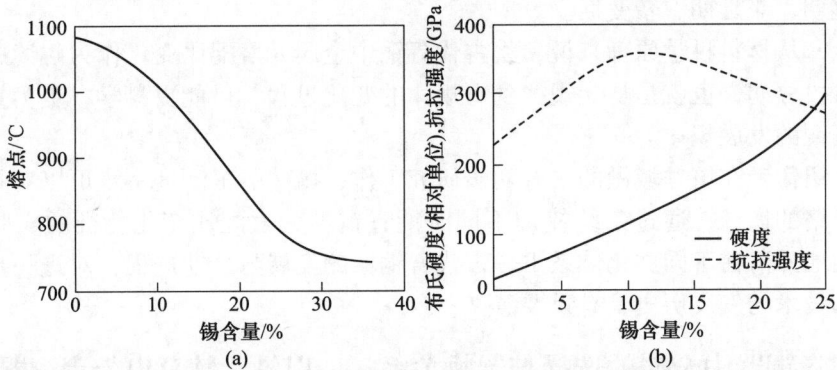

图 6.1　Sn 含量对 Cu-Sn 合金性能的影响
（a）熔点；（b）硬度和抗拉强度

（3）减少金属线收缩量，有利于铸造出图纹十分清晰细腻的青铜器。

古人很早就对 Sn 在青铜中的作用有了充分的认识，在《考工记》中的"六齐"中已经清楚地给出了制作不同器物需要配置不同的 Cu 和 Sn 的比例。而在《考工记》中的"六齐"的规律中却没有 Pb 比例的描述和记载。有人认为是由于古人把 Sn 当成了主要合金元素，把 Pb 当成了次要和辅助性元素的缘故[1]。也有人提出是由于春秋战国时代 Pb 和Sn 不分，Pb 和 Sn 相混的表现[2]。

一般来说，在早期的青铜器中 Pb 的含量不稳定，另外，在检测中有时会发现青铜器中含有少量或微量的 Pb 元素，这些可以认为是无意识加入的，或者属于杂质元素。而当人们已经掌握了金属的性质，并能够有意识地进行配比时，其加入什么金属，以及加入多少金属应该具有强烈的目的性。

到目前为止，关于青铜中 Pb 的作用还存在有不同的观点[3-8]，如：早期青铜中 Pb 含量不稳定，为无意识加入；春秋战国时期，Pb 开始有意识加入；Pb 可增加青铜的流动性和成型能力，利于铸造出精美的物器；Pb 可改善材料的切削加工能力；经济方面的原因，因为 Sn 资源短缺；加 Pb 能降低青铜的熔点；延迟凝固时间和有利于弥合青铜器中的疏松等。

6.2.2　样品信息与处理

实验所用青铜器残件主要取自长江中游地区湖北省荆州、荆门、石首、三峡、枣阳等地区不同先秦时期的楚墓中（见表 6.1），部分残件样品情况如图 6.2 所示。

表 6.1　实验用青铜器残件情况

地区	楚墓名称	品种	数量/件
湖北荆州	雨台山 （西周晚期至战国晚期楚墓）	箭镞	1
湖北荆门	黄付庙 （东周时期楚墓）	箭镞	3
		鼎	2
湖北石首	铁剑岗 （战国楚墓）	箭镞	4
湖北巴东 （三峡）	官渡口 （商周）	箭镞	2
湖北枣阳	九连墩 （战国楚国大墓，等级较高）	剑	1
		戈	1
		夹刻刀	1
		钮钟	1
		甬钟	1
		三连环	1
		箭镞	2

显微组织和成分分析所用试样采用两种方法进行处理：（1）采用常规金相样品制备方法，即将试样进行镶嵌、研磨、抛光和腐蚀等；（2）将试样折断获得断口样品，直接在断口上进行电镜观察和成分测定。

6.2.3　青铜器物中不同金属配比及其意义

利用扫描电镜（SEM）中的能谱仪（EDS）对以上青铜器残件平均化学成分进行测

图 6.2 青铜器残件样品

（a）青铜剑（荆州）；（b）（c）青铜剑 2 把（荆门）；（d）青铜箭镞 4 只（石首）；
（e）戈；（f）夹刻刀；（g）三连环；（h）钮钟；（i）甬钟；（j）青铜箭镞 2 只（枣阳）

量，结果见表6.2。从表6.2中可以发现青铜器中合金元素的含量具有明显的规律：

（1）刀、剑和戈等为纯Cu-Sn合金，不含Pb。

（2）箭镞和鼎为含Pb的Cu-Sn合金（Cu-Sn+Pb），且Pb含量较高，超过20%，甚至最高达到36%以上。

（3）编钟和三连环等也为含Pb的Cu-Sn合金（Cu-Sn+Pb），但是Pb含量较低，一般不超过10%。

表6.2 青铜器残件中主要合金成分的平均含量（质量分数） （%）

地区	楚墓名称	品种	Cu	Sn	Pb
湖北荆州	雨台山	箭镞	57.31	12.22	30.47
		剑	81.43	18.57	—
湖北荆门	黄付庙	箭镞	60.44	13.96	25.60
		鼎	56.29	6.97	36.29
湖北石首	铁剑岗	箭镞	66.86	11.78	21.36
湖北巴东（三峡）	官渡口	箭镞	63.48	15.80	20.72
湖北枣阳	九连墩	铜戈	81.83	18.16	—
		夹刻刀	71.38	28.62	—
		钮钟	74.70	16.03	9.28
		甬钟	74.47	17.29	8.24
		三连环	75.09	16.74	8.16
		箭镞	54.24	13.19	32.56

这说明当时人们已经完全掌握了金属Cu、Sn、Pb的使用规律，以及其对青铜器性能的影响，懂得不同器物配置不同金属及其不同比例，以达到使用要求，以及性能和经济效益的最佳化。

6.2.3.1 采用纯Cu-Sn合金制作刀、剑、戈的意义

众所周知，青铜刃器刀、剑、戈等需要高强度和硬度，而加Pb会降低青铜强度和耐腐蚀能力。显然，不含Pb的Cu-Sn合金更符合刀剑的使用要求。大量的考古发现和研究都表明，在需要高强度的刀、剑、戈等青铜器中一般不加Pb[9-11]，特别是一些著名的刀剑，如越王勾践剑等。另外，成语"驽马铅刀"把不快的铅刀和蹩脚的马比喻为才力很弱（南朝·宋 范晔《后汉书·隗嚣传》："昔文王三分，犹服事殷。但驽马铅刀，不可强扶。"）。

6.2.3.2 箭镞、鼎中加入大量Pb的原因

在青铜箭镞和青铜鼎中加入大量Pb的主要原因可能有两个：增加物件的重量和经济方面的考虑，也就是为了减少更为贵重和稀少的Cu和Sn的使用量。表6.3所列为Cu、Sn和Pb三大金属的物理性质，可以看出，Pb的密度远远大于Cu和Sn，古代工匠能够很直观地感觉出它们之间重量上的差别。

A 青铜箭镞中加Pb的原因分析

对于射杀兵器青铜箭镞来说，加入大量Pb的主要原因可能有3个：（1）高的杀伤力

表 6.3　Cu、Sn、Pb 元素的物理性质

元素	原子序数	相对原子质量	原子半径/nm	熔点/℃	密度（20℃）/g·cm⁻³
铜（Cu）	29	63.54	0.128	1083.4	8.96
锡（Sn）	50	118.6	0.158	231.9	7.28
铅（Pb）	82	207.2	0.174	327.4	11.68

和远的射程。从力学理论可知，通过大量加入 Pb，可以增加箭镞的重量，提高飞行稳定性、撞击时的动量，以及射程都可以得到明显和有效的提高，从而使其具有更强的杀伤能力。（2）从铸造工艺上分析，由于箭镞是细杆状器物，要制作出高质量、无缺陷完整的青铜箭镞有一定的难度，加入 Pb 可以起到提高青铜的流动性、成型能力及降低熔点的作用。（3）经济原因。古代箭镞具有使用量大、制作要求不高和一次性使用的特性，因而在 Cu、Sn 原料比较贵重的情况下，加入大量的 Pb 从经济上讲也是合算的。

B　青铜鼎中加 Pb 的原因分析

关于在礼器青铜鼎中加入大量的 Pb，则具有不同的意义。众所周知，古代鼎的大小和型制是权力和地位的象征，具有浓厚的政治和宗教色彩，如"九鼎之尊""一言九鼎"等。因此古人十分强调青铜鼎器的重量，厚重是青铜器设计中的一个重要又基本的因素之一[6]。因此，从制作工艺上，除了大小和厚度以外，通过加入大量的 Pb 来提高青铜鼎的重量不失为一种有效和经济的方法。

6.2.3.3　普通青铜器中的加 Pb 问题

对于一般无特殊强度、韧性、重量等要求的青铜器，如编钟、车马器等，加入 10% 以下的适量 Pb，可以达到增加青铜的流动性和成型能力，有利于铸造出尺寸要求准确的精美物器，还可能有提高质量的目的。

6.2.4　古人加 Pb 的真实目的

从上面的分析来看，除了经济和铸造成型工艺方面以外，加 Pb 的目的是否为了细化 Cu-Sn 青铜铸态组织、减少铸造缺陷、提高其力学性能呢？这是一个还没有被报道过的问题。也就是说"古人加 Pb 的真实目的是什么"也可能还没有完全被我们理解和解读。

从现代材料学合金化原理可知，Pb 与 Cu 之间并没有固溶关系，也就是说，既不能与 Cu 基体形成固溶体，也不能形成金属间化合物。Pb 在 Cu-Sn 合金中只能作为"添加元素"，甚至是"杂质元素"，而不是"合金元素"，并且只能以"分离或游离"状态，像夹杂物一样存在于 Cu 或 Cu-Sn 合金基体中。

6.2.4.1　加 Pb 起到细化铸造组织和减少铸造缺陷的作用

利用电子显微镜，通过对青铜箭镞横截面断口形貌的直接观察可发现，在青铜铸造组织中，有 Pb 颗粒细小并弥散分布的部位，凝固结晶组织细小致密，甚至看不到明显的树枝状晶；而没有 Pb 颗粒的区域，则为发育良好粗大的 Cu-Sn 合金树枝晶或柱状晶（成分：Cu 85.02%~91.61%，Sn 8.39%~14.27%），以及疏松的空洞，如图 6.3 所示。说明 Pb 细小的颗粒起到了凝固组织的形核与细化作用。显然，这种细化组织有利于减少铸造缺陷，提高铸造青铜器的力学性能。

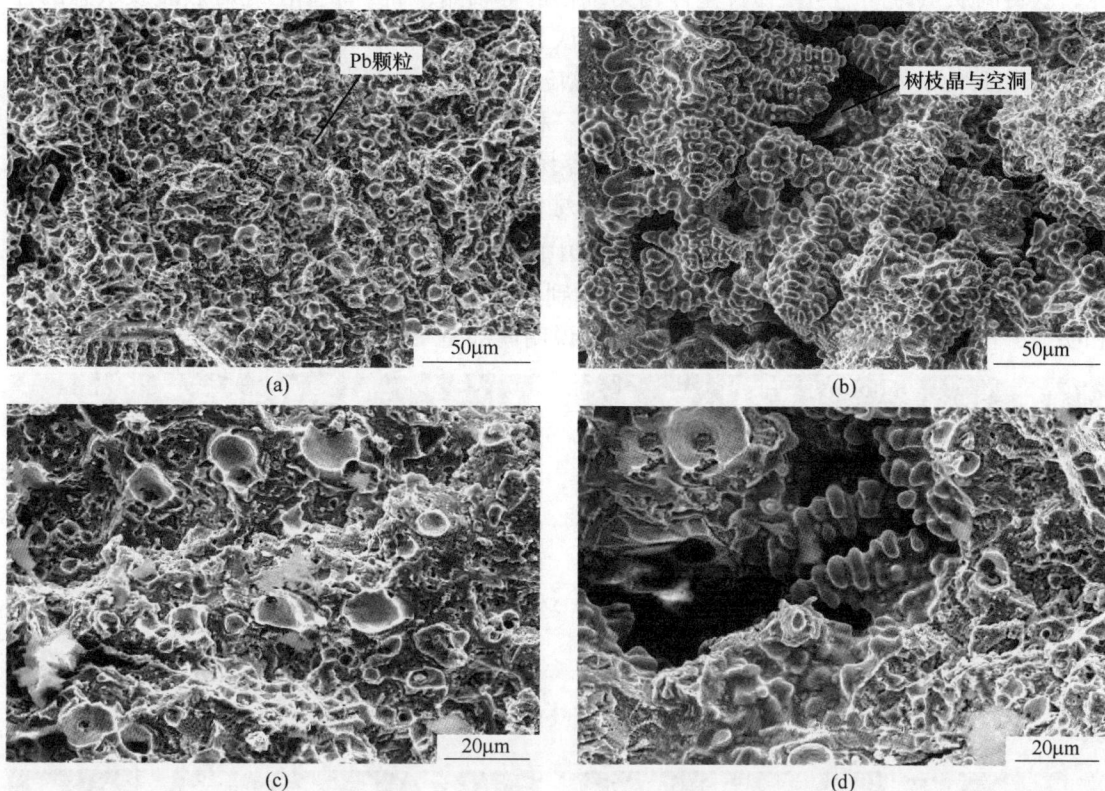

图 6.3 青铜箭镞显微组织的 SEM 形貌

(a)(b)九连墩箭镞的组织形貌;(c)(d)三峡箭镞中的树枝状晶形貌

众所周知,由于散热和热分布问题,金属铸件在从液态冷却凝固过程中,一般在中心形成等轴晶,而外侧为柱状晶或树枝晶,如图 6.4 所示。为了增加抗裂性能,提高力学性

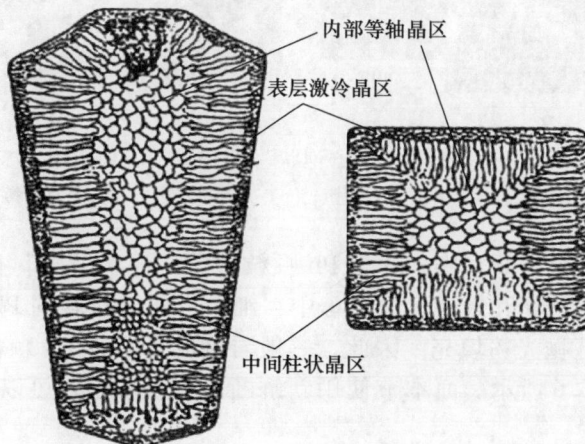

图 6.4 铸件凝固组织示意图

能，获得高质量铸件，期望铸件整体均为细小的等轴晶，而不希望出现对热裂纹敏感的柱状晶或树枝晶。因此，工程上提高柱状晶或树枝晶向等轴晶转变效率的主要方法有：（1）添加其他金属或夹杂物，增加结晶形核点；（2）机械振动；（3）电磁搅拌；（4）局部加热。可见，除了电磁搅拌法以外，其他三种方法古人都可能采用，相对来讲第一种方法，即通过加 Pb 作为夹杂物的方法，则更容易和方便使用。

6.2.4.2 Pb 颗粒的"空心泡状结构"及其减少气孔的作用

断口形貌直接观察还发现：Cu-Sn 合金中的 Pb 金属并不是一个个分离存在的实心颗粒，而是一个"空心泡状结构"的颗粒。特别是对于较大的 Pb 颗粒，泡状结构非常清晰和明显，里面还能看到细小的凝固组织，也说明内部是中空结构，如图 6.5 所示。

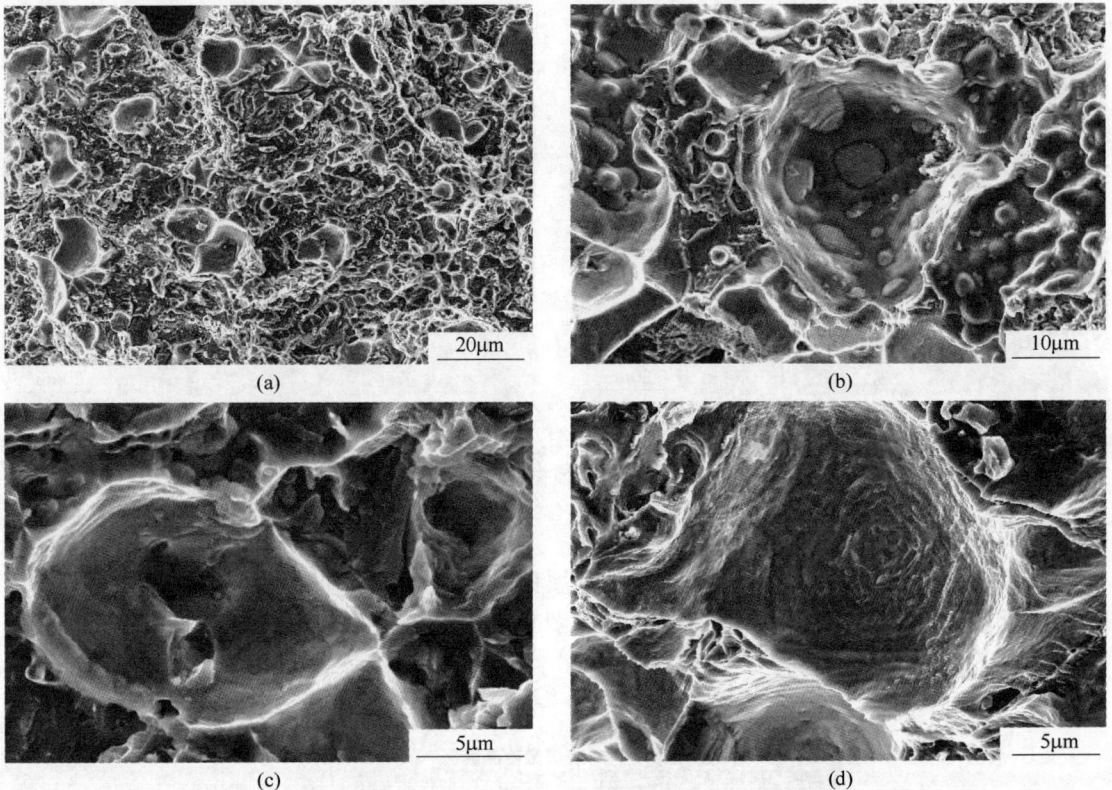

图 6.5　青铜箭镞中"空心泡状"Pb 颗粒的各种 SEM 形貌
（a）荆州箭镞；（b）荆门箭镞；（c）九连墩箭镞；（d）石首箭镞

实际上，在普通的金相观察中，这个 Pb 颗粒"空心泡状结构"很难被发现。这是由于在样品制备的研磨、抛光和最后腐蚀过程中，细小且质地较软的 Pb 颗粒"空心泡状结构"受到变形被封闭或抛光粉填充。因此，一般看到的是实心 Pb 颗粒，严格来说，是一个疏松的颗粒，如图 6.6 所示。而本节使用新鲜断口进行观察，可以直接看到 Pb 颗粒的真实形貌。

这种 Pb 颗粒"空心泡状结构"的形成机理也很容易理解和解释。由于 Cu-Sn 合金的固相点为 400~500℃，而 Pb 的熔点为 327.4℃，因此，在铸造过程中，Cu-Sn 合金首先凝固和结晶，Pb 则一直保持为液态，并被排挤到 Cu-Sn 凝固组织的界面上，同时被排挤到

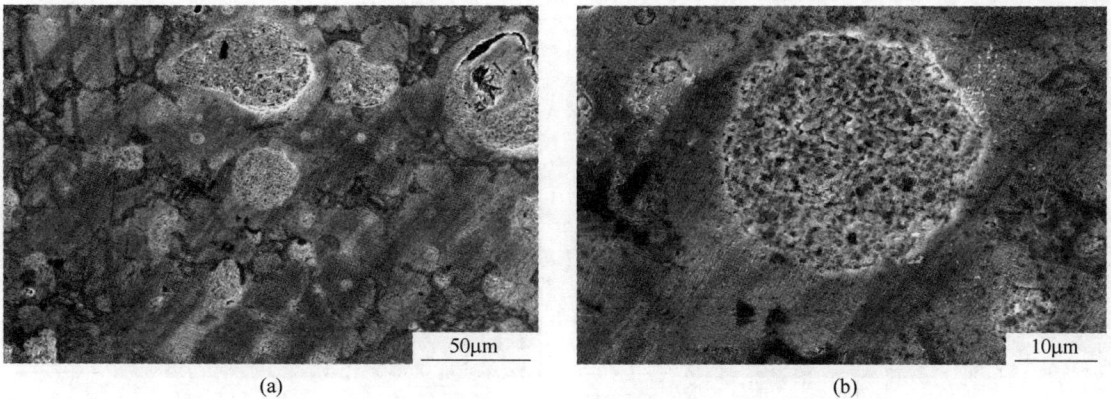

图 6.6 湖北枣阳九连墩钮钟 Pb 颗粒的特征
(a) 低倍形貌; (b) 高倍形貌

晶界处的还有铸件中的氢气和氧气等气体。这时，如果这些气体被液态 Pb 吸收，则会形成"空心泡状结构"; 如果晶界处没有 Pb 存在，这些气体就会形成气孔或缩孔，导致产生铸造缺陷。因此，也可以说 Pb 间接地起到了减少气孔和缩孔等铸造缺陷，提高铸造青铜器质量的作用。

在没有显微镜的先秦时期，古代工匠不可能直接看到这种具有"空心泡状结构"的 Pb 颗粒的形貌，不过对于铸造质量的提高，如强度更高、不容易破碎等，应该有直观的感受，并能够进行测试。

最后，回答"古人加铅（Pb）的真实目的是什么"，我们认为，除了普通观点"增加重量和经济原因（节约 Cu 和 Sn 用量）"以外，还应该包括一个新的观点：提高铸造性能和质量。也就是：（1）减少铸造缺陷，如气孔、缩孔等；（2）增加结晶形核点，细化铸造组织，减少柱状晶或树枝晶，得到等轴晶，增加抗断裂性能，提高力学性能。古代工匠可能不能直接观察到这些组织变化，但是他们可以通过测量青铜强度等性能变化来发现 Pb 对青铜器性能和质量的影响。以古代工匠的智慧和聪明才智，要做到这一点，其实也很容易。

6.2.5 青铜器中 Pb 的加入方式

按照以上的讨论，在青铜铸造过程中，要获得最佳的铸造性能，Pb 颗粒必须细小且均匀分布。而与 Cu 和 Sn 金属相比，金属 Pb 的密度最大，在 Cu-Sn 合金溶液里又倾向于"下沉"。因此，如果古代工匠要获得一件优质的青铜器，在铸造时的加 Pb 工艺上要做到两点：（1）保证 Pb 颗粒均匀分布；（2）保证 Pb 不下沉。

在青铜的冶炼或铸造过程中，一般认为最直接和常规的方法是将熔点较低的 Pb 块直接加入熔化的青铜熔液中熔化，并搅拌均匀和冶炼，然后注入模具中。然而，对于密度大的 Pb 金属来说，这样直接加 Pb 的方法，如果处理不当会导致未被熔化的 Pb 块下沉到铸件底部，起不到均匀分布的效果。图 6.7 所示为在青铜鼎的口沿部发现的大量 Pb 块，它实际上就是在倒置铸造青铜鼎的过程中，一些较大的 Pb 块因来不及完全熔化而沉积到底部被保留下来的。

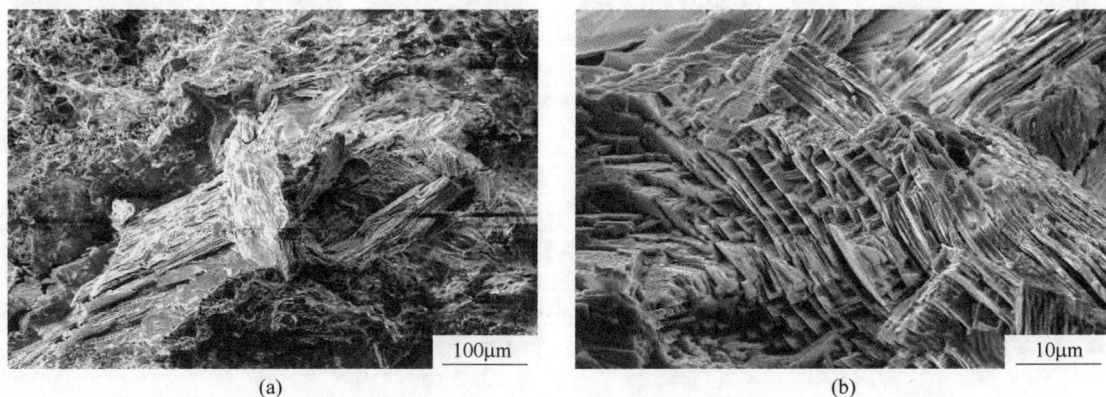

图6.7 湖北荆门黄付庙楚墓青铜鼎
(a) 低倍形貌；(b) 高倍形貌

在现代工业生产中，如果遇到合金元素的密度不同时，经常会采用一些特殊的添加方式，以保证合金化的均匀进行和分布。例如，在 Al-Si 合金铸造中，一般采用添加锶（Sr）作为变质元素对共晶硅（Si）相进行细化处理，然而由于 Sr 的化学活性大，极易氧化，并且其密度（2.54g/cm^3）略低于铝（Al）的密度（2.7g/cm^3）。因此，在实际操作中并不采用直接添加纯金属 Sr 粉的方式，而是以"Al-Sr 中间合金线杆"的形式进行添加。也就是，用杆状的 Sr 合金添加剂，插入熔化的合金中，以保证 Sr 添加元素能够溶入 Al-Si 合金中，并均匀分布，达到最佳的变质细化效果[12-14]。

那么，古代工匠在铸造 Cu-Sn 合金青铜时，是如何做到既保证 Pb 颗粒均匀分布，又不使其下沉呢？或者说，他们是否采用了特殊的方法进行 Pb 金属的添加呢？一个偶然的发现，似乎找到了答案，解开了这个疑问。

一个偶然的机会，我们在观察青铜箭镞（湖北荆州雨台山楚墓中出土）的横截面断口形貌时，发现在箭杆心部有一个"纯 Pb 芯"，直径为 0.3~0.4mm，如图6.8所示，并且这个 Pb 芯一直贯穿于整个箭杆，好像是青铜箭杆中间包裹了一个完整的 Pb 芯。

图6.8 荆州雨台山楚墓青铜箭镞横截面的 SEM 形貌
(a) 低倍形貌；(b) 高倍形貌

这种奇特的结构使我们重新思考：古代工匠在制作箭镞这类细长型青铜器时，为了使Pb均匀分布，获得等轴晶，保证铸造质量，在铸造时是否采用了特殊的加Pb方法？

由于箭镞为细杆状，冷却速度快，因此制作一个高质量的箭镞，其关键技术有两个：（1）对加Pb要求是快速、方便、大量；（2）做到两个保证，即Pb颗粒均匀分布和Pb不下沉。

我们可以想象，古代工匠为了方便和加大Pb的加入量，可能发明了一个"杆状Pb加入法"，即：直接将Pb棒插入模具中间，待其熔化后可以在箭杆上下均匀分布，不下沉。具体方法可能有两种：（1）先将Pb棒放在模具中间，然后倒入Cu-Sn青铜熔液。（2）先将Cu-Sn青铜熔液倒入模具，然后快速插入Pb棒。

我们现在观察到的较细"Pb芯"（直径0.3~0.4mm）有可能是"Pb杆"没有被完全熔化而偶然被保留下来的，实际"Pb杆"应该更粗一些，便于操作。遗憾的是，在收集的数十个青铜箭镞中，只看到了这一个例子，其他研究者还可以继续注意观察。

显然，这种"杆状Pb加入法"的优点是使Pb在青铜中分布均匀，避免下沉；均匀分布的Pb颗粒起到了阻止树枝晶生长，形成大量等轴晶的作用，大大提高了铸造质量。更重要的意义在于，提示我们这种"杆状Pb加入法"是否也被用于其他青铜器的铸造和青铜冶炼。

从材料科学和物理学角度，通过对湖北楚墓出土青铜器的实验观察和分析，可以得到如下结论：

（1）在先秦时期，当人们掌握了铜（Cu）、锡（Sn）、铅（Pb）的性能以后，开始有意识地通过调整Sn与Pb的加入量，以期达到最佳的实用性、经济性和工艺性，以及最合理的使用目的和要求。也就是说，具备了合金化的理念，掌握了合金化技术。实际上，也可以说："经历了夏商周数千年的发展，除了没有电力，古人已经把青铜器制作技术发挥到了极致。"

（2）Cu-Sn合金中细小的Pb颗粒之所以能够在青铜器中均匀弥散分布，是因为其以"空心泡状"结构存在，它客观上减小了Pb的密度，阻止了Pb颗粒下沉，同时它还起到了细化铸造组织的作用。

（3）古人可能发明一种"杆状Pb加入法"，用于青铜箭镞的制作，目的是增加Pb的加入量和加入速度。同时，这种方法也能使Pb在青铜中分布均匀，避免下沉，大大提高了铸造质量。这种方法也可能被用于其他青铜器的铸造和青铜冶炼。

本章研究的样品来自不同时期、不同地域、不同墓葬，虽然表现出某些规律性，但是对于探究"不同青铜器，采用不同合金配比"理念出现的具体时间节点，并不十分明确，只能是一个大概的时间段。下面将针对具体墓葬青铜器的研究进一步进行探索。

6.3　曾国青铜冶金水平的初步分析——以郭家庙出土青铜器物为例

6.3.1　研究背景

曾国，一个在传世文献中没有明确记载的神秘国度，在长达700多年的时间里，创造了辉煌灿烂的文化。2014年，枣阳郭家庙发掘两周之际（西周晚期到春秋早期）前后墓葬29座，其中包括三座曾侯墓葬，使郭家庙一带为两周之际前后曾国中心区域的看法得到强调。从年代序列上，郭家庙墓地填补了西周早期叶家山曾侯墓地和春秋中晚期文峰塔曾侯墓地之间的缺环，对曾国历史的研究及其考古学文化序列的建立至关重要。到现今，随州擂鼓墩、叶家山，枣阳郭家庙等地墓葬群的考古发掘，确立了西周早期至战国中期大约七百年相对完整的曾国历史全景。这是周代诸侯国考古中，可谓成就最为突出的工作[15]。本章研究的器物即为这一时期的青铜器典型代表。战国早中期的曾侯墓，以随县擂鼓墩一号墓为代表，即为闻名中外的"曾侯乙"墓，其中"曾侯乙"墓出土的青铜尊盘和编钟等代表了极高的青铜器制作工艺水平[16-17]。

郭家庙墓地位于随枣走廊西部，湖北省枣阳市吴店镇东赵湖村，为古代南北文化的交汇之地，被认为是两周之际前后曾国中心区域。经国家文物局批准，2014 年 11 月至 2016 年 4 月湖北省文物考古研究所联合荆州文保中心等单位分两次对该墓葬进行了抢救性发掘，获取了一批重要文物。主要包括：青铜器、漆木器、玉器、金器、银器、锡器、陶器、骨器、皮革等各类质地文物两千余件（套）。根据墓葬形制、出土文物，特别是多件鼎上发现的"曾子"铭文，判断此墓地为西周晚期至春秋早期曾国公墓地。此次考古发掘出土的金属器种类繁多，主要包括：食器、水器、兵器、车马器、饰件等，代表了这一时期曾国金属器的发展水平[18-20]。

除了金属冶炼和合金化以外，古代青铜器多种加工技术的发明与综合使用也是青铜文明发展、进步与成熟的重要标志。现代金属工艺学一般将金属加工技术分为热加工和冷加工两类，其中热加工是在高于再结晶温度条件下，使金属材料同时产生塑性变形和再结晶的加工方法。热加工通常包括铸造、锻造、焊接、热处理等工艺。热加工能使金属零件在成型的同时，改变它的组织或者使已成型的零件改变既定状态，以改善零件的力学性能。冷加工是指金属在低于再结晶温度进行塑性变形的加工工艺，如冷轧、冷拔、冷锻、冲压、冷挤压等。冷加工变形抗力大，在使金属成型的同时，可以利用加工硬化提高工件的硬度和强度。

在有关古代青铜器加工技术的文献中，更多的是对青铜铸造技术的论述，以青铜铸造技术的进步来划分和确定古代青铜技术的发展周期，如：（1）萌生期，早商；（2）进步期，中商时期；（3）发展期，晚商至西周早期；（4）组合期，西周后期至春秋早期；（5）分铸期，春秋中期至战国；（6）专精期，战国中晚期[21]。实际上，有意识地综合使用多种青铜加工技术，才是青铜文明进步和成熟的标志。对中国古代青铜器进行大量分析后发现，除铸造工艺外，还有热锻、冷锻等加工工艺，以及退火、正火、淬火等热处理工艺，其中，热锻常与淬火技术结合，用于薄壁青铜器的制作[22-23]。另外，还有打磨、抛光、刻铭、涂锡等表面处理技术[23]，以及焊接技术等用于青铜器附件与整体的连接和残破青铜器的修复工艺等[24-25]。

本节选择郭家庙出土器物中的 14 件典型金属器残片，对其显微组织、化学成分、力学性能和制作工艺等进行了系统检测与分析。拟通过分析金属成分选择、含量配比，以及加工方法与不同器物之间的关系，进一步认识和探讨西周晚期到春秋早期曾国的金属冶金与加工的技术水平，为中国青铜器的发展历程提供重要依据资料。

6.3.2　样品信息与处理

本节选择了郭家庙出土器物中的 14 件典型金属器残片进行分析研究，样品信息详见表 6.4，对应的残片如图 6.8 所示。

表6.4 郭家庙墓地出土的14件典型青铜器样品信息

样品编号	出土号	类别	器物名称	取样部位	样品类型
GJM-1	M72:3	食器	鼎	足部	残片
GJM-2	M83:1	水器	匜	腹部	残片
GJM-3	M30:64	兵器	箭镞	翼尾部	残片
GJM-4	M81:10	车马器	鋂	边缘	残片
GJM-7	M1:62	车马器	铃	口沿	残片
GJM-8	M1:153	饰件	弹簧	横断面	残片
GJM-9	M1:06	车马器	鋂（长）	边缘	残片
GJM-10	M1:05	兵器	铜矛	尾部	残片
GJM-11	M1:152	兵器	箭镞	翼尾部	残片
GJM-12	M1:602	车马器	车軎	边缘	残片
GJM-13	M1:555	车马器	铃	横断面	残片
GJM-14	M1:20	防护用具	虎形甲胄	边缘	残片
GJM-15	M1:673	饰件	兽首形带	边缘	残片
GJM-16	M1:16	兵器	毛刺	尾部	残片

其中"鋂（méi）"为车马器上的连环状装饰物。"匜（yí）"为古代盥器，形如瓢，与盘合用，用匜倒水，以盘承接。"车軎（wèi）"为安装于车轮轴端以固定车轴的附件。

6.3.3 青铜器物的化学成分配比特征

表6.5所列为利用能谱仪（EDS）对金属器残片测得的样品平均化学成分数据。可以看出，除了一件为Sn-Pb合金以外，其他均为Cu-Sn合金，或者为加了大量Pb的Cu-Sn合金（简写为Cu-Sn+Pb），没有其他杂质元素。这说明器物的制作者已经掌握了金属精炼技术，能够获得Cu、Sn和Pb纯金属，因此，他们可以根据不同青铜器物的需要选用不同种类的金属，以及不同含量的配比进行器物的制作与加工。如前所述，此时的古代工匠已经完全掌握了青铜的合金化技术。

另外，从表6.5中还可以发现，有4件青铜器物，即2个铃和2个兵器（矛和毛刺），采用的是纯的Cu-Sn合金，且Sn含量在17%以上（高于最大固溶度）；而另外9件青铜器物为加Pb的Cu-Sn合金，其中Pb含量最低约为7.49%，最高达到22.78%。

表6.5 14件典型青铜器样品的化学成分

样品编号	名称	元素含量（质量分数）/%			材质
		Cu	Sn	Pb	
GJM-1	鼎	77.61	6.97	15.42	Cu-Sn+Pb
GJM-2	匜	77.09	8.79	14.13	Cu-Sn+Pb
GJM-3	箭镞	72.96	19.54	7.49	Cu-Sn+Pb
GJM-4	鋂	68.33	16.47	15.16	Cu-Sn+Pb
GJM-7	铃	78.92	21.08	—	Cu-Sn

样品编号	名称	元素含量（质量分数）/%			材质
		Cu	Sn	Pb	
GJM-8	弹簧	—	79.44	20.56	Sn-Pb
GJM-9	鐏（长）	69.51	22.36	8.14	Cu-Sn+Pb
GJM-10	矛	81.01	18.99	—	Cu-Sn
GJM-11	箭镞	71.87	19.05	9.09	Cu-Sn+Pb
GJM-12	车軎	73.38	15.92	10.71	Cu-Sn+Pb
GJM-13	铃	82.96	17.05	—	Cu-Sn
GJM-14	虎形甲胄	80.38	11.91	7.71	Cu-Sn+Pb
GJM-15	兽首形带	58.54	18.69	22.78	Cu-Sn+Pb
GJM-16	毛刺	81.36	18.64	—	Cu-Sn

一般来说，具有高强度和高硬度是对于刀、剑、戈、矛、毛刺等实用的削杀类兵器（明器除外）的基本和主要要求，采用高于最大固溶度（15%）的高 Sn 含量 Cu-Sn 合金，能够获得较多的 δ-Cu 硬质相，是一种合理和最佳的选择。而在 Cu-Sn 合金中加 Pb，则会降低其强度和耐腐蚀能力。所以在大量的研究中，主要在明器中较多出土 Cu-Sn+Pb 青铜削杀类兵器[26]。

在这批实验样品中有 2 件青铜铃非常特殊，它们都是使用 Cu-Sn 合金制作，且 Sn 含量都很高，分别为 21.08%（GJM-7）和 17.05%（GJM-13）。说明其组织中除了高硬度 α-Cu 固溶体外，还有硬度更高的 δ-Cu 相。也就是说，青铜铃的整体硬度和强度很高。

为什么古人要采用这样的合金配比制作青铜铃？利用现代的理论进行分析，探讨其中的道理是一件非常有趣的事情，也说明古人根据自己丰富的实践经验，无意中吻合了现代的声学和材料学理论。实际上，一个高质量的车马器铜铃，一是要声音清脆，另一个是要有较长的余音，让声音传播得更远。从现代的声学和材料科学分析来说，声音清脆是要有较高的频率，而较长的余音就是声音在传播过程中要具有尽量少的衰减。

一般来说，物体的固有频率 f 跟其形状和所用的材料（弹性模量）有关，即：

$$f \propto \frac{c}{\lambda} \tag{6.1}$$

式中，c 为波的传播速度（波速）；λ 为波长，波长与固体的形状有关，而波速则与材料的弹性模量 E、密度 ρ 和泊松比 σ 有关。

对于固体介质中的纵波和横波分别有如下波速公式：

体纵波声速：

$$c_{L} = \sqrt{\frac{E(1-\sigma)}{\rho(1+\sigma)(1-2\sigma)}} \tag{6.2}$$

体横波声速：

$$c_{T} = \sqrt{\frac{E}{2\rho(1+\sigma)}} \tag{6.3}$$

例如，简单地将 Cu 和 Pb 的相关数据代入式（6.2）和式（6.3）进行计算，可以得出 Cu 的体纵波声速和横波声速分别为 4.71m/s 和 2.26m/s；Pb 的体纵波声速和横波声速分别为 2.16m/s 和 0.78m/s[27]。可以看出，对于同样的铜铃，加 Pb 以后会降低铜铃的振动频率。由于 Sn 与 Cu 形成了合金，并且增加了硬度和弹性模量，声音的传播速度还会进一步提高。也就是说，纯 Cu-Sn 合金的铜铃的频率更高，发出的声音更清脆；而 Pb 的加入降低了 Cu-Sn 合金的弹性模量 E，进而降低了其共振频率，会使声音发闷，对清脆程度有影响。

另外，物体在振动过程中，可将应变分为两部分：弹性应变和滞弹性应变。其中滞弹性应变会将弹性振动能量转化为其他的能量形式，这一现象为材料的阻尼。阻尼对振动频率的影响如下：

$$f_r = f \sqrt{1 - \xi^2} \qquad (6.4)$$

式中，f_r 为有阻尼状态下振动频率；f 为无阻尼状态下振动频率；ξ 为阻尼系数。

由于 Pb 在 Cu-Sn 合金中不能形成金属间化合物，因此只能以分离或游离状态存在，以软夹杂方式存在于合金中。另外，Pb 的硬度较 α-Cu 相和 $\alpha+\delta$ 共析组织硬度低。所以，对于青铜铃来说，在振动应力作用下，强度较高的 α-Cu 相和 $\alpha+\delta$ 共析组织发生的是弹性应变，而 Pb 颗粒由于产生微塑性变形，消耗部分振动能量，即有阻尼作用；另外，由于 Pb 颗粒的微塑性变形，附近的基体发生相对运动，产生黏滞性流动，而起到阻尼作用。因此，Pb 颗粒的阻尼作用也会对金属的共振频率产生影响，进一步影响青铜铃的声音清脆性。

关于余音，在实际乐器演奏中，为了减少声音之间的干扰，对于不同打击乐器，并不希望有很长的余音，而对于车马器上的青铜铃来说，情况则正好相反，希望有较长的余音，以及较长的声音传播距离。众所周知，声音在传播过程中的衰减主要有三种形式：扩散衰减、散射衰减和吸收衰减。散射衰减是指声波在不均匀介质中传播时，由于介质的不均匀性或微小散射体的存在，引起声能向各个方向分散或转化为热能，导致声强减小。吸收衰减是指声波在非理想介质中传播时，声能转化为热能或其他形式能量。对于不同成分的青铜铃来说，除了外部（空气中）衰减以外，在其内部的衰减更为重要。从声音衰减定义可以看出，加 Pb 的 Cu-Sn 合金青铜铃，体内声波的吸收更强烈，只能形成短促的声响，而不能获得较长的余音，这也可能是在青铜铃中不加 Pb 的一个原因。

从以上声学频率和衰减两方面的分析可以看出，加 Pb 对 Cu-Sn 合金铜铃的性能有明显的影响。这个分析也使我们要重新考虑，在其他古代青铜乐器中，加一定数量的 Pb，除了铸造制作方面的原因以外，是否还有声学方面的考虑？例如，湖北枣阳九连墩战国楚墓出土的编钟中的 Pb 含量在 8% ~ 10% 之间[26]，而曾侯乙编钟的 Pb 含量在 1.19% ~ 1.77% 之间[28]。这可能说明九连墩出土的编钟只是不能敲击演奏的"明器"。这些还需要进一步的研究与探讨。

通过对样品分析，本节对不同青铜器物中加 Pb 的原因和目的提出如下观点：

（1）在青铜箭镞与礼器青铜鼎中加 Pb 情况：理由和原因如上一节所述，这里不再赘述。

（2）在普通青铜器中加 Pb 情况：对于车马器用品、装饰品、甲胄和水器匜等普通青铜器，无特殊的强度、韧性、重量等要求，加入适量的 Pb，可以达到增加青铜的流动性和成型能力，有利于铸造出尺寸要求准确的精美物器。

（3）在这些含 Pb 青铜样品中，有一个较为特殊的情况，就是大部分的 Sn 含量较高，甚至达到 22.48%。其原因可能是为了获得较低的熔点，方便进行后面的铸造和加工。对于甲胄来说，也可能还需要获得高的强度。这种差异也可能是由于不同时间、不同批次，或者不同制作人的原因造成的。

对于编号 GJM-8 由 Sn-Pb 合金制备的弹簧，实际上是一个装饰物，并不是一个真正意义上的弹簧。由于 Sn 和 Pb 的熔点和强度均较低，其合金的强度也较低，便于成型加工成各种形状，卷曲成弹簧装也非常容易。对于无任何强度要求的饰品来说，选择 Sn-Pb 合金非常合理。这从另一个侧面也说明了这一时期的工匠已经掌握了青铜的合金化技术，能够熟练利用不同金属之间的性能差异制备不同的器物。

6.3.4 青铜器物的显微组织与加工工艺特征

表 6.6 所列为金属器物残片的显微组织形貌和对应的组织结构特征。观察发现除了不同金属配比所显示的显微组织变化以外，还可以看到不同器物采用了不同的加工方法，也就是，这种加工方式也是有目的而进行的。

例如，对于大部分普通器物，主要采用铸造方法，其显微组织为树枝晶状 α-Cu 相和 $\alpha+\delta$ 共析组织的铸造组织。并且随着 Sn 和 Pb 含量的不同，树枝晶呈现不同形状，不同大小的 Pb 颗粒弥散分布在基体中，还有一些硫化物夹杂。

但是，我们也可以看到对于一些特殊器物，如矛、毛刺和甲胄，除了铸造组织以外，还显示其组织形貌发生了变化，实际上这是在铸造后，又采用了其他的金属加工工艺。例如，铜矛（GJM-10）和毛刺（GJM-16）的显微组织分析显示其在铸造成型以后，又经过了高温热处理和冷加工处理。我们知道普通铸造的工件是不能直接使用的，这是由于在铸件中存在大量的铸造缺陷，如气孔、夹杂物、偏析、粗大的柱状晶和树枝晶等，在受到较大的作用力时，容易断裂破坏。因此，在铸造成型后，一般还需要进行高温锻打或者高温均匀化热处理，使铸件组织得到改善，铸造应力得以消除，偏析减少，晶粒细化，提高延展性和韧性，减少脆性断裂。对于这两件刀矢类兵器来说，为了达到锋利坚韧的效果，其制作工艺可能是：首先选用纯的 Cu-Sn 合金，浇铸成型为杆状物，然后进行高温热处理（或者高温锻打），最后再进行冷锻打（冷加工）成型为矛或刺，并进行打磨和抛光。对于虎形甲胄（GJM-10）样品，由于其特殊的形状要求，以及需要高强度和韧性，采用"铸造 + 热锻组织 + 冷加工"的加工工艺也非常合理。

6.3.5 结论

在青铜器发展史中，一般主要以铸造技术的进步进行划分[29]。然而，古人如果能够冶炼出不同的纯金属，然后对于不同用途的工件，需要采用不同的合金元素配比，这说明已经具有了冶金科学的理念，掌握了合金化技术，甚至可以说完全掌握了青铜技术。这也是一个非常重要的节点，而在许多文献中并没有涉及。

本节对湖北随州郭家庙出土金属器物的研究表明，在西周晚期至春秋早期，曾国的青铜器制作工匠已经能够根据器物的使用需要，而采用不同的合金配比和制作工艺，显示其金属冶金与加工技术已经达到了现代金属学的水平。相比《考工记》中"六齐"的记录时间更早，或者说"六齐"只是对前期青铜的合金配比规律发展的一个总结记录。

表 6.6 样品的显微组织特征及其相对应的可能加工工艺

编号	名称	显微组织特征	制作工艺	显微组织 200 倍	显微组织 500 倍
GJM-1	鼎	样品腐蚀较严重，主要由 α-Cu 相与 α+δ 共析组织的腐蚀产物组成，不同形状和大小的 Pb 颗粒分布于基体上	铸造	50μm	20μm
GJM-2	匜	主要为等轴晶 α-Cu 相凝固组织，晶粒间分布形态细小的 α+δ 共析组织，Pb 颗粒粒径较大，规则形状弥散分布于基体上	铸造	50μm	20μm
GJM-3	箭镞	细小的树枝晶 α-Cu 相清晰可见，枝晶间均匀分布大量的 α+δ 共析组织，相互连接成网状，细小的 Pb 颗粒弥散分布在基体上	铸造	50μm	20μm

续表 6.6

编号	名称	显微组织特征	制作工艺	显微组织	
				200倍	500倍
GJM-4	锛	α-Cu相树枝晶较为清晰，枝晶间均匀分布大量α+δ共析组织，较大的Pb颗粒弥散分布于基体上	铸造		
GJM-7	铃	α-Cu相树枝晶清晰可见，枝晶间均匀分布大量α+δ共析组织，相互连接成网状	铸造		
GJM-8	弹簧	基体为Sn-Pb固溶体，多余的Pb呈多角状、岛状随机分布，有少许小孔洞，并有针状物相析出	铸造		

续表 6.6

编号	名称	显微组织特征	制作工艺	显微组织	
				200 倍	500 倍
GJM-9	长铸	主要由 α-Cu 相和 α+δ 共析组织组成，树枝晶组织清晰可见，不同粒径 Pb 颗粒弥散分布于基体上	铸造		
GJM-10	铜矛	主要由 α-Cu 相和 α+δ 共析组织组成，存在明显等轴晶、孪晶和滑移带，少量 Pb 颗粒分布于基体上，α+δ 相内有硫化物夹杂	铸造+受热均匀化+冷加工		
GJM-11	箭镞	细小的 α-Cu 相树枝晶组织，枝晶间均匀分布大量 α+δ 共析组织，相互连接成网状，较多的 Pb 颗粒弥散分布在基体上	铸造		

续表 6.6

编号	名称	显微组织特征	制作工艺	显微组织	
				200 倍	500 倍
GJM-12	车軎	树枝晶 α-Cu 相较为明显，枝晶间均匀分布形态细小的 α+δ 共析组织，较大的 Pb 颗粒弥散分布在基体上	铸造		
GJM-13	铃	细小的 α-Cu 相树枝晶清晰可见，枝晶间均匀分布形态细小的 α+δ 共析组织，同时有小的孔洞及硫化物存在	铸造		
GJM-14	虎形甲胄	主要为回火 α-Cu 相组织，且晶粒内部存在大量滑移线以及孪晶。Pb 颗粒呈岛状或条状弥散分布，铸造缩孔较多	铸造+热锻组织+冷加工		

续表 6.6

编号	名称	显微组织特征	制作工艺	显微组织	
				200 倍	500 倍
GJM-15	兽首形带	α-Cu 相不太明显，枝晶间均匀分布有细小的 α+δ 共析组织，大小不一的 Pb 颗粒弥散分布在基体上	铸造		
GJM-16	毛刺	主要由 α-Cu 相和 α+δ 共析组织组成，α-Cu 相晶粒较大，为受热均匀化组织，晶界处为 α+δ 组织并连成网状。少量 Pb 颗粒分布于基体上，有一些硫化物夹杂	铸造+受热均匀化组织		

本节以曾国为例，将中国古代青铜器合金配比规律化的认知时间提高到了西周晚期，对于古代青铜器的发展水平和发展路线的深入探索具有重要意义。这个时间节点能否再向前推移，还需要今后进一步研究。

参 考 文 献

[1] 何堂坤. 先秦青铜合金技术的初步探讨 [J]. 自然科学史研究, 1997, 16 (3): 273-286.

[2] 闻人军. 考工记译注 [M]. 上海: 上海古籍出版社, 1993.

[3] Scott D A. 古代金属的微观组织 [J]. 贾莹, 译. 文物保护与考古科学, 1995, 7 (1): 56-60.

[4] 韩汝玢, 孙淑云, 李秀辉, 等. 中国古代铜器的显微组织 [J]. 北京科技大学学报, 2002, 24 (2): 219-230.

[5] 李晓岑. 云南青铜时代金属制作技术 [J]. 考古与文物, 1999 (2): 52-57.

[6] Chase T W. 中国青铜技术研究回顾与展望 [J]. 黄龙, 译. 文物保护与考古科学, 1994, 6 (1): 16-52.

[7] 秦颖, 魏国锋, 刘文齐, 等. 青铜器溶铅实验及有关问题初探 [J]. 文物保护与考古科学, 2005, 17 (2): 16-18.

[8] 董亚巍. 论战国铜镜合金成分与镜体剖面几何形状的关系 [J]. 中国历史博物馆馆刊, 2000 (2): 114-121.

[9] 廉海萍, 谭德睿. 东周青铜复合剑制作技术研究 [J]. 文物保护与考古科学, 2002, 14 (增刊): 312-333.

[10] 廉海萍, 谭德睿, 吴则嘉, 等. 2500 年前中国青铜兵器表面合金化技术研究 [J]. 特种铸造与有色合金, 1998 (5): 56-58.

[11] 文物保护与考古科学编辑部. 吴越青铜技术研究成果通过国家文物局鉴定 [J]. 文物保护与考古科学, 2002, 14 (1): 64.

[12] 邱智华, 李云龙, 陈欢, 等. RE 对 Al-10Sr 中间合金组织的影响及在 Al-Si 合金中的应用 [J]. 稀有金属材料与工程, 2017, 46 (5): 1310-1314.

[13] 邱智华, 李云龙, 陈欢, 等. 新型 Al-10Sr-RE 中间合金对 Al-20Si 合金组织及性能的影响 [J]. 稀土, 2016, 37 (6): 58-64.

[14] Liao C W, Chen J C, Li Y L, et al. Modification performance on 4032 Al alloy by using Al-10Sr master alloys manufactured from different processes [J]. Progress in Natural Science-Materials International, 2014, 24 (1): 87-96.

[15] 张昌平. 从五十年到五年——曾国考古检讨 [J]. 江汉考古, 2017 (1): 57-67.

[16] 随县擂鼓墩一号墓发掘队. 湖北随县曾侯乙墓发掘简报 [J]. 文物, 1979 (7): 1-24.

[17] 张昌平, 李雪婷, 郭长江, 等. 湖北随州市曾侯乙墓一号陪葬坑发掘简报 [J]. 考古, 2017 (11): 31-32.

[18] 方勤, 胡刚. 湖北枣阳郭家庙曾国墓地 [J]. 大众考古, 2015 (1): 12-13.

[19] 张天宇, 姜波, 刘小华, 等. 湖北枣阳郭家庙墓地曹门湾墓区 (2014) M10、M13、M22 发掘简报 [J]. 江汉考古, 2016 (5): 13-35.

[20] 张晓云, 张博, 王传富, 等. 湖北枣阳郭家庙墓地曹门湾墓区 (2015) M43 发掘简报 [J]. 江汉考古, 2016 (5): 36-49.

[21] 郭宝钧. 商周铜器群综合研究 [M]. 北京: 文物出版社, 1981.

[22] 何堂坤，刘绍明. 南阳汉代铜舟科学分析 [J]. 中原文物，2010 (4)：92-94.

[23] Li Y, Wu T T, Liao L M, et al. Techniques employed in making ancient thin-walled bronze vessels unearthed in Hubei Province, China [J]. Applied Physics A, 2013, 111 (3): 913-922.

[24] 何堂坤，靳枫毅. 中国古代焊接技术初步研究 [J]. 华夏考古，2000 (1)：61-65.

[25] 孙淑云，梅建军. 中国古代铅锡焊料的分析 [J]. 北京科技大学学报，2009，31 (1)：54-61.

[26] 廖灵敏，黄宗玉，潘春旭，等. 湖北枣阳市九连墩楚墓青铜器的材料学特征研究 [J]. 考古. 2008 (8)：68-75.

[27] 杜功焕，朱哲民，龚秀芬. 声学基础 [M]. 南京：南京大学出版社，2001.

[28] 贾云福，华觉明. 曾侯乙编钟群的原钟分析 [J]. 江汉考古，1981 (S1)：67-70.

[29] 华觉明. 中国古代金属技术—铜和铁造就的文明 [M]. 郑州：大象出版社，1999.

7 古代青铜器制作工艺的分析

7.1 概述

在中国古代青铜器中，铸造青铜器几乎占统治地位，但是也存在经过各种热加工的青铜器。例如，在中国社会科学院考古研究所科技考古中心编写的《科技考古（第三辑）》中记载：河南偃师二里头遗址有 8 件铜器样品有热加工或热冷加工的组织；陕西神木新华遗址的锡青铜刀铸造成型后，又对刃部及尖背部进行过加热、锻打；辽宁法库县湾柳街等遗址的青铜器基本上都是铸造制成，但刀、剑的刃部有可能经过冷、热加工，从而留下了锻造组织；甘肃民乐县东灰山遗址的青铜器多采用热锻和冷加工工艺制作，多数青铜器是锻打制成的；内蒙古敖汉旗大甸子墓地的青铜器金相鉴定表明，耳环基本上都是热锻加工制成，而指环则为铸造制成，锡（Sn）含量有差异。

研究古代工匠在什么情况下，对什么青铜器采用什么样的加工成型工艺，以及为什么要采用这样的工艺，对于古代青铜文明和技术水平的发展具有非常重要的意义，这也是一个被忽略的问题。实际上，相对于铸造来说，对青铜器的其他各种冷、热加工，其工艺更加复杂，难度更大，对工匠的能力和技术水平的要求也更高。也就是说，各种热加工工艺的采用，更能反映出当时古代青铜器制作的技术水平。

从现代金属加工工艺学可知，铸造只是金属加工的第一步，并且在一般情况下铸造工件还不能直接使用，必须要经过后续的各种冷、热加工，如锻造、焊接、热处理、切削、拉拔、挤压、表面处理等，才能够使其具有更好的性能，达到使用要求。有时候，更需要这些加工工艺的合理组合，才能获得一件高质量的器物和工件。

一般来说，通过金相显微组织分析可以很容易区分古代青铜器的冷、热加工过程，例如，是铸造，还是经过了锻打或退火处理等。如果是复合处理，则需要更细致的观察和分析。另外，确定古代工匠在制作青铜器过程中采用了什么样的工艺过程，如温度、时间、先后加工次序等，也是一个非常有趣的研究内容。本章主要介绍我们对几件古代青铜器加工工艺的研究结果，例如：仅有不到 1mm 厚的古代薄壁青铜容器的制作工艺及其表面处理；一件很特殊的复合戈的制作工艺及制作目的；秦始皇兵马俑铠甲丝的制作工艺的研究。抛砖引玉，以期引起研究者和爱好者的重视，进一步开展更加深入研究和探讨。

7.2 两件薄壁青铜容器的制作工艺研究

湖北省位于中国中部，是中国古代文明的重要发源地之一，在其境内出土了大量青铜器，其中以湖北随州"曾侯乙编钟"与望山出土的"越王勾践剑"最为著名。这些青铜器因制作精美、工艺精湛、技术高超，或有王者铭文等而闻名于世，其制作方法与工艺一直是研究者关注的焦点。近 30 年来，研究者通过对青铜器的成分、物相、微观组织和力学性能的表征与测试，结合现代金属学知识，对其中一些青铜器的制作工艺进行了大量的讨论[1-3]。一般认为，多数青铜器是由铸造而成，但仍然还有一些青铜器采用了特殊的制作工艺。

2010 年，湖北省安陆市博物馆在整理馆藏文物时发现了两件颇为特别的青铜器容器残片，均采集于安陆市境内。这两件青铜的特别之处在于：

（1）壁厚很薄，一件试样的壁厚为 0.4~0.5mm，另一件试样的壁厚为 0.8~0.9mm；

（2）试样内壁几乎未见锈蚀，依然光亮如新，而其外壁却发生了锈蚀。

这在以铸造为主要制作技术的中国古代是十分少见的，显然除了铸造技术以外，还采用了其他的加工和处理技术，如锻打、热处理和表面处理等。对这两件青铜器进行系统的科学分析，将有助于探讨这类薄壁青铜容器的制作工艺。

由于没有精确的温度测量技术，古代工匠要对青铜器进行热加工（锻打）或热处理都是难度很高的工艺，因此这种精美的薄壁青铜器物的数量稀少。

7.2.1 薄壁青铜器的研究综述

目前，在我国发现最早的热锻青铜器是四川省成都市金沙遗址（公元前 1200—前 1000 年）出土的若干青铜薄片，研究发现这些厚度仅 0.1mm 左右的青铜薄片是在 500~700℃的高温区间内锻打而成[4]。而最早采用高锡热锻技术制作的薄壁青铜容器则是在河南省南阳市发现的一件汉代铜舟（公元前 202—220 年），壁厚为 0.6~0.9mm。研究认为它属于高 Sn 青铜器，其中基体的 Sn 含量（质量分数）约为 18.73%，表面的 Sn 含量（质量分数）约为 57.11%，其制作和加工工艺为：配制 Cu-Sn 合金、浇铸铜舟坯料、热锻打成型、淬火、磨削加工和表面镀 Sn 等[5]。

另外，在韩国、伊朗、泰国、巴基斯坦和印度等地也出土有类似的器物。例如：

（1）韩国清州遗址出土的 1 件铜勺（1392—1910 年）和 2 件铜罐（918—1392 年），壁厚仅为 0.2mm，研究认为是高 Sn 青铜器采用在 700℃左右热锻打和淬火的制作工艺[6]。

（2）泰国三乔山遗址出土的 1 件铜罐（公元前 100 年）和班东达潘遗址（公元前 300—前 200 年）出土的 1 件容器，均为 Sn 含量（质量分数）在 22%以上的高 Sn 青铜，也是采用了铸造、热锻打和淬火的制作工艺[2,7]。

（3）伊朗的早期伊斯兰文化（600—900 年）的青铜器中也发现了大量先铸造，后经热锻打和淬火工艺制作成型的高 Sn 薄壁青铜容器[8]。

（4）印度学者对薄壁青铜容器的研究较多、较全面，他们不仅发现在公元前 8 世纪的印度和公元前 10 世纪的巴基斯坦都已经能够采用铸造、热锻打和淬火的制作工艺，分别制造出了壁厚为 0.2~1mm 和 1~1.5mm 的薄壁高 Sn 青铜碗和容器[9]，而且还详细研究了在印度南部流传至今的薄壁青铜容器或乐器的传统工艺[10]，并发现这些传统工艺制作出的薄壁青铜器的金相组织与古代器物基本一致，证实了关于这种薄壁青铜器制作工艺的推断。

实际上，到目前为止，关于高 Sn 薄壁青铜器制作工艺的起源一直存在争议，一般认为起源于印度，也有学者认为起源于中国[7]。

对于目前安陆市博物馆收藏的这两件薄壁青铜器，除了热锻打制作超薄壁厚以外，在很多部位依然如新，没有锈蚀，表明还可能进行了表面处理。一般认为，古代在青铜器表面进行镀锡处理主要是为了获得银白色的装饰表面，以及防止在使用过程中青铜器表面形成铜绿锈蚀。还有一些古代青铜器表面被认为是采用了热涂锡表面处理工艺，生成耐腐蚀的富锡层，增加了耐腐蚀性[11-12]。

7.2.2 薄壁青铜容器的来源与年代

两件青铜容器的残片来自湖北省安陆市博物馆，采集于安陆市境内，试样编号分别为ABY5011-1 和 ABY5011-2。试样 ABY5011-1 的壁厚为 0.4~0.5mm，内壁几乎未见锈蚀，依然如新，而其外壁却存在锈蚀；试样 ABY5011-2 的壁厚为 0.8~0.9mm，内外壁则均发现锈蚀，外壁的粉状锈蚀尤为严重，如图 7.1 和图 7.2 所示。

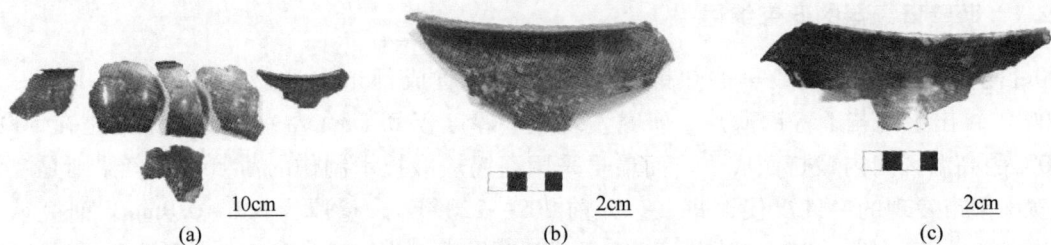

图 7.1 试样 ABY5011-1 的照片
（a）全部残片；（b）实验所用残片外壁；（c）实验所用残片内壁

图 7.2 试样 ABY5011-2 的照片
（a）全部残片；（b）实验所用残片外壁；（c）实验所用残片内壁

根据安陆市博物馆的记录，这两件青铜容器的残片是 40 多年前由当地农民送来的一堆不完整碎片，也没有修复意义。其与一面铜镜同出于一座砖室墓中，铜镜属于典型的葵纹镜，如图 7.3 所示。根据铜镜的形制和纹饰判断，其年代为唐代（618—907 年），也就是说，这两件青铜容器的年代应不晚于唐代。

实际上，根据器型判断，这两件薄壁青铜器可能是商代晚期（约公元前 1675—前1046 年）的两个青铜碗。对于其年代则可能有几种可能性，如墓主人收藏的商代古董，或者是唐代仿制的商代器物。

图 7.3　青铜镜

7.2.3　薄壁青铜容器的微结构特征及其制作工艺

两件青铜器横截面的显微组织显示，其主要由大量的针状基体、岛状颗粒及沿器物的纵向拉长的条状夹杂物组成，如图 7.4 和图 7.5 所示。能谱仪（EDS）测试显示：（1）青

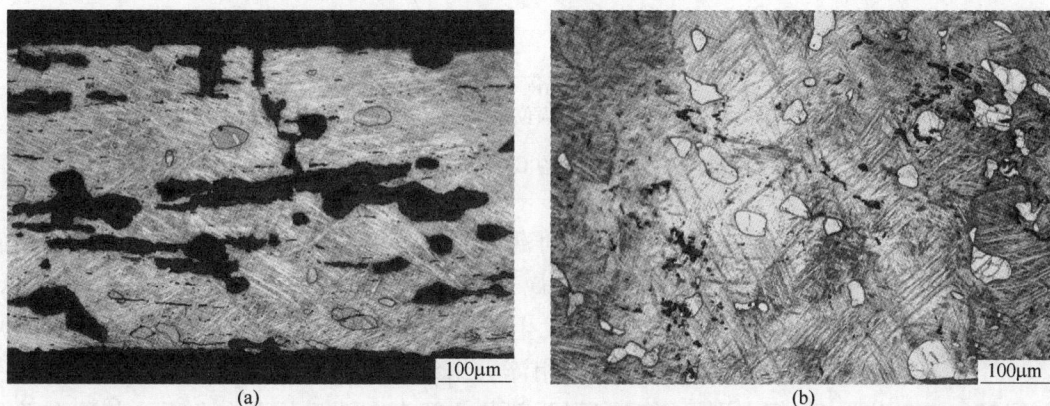

图 7.4　试样 ABY5011-1 金相照片

（a）截面；（b）平面

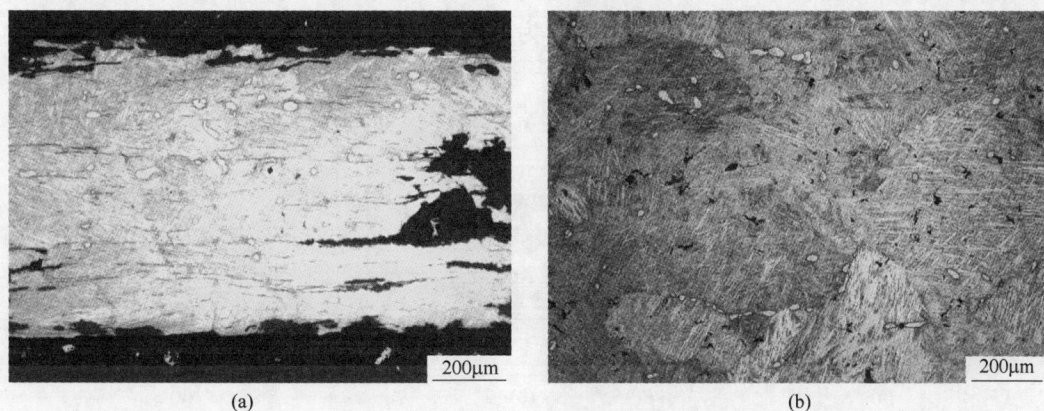

图 7.5　试样 ABY5011-2 金相照片

（a）截面；（b）平面

铜器为 Cu-Sn 合金；（2）针状组织中 Sn 含量（质量分数）为 20% 左右，为典型的 β-Cu 相（Cu_5Sn）成分；（3）岛状颗粒中 Sn 含量（质量分数）为 15% 左右，为饱和的 α-Cu 相固溶体；（4）夹杂物中除了 Cu 以外，还含有少量的 S 和 Fe，为 Cu 的硫化物，可能是冶炼过程中的残留物；（5）纳米压痕测试结果显示，两件薄壁青铜容器的基体硬度分别为 4.857GPa 和 5.240GPa，明显高于 Sn 含量（质量分数）20% 的现代模拟铸造青铜的硬度（2.780GPa），如图 7.6 所示。

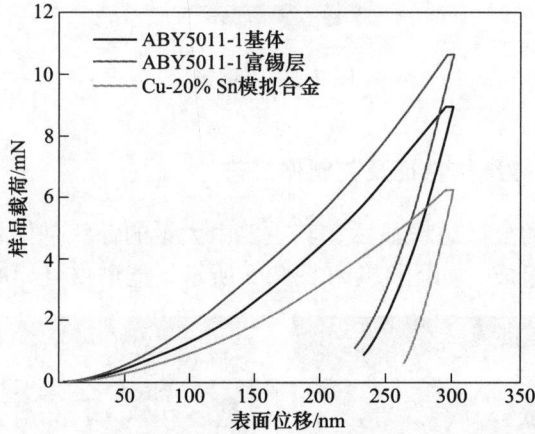

图 7.6　试样 ABY5011-1 及现在模拟铸造的 Cu-20%Sn 合金的纳米压痕加载—卸载曲线

进一步利用背散射电子衍射（EBSD）对薄壁青铜器横截面试样进行取向关系分析后发现，在其基体中没有观察到类似于现代金属热加工中的轧制织构方向，如图 7.7 所示。这可能是在反复热锻打过程中青铜器基体发生了大量的变形，导致 EBSD 的衍射效应减弱。另外，基体中存在大量细小针状 β-Cu 相淬火组织，也使其很难获得完整的 EBSD 图像。但是，在岛状 α-Cu 相中则可以观察到两部分之间存在明显的取向关系，其取向差为 60°，分析认为两者呈 60°<111> 的孪晶关系[13]。根据现代金属学理论，面心立方的 Cu-Sn 合金具有较低的层错能，经加工及再结晶退火处理后，金相组织中常常会出现所谓的"退火孪晶"，也称为"共格孪晶界"，其孪晶面为 [111][14]。

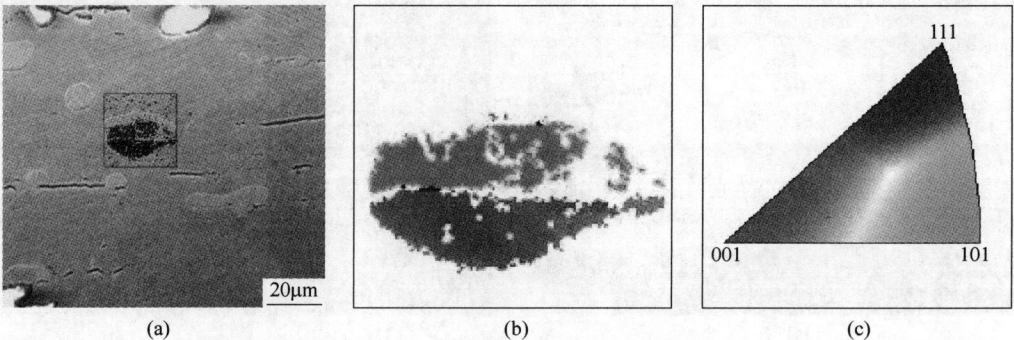

图 7.7　试样 ABY5011-1EBSD 测试结果

(a) EBSD 图；(b) (c) 岛状 α-Cu 相的反极图

由上述结果可以看出这两件青铜器在选材和制作方面具有以下特点：

（1）属于纯的高锡青铜器[2,15]。高锡青铜与普通的青铜器相比具有：1）熔点降低；2）在模具中的流动性更好；3）缓慢冷却时，有很高的硬度和脆性；4）在一定的温度范围内进行热加工时，具有很好的韧性和可锻性；5）经过热加工的淬火处理以后，具有耐腐蚀性和好的回响声且声音响亮。被广泛用于制作复杂形状器物或表面装饰，如镜子、碗、容器和铜锣等[5-10]。

（2）基体中存在大量的针状 β-Cu 马氏体相，以及高的硬度，说明这两件薄壁青铜容器在制作过程中经历过淬火处理。β-Cu 相（Cu_5Sn）为体心立方结构（bcc）是一种具有塑性的高温亚稳相，Sn 含量（质量分数）为 22.8%，形成温度在 586~798℃之间，当温度缓慢下降时，β-Cu 相共析分解为 α-Cu 相和脆性的 δ-Cu 相（$Cu_{41}Sn_{11}$）。因此，只有在快冷条件下，青铜组织中大量的 β-Cu 相组织才能以针状形式被保留下来，并且具有高于铸造青铜的硬度和拉伸强度，防止 α+δ 共析脆性相的形成[2]。可以说在几千年前没有科学测量与分析技术的条件下，古代工匠通过长期的探索和经验积累，提出了高温淬火工艺来避免高 Sn 青铜器的脆化，获得最佳的力学性能，是一项重要的技术发明和进步。

（3）基体中存在条状夹杂物，以及在 α-Cu 相中出现"退火孪晶"，表明这两件青铜器曾经经历了反复高温锻打过程。也就是说，先铸造出相对较厚的器物，然后再重新加热，反复进行热锻打，最终锻制出如此薄的器壁。

对比印度、菲律宾、韩国等地流传至今的薄壁容器或乐器制作工艺[10]，这两件薄壁青铜器可能的制作过程为：

（1）按照高锡青铜进行 Cu 和 Sn 配料；

（2）熔炼铸造成型出青铜容器；

（3）在 586~798℃ 的 β-Cu 相（Cu_5Sn）温度区间进行热锻打，至最终成型；

（4）立刻进行淬火处理，迅速冷却到室温。

这两件薄壁青铜器与典型的唐代葵纹铜镜同出，年代证据清楚，表明中国古代工匠至迟在唐代（618—907 年），已经基本熟练掌握高锡青铜高温煅打+淬火制作工艺。从年代上看，这项制作工艺在中国的出现时间明显晚于南亚的巴基斯坦（公元前 1000 年）和印度（公元前 800 年）[9]、东南亚的泰国（公元前 300—100 年）等地[2,7]，与中亚的伊朗（600—900 年）[8]年代接近，早于东北亚的韩国（918—1910 年）[6]，为探讨这一工艺的传播路径提供了新的线索。

另外，关于古代工匠采用"热锻+淬火"工艺制作高 Sn 薄壁青铜器的目的也是研究者讨论的热点。有学者认为是为了节省合金原材料[6]。我们认为这两件青铜器减薄器壁厚度的主要目的是美观和高档。因为该地区出土同时期的双耳葡萄纹壶及铜镜都以铸造青铜为主，器形浑厚，这两件薄壁青铜器属于个例，未成批生产，难以达到节约原料的目的。

7.2.4 薄壁青铜容器的表面特征及其表面处理工艺

除了不到 1mm 的薄壁以外，这两件青铜容器的另一个重要特征是其许多部位没有锈蚀，特别是内壁部分还光亮如新。一般来说，对于普通的古代铸造青铜器，经过几百或几千年以后都会产生很厚的锈蚀层，特别是壁厚相对较薄的青铜器，锈蚀层会穿透壁厚，从组织特征来看，已经看不到完整的青铜组织，均为锈蚀产物。而从图 7.4 和图 7.5 可以看出，这两件薄壁青铜容器的基体还保持了完整的青铜组织，很少看到锈蚀产物。

进一步对试样横截面的断口观察发现，在未锈蚀的青铜容器表面有一层厚度为5~10μm，呈脆性断裂的表面层。其中，厚度小的表面层与基体结合紧密，没有开裂，如图7.8所示。EDS成分测量显示这个表面层也为Cu-Sn合金，但Sn含量比内部高，达到25%（质量分数）以上，称为富锡层。利用纳米压痕对富锡层和基体的硬度测量表明（见图7.6），富锡层的硬度为5.799GPa，明显高于基体的硬度（4.857GPa）。

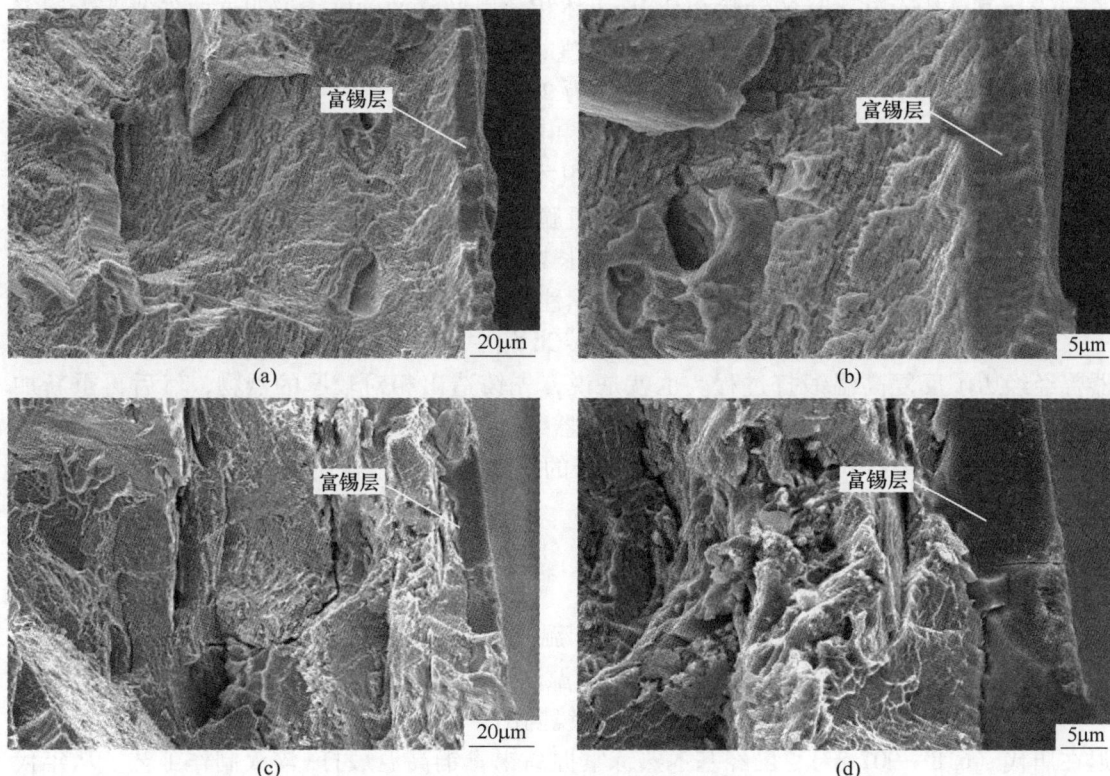

图7.8 内壁横截面断口SEM照片
(a)(b) 试样ABY5011-1；(c)(d) 试样ABY5011-2

古代工匠对青铜器表面进行高Sn处理的目的很多，一般认为主要有：（1）富锡层经打磨后具有银白色光泽，使器物更加美观；（2）富锡层的耐磨性能高于普通青铜；（3）富锡层的耐腐蚀性能好，不易出现锈蚀[12,15]。我们认为这两件薄壁青铜容器作为一种高级的生活用具，对其表面进行高Sn处理的主要目的是美观和防止锈蚀。而由于高锡青铜已具有很高的强度，这对于一般的生活用品来说已经足够了。

一般认为，青铜表面的高Sn含量主要来自3个途径[15]：（1）人工镀锡；（2）"锡汗"，即低锡青铜器铸造时发生反偏析；（3）在掩埋过程中出现的选择性腐蚀。其中人工镀锡的方法中包括：简单的热浸或擦锡、锡石（SnO_2）还原、电化学镀锡、锡汞齐（又分冷锡汞齐、热锡汞齐）和电解镀锡。对于古代青铜器来说，主要是简单的热浸或擦锡、锡石（SnO_2）还原、锡汗和选择性腐蚀等4种情况造成青铜器表面出现高Sn含量情况。

这两件薄壁青铜器属于典型的高锡青铜，发生"锡汗"的可能性很小，并且表面富锡层为连续薄层，也不符合"锡汗"的特征。另外，在未发生锈蚀表面的富锡层中，Cu 和 Sn 含量均匀，没有 Cu 元素的流失，也不同于选择性腐蚀现象。再者，SnO_2 还原法需要在较高温度（710℃以上）下进行，并且需要有适合的 CO 还原气氛，这对于古代工匠来说是很难掌握的。因此，我们认为这两件薄壁青铜容器的表面富锡层应该是通过"简单的热浸或擦锡"的方法做上去的。

近年来，关于古代青铜器表面镀锡技术有较多的研究[12,15-16]，主要是通过分析表面镀锡层的 Cu-Sn 金属间化合物（如 η-Cu 相（Cu_6Sn_5）和 ε-Cu 相（Cu_3Sn））的种类、形状和数量来对镀锡工艺进行分析。例如，大量 400℃ 以下的热浸镀锡模拟实验发现，当温度较高和时间较长时，在 Cu 和 Sn 的界面处会形成大量的 ε-Cu 相，而在温度较低和作用时间较短时，则在界面处形成 η-Cu 相，这与很多古代青铜器的表面组织非常吻合。

关于这种青铜器表面高 Sn 层的厚度和 Cu-Sn 金属间化合物形成的解释主要是基于现代的锡钎焊理论，即当液态的 Sn 作用于固态的 Cu 表面时，固态 Cu 向液态 Sn 中溶解并迅速扩散，如在 300℃ 下，经过 1~2s 的时间扩散距离可达 100μm，冷却后在扩散层中形成树枝状的 Sn + η-Cu 或/和 Sn + ε-Cu 共晶组织[17-19]。由于 η-Cu 相（Cu_6Sn_5）与 ε-Cu 相（Cu_3Sn）的 Sn 含量（质量分数）分别为 60.89%、38.37%，按照这种工艺形成的表面镀锡层中 Sn 的含量（质量分数）都在 40% 以上。对比试样中测得的表面 25.22% 的 Sn 含量，我们认为采用这种低温热浸的方法的可能性也很小。

实际上，早在 1986 年，大英博物馆的 N. D. Meeks[15] 通过模拟实验已经证实当温度在 450℃ 时，热激活能已经足够大，可以使液相的 Sn 原子向固态的 Cu 基体中扩散，扩散层的厚度随温度和时间的增加而增加，并在扩散层中形成 α+δ 共析组织。从图 7.8 中富 Sn 层的厚度来看，薄的不到 5μm，厚的 10μm 左右，并且与基体的结合较好，最外侧表面也没有纯 Sn 层。因此，我们认为这个富 Sn 层是通过高温扩散而进入基体的。也就是，将 Sn 涂敷在青铜器表面，加热使 Sn 熔化，由于浓度差，Sn 向青铜基体内扩散，并形成 Cu-Sn 合金相，从而在青铜表面形成一层致密高硬度的"富锡层"。

对于这个固体扩散过程，还存在一个问题，即由于 Sn 原子半径（0.158nm）大于 Cu 原子半径（0.128nm），Sn 在 Cu 中的扩散属于置换式原子扩散机制。按照材料科学理论，这个扩散过程会非常缓慢，非常难以进行。当然，影响扩散系数 D 的因素很多，如：（1）温度的影响：温度越高，扩散越快；（2）晶体结构的影响：结构不同，扩散系数不同；（3）固溶体类型对扩散的影响：不同固溶体，原子的扩散和机制不同；（4）固溶体浓度对扩散的影响：浓度越大，扩散越容易；（5）晶体缺陷的影响：晶界、位错、空位都会对扩散产生影响；（6）化学成分对扩散的影响：加入化学元素对扩散会产生阻碍。因此，为了从理论上论证这个过程的可行性，我们对富锡层的形成进行了模拟计算。

7.2.5 高温下 Sn 在 Cu 基体中扩散的模拟计算

从现代的表面热处理工艺可知，非金属元素（如 C、N、B 等）或金属元素（如 Al、Cr、Si、Ti 等）可以通过高温扩散渗入工件表面[14]，即在一定的活性介质中加热工件，使活性金属或非金属介质中原子渗入工件表层中，改变其表层化学成分。一般而言，渗金属的作用是提高工件的表面硬度、耐磨性和抗蚀性或抗氧化性。渗金属方法主要分为固体渗金属和液体渗金属。

固体渗金属方法有粉末渗剂渗金属、粒状渗剂渗金属和膏体渗剂渗金属（即膏剂涂覆法）。液体渗金属主要用于低熔点金属，具有速度快和质量好、操作简单、劳动强度小、渗金属后工件可以直接淬火、节约淬火重新加热的能源和缩短生产周期等优点。

利用菲克（Fick）扩散第二定律对高温下 Sn 在 Cu 中的扩散进行计算。假设青铜器基体为一维半无穷长的，计算在一定高温下，形成表面厚度 x 所需要的扩散时间 t。这里只考虑浓度梯度导致的下坡扩散，则根据玻耳兹曼变换求解菲克第二定律：

$$\frac{\partial c}{\partial t} = \frac{\partial}{\partial x}\left(D\,\frac{\partial c}{\partial x} \right) \tag{7.1}$$

得到通解：

$$c = a\int_0^\beta \exp(-\beta^2)\,\mathrm{d}\beta + b \tag{7.2}$$

$$\beta = x/(2\sqrt{Dt})$$

式中，a、b 为待确定的常数。

半无穷长物体扩散的特点是，表面浓度保持恒定，物体的长度大于 $4\sqrt{Dt}$。当在金属基体表面渗入另一种金属时，待渗金属在基体表面达到一个极限浓度，而后保持不变，同时待渗金属原子不断向基体里进行扩散。

初始条件：$t=0$，$x>0$，$c=0$。

边界条件：$t\geq0$，$x=\infty$，$c=0$；$x=0$，$c=c_0$。

将边界条件和初始条件代入通解式（7.2）得到厚度、浓度和时间的关系：

$$c = c_0(1 - \mathrm{erf}(\beta)) \tag{7.3}$$

其中

$$\beta = x/(2\sqrt{Dt})$$

$$\mathrm{erf}(\beta) = \frac{2}{\sqrt{\pi}}\int_0^\beta \exp(-\beta^2)\,\mathrm{d}\beta$$

式中，c_0 为扩散元素在基本金属表面上的极限浓度。

一般认为，"热浸或擦锡"的方法是直接将纯 Sn 涂抹或擦拭与青铜器表面。所以可以近似认为 Sn 在 Cu 基体表面的极限浓度为纯 Sn 的含量（质量分数），即 $c_0 = 100\%$。以试样 ABY5011-1 为例，实验测得表面富 Sn 层厚度最大，为 5～30μm，Sn 的平均含量（质量分数）为 25.22%，则分别扩散距离 x 为 5μm、10μm、15μm、20μm、25μm、30μm 时，浓度 c 为 25.22%。即式（7.3）中 c_0 和 c 的值都确定下来，可求得 $\mathrm{erf}(\beta)$ 值，查表得 $\beta=0.81$。而扩散时间

$$t = \frac{x^2}{4D\beta^2} \tag{7.4}$$

不同温度下 Sn 在 Cu 中扩散系数不同，随温度升高，D 增大。根据文献 [20] 可得到不同温度下的扩散系数，计算出扩散时间，如在 700℃ 下，$D = 4.30\times10^{-10}\,\mathrm{cm}^2/\mathrm{s}$，$x=5\mu\mathrm{m}$ 时，得到：

$$t = \frac{(5\times10^{-6})^2}{4\times4.3\times10^{-14}\times0.81^2} \approx 222\mathrm{s}$$

利用同样的公式，代入不同温度下的扩散系数 D，还可以计算出扩散距离 x 为 10μm、15μm、20μm、25μm、30μm，在不同温度下要得到所需表面覆层的扩散时间 t，见表 7.1。

根据表7.1中所得不同温度下的扩散时间 t，作出不同厚度的表面覆层所需的扩散时间随温度变化的曲线，如图7.9所示。

表7.1 不同温度下扩散时间与扩散距离的关系

温度/℃	$D/cm^2 \cdot s^{-1}$	时 间					
		$x=5\mu m$	$x=10\mu m$	$x=15\mu m$	$x=20\mu m$	$x=25\mu m$	$x=30\mu m$
400	2.50×10^{-13}	4d	18d	40d	71d	110d	159d
450	1.65×10^{-12}	16h	3d	6d	11d	17d	24d
500	6.70×10^{-12}	4h	16h	1.5d	3d	4d	6d
550	2.30×10^{-11}	1h	5h	10h	18h	1d	2d
600	3.60×10^{-11}	44.1min	3h	7h	12h	18h	1d
650	1.80×10^{-10}	9min	35min	80min	2h	4h	5h
700	4.30×10^{-10}	222s	15min	33min	59min	1.5h	2h
750	9.50×10^{-10}	100s	400s	15min	27min	42min	1h
800	1.90×10^{-9}	50s	200s	7.5min	13min	21min	30min

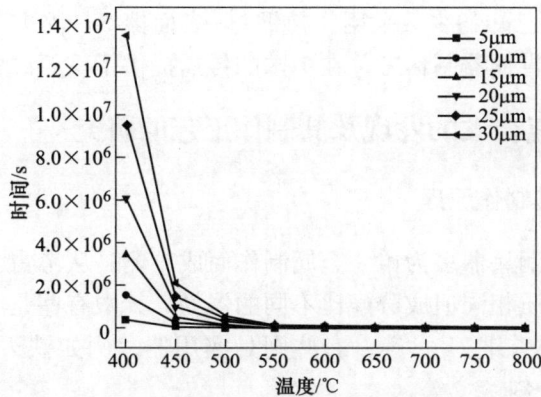

图7.9 不同厚度富锡层扩散时间与温度曲线

从图7.9中可以看出，温度不断升高，形成同样厚度的表面覆层所需要的扩散时间逐渐减少。为了研究在自然温度下，超长时间是否会导致 Sn 扩散，我们还计算了常温下 Sn 在 Cu 中扩散1500年（唐代距今年代）的 Sn 浓度随距离变化曲线，如图7.10所示，其中 $D=10\times10^{-17}$ cm^2/s，边界浓度（质量分数）认为是25.22%[20]。可见这个变化非常微小，可以忽略。

由此可以看出，如果在700℃左右进行高温 Sn 扩散处理，则在数分钟内可以达到5μm或10μm厚度的富 Sn 层。结合前面薄壁青铜容器的制作过程，我们可以推测古代工匠在完成586~798℃之间的高温锻打以后，趁着余热，迅速将液态 Sn 均匀地涂抹在薄壁青铜容器的内外表面，特别是内表面，然后淬火至室温。当然，也不排除将已经做好的薄壁青铜容器重新加热到500℃以上，单独进行表面擦 Sn 处理的可能性。

通过对这两件薄壁青铜容器基体和表层的显微组织和力学性能的综合表征与研究，以及理论计算，得到以下结论：

（1）薄壁青铜容器的制作工艺为：选择合理的 Cu 和 Sn 合金配比；经熔炼铸造后初步

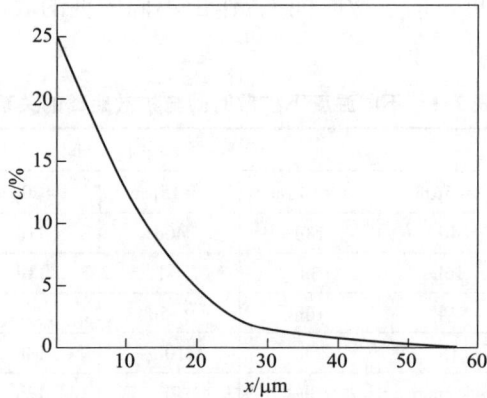

图 7.10　常温下扩散 1500 年后的 Sn 浓度-厚度（c-x）曲线

成型；在 586～798℃ 温度区间内反复锻打最终成型；迅速在容器内外表面均匀涂抹液态 Sn，并保持几分钟或几十分钟以通过高温扩散形成一定厚度的高 Sn 层；最后进行淬火冷却到室温；器物内外表面进行打磨抛光。

（2）这是目前中国已知的少数采用"热锻打+表面擦 Sn+淬火"工艺制备的高锡薄壁青铜容器，为探索该类青铜器制作工艺在中国的传播提供了重要线索。

7.3　两把古代青铜复合戈的发现及其制作工艺的研究

7.3.1　复合青铜剑及其制作原理

一般来说，古代青铜兵器多为单一金属制作而成，但是从考古出土的文物中还发现了一些不同材质，或者材质相同但成分配比不同的器物，其中有些是礼器或者观赏器，例如玉柄铜芯铁剑[21]、金环首铜刀[22] 等；有些则是实用器，例如铁刃铜钺[23-25]、铁刃铜削、铜刃铜戈[21]、青铜复合剑[26-29] 等。

目前，研究较多的是青铜复合剑。众所周知，在 Cu-Sn 合金和加 Pb 的 Cu-Sn 合金中，Sn 含量对青铜的力学性能有很大的影响。一般来说，Sn 含量低，青铜的韧性好，但是强度低；而 Sn 含量高，青铜虽然强度高，但脆易断。作为具有实战意义的青铜剑，如果用单一成分的 Cu-Sn 合金来制作，则很难获得最佳的效果，因此，古人就发明了青铜复合剑。其基本原理是：剑脊部分采用 Sn 含量较低的 Cu-Sn 合金，具有很好的韧性；剑刃（剑从）部分采用含 Sn 量较高的 Cu-Sn 合金，以使其具有高的强度，提高杀伤力和使用寿命。这种青铜复合剑多采用二次铸造的方法制作，以榫卯结构铸接成一体，以期达到刚柔并济的效果，把青铜的性能发挥到了最佳。

从出土考古发现得知，青铜复合剑在湖北、湖南、江西、山东、上海等省市均有出土或收藏，对其研究也较多和全面[26-31]。例如，陈佩芬[28] 对上海博物馆馆藏的三把青铜复合剑的合金成分进行了分析，研究发现剑脊由 Cu-Sn 或含 Pb 的 Cu-Sn 合金制作而成，Sn 含量较低，平均为 10.48%（质量分数），剑刃由 Cu-Sn 合金制作而成，Sn 含量较高平均为 18.99%（质量分数）。何堂坤等人[29] 曾对湖北鄂州出土的几把复合剑的成分和组织做了分析研究，发现剑脊由含 Pb 的 Cu-Sn 合金制作而成，Sn 含量较低，平均为

10.247%（质量分数），Pb 含量平均为 3.734%（质量分数），剑刃由 Cu-Sn 合金制作而成，Sn 含量较高平均为 17.567%（质量分数），Pb 为痕量，其剑脊和剑刃均为树枝晶状铸造组织，但剑脊的枝晶更加粗大、棱角处更圆滑，剑刃的组织非常细小。廉海萍等人[26]对上海博物馆馆藏的三把青铜复合剑的微观组织、内部结构、力学性能等做了进一步的分析，并在此基础上进行了青铜复合剑的复原模拟实验，再现了东周青铜复合剑的制作工艺。丁忠明等人[27]对山东新泰出土的青铜复合剑的内部结构、制作工艺等进行了分析，发现其虽与已研究的吴越青铜复合剑结构明显不同，但制作理念一脉相承。

对于青铜戈来说，其制作方法多采用双合范法一次浑铸而成[32]。即首先制作出戈的模型，将泥料敷在模型外面，翻出对称的两块外范，然后将两块范对合，用熔融的铜液进行浇铸，待铜液冷却后去范、取出铸件，再对其表面进行打磨、开刃等，一把青铜戈就制作完成了。许多研究表明青铜戈的 Sn 含量较高，一般在 10%~20%（质量分数）区间，因此具有较高的强度和硬度，并多为铸造组织，还有一些青铜戈铸造后进行了热处理工艺[33-36]。

2016 年，我们在对湖北省黄冈市黄州区博物馆馆藏青铜器进行修复整理过程中发现了两把外形与青铜复合剑相似的青铜复合戈。由于青铜剑和青铜戈的使用与功能不同，在考古发掘中一般很少发现有青铜复合戈出土。本节综合利用现代材料表征与分析技术，对这两把青铜复合戈的合金成分、显微组织、内部结构等进行了系统的分析研究，期望对青铜复合戈的制作工艺有深入的了解，为战国时期考古学和冶金史提供一个新的科学依据。

7.3.2 两把青铜戈残件与分析方法

两把青铜戈来自湖北省黄冈市黄州区博物馆，1995 年 6 月出土于龙王山砖厂，根据馆藏记录为战国时期的青铜戈，馆藏编号分别为 74 和 76，如图 7.11 所示。这两把青铜戈的形制与普通的青铜戈明显不同：74 号青铜戈援身瘦长，有明显的细腰，中脊凹陷，尖锋十分明显，前锋近乎三角形，援与胡之间弧度较大，内较长，内部有镂空纹饰，援根一

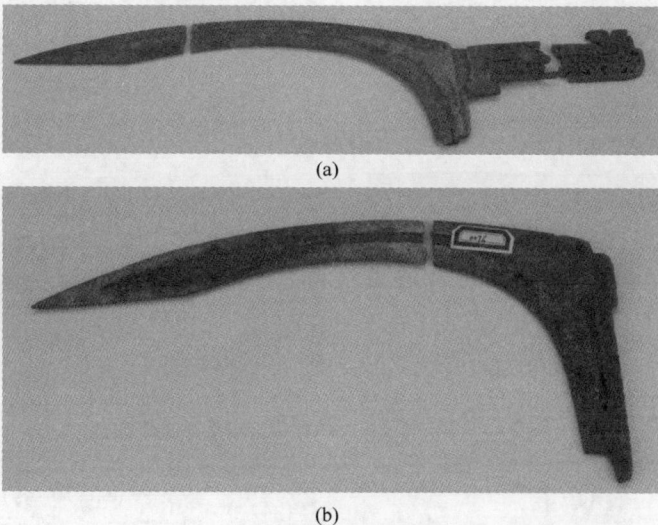

(a)

(b)

图 7.11 青铜复合戈照片

(a) 第 74 号；(b) 第 76 号

圆穿，胡阑侧残余一穿，穿作长方形，较细长。76 号青铜戈与 74 号形制相似，无内。74 号青铜戈援残断为两截，阑残缺，内残断为两段。76 号青铜戈援残断为两截，无内。戈各部位名称图解如图 7.12 所示。

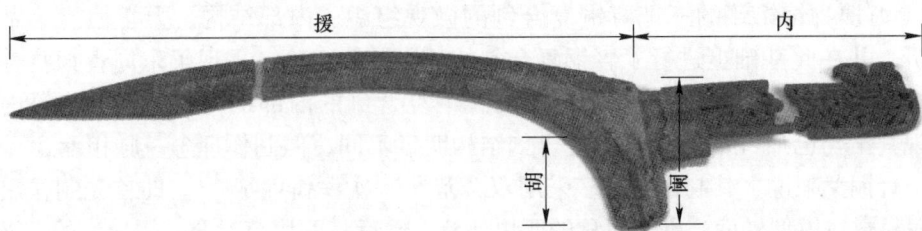

图 7.12　各部位名称图解

7.3.3　两把青铜复合戈的宏观形貌特征

图 7.13 和图 7.14 所示为青铜复合戈表面形貌图片。从外观上看，这两把青铜戈可以

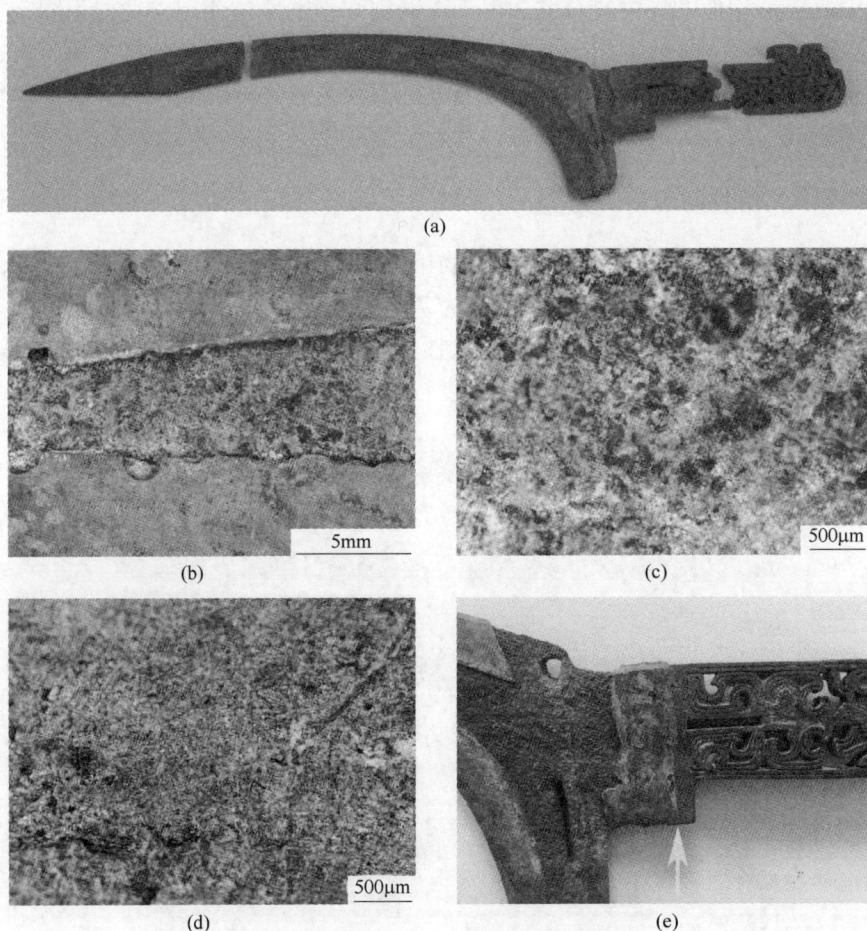

(a)

(b)　　(c)

5mm　500μm

(d)　　(e)

500μm

彩图

图 7.13　第 74 号青铜复合戈表面形貌图

（a）整体照；（b）援部局部照；（c）脊部局部锈蚀照；（d）刃部局部照；（e）内与其他部分连接处

明显地分为两种不同的材质，为方便区分，图片中用线条进行了勾勒，将不同材质的两部分区分开。可以看出，区域内（脊和阑）与其他部分（援和胡）的形貌与颜色完全不同。74号青铜戈脊和阑部凹陷，呈翠绿色，表面粗糙有硬结物堆积；援和胡部呈灰绿色，表面平整。观察戈内，可看到脊伸出的部分与内有一条明显的接缝，如图7.13（e）所示。76号青铜戈脊和阑部凹陷，呈翠绿色，表面粗糙有硬结物堆积；援和胡部呈灰绿色，部分表面有硬结物；从截面图看，戈脊与刃呈现出不同的颜色，脊为红褐色，刃为灰绿色；从结构上看，脊与刃两部分之间以榫卯结构连接，如图7.14（e）所示。

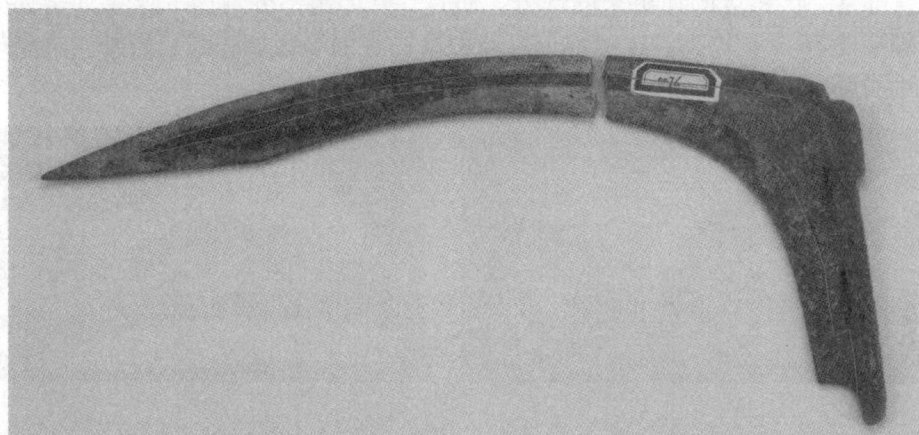

(a)

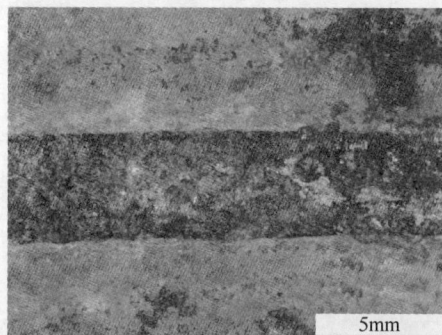

5mm

(b)

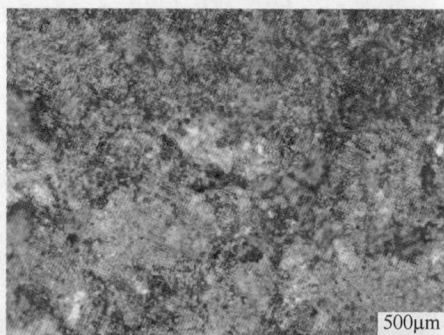

500μm

(c)

500μm

(d)

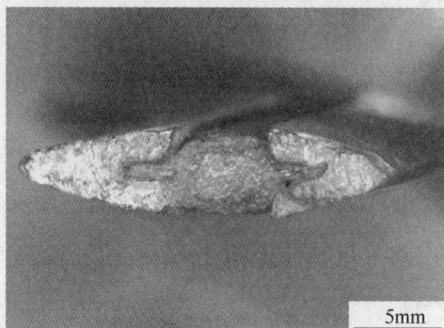

5mm

(e)

彩图

图 7.14　第 76 号青铜复合戈表面形貌图

（a）整体照；（b）援部局部照；（c）脊部局部锈蚀照；（d）刃部局部照；（e）援残断处横截面图

图 7.15 所示为青铜复合戈的 X 射线探伤图片。可以明显看出，青铜戈脊部和阑部与刃部和胡部分别为两种不同的材料。研究表明物质对 X 射线的吸收能力与被检测物质的密度成正比，与被检测物质的原子序数三次方成正比[37]。Sn 的原子序数为 50 远高于 Cu 的 29，Sn 的密度为 $7.3g/cm^3$，略低于 Cu 的密度 $8.9g/cm^3$，而铸造青铜随着合金含量不同，其密度为 $7.45 \sim 9.54g/cm^3$。也就是说，Sn 含量多的部分对 X 射线的吸收能力更大一些，则其 X 射线探伤图片更亮一些；反之，则暗一些。因此，可判断戈脊部和阑部 Cu 含量较高，援部和胡部 Sn 含量较高。此外，戈脊与内的连接处呈现浅灰色，表明此处含 Cu 量较高，可能与脊部是一体铸造的伸出来的部分。而且，脊伸出部分与内的连接处呈现亮白色，表明此焊接处 Sn 含量较高，这两部分可能由高锡青铜焊接在一起。另外，戈援的刃部某处有微小的裂痕，而与之相连的脊部却没有裂痕。

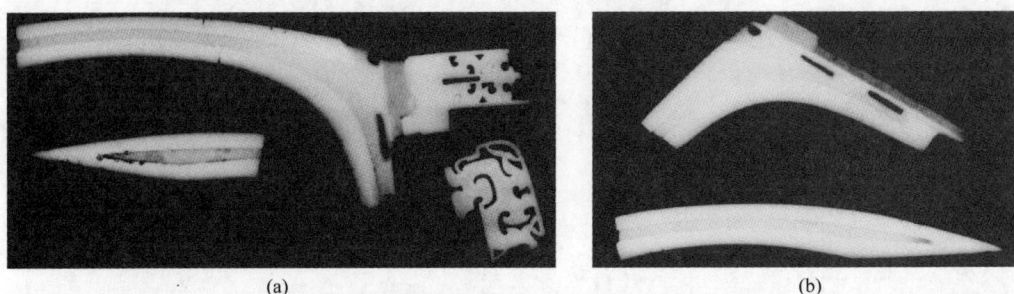

(a)   (b)

图 7.15   青铜复合戈 X 射线探伤图片
(a) 第 74 号；(b) 第 76 号

7.3.4   两把青铜复合戈的微观结构特征

图 7.16 和图 7.17 分别为两把青铜复合戈横截面的金相微观组织形貌。表 7.2 所列为青铜戈不同部位的合金成分。可以看出它们具有相同的显微组织特征，即脊与刃部均呈现树枝晶，为典型的铸造组织。两把戈的合金成分也基本一致，即脊部为纯铜，刃部为加 Pb 的 Cu-Sn 合金（Cu-Sn+Pb），且 Sn 含量（质量分数）为 17% ~ 18%。

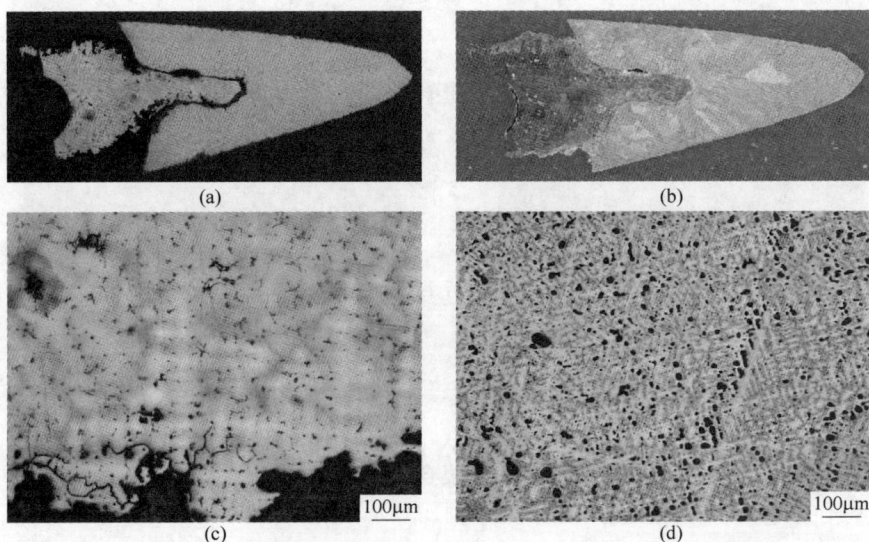

(a)   (b)

(c)   (d)

100μm   100μm

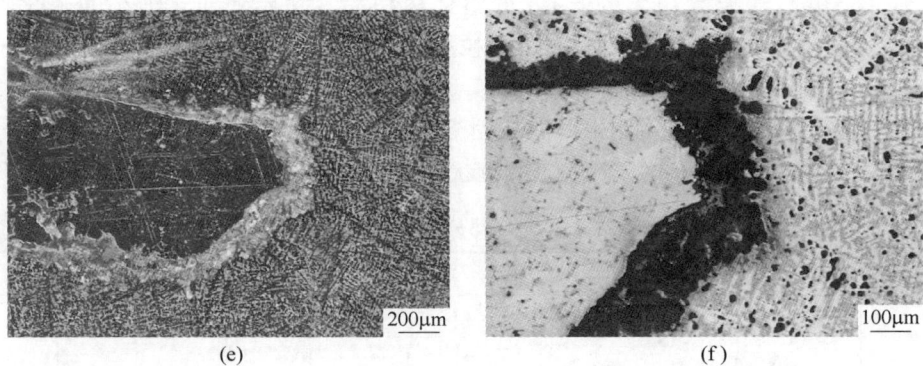

图 7.16　第 74 号青铜复合戈横截面的光学显微镜组织观察
（a）整体明场像；（b）整体暗场像；（c）脊部；（d）刃部；（e）榫与卯连接处；（f）榫头

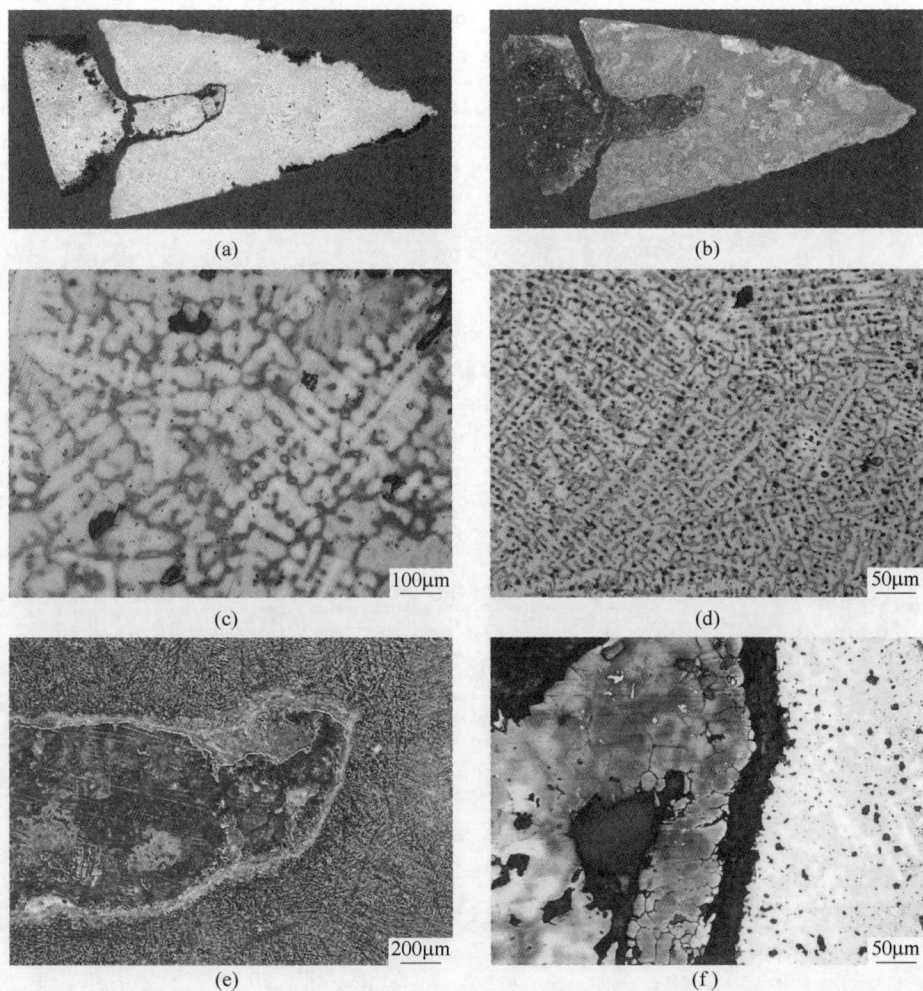

图 7.17　第 76 号青铜复合戈横截面的光学显微镜组织观察
（a）整体明场像；（b）整体暗场像；（c）脊部；（d）刃部；（e）榫与卯连接处；（f）榫头

对于戈脊部位，主要为粗大的 α-Cu 固溶体树枝晶，晶界处间有细小的硫化物夹杂，这是铜矿冶炼后残留的杂质。相对粗大的树枝晶晶粒说明其受到过退火等再次热处理，如图 7.16 (c) 和图 7.17 (c) 所示。

而对于戈刃部分，主要由细小的 α-Cu 固溶体树枝晶组成（B），枝晶间均匀分布大量 α+δ 共析组织（C），弥散分布的黑色圆颗粒状为 Pb 颗粒（A），如图 7.18 和图 7.19 所

表 7.2　青铜复合戈各部分合金成分（质量分数）　　　　　　（%）

部位	第 74 号			第 76 号		
	Cu	Sn	Pb	Cu	Sn	Pb
脊	100	0	0	100	0	0
刃	70.27	17.90	11.83	70.43	17.81	11.76
A	0	0	100	0	0	100
B	84.63	15.37	0	85.17	14.83	0
C	67.63	32.37	0	66.69	33.31	0
部位	Cu	C	O	Cu	C	O
结合部位	92.39	6.42	1.19	92.83	6.09	1.08

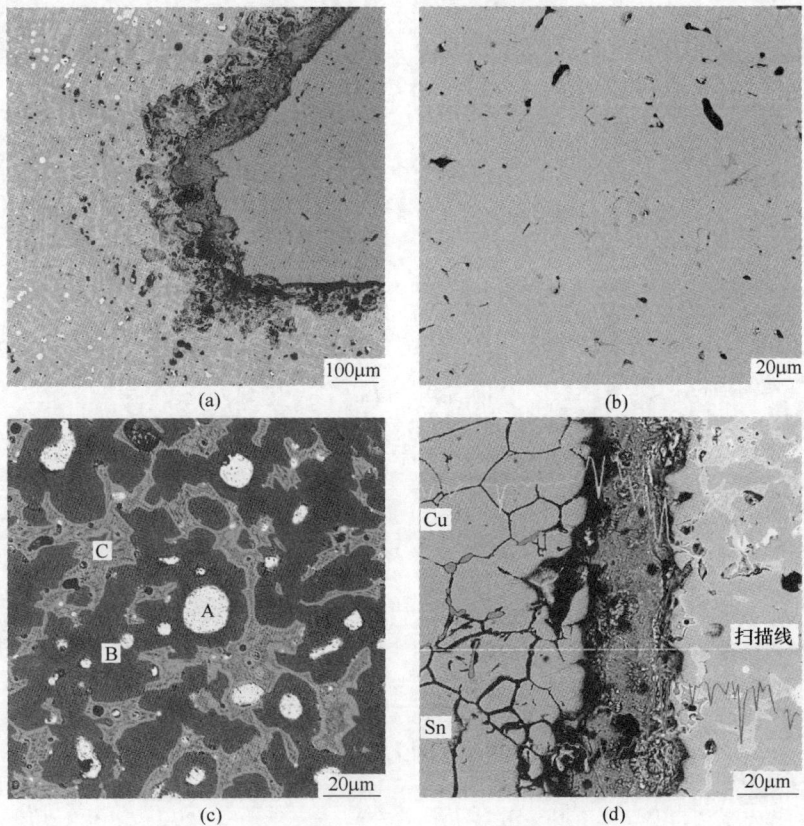

图 7.18　第 74 号样品 SEM 图片

（a）整体图；（b）脊部；（c）刃部；（d）脊部与刃的结合部位

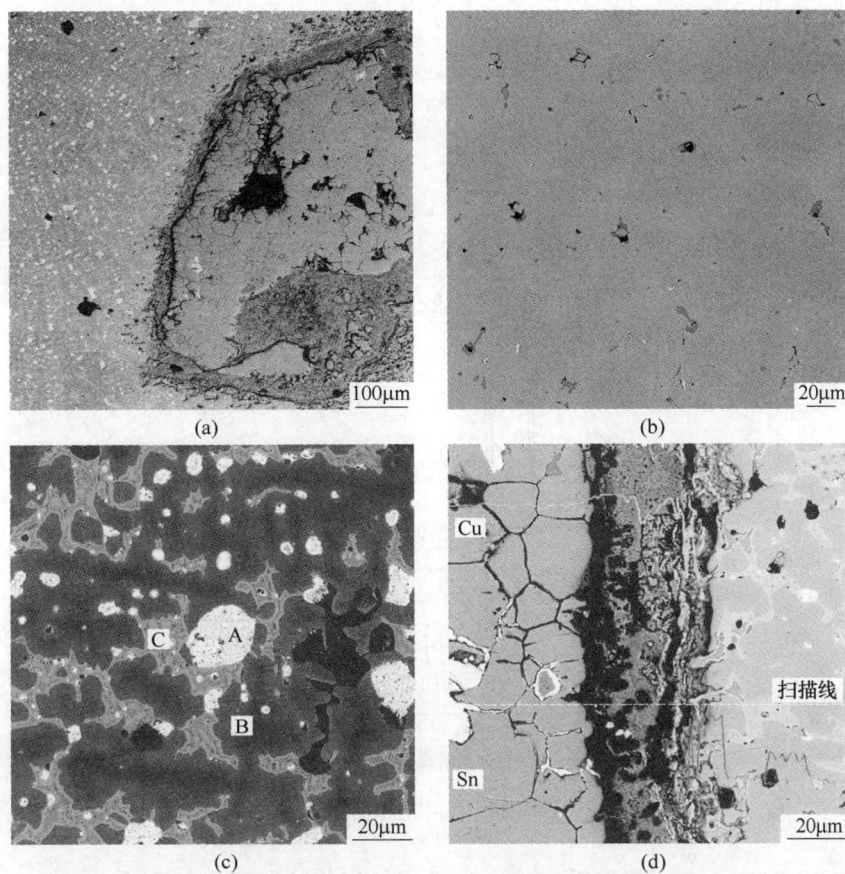

图 7.19 第 76 号样品 SEM 形貌
（a）整体图；（b）脊部；（c）刃部；（d）脊部与刃的结合部位

示，对应的成分见表 7.2。一般来说，由于 Pb 与 Cu 和 Cu-Sn 合金没有固溶关系，不能形成金属间化合物（合金相），只能以分离或游离状态存在。研究发现这种 Pb 颗粒的弥散分布能够起到细化铸造组织，减少铸造缺陷的作用[38]。另外，由 Cu-Sn 合金相图（见图 7.20）可知，Sn 在铜中的最大固溶度为 15.8%，当 Sn 含量更高时会析出金属间化合物 δ-Cu 硬质相。δ-Cu 相含有约 32.6% 的 Sn，性能硬而脆。因此，对于较高 Sn 含量的剑刃部分来说，其细小的组织和较多的 δ-Cu 相使其具有较高的强度和硬度，见表 7.3。可以看出，青铜复合戈的刃部硬度要比脊部（纯 Cu）高出一倍以上。

表 7.3 青铜复合戈的维氏显微硬度（HV）数据

样品	脊	刃
第 74 号	59.90	139.24
第 76 号	60.19	138.62

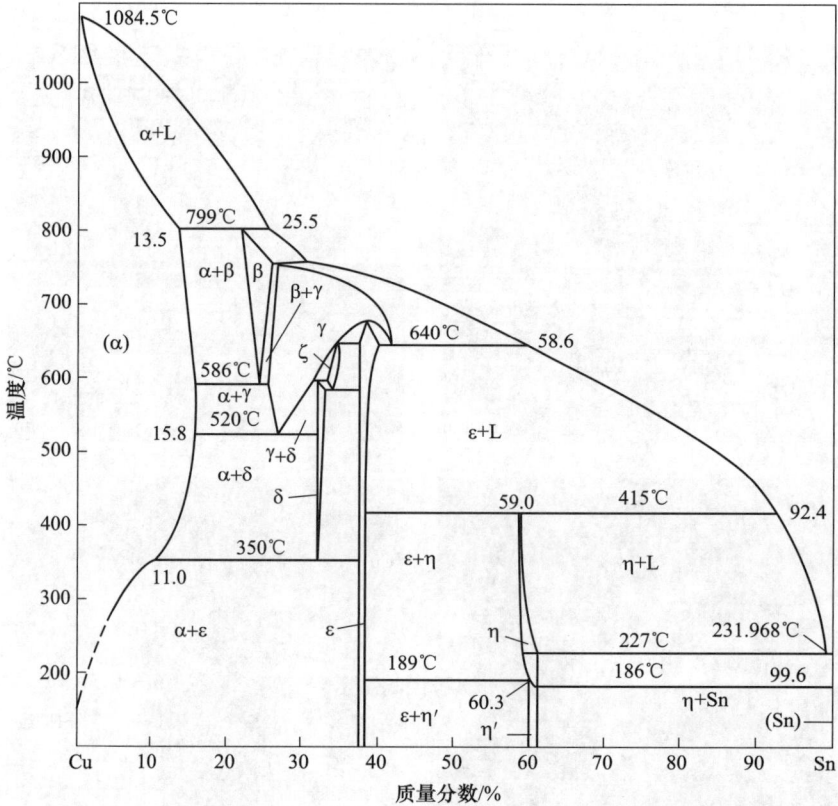

图 7.20　Cu-Sn 合金相图

　　仔细观察戈脊与戈刃的交接部位，也就是榫与卯的结合区，可以看出有一个明显的过渡区，并利用 EDS 的线扫描和点扫描模式进行了详细的测量，如图 7.18（d）和图 7.19（d）所示。从测量结果来看，过渡区的组织和成分呈现出一个机械混合状态，即没有产生新的组织和物相，只有合金元素 Sn 在 Cu 基体中的短程扩散。实际上，这是在戈刃的第二次铸造过程中，固态的纯 Cu 戈脊与浇铸的液态 Cu-Sn+Pb 合金戈刃之间的交接部位。由于 Cu 的熔点（1083.4℃）高于 Cu-Sn+Pb 合金，因此第二次浇铸所用的 Cu-Sn+Pb 合金无法将第一次浇铸的纯 Cu 熔化，而会因局部熔化和搅拌作用产生了机械混合。

　　另外，有趣的是在界面的纯 Cu 一侧观察到了一个类似于焊接热影响区（HAZ）中熔合区的组织特征（见图 7.18（d）和图 7.19（d））。在焊接冶金学中，熔合区是指在焊缝和母材的交界区，是焊接接头中焊缝金属向 HAZ 过渡的区域。该区很窄，两侧分别为经过完全熔化的焊缝区和完全不熔化的 HAZ。由于焊接过程中母材金属发生了沿晶界的局部熔化，因此也称为半熔化区。其加热温度处于固相线和液相线之间。此区晶粒粗大，化学成分和组织成分很不均匀[39-40]。

　　对于目前的两次铸造工艺来说，第二次铸造戈刃部时对第一次铸造的戈脊部材料组织的热影响完全类似于焊接熔池对母材的热影响过程。因此会产生类似的组织变化特征。另外，也由于脊与刃之间无法形成热力学界面，不能产生冶金结合。为了解决这一问题，在铸造设计上通过采用榫与卯结构，形成相互交错、相互制约的稳定结构，以增强戈脊与戈刃两部分之间的结合强度，这不失为一个最佳方案和创新。

7.3.5 青铜复合戈的制作工艺

从以上的观察和分析可以肯定，与青铜复合剑一样，这两把青铜戈为通过二次铸造方法制作的一种青铜复合戈。即首先利用纯 Cu 铸出脊部和阑部，然后将戈脊和阑部预先置于制作戈援和胡的范内，用加 Pb 的青铜（Cu-Sn+Pb）铸出援部和胡部，最后使用 Cu-Sn+Pb 合金将内与其余部分焊接起来。然而，由于剑与戈的形制和功能不同，在合金的选择上又有所不同。

一般来说，与剑相比，戈的形状更为复杂，体型也较小，进行多次铸造也难度较大。另外，从使用功能上来说，剑多用于刺和砍，而戈主要用于勾和啄。剑在使用时会受到更大的冲击力，对其综合性能的要求更高。因此，古人对青铜剑的制作工艺研究也较多，其中包括两次铸造的复合剑，甚至也有在青铜剑表面进行富 Sn 处理而得到的复合剑等。这也就是为什么在出土的复合青铜兵器中，复合剑的数量较多，而复合戈却很少见。

与青铜复合剑相比较，从材料选用上来看，主要差别在于该复合青铜戈的脊部采用的是纯 Cu，即第一次铸造用的材料为熔点较高的纯 Cu。而到目前为止的考古发现中，在青铜复合剑中，还没有发现在第一次铸造的剑脊中使用纯 Cu 材料的情况，均为 Sn 含量较低的 Cu-Sn 合金，一般 Sn 含量（质量分数）在 4%~11%之间[26-29]。

从 Cu-Sn 合金相图可知，随着 Sn 含量的增加，Cu-Sn 合金的熔点快速下降。例如，纯 Cu 的熔点为 1083.4℃，Sn 含量（质量分数）为 5%、10%、15%、20%和 25%时，Cu-Sn 合金的熔点分别为 1050℃、1013℃、960℃、900℃、815℃。从现代冶金学的角度来看，剑脊和剑刃同时采用 Cu-Sn 合金，由于其熔点相差较小，则更容易在两次铸造的界面处通过相互熔合与元素互扩散，形成强度较高的冶金结合。这样在青铜剑进行砍击碰撞的使用过程中，不会由于剑脊与剑刃之间结合强度低而产生开裂和分离等失效破坏现象，可以大大提高复合青铜剑的使用寿命和质量。

关于这两把复合青铜戈为什么采用纯 Cu 作为戈脊，我们认为有如下原因：（1）由于目前复合青铜戈的发现数量较少，这个戈是随意而作，没有特别的考虑；（2）在古代，甚至在现代，Sn 都是比 Cu 更为贵重的金属，对于重要性和使用要求都低于剑的戈来说，尽量少用 Sn 金属，节约成本，也是一个可能的考虑；（3）可能是为某个特殊人物专门制作的一把特殊的戈，因为发现类似的复合青铜戈的数量很少，制作比较精细，在戈柄部位有镂空纹饰，应该不是装备士兵使用的；（4）也可能是一个明器，因为在戈刃发现有较高的 Pb 含量，而一般来说砍杀类兵器和用具都是使用纯的 Cu-Sn 合金制作，Pb 的加入会降低其强度。

另外，这两把复合青铜戈出土地点相同，合金成分相同，从形制上推断它们是一把双戈戟的两个部分，如图 7.21 所示。

这是目前中国少数已知的青铜复合戈，通过对其制作工艺的研究，对战国时期青铜复合兵器的制作工艺水平有了进一步的了解，反映了战国时期工匠高超的合金技术水平，以及对结构力学性能的深刻掌握和巧妙应用。

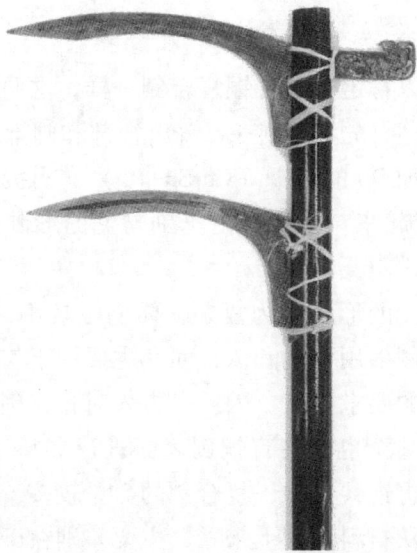

图 7.21 修复后的双戈戟

7.4 秦始皇兵马俑铠甲丝的制作工艺研究

7.4.1 研究背景

作为中国历史上最大的皇帝陵之一，秦始皇陵以兵马俑和铜车马的出土而闻名于世。1998 年，陕西省考古研究所对秦始皇陵外城东南部的一处编号为"K9801"的大型陪葬坑进行了复探和小规模的科学试掘，发现了一大批石质铠甲，这是秦陵考古继兵马俑发现和铜车马发现之后的又一重大发现，引起了考古学家的广泛关注[41]。这些铠甲都是用质地均匀、颜色青灰的石灰岩石片和铠甲丝连缀而成。铠甲丝是用来穿缀青石铠甲衣各个部分的，宏观上可视为宽约 4mm、厚 1mm、长达数厘米的丝绦状，类似于现代的扁金属丝或金属带。一般的研究工作主要集中在青石铠甲对认识秦代铠甲的类型、质地及结构等方面的参考价值[42]，还有些学者对石铠甲的提取和修复方法进行了探索[43]。值得一提的是，也有人系统研究了石铠甲的制作工艺，包括石铠甲的选材、切割、打琢、规划、钻孔、琢磨、抛光、连缀成形[44]。其中，连缀是编缀石铠甲的最后一步，也是很重要的一步，所用的编缀物即为铠甲丝。但这些铠甲丝的制造工艺目前还不甚明了，也少见报道。

按现代生产金属扁丝的流程，一般是先铸出铸锭，然后进行各种压力加工，最后再经过拉丝成型[45]，整个过程需要较先进的设备和较高的技术。但是，在两千多年前的秦代，以当时的工艺条件不可能使用同样的流程来生产如此细薄的铠甲丝。事实上，在中国青铜文化中，战国末年至秦汉时期（公元前 221—207 年）是一个重要的转变过渡时期。不仅青铜器延续了春秋战国鼎盛时期（公元前 472—前 221 年）的繁荣，而且铁的冶炼技术已经出现[3,46]。大量的材料加工工艺，如冷热锻造、焊接、磨削、钻削、镶嵌等，已经广泛地应用到金属器物的制作中，这些已经在秦始皇陵中出土的以铜车马为代表的大量精美的金、银、青铜、铁制器件中得到了证实[47-49]。尤其是秦陵铜车马的制作，仅仅这一个器物就综合使用了多种多样的材料制作技术[48]，这说明秦代金属加工工艺已经发展到了一个较高的水平。因此，秦代的工匠必然是采用了与当时的工艺条件相匹配的独特的制作工艺来制作这些铠甲丝，值得深入探究。

在本节的研究工作中，利用光学显微和电子显微学技术对 K9801 陪葬坑出土的铠甲丝的显微组织特征、合金成分、晶粒大小及取向等进行了较全面的分析和比较，探讨了秦代铠甲丝的加工工艺，同时有利于进一步了解秦代的金属加工工艺水平。

7.4.2 现代金属丝制作工艺简介

在现代生活中，我们可以看到和使用各种金属丝制品，如铁丝、铜丝、铝丝等。这些不同粗细（直径）和形状的金属丝，是利用一种叫"拉拔"的工艺制造而成的。我们了解现代金属丝的制造原理和过程，将有助于对秦始皇兵马俑铠甲丝的制作工艺的研究，了解古代工匠的聪明才智和想象力。

7.4.2.1 定义与特点

金属丝拉拔的原理是在拉拔力的作用下将盘条或线坯从拉丝模的模孔拉出，以生产小断面的钢丝或有色金属线的金属塑性加工过程，如图 7.22 所示。各种金属及合金的不同断面形状和尺寸的金属丝都可以采用拉拔生产。拉出的丝具有尺寸精确、表面光洁，且所用拉拔设备和模具简单、制造容易等优点。

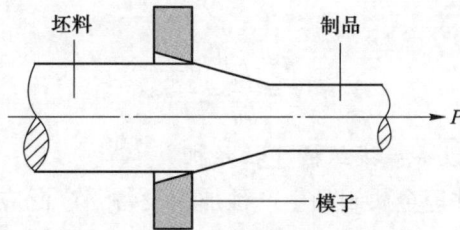

图 7.22 金属丝拉拔原理示意图

7.4.2.2 金属丝拉拔的分类

（1）按照拉拔时金属的温度进行分类，金属丝拉拔可分为冷拔、热拔和温拔三种工艺。即在再结晶温度以下的拉拔是冷拔，在再结晶温度以上的拉拔是热拔，在高于室温低于再结晶温度的拉拔是温拔。

1）冷拔是金属丝、线生产中应用最普遍的拉拔方式。

2）热拔时，金属丝进入模孔前要加热，主要用于高熔点金属如钨、钼等金属丝的拉拔。

3）温拔时，金属丝也需要通过加热器加热到指定范围的温度才进入模孔进行拉拔，主要用于锌丝、难变形的合金丝（如高速钢丝、轴承钢丝）的拉拔。

（2）按照拉拔过程中，金属丝同时通过的模子数进行分类，只通过一个模子的拉拔是单道次拉拔，依次连续通过若干（一般为 2~25）个模子的拉拔是多道次连续拉拔。

1）单道次拉拔的线速低，生产力及劳动生产率低，常用于大丝径、低塑性及异型丝、线的拉拔。

2）多道次拉拔的线速高，机械化自动化程度高，生产力及劳动生产率高，是金属丝、线生产的主要方式。它分为非滑动式连续拉拔和滑动式连续拉拔。按拉拔时采用的润滑剂状态分，使用液态润滑剂的是湿拉拔，使用固态润滑剂的是干拉拔。

（3）按照拉拔金属丝的断面形状进行分类，有圆形丝拉拔及异型丝拉拔。

（4）按照作用于被拉拔金属丝上的拉力进行分类，有正拉力拉拔及反拉力拉拔。还有特种拉拔，如辊模拉拔等。

7.4.2.3 金属丝拉拔工艺特点

金属丝拉拔的应力状态为二向压应力和一向拉应力的三向主应力状态，它与三向都是压缩应力的主应力状态相比，被拉拔的金属丝较易达到塑性变形状态。拉拔的变形状态为二向压缩变形与一向拉伸变形的三向主变形状态，该状态对发挥金属材料的塑性不利，较容易产生和暴露表面缺陷。金属丝拉拔过程的道次变形量受其安全系数限制，道次变形量较小则拉拔道次较多，因此在金属丝的生产中常采用多道次连续高速拉拔。

7.4.2.4 金属丝拉拔过程的变形指数

金属丝在拉拔过程中横断面减小、长度增加，拉拔前、后的金属丝的横断面面积和长度分别以 F_0、F 及 L_0、L 表示。拉拔变形的主要指数计算公式：

断面减缩率或压缩率

$$\varepsilon = \frac{F_0 - F}{F_0} \times 100\% = \frac{L - L_0}{L} \times 100\% \tag{7.5}$$

延伸系数

$$\lambda = \frac{L}{L_0} = \frac{F_0}{F} \tag{7.6}$$

7.4.2.5 金属丝拉拔设备：拔丝机（拉丝机）

金属拉丝机属于标准件等金属制品生产预加工设备，广泛应用于金属丝、制绳丝、预应力金属丝、标准件等金属制品的生产和预加工处理，如图 7.23 所示。一般以老式滑轮拉丝机为主，兼有双卷筒式、直进式、活套式、调谐辊直线式、组合式及各种水箱拉线机并存的现状。滑轮式拉丝机是一种可积线的无滑动干式连续拉丝机；在拉拔过程中，在卷筒圆周方向钢丝与卷筒表面沿卷筒圆周方向没有相对滑动，两者表面磨损量相对较小，并且当中间某一卷筒临时停车时，其后面的卷筒仍可依靠各自的积线量照常工作一段时间。该机型具有结构简单，操作、维护方便，制造成本低等优点。

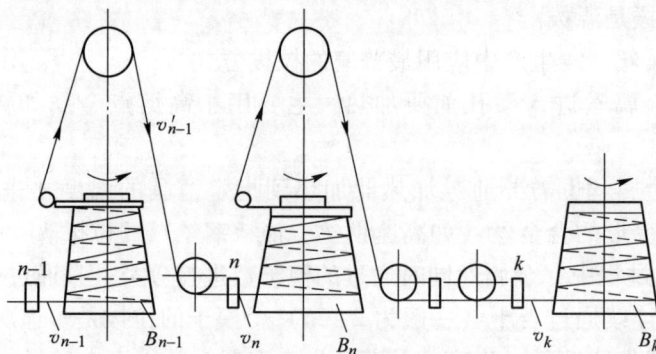

图 7.23 积线式连续拉拔示意图

　　从现代制丝工艺的原理和工艺流程来看，秦代工匠采用类似的设计思路和制作方法也是可能的，他们遇到的唯一障碍是"如何获得足够的动力"。在没有电力的古代要进行金属拉拔会非常困难。秦代工匠是如何解决这个问题的呢？

7.4.3　铠甲丝样品及其处理

　　实验所用的 K9801 陪葬坑出土的铠甲丝残件由秦始皇兵马俑博物馆提供。图 7.24 所示为铠甲丝的典型形貌图。铠甲丝残件长约数厘米，横截面为宽约 4mm、厚 1mm 的矩形状，两个纵截面被分别标记为纵截面 A 和纵截面 B。整个铠甲丝残件表面包裹着一层较厚的青色锈。

图 7.24　铠甲丝残件

7.4.4　铠甲丝的微结构特征

　　能谱仪（EDS）测试结果显示，除了表面的一层 $300 \sim 400 \mu m$ 的锈蚀层中含有少量的 Sn 和 O 以外，整个铠甲丝基体的主要组分为纯铜（Cu），基本不含其他杂质，如图 7.25 所示。

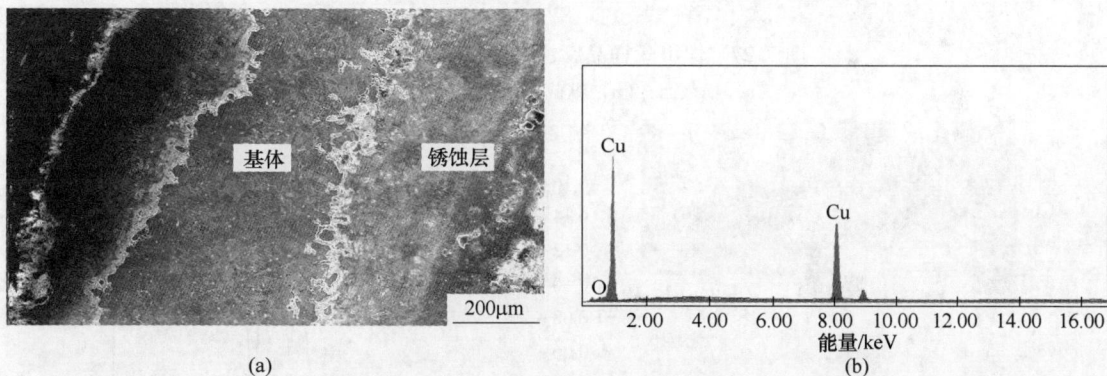

图 7.25　铠甲丝横截面的 SEM 形貌图（a）和铠甲丝基体的 EDS 测试结果（b）

　　铜是一种延展性和可锻性非常好的金属，并且拥有良好的导热性、导电性、耐腐蚀及加工性能，因此多用于导线及管材的生产。纯铜导线在现代生活中应用广泛，常用于通信电缆、高保真导线及接触网导线等。显然，秦代的工匠不仅掌握了较高水平的铜冶炼技术，且熟练掌握了铜及其合金的特性，根据铠甲丝的用途，灵活采用了纯铜进行制作来满足其使用要求。

　　图 7.26 和图 7.27 分别为铠甲丝不同截面腐蚀前和腐蚀后的光学显微镜形貌。铠甲丝的显微组织主要表现为细小的 $\alpha\text{-}Cu$ 固溶体再结晶晶粒，有明显的退火孪晶组织、少量的

气孔及硫化亚铜夹杂物。进一步的背散射电子衍射（EBSD）测试结果表明，α-Cu 单相均为等轴晶，晶粒尺寸较小且均匀分布在 $10 \sim 20\mu m$，平均直径大约为 $13.59\mu m$，如图 7.28 所示，没有明显的择优取向[50]。即使以现代铜制品的晶粒大小标准来判断[51]，铠甲丝的晶粒尺寸也算是较细小的。由此可以推断出，这些铠甲丝在实际使用之前经过了良好的热处理。

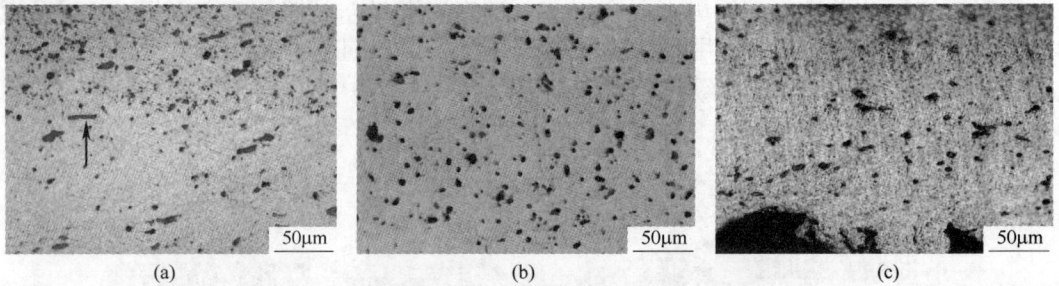

图 7.26　铠甲丝样品腐蚀前的光学显微镜形貌

（a）横截面；（b）纵截面 A；（c）纵截面 B

图 7.27　铠甲丝样品腐蚀后的光学显微镜形貌

（a）横截面；（b）纵截面 A；（c）纵截面 B

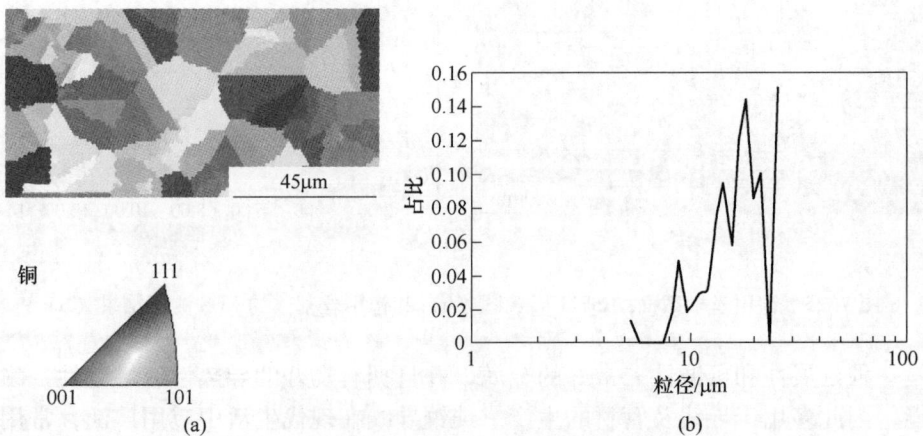

图 7.28　铠甲丝的 EBSD 测试结果

（a）晶粒取向分布图；（b）晶粒大小分布图

另外，如图 7.26 和图 7.27 所示，铠甲丝的横截面和纵截面 B 中夹杂物均沿平行于纵截面 A 平面的方向拉长；而纵截面 A 中的夹杂物没有明显的伸长变形，呈现为多角形或圆形。这种夹杂物的形貌分布形态与轧制后的组织类似[52-54]，并且说明了铠甲丝在制作过程中经过了较大的塑性变形。显然，以秦代的工艺条件，古代的工匠们不可能采用如同我们今天所用的拉丝工艺来制作铠甲丝[45]。那么，这个大的塑性变形是怎么来的呢？

7.4.5 铠甲丝锻打过程的模拟计算

众所周知，在现代的拉丝工艺中，所得到的扁丝的轴向截面上的晶粒和夹杂物形态表现为沿拉丝变形方向伸长，而横向截面上的晶粒和夹杂物形态表现为多角形[55]。而对于此铠甲丝来说，在各个截面上观察到的都是均匀一致的等轴晶，确实说明了其制作工艺不同于现代的拉丝工艺。另外，铠甲丝中夹杂物的伸长形态显示了其在制作过程中经历过大的塑性变形。据此，可认为铠甲丝的制作工艺为：先冶炼纯铜，接着铸出铜板铸锭，然后通过反复多次冷锻、退火处理，将铸锭锻打成薄片状，最后再裁成铜丝或铜条。

对于制作工艺流程的第一步来说，秦代发达的铜冶炼技术保证了高纯度铜的产出，用于制作铠甲丝的原料。尽管秦代已经发现了金属铁，但是由于铁冶炼技术的不成熟，在制作兵器的原料选择上仍然无法取代铜及其合金的位置[56]。第二步是铸出铜锭，铜铸锭的形状应该是薄板状，这样才便于后续的流程中将其锻打成与最终铠甲丝厚度相同的薄片状。然后，薄板状铜铸锭被锻打成薄片状，且原始铜薄板铸锭的厚度可以通过计算模型估计出来，如图 7.29 所示。

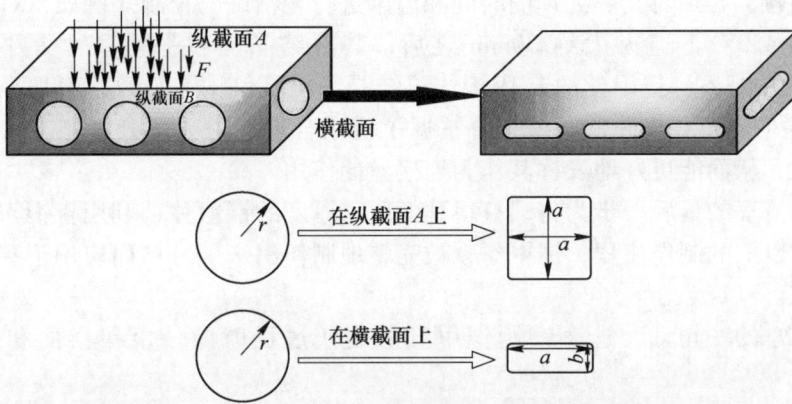

图 7.29 铠甲丝中 Cu_2S 夹杂物在锻打中变形过程的简易示意图

此模型基于一个既定的假设，即原始铸锭中的 Cu_2S 夹杂物为半径为 r 的球形。那么，在受到一定程度的锻打作用产生变形后，从纵截面 A 来看，夹杂物的变化表现为从半径为 r 的圆形变为近似于正方形，设其边长为 a；从纵截面 B 和横截面来看，夹杂物的变化表现为从半径为 r 的圆形变为长为 a 的近似于矩形状，设其宽为 b。夹杂物的体积保持不变，则可以得到式 (7.7)。

$$\frac{4}{3}\pi r^3 = ab^2 \tag{7.7}$$

那么，从铸锭锻打成薄板过程中，总的变形量 δ 可以通过 $\delta = 1 - b/(2r)$ 得到。首先，选取铠甲丝横截面中的一个 Cu_2S 夹杂物，如图 7.26（a）所示。此夹杂物的长度 a 和宽度 b 分别测量为：$a = 19.25\mu m$，$b = 3.43\mu m$。根据式（7.7）计算得到半径 r 的值为

6.72μm。所以，总的锻打变形量 δ 可以粗略估计为 75%，变形量较大。也就是说，原始铜薄板铸锭的厚度大约为 4mm。

7.4.6 铠甲丝的制作工艺

考虑到秦代的工艺条件，将铜铸锭锻打成薄片状的这个过程应该是使用类似于锻锤的锻打工具手工完成。归功于秦代成熟的青铜科技水平及铁器的出现，锻打工具可能是用拥有比纯铜更高强度和硬度的青铜或者铁制作而成。根据现代的纯铜锻造理论，纯铜在常温及一定的温度范围内都具有很高的塑性，可用各种方法对其进行冷、热变形[56]。相比于冷锻来说，热锻所需要的载荷更小、更容易操作。然而，热锻可以使铸态金属与合金中的气孔焊合[57]。图 7.26 和图 7.27 的金相图谱显示出，铠甲丝中含有明显的气孔和孔洞。所以，此铠甲丝更可能是经过了冷锻处理。也就是说，经过了长期的铜制品生产工艺的摸索，秦代的工匠已经掌握了纯铜的锻造特性，运用青铜或者铁的锻锤成功地将薄板状铜铸锭冷锻成具有所需厚度的薄片状。

当然，纯铜铸锭经过冷锻产生塑性变形后，容易出现加工硬化，塑性和韧性降低，不利于进一步加工。因此，在铜铸锭被锻打成所需厚度的薄片状的过程中，必须与中间退火处理结合，反复多次进行，以消除加工硬化，改善锻打产物的强度塑性。依据现代的退火工艺可知，退火的温度越高，时间越长，最终得到的再结晶晶粒越粗大。即想要得到细小的铜再结晶晶粒，必须对其热处理的时间和温度进行较精确的控制。例如，对于 TP2 型工业铜来说，在 450℃ 下退火大约 30min 之后，其再结晶晶粒平均尺寸大小在 15μm 左右[58]。而实验中观察到铠甲丝的 α-固溶体再结晶晶粒不仅均匀一致，而且平均直径少于 15μm，这就说明了秦代工匠们已经充分掌握了应用合理的退火热处理工艺来改善铠甲丝的强度和韧性，从而能更好地发挥其作为连接丝的作用。

制作工艺流程的最后一步为将锻打得到的所需厚度的铜薄片，利用青铜刀或者钢刀裁切成丝。通过以上的制作流程，铠甲丝就被完整地制作出来了，从而应用于穿缀连接石铠甲的各个部位。

实际上，总的一句话，这个铜制铠甲丝的制作过程就像一个"擀面和切面条"的过程。

参 考 文 献

[1] 华觉明. 中国古代金属技术：铜和铁造就的文明 [M]. 郑州：大象出版社，1999.

[2] Scott D A. Metallography and Microstructure of Ancient and Historic Metals [M]. Malibu CA, USA：The Getty Conservation Institute, 1991.

[3] Chase T. Chinese bronzes：Casting, finishing, patination and corrosion [M] // Scott D A, Podany J, Considine B, et al. Ancient and historic metals. California, USA：The Getty Conservation Institute, 1994.

[4] 魏国峰，毛振伟，秦颖，等. 金沙遗址出土铜片的加工工艺研究 [J]. 有色金属，2007，59（1）：117-120.

[5] 何堂坤，刘绍明. 南阳汉代铜舟科学分析 [J]. 中原文物，2010，4：92-94.

[6] Park J S, Park C W, Lee K J. Implication of peritectic composition in historical high-tin bronze metallurgy

［J］. Materials Characterization, 2009, 60：1268-1275.

［7］ Murillo-Barroso M, Pryce T O, Bellina B, et al. Khao Sam Kaeo-an archaeometallurgical crossroads for trans-asiatic technological traditions［J］. Journal of Archaeological Science, 2010, 37：1761-1772.

［8］ Melikian-Chirvani A S. The white bronzes of early Islamic Iran［J］. Metropolitan Museum Journal, 1974, 9：123-151.

［9］ Srinivasan S. The use of tin and bronze in prehistoric southern Indian metallurgy［J］. JOM, 1998, 50 (7)：44-48.

［10］ Pillai R M, Pillai S G K, Damodaran A D. Shaping of bronze in ancient India-some case studies from south India［J］. Transactions of the Indian Institute of Metals, 2006, 59 (6)：847-864.

［11］ Meeks N D. Tin-rich surfaces on bronze-some experimental and archaeological considerations［J］. Archaeometry, 1986, 28 (2)：133-162.

［12］ Giumlia-Mair A. Tin rich layers on ancient copper based objects［J］. Surface Engineering, 2005, 21 (5/6)：359-367.

［13］ 杨平. 电子背散射衍射技术及其应用［M］. 北京：冶金工业出版社, 2007：160-161.

［14］ 郑子樵. 材料科学基础［M］. 长沙：中南大学出版社, 2005.

［15］ Meeks N D. Surface characterization of tinned bronze, high-tin bronze, tinned iron and arsenical bronze［M］// La Niece S, Craddock P T. et al. Metal Plating and Patination-Cultural, Technical and Historical Developments. Oxford：Butterworth-Heinemann, 1993：247-275.

［16］ 孙淑云, 李晓岑, 姚智辉, 等. 中国青铜器表面镀锡技术研究［J］. 文物保护与考古科学, 2008, 20 (增刊)：41-52.

［17］ Tu K N, Zeng K. Tin-lead (SnPb) solder reaction in flip chip technology［J］. Materials Science and Engineering：R, 2001, 34：1-58.

［18］ Prakash, K H, Sritharan T. Interface reaction between copper and molten tin-lead solders［J］. Acta Materialia, 2001, 49：2481-2489.

［19］ Gagliano R A, Fine M E. Thickening kinetics of interfacial Cu_6Sn_5 and Cu_3Sn layers during reaction of liquid tin with solid copper［J］. Journal of Electronic Materials, 2003, 32 (12)：1441-1447.

［20］ Brandes E A, Brook G B. Editors, Smithells Metal Reference Book, Seventh edition［M］. Oxford, England：Butterworth-Heinemann, 1992.

［21］ 姜涛. 三门峡虢国墓［M］. 北京：文物出版社, 1999.

［22］ 田仁孝, 雷兴山. 宝鸡市益门村二号春秋墓发掘简报［J］. 文物, 1993 (10)：1-14.

［23］ 袁进京, 张先得. 北京市平谷县发现商代墓葬［J］. 文物, 1977 (11)：1-8.

［24］ 李众. 关于藁城商代铜钺铁刃的分析［J］. 考古学报, 1976 (2)：17-34.

［25］ Gettens R J, Clarke R S, Chase W T. Two early Chinese bronze weapons with meteoritic iron blades［J］. Freer Gallery of Art, 1971.

［26］ 廉海萍, 谭德睿. 东周青铜复合剑制作技术研究［J］. 文物保护与考古科学, 2002 (S1)：319-334.

［27］ 丁忠明, 曲传刚, 刘延常, 等. 山东新泰出土东周青铜复合剑制作技术研究［J］. 文物保护与考古科学, 2012 (S1)：75-86.

［28］ 陈佩芬. 古代铜兵铜镜的成分及有关铸造技术［M］. 上海：上海博物馆集刊, 1981.

［29］ 何堂坤. 鄂州战国青铜兵刃器初步考察［J］. 江汉考古, 1990 (3)：58-64.

［30］ 彭适凡, 华觉明, 王玉柱. 江西出土的青铜复合剑及其检测研究［J］. 中原文物, 1994 (3)：101-103.

［31］ 湖南省博物馆. 长沙楚墓［J］. 考古学报, 1959 (1)：41-60.

[32] 陈仲陶. 从修复、制作等传统工艺谈青铜器鉴定 [J]. 四川文物, 2010 (2): 91-96.

[33] 杨小刚, 邹后曦, 金普军, 等. 开县余家坝遗址出土青铜兵器与工具金相学研究 [J]. 科技考古, 2013 (2): 80-83, 87.

[34] 贾腊江, 赵丛苍, 金普军, 等. 一批秦早期青铜兵器的初步分析 [J]. 西北大学学报（自然科学版）, 2011, 41 (1): 67-72.

[35] 赵凤杰, 李晓岑, 张元. 贵州可乐墓地出土铜器的技术研究 [J]. 文物科技研究, 2012 (3): 81-86.

[36] 孙淑云, 韩汝玢, 李秀辉. 中国古代金属材料显微组织图谱（有色金属卷）[M]. 北京: 科学出版社, 2011.

[37] Jackson D F, Hawkes D J. X-ray attenuation coefficients of elements and mixtures [J]. Physics Reports, 1981, 70 (3): 169-233.

[38] Pan C X, Liao L M, Hu Y L. Functions and morphology of metal lead addition to ancient chinese bronzes [J]. Advanced Materials Research, 2007, 26-28: 523-526.

[39] Huang Y M, Wu Y M, Pan C X. EBSD study of solidification characteristics of austenitic stainless steel weld pool. Metal Science Journal, 2013, 26 (6): 750-753.

[40] 潘春旭. 异种钢及异种金属焊接: 显微结构特征及其转变机理 [M]. 北京: 人民交通出版社, 2000.

[41] 王望山. 秦始皇陵园青石铠甲坑的考古试掘 [J]. 文博, 1999 (6): 12-17.

[42] 蒋文孝. 秦铠甲再认识 [J]. 文博, 2002 (6): 62-65.

[43] 夏寅, Weichert M, 张志军, 等. 环十二烷法提取修复石铠甲 [J]. 文物保护与考古科学, 2005, 17 (2): 31-35.

[44] 蒋文孝. 秦始皇陵 K9801 陪葬坑出土石铠甲研究 [D]. 西安: 西北大学, 2007.

[45] 李中和. 铜丝铜网 [M]. 北京: 中国轻工业出版社, 1987.

[46] 李飏, 李祖德. 中国古代块炼铁技术 [J]. 粉末冶金材料科学与工程, 1999, 4 (1): 1-9.

[47] 张涛. 秦俑坑出土的兵器 [J]. 丝绸之路, 1999 (1): 20-24.

[48] 袁仲一, 程学华. 秦陵铜车马的结构及制作工艺 [J]. 西北农业大学学报, 1995, 23 (增刊): 59-65.

[49] 侯介仁. 秦陵铜车马中钻削技术应用研究 [J]. 西北农业大学学报, 1995, 23 (增刊): 81-84.

[50] Artioli G. Crystallographic texture analysis of archaeological metals: Interpretation of manufacturing techniques [J]. Applied Physics A, 2007, 89 (4): 899-908.

[51] 左申傲, 刘怀河. 单相铜合金晶粒度的测定方法与应用 [J]. 机械工程材料, 2005, 29 (9): 69-70.

[52] Kienlin T L, Bischoff F E, Opielka H. Copper and bronze during the eneolithic and early bronze age: A metallographic examination of axes from the northalpine region [J]. Archaeometry, 2006, 48 (3): 453-468.

[53] Gordon R, Knopf R. Metallurgy of bronze used in tools from machu picchu, peru [J]. Archaeometry, 2006, 48 (1): 57-76.

[54] Guo M X, Wang M P, Shen K, et al. Effect of cold rolling on properties and microstructures of dispersion strengthened copper alloys [J]. Transactions of Nonferrous Metals Society of China, 2008, 18 (2): 333-339.

[55] 洛阳铜加工厂中心实验室金相组. 铜及铜合金金相图谱 [M]. 北京: 冶金工业出版社, 1983: 22-25.

[56] 郭鸿镇. 合金钢与有色合金锻造 [M]. 西安: 西北工业大学出版社, 1999: 158-172.

［57］ Douglas R, Kuhlmann D. Guidelines for precision hot forging with applications ［J］. Journal of materials processing technology, 2000, 98: 182-188.

［58］ Koo J B, Yoon D Y. Abnormal grain growth in bulk Cu: The dependence on initial grain size and annealing temperature ［J］. Metall. Mater. Trans. A, 2001, 32 (8): 1911-1926.

8 古代青铜剑制作的核心
技术及其表面富锡层研究

8.1 概述

中国的剑文化源远流长。如果没有剑，中华文化将大为失色，中国人对剑的崇拜甚至达到了神奇与神话的地步，被认为是"古之圣品"。青铜剑因其携之轻便、佩之神采、用之迅捷，故历朝王公帝侯、文士侠客、商贾庶民，莫不以持之为荣。例如，被认为是文人鼻祖的孔夫子随身佩剑，出门驾车，在当时是高贵的象征。

古代青铜剑中最为著名的是越王勾践剑，它 1965 年出土于湖北江陵望山 1 号楚墓，剑身遍饰菱形暗纹，近格处有"越王勾践，自作用剑"两行八字错金鸟篆铭文。

然而，与其他古代青铜器相比，青铜剑的形状和尺寸简单，其制作技术和工艺也属于比较简单的一类，更不用说与异常复杂的曾侯乙尊盘和曾侯乙编钟相比了。越王勾践剑之所以闻名天下，主要还是因为它是一把"王者之剑"，再加上有越王勾践"卧薪尝胆"的成语和传说。

人们由于喜欢剑，甚至崇拜剑，常常赋予剑很多神话色彩，或者超出剑自身能力的功能，这在一些影视作品和传奇小说中表现得尤为突出。比如说认为欧冶子制作的青铜宝剑能够削铁如泥；另外，就是由于缺乏材料科学知识，更是将青铜剑与铁剑（或钢剑）的制作工艺混为一谈，铜、铁不分，把铁（钢）剑的锻打与淬火工艺强加到青铜剑的制作过程中，很多人还津津乐道，没有发现其中在逻辑上和技术上的谬误。

本章从材料科学的角度，对古代青铜剑的特点、青铜剑与铁剑制作技术差异、复合剑技术和表面处理技术等进行分析和讨论。以期从材料专业的角度对青铜剑的传说进行解读，为进一步深入了解和研究古代青铜剑的发展提供思路和方法。

8.2 古代青铜剑的制作与核心技术分析

8.2.1 青铜剑的发展历史与形制

形制简单的剑一类削杀器在很早就被发明和使用。中国最早的剑出现于新石器时代晚期，江苏邳县大墩子发现的一把环形短剑，是用岫岩玉制作的。

从公元前 21 世纪起，中国进入青铜时代，在河南偃师二里头遗址（夏朝都城）中曾出土了一把青铜戈，被认为是目前出土年代最早的青铜兵器。但二里头文化和早商遗址中都没有出土过青铜剑。一般认为，直到商代晚期，青铜剑才问世。

由于环境和文化传统的差异，我国南北各地的青铜剑风格各异，精彩纷呈，逐渐形成了中原式、巴蜀式、滇式、吴越式等几大谱系。

早期青铜剑的形制比较简略。如西安市长安区张家坡的西周早期墓出土的一把青铜剑，仅27cm长，扁茎、斜肩、无格，茎部有两个纵列的圆孔，应当是在两侧夹缚木柄用的。北京房山琉璃河出土的一件周初的铜剑，只有17.5cm长。这些剑，除去握持的部分，有效的部分很短。

在周代早期或稍晚的中原地区，则出现了以脊柱为特点的铜剑，如果再做细分，又可以有直刃和曲刃两类，前者出现较早，后者出现较晚。

在商周之际或稍晚的西部四川地区，出现了颇具地方特色的短剑，器身呈柳叶形，称"柳叶形剑"。由于以往柳叶形剑主要出土于川东的重庆等地，当地为古代巴国所在，故又称为"巴式剑"。后来，柳叶形剑在古蜀国的所在地成都平原也不断出土，铜剑上常见的手心纹也见于三星堆的青铜人像上，可见柳叶形剑是巴蜀地区共有的文化特征。

也有人研究流行于西周中原地区的柳叶形青铜短剑，其长度在20~30cm之间，因复合剑柄技术而与众不同[1]。

滇式剑主要存在于今天的川南、贵州和云南地区。古代以滇文化为中心的西南夷地区，青铜文化出现较迟，大约到中原地区进入战国时代之时，这里的青铜文化才开始兴盛。滇式剑的形式很多，最典型的是三叉格式剑。此外，用金、铁、铜三种金属做的金鞘铁柄铜剑，颇有特色。

古人出于对青铜剑的喜爱和重视，为青铜剑的每一个部位都取有名字，如剑身前端称为"锋"；剑体中线凸起称为"脊"；脊两侧成坡状称为"从"；脊+从为"腊"；从外的刃为"锷"；剑把为"茎"（扁形与圆形两种）；茎和身之间有的有护手称为"格"或"卫"；茎的末端圆形称为"首"或"镡"；茎上有圆形的称为"箍"。茎上常以绳缠绕，绳称为"缑"；剑鞘也谓之"室"，如图8.1所示。甚至形成不同的剑谱，如图8.2所示。

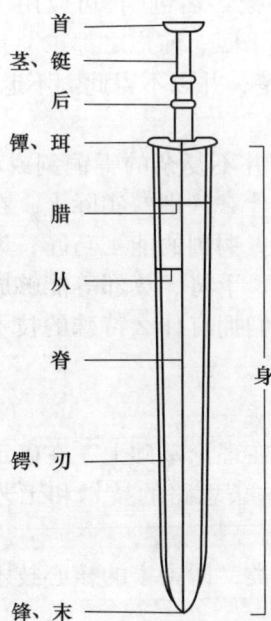

图8.1 青铜剑不同部位的名称示意图

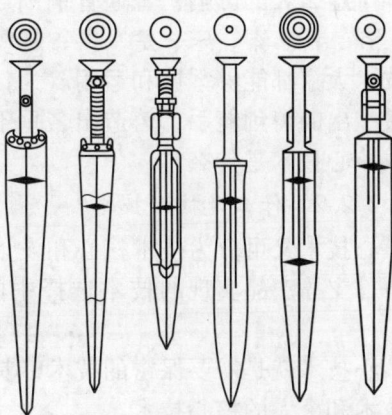

图8.2 青铜剑剑谱示意图

8.2.2   古代青铜剑制作的核心技术是什么？

8.2.2.1   问题的提出

在历史文献记载和传说中，有关古代名剑和著名铸剑师的故事被广泛流传。最有名的是春秋末期到战国初期越国（绍兴）人，欧冶子，以及他的女儿莫邪和女婿干将。传说欧冶子铸造有 8 把宝剑：龙渊、太阿、工布、湛卢、纯钧、胜邪、鱼肠、巨阙；干将、莫邪夫妇则铸造了锋利异常的"雌雄剑"，都被认为是"华夏千古名剑"。今天的浙江省西南部莫干山被认为是干将和莫邪铸剑的地方，还留有"赤铸山"和"试剑石"等遗迹。然而，在考古发掘中，至今还没有发现这些名剑的出土。

在先秦时期，一般认为"吴越出名剑"。吴越是指春秋时建立于长江三角洲地区的句吴、于越二国，即现在的江苏南部、上海、浙江、安徽南部、江西东北部一带的地区。古代青铜器的制作要有两个基本条件：一是优质的矿产资源用于冶炼铜（Cu）和锡（Sn）等金属；二是还要掌握先进的冶炼和制作技术，也就是"刑范正，金锡美，工冶巧，火齐得"（《荀子·强国》）。

现在的考古发掘已经确定在长江中下游有许多古铜矿，如湖北的大冶铜绿山，江西的瑞昌铜岭，安徽的南陵与铜陵交界地带的工山、凤凰山、狮子山和铜官山等，其中最早的铜矿开采可能始于商代晚期[2]。对于吴越地区来说，除了铜（Cu）以外，更为重要的是盛产金属锡（Sn），江苏无锡的一座山就叫锡山。这些天然原材料为"吴越出名剑"提供了有利条件。

对吴越剑的赞美之词也有很多，如战国庄子盛赞吴越之剑为"夫有干越之剑者，只可柙而藏之，不可用也，宝之至也"（《庄子·刻意篇》）；《吴越春秋》记载吴王阖闾时，曾下令以重金悬赏工匠铸冶利剑，于是"吴作钩者甚众"，吴国之剑也越造越精，乃至"肉试则断牛马，金试则截盘匜"等。更有甚者，为了获得一把"名剑"，可以用土地和户籍进行交换，甚至不惜发动战争。如欲以"市之乡二、骏马千匹、前户之都二"换取越王之剑；"湛卢"为楚庄王所得，秦王求之不得，竟然兴师击楚，并以不得此剑不退师相威胁；可以说这些宝剑已成为权力的象征，由此可见其珍贵程度。

那么，我们会有一些疑问，为什么一把现在看来制作并不复杂的青铜剑或者"名剑"能够产生这么大的影响？普通青铜剑与名师制作的名剑有什么区别？实际上，在春秋战国时期，齐、晋、秦、宋、楚、吴、越等国都拥有一批铸造青铜剑的能工巧匠，说明普通的制剑技术大家都能够掌握和运用。为什么吴、越的欧冶子、干将、莫邪等能够成为中国历史上最杰出的铸剑能手，铸造出名垂千古名贵青铜剑？他们拥有什么特殊的技术？他们的秘诀或核心技术是什么？

8.2.2.2   什么是核心技术？

核心技术又可分为技术核心和设计核心。技术核心是在理论基础上，在确定技术路线情况下，支撑产品实现的技术选择中的关键部分，完成这条思路的技术和工艺就是核心技术。

核心技术就是需要保密的技术，具体来说可以分为 3 类，即国家的核心技术、集体的核心技术和个人的核心技术。

（1）国家的核心技术。国家的核心技术就是国家之间相互保密的技术。这个核心技术的特点是保密对象只是另外的国家，而在一个国家之内，会有很多人知道或者了解这个技术。

（2）集体的核心技术。集体的核心技术即为竞争单位或公司之间相互保密的技术。与国家核心技术的特点一样，只是相对来说，知道和掌握核心技术的人数更少一些。

（3）个人的核心技术。个人的核心技术是个人或家庭成员才知道和掌握的核心技术。对于古代"名剑"制作来说，欧冶子和干将、莫邪一家应该有属于自己的"个人核心技术"，并且能够对其他铸剑师保密。

8.2.2.3 青铜剑制作核心技术的分析

正如前面所述，从现代材料学和材料加工工艺来说，青铜剑的制作技术和工艺很简单，相比曾侯乙尊盘和曾侯乙编钟，甚至后母戊鼎、铜奔马、云纹铜禁、妇好鸮尊等著名古代青铜器的制作难度，完全不在一个档次。

由于古代"名剑"的传说影响深远，下面就青铜剑制作中可能会存在有哪些核心技术做一个简单分析，让人们对古代青铜剑的制作技术有一个新的认识。

A　核心技术是使用了特殊的材料吗？

前面提到古代吴越地区拥有优质的矿产资源对于冶炼 Cu-Sn 合金非常重要，使其获得了"吴越出名剑"的声誉。然而，青铜材料的冶炼需要大量的人力、物力、财力等，一般规模较大。不可能仅欧冶子等少数人掌握优质青铜的冶炼技术，而其他人不能掌握和使用。另外，在春秋战国时期，青铜属于国家的战略资源，其技术和材料的储备等一般都被统治者掌握。他们为了战争的需要，精良的青铜剑等武器应该越多越好，不可能仅让少数人掌握冶炼技术，能够制作出优质青铜剑，而其他工匠制作的青铜剑不堪一用。实际上，当时已经能够分离和冶炼很纯的铜（Cu）、锡（Sn）原料，并且能够通过合理的合金配比，以达到各种使用性能的需要与要求。所以结论就是：材料不是制作"名剑"的主要原因。

B　核心技术是青铜剑的形状特殊吗？

青铜剑一般都是短剑，它无法做长的原因是青铜易折断。春秋战国时期，最负盛名的越王勾践剑，全长不过 55.6cm。青铜剑普遍宽而短，60cm 似乎是青铜剑的极限。在司马迁《史记》中，曾记录当荆轲刺杀秦始皇时，由于秦始皇的佩剑太长了，因此不能及时拔出来。1974 年，考古人员在兵马俑坑中发现了一把长度超过了 91cm 的青铜剑。经测量发现，该剑的宽窄有一些规律性变化。据此有人认为"秦青铜剑的特殊形状是它获得优良性能的主要因素"。实际上，从铸造技术来说，形状上的设计是最简单和最容易达到的，并且也最容易被其他人复制和利用。所以结论就是：青铜剑的形状不应该是制作优质青铜剑的关键技术。

C　核心技术是复合剑制作技术？

青铜复合剑[3-6]和复合戈[7]是研究比较多的古代青铜剑，其制作工艺基本原理是：先铸出 Sn 含量较低（或纯铜）、韧性好的剑脊部分，然后铸出含 Sn 量较高、硬度较高的剑丛部分，又称为二次铸造工艺。从而使青铜剑具有刚柔并济的特点，能够把青铜的性能发挥到了最佳，说明古人已经具有了现代复合材料中"1+1>2"的设计理念。然而，从铸造技术上来说，这种二次铸造技术对于能够铸造出后母戊鼎、妇好鸮尊，甚至曾侯乙尊盘和曾侯乙编钟等异常繁复的工匠来说，应该也是很容易掌握的。也就是说，这种二次铸造的复合剑制作技术很难被保密，很难不被他人所模仿。所以结论就是：二次铸造的复合剑不是制作优质青铜剑的关键技术。

　　D　核心技术是表面合金化技术？

　　现在一般认为，膏剂涂覆法是古人已经掌握了的表面合金化技术。通过该方法可以在青铜器上形成一个富锡的银色表面，具有美观和装饰的作用；同时，也具有较好的耐磨性和耐蚀性，能保护基体不受腐蚀。

　　如果古人确实掌握了表面合金化技术——膏剂涂覆法，那么，我们还有许多技术问题有待进一步弄清楚，如：（1）表面处理的温度，时间是多少？（2）由于 Sn 的原子半径比 Cu 大，Sn 在 Cu 中的扩散属于置换式扩散，一般在固态下的扩散速度非常慢，如何能够形成数十微米的富 Sn 层？（3）进行表面处理时，为了加速扩散过程，增加扩散速度和厚度，现代工业生产中一般要添加"催化剂"。古人采用了什么催化剂，有秘方吗？

　　E　名剑制作的难度在哪里？

　　在先秦时期，生产和制作的青铜剑有无数把，然而能够被历史记录和传说下来名剑只有区区几把，还有一种可能就是对名剑的性能要求高，制作的成功率低。莫干山至今留有"赤铸山""试剑石"等遗迹，说明剑做出来以后，还要对其强度、韧性等力学性能进行试验。也就是说，能够满足某些要求和指标的才能称之为宝剑。由于最后成功的宝剑非常少，非常难，也就成为大家竞相争夺的目标了。

　　F　"名剑"制作可能的核心技术是什么？

　　按照现在对 Cu-Sn 合金的认识，大概可以推断出以下几种技术有可能成为欧冶子等人掌握的"个人的核心技术"。

　　（1）锻打技术。我们知道由于存在柱状晶、气孔和偏析等缺陷，直接铸造的金属不能直接使用，需要后续的锻造和热处理等处理。青铜的可锻造温度范围很窄，586～798℃（体心立方结构 β-Cu 相（Cu_5Sn））区，温度区间为 212℃。在没有温度测量设备的古代，仅从观察火焰颜色判断温度的高低，需要经验，一般人难以掌握。如果能够准确控制锻打温度，则可以制作出高质量的青铜剑。

　　（2）表面处理。特殊的配方、催化剂、活化剂、催渗剂等，温度和时间的掌握，这些是可以保密，成为一些名家的核心技术。

　　（3）热处理技术。在表面处理时，同时获得退火等热处理，达到细化组织、减小偏析和气孔等铸造确定的效果。

8.2.3　青铜剑与铁（钢）剑的制作差异

　　铁（Fe）与铜（Cu）是不同的金属元素，它们的合金——铁基钢合金与铜基青铜合金也是两种完全不同的合金，不仅具有不同物理、化学和力学性能，还具有不同的晶体结构、微观组织、相变、凝固和再结晶等金属学特征。因此，它们具有不同的冷、热加工与处理方法。也可以说，青铜剑和铁（钢）剑的制作工艺是完全不同的。

8.2.3.1　青铜剑与铁剑的制作工艺

　　简单来说，青铜剑的主要制作工序为冶炼铜合金、铸造成型、打磨等。而铁剑（钢剑或钢刀）的主要制作工序为冶炼铁合金、锻打成型、淬火、打磨等。例如，现代钢剑的制作大概需经过打坯、热锻、淬火、铲、锉、镂花、嵌铜、磨光、装潢等 28 道工序，其中锻打成型和淬火是铁（钢）剑制作中的关键技术，或者说对于获得一把优质铁（钢）剑具有决定性作用。实际上，水平更高的工匠还会采用更多的工艺，如渗碳、不同钢铁复合技术等，进一步提高铁（钢）剑的性能。更关键的是他们会"炼钢"。

实际上，在青铜时代，冶铁技术早已出现，古人已经能够从铁矿石中，通过高温加热还原获得原始的铁制品"生铁"。然而，古人遇到了一个难以逾越的技术难题：铁没有青铜好用。制作高质量青铜器时，只要向铜里面加入不同含量的锡和铅等金属就可以，而铁不行。

我们现在知道，生铁是一类碳含量很高的铁碳合金，其含碳量（质量分数）为2.11%~6.69%，还含有较多的其他非铁杂质。生铁坚硬脆，不能锻打，需要进一步通过炼钢来降低碳含量。也就是说，真正有使用价值的是具有不同碳含量的碳素钢，如低碳钢（碳含量0.02%~0.25%）、中碳钢（碳含量0.25%~0.6%）、高碳钢（碳含量0.6%~2%）。在没有化学分析技术的古代，要实现铁制品的"碳含量人为调控"势必比登天还难。从冶铁技术的出现，到"铸铁柔化术"或"炒钢""罐钢"等脱碳处理技术的发明，人类又经历了上千年的艰苦探索和追求，直到西汉后期，冶铁也就是炼钢技术才逐渐成熟，钢铁材料才实现了大规模应用，也就迎来了人类历史上的铁器时代。然而，直到20世纪以后，随着各种碳氮化学分析仪器的出现，我们才真正实现了对钢中碳含量的精确控制，使得钢铁材料的质量大幅度提高。

所以，在青铜时代的冶铁技术初期，如果有工匠掌握了脱碳技术进行炼钢，这就超越了时代局限性，可以称为是"一代伟人"。

渗碳就是通过增加钢铁制品表层的碳含量来提高其强度或硬度。一般认为，古人采用的渗碳方法主要有在冶炼时渗碳和在锻造过程中渗碳两种。

淬火也是一种提高钢铁表面强度的有效方法，古人可能采用的淬火方法主要有：单一介质淬火，即把锻打后的铁剑直接插入水或油里；双液淬火，就是用不同的液体（盐溶液和油）淬火。

可以看出，青铜剑的制作工艺简单，铁（钢）剑的制作工艺复杂，甚至多变。不同的工匠可能采用不同的铁（钢）剑制作工艺，拥有不同的制作技术；而青铜剑的制作工艺和过程则大同小异，变化很少。在一些文学作品和民间传说中，"神话"青铜剑制作，特别是"越王勾践剑"的制作工艺，是不准确，也可以说是错误的。

8.2.3.2 关于淬火问题

在古代青铜剑的文献和传说中，甚至在一些研究文献中，经常会提到青铜剑的淬火处理。很多人将钢的淬火硬化原理对应到青铜淬火，认为类似于制作铁剑（钢刀和钢剑）一样，青铜剑也可以通过高温急冷的方式获得高硬度。然而，这种说法是错误的。

在现代材料学中，淬火处理属于金属与合金强化中的方法之一。一般来说，增加金属与合金强度的方法主要有加工硬化、固溶强化（Cu-Sn合金、Fe-C合金）、第二相粒子弥散强化、双相合金强化、细晶强化、马氏体相变强化等。钢铁淬火处理就是通过获得具有高硬度的马氏体组织来提高材料的强度和硬度。

马氏体（martensite，简称M）是材料的一种组织名称，是碳在体心立方（bcc）结构的铁素体（ferrite，简称F，α-Fe）中的过饱和固溶体。由德国冶金学家Adolf Martens于19世纪90年代在一种硬矿物中发现。马氏体相变是一种无扩散相变或称位移型相变。相变中原子位移以切变方式进行，两相间以宏观弹性形变维持界面的连续和共格，其畸变能足以改变相变动力学和相变产物形貌。马氏体相变强化机制主要有四种形式：（1）固溶强化：间隙原子碳处于 α-Fe 相晶格的扁八面体间隙中，造成晶格的正方畸变并形成一个应力场。该应力场与位错发生强烈的交互作用，从而提高马氏体强度。（2）相变强化：马氏体转变时在晶体内造成密度很高的晶格缺陷，无论板条状马氏体中的高密度位错还是片状马氏体中的孪晶都阻碍位错运动，从而使马氏体强化。（3）时效强化：马氏体形成以后，碳及合金元素的原子向位错或其他晶体缺陷处扩散偏聚或析出，钉扎位错，使位错难以运动，从而造成马氏体强化。（4）晶界强化：马氏体板条或马氏体尺寸越小，马氏体强度越高，是由于马氏体相界阻碍位错运动，过冷奥氏体晶粒越细，马氏体强度越高。

下面对钢铁的淬火原理与目的，以及青铜（Cu-Sn 合金）的淬火问题进行对比和解释，期望能够有助于在今后的古代金属考古研究中消除误解，避免误用。

A　钢的淬火硬化原理

图 8.3 所示为铁-碳（Fe-C）平衡相图。从图中可以看出，对于普通的碳钢来说，当温度从高温缓慢冷却到室温的时候，产生平衡相变，即从面心立方（fcc）结构的奥氏体（austenite，简称 A，γ-Fe）转变为 α-Fe、珠光体（pearlite，简称 P，α-Fe + Fe₃C）和少量的渗碳体（Fe₃C）。一般来说这些组织都有较好的韧性，或者说硬度较低。但是如果冷却速度很快，则在室温下会得到一种硬度很高的马氏体（M）组织。

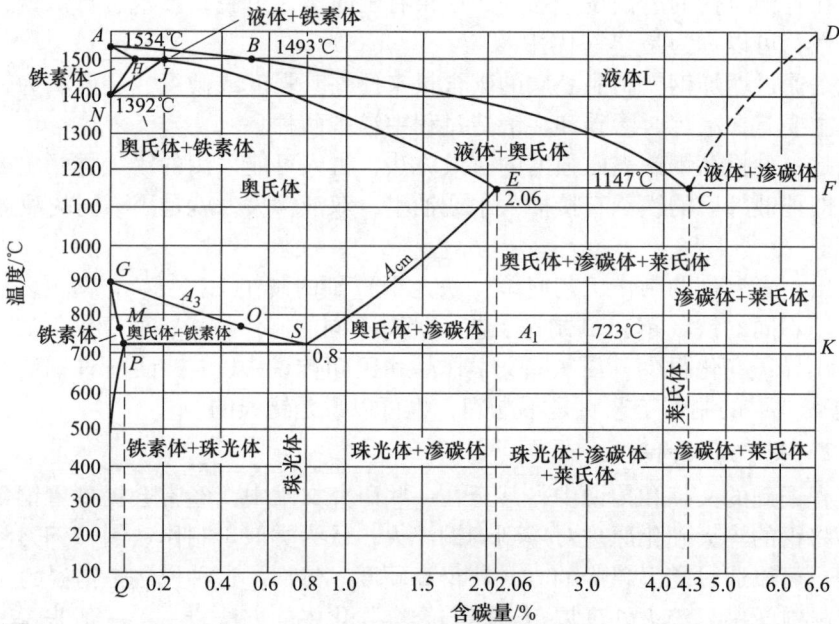

图 8.3　铁-碳（Fe-C）平衡相图

也就是说，在急速冷却（淬火）条件下，固溶在奥氏体（γ-Fe）中的高含量碳原子来不及扩散出晶胞，而保留在铁素体（α-Fe）中，并导致 α-Fe 的体心立方结构发生畸变，形成所谓的体心正方结构。体心立方的铁素体（α-Fe）很软，而发生了畸变的体心正方的马氏体（M）则很硬。马氏体组织的形貌一般为针状、片状或者板条状。

因此，钢铁的淬火硬化原理就是：将钢件加热到 A_{c3}（亚共析钢）或 A_{c1}（过共析钢）以上温度（γ-Fe 温度区域），即 A 相 γ-Fe 温度区域；保温一段时间，使之全部或部分奥氏体化；然后以大于临界冷却速度的冷速，快速冷却到 M_s（马氏体的开始转变温度）以下（或 M_s 附近等温），获得体心正方结构的马氏体（M）或贝氏体（B）组织。

常见的淬火工艺主要有：盐浴淬火、马氏体分级淬火、等温淬火、表面淬火和局部淬火等。

由于铁剑（钢剑或钢刀）经过淬火处理后，可以大大提高其硬度和杀伤力，因而很多人也想当然地认为青铜剑也可以进行同样的处理，或者具有同样的效果。这是误解，或者说是对材料科学的不了解。

B　青铜（Cu-Sn 合金）的淬火问题

青铜（Cu-Sn 合金）的强化机制是固溶强化，即 Sn 固溶在 α-Cu 相基体中，形成了 δ-Cu（$Cu_{41}Sn_{11}$）硬质相。随着 Sn 含量的增加，δ-Cu 硬质相数量也增加，青铜强度增加。当 Sn 含量达到 25% 时，强度便达最大值。一些青铜剑等削杀器的 Sn 含量甚至可以高达 20%~30%。

在实际操作中，青铜（Cu-Sn 合金）也可以进行淬火处理，但是却没有硬化现象，可能还会使青铜剑的硬度降低。这是由于如果将青铜在 586℃ 相变温度以上保温后，进行急冷淬火，除了获得 α-Cu 相低温基体组织以外，保留到室温的还可能有大量的 β-Cu 高温相，如图 8.4 所示。虽然 β-Cu（Cu_5Sn）相也是一种 Sn 含量较高的金

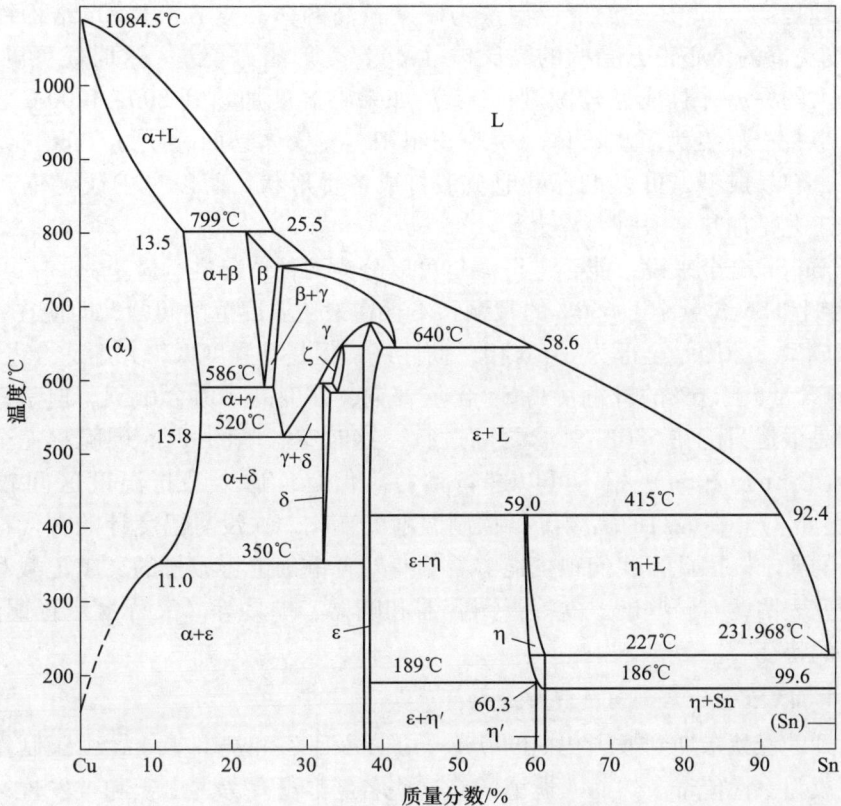

图 8.4　Cu-Sn 二元合金平衡相图

属间化合物，其硬度仍不及缓慢冷却得到的含 Sn 量更高的 δ-Cu（$Cu_{41}Sn_{11}$）硬质低温相。

因此，也有人认为，古代工匠对青铜剑进行淬火处理的目的是降低硬度，增加青铜剑的韧性，以减少青铜剑的脆断问题。这样的解释可能更加合理，也更反映出了古代工匠的聪明才智。例如，在元人伪撰的《格物论谈》提到："铜锡相和，硬且脆，水淬便硬。"此"硬"为"坚硬""刚强"之意，与现在材料学中的"硬度"概念有别，应理解为铸态青铜既硬又脆，水淬过后，脆性就减少了。

8.2.3.3　关于热锻打问题

如前所述，制作青铜剑和铁（钢）剑的工序中有一个重要的差异——锻打，铁剑成型主要靠锻打，而青铜剑则是铸造成型。本书曾多次提到，按照现代材料学理论和实践，一般的铸造工件是不能直接使用的，因为内部存在大量的铸造缺陷，如粗大的凝固组织、孔隙、夹杂物和化学成分偏析等。锻打（热锻或冷锻）及退火处理等是铸造工件必须的后续处理工序，能够大大提高工件的力学性能，达到使用要求。

材料能否进行热锻打，其中一个重要因素是锻打温度，或者说锻打温度范围的大小。

一般认为，钢铁的可锻性好，其中的一个原因是锻打温区大，达到了 400℃。我们一般看到的钢铁在锻打过程是这样的：首先要将被锻打工件加热，使其处于高温发红发亮的状态，才开始进行锤击和锻打，如果工件冷却或颜色变暗，则需要再次加热，才可以再次锻打。其原理是：（1）在室温下，钢铁为硬度较高的体心立方（bcc）结构铁素体（α-Fe），或硬度更高的体心正方结构的马氏体（M），变形能力较差。这时候可以进行锻打，但是需要较大的力，并且成型较困难；（2）如果将温度加热到 800~1200℃ 之间，铁素体（α-Fe）就完全转变为了奥氏体（γ-Fe）组织，奥氏体是面心立方（fcc）结构，强度低，塑性好，容易成型，可以很容易地被锻打成各种形状。所以对于铁（钢）剑制作来说，其标准工艺是加热→锻打→淬火。

而对于 Cu-Sn 合金来说，能否进行锻打可以分为两种情况进行讨论：

（1）纯铜和 Sn 含量小于 6.0% 的青铜：不存在锻造温度范围问题，即使在室温下也可以进行锻打成型。原因是全部为 α-Cu 相，韧性好，但是其强度低，并不适合做剑。

（2）Sn 含量大于 6% 的青铜：高 Sn 含量青铜，强度高，适合做剑。但是，一般不能锻打。原因是锻造只能在 586~798℃ 之间进行，这时室温下的 δ-Cu 硬脆相完全转变为了韧性较好的 β-Cu（Cu_5Sn）相，可以进行锻打。但是，这个锻打温度区间较窄，仅为 212℃（见图 8.4）。在锻打时需要严格控制温度的变化，在没有温度计的古代，对操作的工匠有很高的要求。因此，我们很少能够看到有对青铜剑进行锻打的文献记载和实物。然而，很多研究表明，一些碗、盆等青铜容器和响器、护具等（又称薄壁青铜器），有进行过热锻打的特征[8]。

8.2.3.4　欧冶子的名剑可能是钢剑

前面提到，春秋末期到战国初期的欧冶子，以及干将和莫邪等人，由于制作了一批华夏名剑，而成为一代传奇。然而，遗憾的是这些名剑都没有考古出土和被发现，只是留下了传说。现在很多人研究认为，欧冶子等人制作的名剑不是青铜剑，而是铁剑。由于铁剑容易腐蚀，所以这些名剑都化为了泥土，而没有被流传下来。

实际上，在以青铜器为主的春秋战国时期，铁的冶炼和铁器的制作技术处于初级阶段，很多关键技术还不能为大多数人所掌握。这时候如果欧冶子等人能够制作出锋利的铁（钢）剑，显然他们一定掌握了一些"核心技术"，特别是脱碳炼钢技术。民间流传干将、莫邪夫妇的造剑故事：干将夫妇接受吴王的命令，精心造剑，三年未成，眼看就要到吴王限定的期限了，莫邪很为丈夫担心，于是乃"剪发断爪，投入炉中"，这才造出了锋利异常的"雌雄剑"。这与现在材料学中钢的冶炼和"渗碳"等技术不谋而合。

还有一个说法"一个拿钢剑的人可以与5个拿青铜剑的人格斗"。如果是这样，欧冶子等人的铁（钢）剑受到当时人们的追捧就不足为奇了。但是后人却把铁剑与青铜剑混为一谈，期望本书能够给大家一个明确和专业的解读。

8.3 一把特殊复合青铜剑的发现与研究

众所周知，由 Cu-Sn 合金铸造的青铜兵器，Sn 多虽硬然而脆，易折断；Sn 少虽韧然而软，不锋利。在钢铁兵器尚未出现之前的青铜时代，如何使青铜兵器具备既锋利又不易折断的性能，实为一大难题。

研究认为，春秋战国时期吴、越两大诸侯国所铸的"双色"复合青铜剑是古代青铜剑制作工艺的一个重要创新[9]。其原理就是采用二次铸造工艺：首先，用低 Sn 含量韧性好的青铜铸造剑的中脊部分（呈红黄色）；然后，采用高 Sn 含量硬度高的青铜铸造剑从部分（呈黄白色），从而获得刚柔相济、性能优良的复合青铜兵器，如图 8.5 所示。

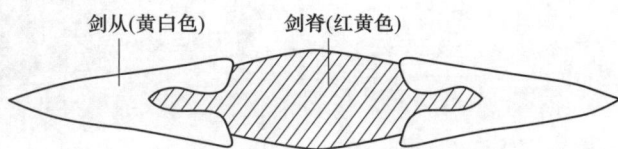

剑从(黄白色)　　剑脊(红黄色)

图 8.5　"双色"复合青铜剑铸造原理示意图

在我们的研究中，还发现了两把战国时期的复合青铜戈。然而，与复合青铜剑不同，复合青铜戈的脊部是用的纯 Cu，如图 8.6 所示[7]。

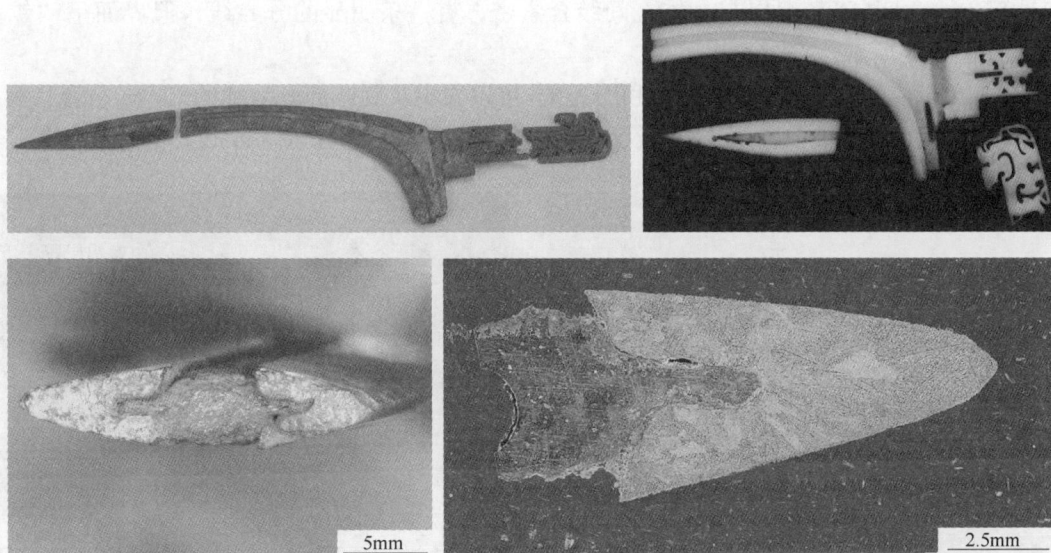

5mm　　　2.5mm

图 8.6　青铜复合戈的形貌特征[7]

8.3.1 特殊复合青铜剑的微结构和性能特征

我们在对荆州市博物馆的一把青铜剑残件研究中发现了一些特殊的微结构特征，认为它有可能是属于经过特殊处理的一种"复合青铜剑"。据记载该青铜剑与"越王勾践剑"一样也是于1965年出土于湖北省荆州市江陵县望山春秋战国时期（公元前496—前464）的楚墓群中，其制作年代应该与"越王勾践剑"相近。通过系统微结构表征，以及化学成分和性能测试，该青铜剑具有如下的特点：

（1）从外观来看，该青铜剑表面没有锈蚀层，剑刃依然非常锋利，如图8.7所示。

图 8.7 青铜剑残件的宏观照片

（2）利用 SEM 对其横截面进行观察时，发现表面有一层与剑身明显不同，厚度较为均匀的特殊组织覆层，特征为：1）剑刃处的厚度最大约为 0.6mm，而剑脊部分厚度在 0.1~0.3mm 之间；2）覆层与基体之间结合紧密，有一条明显的分界线，但界面呈"锯齿状"，如图8.8所示。

（3）化学成分测试结果见表 8.1 和图 8.9。可以看出，剑体部分为纯的 Cu-Sn 合金，其中 Sn 含量较低；而在表面覆层部分，不仅 Sn 含量大大提高，还含有 Fe、Si 和 P 等杂质元素。

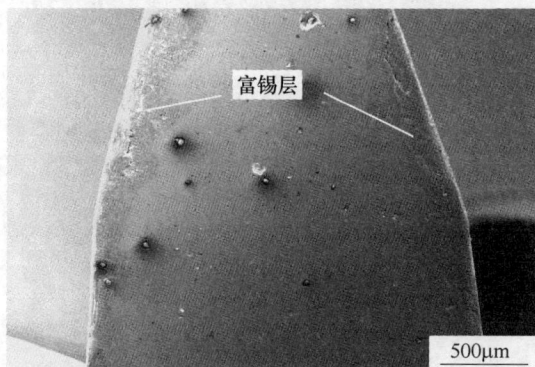

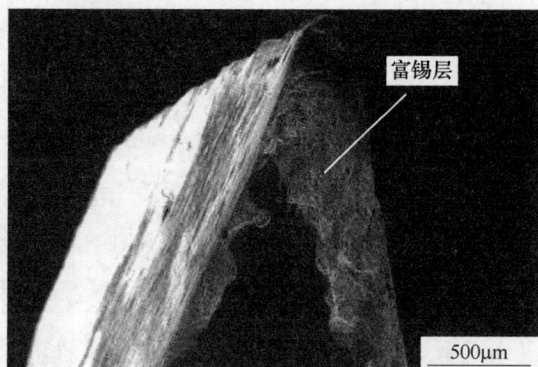

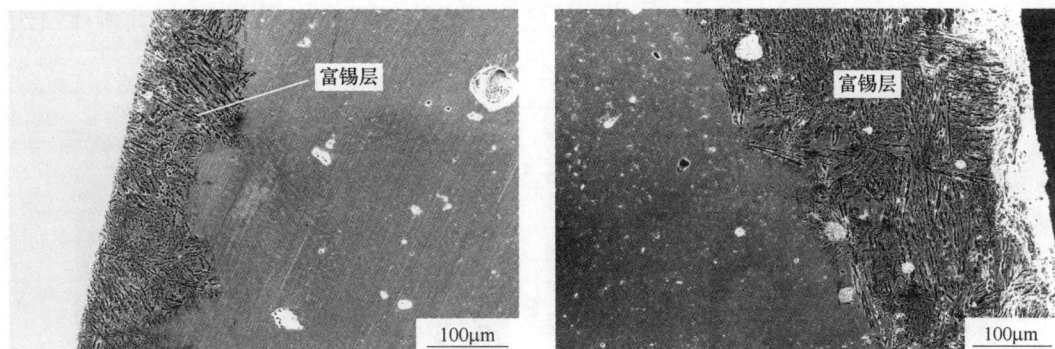

图 8.8 青铜剑横截面的低倍 SEM 形貌

表 8.1 青铜剑的化学成分（质量分数） （%）

合金元素	Cu	Sn	Fe	Si	P
剑体	81.43	18.57	—	—	—
表面覆层	53.42	38.51	6.06	1.27	0.75

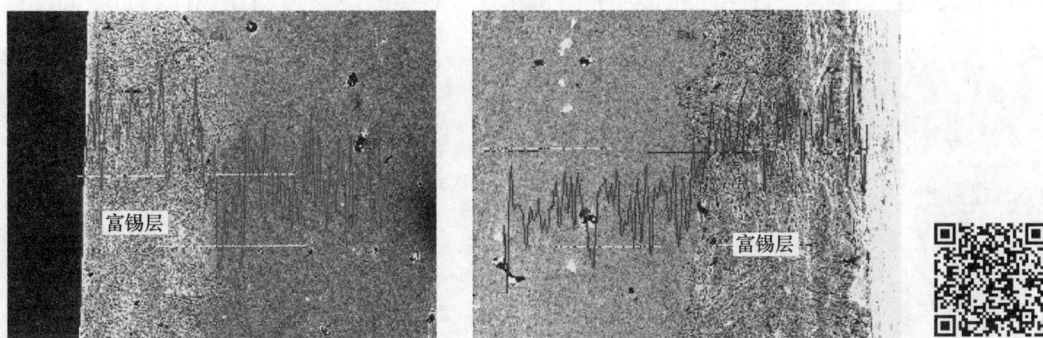

图 8.9 青铜剑横截面 Sn 含量变化的 EDS 线扫描分布曲线

彩图

（4）高倍 SEM 显微组织形貌。覆层由细小致密的少量 α-Cu 固溶体和大量的 α+δ 共析体组成，其中还有微裂纹，如图 8.10 所示。剑身心部没有明显的树枝晶和柱状晶等铸态

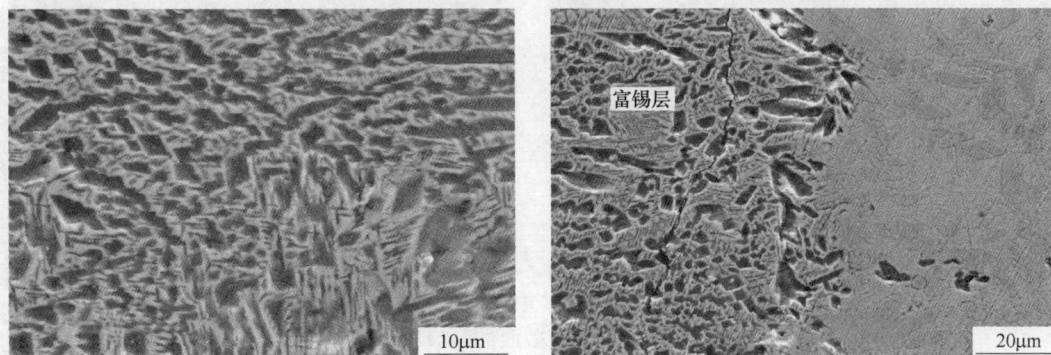

图 8.10 青铜剑横截面覆层区域的 SEM 显微组织形貌

组织，主要由回火特征的片状、竹叶状和块状的 α-Cu 固溶体和少量的 α+δ 共析体组织组成，如图 8.11 所示。

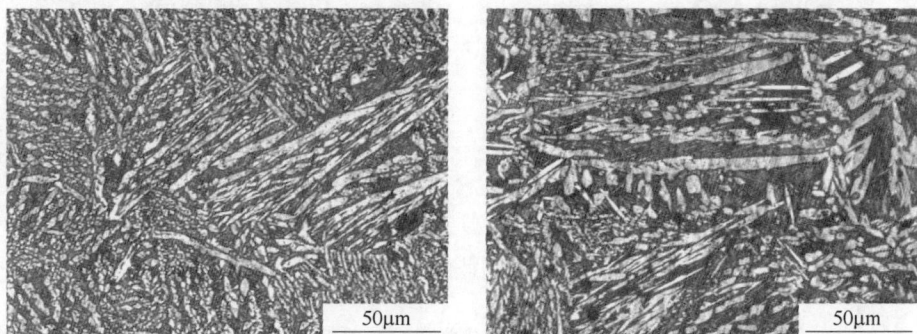

图 8.11 青铜剑横截面心部的金相显微组织形貌

（5）图 8.12 所示为青铜剑横截面的断口形貌。可以明显看出，剑体的韧性较好，有明显的撕裂棱，而覆层部分则为典型的脆性断裂，在高倍下可以看到明显的穿晶（晶内）解理断裂特征，甚至也有沿晶断裂的"冰糖块"形貌。说明覆层比剑体具有更高的硬度和

图 8.12 青铜剑横截面的断口 SEM 形貌
（a）低倍；（b）剑体高倍；（c）覆层低倍；（d）覆层高倍

脆性。实际上这与其微观组织是对应的，也就是说：1）对于剑体部分，以面心立方（fcc）结构为主的 α-Cu 固溶体主要为韧性断裂，形成撕裂棱，而少量的 α+δ 共析体富 Sn 组织有可能产生少量的脆性解理断口；2）对于覆层部分，主要为细小致密的 α+δ 共析体组织，其中硬而脆的 δ-Cu 相（$Cu_{41}Sn_{11}$）含 Sn 量约 32.6%，为复杂立方结构，其必然会产生解理型的脆性断裂。

（6）图 8.13 所示为青铜剑横截面的维氏显微硬度测量结果，其中覆层的硬度 HV 高达 600 以上，而剑身的硬度 HV 在 300 左右。也就是说，表面硬度较基体提高了很多。

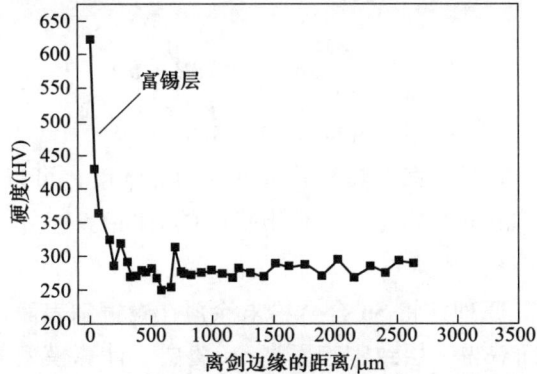

图 8.13　青铜剑横截面的维氏显微硬度测量结果

从以上实验结果可以看出，这个青铜剑与传统"双色"复合青铜剑一样具有刚柔相济的特点，但是并不是采用二次铸造工艺。这种仅在表面制备一层很薄的高硬度"富 Sn 覆层"的方法，不仅起到了提高剑刃硬度的作用，还使得耐腐蚀性也大为提高。从制作上讲，相比于"双色剑"，这个工艺和技术不影响青铜器的外形，并且更简洁、更实用，也更先进。另外，Sn 为银白色，也使得青铜剑更美观和威严。

8.3.2　表面覆层 Sn 扩散的模拟计算

与前面 7.2 节中讨论情况一样，认为这个表面富锡层是通过"膏剂涂覆法"制作的，也就是将已经制作完成的青铜剑浸入高温 Sn 液中，然后保持一定时间，最后再进行打磨和修饰。按照现代材料学理论，这个过程的本质是在高温下，Sn 原子向 Cu（或 Cu-Sn 合金）中进行的一个扩散过程。也就是，在高温下，由于浓度差，Sn 向青铜基体内扩散，并在表面形成一层致密高硬度 Cu-Sn 合金相，即"富 Sn 层"。

下面依据扩散的基本定律——菲克定律，对在青铜表面形成 0.1~0.6mm 高 Sn 覆层可能需要的温度和时间进行计算，以探讨这种处理的可能性和可行性。

8.3.2.1　扩散的基本定律

（1）菲克第一定律。描述物质从高浓度区向低浓度区迁移的定量公式：

$$J = - D \frac{\partial c}{\partial x} \tag{8.1}$$

式中，J 为扩散通量，它是单位时间内通过垂直于 x 轴的单位平面的原子数量；$\frac{\partial c}{\partial x}$ 为同一时刻沿 x 轴的浓度梯度；D 为扩散系数，表示单位梯度下的通量。

此式不仅适用于扩散系统的任何位置，而且适用于扩散过程的任一时刻；既适用于稳态扩散，又适用于非稳态扩散。

（2）菲克第二定律。当扩散处于非稳态，即 $\dfrac{\partial c}{\partial t} \neq 0$ 时，在扩散过程中某点的浓度随时间的变化率与浓度分布曲线在该点的二阶导数成正比。即一维扩散下，扩散过程满足

$$\frac{\partial c}{\partial t} = \frac{\partial}{\partial x}\left(D\frac{\partial c}{\partial x}\right) \tag{8.2}$$

解扩散方程得到通解：

$$c = a\int_0^\beta \exp(-\beta^2)\mathrm{d}\beta + b \tag{8.3}$$

其中 $\qquad\qquad\qquad\qquad \beta = x/(2\sqrt{Dt})$

在半无穷长物体中扩散时，根据其初始浓度和边界浓度，可以确定 a 和 b 的值。则给定扩散后的浓度分布及扩散的距离，可以求出扩散的时间 t。

8.3.2.2　Sn 扩散的模拟计算

按照"膏剂涂覆法"原理，将 Sn 合金粉末涂覆在青铜剑表面，经再次加热使 Sn 元素扩散到青铜剑基体内，而获得一层致密表面高 Sn 覆层。计算模型的假设：（1）在一定温度下，纯 Sn 在纯 Cu 中扩散，只考虑浓度梯度导致的下坡扩散；（2）Cu 基体为一维半无穷长；（3）计算形成 0.1~0.6mm 扩散层所需的时间 t；（4）仅考虑由于浓度梯度导致的 Sn 原子迁移。

半无穷长物体扩散的特点是：表面浓度保持恒定，物体的长度大于 $4\sqrt{Dt}$。类似于金属渗碳和渗氮处理，在金属表面渗入金属，在金属基体表面先达到一个极限浓度，而后保持不变，同时要渗入的金属原子不断向里扩散。即初始条件：$t=0$，$x>0$，$c=0$；边界条件：$t \geq 0$，$x=\infty$，$c=0$；$x=0$，$c=c_0$；

将通解式（8.3）代入边界条件和初始条件得到厚度、浓度和时间的关系如下：

$$c = c_0[1 - \mathrm{erf}(\beta)] \qquad \beta = x/(2\sqrt{Dt})$$

其中 $\qquad\qquad\qquad \mathrm{erf}(\beta) = \dfrac{2}{\sqrt{\pi}}\int_0^\beta \exp(-\beta^2)\mathrm{d}\beta + b$

即为扩散元素在基本金属表面上的极限浓度。

由于表面覆层组织为大量的 $\alpha+\delta$ 共析相加上少量的 α-Cu 固溶体，因此可以近似认为 Sn 在 Cu 基体表面的极限浓度为 δ-Cu 相中 Sn 的含量，即 $c_0 = 32.6\%$。

实验测得剑刃处的覆层厚度最大约为 0.6mm，剑脊部分厚度较薄在 0.1~0.3mm 之间，而剑体中 Sn 的平均含量为 18.57%，则扩散距离 x 分别为 0.1m、0.2mm、0.3mm 和 0.6mm 时，浓度 c 为 18.57%。即此时 c_0 和 c 的值都确定下来，可求得 $\mathrm{erf}(\beta)$ 值，查表得 $\beta = 0.4$。而扩散时间：

$$t = \frac{x^2}{4D\beta^2}$$

Sn 原子较 Cu 原子大，Sn 在 Cu 中的扩散过程属于"置换式扩散机制"，在不同温度下 Sn 在 Cu 中扩散系数 D 不同，随温度升高，D 值增大。查阅文献得几个不同温度下的扩

散系数 D 值[10-11]。计算出扩散时间，例如，在 700℃ 下，$D = 4.3 \times 10^{-9}\ cm^2/s$，$x = 0.2mm$ 时，得到扩散时间 t 为 41h。

$$t = \frac{(0.2 \times 10^{-3})^2}{4 \times 0.4^2 \times 4.3 \times 10^{-13}} \approx 41h$$

类似地，还可以计算出在不同温度下，扩散距离 x 分别为 0.1mm、0.2mm、0.3mm 和 0.6mm 时，所需要的扩散时间 t，见表 8.2。图 8.14 所示为不同厚度覆层所需的扩散时间随温度变化的拟合曲线。可以看出，随着温度的升高，形成同样厚度的表面覆层所需要的扩散时间逐渐减少，也就是说，温度越高，扩散速度越快。

表 8.2 Sn 在 Cu 中的模拟计算结果

温度/℃	$D/cm^2 \cdot s^{-1}$	t/d			
		$x = 0.1mm$	$x = 0.2mm$	$x = 0.3mm$	$x = 0.6mm$
550	2.3×10^{-10}	8	32	71	283
600	6.9×10^{-10}	3	11	24	95
650	1.8×10^{-9}	1	4	9	36
700	4.3×10^{-9}	11h	41h	4	15
750	9.5×10^{-9}	5h	19h	41h	7

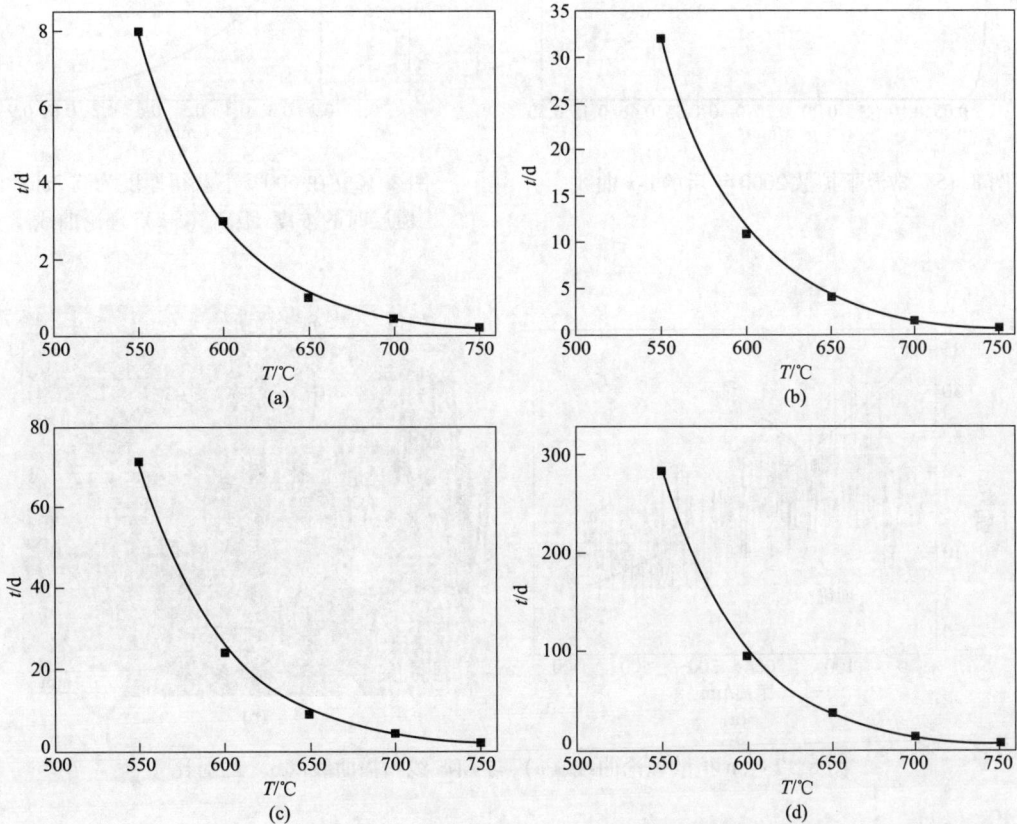

图 8.14 不同厚度覆层所需的扩散时间随温度变化的曲线

(a) 0.1mm；(b) 0.2mm；(c) 0.3mm；(d) 0.6mm

考虑到此青铜剑从制作到出土，中间经过了数千年的漫长时间，这个覆层是不是在这个时间里形成的呢？图 8.15 所示为考虑常温下，Sn 在 Cu 中扩散 2000 年的计算结果，$D = 10 \times 10^{-17} \mathrm{cm^2/s}$，边界浓度仍然认为是 32.6%[9]。可见扩散距离非常小，不到 0.05mm，可以忽略不计。

8.3.2.3　实验与计算结果的讨论

由图 8.16 可以看出，选取要获得的表面覆层厚度为 0.2mm，且在 600℃下扩散，则所需时间为 11d（见表 8.2）。根据扩散公式可以做出此时 Sn 浓度随距离的理论变化曲线，如图 8.17（a）所示。如果将其与 EDS 线扫描的 Sn 元素分布图相对比，可见其基本符合，如图 8.17（b）所示。也就是说，这个理论模拟计算有合理性。

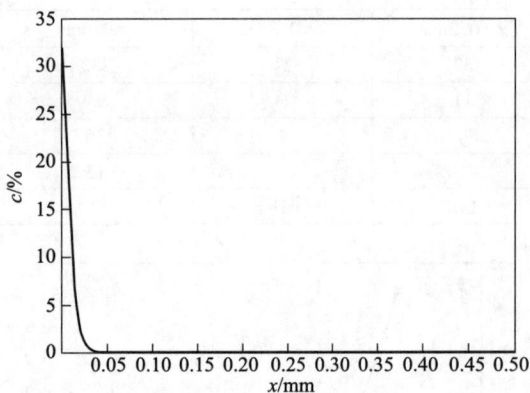

图 8.15　常温下扩散 2000 年后的 c-x 曲线

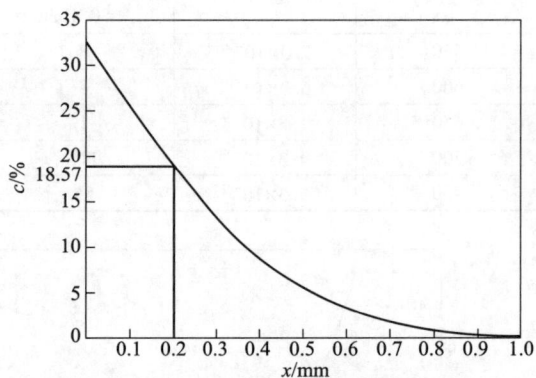

图 8.16　在 600℃下获得厚度为 0.2mm 覆层时的浓度-距离（c-x）理论曲线

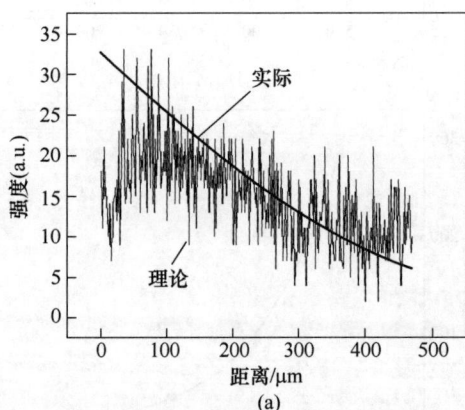

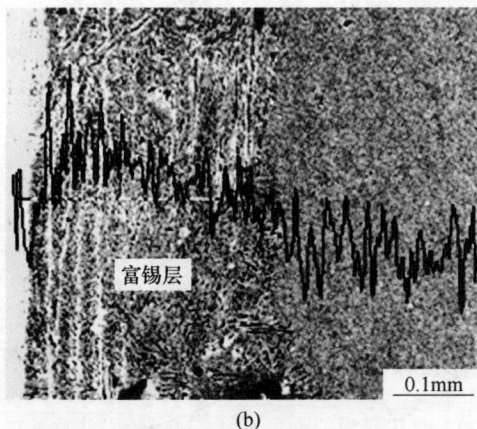

图 8.17　Sn 扩散理论曲线（a）与 EDS 线扫描曲线（b）的对比

从线扫描图中可以看到覆层中 Sn 含量有一个保持不变的"平台"，这个结果可以理解为：在扩散开始时，表面迅速被 Sn 饱和，达到 δ-Cu 相的浓度，在试样表面形成 δ-Cu 相。随着扩散的不断进行，渗入 Sn 原子越来越多，而表面一直保持 δ-Cu 相的浓度，则内层的浓度不断提高，直到又达到 δ-Cu 相的浓度。这样 δ-Cu 相的厚度不断在生长，所以在初始端形成一个 δ-Cu 相层，浓度一致，且为最高，然后再往内扩散，浓度又慢慢减少。另外，在所有部位实验测得的 Sn 线扫描曲线中都发现在覆层与基体的交界处有明显的台阶。根据 Cu-Sn 二元合金相图可知，扩散过程中不仅会导致 α-Cu 固溶体的形成和成分的改变，而且还会导致相的多形性或化合物的形成。由扩散所形成的表面覆层中含 Sn 量大于基体，且表面覆层与基体交界处两边形成了不同的金属间相，因此在 Sn 浓度曲线上会出现这样一个平台。

从以上理论模拟计算可知，要获得 0.1~0.6mm 的高硬度表面"富锡层"在不同的温度下，短则数小时，多则数天时间就可以实现。在生活节奏较慢的先秦时期，花这些时间制作一把高质量的青铜剑是可能和值得的。实际上，这种具有富锡层的青铜兵器，在中国的很多地方都有出土。有研究者对我国北方青铜文化地区、古代巴蜀地区与古滇地区出土的春秋战国至西汉初（公元前 5—前 2 世纪）47 件青铜器表面镀锡层进行研究，结果显示，青铜器表面存在 20~40μm 厚度不等的镀锡层，镀锡层成分为高锡的铜锡合金，主要由 δ-Cu 相（$Cu_{41}Sn_{11}$）组成[12]。

另外，古代工匠在"膏剂涂覆法"表面处理时，也可能还加入了催化剂、活化剂或催渗剂等物质，也就是说，实际的制作时间还会短一些。在表 8.2 中测到的覆层中除了 Cu 和 Sn 以外，还有的 Fe、Si 和 P 等杂质元素也可能就是在"膏剂涂覆法"时，在 Sn 熔液中加入了某种特殊催化剂而残留下来的物质。在对钢剑进行表面处理时，加入催化剂也是现代表面处理中常用的方法。

当然，我们也要排除这些微量元素来自青铜剑周围的土壤和水，也就是要排除这个富锡层不是一个锈蚀层。众所周知，古代青铜器产生锈蚀是一个普遍现象，这把青铜剑表面虽然呈现出较深的颜色，但它并不是锈蚀层，剑刃依然非常锋利，可能是一层包浆。另外，从断口形貌和显微组织观察也可以看出，富锡层为致密组织和脆性断裂，与一般的疏松锈蚀结构完全不同。还有一个主要原因就是，在室温下，Fe、Si 和 P 等这些杂质元素要通过扩散进入青铜内部，是非常困难的，或者说是不可能的。也有研究者认为在进行膏剂涂覆或热镀锡的施工操作过程中，由于使用了铁制工具，而使 Fe 元素进入了富锡层中[13-14]。

总的来说，采用"膏剂涂覆法"表面处理技术制作这种特殊的复合青铜剑，从技术上比多次铸造的"双色剑"具有更高的技术含量。由于不影响青铜器的外形，Sn 为银白色，也使得青铜剑更美观和威严。在先秦时期，如果这是一个普遍被使用的技术，可能会颠覆我们对古代青铜器制作技术的认知。

8.4 湖北出土战国青铜剑表面富锡层的材料学特征研究

8.4.1 研究背景

古称楚地的湖北，曾经出土了大量春秋战国时期的青铜剑，其中最为著名的是 1965 年在江陵望山一号墓出土的"越王勾践剑"[15]。研究发现这类菱形纹饰中的锡（Sn）含量较高，为通过"膏剂法"有意在青铜剑表面制作的一个富 Sn 层，它不仅使剑身产生装饰效果，还具备提高表面强度和防腐蚀的功能[16]。但是，对于大多数青铜剑而言，情况较为复杂。一方面并非所有古代青铜剑表面都存在富 Sn 层，另一方面，不同青铜剑表面富 Sn 层的形成途径和原因也不尽相同。对青铜器表面特征的研究，不仅可以探讨和认识古代工匠的表面处理技术水平，对于青铜器的保护也具有重要意义。

一般认为，在古代青铜器表面产生富 Sn 层的途径主要有 3 种[17]：（1）人工镀锡，包括传统的热涂镀锡或热浸镀锡、锡石（SnO_2）还原镀锡、锡汞齐镀锡（又分冷锡汞齐镀锡、热锡汞齐镀锡）；（2）"锡汗"，即低锡青铜器铸造时发生反偏析；（3）高锡青铜器的选择性腐蚀。表 8.3 总结了形成富 Sn 层的形貌、成分和物相特征，以及形成机理。

表 8.3　各种富 Sn 层的形成特点

类别	反应机理	基体特征	富 Sn 层特征
热涂镀锡或热浸镀锡	Cu 与 Sn 发生反应，在界面处生成一种或多种金属间化合物，其中在界面靠近铜处形成连续薄膜状 ε-Cu 相，在靠近锡处生成 η-Cu 相，并长大向外凸起，在显微镜下呈现的形状一般被形容为柱状、贝壳状或扇形、裙花边形等[18]。生成金属间化合物的种类与锡含量和作用时间及温度有关[19]。金属间化合物的形态和厚度与镀锡的温度和作用时间有关[18]	部分样品镀层基体下见等轴晶及孪晶，有的晶粒内存在滑移带[6]	Cu_6Sn_5 和 ε-Cu 相（Cu_3Sn）[12,15,17,20-23]，部分见 SnO_2[17]，退火处理可生成 δ-Cu 相（$Cu_{31}Sn_8$）[20]
锡石（SnO_2）还原镀锡	将锡石（SnO_2）附着于青铜器表面之上，在 710℃ 以上的高温下与适合的 CO 在还原气氛中反应生成 Sn。高温下 Sn 在青铜器表层一定深度的区域扩散[15]		形成大量 α+δ 共析体，而没有其他金属间化合物生成，其中 α-Cu 相形貌呈针状和角状，可能是由于扩散过程中高温相 α+β 的退火晶粒的影响[15]
冷锡汞齐镀锡	将锡汞齐直接在青铜器表面研磨[15]		很少有 η-Cu 相和 ε-Cu 相生长，或有很薄的 η-Cu 相（<100nm），并有 Hg 残余[15]
热锡汞齐镀锡	加热到至 Hg 的沸点（356.6℃）致其挥发[15]		残余的 Hg 浓度很低，含 Pb 的青铜使用热锡汞齐镀锡，其镀层中的 Pb 颗粒应见 Hg 富集[24]
"锡汗"	铸造过程中合金熔液快速冷却时，低 Sn 的 α-Cu 相已经结晶，并产生内部压力，而高锡的 δ-Cu 相仍然保持熔融状态，在内部压力的作用下，向外在器物表层富集[15]	低锡青铜（Sn 含量小于 17%[25]）	显微组织为伴有交错树枝晶的带芯树枝状结构，其中共析体中 α-Cu 相形貌不规则[12]
高锡青铜器的选择性腐蚀	在较温和的腐蚀环境下，合金表面的 α-Cu 相先腐蚀，而枝晶间的以具有较好耐腐蚀性的 δ-Cu 相为主体的细晶区轻微或未被腐蚀，造成表面腐蚀层的 Cu 流失，形成所谓的富 Sn 层[15,26]	高锡青铜（锡含量 17%~35%[25]）	形成双层结构，外层含有少量埋藏环境的外界元素，但仍保留原有的晶体组织形貌。因各相化学成分差异消失，即形成所谓的"痕像"[17,26-27]。且两层结构中外层 Cu/Sn 元素比相对恒定。内层主要由铜的氧化物构成，由外向内 Cu/Sn 比例上升

在对古代青铜器表面特征的研究中，准确判断富 Sn 层的产生原因也不是一件容易的事情。例如，中国巴蜀式青铜剑表面的虎斑纹一直是学术界研究的热点[28]，曾有研究认为其是热锡汞齐镀锡而成[29]，但目前普遍的观点是热镀锡形成的高锡铜锡合金层[12,22-23]。"越王勾践剑"上的菱形纹饰也曾受到学术界的长期关注，大量的研究表明，该剑身表面通体富 Sn，但纹饰区和非纹饰区富 Sn 层的形成途径并不相同，纹饰区因 α-Cu 相中铜腐蚀流失而使 Sn 含量相对高，非纹饰区则是富 Sn 相 δ-Cu 相为主体的细晶结构[16]。另外，研究发现湖北鄂州、江陵等地出土的战国青铜剑很多都存在高 Sn 层，推测其是用涂敷锡汞齐的方法进行了镀锡处理[19]。在国外，有人对两把西班牙青铜时代晚期的青铜剑表面富 Sn 层的分析认为，表面经过了锡石还原法镀锡处理[20]。

由于这些表面富 Sn 层的厚度一般都很薄，在数微米至数十微米之间，边界效应和基底效应等的影响，常常给测量带来较大误差，有时候很难准确确定表面层的性质，从而造成判断上的失误。近年来，一种新型材料微观力学性质测试技术——纳米压痕技术，又称深度敏感压痕技术[30-31]，具有压痕小、灵敏度高、测量结果准确等特点，同时能够将材料的表面性能与内部性能进行有效的精确区分和测量。科技考古界已将这种新兴的方法成功应用于古代动物牙齿釉面、植硅石[32]和古代石制品[33]等考古材料微米级微区的力学性能测试。

本节内容是将纳米压痕技术应用于青铜剑表面富 Sn 层的力学性能测试，并结合常规表征方法，对湖北省出土的 3 把春秋战国时期的青铜剑的表面性质进行系统测试和分析。特别是纳米压痕测试结果，最终帮助我们准确判定了青铜剑表面富 Sn 层的性质和产生原因。为今后古代材料的研究提供了一种新的研究方法，也对古代青铜剑的制作工艺和保护提供了新的数据和依据。

8.4.2 青铜剑残件样品与实验方法

所用的战国青铜剑残片分别为：（1）中国湖北省荆门市博物馆馆藏文物（2 把青铜剑残片，编号为 JMJ1 和 JMJ2）；（2）襄阳团山楚墓随葬品（1 把青铜剑残片，编号为 XFJ），如图 8.18 所示。

青铜剑残片的金相样品制备是将青铜剑残片沿横截面切开，然后进行镶嵌、研磨和抛光，最后用三氯化铁+盐酸+酒精溶液浸蚀，以显示青铜剑的显微组织。青铜剑的断口样品制备是将试样直接沿横截面打断，获得新鲜和真实的断口表面。利用扫描电镜（SEM）和光学显微镜进行组织和断口形貌观察。X 射线衍射（XRD）粉末样品为直接用刀片从青铜剑表面上刮下来的粉末。

青铜剑残片横截面不同组织特征区的硬度和弹性模量的测量在纳米力学测试系统上进行。由于金相组织浸蚀会使样品表面起伏，造成测试值的变化，因此，用于纳米压痕测量的试样仅做抛光处理。每个样品的青铜基体和富 Sn 层分别各测量 10 个和 5 个压痕点，取压痕深度 1500~1800nm 区间内的测量平均值为硬度和弹性模量值，以避免样品表层因机械抛光形成的塑性变形层的影响。此外，为了避免压痕之间由于变形而产生的相互影响和作用，压痕之间的间距一般取为压痕深度的 20~30 倍，实验中选取间距为 80μm。

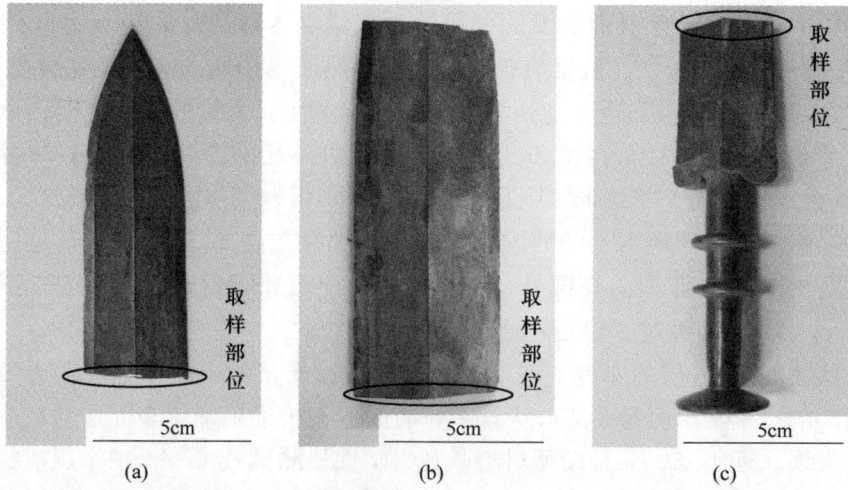

图 8.18 样品照片

(a) 样品 JMJ1；(b) 样品 JMJ2；(c) 样品 XFJ

8.4.3 显微组织和断口形貌特征

图 8.19 所示为青铜剑残片原始表面的光学显微镜显微组织形貌。可直接观察到表层残存的 α-Cu 固溶体树枝晶凝固铸造组织的形貌，即"痕像"[34]。此外，剑身的表面还发现了类似现代研磨工艺留下的划痕，其中"剑从"部位的划痕较粗，方向与剑身平行，越靠近"剑脊"部位越稀疏，"剑锷"部位（即剑刃部位）的划痕方向与剑身垂直，如图 8.19（b）所示，相比"剑从"部位的划痕更为细密。这些规整的划痕应是古代工匠人工打磨后留下的痕迹。

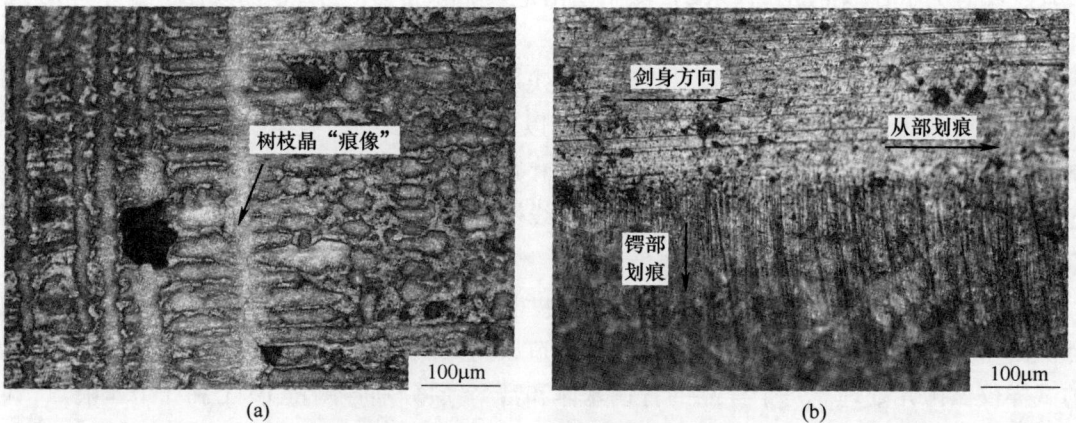

图 8.19 JMJ2 原始表面的金相显微照片

(a) JMJ2 原始表面上的"痕像"；(b) JMJ2 原始表面上的人工打磨痕迹

图 8.20 所示为青铜剑残片横截面的光学显微镜显微组织形貌。可以看出 3 把青铜剑均有一个厚度较均匀，$50 \sim 100 \mu m$ 的表面覆层，在光学显微镜下呈灰黑色，与基体之间的界面呈锯齿状。基体为典型的 α-Cu 固溶体树枝晶凝固铸造组织，树枝晶间为 $\alpha + \delta$ 共析体组织连成的网状结构，还分布有少量的气孔或疏松等铸造缺陷。利用 XRD 对表面进行物相分析显示其主要为 δ-Cu 相和复杂的非晶化合物，而未见 α-Cu 相，如图 8.21 所示。δ-Cu 相（$Cu_{41}Sn_{11}$）为复杂立方结构，含 Sn 量（质量分数）约为 32.6%，性能硬而脆。

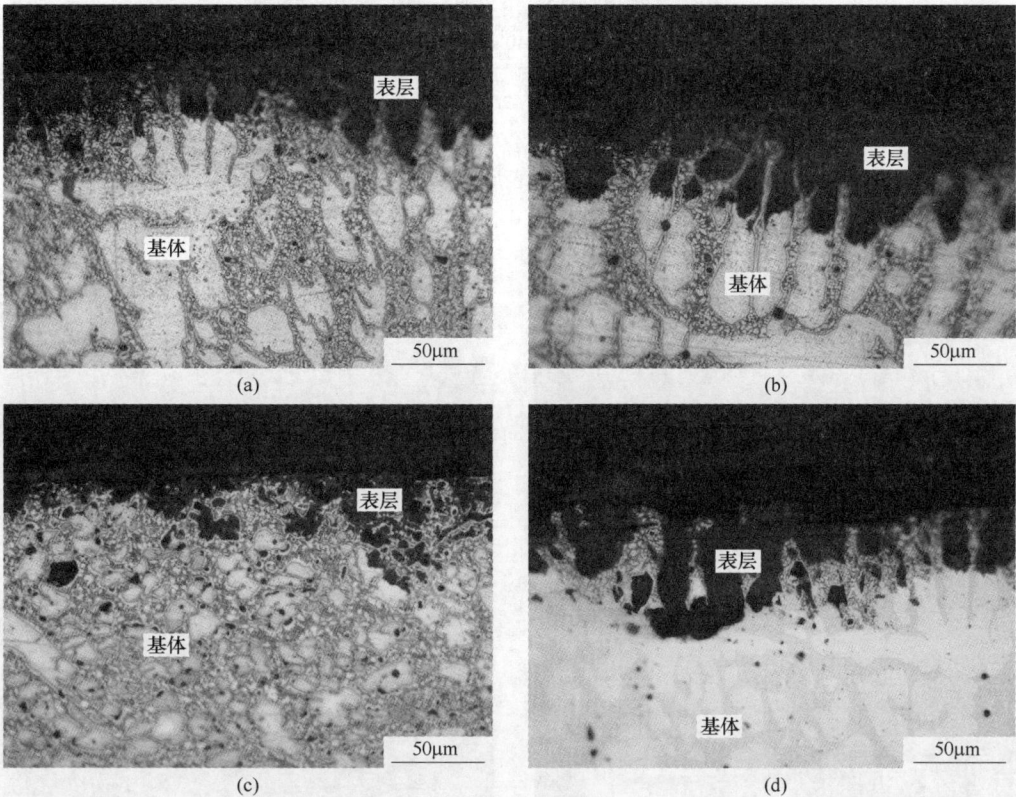

图 8.20　样品金相显微照片

（a）JMJ1 腐蚀后金相；（b）JMJ2 腐蚀后金相；（c）XFJ 腐蚀后金相；（d）JMJ1 腐蚀前金相

对样品横截面的断口观察发现，表面覆层与基体的断口特征明显不同，表面覆层为穿晶或沿晶的脆性断裂，内部基体为具有大量撕裂棱的韧性断裂，如图 8.22 所示。其中样品 JMJ1 与 JMJ2 表面覆层与基体之间的界面结合较为紧密，而样品 XFJ 的结合较差，部分区域呈剥离开裂。EDS 化学成分测量显示基体的 Sn 含量（质量分数）均为 $20\% \sim 23\%$，属于典型的高锡青铜器，Pb 的含量（质量分数）为 $5\% \sim 6\%$；而表面覆层中 Sn 含量（质量分数）高达 $38\% \sim 46\%$，还含有微量的 Fe、Si 等元素，但不含 Pb 元素，见表 8.4。进一步的线扫描成分分布结果显示，Cu、Sn、O 等元素含量在基体与富 Sn 层分界处发生显著变化，从基体到表层 Cu 元素明显减少，Sn、O 等元素明显增加，如图 8.23 所示。

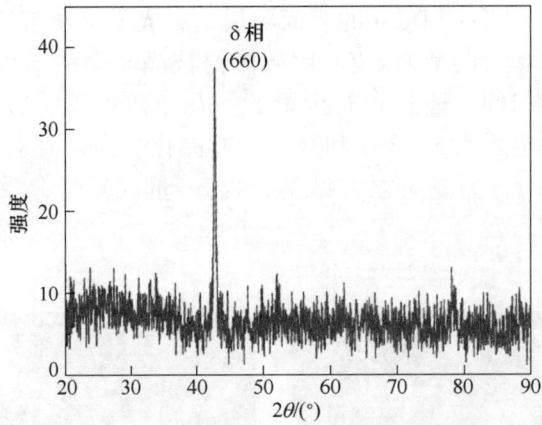

图 8.21 XFJ 表层的 XRD 图谱

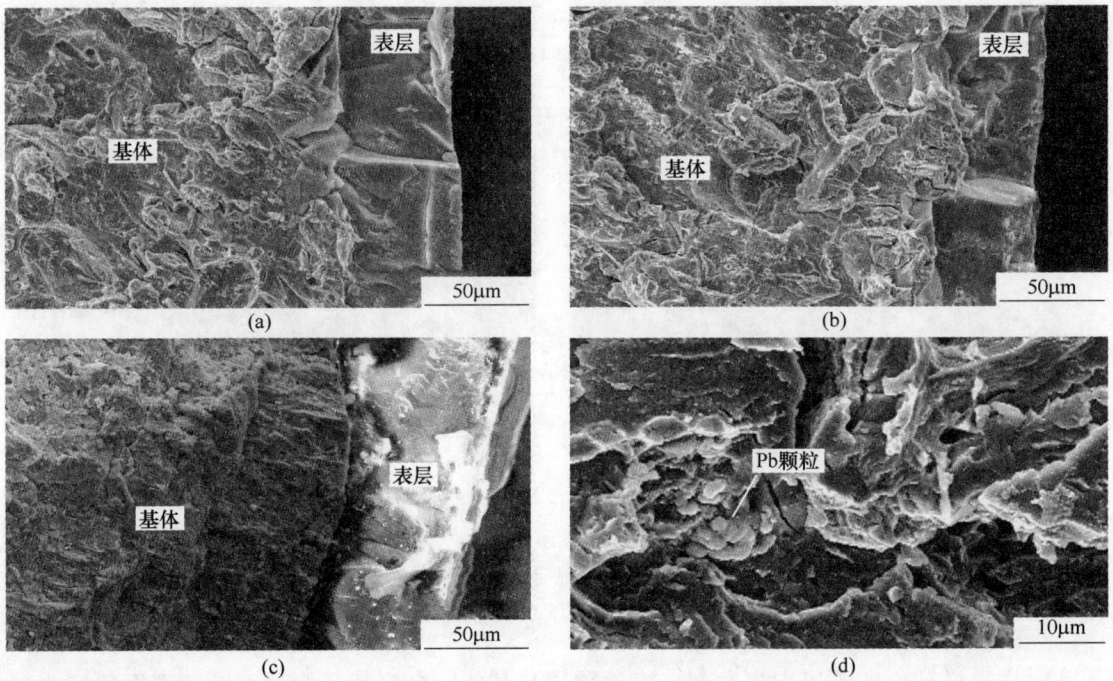

图 8.22 青铜剑横截面断口的 SEM 形貌

（a）JMJ1 断口形貌；（b）JMJ2 断口形貌；（c）XFJ 断口形貌；（d）JMJ1 基体中的 Pb 颗粒分布

表 8.4 青铜剑残件中主要合金成分的平均含量（质量分数） （%）

样品	位置	Cu	Sn	Pb	Fe	Si
JMJ1	基体	73.36	20.69	5.96	—	—
	富 Sn 层	51.57	45.68	—	1.11	1.64

样品	位置	Cu	Sn	Pb	Fe	Si
JMJ2	基体	70.17	23.74	6.08	—	—
	富 Sn 层	49.18	46.74	—	0.81	3.27
XFJ	基体	72.47	22.15	5.38	—	—
	富 Sn 层	58.62	38.53	—	1.12	1.72

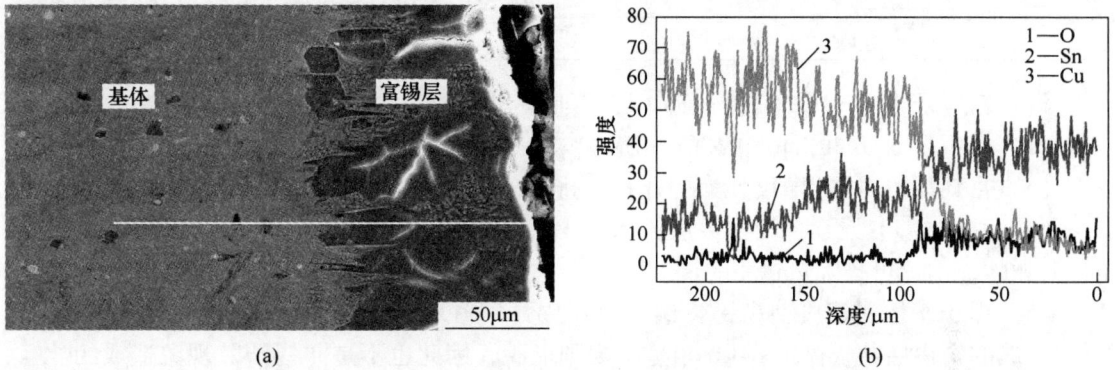

图 8.23　JMJ2 能谱仪（EDS）线扫描

（a）线扫描区域；（b）Cu、Sn、O 等元素含量随距表面深度的分布

8.4.4　力学性能特征

图 8.24 和表 8.5 所示为纳米压痕对不同特征区的测试结果，可以看出表面富锡层的硬度和弹性模量均低于基体。一般来说，铸造青铜的硬度随 Sn 含量的增加而增大，这主要是形成了大量高 Sn 含量 δ-Cu 相的原因[35]。因此，这个结果对于揭示表面富锡层的性质和形成原因具有重要意义。

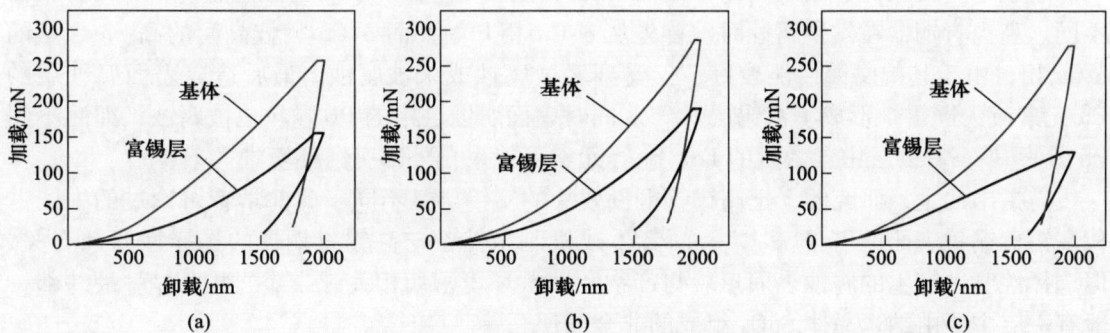

图 8.24　样品的加载-卸载曲线

（a）JMJ1；（b）JMJ2；（c）XFJ

由表 8.3 可知，不同途径形成的表面富锡层，具有不同的显微组织特征和特殊的形成机理。对照表 8.3 可以确定所研究的 3 把青铜剑的表面富锡层可以排除以下的形成原因：

表 8.5 青铜剑纳米压痕测试硬度和弹性模量

样品	位置	压痕数/个	硬度/GPa	弹性模量/GPa
JMJ1	基体	10	3.603±1.113	132.583±5.015
	富 Sn 层	5	2.108±0.342	38.119±6.193
JMJ2	基体	10	3.52±0.95	135.83±6.102
	富 Sn 层	5	2.681±0.407	46.897±6.624
XFJ	基体	10	3.452±0.722	130.445±7.5
	富 Sn 层	5	1.938±0.49	42.914±6.892

（1）富锡层未见 η-Cu 相和 ε-Cu 相，不是热镀锡或热浸锡的结果。

（2）富锡层 $\alpha+\delta$ 共析体中 α-Cu 相形貌未见呈针状和角状，因此不是锡石还原法。

（3）富锡层也未测得 Hg 元素的存在，排除冷锡汞齐法。

（4）基体含 Pb 元素，而富锡层中未见 Pb，而热锡汞齐法的富锡层仍会保留富集 Hg 的 Pb 颗粒，因此可排除热锡汞齐法。

（5）由于基体属于典型高锡青铜，而"锡汗"往往会发生在低锡青铜表面，且"锡汗"生成的富锡层共析体中 α-Cu 相呈不规则形貌，因此也不是"锡汗"现象造成的。

因此，我们认为这些青铜剑的表面富锡层的形成原因与高锡青铜器表面的选择性腐蚀有关。其结构和成分特征符合 I 型选择性腐蚀结构的特点，即：

（1）富锡层保留了基体的组织形貌，即"痕像"。

（2）富锡层和基体的颜色和成分差异明显，富锡层特别是其中的灰色区域部分浸蚀前的状态接近于基体 $\alpha+\delta$ 共析体浸蚀后的状态，表明富锡层有可能经过了腐蚀过程。

（3）富锡层残存有 δ-Cu 相，而未见 α-Cu 相，说明 α-Cu 相已较 δ-Cu 相被优先腐蚀掉了。

（4）腐蚀层成明显的双层结构，其中表层中 Cu 元素含量与 Sn 元素含量比例基本恒定。

造成这些现象的原因是高锡青铜器（Sn 含量 17%~35%）的腐蚀性能与一般的青铜器不同。高锡青铜器在发生腐蚀时，首先从 α-Cu 相开始，而 α-Cu 相枝晶间的高 Sn 含量的 δ-Cu 相，由于其抗腐蚀性能较好，仅受到轻微腐蚀或未被腐蚀。最后造成表面腐蚀层的 Cu 元素流失严重，形成了富锡层[17,26]。同时表面腐蚀层中的 Pb 颗粒也被腐蚀，即测不到 Pb 元素[18]。富锡层中含微量的 Fe、Si 等元素可能来自外部腐蚀环境[18,26]。

需指出的是，研究的 3 把高锡青铜剑残片的富锡层又不同于此前学者讨论过的中国古代高锡青铜镜表面的"黑漆古"，两者生成机制虽然都与高锡青铜器的选择性腐蚀有关，但选择性腐蚀产生的腐蚀表面形貌与产物和埋藏环境密切相关[26,36]，"黑漆古"最外部一般有一层主要由纳米晶体 SnO_2 组成的非金属层[37]。

从以上的结果和分析可以看出，在古代青铜器的研究中，仅从常规的显微组织观察和化学成分测定等，有时候会难以获得准确的结论，还需要借助纳米力学性能测试技术等新的研究手段和仪器，以避免边界效应和基底效应的影响。

图 8.25 为未锈蚀区基体与表层锈蚀区部位的纳米压痕形貌。与未锈蚀相比，可以看出表面锈蚀区的压痕周围有明显的开裂，这正好说明该富锡层是一个腐蚀产物，组织疏

松，与图8.24和表8.5测试中出现的富锡层硬度和弹性模量异常降低的结果吻合。这是由于在长期埋藏环境中，缓慢的腐蚀过程造成了内部化学成分和组织结构的很大变化，形成的是一个"疏松"的富锡层。因此，虽然其Sn含量很高，但当纳米压痕的金刚石压头作用在表面层中的δ-Cu相以后，富锡层上的压痕在压头离开时，不产生塑性变形，呈开裂形貌，使其最后得到的硬度和弹性模量值减小。也就是说，这个测量结果并不是说高Sn的δ-Cu相的硬度和弹性模量低，而是说富锡层实际上是一个"疏松"层的缘故。

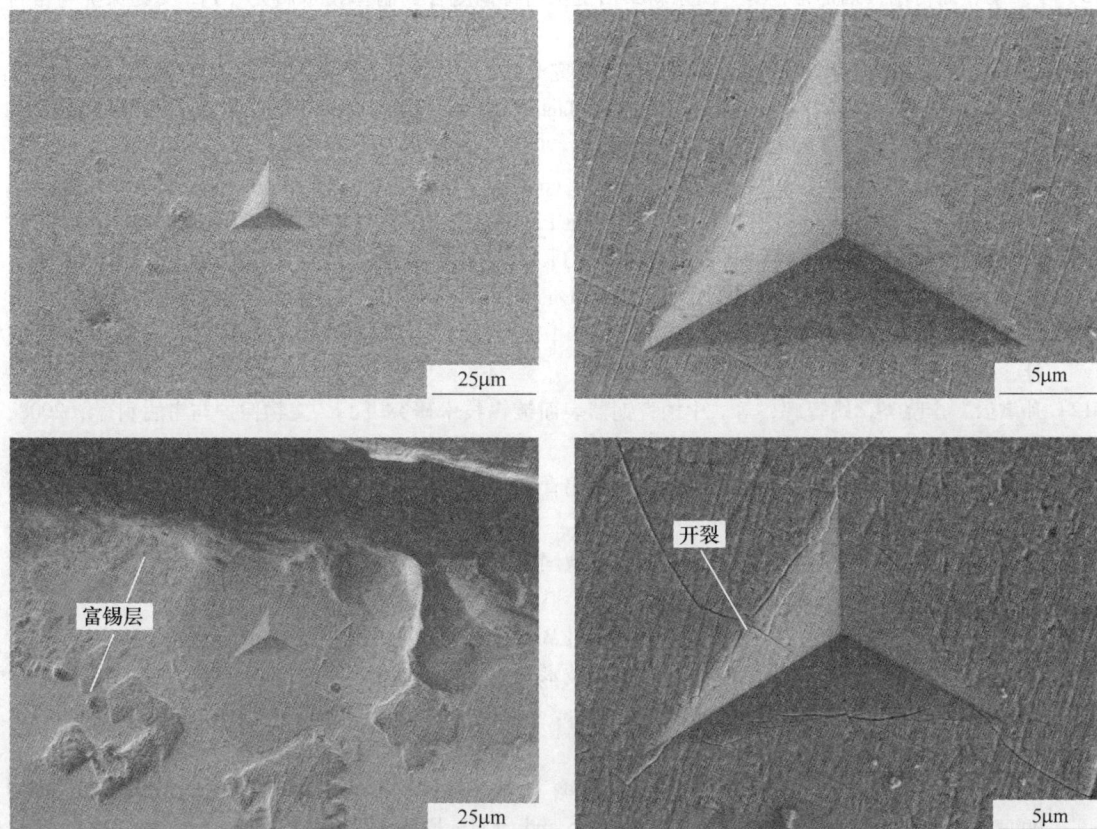

图8.25 JMJ1样品的纳米压痕SEM形貌

通过对3把战国青铜剑残片富锡层的显微组织、化学成分和微区力学性能的测试和分析，得到以下结论：

（1）3把高锡青铜剑残片表面富锡层是选择性腐蚀的结果。在长期埋藏环境中，表层50~100μm区域的Cu元素和Pb元素发生流失，形成了一层由δ-Cu相和非晶化合物构成的富锡层。该富锡层硬度低，且为脆性断裂，与古代工匠的人为处理形成的具有高硬度和实用价值兵器青铜剑的富锡层完全不同；由于埋藏环境因素未见SnO$_2$层，因此不同于中国古代高锡青铜镜表面的"黑漆古"。

（2）纳米压痕技术能够对古代金属样品微米级微区的力学性能进行准确测试，有助于认识古代冶金技术和外部保存环境对其力学性能的影响。

参 考 文 献

[1] 谭银萍，崔钧平. 西周柳叶形青铜短剑研究 [J]. 文博，2019 (6)：48-52.

[2] 万全文. 青铜冶炼 [M]. 武汉：长江出版社，2019.

[3] Huang W, Winfried K, Evelyne G, et al. The metallography and corrosion of an ancient chinese bimetallic bronze sword [J]. Journal of Cultural Heritage，2019，37：259-265.

[4] 高守雷，张童心，范金辉. 浅议中国古代青铜剑的铸造技术 [J]. 铸造技术，2018，39 (4)：808-811.

[5] 丁忠明，曲传刚，刘延常，等. 山东新泰出土东周青铜复合剑制作技术研究 [J]. 文物保护与考古科学，2012 (S1)：75-86.

[6] 廉海萍，谭德睿. 东周青铜复合剑制作技术研究 [J]. 文物保护与考古科学，2002 (S1)：319-334.

[7] Li B J, Jiang X D, Tu Y, et al. Study on manufacturing process of ancient Chinese Bi-metallic bronze Ge [J]. Archaeological and Anthropological Sciences，2020，12 (2)：62.

[8] Li Y, Wu T T, Liao L M, et al. Techniques employed in making ancient thin-walled bronze vessels unearthed in Hubei Province, China [J]. Applied Physics A，2013，111 (3)：913-922.

[9] 谭德睿. 双色剑—刚柔相济的青铜复合兵器 [J]. 特种铸造及有色合金，2013，33 (2)：195-196.

[10] Smithells C J. Metal Reference Book [M]. 2nd. London：Butterworths Scientific Publications，1955.

[11] 乌曼斯基 Я. C，斯卡科夫 Ю. A. 金属物理 [M]. 赵坚，蔡淑卿，译. 北京：冶金工业出版社，1985.

[12] 孙淑云，李晓岑，姚智辉，等. 中国青铜器表面镀锡技术研究 [J]. 文物保护与考古科学，2008，20 (2)：41-52.

[13] 马清林，苏伯民，胡之德，等. 春秋时期镀锡青铜器镀层结构和耐腐蚀机理研究 [J]. 兰州大学学报（自然科学版），1999，35：67-72.

[14] 罗敏，李延祥，马清林. 中国甘肃地区春秋战国时期镀锡青铜板带錾刻纹饰制作技术研究 [J]. 文物保护与考古科学，2019，31：65-74.

[15] 湖北省文物考古研究所. 江陵望山沙冢楚墓 [M]. 北京：文物出版社，1996.

[16] 谭德睿，廉海萍，等. 东周铜兵器菱形纹饰技术研究 [J]. 考古学报，2000 (1)：111-146.

[17] Meeks N D. Tin-rich surfaces on bronze-some experimental and archaeological considerations [J]. Archaeometry，1986，28 (2)：133-162.

[18] Ingo G M, Angelini E, Bultrini G, et al, Study of long-term corrosion layers grown on high-tin leaded bronzes by means of the combined use of GDOES and SEM+ EDS [J]. Surf. Interface Anal.，2002，34：337-342.

[19] 何堂坤，陈跃钧. 江陵战国青铜器科学分析 [J]. 自然科学史研究，1999，18 (2)：158-167.

[20] Rovira S, Tinned surface in spanish late bronze age swords [J]. Surface Engineering，2005，21 (5/6)：368-372.

[21] Anheuser K. Amalgam tinning of Chinese bronze antiquities [J]. Archaeometry，2000，42 (1)：189-200.

[22] 姚智辉，孙淑云，肖璘，等. 巴蜀青铜兵器表面"虎斑纹"的考察、分析与研究 [J]. 文物，2007 (2)：67-73.

[23] 姚智辉，孙淑云. 巴蜀青铜兵器热镀锡工艺 [J]. 北京科技大学学报（自然科学版），2007，29 (10)：1005-1009.

[24] 曾中懋. 鎏锡——铜戈上圆斑纹的制作工艺 [J]. 四川文物，1989 (6)：74-75.

[25] Meeks N D. Surface characterization of tinned bronze, high-tin bronze, tinned iron and arsenical bronze [M] ∥ La Niece S, Craddock P T. Metal Plating and Patination-Cultural, Technical and Historical

Developments, Oxford, Butterworth-Heinemann, 1993: 247-275.

[26] Robbiola L, Blengino J M, Fiaud C. Morphology and mechanisms of formation of natural patinas on archaeological Cu-Sn alloys [J]. Corros. Sci. , 1998 (40): 2083-2111.

[27] Meeks N D. Patination phenomena on roman and chinese high-tin bronze mirrors and other artefacts [M] // La Niece S, Craddock P T. Metal Plating and Patination-Cultural, Technical and Historical Developments, Oxford, Butterworth-Heinemann, 1993: 63-84.

[28] 何堂坤. 部分四川青铜器的科学分析 [J]. 四川文物, 1987 (4): 46.

[29] Kossolapov A, Twilley J. A decorated Chinese dagger: Evidence for ancient amalgam tinning [J]. Studies in Conservation, 1994 (39): 257-264.

[30] Pethicai J B, Hutchings R, Oliver W C. Hardness measurement at penetration depths as small as 20nm [J]. Philosophical Magazine A, 1983, 48 (4): 593-606.

[31] Oliver W C, Pharr G M. An Improved technique for determining hardness and elastic modulus using load and displacement sensing indentation experiments [J]. J Mater Res, 1992, 7 (6): 1564-1583.

[32] Sanson G D. Kerr S A, Gross K A. Do silica phytoliths really wear mammalian teeth? [J]. Journal of Archaeological Science, 2007 (34): 526-531.

[33] Lerner H, Du X D, Costopoulos A, et al. Lithic raw material physical properties and use-wear accrual [J]. Journal of Archaeological Science, 2007, 34: 711-722.

[34] 孙淑云, 等. 铜镜表面"黑漆古"中"痕像"的研究 [J]. 自然科学史研究, 1996, 15 (2): 179-188.

[35] Scott D A. Metallography and Microstructure of Ancient and Historic Metals [M]. The Getty Conservation Institute, J. Paul Getty Museum, Malibu CA, USA, 1991: 82-83.

[36] Robbiola L, Portier R. A global approach to the authentication of ancient bronzes based on the characterization of the alloy-patina-environment system [J]. Journal of Culture Heritage, 2006 (7): 1-12.

[37] 徐力, 王昌燧, 等. 汉镜组织和成分研究 [J]. 电子显微学报, 1987, 6 (4): 29-32.

9 古代青铜器的材料学特征研究

9.1 概述

湖北地处长江中游，有着丰富的历史文化遗产，是楚文化的发祥地，享有"文物大省"之誉。曾出土过震惊世界的墓葬和文物，如，新石器时代京山屈家岭文化的蛋壳彩陶纺轮；天门石家河遗址出土的玉人、玉鹰；盘龙城商代遗址和墓葬出土的大玉戈及铜鼎、铜钺；随县战国曾侯乙墓出土的编钟青铜器群及 16 节透雕龙凤玉佩、28 宿天文图像衣箱；云梦睡虎地出土的秦代法律文书竹简；枣阳市吴店镇九连墩墓葬群等。

众所周知，中国的青铜时代虽然晚于世界其他地方，但是具有浓郁的民族特色和艺术风格，且形制丰富多样，纹饰繁缛神秘。在数千年的漫长时间里，中国的青铜器制作技艺一直保持着其他国家望尘莫及的水准。然而，铜或者青铜本质上都属于一种金属或合金，它们基本的物理和化学性质，以及力学与加工性能，无论在世界的任何地方都具有不变性和同一性。

本章介绍我们参与的几个墓葬出土古代青铜器的研究工作。主要是利用各种材料分析测试方法，对墓葬中部分青铜器残件的显微组织特征、合金成分、力学性能等进行分析和比较。拟从现代材料学的角度探讨先秦时期湖北地区在青铜冶炼、铸造和加工等方面技术水平。

9.2 湖北枣阳九连墩战国楚墓青铜器的材料学特征研究

湖北随州、枣阳一带古称"随枣走廊"，是联系中原、西北与南方的交通要道，地下文物十分丰富，历史上曾因云梦睡虎地秦简、随州曾侯乙墓编钟等重大考古发现而闻名于世。2002 年 9—12 月，湖北省文物考古研究所组织全省 8 家文博单位，组成 60 余人的考古队，对已经开工的湖北省孝襄高速公路所涉及的枣阳九连墩墓地 1 号、2 号墓及附属车马坑进行了抢救性发掘[1]。九连墩古墓群位于枣阳市境内的东赵湖村，距市区约 21km，由 9 座南北走向的大中型墓葬封土堆组成，绵延约 3000m。这是新中国成立以来湖北省发掘的最大的楚墓和夫妻墓，也是我国已发掘楚墓中保存最完好的一座古墓。考古专家已判定这座古墓是战国中后期、楚国鼎盛时期，也就是 2400 年前左右的墓葬[2]，墓主人是楚国较为高级的贵族，可能是一位将军。

在九连墩楚墓中出土了大量而丰富的文物，包括玉器、礼器、乐器、生活用器、车马器、丧葬用器、竹简等，这对楚史研究，特别是对当地的历史、地理、文化、整体面貌及器物的研究，具有极为重要的价值。其中，墓葬中还出土了大量的青铜器，特别是兵器、编钟和生活用器等，也为研究战国中晚期楚国青铜冶炼、铸造及加工技术提供了宝贵的实物资料。

9.2.1 青铜器残片样品与实验方法

从九连墩 1 号墓葬出土的青铜器中选取了以下 8 件青铜器残件：铜剑、铜戈、夹刻刀、车马器用三连环、钮钟、甬钟、箭镞（两支），如图 9.1 所示。

图 9.1　九连墩出土的青铜器残件
(a) 铜剑；(b) 铜戈；(c) 夹刻刀；(d) 三连环；(e) 钮钟；(f) 甬钟；(g) 箭镞

显微组织和成分分析所用试样采用两种方法进行处理：（1）采用常规金相样品制备方法；（2）将试样折断获得断口样品，直接在断口上进行电镜观察和成分测定。

维氏显微硬度计上进行样品的硬度测试，试验力为 1.961N（200g）；力保持时间为 15s；试验次数为 10 次，取平均值。

9.2.2 化学成分与显微硬度特征

利用扫描电镜（SEM）中的能谱仪（EDS）技术对以上青铜器残件平均化学成分的测量，见表 9.1。从表中可知：（1）刀戈兵器是 Cu-Sn 二元合金，不含 Pb 元素；（2）编钟、三连环和箭镞为加 Pb 的 Cu-Sn 合金（Cu-Sn+Pb），其中编钟和三连环的 Pb 含量不超过 10%，而箭镞中 Pb 的含量波动较大，低的仅为 8.71%，高的达到 30% 以上；（3）剑的成分比较异常，也为加 Pb 的 Cu-Sn 合金（Cu-Sn+Pb），特别是 Pb 的含量较高，达到了 27.63%。

表 9.1 青铜器残件中主要合金成分的平均含量（质量分数） （%）

名称	Cu	Sn	Pb
剑	55.18	17.18	27.63
戈	81.83	18.16	—
夹刻刀	71.38	28.62	—
三连环	75.09	16.74	8.16
钮钟	74.70	16.03	9.28
甬钟	74.47	17.29	8.24
箭镞 1	54.24	13.19	32.56
箭镞 2	76.79	14.50	8.71

显微硬度测试表明，三连环、编钟的硬度相当，铜戈、箭镞青铜兵器略高，而夹刻刀的硬度 HV 远高于其他器物，高达 400 左右，见表 9.2。

表 9.2 青铜器残件的维氏显微硬度

器物名称	青铜戈	夹刻刀	三连环	钮钟	甬钟	箭镞 1	箭镞 2
硬度 HV	169.88	395.88	144.34	142.44	150.64	152.99	165.01

9.2.3 显微组织特征

9.2.3.1 青铜剑的组织特征

青铜剑为典型的铸造组织，主要由 α-Cu 固溶体、富 Sn 的 α+δ 共析相和颗粒状 Pb 组成。主要特点是组织不均匀，含有大量的空心泡状 Pb 颗粒。其断口特征为组织疏松的沿晶脆性断裂，有少量的撕裂棱，未见韧窝等反映韧性的特征形貌，如图 9.2 所示。

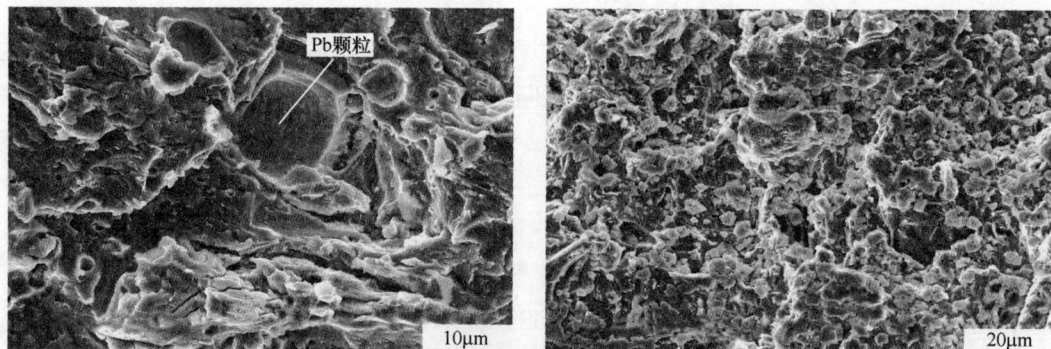

图 9.2 青铜剑截面断口的 SEM 形貌

9.2.3.2 青铜戈的组织特征

青铜戈的显微组织为典型的 α-Cu 固溶体树枝晶凝固铸造组织，树枝晶间为 α+δ 共析体组织连成的网状结构；在凝固组织基体上还分布有少量的气孔或疏松等铸造缺陷；由于长期的腐蚀作用，表面有一层明显的锈蚀层，如图9.3所示。

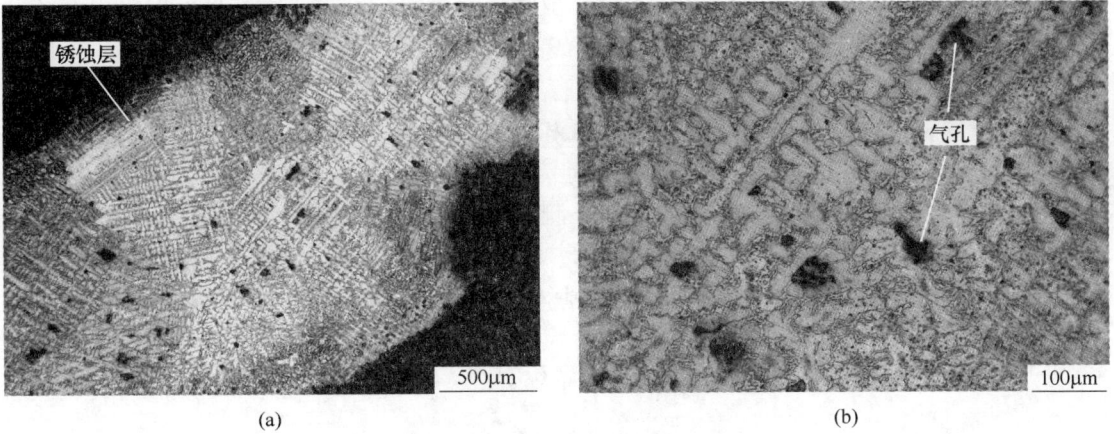

(a)　　　　　　　　　　　　　　　(b)

图9.3　铜戈光学金相组织形貌

（a）低倍形貌；（b）高倍形貌

9.2.3.3　夹刻刀的组织特征

与其他器物相比，最大的不同是，夹刻刀组织致密，没有看到明显的树枝晶铸造组织，如图9.4（a）所示。发现有少量气孔或夹杂物，能谱（EDS）点扫描成分测试表明，

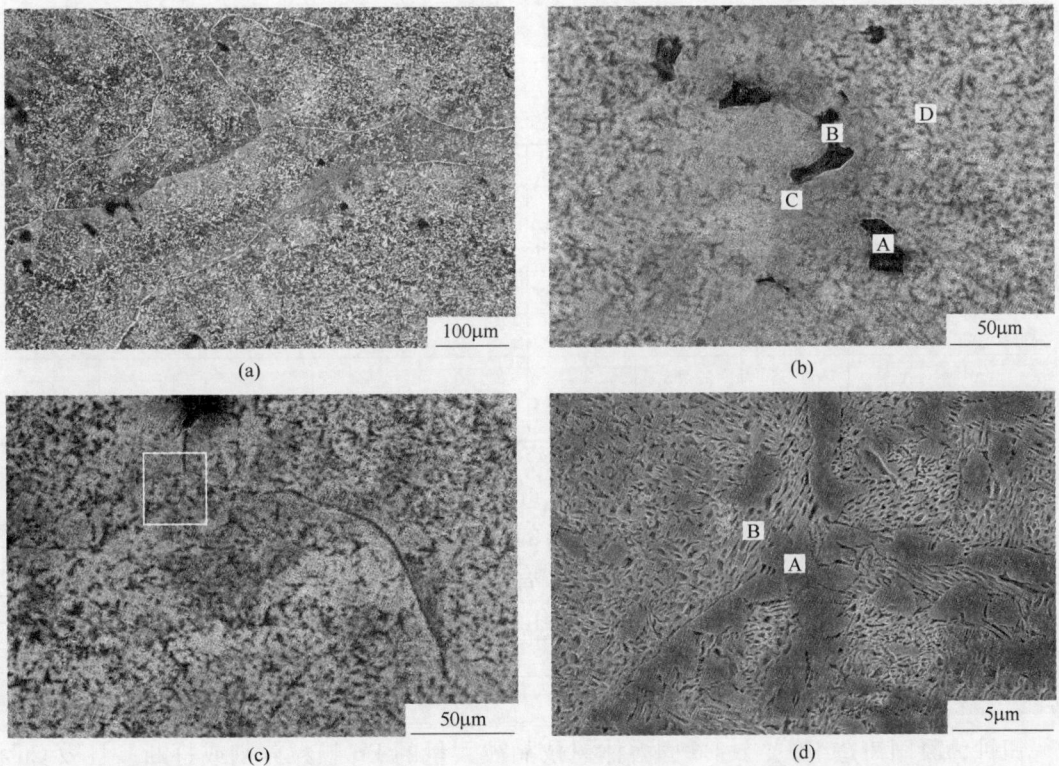

(a)　　　　　　　　　　　　　　　(b)

(c)　　　　　　　　　　　　　　　(d)

图9.4　夹刻刀微观组织形貌

（a）夹刻刀的金相组织；（b）气孔、锈蚀和夹杂物 SEM 形貌；（c）类晶界处低倍形貌；（d）类晶界处高倍形貌

图 9.4（b）中 A 和 B 点，除了 Cu 和 Sn 元素之外，还含有 Mg、Al、Si 及少量的 S 和 Fe，同时能谱（EDS）图中显示了 C 和 O 的峰，虽然轻元素定量计算不太准确，但仍表示其含有 C 和 O 元素，如图 9.4（b）、图 9.5 和表 9.3 所示。这说明这些部位有硫化物或氧化物的夹杂，可能是在冶炼或者铸造时混入的，存在一定程度的锈蚀。而 Al、Si 元素有可能是夹杂物引入的，也可能是制样过程中由砂纸和抛光剂所带入的。另外，在图 9.4（a）中观察到的类似于晶界的组织，通过 SEM 高倍观察发现它实际上由 δ-Cu 相组成，如图 9.4（c）和（d）所示。表 9.3 中的成分测试表明，图 9.4（d）中 A 点 Sn 含量为 33.65%，为 δ-Cu 相，而图 9.4（b）中的 C、D 点和图 9.4（d）中的 B 点的 Sn 含量均低于图 9.4（d）中 A 点，说明夹刻刀的主要基体组织是由针状致密的 α+δ 共析体组成。

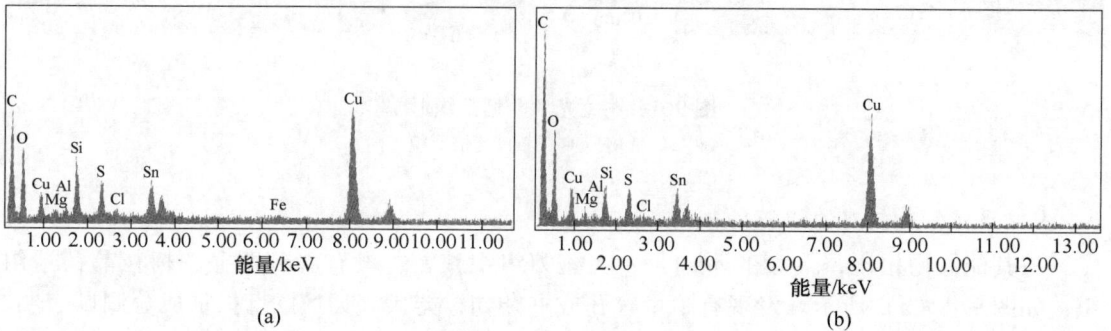

(a)   (b)

图 9.5　图 9.4(b) 中 A 点和 B 点对应的能谱

(a) A 点；(b) B 点

表 9.3　图 9.4 对应的特征区合金成分（质量分数）　　　　　（%）

测量位置		Cu	Sn	Fe	S	Mg	Al	Si	Cl
图 9.4(b)	A	58.74	13.64	1.23	6.15	3.70	3.24	12.06	1.24
	B	64.80	14.04	—	6.52	3.81	1.98	8.85	—
	C	72.02	27.98						
	D	71.17	28.83						
图 9.4(d)	A	66.35	33.65						
	B	77.00	23.00						

9.2.3.4　三连环的组织特征

三连环为车马器，是马笼头部位拴绳子的一种青铜器具。该三连环青铜器为铸态组织，α-Cu 固溶体树枝晶发育良好，晶间分布有 α+δ 共析体组织，并连成网状，细小 Pb 颗粒弥散分布在基体上，如图 9.6 所示。凝固组织的基体组织均匀致密，存在极少量的气孔或夹杂物等铸造缺陷。

9.2.3.5　钮钟的组织特征

钮钟为凝固铸造组织，α-Cu 固溶体树枝晶被大量的 Pb 颗粒分割或打断，且 α-Cu 树枝晶间分布有较大形态的 α+δ 共析体组织。图 9.7（a）中的黑色颗粒状物质，大部分为 Pb 颗粒，如图 9.7（b）所示，也有少量可能为气孔。

(a)

(b)

(c)

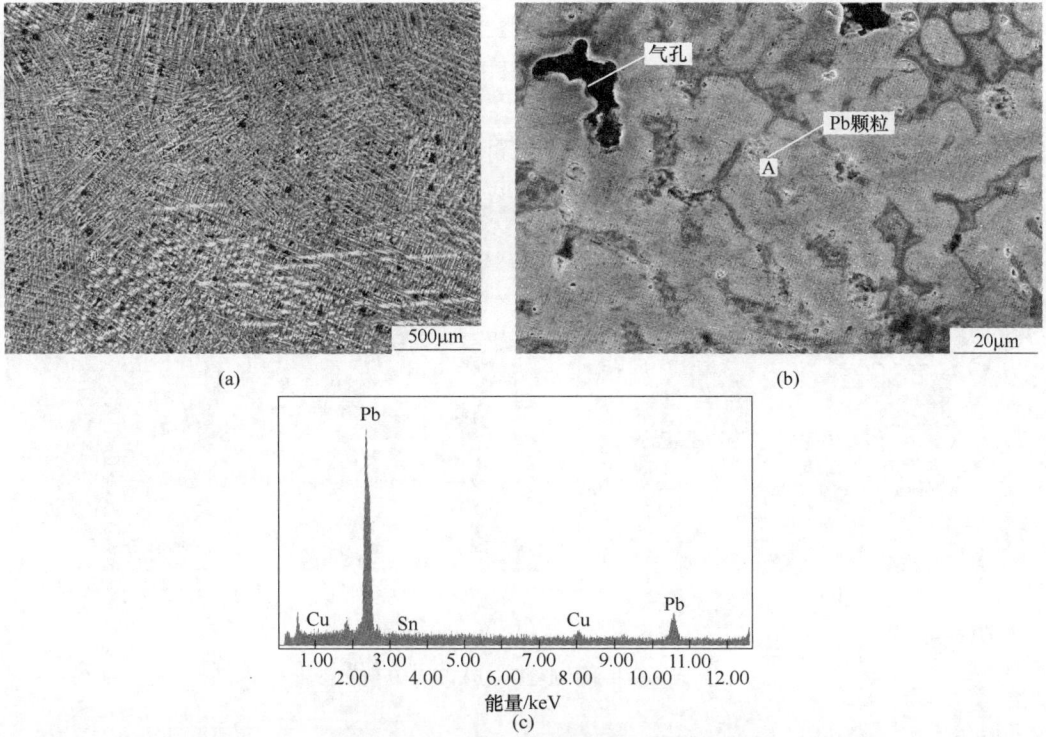

图 9.6 三连环的显微组织形貌

（a）光学金相低倍形貌；（b）SEM 高倍形貌；（c）图 9.6（b）中 A 点所对应的能谱

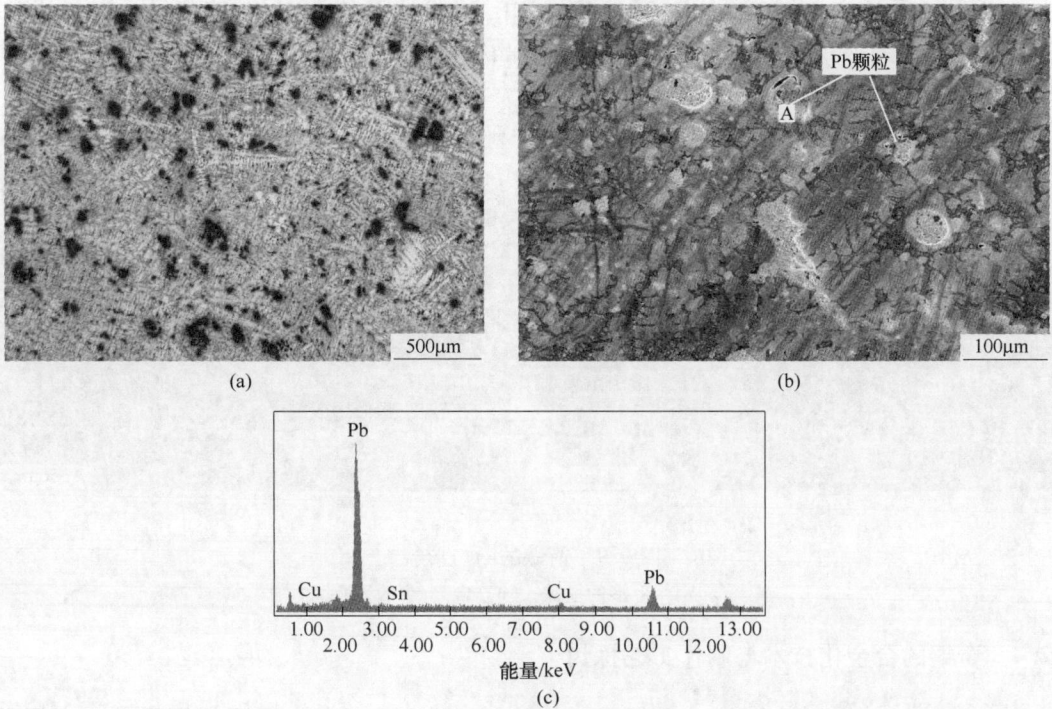

(a)

(b)

(c)

图 9.7 钮钟的显微组织形貌

（a）光学金相低倍形貌；（b）SEM 形貌；（c）图 9.7（b）中 A 点所对应的能谱

9.2.3.6 甬钟的组织特征

图 9.8 所示为甬钟的显微组织。与钮钟一样，同为凝固铸造组织，但 α-Cu 树枝晶相比生长较规则，黑色细小铅颗粒弥散均匀分布在基体上。两者的成分基本一致，组织上的不同可能是由于浇铸过程中的冷却凝固条件不同所造成的。

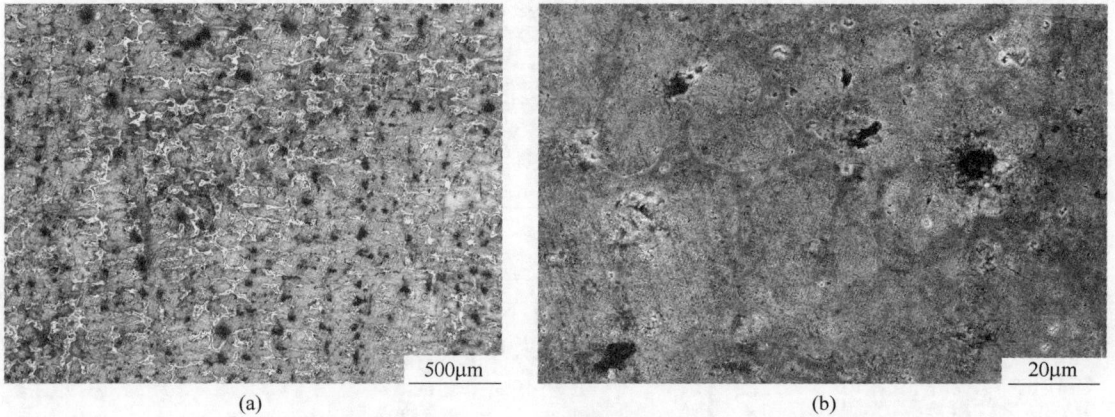

图 9.8　甬钟的显微组织形貌

（a）光学金相低倍形貌；（b）SEM 高倍形貌

9.2.3.7 箭镞的组织特征

2 只青铜箭镞均为凝固铸造组织，α-Cu 树枝晶发育良好，且树枝晶间 α+δ 共析体组织连成网状；基体中 Pb 颗粒弥散均匀分布。由于 2 个箭镞残件中 Pb 的含量不同，其组织也有较大的变化，如含 Pb 量低的箭镞中树枝晶粗大、明显，而含 Pb 量高的箭镞，由于 Pb 颗粒具有阻止树枝晶凝固组织长大的作用，因此树枝晶组织不明显，如图 9.9 所示。

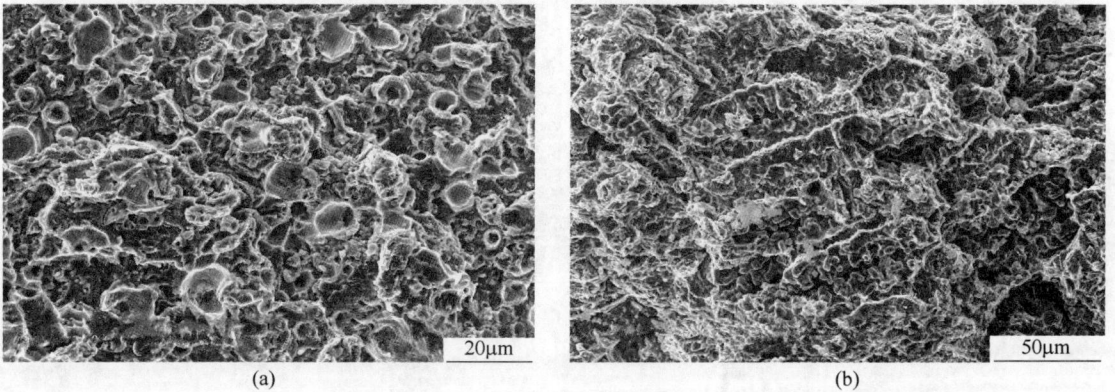

图 9.9　箭镞的断口形貌

（a）含 Pb 多的箭镞；（b）含 Pb 少的箭镞

9.2.4　青铜的合金化技术与制作工艺探讨

从以上实验结果可以看出，在战国中晚期，人们已经完全掌握了根据兵器、车马器、乐器等不同用途，而有意识地调整 Cu、Sn、Pb 金属含量的原理和技术，从而达到使用要求、性能和经济效益等方面的最佳化。例如，削杀类青铜器铜戈和夹刻刀用 Cu-Sn 合金制作；青铜编钟、三连环（车马器）和箭镞用加 Pb 的 Cu-Sn 合金（Cu-Sn+Pb）制作（由于所测青铜剑的合金成分比较特殊，将在 9.2.5 节中做专门讨论）。由此说明古代工匠已经总结出在需要高强度的刀和戈青铜器中一般不加 Pb，而在对力学性能强度要求不高的其他器物中，一般通过加 Pb 来降低成本或增加重量（箭镞）。这是因为随着合金中含 Pb 量的增加，Cu-Sn 合金强度下降[3]。例如，所测得的编钟、三连环、箭镞的显微硬度明显低于铜戈和夹刻刀。

另外，由于在青铜中加入适量的 Pb 具有改善铜水流动性、提高充型能力的优点，有利于铸造出纹饰精细和结构复杂的青铜器[4]。由此，对强度性能要求不高，没有特殊受力要求，但造型较复杂和表面铸有细腻纹饰的礼乐器编钟（钮钟和甬钟）来说，采用 10% 以下含 Pb 量（质量分数）的 Cu-Sn 合金是非常合理的。但是，在 Cu-Sn 合金中加 Pb 可能会影响编钟的声音效果，这个编钟是礼器，还是可以演奏的使用器，还需要进一步研究。同样，对于车马器上仅用作绳子牵引，制作工艺和性能要求不高的青铜三连环，采用普通的 Cu-Sn+Pb 合金也足够达到使用要求。

而箭镞作为一种制造量很大、一次性使用的用于远距离射击的兵器，其主要要求是高的杀伤力和远的射程。从力学理论可知，通过在箭镞中大量加入 Pb，可以增加箭镞的重量（Pb 的密度为 $11.7g/cm^3$，远大于 Cu 和 Sn），以提高其飞行稳定性、撞击时的动量，以及飞行距离。从铸造工艺上要求不高，制作较为粗糙，所以在实验观察的箭镞残件中，组织和成分都不是很一致和均匀。

对于要求较高的夹刻刀和铜戈来说，选用纯的 Cu-Sn 合金是可以满足使用要求的，并且要求更高的夹刻刀中的 Sn 含量较戈更高，达到 28.62%。这是由于除了 Cu-Sn 合金的硬度或强度要高于加 Pb 的 Cu-Sn 合金（Cu-Sn+Pb）以外（见表 9.2），随 Sn 含量的增加，其强度和硬度也随之增高的缘故[5-6]。根据 Cu-Sn 二元合金相图（见图 9.10），通常青铜中的主要组织是由较软的 α-Cu 相固溶体与较硬的 δ-Cu 金属间化合物相组成。一般来说，在实际的铸造条件下，当 Sn 含量大于 6% 时，多余的 Sn 就以 δ-Cu 相析出，产生 α+δ 共析相，形成 α-Cu+（α+δ）组织。Sn 含量越高，δ-Cu 相越多，硬度越高。当 Sn 含量在 25% 以上时，材料会变得硬而脆[4]。

本节研究的夹刻刀的 Sn 含量为 28.62%，组织主要由致密的针状 α+δ 共析体+无规分布的较大的 δ-Cu 脆硬相组成，这使得它的性能极硬且脆，显微硬度 HV 值接近 400。按理来说，它的实用性较差，但是由于夹刻刀主要是用来制作和书写竹简的工具，只有高的硬度或强度才能满足使用要求，因此此成分配比应该也是很合理的。

另外，从夹刻刀的组织分析中发现它不是一般的铸态树枝状晶组织，并且与其他普通青铜器相比，组织非常致密，气孔和夹杂物很少，如图 9.4 所示。少量的夹杂物可能是冶炼或铸造时混入的硫或氧化物（见表 9.3）。这是否说明古代工匠在制作夹刻刀时，为了提高性能，不仅采用了特殊的合金成分，还经过了特殊的工艺处理？

为了做进一步的验证，我们配制和铸造了与之合金成分相同（Cu 71.38%、Sn 28.62%）的 Cu-Sn 合金。显微组织观察发现两者组织基本一致，如图 9.11 所示。这说明使用高 Sn 含量合金，在铸造的条件下，也可以得到这类致密组织，而不需要进行热锻等处理。理论上来说，根据 Cu-Sn 合金二元相图，含 Sn 量为 28.62% 的合金，在从液态向固

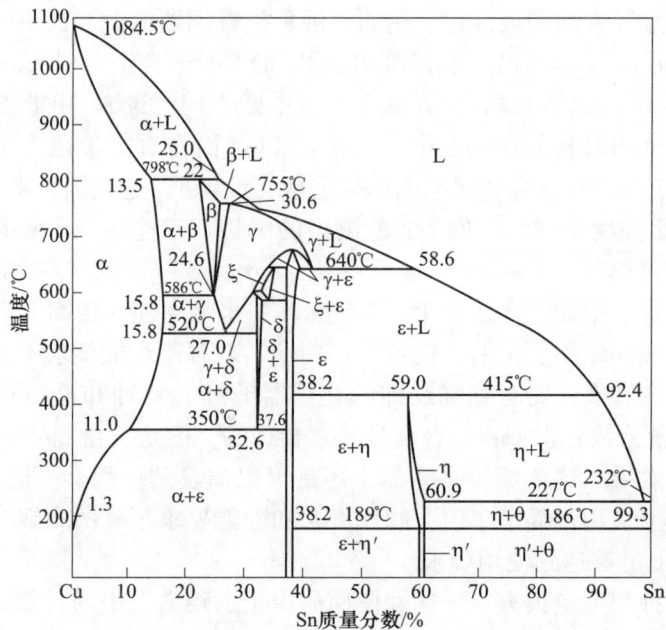

图 9.10   Cu-Sn 二元合金相图

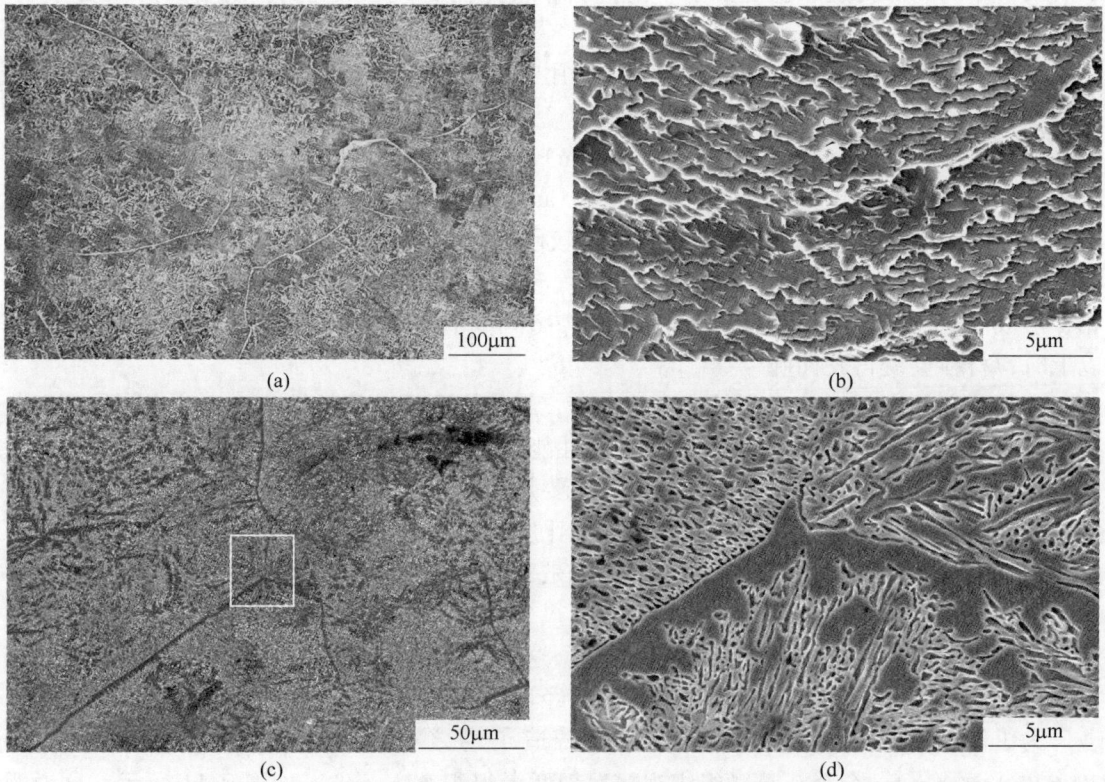

(a)

(b)

(c)

(d)

图 9.11   模拟样品的微观组织形貌

（a）金相组织；（b）断口 SEM 形貌；（c）类晶界处低倍形貌；（d）类晶界处高倍形貌

态的冷却过程中，发生的组织转变有：550~520℃之间为 γ-Cu 相加 δ-Cu 相，520℃时 γ-Cu 相发生共析反应，转变为 α+δ 共析相，因此其室温组织为 δ-Cu 与 α+δ 的混合组织。那么，在铸造的工艺条件下，为什么夹刻刀没有产生明显的典型树枝晶偏析组织？一方面，是因为溶质浓度，即 Sn 含量较高，对树枝晶的分枝生长有阻碍作用，甚至在其根部就阻碍了一次分枝的生长；另一方面，冷却凝固速度较快，也应该是此组织形貌和特征形成的原因之一[7-8]。

9.2.5　青铜剑的成分与用途

在本节的研究中发现青铜剑的成分非常特殊，它不仅为加 Pb 的 Cu-Sn 合金（Cu-Sn+Pb），且 Pb 的含量很高，远高于 Sn 的含量。

众所周知，目前所出土的性能比较优良的青铜剑一般不含 Pb，如著名的越王勾践剑等均为很纯的 Cu-Sn 合金[9-11]。这是由于当合金中含 Pb 时，会造成青铜强度及耐腐蚀性的下降[3,12]。从断口的形貌观察和分析可知，其组织疏松，不均匀，说明强度低且脆。另外，九连墩 1 号墓中出土的 28 把青铜剑，仅这把剑断为 2 截，也进一步证实了其性能较差。

令人费解的是，对青铜兵器的性能要求在青铜器中可以说是级别最高的，而青铜剑又是其中最为人们所重视的一种武器，既然九连墩的墓主为楚国的贵族将军，其使用的青铜剑性能怎么可能如此之差。而且结合九连墩墓所处的时代为战国中晚期，此时正是青铜技术发展的成熟期，合金技术已经比较成熟，《考工记》中"六齐"规律的出现就证实了这一点。古代的工匠完全有能力为墓主做出一把性能优良的好剑。那么此铜剑是否为墓主生前的使用器值得怀疑。有研究指出一些高 Pb 青铜器可能为随葬冥器[4]，因此，本书认为，这把青铜剑不是墓主的使用器，而是一把随葬的冥器。

9.3　湖北孝感地区博物馆馆藏铜镜的材料学特征

铜镜是中国考古发现中最为普通、最为常见的一种铜制品。中国铜镜在考古学研究中有着重要的地位[13]。它既是反映古代社会生活、时代变迁的实用器物，又是体现古代冶铸水平、技术发展的工艺珍品。一直以来，铜镜也是从事科技考古研究学者关注的热点，尤其是近 10 年来，对其合金成分、金相组织和制作工艺等都做了许多研究[14-16]。

一般认为，中国铜镜技术的发展可划分为早、中、晚三个时期[14]。早期为齐家文化时期至西周时期，早期铜镜锡（Sn）含量低，制作粗糙，铸造、磨光后即直接使用；中期为春秋战国时期至唐五代时期，中期铜镜锡（Sn）含量高，铅（Pb）含量低，制作精良，铸造后还经过热处理及表面处理等工艺；晚期为宋代至明清时期，晚期铜镜锡（Sn）含量较低，含有较高的铅（Pb）、锌（Zn）及其他杂质，制作简化，热处理工艺多已省去，唯质量尚可。总体上说，铜镜在中国各时期的技术发展和演变的脉络比较清晰。但是，古代中国幅员辽阔，不同区域铜镜技术发展的进程不可能完全相同，对于在某一特定区域内铜镜制作工艺发展历程的研究仍是铜镜技术研究中的薄弱环节。

　　湖北，特别是鄂东，是考古发现铜镜非常集中的一个区域。孝感正位于这一区域内，经过多年考古发现和文物征集，孝感地区所辖县市的 8 个综合性博物馆馆藏铜镜共计 200 余面，年代覆盖战国时期至清代。2013 年，孝感市博物馆从中遴选出 194 面铜镜，以"孝感铜镜专题展"的形式对外陈列展示。这些铜镜均发现于孝感地区，承载着浓郁的历史文化内涵。然而，由于是第一次对孝感地区馆藏铜镜进行如此系统的整理工作，此前也没有学者对于它们的材料学特征和制作工艺进行过专门的科技考古学研究，关于铜镜制作工艺在孝感地区的发展、演变及与周边区域的技术交流等问题更是知之甚少。

　　受孝感市博物馆委托，本研究利用金相显微镜（OM）、扫描电子显微镜（SEM）及能谱仪（EDS）等仪器，对其中 5 件战国时期至明代的铜镜残片标本的合金成分和金相组织进行系统表征，分析其制作工艺特点，并讨论了孝感地区不同时期铜镜制作工艺的发展和演变。为进一步认识孝感地区铜镜的制作工艺特点及其发展历程提供资料。

9.3.1　铜镜残片样品与实验方法

　　这批样品均为铜镜的残片，根据它们的形制和纹饰可对其年代进行准确的判断，包括战国 1 件、汉代 1 件、唐代 1 件、宋代 1 件和明代 1 件。样品信息详见表 9.4。

表 9.4　孝感地区馆藏铜镜送检样品信息表

样品编号	藏品号	名称	年代	取样部位
XGBWG01	南 195	弦纹素镜	战国	镜面中部残片
XGBWG02	应 103	长宜子孙简化博局镜	汉代	镜面中部残片
XGBWG03	南 462	八角瑞兽葡萄镜	唐代	镜面中部残片
XGBWG04	安 5.235	有柄双凤镜	宋代	镜缘残片
XGBWG05	孝无号	高窄缘素镜	明代	镜缘残片

9.3.2　化学成分与显微组织特征

9.3.2.1　战国铜镜

　　能谱仪（EDS）测试结果显示，战国铜镜试样为 Cu-Sn 合金，其中 Sn 含量（质量分数）高达 26.26%。组织为铜铸造组织，主要由致密的 α+δ 共析体和羽状分布的 δ-Cu 脆硬相（类似于晶界的组织）组成，组织非常致密，气孔和夹杂物很少，如图 9.12 所示。

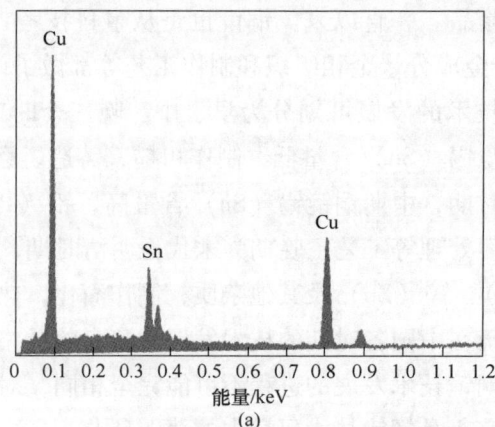

(a)

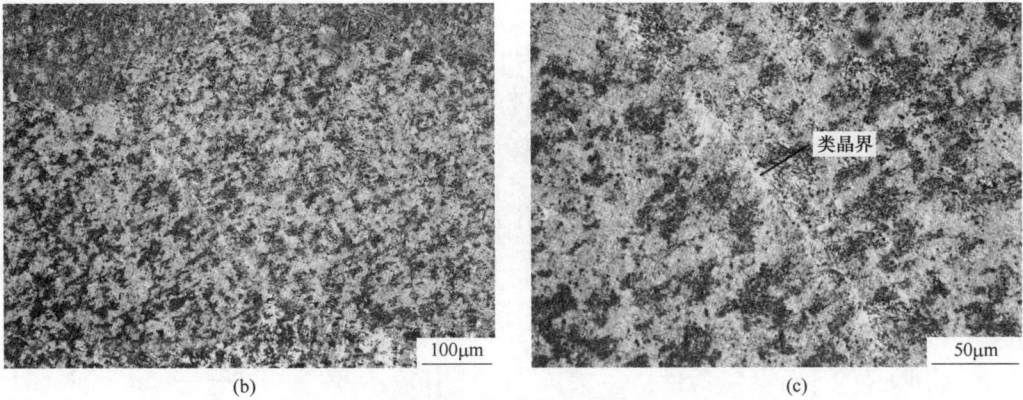

图 9.12 战国铜镜基体的金相显微组织形貌

（a）EDS 能谱；（b）（c）金相显微组织形貌

9.3.2.2 汉代铜镜

EDS 测试结果显示，汉代铜镜试样为加 Pb 的 Cu-Sn 合金，Sn 含量（质量分数）高达 38.44%，Pb 含量（质量分数）为 3.42%。考虑到选择性腐蚀过程造成 Cu 元素的流失，这件汉代铜镜试样的原始化学成分中 Sn 和 Pb 含量可能比 EDS 测试值略低。汉代铜镜试样为淬火后回火组织，主要由交叉针状 β_1'-Cu 相和斑纹状或絮状 $\alpha+\delta$ 共析体组成，细小的 Pb 颗粒在基体中弥散分布，组织比较致密，气孔很少，如图 9.13 所示。

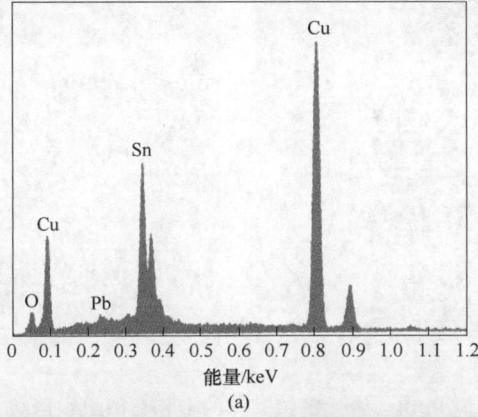

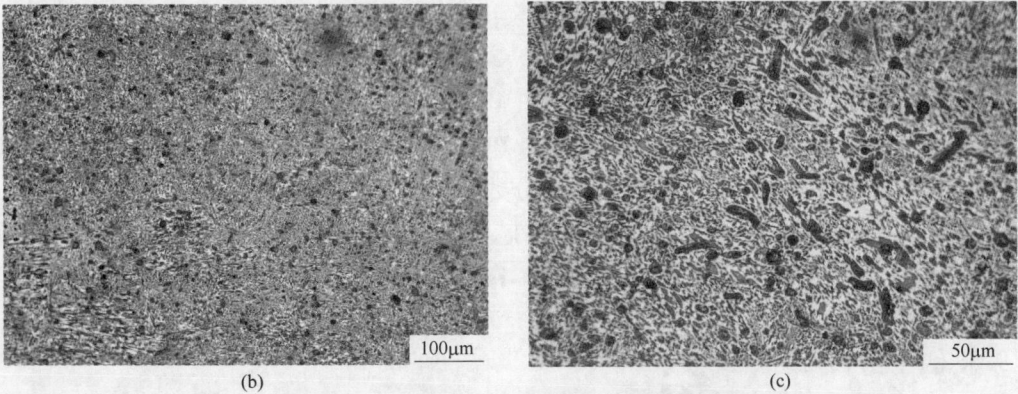

图 9.13 汉代铜镜基体的金相显微组织形貌

（a）EDS 能谱；（b）（c）金相显微组织形貌

9.3.2.3　唐代铜镜

EDS 测试结果显示，唐代铜镜试样为加 Pb 的 Cu-Sn 合金（Cu-Sn+Pb），Sn 含量（质量分数）为 32.09%，Pb 含量（质量分数）为 2.56%。考虑到选择性腐蚀过程造成 Cu 元素的流失，这件唐代铜镜试样的原始化学成分中 Sn 和 Pb 含量可能比 EDS 测试值略低。唐代铜镜试样为淬火后回火组织，主要由交叉针状 β'_1-Cu 相和斑纹状或絮状 α+δ 共析体组成，细小的 Pb 颗粒在基体中弥散分布，组织比较致密，气孔很少，如图 9.14 所示。

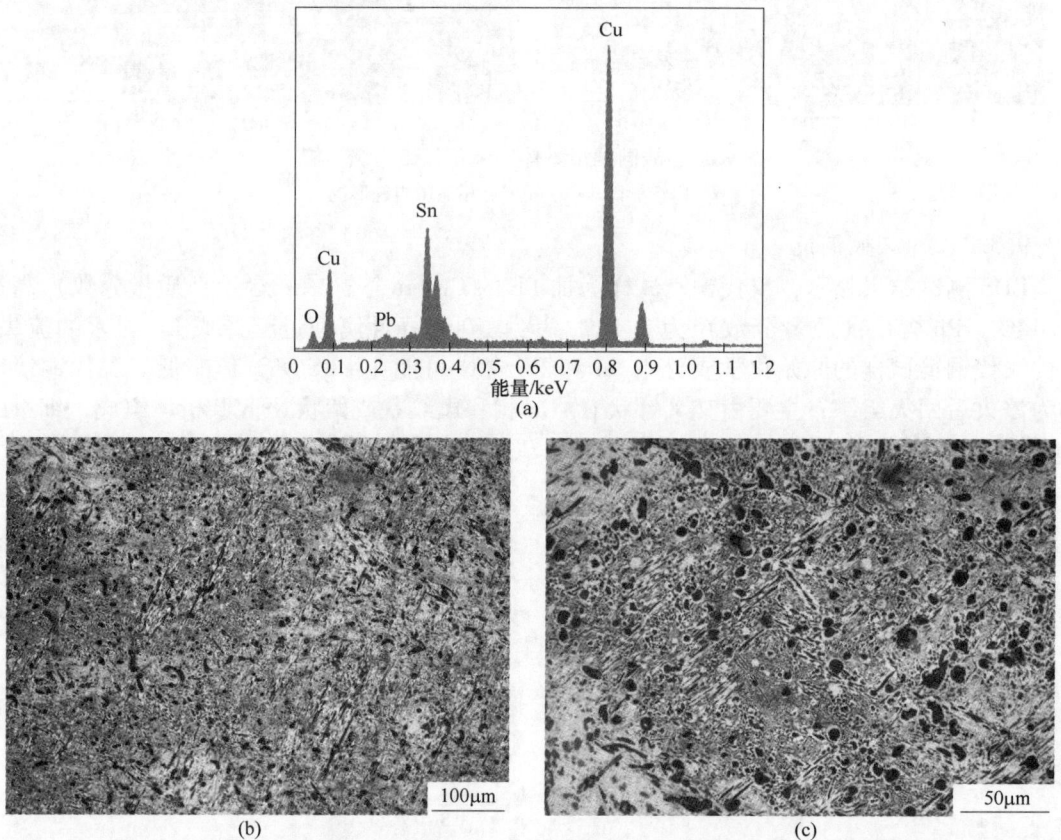

图 9.14　唐代铜镜基体的金相显微组织形貌

（a）EDS 能谱；（b）（c）金相显微组织形貌

9.3.2.4　宋代铜镜

EDS 测试结果显示，宋代铜镜试样为加 Pb 的 Cu-Sn 合金（Cu-Sn+Pb），其中 Sn 含量（质量分数）为 9.50%，Pb 含量（质量分数）为 4.34%。宋代铜镜为铸造组织，α-Cu 固溶体树枝晶发育不明显，树枝晶间间距较小，其间分布有较小形态的 α+δ 共析体组织，如图 9.15 所示。Pb 颗粒在基体中弥散分布，图中的黑色颗粒状物质，大部分为 Pb 颗粒，也有少量可能为气孔。

9.3.2.5　明代铜镜

EDS 测试结果显示，明代铜镜试样为加 Pb 的 Cu-Sn 合金（Cu-Sn+Pb），其中 Sn 含量（质量分数）较低，为 6.28%，Pb 含量（质量分数）为 8.06%，还含有少量 Ni，Ni 含

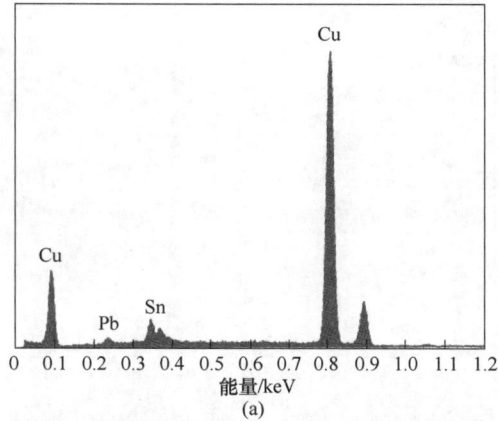

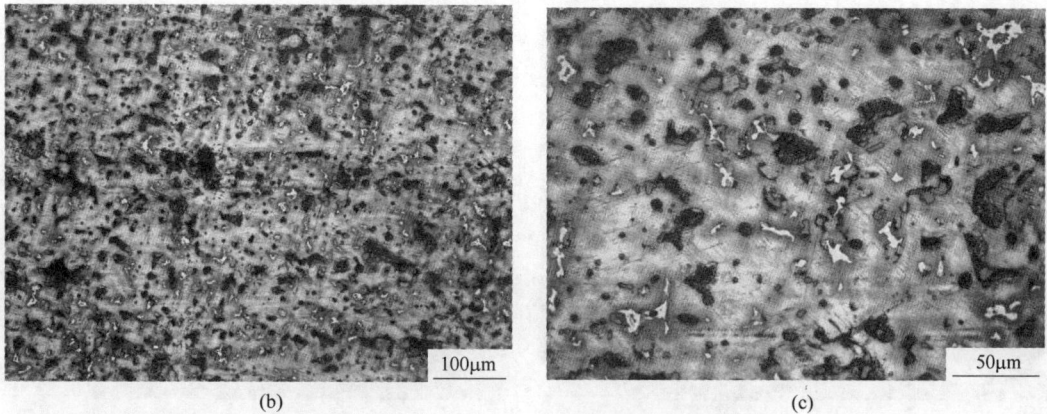

图 9.15 宋代铜镜基体的金相显微组织形貌

(a) EDS 能谱; (b)(c) 金相显微组织形貌

量(质量分数)仅 1.46%,小于 2%,可能是熔炼过程中混入的杂质元素。明代铜镜为铸造组织,α-Cu 固溶体树枝晶发育不明显,树枝晶间间距较小,其间分布有较小形态的 α+δ 共析体组织,如图 9.16 所示。Pb 颗粒在基体中弥散分布,图中的黑色颗粒状物质大部分为 Pb 颗粒,也有少量可能为气孔。

9.3.3 制作工艺特点及其发展历程

这 5 件检测试样的形制和纹饰具有鲜明的时代特征,以上结果为深入认识战国时期至明代各时期铜镜的制作工艺特点及其发展历程提供了重要的依据。以下将从合金成分和热处理工艺这两个方面进行论述。

9.3.3.1 合金成分

这 5 件检测试样中,战国铜镜属于纯的 Cu-Sn 合金,其余 4 件属于加 Pb 的 Cu-Sn 合金(Cu-Sn+Pb)。

战国铜镜不但是纯的 Cu-Sn 合金,而且还属于典型的高锡青铜[7]。由 9.1 节中模拟高 Sn 合金实验(见图 9.11)可知,在一般铸造的条件下也可以得到类似战国铜镜这样的致密组织[3]。这种特别的铸造组织在以往的铜镜研究中很少报道,但是在东周时期楚国及深

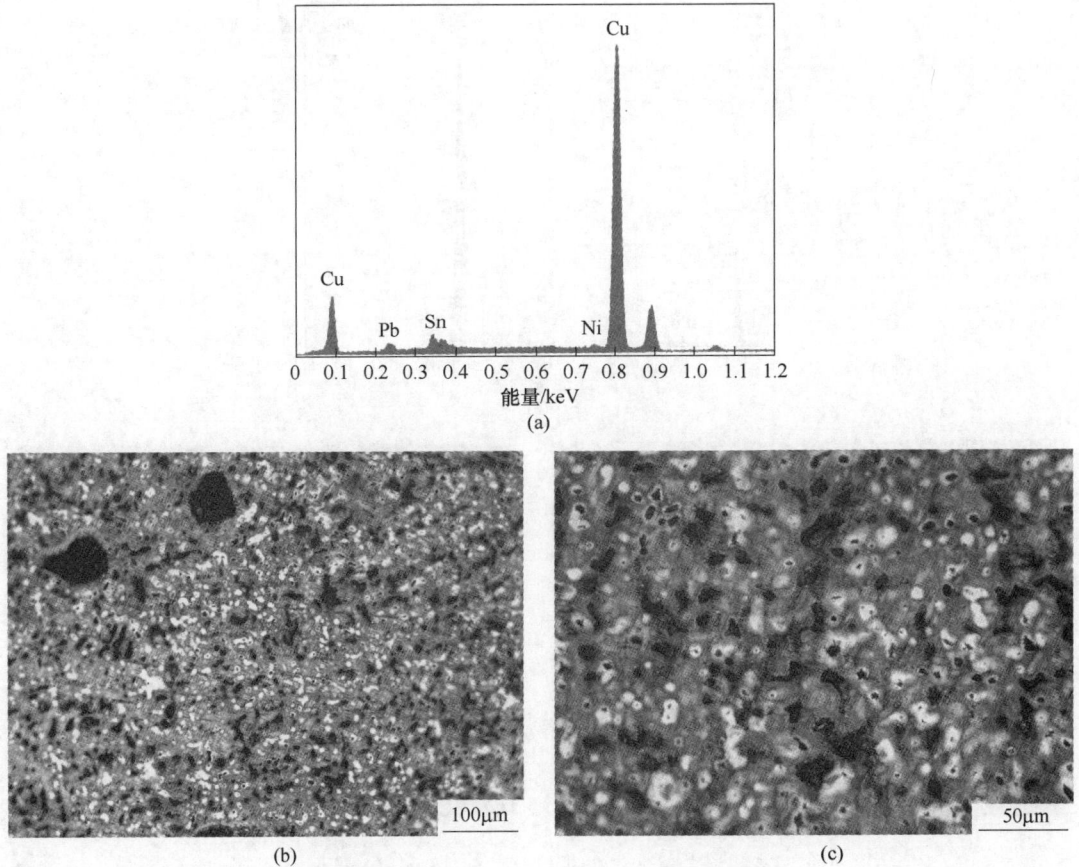

图 9.16 明代铜镜基体的金相显微组织形貌

(a) EDS 能谱；（b）（c）金相显微组织形貌

受楚文化影响的诸侯国墓葬出土的其他类别青铜器研究中有类似的报道，包括：（1）在9.1节中，分析湖北枣阳九连墩楚墓出土的战国中晚期青铜器后，有1件夹刻刀的含Sn量（质量分数）高达28.6%，并为具有"类晶界"的致密铸造组织[17]；（2）有人在分析湖北郧县乔家院春秋战国墓地的青铜器后，也发现1件春秋晚期的青铜剑和1件战国时期的簴兽钮具有类似的高Sn铸造组织[18]。此外，东周时期的楚地实际上已经出现了类似的汉代和唐代铜镜所采用的铸造后先淬火再回火的热处理工艺。由于样品数量太少，目前暂时无法对这类铜镜为何没有采用更先进的工艺技术等问题进行更深入探讨。

4 件属于加 Pb 的 Cu-Sn 合金（Cu-Sn+Pb）铜镜，根据 Sn 含量的高低，又可细分为：高 Sn 加 Pb 的 Cu-Sn 合金和低 Sn 加 Pb 的 Cu-Sn 合金。其中，汉代和唐代的铜镜属于前者，而宋代和明代的铜镜属于后者。当然，在此次检测中，汉代和唐代的铜镜试样由于基体受到了轻微的腐蚀，导致 Sn 含量的 EDS 测试值可能偏高。但是，这并不影响这两件铜镜属于高锡青铜的判断，而且只有高锡青铜才会发生造成 Cu 元素流失的选择性腐蚀。

此外，明代铜镜中还含有少量的 Ni，Ni 虽然可以固溶于 Cu 和 Sn 中，但目前还未见古代铜镜中有意识添加 Ni 的报道，而且这件明代铜镜试样中 Ni 含量（质量分数）小于2%，极可能是熔炼过程中混入的杂质元素。

9.3.3.2 热处理工艺

一般而言，中国古代铜镜绝大部分都是铸造而成的。但是在铸造好以后，为了提高铜镜的性能，往往会对其进行热处理。我们发现这5件检测试样中，汉代和唐代的铜镜也进行过淬火和回火处理。有研究认为，唐代铜镜试样由于析出物较小，较均匀，相比于汉代铜镜试样，可能加热温度较高，或保温时间较长。提出铜镜淬火、回火的目的在于：（1）提高强度和塑性；（2）延长使用年限；（3）颜色近青灰[14]。这两件铜镜断口的颜色近银白，其采用淬火和回火处理的目的也应如此。

可以认为，这5件铜镜的制作工艺经历了从高 Sn 的 Cu-Sn 合金铸造到高 Sn 加 Pb 的 Cu-Sn 合金（Cu-Sn+Pb）铸造后先淬火再回火处理，再到低 Sn 加 Pb 的 Cu-Sn 合金（Cu-Sn+Pb）铸造的变化。这与中国古代铜镜制作工艺的发展历程基本一致[14]。但是，战国时期，铜镜由高 Sn 的 Cu-Sn 合金直接铸造而成的报道较少。

9.4 湖北随州文峰塔出土金属器的材料学特征

文峰塔墓地位于湖北省随州市曾都区东部的一条无名岗地，从2009年开始发掘，并当选2013年度全国十大考古新发现。其中，M1的墓主应为春秋晚期曾国的一代国君"曾侯舆"，M2的年代略晚于 M1，也为春秋战国之际曾侯级别的墓葬[19]。这两座墓葬虽然早年被盗，但出土金属器的种类十分丰富，代表了春秋战国之际曾国金属技术的发展水平。

本节对其中22件金属器的显微组织和化学成分进行系统表征，并分析其制作工艺特点，为进一步认识曾国的金属技术特征提供珍贵资料。

9.4.1 金属器残片样品与实验方法

为最大限度地保护文物，本书仅对已破损而器型可辨的金属器物残片进行取样。按此取样原则，从 M1 和 M2 出土金属器中选取鼎、鬲、鉴、甬钟、箭镞、薄壁饰牌、棺钉、马镳、金箔等22件器物残片，在这些残片上共取得样品30件。器物类别包括青铜器、铅锡器和金箔，此外还有青铜器的垫片、钎料和镶嵌物。样品信息详见表9.5。

显微组织和化学成分分析所用样品采用常规金相样品制备方法处理。青铜器样品用三氯化铁+盐酸+酒精溶液浸蚀；铅锡合金样品用甘油、冰醋酸、硝酸配制成的溶液浸蚀；金箔样品用王水加铬酸酐溶液浸蚀[20]。

表9.5 文峰墓地 M1、M2 送检金属样品信息表

样品编号	出土号	器物名称	取样部位	备注
WFM1-1-1	M1：11	镬鼎	腹部	
WFM1-2-1	M1：13	升鼎	器身口沿	
WFM1-2-2	M1：13	升鼎	爬兽兽身	
WFM1-2-3	M1：13	升鼎	爬兽兽首	已腐蚀
WFM1-2-4	M1：13	升鼎	垫片	

样品编号	出土号	器物名称	取样部位	备注
WFM1-2-5	M1：13	升鼎（钎料）	爬兽与器身连接处	已腐蚀
WFM1-2-6	M1：13	升鼎（钎料）	爬兽兽身与兽首连接处	已腐蚀
WFM1-3-1	M1：14	敞口瘪裆鬲	腹部	
WFM1-4-1	M1：18	鉴	腹部	
WFM1-4-2	M1：18	鉴（钎料）	附耳与器身连接处	已腐蚀
WFM1-5-1	M1：2	甬钟	钟体	
WFM1-5-2	M1：2	甬钟	甬部	
WFM1-6-1	M1：4	甬钟	钟体	
WFM1-7-1	M1：9	甬钟	钟体	
WFM1-7-2	M1：9	甬钟	镶嵌物	已腐蚀
WFM1-8-1	M1：150	编钟挂钩	横断面	表面腐蚀
WFM1-9-1	M1：27	铃	腹部	腐蚀严重
WFM1-10-1	M1：87	箭镞	横断面	
WFM1-11-1	M1：88	箭镞	横断面	
WFM1-12-1	M1：160	车马器饰珠	横断面	表面腐蚀
WFM1-13-1	M1：165	薄壁残片	横断面	表面腐蚀
WFM1-14-1	M1：165	薄壁残片	横断面	表面腐蚀
WFM1-15-1	M1：90	铜金叠合饼状器	横断面	
WFM1-15-2	M1：90	铜金叠合饼状器	平面	
WFM1-16-1	M1：149	金箔	横断面	
WFM2-1-1	M2：54	薄壁饰牌	横断面	
WFM2-3-1	M2：34	箭镞	横断面	
WFM2-4-1	M2：142	马镳	横断面	表面腐蚀
WFM2-5-1	M2：150	棺钉	横断面	表面腐蚀
WFM2-6-1	M1：151	棺钉	腹部	表面腐蚀

9.4.2　化学成分与显微组织特征

9.4.2.1　化学成分

表 9.6~表 9.8 是通过能谱仪（EDS）测得的化学成分数据。可以看出金属器的材质

以青铜为主，还包括铅锡合金和金银合金，青铜器钎料和镶嵌物虽已严重腐蚀，但仍然可以通过腐蚀产物对其原始化学成分进行定性分析。

（1）青铜器。基体为青铜材质的样品共计 22 件，其中 19 件出自 M1 中的 15 件器物上，3 件出自 M2。根据含 Pb 与否（以含 Pb 不小于 2% 为标准），可分为铜锡二元合金（Cu-Sn）和加 Pb 的 Cu-Sn 合金（Cu-Sn+Pb）[20]。

测试结果显示，Cu-Sn+Pb 合金的样品共计 12 件，来自 9 件器物。其中，含 Pb 量最高的样品是 1 件敞口瘪裆铜鬲，高达 23%，其他样品的含 Pb 量在 8%~16% 之间。除 3 件样品因低锡相选择性腐蚀造成含 Sn 量偏高外，另外 10 件样品的含 Sn 量在 12%~19% 之间。4 件样品的含 Sn 量（质量分数）在 17% 以上，根据 Scott 对高锡青铜和低锡青铜的分类[7]，这 4 件样品应当属于典型的高锡青铜。

另外，测试结果显示 Cu-Sn 合金的样品共计 10 件，来自 9 件器物。除去 2 件样品因低锡相选择性腐蚀造成含 Sn 量偏高外，另外 8 件样品的含 Sn 量（质量分数）在 9%~23% 之间。3 件样品的含 Sn 量（质量分数）在 17% 以上，属于典型的高锡青铜。

（2）红铜镶嵌物。样品 WFM1-7-2 是 1 件青铜甬钟的镶嵌物，已腐蚀。根据腐蚀产物含 90% 的 Cu 和少量 O，可以判断其原始化学成分为纯的 Cu，即红铜。

（3）铅锡器。基体为铅锡（Pb-Sn）材质样品共 3 件，包括 2 件棺钉和 1 件马镳，均为 M2 出土。测试结果显示，2 件棺钉的化学成分（质量分数）十分接近，含 Sn 64%，Pb 35%，还含少量 As，马镳的含 Sn 量略低，约 52%，还含有少量的 As。

（4）钎料。3 件钎料样品均已腐蚀，但经检测发现腐蚀产物种类并不相同。来自升鼎的 2 件样品（WFM1-2-5 和 WFM1-2-6）的腐蚀产物包括 Pb、Sn 的氧化物和碳酸盐，其原始化学成分应为 Pb-Sn 合金。考虑到 Pb 比 Sn 更容易遭到腐蚀而流失，样品原始的含 Pb 量应高于此计算值。样品 WFM1-3-2 的腐蚀产物仅为 Sn 的氧化物，未见 Pb 的存在，其原始化学成分应为纯 Sn。

（5）金箔。2 件金箔样品为金银（Au-Ag）合金，均出自 M1。样品 WFM1-15-2 含 Au 84%、Ag 16%，样品 WFM1-16-1 含 Au 70%、Ag 30%。

表 9.6 文峰塔墓地送检青铜（红铜）样品的化学成分

样品编号	分析部位	元素含量（质量分数）/%						结　果
		Cu	Sn	Pb	S	C	O	
WFM1-1-1	面扫 1	71.63	19.80	8.57				Cu-Sn+Pb 合金
	面扫 2	71.31	20.01	8.68				
	平均成分	71.47	19.92	8.61				
WFM1-2-1	面扫 1	74.78	11.89	13.33				Cu-Sn+Pb 合金
	面扫 2	75.32	12.83	11.85				
	平均成分	75.05	12.36	12.59				
WFM1-2-2	面扫 1	70.05	14.95	15.00				Cu-Sn+Pb 合金
	面扫 2	69.29	15.49	15.22				
	平均成分	69.67	15.22	15.11				

样品编号	分析部位	元素含量（质量分数）/%						结 果
		Cu	Sn	Pb	S	C	O	
WFM1-2-3	面扫 1	56.49	19.77	9.87			13.87	Cu-Sn+Pb 合金，低锡相选择性腐蚀
	面扫 2	57.05	18.85	10.65			13.45	
	平均成分	56.77	19.31	10.26			13.66	
	高锡相	61.17	38.83					
WFM1-2-4	面扫 1	68.35	16.06	15.58				Cu-Sn+Pb 合金
	面扫 2	68.60	14.41	17.00				
	平均成分	68.48	15.23	16.29				
WFM1-3-1	面扫 1	61.51	16.34	22.15				Cu-Sn+Pb 合金
	面扫 2	60.76	14.49	24.75				
	平均成分	61.14	15.41	23.45				
	Pb 颗粒			100				
WFM1-4-1	面扫 1	71.83	15.47	12.70				Cu-Sn+Pb 合金
	面扫 2	72.73	17.55	9.72				
	平均成分	72.28	16.51	11.21				
WFM1-5-1	面扫 1	85.68	13.30		1.02			Cu-Sn 合金
	面扫 2	85.06	14.02		0.92			
	平均成分	85.37	13.66		0.97			
	硫化夹杂物	71.69			28.31			
WFM1-5-2	面扫 1	82.99	15.93		1.08			Cu-Sn 合金
	面扫 2	79.53	18.59		1.88			
	平均成分	81.26	17.26		1.48			
WFM1-6-1	面扫 1	74.26	18.08	7.66				Cu-Sn+Pb 合金
	面扫 2	74.86	11.78	13.36				
	平均成分	74.56	14.93	10.51				
WFM1-7-1	面扫 1	80.96	19.04					Cu-Sn 合金
	面扫 2	80.76	19.24					
	平均成分	80.86	19.14					
WFM1-7-2	面扫 1	90.63					9.37	纯 Cu，已腐蚀为 Cu 的氧化物
	面扫 2	89.59					10.41	
	平均成分	90.11					9.89	
WFM1-8-1	面扫 1	49.71	16.35	14.69		6.38	12.88	Cu-Sn+Pb 合金，部分腐蚀
	面扫 2	50.10	17.13	12.38		6.27	14.12	
	平均成分	49.91	16.74	13.53		6.32	13.50	
WFM1-9-1	面扫 1	54.92	28.74				16.33	Cu-Sn 合金，通体腐蚀矿化
	面扫 2	54.39	29.25				16.36	
	平均成分	54.66	28.99				16.35	

样品编号	分析部位	元素含量（质量分数）/%						结　果
		Cu	Sn	Pb	S	C	O	
WFM1-10-1	面扫 1	84.05	15.95					Cu-Sn 合金
	面扫 2	84.75	15.25					
	平均成分	84.40	15.60					
WFM1-11-1	面扫 1	76.78	23.22					Cu-Sn 合金
	面扫 2	76.05	23.95					
	平均成分	76.42	23.58					
WFM1-12-1	面扫 1	66.59	17.73	15.68				Cu-Sn+Pb 合金
	面扫 2	68.09	17.03	14.88				
	平均成分	67.34	17.38	15.28				
WFM1-13-1	基体面扫	86.46	13.54					Cu-Sn 合金，腐蚀严重
	腐蚀区域	68.63	17.1			7.81	6.46	
WFM1-14-1	基体面扫	85.72	14.28					Cu-Sn 合金，部分腐蚀
	腐蚀区域	67.77	16.34			4.5	11.39	
WFM1-15-1	青铜基体腐蚀区域	55.47	9.89			7.8	26.84	Cu-Sn 合金，部分腐蚀
WFM2-1-1	面扫 1	90.24	9.76					Cu-Sn 合金
	面扫 2	90.57	9.43					
	平均成分	90.41	9.59					
WFM2-2-1	面扫 1	68.87	18.76	12.37				Cu-Sn+Pb 合金
	面扫 2	70.33	20.00	9.67				
	平均成分	69.60	19.38	11.02				
WFM2-3-1	面扫 1	67.88	20.48	11.64				Cu-Sn+Pb 合金
	面扫 2	64.29	19.37	16.34				
	平均成分	66.09	19.92	13.99				

表 9.7　文峰塔墓地送检钎料、铅锡合金样品的化学成分

样品编号	分析部位	元素含量（质量分数）/%					结　果
		Sn	Pb	As	C	O	
WFM1-2-5	腐蚀区域面扫	44.32	32.41		7.07	16.20	Pb-Sn 钎料，已腐蚀
WFM1-2-6	腐蚀区域面扫	49.32	26.51		7.36	16.81	Pb-Sn 钎料，已腐蚀
WFM1-3-2	残留针状析出物	100					纯 Sn 钎料
	腐蚀区域面扫	82.67				17.33	
WFM2-4-1	面扫 1	51.53	48.04	0.43			
	面扫 2	52.01	48.12	0.87			
	平均成分	51.77	48.08	0.65			
	α 相		100				

样品编号	分析部位	元素含量（质量分数）/%					结　果
		Sn	Pb	As	C	O	
WFM2-4-1	β 相	100					Sn-Pb 合金
	针状析出物	64.22		35.78			
WFM2-5-1	面扫 1	59.86	39.00	1.14			Sn-Pb 合金
	面扫 2	67.28	31.42	1.30			
	平均成分	63.57	35.21	1.22			
	α 相		100				
	β 相	100					
	针状析出物	65.20		34.80			
WFM2-6-1	面扫 1	61.39	37.89	0.72			Sn-Pb 合金
	面扫 2	67.04	31.97	0.99			
	平均成分	64.22	34.93	0.85			
	α 相		100				
	β 相	100					
	针状析出物	65.63		34.37			

表 9.8　文峰塔墓地送检金箔样品的化学成分

样品编号	分析部位	元素含量（质量分数）/%		结果
		Au	Ag	
WFM1-15-2	表面面扫 1	83.47	16.53	Au-Ag 合金
	表面面扫 2	83.75	16.25	
	平均成分	83.61	16.39	
WFM1-16-1	断口点 1	69.14	30.86	Au-Ag 合金
	断口点 2	71.73	28.27	
	平均成分	70.44	29.56	

9.4.2.2　显微组织

用光学金相显微镜和扫描电子显微镜（SEM）对上述残留有基体的样品进行金相组织鉴定，样品显示出不同的金相组织类型（见表 9.9）。

表 9.9　文峰塔墓地送检金属样品的金相组织

名称	样品编号	取样部位	金相组织	制作工艺	图示
镬鼎	WFM1-1-1	腹部	加 Pb 青铜铸造组织。基体为 α-Cu 固溶体树枝晶和较多的 α+δ 共析体组织，Pb 颗粒弥散分布，并存在少量气孔和铸造缺陷	铸造	图 9.17（a）
升鼎	WFM1-2-1	器身口沿	加 Pb 青铜铸造组织。基体为发育较好的 α-Cu 固溶体树枝晶和较少的 α+δ 共析体组织，Pb 颗粒弥散分布，并存在少量气孔和铸造缺陷	铸造	图 9.17（b）

名称	样品编号	取样部位	金相组织	制作工艺	图示
升鼎	WFM1-2-2	爬兽兽身	加 Pb 青铜铸造组织。基体为 α-Cu 固溶体树枝晶和较多的 α+δ 共析体组织，Pb 颗粒弥散分布，并存在少量气孔和铸造缺陷	铸造	
	WFM1-2-3	爬兽兽首	基体已完全腐蚀	铸造	
	WFM1-2-4	垫片	加 Pb 青铜铸造组织。基体为发育较好的 α-Cu 固溶体树枝晶和较少的 α+δ 共析体组织，Pb 颗粒弥散分布，并存在少量气孔和铸造缺陷	铸造	图 9.17（c）
	WFM1-2-5	爬兽与器身连接处	基体已完全腐蚀	钎焊（料）	
	WFM1-2-6	爬兽兽身与兽首连接处	基体已完全腐蚀	钎焊（料）	
敞口瘪裆鬲	WFM1-3-1	腹部	加 Pb 青铜铸造组织。基体为 α-Cu 固溶体树枝晶和较多的 α+δ 共析体组织，Pb 颗粒粒径较大，呈弥散分布，并存在很多气孔和铸造缺陷	铸造	图 9.17（d）
鉴	WFM1-4-1	腹部	加 Pb 青铜铸造后退火组织。基体中 α-Cu 固溶体呈鹅卵状，周边圆滑，其间分布有较小形态的 α+δ 共析体和 Pb 颗粒	铸造后受热均匀化，可能为退火处理	图 9.18（a）
	WFM1-4-2	附耳与器身连接处	基体已腐蚀。残留针状纯 Sn 析出物	钎焊	图 9.18（b）
甬钟	WFM1-5-1	钟体	纯 Cu-Sn 青铜铸造后退火组织。基体中 α-Cu 固溶体呈鹅卵状，周边圆滑，其间分布有较小形态的 α+δ 共析体和 Cu 的硫化夹杂物	铸造后受热均匀化，可能为退火处理	图 9.18（c）
	WFM1-5-2	甬部	纯 Cu-Sn 青铜铸造后退火组织。基体中 α-Cu 固溶体呈鹅卵状，周边圆滑，其间分布有较小形态的 α+δ 共析体和较多 Cu 的硫化夹杂物	铸造后受热均匀化，可能为退火处理	图 9.18（d）
甬钟	WFM1-6-1	钟体	加 Pb 青铜铸造组织。基体为 α-Cu 固溶体树枝晶和较多的 α+δ 共析体组织，Pb 颗粒弥散分布，并存在少量气孔和铸造缺陷	铸造	
甬钟	WFM1-7-1	钟体	纯 Cu-Sn 青铜铸造组织。基体为发育较好的 α-Cu 固溶体树枝晶和较多的 α+δ 共析体组织，并存在少量气孔和铸造缺陷	铸造	图 9.19（a）
	WFM1-7-2	镶嵌物	基体已完全腐蚀	热锻	图 9.19（b）

续表 9.9

名称	样品编号	取样部位	金相组织	制作工艺	图示
编钟挂钩	WFM1-8-1	横断面	加 Pb 青铜铸造后退火组织。基体中 α-Cu 固溶体树枝晶发育不明显,其间分布有较小形态的 α+δ 共析体和 Pb 颗粒	铸造后受热均匀化,可能为退火处理	
铜铃	WFM1-9-1	腹部	纯 Cu-Sn 青铜铸造组织。基体已完全腐蚀,通体矿化。但保留下发育较好的 α-Cu 固溶体树枝晶的"痕像"	铸造	图 9.19(c)
箭镞	WFM1-10-1	横断面	纯 Cu-Sn 青铜铸造组织。基体为 α-Cu 固溶体树枝晶和较多的 α+δ 共析体组织,并存在少量气孔和铸造缺陷	铸造	
箭镞	WFM1-11-1	横断面	纯 Cu-Sn 青铜铸造组织。基体为 α-Cu 固溶体树枝晶和连成网状的 α+δ 共析体组织,并存在少量气孔和铸造缺陷	铸造	图 9.19(d)
车马器饰珠	WFM1-12-1	横断面	加 Pb 青铜铸造组织。基体为 α-Cu 固溶体树枝晶和较多的 α+δ 共析体组织,Pb 颗粒弥散分布,并存在少量气孔和铸造缺陷	铸造	
薄壁残片	WFM1-13-1	横断面	纯 Cu-Sn 青铜热锻组织。基体腐蚀严重,残留有 α-Cu 固溶体等轴晶及孪晶组织	热锻	
薄壁残片	WFM1-14-1	横断面	纯 Cu-Sn 青铜热锻组织。基体为 α-Cu 固溶体等轴晶及孪晶组织。基体被部分腐蚀	热锻	
铜金叠合饼状器	WFM1-15-1	横断面(薄壁青铜基体+金箔)	纯 Cu-Sn 青铜热锻组织。基体腐蚀严重,残留有 α-Cu 固溶体等轴晶及孪晶组织	热锻	图 9.20(a)和(b)
	WFM1-15-2	平面(金箔)	金银合金热锻组织。基体为 α-Au 固溶体等轴晶及孪晶组织	热锻后贴金	
金箔	WFM1-16-1	横断面	金银合金热锻组织。基体为 α-Au 固溶体等轴晶及孪晶组织	热锻	
薄壁饰牌	WFM2-1-1	横断面	纯 Cu-Sn 青铜热锻组织。基体为 α-Cu 固溶体等轴晶及孪晶组织	热锻	图 9.20(c)
箭镞	WFM2-2-1	横断面	加 Pb 青铜铸造组织。基体为 α-Cu 固溶体树枝晶和较多的 α+δ 共析体组织,Pb 颗粒弥散分布,并存在少量气孔和铸造缺陷	铸造	
箭镞	WFM2-3-1	横断面	加 Pb 青铜铸造组织。基体为 α-Cu 固溶体树枝晶和较多的 α+δ 共析体组织,Pb 颗粒弥散分布,并存在少量气孔和铸造缺陷	铸造	
马镳	WFM2-4-1	横断面	铅锡合金铸造组织。基体由富 Pb 的 α-Pb 相和富 Sn 的 β-Sn 相组成,并见针状 Sn-As 析出物	铸造	图 9.20(d)

续表9.9

名称	样品编号	取样部位	金相组织	制作工艺	图示
棺钉	WFM2-5-1	横断面	铅锡合金铸造组织。基体由富 Pb 的 α-Pb 相和富 Sn 的 β-Sn 相组成，并见针状 Sn-As 析出物	铸造	
棺钉	WFM2-6-1	横断面	铅锡合金铸造组织。基体由富 Pb 的 α-Pb 相和富 Sn 的 β-Sn 相组成，并见针状 Sn-As 析出物	铸造	

A 青铜器

（1）铸造组织。基体为 α-Cu 固溶体树枝晶和富 Sn 的 α+δ 共析体组织，并存在少量气孔和铸造缺陷，如图9.17所示。随着含 Sn 含量的增加，α-Cu 相树枝晶发育清晰，枝晶间间隙增大，同时 α+δ 共析相所占比例增多。特别是，当含 Sn 量（质量分数）接近和超过最大固溶度15.8%以后，α+δ 共析相逐渐连成网状，如图9.19（d）所示。在含 Pb 的 Cu-Sn 合金样品中，Pb 颗粒弥散分布，图9.17（d）中黑色颗粒状物质，大部分为 Pb 颗粒，也有少量可能为气孔和铸造缺陷。此外，腐蚀严重的铜铃样品（WFM1-9-1）保留下发育较好的 α-Cu 固溶体树枝晶组织的"痕像"，如图9.19（c）所示。

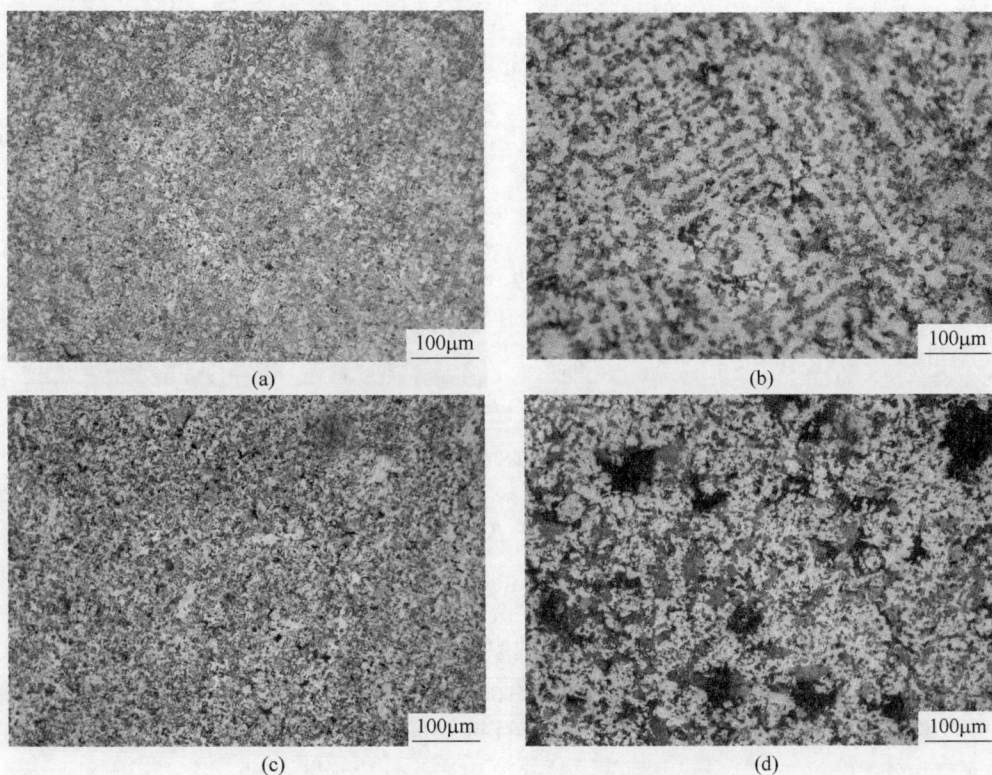

图9.17 金属器物的光学显微镜组织形貌

（a）镬鼎（WFM1-1-1）腹部；（b）升鼎（WFM1-2-1）口沿；
（c）升鼎（WFM1-2-4）垫片；（d）鬲（WFM1-3-1）腹部

（2）热锻组织。基体为 α-Cu 固溶体等轴晶及孪晶组织，如图 9.20（c）所示。热锻青铜器的壁厚都很薄，仅 0.3~0.4mm。

（3）受热均匀化的退火组织。基体中 α-Cu 固溶体树枝晶发育不明显，呈鹅卵状，周边圆滑，其间分布有较小形态的 α+δ 共析体组织，如图 9.18（a）（c）（d）所示。

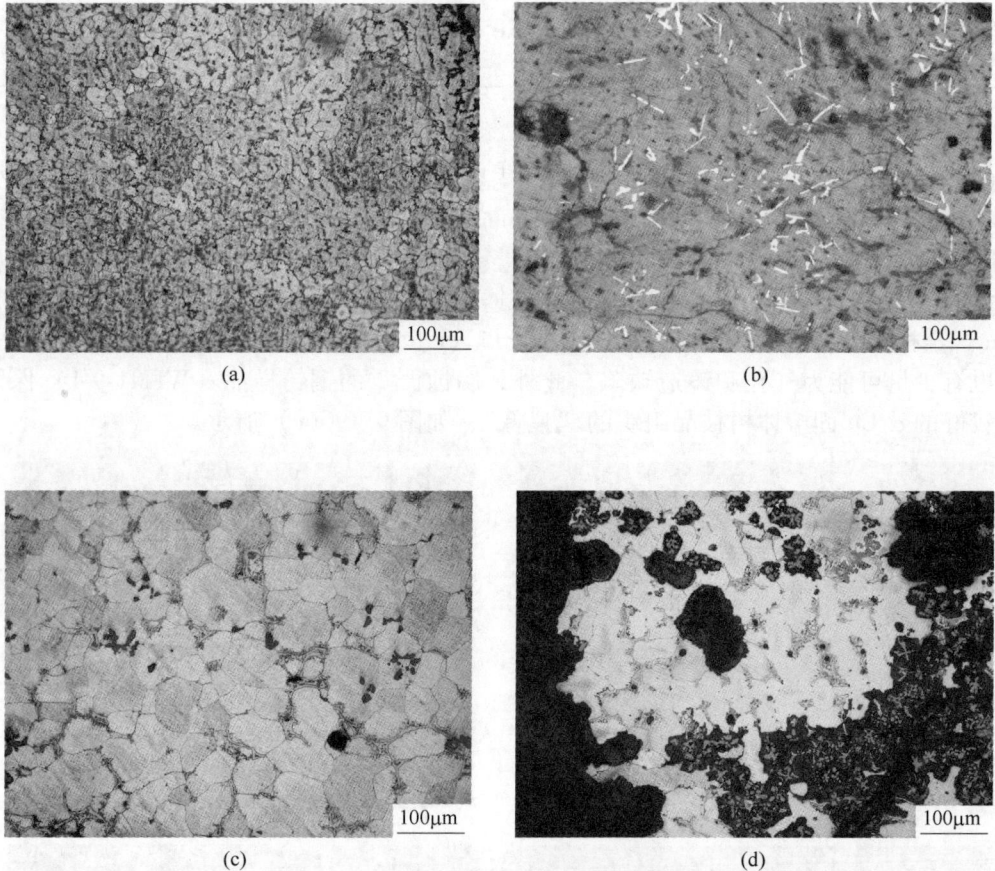

图 9.18 金属器物的光学显微镜组织形貌

（a）鉴（WFM1-4-1）腹部；（b）鉴（WFM1-4-2）腹部钎料，未浸蚀；

（c）甬钟（WFM1-5-1）钟体；（d）甬钟（WFM1-5-2）甬部

B 红铜镶嵌物

基体腐蚀严重，几乎通体矿化，无法观察到原有的组织。但在边缘发现了与其连接的甬钟器身的基体，后者也已腐蚀矿化，但能保留了发育较好的 α-Cu 固溶体树枝晶组织的"痕像"，可观察到两者的结合较紧密且接触面平整，拐角呈 90°，如图 9.20（c）所示。

C 铅锡器

3 件铅锡器的金相组织基本一致，即基体均由黑色富 Pb 的 α-Pb 相（含 Pb 100%）和白色富 Sn 的 β-Sn 相（含 Sn 100%）组成，并见针状析出物，如图 9.20（d）所示。EDS

检测结果显示，针状析出物的化学成分为 Sn 和 As。从化学成分上看，2 件棺钉 Sn 含量为 64%左右，接近 Pb-Sn 合金的共晶成分，马镳的 Sn 含量为 52% ，属于亚共晶成分。理论上，两者的室温组织中都应含有 α+β 共晶相，但均未见 α+β 共晶相。造成这种特别现象的原因何在，将在 9.4.3 节中将进行讨论。

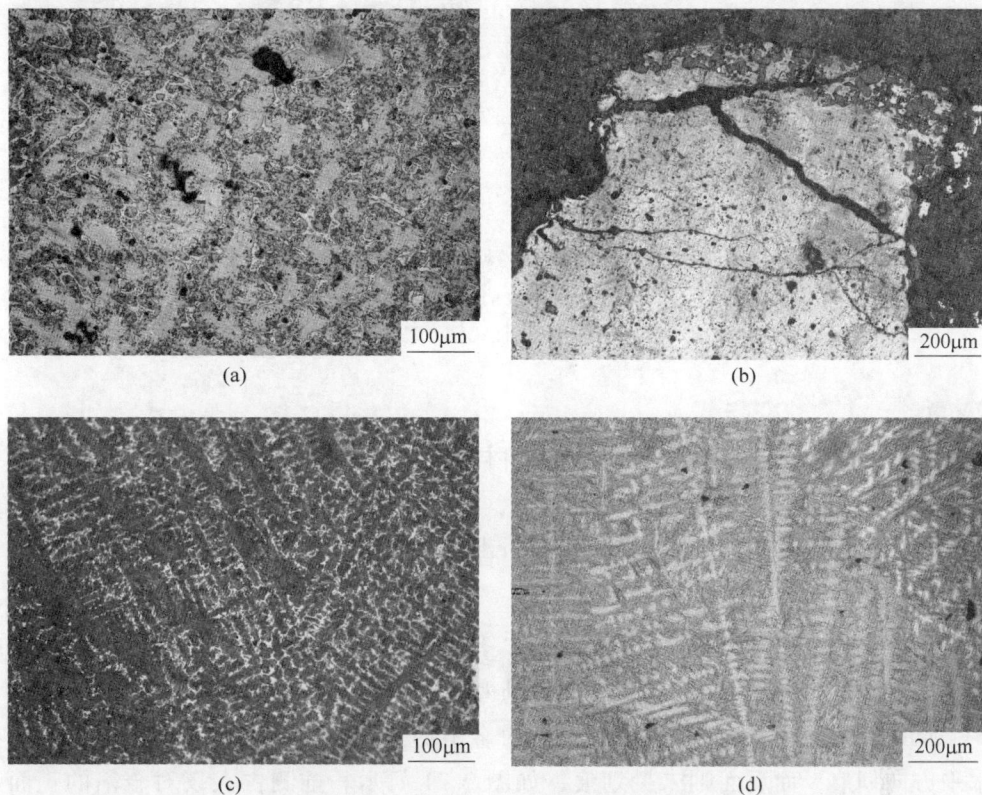

图 9.19 金属器物的光学显微镜组织形貌

（a）甬钟（WFM1-7-1）钟体；（b）甬钟（WFM1-7-2）镶嵌物（未浸蚀）；

（c）铜铃（WFM1-9-1）腐蚀后"痕像"（未浸蚀）；（d）箭镞（WFM1-11-1）横断面

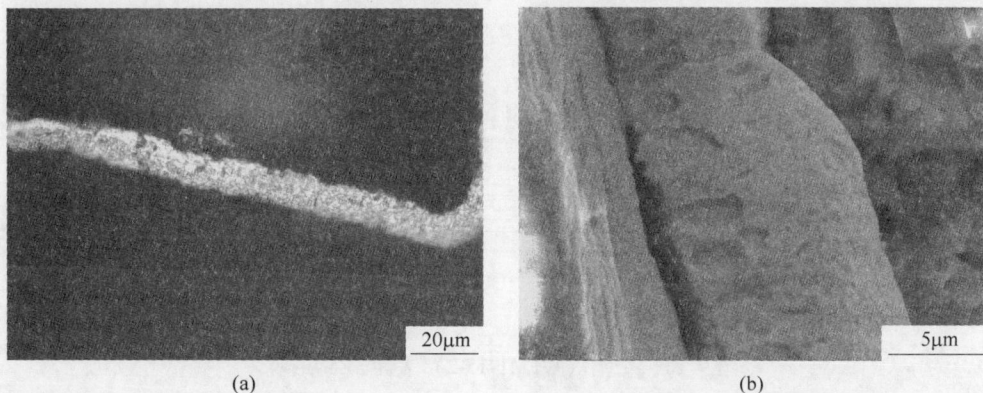

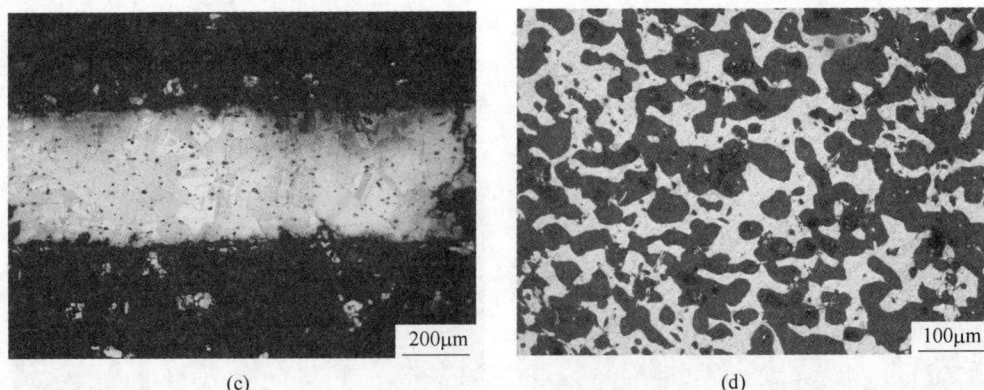

图 9.20 金属器物的光学显微镜组织形貌

(a) 金箔（WFM1-15-1）横断面金相；(b) 金箔（WFM1-15-1）断口（SEM 像）；
(c) 薄壁饰牌（WFM2-1-1）横断面；(d) 马镳（WFM2-4-1）横断面

D 钎料

3 件钎料样品均已腐蚀，来自升鼎的 2 件样品（WFM1-2-5 和 WFM1-2-6）的显微组织已无法观察。样品 WFM1-4-2 虽然也已腐蚀，但基体中还保留了一些针状析出物，如图 9.18 (b) 所示。EDS 检测结果显示，针状析出物的化学成分为纯 Sn。

E 金箔

2 件金箔样品的厚度极薄，仅 5~10μm。基体由金银合金的 α-Au 相等轴晶及孪晶组成，晶界平直，晶粒大小不一，这是比较典型的金银合金的热锻组织，如图 9.20 (a) 和 (b) 所示。此外，利用扫描电子显微镜对金箔的正反表面观察，发现金箔的正面有明显的水平方向划痕，而反面则未见划痕，如图 9.21 所示。推测古人仅对金箔的正面进行过抛光处理。

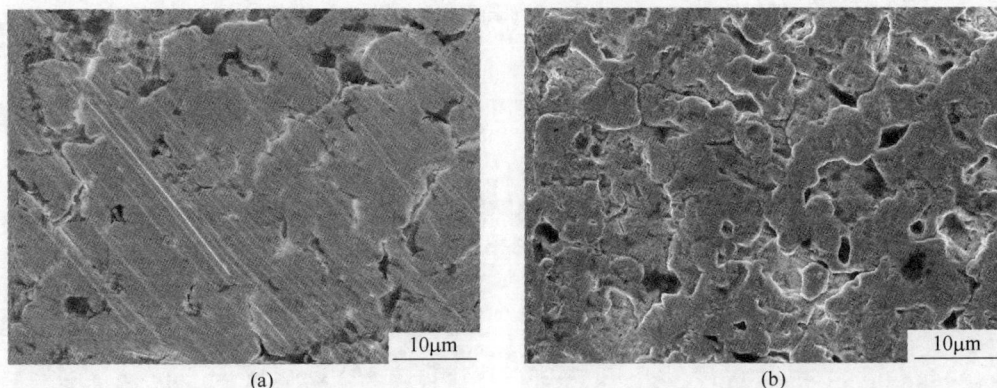

图 9.21 金箔（WFM1-15-2）表面 SEM 形貌
(a) 正面；(b) 反面

9.4.3 制作工艺与技术探讨

9.4.3.1 青铜工艺与技术

青铜器在文峰塔墓地 M1 和 M2 出土金属器中占有数量上的绝对优势。除传统的铸造外，他们还采用其他的制作工艺和加工技术，如热锻、钎焊和错红铜等，下面将展开相关的讨论。

A 青铜的合金化技术

中国古代青铜的成分配比及其演变规律一直以来都是学术界关注的热点。对文峰塔墓地 M1 和 M2 出土青铜器化学成分的分析和研究，结合显微组织所反映的制作工艺信息，能使我们更全面地了解春秋战国之际曾国青铜的合金化水平。研究发现，不同器类的青铜器具有不同的合金成分配比特点，具体如下：

（1）鼎、鉴和鬲等铸造而成的大件青铜容器情况，一般采用加 Pb 的 Cu-Sn 合金（Cu-Sn+Pb），这是因为 Pb 加入铜锡合金中可以提高合金溶液的流动性，使充填铸型的能力增强，对铸件表面纹饰清晰度及尺寸精度有直接影响，另外，加大量的 Pb 也可能是为了减少 Cu 和 Sn 的使用量[3,6]。此外，为了全面地考察大件青铜容器的铸造工艺，对 1 件升鼎进行了多部位取样检测，包括鼎身、附件爬兽的兽首、兽身和垫片。研究发现，这些不同部位的合金配比有所差别，但差别都不大。也就是说，采用分铸法制作而成的升鼎，各部位的合金成分配比基本相近。而且，垫片样品未见受热均匀化的退火组织，说明升鼎浇铸后冷却的时间并不长。

（2）M1 中的 3 件甬钟采用了不同的合金配比，甬钟 M1:2（样品 WFM1-5-1 和 WFM1-5-2）为 Cu-Sn 合金，钟体的 Sn 含量为 14%，甬部因含有较多杂质，导致含 Sn 量偏高；甬钟 M1:4（样品 WFM1-6-1）为加 Pb 的 Cu-Sn 合金（Cu-Sn+Pb），含 Sn 量为 15%，含 Pb 量为 10%；甬钟 M1:9（样品 WFM1-7-1）为 Cu-Sn 合金，含 Sn 量为 19%。发掘简报中根据铭文纪年将 M1 出土的甬钟分为 3 组，甬钟 M1:2 和甬钟 M1:4 分别属于 A 组和 B 组，甬钟 M1:9 因残片较小难以辨识，故未分组。研究证实，不同铸造年代的甬钟采用了不同的合金配比，也为发掘者对甬钟的分组研究提供了辅证。此外，甬钟 M1:2 的钟体和甬部的化学成分和显微组织存在明显的差别，这可能与其采用的特殊铸造方式有关。

（3）热锻的薄壁青铜器物。主要为 Cu-Sn 合金，不含 Pb。有学者认为，"Pb 是以软夹杂形式存在于金属基体中的，它破坏了金属基体的连续性，所以，用锻造方式成型的青铜器是不宜含铅的"[21]。事实上，目前也发现不少含 Pb 的热锻薄壁青铜器，例如，甘肃崇信于家湾西周墓[22]、陕西韩城梁带村春秋 M27 墓[23]、湖北郧县乔家院墓地[24-25]、四川宣汉罗家坝战国遗址[26]和贵州可乐战国西汉墓地[27]等出土的薄壁青铜器。当然，采用不含 Pb 的 Cu-Sn 合金作为热锻的材料仍然是更合理的选择。因为 Cu-Sn 合金随 Pb 含量的增加，其强度和伸长率都大为降低[29]。

（4）箭簇为代表的兵器。主要采用较高的 Sn 配比。所检测的 4 件箭镞中有 3 件样品 Sn 含量（质量分数）均在 19%以上，是典型的高锡青铜器。它们采用高 Sn 的配比以提高强度，这是由于 Sn 与 Cu 之间形成了金属间化合物 δ-Cu 硬质相，并且随着 Sn 含量的增加，青铜的强度增加，当 Sn 含量达到 25%时，强度便达最大值[28]。比较 M1 和 M2 出土箭簇的化学成分，还发现前者不含 Pb，而后者含有 11%~14% 的 Pb。有学者认为在制作用量大、一次性使用、要求具有高杀伤力和远射程的箭簇兵器时，加入了大量的高密度 Pb，以增加其重量，可提高飞行稳定性、撞击时的动量及飞行距离[29]。此外，M2 出土的 2 件样品形制不同，但合金配比接近。

由此可见，春秋战国之际的曾国工匠已经能够根据器物的使用需要选择科学、合理的合金配比，这也与当时中国青铜的合金化技术整体的发展水平一致[28]。

B 热锻技术

热锻是指青铜器物在再结晶温度以上加工成型的工艺。铸造青铜经过热锻不但可以减薄器壁，节省青铜原料，而且可以使铸态下的成分偏析得到一定的均匀化，消除铸造缺陷。根据青铜热锻模拟实验，一般认为，对于纯的铜锡二元合金来说存在着 2 个韧性锻区：一是含锡在 18%（质量分数）以下的青铜在 200~300℃ 范围内，二是含锡 20%~30%（质量分数）的青铜在 500~700℃ 范围内[30]。初步研究表明，在中国古代也存在两套不同薄壁青铜器制作工艺流程，即低锡低温（200~300℃）热锻薄壁青铜器技术和高锡高温（500~700℃）热锻薄壁青铜器技术[31]。另外，对于纯铜和 Sn 含量小于 6.0% 的青铜，在室温下就可以进行锻打成型，因为其组织全部为 α-Cu 相，韧性好，强度低。

研究鉴定的样品含 Sn 量（质量分数）在 9%~14% 之间，属于低锡青铜，且金相组织为 α-Cu 固溶体和 $\alpha+\delta$ 共析相等轴晶，以及少量的孪晶组织，因此推测其采用了低锡低温热锻技术。具体制作工艺如下：先配比出低锡青铜，然后铸造成毛坯，接着在 200~300℃ 的温度区间内对毛坯反复锻打，直至成型。

这类热锻而成的低锡薄壁青铜器，很多地方都有发现，如在甘肃崇信于家湾西周墓[23]、陕西韩城梁带村春秋 M27[24]、安徽蚌埠双墩春秋 M1[32]、湖北荆门包山楚墓[33]、湖北襄樊陈坡楚墓 M10[34]、湖北郧县乔家院墓地[24-25]、四川宣汉罗家坝战国遗址[26]、贵州可乐战国西汉墓地[27]、北京延庆西屯汉代墓地[35]、安徽天长三角圩西汉墓[36] 和广东广州南越王墓[37] 等。可见春秋至战国时期，低锡热锻薄壁青铜多出于楚系墓葬之中。而文峰塔 M1 和 M2 也随葬具有典型楚文化风格的青铜升鼎和陶器组合。

C 退火组织的产生

受热均匀化组织在古代青铜器的科学分析中并不少见，它与现代青铜经过退火处理的组织类似。退火是指将青铜器加热到适当温度，保温一定时间，然后缓慢冷却的热处理工艺。理论上，经过铸造的青铜器通过退火处理可以降低加工过程产生的内应力，消除内部组织结构的不均匀性，降低硬度。但是，实际情况十分复杂，具有退火组织的青铜器并非都经过人工退火处理，古代存在多种无意识获得这种组织的途径。因此，也有学者将此组织称为"受热均匀化组织"[20]。

除了推测组织的产生原因，还原退火组织的产生条件是另一件困难的事。对青铜进行过退火的模拟实验发现，经过低温退火后，青铜试样金相组织并没有太大改变，高温退火后，对于含锡量不同的青铜试样，金相组织呈现不同的变化倾向。当含锡量低于最大固溶度 15.8%（质量分数）时，经高温长时间退火可以完全消除 δ-Cu 相。当含锡量高于 15.8% 时，高温退火也可使 δ-Cu 相减少，但 $\alpha+\delta$ 共析体仍将存在，并会显著长大，且周边变得圆滑[18]。也有研究发现，退火温度越高且时间越长，树枝状 α-Cu 相发育越不明显，α-Cu 相的周边越圆滑，但是仍然会将它们视为在某些特殊条件下的铸造组织[38]。因此，在实际研究中，判断退火组织的产生原因和产生条件十分困难，需要结合它们的考古学背景和取样信息。

本书检测的 4 件样品（来自 3 件器物）具有受热均匀化的退火组织。其可能的产生原因就不尽相同：（1）青铜鉴的退火组织可能是因为器物在使用时与火长时间的接触造成的。（2）甬钟挂钩具有受热均匀化的退火组织则可能是因为经过人工退火处理，以降低加工过程产生的内应力，消除内部组织结构的不均匀性，延长挂钩的使用寿命。（3）青铜甬钟的退火组织的产生原因则更复杂。虽然钟体和甬部都具有相似组织特征，但钟体组织受热均匀化的程度明显优于甬部。无独有偶，曾侯乙墓出土的甬钟也具有类似的组织，研究者认为其通过采用预热铸型及延缓脱型，利用铸型和金属自身的热量进行均匀化退火，并认为退火处理可以改善甬钟的音质[39]。研究的 3 件甬钟中仅器形最大的甬钟 M1:2 具有受热均匀化的退火组织，另 2 件甬钟的年代晚于甬钟 M1:2，而早于曾侯乙墓的年代。可见当时并非所有甬钟都经过了退火处理，也就是说，所谓的退火处理很可能并非出于人为改善音质目的。类似退火组织的形成，可能是因为甬钟 M1:2 器形较大，它的浇铸方式及浇铸后的温度条件不同于一般的器物。

D 钎焊技术与钎料

钎焊多用于青铜器附件与整体的连接。一般认为，中国古代最迟在西周晚期使用了钎焊技术，所使用钎料的化学成分有一个明显的发展历程，即由西周晚期至春秋时期的 Pb 或 Sn 发展到战国时期以低熔点 Pb-Sn 合金为主[40-42]。

本书检测的 3 件钎料虽然腐蚀严重，无法对其化学成分进行定量分析，但根据其腐蚀产物可以推测样品 WFM1-4-2 的原始成分为较纯的 Sn，样品 WFM1-2-5 和 WFM1-2-6 的原始成分为 Pb-Sn 合金。

Pb-Sn 钎料的熔点低于早期的 Sn 或 Pb 的钎料，且力学性能更优，因此它的出现被认为是中国古代钎焊技术的一次重大革新。虽然，在河南郑州和北京延庆等地都发现了春秋时期含锡的铅钎料[40-41]，但是，它们的含 Sn 量（质量分数）仅在 3%～6%之间，并没有使钎料熔点明显降低，因此并不是真正意义上的 Pb-Cu 合金钎料。迄今已知中国最早的 Pb-Sn 合金钎料来自山西太原赵卿墓出土的 1 件铜方座豆，年代约为春秋晚期[43]。文峰塔墓地 M1 的墓主曾侯與，考古学家将其年代定为春秋晚期，这为研究中国古代 Pb-Sn 合金钎料的技术起源提供了新的材料。与曾侯乙墓[44]一样，文峰塔墓地 M1 还出土了采用纯 Sn 钎料的青铜器，这既反映了曾侯乙墓与文峰塔墓地 M1 在青铜器钎焊技术上的一脉相承，又与春秋晚期至战国早期钎料的化学成分由铅或锡发展成 Pb-Sn 合金的整体发展历程吻合。

需要注意的是，文峰塔墓地 M1 和曾侯乙墓先后使用 Pb-Sn 合金作为钎料也是符合当时曾国金属技术的整体发展水平。年代略晚于 M1 的 M2，就出土有棺钉马镳等铅锡实用器。铅锡器的大量出土反映了当时曾国工匠对铅锡合金的认识和使用水平已达到一定程度，后面将详述。

E 错红铜工艺

错红铜与错金银都属于错嵌工艺。一般认为，错红铜是中国最早的错金属工艺。但是错红铜工艺的起源依然不甚明晰。据少数研究者所见，1 件故宫博物院所藏商代戈和 1 件美国旧金山亚洲艺术馆所藏商代铜钺上均有错红铜纹饰。然而，西周和春秋中期以前的错红铜青铜器所见甚少。春秋晚期开始，错红铜青铜器开始出现，比较著名的有河南淅川下寺出土的错红铜龙纹，河南固始侯古堆出土的错红铜龙纹方豆，安徽寿县蔡侯墓出土的错红铜豆、敦、方鉴、缶和四耳盘等。至战国中期，错红铜工艺达到鼎盛，并成为这一时期青铜工艺新兴局面的一大特色[45]。除所测定的 1 件破损甬钟样品外，在文峰塔墓地 M1 出土的一些甬钟正钟体也都发现有错红铜纹饰。这为春秋晚期的错红铜工艺研究提供了重要的科学分析资料。

迄今已知的错红铜工艺采用的错嵌方式有 4 种，包括：液态浇灌法、熔融填穴法、固态锤入法、铸镶法。一般认为，铸镶法与其他 3 种方法区分的关键在于其镶槽的横断面无须上小下大[45]。本书检测的样品虽然因腐蚀无法观察到基体，但是，根据腐蚀后保留下的"痕像"，可见红铜镶嵌物和甬钟器身结合较紧密且接触面平整，拐角呈 90°。而且，根据两者接触面的紧密程度，错嵌过程中应经历了高温环境。在采用液态浇灌法和熔融填穴法的器物中，先铸好的器身在错嵌红铜的过程中也会经历高温环境，红铜的熔点为1084.6℃，远高于青铜退火处理需要的再结晶温度。然而，这件甬钟青铜基体的金相组织为典型的铸造组织，并未发现任何退火处理的痕迹。由此可见，其采用的具体工艺流程如下：先将红铜制作成丝或薄片，再将其镶在器物铸范的相应部分，并浇铸在一起。至于红铜镶嵌物如何制成丝或薄片，因腐蚀无法观察到原始金相组织，故暂无法确定是铸造而成或热锻而成。可供参考的是，曾侯乙墓中也出土了不少错红铜青铜器，研究者发现其红铜镶嵌物为铸造而成，并提出了铸镶法的解释[46]。本书对甬钟红铜镶嵌物和器身金相组织的观察，既是对此前铸镶法的补充和完善，也将铸镶法出现的年代上限提前至春秋晚期。

9.4.3.2　铅锡（Pb-Sn）合金的使用

在古代青铜器或者 Cu-Sn 合金中，铅（Pb）不是合金元素，而属于添加金属或称杂质元素。考古发掘中也时常发现纯 Pb 或纯 Sn 器，Pb-Sn 合金又是青铜器钎焊的重要材料。然而，经科学检测的 Pb-Sn 器却不多见，包括：（1）河南信阳文物管理所藏的 1 件春秋早期螺旋形饰，其金相组织为 Pb-Sn 铸造树枝晶，平均化学成分（质量分数）为：Pb 53.7%、Sn 46.3%[20]；（2）湖北当阳春秋时期墓葬中出土的 Sn 鱼残件，铅锡砷（Pb-Sn-As）合金铸造组织，平均化学成分（质量分数）为：Pb 59.4%、Sn 32.7%、As 3.3%、Si 4.6%[47]；（3）湖北随州曾侯乙墓出土的 1 件 Pb-Sn 弹簧，仅做化学成分检测 Pb 43.9%、Sn 27.12%[48]；（4）湖北襄阳陈坡 M10 出土的 1 件 Pb-Sn 块，为铸造而成，Pb 73.7%、Sn 26.2%[19]；（5）广西河池征集宋代西盟型早期铜鼓足部样品，经检测为铸造 Pb-Sn 合金组织，Sn 64.8%、Pb 35.0%[2]。

从化学成分看，检测样品的铅锡比例不同于春秋战国时期其他地区发现的 Pb-Sn 器。特别是 2 件棺钉的 Pb : Sn 比例达到 35 : 64，这与广西河池征集的宋代样品比较接近，并且与现代钎焊所采用的 Pb-Sn 合金材料中 37 : 63 的比例也很接近。现代 Pb-Sn 钎焊研究表明，这一比例的 Pb-Sn 合金熔点仅 183℃，且力学性能优于其他成分的 Pb-Sn 合金。

虽然本书检测样品的化学成分接近 Pb-Sn 合金相图中的共晶成分，但如前文所述，金相组织中未见 α+β 共晶相。在 1600 年前埃及的 Pb-Sn 钎料中也发现了类似的现象，后经模拟实验证实，古代 Pb-Sn 钎料的组织变化实际上是因为其发生了"时效"[49]。在现代金属材料理论中，"时效"或"时效处理"是一种常见的热处理工艺。时效是指经固溶处理或冷变形后的合金，在室温或高于室温下，组织和性能随时间延续而变化的现象。对于本书检测的样品而言，组织内原始 α+β 共晶相中的富铅 α-Sn 相和富锡 β-Pb 相发生沉淀、偏聚、有序化等反应，不但 α+β 共晶相消失，而且原始富铅 α-Sn 相和富锡 β-Pb 相的形状也发生了变化。发现这种特别的"时效"组织，为通过 Pb-Sn 钎料鉴定古代青铜器的真伪提供了新的思路。

9.4.3.3 金箔的制作工艺

先秦时期的金器在数量上远不及青铜器，考古发现的金器也主要是用于器物的表面装饰，常见的制作工艺包括：金片包金、金箔贴金、汞齐鎏金、错金等。本书检测的 2 件金箔样品都极薄，特别是一件铜金叠合饼形器，由一层铜薄片一层金箔相互重叠累积而成，呈罕见的片层状结构。金箔的制作工艺和铜金叠合饼形器的形成原因都是发掘者非常关心的问题。下面将就这两个问题展开讨论。

A 金箔的制作工艺

根据 EDS 检测结果，金箔的成分并非纯 Au，而是 Au-Ag 合金，但未发现 Hg。一般认为，采用汞齐鎏金法的器物，均检测出一定量的 Hg，模拟实验也表明，500℃ 下保温 24h 的汞齐鎏金样品表面仍残留 Hg[50]。可见，这 2 件金箔不太可能是经汞齐鎏金法制作而成的。根据显微观察，这 2 件金箔的金相组织均为典型的热锻组织。也就是说，它们都是 Au-Ag 合金经热锻而成。

先秦时期的金箔或薄金片，在很多地方都有出土和发现，如：（1）四川成都金沙遗址，金箔厚度 70~300μm，含 Au 83.3%~89.7%、Ag 10.1%~16.4%，以及少量的 Cu，研究认为可能是热锻而成，也可能是锻打后，又经历退火过程；（2）甘肃礼县大堡子山春秋时期秦公墓，金箔厚度约 100μm，含 Au 90.6%、Ag 9.4%，研究认为是热锻而成；（3）山西侯马乔村墓地出土错金片，含 Au 85.5%、Ag 9.0%，以及少量的 Cu、P 和 Cl，研究认为是再结晶组织；（4）山东临淄郎家东周墓，金箔厚度约 20μm，研究认为是热锻而成[20]；（5）湖北随州曾侯乙墓也出土了大量金箔，厚度约 37~378μm，含 Au 86%~92%、Ag 8%~13%，以及微量的 Cu[51]。本书所检测的 2 件金箔样品也为 Au-Ag 合金，但含 Ag 分别为 16% 和 29%，明显高于其他样品。此外，金箔的厚度仅约 5~10μm，也是目前发现金箔中厚度最薄的。显然，春秋战国之际的曾国工匠已熟练掌握了制作金箔的技艺。锻打金箔或薄金片工艺的起履和发展是一个复杂的问题，文峰塔 M1 所处的春秋晚期正是此工艺广泛使用的时期，这些金箔的发现为进一步研究提供了新的材料。

B 铜金叠合饼形器的形成原因

为了更全面地分析其形成原理，我们对铜金叠合饼形器进行了多种方式的取样，包括横断面的断口样品、横断面的金相样品、金箔的正面样品和反面样品。首先，利用 SEM 观察断口样品和金相样品发现，金箔与铜薄片基体之间结合并不紧密且有明显的缝隙，未见过渡层或扩散层。这说明金箔与铜薄片的结合只是一种机械接触，而没有经过热力学过程。其次，利用 SEM 观察正面样品和反面样品，发现正面有明显的人工抛光留下的划痕，而反面却未见任何抛光痕迹。这可能是因为暴露在外的金箔正面需要抛光增加表面光洁度和金属色泽。由此可见，铜金叠合饼形器的形成不太可能是古人有意为之。根据铜薄片已腐蚀严重而通体矿化的现象，我们推测铜金叠合饼形器很可能是因为古人埋葬多件表面贴金的铜薄片器物时将其叠置，经过数千年的埋藏过程中的腐蚀作用和重力挤压，它们因腐蚀产物的生长而结合成了一体。

综合以上实验和讨论分析，对湖北随州文峰墓地 M1 和 M2 出土的 22 件金属器的材料学特征研究可以获得如下结论：

（1）这批金属器的材质十分丰富，包括青铜（又分为纯 Cu-Sn 合金和加 Pb 的 Cu-Sn 合金）、Pb-Sn 合金、金银合金等，还采用了纯 Sn 和 Pb-Sn 合金材质的钎料，以及红铜材质的错嵌材料。

（2）青铜器的制作工艺以铸造为主，另外还采用了热锻、钎焊、错红铜、贴金等技术，并发现有退火组织；Pb-Sn 器为铸造而成；金箔为热锻而成。古代工匠能够根据器物的使用需要，采用不同的合金配比和制作工艺。

（3）文峰塔墓地 M1 和 M2 出土金属器材质和制作工艺呈现多样性，且大多展现出比较成熟的技术水平，丝毫不逊色于久负盛名的曾侯乙墓。更为重要的是，曾侯乙墓所采用的绝大多数金属器材质及其制作工艺都可以在年代更早的文峰塔墓地 M1 和 M2 中找到相同或相似的器物和制作工艺。这说明曾侯乙墓出土金属器所展现的辉煌成就绝非偶然，文峰塔墓地 M1 和 M2 出土金属器正是它可以追溯的直接源头。

（4）从整个中国古代金属技术发展历程的角度看，春秋战国之际正是所谓青铜器及其制作工艺发生重大转变的时期，即所谓的"转变期"[52]，又被称为"新兴期"[28]。这一时期内，范铸青铜器仍然占据主流，但很多新的青铜器制作和加工工艺被推广开来，包括热锻工艺、Pb-Sn 二元合金钎料、金属错嵌工艺。与此同时，金银合金和 Pb-Sn 合金等其他材质金属也被普遍使用。文峰塔墓地 M1 和 M2 出土金属器及其制作工艺符合这一时代特征，为我们认识春秋战国之际的金属技术提供了新的科学分析资料。

参 考 文 献

[1] 刘国胜. 湖北枣阳九连墩楚墓获重大发现 [J]. 江汉考古，2003（2）：29-30.

[2] 王晶，韩晓玲. 枣阳九连墩古墓墓主身份在"封君"以上 [N]. 湖北日报，2002-12-16（B01）.

[3] Chase W T, Ziebold Thomas O. Ternary representation of ancient chinese bronzes composition, archaeological chemistry—II [J]. Advance in Chemistry Series 171, American Chemical Society, 1978: 293-334.

[4] 田长浒. 中国铸造技术史·古代卷 [M]. 北京：航空工业出版社，1995：59-70.

[5] 何堂坤，陈跃钧. 江陵战国青铜器科学分析 [J]. 自然科学史研究，1999，18（2）：158-167.

[6] 韩汝玢，孙淑云，李秀辉，等. 中国古代铜器的显微组织 [J]. 北京科技大学学报，2002，24（2）：219-230.

[7] Scott David A. 古代金属的微观组织 [J]. 贾莹，译. 文物保护与考古科学，1995，7（1）：56-60.

[8] 郭鸿镇. 合金钢与有色合金锻造 [M]. 西安：西北工业大学出版社，1999：158-170.

[9] 廉海萍，谭德睿. 东周青铜复合剑制作技术研究 [J]. 文物保护与考古科学，2002，14（z）：319-334.

[10] 廉海萍，谭德睿，吴则嘉，等. 2500 年前中国青铜兵器表面合金化技术研究 [J]. 特种铸造与有色合金，1998（5）：56-58.

[11] 《文物保护与考古科学》编辑部.“吴越青铜技术研究”成果通过国家文物局鉴定 [J]. 文物保护与考古科学, 2002 (1): 64.

[12] 胡之德, 马清林, 李最雄, 等. 中国文物分析鉴别与科学保护 [M]. 北京: 科学出版社, 2001.

[13] 孔祥星, 刘一曼. 中国古代铜镜 [M]. 北京: 文物出版社, 1984.

[14] 何堂坤. 中国古代铜镜的技术研究 [M]. 北京: 紫禁城出版社, 1999.

[15] 王昌燧, 徐力, 王胜君, 等. 古铜镜的结构成分分析 [J]. 考古, 1989; 5: 476-480.

[16] 孙淑云, Kennon N F. 中国古代铜镜显微组织的研究 [J]. 自然科学史研究, 1992, 1: 54-67.

[17] 廖灵敏, 黄宗玉, 潘春旭, 等. 湖北枣阳市九连墩楚墓青铜器的材料学特征研究古代金属的微观组织 [J]. 考古, 2008, 8: 740-747.

[18] 罗武干. 古麇地出土青铜器初步研究 [D]. 合肥: 中国科学技术大学, 2008.

[19] 项章, 余乐, 左迟, 等. 随州文峰墓地 M1 (曾侯與墓)、M2 发掘简报 [J]. 江汉考古, 2014 (4): 3-51.

[20] 孙淑云, 韩汝玢, 李秀辉. 中国古代金属材料显微组织图谱 [M]. 北京: 科学出版社, 2011: 5, 175, 198.

[21] 何堂坤, 刘绍明. 南阳汉代铜舟科学分析 [J]. 中原文物, 2010 (4): 92-94.

[22] 张治国, 马清林. 甘肃崇信于家湾西周墓出土青铜器的金相与成分分析 [J]. 文物保护与考古科学, 2008 (1): 24-32.

[23] 陈坤龙, 梅建军, 孙秉君. 梁带村两周墓地出土青铜器初步检测分析 [J]. 考古与文物, 2009 (9): 91-95.

[24] 罗武干, 秦颖, 黄凤春, 等. 古麇地出土青铜器合金技术与金相组织分析 [J]. 自然科学史研究, 2010 (3): 329-338.

[25] 金锐, 罗武干, 王昌燧, 等. 湖北郧县乔家院墓地出土战国及东汉铜器的成分与金相分析 [J]. 文物保护与考古科学, 2013 (2): 7-14.

[26] 宋艳. 宣汉罗家坝出土部分青铜器的合金成分和金相组织 [J]. 四川文物, 2010 (6): 83-93.

[27] 赵凤杰, 李晓岑, 张元. 贵州可乐墓地出土铜器的技术研究 [J]. 中国文物科学研究, 2012 (3): 81-86.

[28] 苏荣誉, 华觉明, 李克敏, 等. 中国上古金属技术 [M]. 济南: 山东科学技术出版社, 1995: 279-282.

[29] Pan C X, Liao L M, Hu Y L. Functions and morphology of metal lead addition to ancient Chinese bronzes [J]. Advanced Materials Research, 2007, 26/27/28: 523-526.

[30] Chadwick R. The effect of composition and constitution on the working and on some physical properties of the tin bronzes [J]. Journal of Institute of Metals, 1939, 64 (1): 331-346.

[31] 李洋. 炉捶之间: 先秦两汉时期热锻薄壁青铜器研究 [M]. 上海: 上海古籍出版社, 2017.

[32] 胡飞, 秦颖. 蚌埠双墩春秋一号墓部分青铜器成分及金相分析 [J]. 有色金属, 2011 (1): 153-156.

[33] 何堂坤. 包山楚墓金属器初步考察 [C]//湖北省荆沙铁路考古队. 包山楚墓 (上册). 北京: 文物出版社, 1991: 417-430.

[34] 孟祥伟, 梅建军, 董亚巍, 等. 湖北襄阳陈坡 M10 出土金属器的初步科学分析 [J]. 江汉考古, 2009 (4): 106-113.

[35] 杨菊, 李延祥. 北京延庆西屯墓地出土汉代铜器的科学分析 [J]. 中国文物科学研究, 2012 (3): 76-80.

[36] 晏德付, 秦颖, 陈茜, 等. 天长西汉墓出土部分金属器的研究 [J]. 有色金属 (冶炼部分), 2011 (9): 56-61.

[37] 孙淑云. 西汉南越王墓出土铜器、银器及铅器鉴定报告 [C]//广州市文物管理委员会, 中国社会科学院考古所, 广东省博物馆. 西汉越王墓. 北京: 文物出版社, 1991: 397-410.

[38] 何堂坤. 古青铜热处理模拟试验 [J]. 自然科学史研究, 1994 (1): 76-88.

[39] 贾云福, 华觉明. 曾侯乙编钟的化学成分及金相组织分析 [C]//湖北省博物馆. 曾侯乙墓. 北京: 文物出版社, 1989: 618-620.

[40] 何堂坤, 靳枫毅. 中国古代焊接技术初步研究 [J]. 华夏考古, 2000 (1): 61-65.

[41] 孙淑云, 梅建军. 中国古代铅锡焊料的分析 [J]. 北京科技大学学报, 2009 (1): 54-61.

[42] 金普军. 中国先秦钎焊技术发展规律的探讨 [J]. 自然科学史研究, 2009 (1): 91-98.

[43] 吴坤仪. 太原晋国赵卿墓青铜器制作技术 [C]//山西省考古研究所, 太原市文物管理委员会. 太原晋国赵卿墓. 北京: 文物出版社, 1996: 273.

[44] 湖北省博物馆. 曾侯乙墓 [M]. 北京: 文物出版社, 1989: 645.

[45] 何堂坤. 中国古代金属冶炼与加工工程技术史 [M]. 太原: 山西教育出版社, 2009: 212-214.

[46] 贾云福, 胡才彬, 华觉明. 曾侯乙青铜器红铜纹饰铸镶法的研究 [C]//湖北省博物馆. 曾侯乙墓 [M]. 北京: 文物出版社, 1989: 640-644.

[47] 孙淑云. 当阳赵家湖楚墓金属器的鉴定 [C]//湖北省宜昌地区博物馆, 北京大学考古系. 当阳赵家湖楚墓. 北京: 文物出版社, 1992: 247-256.

[48] 贾云福. 曾侯乙部分青铜器及金属弹簧的化学成分检测 [C]//湖北省博物馆. 曾侯乙墓 [M]. 北京: 文物出版社, 1989: 639.

[49] Galli H, Knopf R, Gordon R. The Aging of Solder Joints over 1,600 Years: Evidence from Nubian Bronze Artifacts [J]. Journal of Metal, 2007, 11: 35-40.

[50] 高西省. 战国时期鎏金器及其相关问题初论 [J]. 中国国家博物馆, 2012 (4): 43-55.

[51] 湖北省博物馆. 曾侯乙墓 [M]. 北京: 文物出版社, 1989: 390-399.

[52] 华觉明. 中国古代金属技术: 铜与铁铸就的文明 [M]. 郑州: 大象出版社, 1999.

10 古代青铜器的锈蚀与锈蚀机理

10.1 概述

古代青铜器上的锈蚀产物，虽然是悠久历史的见证，具有审美价值，但也使其保存寿命受到威胁。因此，古代青铜器锈蚀现象一直受到关注和重视，人们利用科学分析技术和仪器，从物理、化学和机械等不同角度进行了大量和广泛的研究工作。

作为青铜文化载体的青铜器在几千年的传承过程中大多数出自墓葬、遗址或者窖藏。不同的储藏条件、不同的储藏环境造就了青铜器表面不同结构、不同外观效果的锈蚀物。例如：

（1）皮壳，也称为贴骨锈，是青铜器在不同的存在环境中与周围的多种化学物质长期发生作用，在其表面生成的一层氧化膜。皮壳色泽温润，质感厚实，有枣皮红、黑绿、黄绿等多种皮壳。

（2）薄锈，就是单层锈，多数呈现出深浅不一的绿锈，多出土于窖藏环境。窖藏出土的青铜器由于没有与土壤直接接触，属于封闭环境中的大气腐蚀，青铜器表面锈蚀以绿色为主，也有一些青铜器表面的薄绿锈体中混杂有蓝锈、黑锈、土锈和红锈。

（3）厚锈，多出土于北方地区。厚锈层次多，锈色多样，在最底层的皮壳上面通常分布有红锈、浅绿锈、深绿锈、土锈等锈层，锈蚀的层次感明显，而且锈体坚硬。

（4）发锈，是从青铜器铜胎基体里产生的锈蚀。"发"即膨胀之意，这是一种由内向外形成的腐蚀，会把青铜器基体表层顶起来，在青铜器表面形成一个个锈泡。

（5）特殊锈蚀，如黑漆古、绿漆古、水银沁等。顾名思义，这些锈蚀是指青铜器埋藏经久，表面颜色或黑亮或碧绿或银白。有些青铜器在不接触土壤或窖藏情况下容易出现泛金，使其表面呈现出金黄色，仿佛鎏上一层金，故称为返铜或泛金。

一般来说，青铜器表面锈蚀产物的颜色对应于某种化合物，如白色（氧化锡）、灰白色（氯化亚铜）、亮绿色（碱式氯化铜）、浅绿色（碱式碳酸铜，即孔雀石）、红褐色（氧化亚铜）、黑色和靛蓝色（硫化铜）、蓝色（硫酸铜）。其中氯化亚铜、碱式氯化铜是有害锈，就是常说的青铜病，它能够将锈蚀蔓延、扩散、传染给其他青铜器。对于有害锈可剔出、转化或抑制，然后加固、保护、整修、复原。实际上，我们看到的青铜器上的锈蚀层也可能是几种化合物的混合，给后续处理带来复杂性。

古代青铜器虽然材料简单，但是保存环境复杂多变，另外就是时间长。例如，在某一埋藏环境中会稳定存在数百至数千年；即使在发掘以后的博物馆环境中，由于其珍贵性，也会放置数年，甚至数十年，没有人搬动和打扰。因此，相对于现代工业和生活中使用的材料，古代青铜器的锈蚀产物和锈蚀机理有特殊性，需要研究者特别注意。

实际上，对古代青铜器锈蚀产物的研究对于现代材料学也有积极和重要的意义，能够起到丰富锈蚀现象和锈蚀机制，开拓新研究领域，甚至开发新产品的作用。例如，我们在对湖北省孝感市博物馆现藏一件商代带盖青铜提梁卣内壁特殊孔雀石锈蚀产物的研究过程中，不仅提出了新的锈蚀机制，为后续保存提出了建议，还启发我们可以通过人工方法生长出宝石级的大块孔雀石，并获得了一项国家发明专利"一种人工合成宝石级孔雀石的方法"（授权专利号：ZL201310144503.1）。

　　本章主要介绍我们从物理和材料科学理论和方法进行的研究工作。例如，以青铜箭镞的锈蚀层为对象，对其结合力、致密度、硬度及断裂等进行了系统和全面的研究。特别是对青铜锈蚀的本质有了新的认识，发现青铜的锈蚀过程是"在过渡层中，有害物质沿界面能较高的 α-Cu 固溶体晶界、$\alpha+\delta$ 共析体相界，以及孔隙等缺陷向内部扩散和发展的结果"。下面分别进行介绍。

10.2　古代青铜器锈蚀产物与锈蚀机理的研究综述

10.2.1　青铜锈蚀产物的分类

10.2.1.1　按照颜色分类

由于不同颜色的锈蚀产物代表了不同的化合物或矿化物，因此可以根据锈蚀产物的颜色进行简单和直观的分类，如：红色为赤铜矿（Cu_2O），黑色为黑铜矿（CuO）或辉铜矿（Cu_2S），靛蓝色为靛铜矿（CuS），蓝色为蓝铜矿（$Cu_3(OH)_2(CO_3)_2$）或胆矾（$CuSO_4 \cdot 5H_2O$），绿色为孔雀石（$Cu_2(OH)_2CO_3$），淡绿色为氯化亚铜（CuCl）或副氯铜矿（$Cu_2(OH)_3Cl$）或斜氯铜矿（$Cu_2(OH)_3Cl$），玻璃绿色为水胆矾（$Cu_4SO_4(OH)_6$）或氯铜矿（$Cu_2(OH)_3Cl$），淡蓝绿色为羟氯铜矿（$Cu_2(OH)_3Cl$），白色为白铅矿（$PbCO_3$）或水合白铅矿（$Pb_3(CO_3)_2(OH)_2$）等。

10.2.1.2　按照阳离子和阴离子分类

按阳离子分，锈蚀产物主要分为 Cu、Sn、Pb 等元素的化合物，这些也是古代青铜的主要金属元素，其中以铜的化合物最为常见。根据其阴离子的不同，可细分为铜的氧化物和氢氧化物、铜的碳酸盐、铜的硫酸盐、铜的氯化物和铜的磷酸盐等。详细的分类如下：

　　（1）Cu 的化合物。1）氧化物和氢氧化物：赤铜矿（Cu_2O）、黑铜矿（CuO）、斯羟铜矿（$Cu(OH)_2$），碳酸盐：孔雀石（$Cu_2(OH)_2CO_3$ 或 $CuCO_3 \cdot Cu(OH)_2$）、蓝铜矿（$Cu_3(OH)_2(CO_3)_2$）：硫酸盐：胆矾（$CuSO_4 \cdot 5H_2O$）、块铜矾（$Cu_3(SO_4)(OH)_4$）、青铅矾（$PbCuSO_4(OH)_2$）、水胆矾（$Cu_4SO_4(OH)_6$）；2）氯化物：氯铜矿（$Cu_2(OH)_3Cl$）、副氯铜矿（$Cu_2(OH)_3Cl$）、斜氯铜矿（$Cu_2(OH)_3Cl$）、羟氯铜矿（$Cu_2(OH)_3Cl$）、氯化亚铜矿（CuCl）；3）硫化物：辉铜矿（Cu_2S）、靛铜矿（CuS）。

　　（2）Sn 的化合物。氧化物：锡石（SnO_2）。

　　（3）Pb 的化合物。氧化物：黑铅矿（Pb_2O）、铅黄（PbO）、黄铅矾（PbO·$PbSO_4$），碳酸盐：白铅矿（$PbCO_3$）、水合白铅矿（$Pb_3(CO_3)_2(OH)_2$），硫酸盐：黄铅矾（PbO·$PbSO_4$）、铅矾（$PbSO_4$）、青铅矾（$PbCuSO_4(OH)_2$），氯化物：磷氯铅矿

（$Pb_3(PO_4)_3Cl$）、氯铅矿（$PbCl_2$），磷酸盐：磷氯铅矿（$Pb_3(PO_4)_3Cl$）。

（4）其他化合物。Ca 的碳酸盐：方解石（$CaCO_3$）。

一般认为，阴离子不同主要受到腐蚀环境的影响，例如，碳酸盐的锈蚀多生成于土壤环境，氯化物的锈蚀多生成于海洋环境，而硫酸盐的锈蚀则多见于空气环境[1]。

10.2.1.3 按照环境分类

根据青铜器周围的环境分类，锈蚀产物可分为埋藏期间形成的锈蚀产物、暴露在大气环境中形成的锈蚀产物、博物馆室内环境中形成的锈蚀产物、海洋环境中形成的锈蚀产物和实验室环境下人工模拟的锈蚀产物。一般来说，对于同一件器物，前一种环境下形成的锈蚀产物不会完全被后一种环境下形成的锈蚀产物取代。也就是说，同一件器物上可能存在两种或两种以上的不同环境模式下生成的锈蚀产物。

10.2.1.4 按照对文物后期保护的影响分类

根据锈蚀对青铜文物后期保护的影响将其分为无害锈和有害锈[2-3]。无害锈为氧化物、硫化物、碳酸盐等，主要包括 CuO、Cu_2O、CuS、$Cu_2(OH)_2CO_3$ 等；有害锈又称"青铜病"，又称"粉状锈"，主要为氯化物和碱式氯化物等，包括 $CuCl$ 和 $CuCl_2 \cdot 3Cu(OH)_2$。

10.2.1.5 按照锈蚀产物的结构特征分类

根据锈蚀产物的结构特征进行分类[1]，分为两种类型，如图 10.1 所示。

（1）Ⅰ型锈蚀：锈蚀分为两层，外层的锈蚀层为光滑、致密的薄层状，厚度在 5~50μm，含 Cu 量低，含 Sn 量高，还含有 O 和埋藏环境中的杂质元素，内层的过渡层厚度不均，为 Cu 和 Sn 的氧化物或氢氧化物。

（2）Ⅱ型锈蚀：锈蚀分为三层，最外层的锈蚀层表面粗糙，外观形貌复杂，包括坑状、斑状、淋巴瘤状、薄层状和厚薄不均的壳状，表面还可见裂纹，锈蚀物的种类则多为绿色的 Cu（Ⅱ）盐，中间的锈蚀层为红色的 Cu 氧化物，内层的过渡层含 Cu 量低，含 Sn 量高，还含有 O 和 Cl 等埋藏环境中的杂质元素。

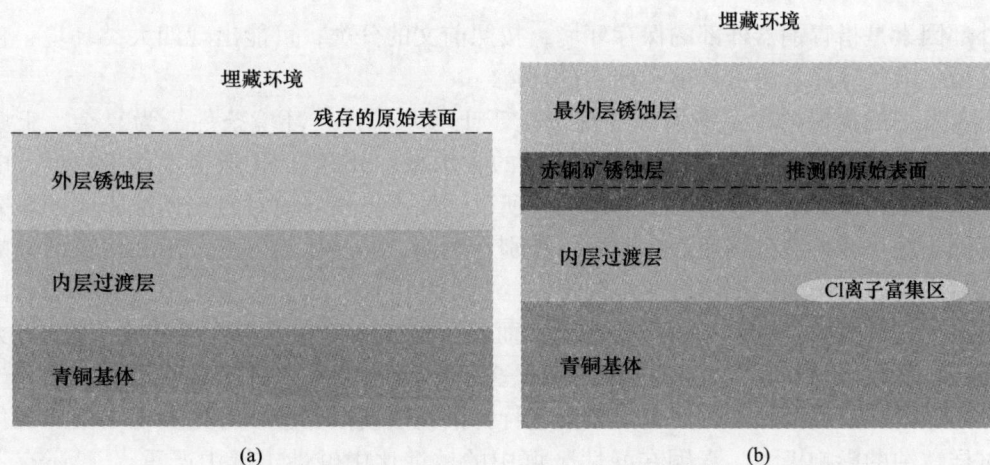

图 10.1 锈层结构示意图[82]

(a) Ⅰ型锈蚀（光滑表面）；(b) Ⅱ型锈蚀（粗糙表面）

10.2.2　影响青铜锈蚀的因素

青铜器的锈蚀情况呈现多样性，有些青铜器几乎完全不受腐蚀，有些青铜器被完全矿化，甚至严重腐蚀后生成的外壳会与土壤中的矿物结合导致它们的膨胀，还有一些则会有一层精致铜锈层，不但美观，而且具有保护作用。甚至同一件青铜器的不同部位，都会出现上述这些完全不同的锈蚀情况。虽然影响青铜锈蚀的因素很多，但主要是两个方面：内部因素和外部因素。

10.2.2.1　内部因素

内部因素是指青铜器的自身情况，如合金成分、微观组织、表面处理和使用环境等。研究表明 Cu-Sn 二元合金、加 Pb 的 Cu-Sn 合金（Cu-Sn+Pb），以及含有 Zn、As 等元素的 Cu-Sn+Pb 合金，表面生成的锈蚀产物在微观形貌和化学成分等方面都有明显的不同[4]。即使对于 Cu-Sn 二元合金或 Cu-Sn+Pb 合金，含 Sn 量或含 Pb 量的多少也会影响锈蚀产物。一般认为，高 Sn 含量青铜耐腐蚀性优于低 Sn 含量青铜[5-7]，高 Pb 含量青铜耐腐蚀性最差[8]。

然而，青铜中各物相组织的耐腐蚀性能优劣却一直是学术界争论的重点。一些学者指出，α-Cu 固溶体极易首先被腐蚀，δ-Cu 相却能保留下来[9-11]。但也有一些学者认为是 δ-Cu 相优先发生腐蚀，随着腐蚀程度的加深，α-Cu 相随后才可能被腐蚀[12-14]。由于涉及选择性腐蚀的机理解释，相关的内容将在 10.2.3 节中详述。当然，一些热处理工艺也会造成青铜组织的变化，从而影响耐腐蚀性。例如，利用模拟实验发现经退火处理后的青铜，呈现较均一的 α-Cu 相等轴晶组织，其耐腐蚀性也优于未处理前的典型铸造树枝晶组织[15]。人们还发现不少进行过表面处理的古代青铜器至今依旧如新，这是因为经过处理后的表面层的耐腐蚀性远远高于处理前，如一些研究已经证实镀 Sn 层具有良好的耐腐蚀性[16-17]。此外，一些使用过带烟炱的青铜炊器表面层也有良好的耐腐蚀性，这是因为碳的存在增强了其耐腐蚀性，因此对青铜基体有较好的保护作用，而且多次加热烘烤，类似局部的热处理，有可能改善组织，增加了耐腐蚀性[12]。

10.2.2.2　外部因素

外部因素是指青铜器外部的保存环境，按照前文的分类，可能出现四大类环境，包括土壤环境、大气环境、海水环境和博物馆环境。

考古发掘的青铜器中，绝大部分都出土于土壤环境中，环境条件最为复杂。土壤是固、液、气共同组成的复杂混合体系，土壤的含水率、pH 值、孔隙度、离子浓度、电阻率和细菌等因素都会对青铜锈蚀产生影响。所以，关于土壤环境对青铜锈蚀影响的研究最多。不同土壤环境下青铜锈蚀存在明显的差别，例如，通过比较河南安阳和信阳两地的土壤情况后发现，信阳地区土壤淋溶作用强，盐基饱和度低，因此该地出土的青铜器表面致密，光滑平整，极少生有粉状锈或有害锈；而安阳地区大面积分布为硫酸盐-氯化物类型的盐碱土，所以该地出土的青铜器表面疏松多孔，粗糙不平，多有粉状锈和有害锈[18]。有人利用云南和陕西两处考古现场的土壤进行青铜锈蚀模拟实验，对比发现土壤的理化性质对试样锈蚀的影响极大，青铜在酸性土壤中的锈蚀比中碱性土壤中严重[17]。还有人采用因子分析方法，对比青铜锈蚀产物中的微量元素和包裹土中的微量元素，基本判别出微量元素与埋藏地域之间的耦合关系[19]。也有研究者系统比较了土壤环境中各影响因素，结果表明，酸性的土壤、污染造成硫化物大量沉淀，煤烟和可溶性盐的存在，以及水和空气的存在都能加速青铜锈蚀，并认为其中相当数量的青铜器锈蚀可能发生在工业化后的100 年内[20]。

大气环境对青铜锈蚀的影响也十分明显，特别是在有大量青铜或铜雕塑置于室外的欧洲，当地研究者十分重视这方面的研究。对欧洲境内 130 件放置于室外大气环境中的青铜器或铜器锈蚀产物的化学成分进行了系统分析，发现严重的大气污染是造成这些锈蚀的主要原因，特别是利用 S 同位素，证实了这些锈蚀中的 S 最可能来源于大气污染物[21]。有人通过对比城市闹市区大气环境和海边郊区大气环境下模拟生成的青铜锈蚀产物，发现两地的锈蚀产物种类和形貌差别明显，前者因汽车尾气和工业废气导致 NO_2 和 SO_2 超标，锈蚀产物以硫酸盐为主，而后者潮湿且空气中含氯量超标，锈蚀产物以氯化物为主[22]。还有人通过模拟实验，研究了酸雨对青铜锈蚀的影响[23-24]。

海水环境对青铜锈蚀的影响的相关报道相对较少，有人研究了青铜在模拟海水环境下的电化学行为[25]。

博物馆环境条件对青铜锈蚀的影响也是大家关注的重点。一般而言，博物馆环境主要包括大气环境和"微气氛"环境。博物馆内及周边的大气环境与一般的室外大气环境一样，也会受到大气污染的危害。有研究者检测了陕西省内一些馆藏青铜器锈蚀情况较严重的博物馆内的大气环境参数，发现湿度、总氯量（Cl_2 和 HCl）、SO_2、NO_x 等指标普遍偏高[26]。还有研究发现，在 SO_2 气体存在的环境下，青铜器锈蚀受到相对湿度的影响明显，例如在 0.1% SO_2 气体环境下，对于不含有 Cl^- 的青铜器，适合保存的相对湿度值应小于50%；对于含有 Cl^- 的青铜器，适合保存的相对湿度值应控制得更低[27]。此外，展柜内及库房文物柜中"微气氛"环境也不容忽视，例如木质箱柜、涂料和黏结剂都会加剧青铜锈蚀[28]。

综上所述，任何环境条件下，湿度、离子浓度和 pH 值等都是影响青铜锈蚀的三个主要因素。上述因素对于青铜器的锈蚀的影响不是单一的，必须综合考虑各种因素。

10.2.3 青铜的锈蚀机理

宏观上，青铜的锈蚀机理主要可以归为化学腐蚀和电化学腐蚀两大类。

（1）化学腐蚀。包括电荷转移，但这种转移仅发生在原位的原子之间。化学腐蚀反应是化学物质占主导地位产生的单个或多个化学变化。

（2）电化学腐蚀。包括非原位电荷转移，这种转移通过连接阳极区和阴极区的导体完成。电化学腐蚀反应是由电势差控制的反应过程，其结果导致化学离子从一个区域转移到其他区域或者从一个表面转移到另一个表面。

化学腐蚀与电化学腐蚀的区别在于：只要组成环境的介质中有凝聚态的水（H_2O）存在，青铜腐蚀就以电化学腐蚀反应进行。只有在无水的有机物介质中或高温的气体中（以气相的水蒸气状态存在），青铜腐蚀过程才是化学腐蚀过程[29]。由于微观组织和化学成分的变化，青铜中的不同位置具有不同的电势，因此在每个微区中都可能形成微电池，特别是在潮湿的、pH 值异常或氯离子富集的环境中，电化学腐蚀反应极易在青铜器表面发生。

　　根据金属腐蚀学的基本原理，金属常见的电化学腐蚀形态有全面腐蚀与局部腐蚀[29]。在金属的大部分面积或全部上发生的腐蚀，称为全面腐蚀，其特点是金属被均匀腐蚀。全面腐蚀又可分为无膜全面腐蚀和成膜全面腐蚀，成膜全面腐蚀中有些膜具有保护性，有些无保护性。由于青铜成分和各相组织的不均匀性，一般研究很少考虑青铜的全面腐蚀，有研究者认为青铜锈蚀表面 Cu_2O 层的形成属于全面腐蚀[30]，也有研究者认为青铜在一些特殊的介质中发生均匀腐蚀，例如，介质中仅存在氯离子且离子浓度较低的情况[31]。

　　根据金属腐蚀学的基本原理，更多的研究者认为青铜器表面的腐蚀，特别是粉状锈属于局部腐蚀。局部腐蚀的种类很多，常见的包括：小孔腐蚀、缝隙腐蚀、晶间腐蚀、成分选择性腐蚀、应力腐蚀和氢腐蚀等。对于青铜而言，应力腐蚀和氢腐蚀一般不会发生，主要的锈蚀机理可归纳为以下四个方面：小孔腐蚀机理、缝隙腐蚀机理、晶间腐蚀机理和成分选择性腐蚀机理。

10.2.3.1　小孔腐蚀机理

　　小孔腐蚀是腐蚀发生在材料表面的一些小点，可以在表面几乎不受腐蚀的情况下形成明显的孔洞，又称为"点蚀"或"孔蚀"，是一种高度集中局部腐蚀形态，其破坏性很大。孔蚀在铜和铜合金中是一种常见的腐蚀形式。

　　早在 20 世纪 60 年代，有研究者就发现粉状锈的锈蚀形态类似于铜的孔蚀[32]，提出了表面存在赤铜矿（Cu_2O）膜的铜在硬水中的点蚀模型，又称为膜电池理论，如图 10.2 所示[33]。膜电池理论虽然比较好地解释了赤铜矿膜下 CuCl 的富集现象，但是对于赤铜矿膜外层表面发生的阴极反应缺乏全面的了解，更关键的是这一理论更适用于解释层状锈蚀的锈蚀机理，而很难解释粉状锈的锈蚀机理。

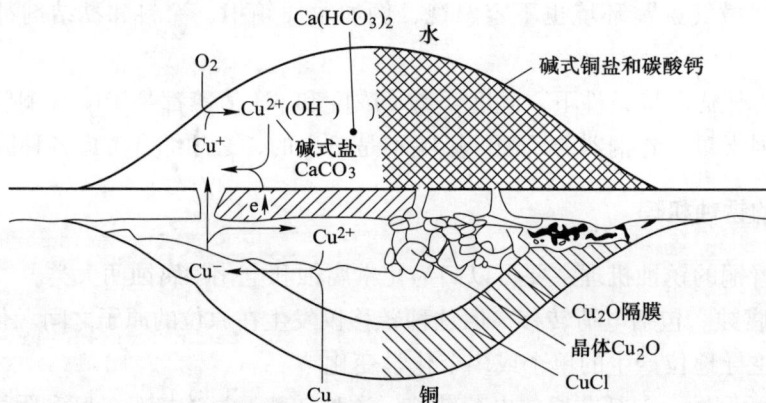

图 10.2　铜的孔蚀示意图[33]

　　后来的研究者在此基础上，提出小孔腐蚀机理，较好地解释了粉状锈的锈蚀机理[34-37]。还利用模拟闭塞电池法模拟了青铜器小孔腐蚀的阳极过程，实验结果表明，小孔闭塞区内的 Cl^- 富集浓度和 pH 值都与典型的金属小孔腐蚀中的相关参数基本一致[34-35,38-39]。

　　然而，对于古代青铜器锈层结构的观察发现，在一些青铜器的赤铜矿层下存在大面积的 CuCl 层，而在赤铜矿之上还有大量锈蚀产物存在。对于这些青铜锈蚀，仅通过一般的小孔腐蚀机理解释显然不够。近年来，有许多研究者在小孔腐蚀机理基础之上提出了一个更复杂的加速青铜器小孔腐蚀的多孔氧电极模型，如图 10.3 所示[40-42]。多孔氧电极的加速腐蚀机理可以很好地解释古代青铜器出土后的腐蚀过程。

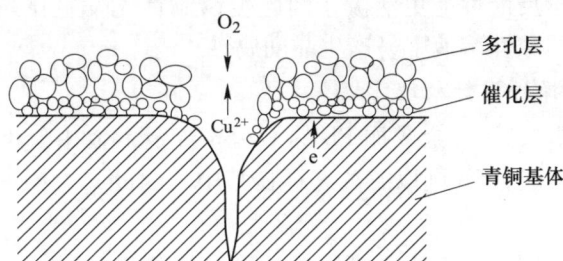

图 10.3 青铜的多孔氧电极腐蚀模型示意图[42]

10.2.3.2 缝隙腐蚀机理

青铜器表面的缝隙也会形成与小孔类似的闭塞电池。但在理论上，缝隙腐蚀与点蚀的形成过程不完全一样，前者是介质的电化学不均匀性引起的，而后者则是由于材料的钝态或保护层的局部破坏引起的[29]。当缝隙的尺寸很小时，也可形成点蚀。一般而言，古代青铜器的锈蚀层都能观察到各种微裂纹，黄宗玉和潘春旭等人[43]通过对长江中游地区战国青铜箭镞锈层中的微裂纹进行系统观察，将其分为两大类：（1）Ⅰ型裂纹，平行于表面的剥离开裂型裂纹；（2）Ⅱ型裂纹，垂直于表面放射性状开裂裂纹。并认为Ⅰ型裂纹是青铜基体发生腐蚀后，组织间的结合力减弱，当周边环境的湿度和温度发生变化时，氧化物等锈蚀产物因膨胀而发生剥离、开裂的现象，严重的情况形成所谓的"粉状锈"，与基体完全脱落。Ⅱ型裂纹则因为青铜表面锈蚀矿化层的塑性差且抗变形能力低，当膨胀时易产生开裂，从而增加了基体的缺陷密度，并加快了环境中杂质元素向基体的扩散速率，导致青铜锈蚀加重。其中，Ⅱ型裂纹完全满足青铜缝隙腐蚀机理模型。然而，对于大多数研究者，一般会将缝隙腐蚀现象归于小孔腐蚀理论范畴之内[35]。

10.2.3.3 晶间腐蚀机理

晶间腐蚀是腐蚀从表面沿晶界深入青铜内部。一般认为，晶间腐蚀是很严重的破坏现象，因为这种腐蚀使晶粒间丧失结合力，以致材料的强度几乎完全消失[29]。实际上，人们对青铜的晶间腐蚀并不陌生，因为利用光学显微镜观察青铜金相组织时，常常需要选择适当的浸蚀剂腐蚀金相试样，借助于晶间腐蚀才可以看到晶界及晶界区的组织。

在大量的古代青铜器锈蚀研究中也观察到晶间腐蚀的现象。例如，研究发现蔡侯编钟的 α-Cu 固溶体之间存在腐蚀沟槽，且 α-Cu 固溶体边缘含 Sn 量增高，认为这些现象表明粉状锈属于晶间腐蚀[44]。有人在周原遗址及强国墓地出土的青铜器表层和基体中都观察到晶间腐蚀的现象，认为青铜各相及其晶内与晶界区的化学成分变化，导致微区内电化学活性不同，例如晶界和相界区处于活性状态，当土壤环境中存在着某种氧化剂时，可在微区内形成微电池，其阳极为晶界，阴极为晶粒，即发生晶间腐蚀[13]。还有人对天马—曲村晋国墓地出土的青铜残片表层和基体中也观察到类似的晶间腐蚀现象，发现 Cl⁻ 沿晶界区形成腐蚀通道，并有沿着缝隙、缺陷等向纵深扩散的趋势[14]。

此外，还有研究者应用局部密度泛函（LDF）和电场梯度（EFG）理论，计算了α-Cu相和δ-Cu相的凝聚能、表面能及棱角原子的棱能，并计算了α-Cu相和δ-Cu相分别在平直表面上及晶体棱角位置上的吸附活化能。比较活化能可知，晶体棱角上的Cu原子比平直表面上Cu原子的化学反应性能更活泼，因此生锈应首先发生在晶体棱角上。从理论上证实了青铜在含有Cl⁻的酸性溶液中易产生晶间腐蚀[11]。

10.2.3.4 成分选择性腐蚀机理

古代青铜多为Cu-Sn二元合金或加Pb的Cu-Sn合金，金相分析表明，其金相组织为α-Cu相和α+δ共析相组成，Pb则以游离态存在其中。因此，青铜中也常会出现成分选择性腐蚀。

然而，有关青铜组织中α-Cu相（富铜相）和高锡相δ-Cu相（$Cu_{41}Sn_{11}$）的优先腐蚀的问题争论已久，根据古代青铜试样的金相观察，既有观察到α-Cu相首先腐蚀的现象，也有观察到δ-Cu相首先腐蚀的现象，甚至在同一青铜器上观察到了这两个截然不同的现象[45]。

一些研究者尝试利用理论计算的方法解决这一难题。例如，有人基于价电子结构理论，分别计算了Cu-Sn合金各相中各原子共价健上的电子对数，并利用单键键能求出各原子的能级及各合金相的能量，发现含Sn量高的δ-Cu相中Cu原子的结合能小且电势低，更易腐蚀，即高Sn的δ-Cu相优先被腐蚀[46]。也有人应用局部密度泛函（LDF）和电场梯度（EFG）理论进行计算后也得到了类似的结果，他们发现同种位置上属于δ-Cu相的Cu原子又比α-Cu相中的Cu原子更活泼，所以δ-Cu相优先被腐蚀[11]。

利用电化学法模拟腐蚀行为的研究者却发现了截然相反的结果。例如，基于模拟闭塞电池法对低Sn含量青铜、加Pb青铜和高Sn含量的加Pb青铜试样进行了电化学性能研究。研究表明青铜中各元素选择性腐蚀的顺序为Pb>Cu>Sn，腐蚀速度为Pb>Cu>Sn[38]。利用电化学方法测试不同含Sn量试样开路电位的曲线，也证实α-Cu相更易被腐蚀[47]。进一步对闭塞区阳极局部腐蚀过程研究后发现，在最初的6h内，腐蚀速度为Sn>Cu；6h后，腐蚀速度为Cu>Sn[39]。这个结果或许可以解释青铜中复杂的成分选择性腐蚀现象。当然，也有学者很早就提出了α-Cu相与δ-Cu相中究竟哪一相优先腐蚀取决于氧的含量[3]。

除上述四种电化学局部锈蚀机理外，还有学者提出了青铜器的微生物锈蚀理论，同时硫化物、磷酸盐等锈蚀产物开始引起研究者的重视。有人在对一尊发现于海水环境之中的青铜雕像（The Dancing Satyr）表面的锈蚀产物分析后发现了并不常见的V元素的存在，认为其来源可能与海水中的微生物有关，同时这些锈蚀产物中还少见硫酸盐锈蚀，推测可能因为海水中存在大量硫酸盐还原细菌[48]。

10.3 馆藏青铜器内壁上的一种特殊锈蚀产物及其锈蚀机理研究

湖北省孝感市博物馆现藏一件十分珍贵的商代带盖青铜提梁卣，属于国家一级文物。这件青铜器造型精美，器形浑厚，长期存放在展厅中央的密封玻璃柜里，供游人参观。然而，2010年当工作人员偶然打开玻璃柜，掀开提梁卣的盖子时，发现内壁上除了有普通锈蚀以外，还出现了一些呈深绿色的奇怪不明物质，其特别之处在于：（1）个体较大的呈"钟乳状"，犹如"蘑菇"或"灵芝"从青铜中生长出来一样，直径1~10mm不等；（2）个体较小的为"蜡泪"状，与器物结合紧密。

据管理人员回忆，该器物入馆时没有发现有这类东西，应该是在存放与保管期间出现的。初步判断这个特殊物质与青铜锈蚀有关。博物馆希望我们能够研究一下，搞清楚这种奇怪物质是什么东西，怎么产生的，并提出保护和修复措施。

10.3.1 特殊锈蚀产物的微结构特征

10.3.1.1 微观形貌与显微组织特征

这件商代带盖青铜提梁卣外壁的表面被一层淡绿色物质均匀覆盖，表面光滑致密，属于青铜器中常见锈蚀情况，其上还分布一些特殊的锈蚀产物，如图10.4所示。

图10.4 孝感市博物馆馆藏商代提梁卣
（a）提梁卣；（b）~（d）提梁卣内壁底部特殊锈蚀（箭头指向为取样位置）

利用体视光学显微镜（OM）观察这种特殊锈蚀产物的原始表面，绿色物质表面清楚地显示有水平方向的条带状隆起，色带宽度在50~300μm之间，如图10.5（a）所示。而在试样沿横截面切割和抛光后，可以观察到美丽的孔雀绿色、同心环带构造和丝绸光泽的外观，如图 10.5（b）所示，与天然孔雀石矿物的外观特征几乎完全一致。

　　进一步利用扫描电镜（SEM）进行断口观察，发现绿色物质内部为纤维状排列的形貌特征，在高倍下可以看出纤维呈扁平的竹叶簇状物质，并且表面光滑，排列整齐、致密，长轴方向都与断口横截面垂直，如图 10.6 所示。这与一件商代青铜鼎表面疏松的土状集合体孔雀石锈蚀产物所观察到的结果一致，但后者排列杂乱，长轴方向各异[49]。

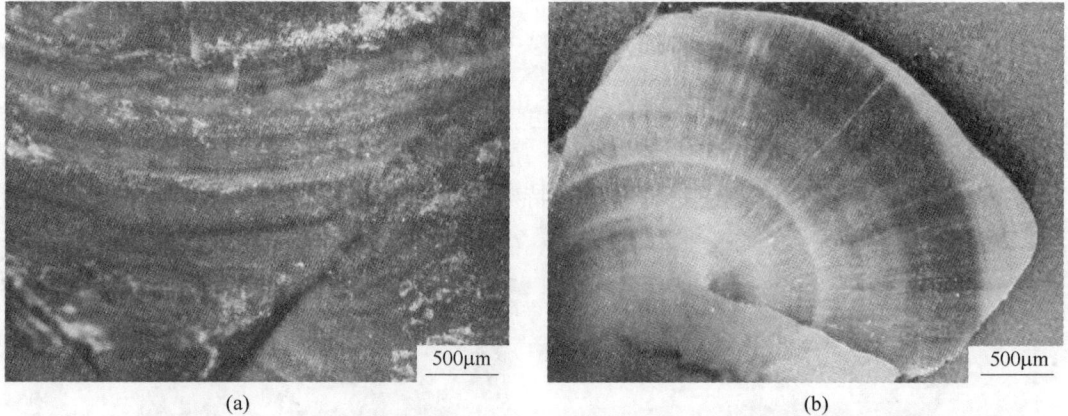

(a)　　　　　　　　　　　　　　(b)

图 10.5　特殊锈蚀产物的光学显微镜照片

(a) 侧表面原始形貌；(b) 横截面抛光后照片

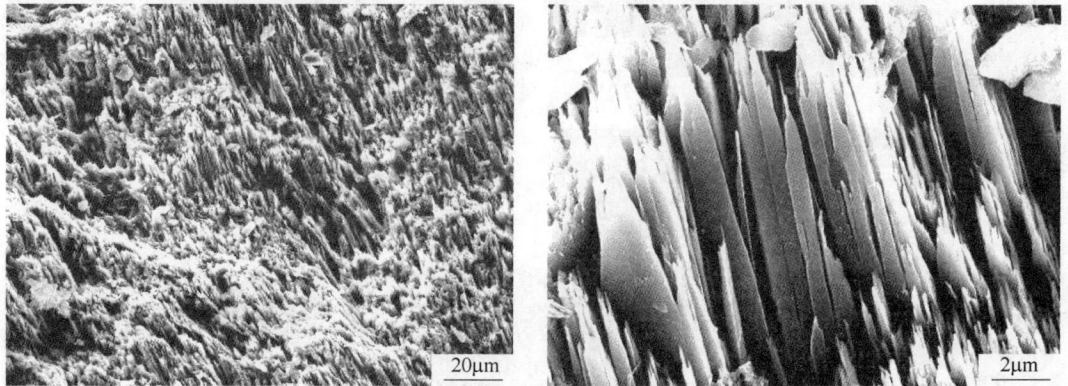

图 10.6　特殊锈蚀产物的断口 SEM 形貌

10.3.1.2　化学成分与物相组成特征

　　能谱仪（EDS）测量显示，这个特殊锈蚀产物的化学成分主要为 Cu、C、O 等元素，其中 Cu 含量（质量分数）高达 61.56%，与常见的铜碳酸盐锈蚀产物——孔雀石中 Cu 含量（质量分数）57.4% 基本吻合。还含有极少量的 Pb、Si、Al 等元素，见表 10.1。图 10.7 所示为这种特殊锈蚀产物的 XRD 谱。结果显示锈蚀产物就是孔雀石（$Cu_2(OH)_2CO_3$）结构，且衍射峰明锐，说明其具有很高的结晶程度。将锈蚀产物研磨成粉末状，进行 TEM 观察也显示其为细小的孔雀石晶粒，如图 10.8 所示。

表 10.1 锈蚀产物的平均化学成分

化学元素	Cu	C	O	Pb	Si	Al
质量分数/%	61.56	7.81	25.89	3.67	0.70	0.38

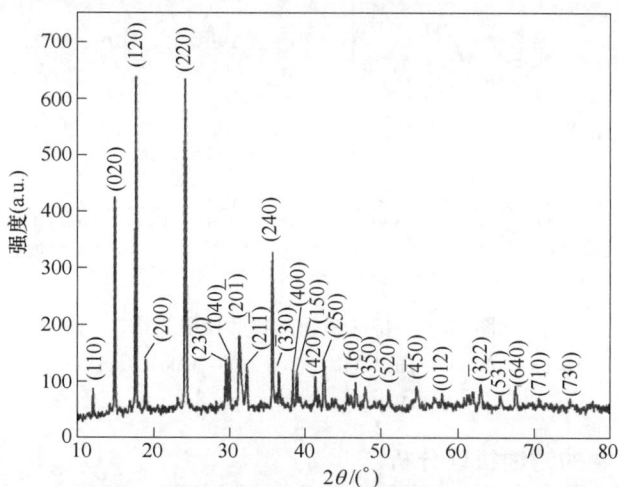

图 10.7 特殊锈蚀产物的 XRD 谱

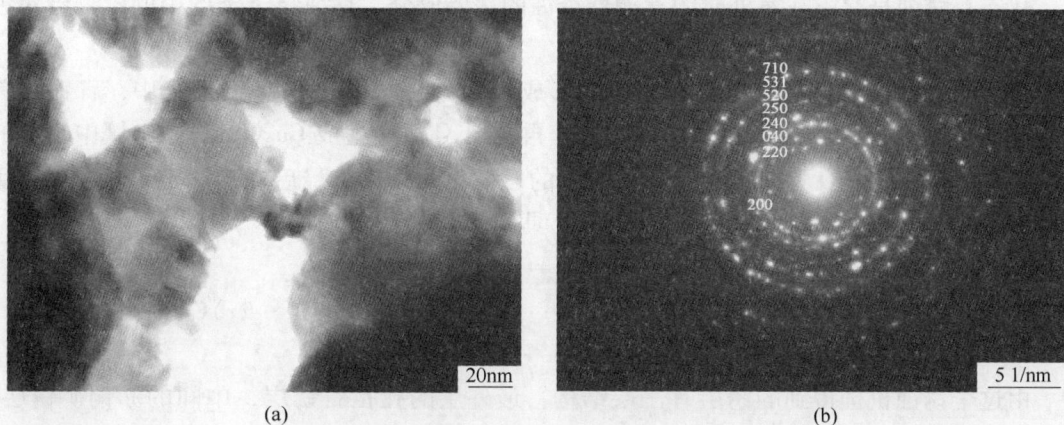

(a)　　　　　　　　　　　　　　　(b)

图 10.8 特殊锈蚀粉末的 TEM 形貌

(a) TEM 像；(b) SAED 图

10.3.1.3 拉曼光谱与红外光谱分析

图 10.9 所示为这种特殊锈蚀产物的拉曼光谱。图 10.9（a）中 151cm^{-1}、178cm^{-1}、216cm^{-1}、269cm^{-1}、350cm^{-1}、432cm^{-1} 和 534cm^{-1} 为 Cu—O 的振动峰，1096cm^{-1}（ν1）、1492cm^{-1}（ν3）、1370cm^{-1}（ν3）和 752cm^{-1}（ν4）为 CO_3^{2-} 的振动峰，其中 1066cm^{-1} 和 1096cm^{-1} 为 C—O 的对称伸缩振动峰[49]；而图 10.9（b）中 3306cm^{-1} 和 3380cm^{-1} 为 O—H 的伸缩振动峰[50]。这与孔雀石的三个独立的振动组群模式，即 O—H、CO_3^{2-} 和 Cu—O 完全一致[49]，也进一步证实这种特殊的锈蚀产物为较纯和结晶较完整的孔雀石。

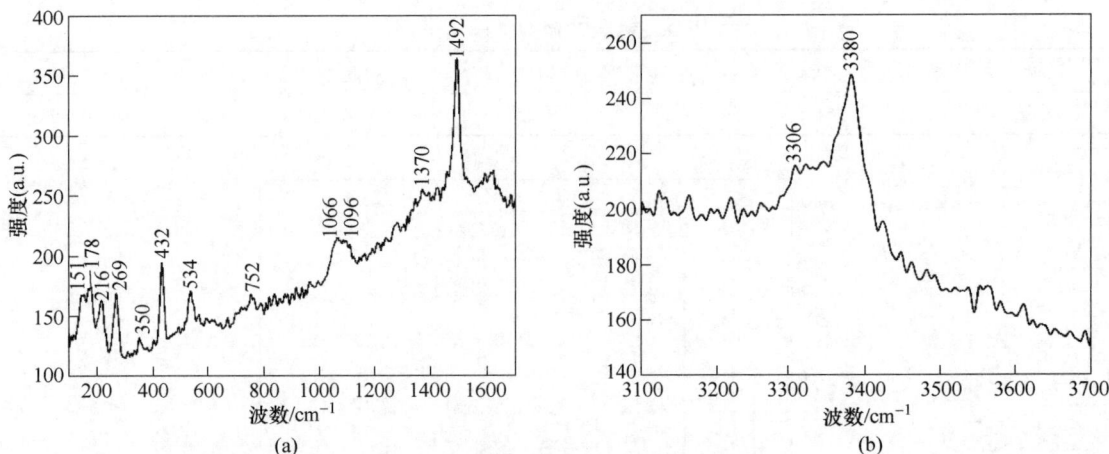

图 10.9   特殊锈蚀产物的拉曼光谱

（a）100~1700cm^{-1}范围；（b）3100~3700cm^{-1}范围

10.3.2   特殊锈蚀产物的锈蚀机理分析

关于古代青铜器表面形成孔雀石锈蚀的形成机理和条件已有较系统的研究。一般认为，孔雀石锈蚀是暴露在室外时的青铜器锈蚀的次要成分，是埋藏于土壤中的青铜器锈蚀的重要组分[51]。

众所周知，普通青铜器孔雀石锈蚀的形成机理为[52]：在土壤埋藏环境中，青铜器首先与土壤中的 Cl$^-$接触生成 CuCl，然后 CuCl 再与 H$_2$O 反应生成 Cu$_2$O。其中土壤中富集的 Cl$^-$对反应向生成 Cu$_2$O 方向发展起到了关键的自催化的作用，最后在 O$_2$、H$_2$O、CO$_2$ 作用下生成 Cu$_2$(OH)$_2$CO$_3$，即孔雀石锈蚀产物。具体反应如下：

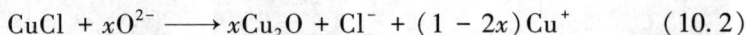

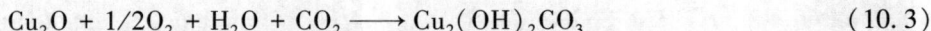

$$Cu + Cl^- \longrightarrow CuCl + e \tag{10.1}$$

$$CuCl + xO^{2-} \longrightarrow xCu_2O + Cl^- + (1 - 2x)Cu^+ \tag{10.2}$$

$$Cu_2O + 1/2O_2 + H_2O + CO_2 \longrightarrow Cu_2(OH)_2CO_3 \tag{10.3}$$

由这个锈蚀机理得到的锈层有三层结构：最外层的孔雀石锈层，中间的赤铜矿锈层，以及含 Cu 量低、含 Sn 量高，并含有 O、Cl 等外界元素的过渡层。在许多古代青铜锈蚀[51-52]及现代模拟的研究[53-55]中已经很好地印证了这个机理解释。

但是，这次所遇到的特殊孔雀石锈蚀产物从化学成分和结构特征等方面均不符合上述锈蚀机理。另外，根据博物馆工作人员提供的信息，这件商代青铜提梁卣入馆时内壁未见这种锈蚀产物。据此它是在博物馆保存期间的十几年内逐渐形成的，而不是形成于土壤埋藏环境。也就是说，其形成原因应与博物馆中青铜器的保存环境有关，其锈蚀机理应该也与普通的孔雀石锈蚀完全不同。

实际上，孔雀石锈蚀产物的生长除了通过 Cl$^-$的自催化作用以外，也有研究显示 Cu 通过与 O 反应，首先生成 Cu$_2$O，然后 Cu$_2$O 在 O$_2$、H$_2$O、CO$_2$ 等作用下也可以生成孔雀石（Cu$_2$(OH)$_2$CO$_3$）[56]。有人采用地球化学模式程序 EQ3/6 模拟青铜器腐蚀过程，发现当温度和氧化—还原条件适合时，Cu 的表面可以形成赤铜矿[57]。并进一步证实，若空气

中含有游离的 CO_2 及水汽时，Cu_2O 可以生成孔雀石。其化学反应式为：

$$2Cu + H_2O \rightleftharpoons Cu_2O + 2H^+ + 2e \tag{10.4}$$

$$Cu_2O + \frac{1}{2}O_2 + H_2O + CO_2 \longrightarrow Cu_2(OH)_2CO_3 \tag{10.5}$$

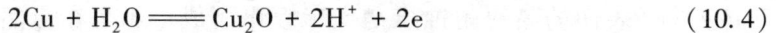

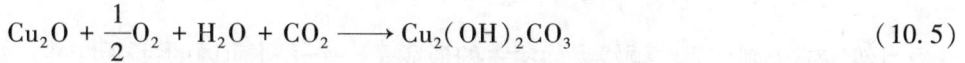

而且研究还表明，生成孔雀石所需的铜离子含量仅需 0.0079mol/L，在青铜器表面达到这样的浓度是完全有可能的。此外，也有人研究发现在一些特殊条件下，如高温氧化和高 pH 值时，也可使黑铜矿（CuO）转变成纯的孔雀石（$Cu_2(OH)_2CO_3$）[52,58]，但是这不符合本节研究的条件。并且赤铜矿（Cu_2O）和黑铜矿的生成焓分别为 -146 kJ/mol 和 -127kJ/mol[51]，因而在青铜表面被氧侵蚀后生成赤铜矿的可能性更大。

通过以上分析，我们认为所出现的罕见的特殊钟乳状锈蚀产物的锈蚀机理和过程符合化学反应式（10.4）和式（10.5）。

实际上，这件商代带盖青铜提梁卣经历数千年的埋藏，原始器物表面会形成一层较薄的 Cu_2O 膜层，它能够很好地防止青铜器在埋藏环境中继续氧化。但是这层 Cu_2O 膜也为后来生成这种特殊孔雀石锈蚀产物提供了必须的 Cu^+。另外，最重要的是该器物在博物馆保存过程中，一方面它单独地放置于一个密封的玻璃柜中，另一方面该器物是带盖的。因此，这种双层密封造成其内部形成一个相对封闭的气氛环境，CO_2 和 H_2O 浓度严重超标，从而发生了式（10.4）和式（10.5）所示的反应，生成了孔雀石锈蚀产物。在大多数博物馆中，一般仅重视器物外部气氛环境的检测和保护，而忽视了这种带盖器物的内部气氛环境。

10.3.3 对博物馆后期保护的建议

这种特殊的锈蚀产物，虽然外观古朴、表面致密，且为常见的孔雀石，不同于一般的粉状有害锈，但是其对于青铜器的长期保护仍然具有潜在的危害。首先，它会造成青铜器基体 Cu 元素的大量流失。目前，已发现的锈蚀产物直径都在 1~10mm，且含 Cu 量（质量分数）高达 61.56%。如果不阻止其继续生长，青铜器基体中的 Cu 元素流失将会直接导致这件珍贵的文物损坏。其次，这种锈蚀产物中 Cu 元素以 Cu^{2+} 的形式存在，状态很不稳定。虽然目前为较稳定的孔雀石，但是一旦周围气氛发生变化，特别是 Cl^-、SO_4^{2-} 等有害物质的出现或增多，孔雀石中大量的 Cu^{2+} 将与之发生反应，极可能生成危害性更大的有害锈。

此外，中国古代青铜器中，带盖的青铜容器还有很多，常见的如壶、尊、罍、簠等。这类青铜容器在盖上器盖后，器物内部气氛环境相对封闭，而这在博物馆的锈蚀防护工作中往往被忽视。实际上，只要采取简单的开盖通风，或者不盖盖，或者盖盖但是留一定的缝隙等措施，就能避免过量的 H_2O、CO_2 和其他有害气体的聚集，不至于产生这类奇怪的锈蚀产物。另外，需指出的是，对于已经出现的这类锈蚀产物的青铜器，建议可将其保留。因为如果将其清除，相对稳定的系统平衡被打破，锈蚀产物底部已严重流失 Cu 元素的青铜基体会更直接地暴露在外，将增大未来保护的难度和不确定性。

10.4 一把战国青铜剑的表面漆古特征及其形成机理研究

漆古，大多出现在古代铜镜中。它是一种光亮且具有光滑晶莹玉质感的薄膜，表面具有这种薄膜的铜镜被称为漆古铜镜。一般认为，漆古铜镜具有极佳的耐腐蚀性能。关于漆古的成因，主要有两种观点：一为自然腐蚀说[59-61]；二为人工处理说[62-66]。争论的焦点在于漆古铜镜表面的高锡耐蚀层是人工镀锡而成，还是在自然条件下由环境腐蚀作用产生的。

自然腐蚀机制认为，铜镜表面漆古的形成是一个由外而内的过程[50-51,61]。即青铜表面的 Cu 和 Sn 在埋藏环境中容易被氧化生成 Cu_2O 和 SnO_2，因为 Cu_2O 容易发生溶解，从而发生选择性腐蚀扩散到环境中；而 SnO_2 则非常稳定，被保留在原位形成了致密的 SnO_2 保护层，阻止腐蚀反应的进一步发生。另外，生成的凝胶状 SnO_2 还会及时填充 Cu 选择性腐蚀留下的空位，最后形成致密的富锡漆古层。

人工镀锡的观点认为，古人为了美观会对青铜器物表面进行人工镀锡处理，然后在后续长期保存过程中由于进一步的自然腐蚀，在铜镜表面也会形成漆古层[66]。这是由于我国战国以后的铜镜均进行过"开光"，即镀锡处理。因为锡是一种具有银白色光泽的金属，涂覆在铜镜表面可以光亮照人，所以古人会采用锡汞齐擦渗的方法处理高锡青铜得到光亮的银白色表面。镀锡处理的工艺一般是：（1）清理镜体表面；（2）按一定配方配置汞剂，涂在处理过的器物表面；（3）用加热法使汞挥发，并加以磨光。然后这些铜镜在使用过程中和地下埋藏过程中经历自然腐蚀过程，表面的锡被氧化，形成致密的富锡漆古层。镀锡工艺和自然腐蚀是影响漆古形成的两个基本因素。

湖北省黄冈市黄州区，位于湖北省东部，大别山南麓，长江中游北岸。在与黄州区博物馆的合作研究中，发现了一把战国时期的青铜剑表面有一层特殊的锈蚀层，并具有漆古特征。虽然青铜剑表面的漆古与铜镜表面的漆古类似，但它们的制作工艺不同，因此对青铜剑漆古生成机理的研究有望为解决铜镜表面漆古形成机理的争议提供依据，并对青铜剑的考古学研究及后期保护具有重要的意义。

10.4.1　青铜剑的特征与实验方法

实验样品来自湖北省黄冈市黄州区博物馆，编号为 2228，如图 10.10 所示。该青铜剑发掘于汪家冲 14 号墓，根据其形制及同墓葬器物的共存关系判断其为战国时期的青铜剑。与普通的战国时期青铜剑不同，从外观可以看出该青铜剑的表面覆盖有一层玉质感薄膜，颜色呈均匀的黑色，黑如漆，且稍带光泽，具有明显的漆古特征。

彩图

图 10.10　青铜剑照片

青铜剑横截面样品取自青铜剑的残断部位，然后进行切割、镶嵌、研磨、抛光等常规金相处理。显微组织观察与合金成分测定分别在金相显微镜和装配有能谱仪（EDS）的扫描电镜（SEM）上进行。锈蚀产物的物相分析在 X 射线衍射仪（XRD）上进行，实验为 Cu K_α 靶，扫描范围为 $10°\sim90°$，扫描速度为 $4°/min$。锈蚀产物的化学组成在激光扫描共聚焦显微拉曼光谱仪（Raman）上进行，测试条件为：物镜为 50 倍，光斑直径为 $1\mu m$，激光器波长为 488nm。

10.4.2 漆古层的微结构特征

图 10.11 所示为青铜剑的光学显微镜金相显微组织形貌。青铜剑的基体为铸造组织，主要由细小的 $\alpha\text{-Cu}$ 固溶体树枝晶组成，枝晶间均匀分布大量 $\alpha+\delta$ 共析组织，Pb 颗粒呈黑色圆颗粒状弥散分布在晶界，一些 Pb 颗粒呈 "空心泡状" 结构[67]，少量细小黑色颗粒可能为气孔。

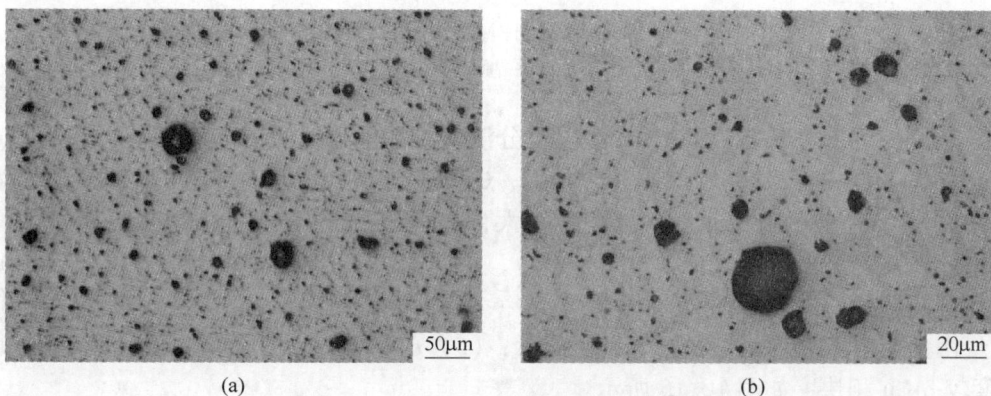

图 10.11 青铜剑基体的光学显微镜照片
(a) 200 倍；(b) 500 倍

图 10.12 所示为青铜剑漆古锈蚀层横截面的光学显微镜金相组织特征。可以看出，其由明显的二层组织组成：最外层是完全矿化层，厚度为 $150\sim200\mu m$；中间为过渡层，厚度为 $60\sim80\mu m$，与漆古铜镜的截面结构基本一致[68-69]。过渡层中 $\alpha\text{-Cu}$ 相已被完全腐蚀生成绿色的锈蚀产物，而 $\delta\text{-Cu}$ 相基体仍保存完好。过渡层内层靠近基体的位置有橘黄色的

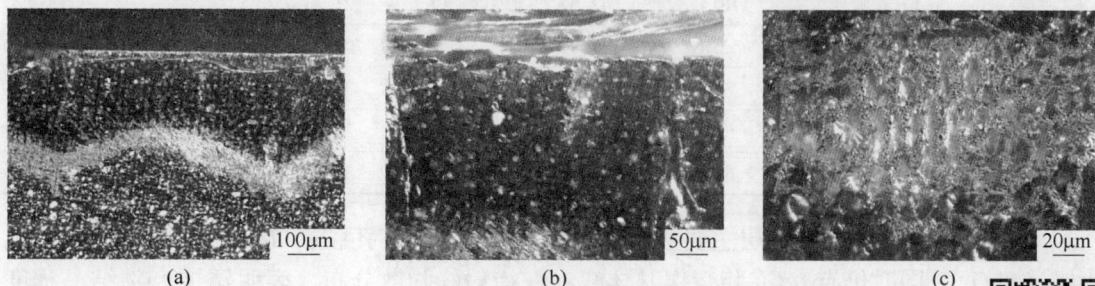

图 10.12 青铜剑横截面的光学显微镜组织
(a) 整体；(b) 矿化层；(c) 过渡层

彩图

锈蚀产物。对样品界面的扫描电镜（SEM）观察显示，低锡相 α-Cu 相首先被腐蚀，且腐蚀沿着 α-Cu 相向基体推进，如图 10.13 所示。

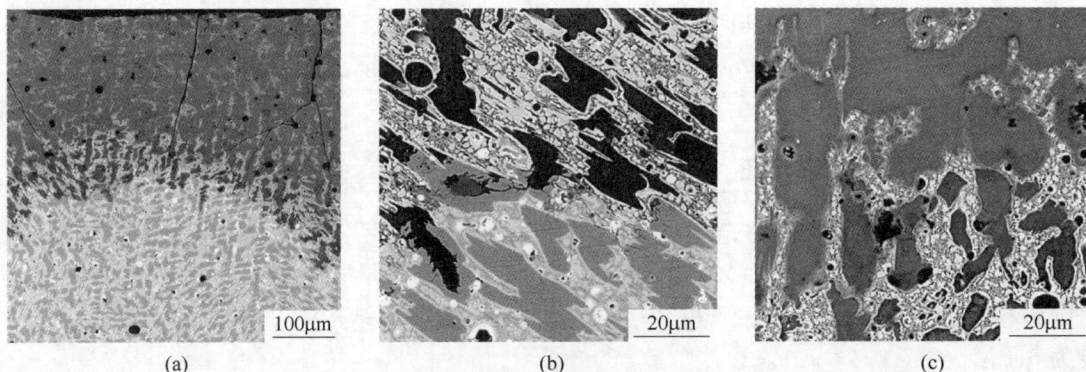

(a)　　　　　　　　　　　(b)　　　　　　　　　　　(c)

图 10.13　青铜剑横截面的 SEM 形貌
（a）整体；（b）基体-过渡层界面；（c）过渡层-矿化层界面

表 10.2 所列为各特征区的 EDS 化学成分测试结果。即：（1）基体是加 Pb 的 Cu-Sn 合金（Cu-Sn+Pb）；（2）锈蚀层中还包括 O、C、Si 等杂质元素；（3）过渡层锈蚀产物中 α-Cu 相痕像与 δ-Cu 相痕像元素含量差别很大，α-Cu 相中 Sn 含量较高，且 Cu、C、O 元素的原子比例接近孔雀石（$Cu_2(OH)_2CO_3$），δ-Cu 相痕像中的 Sn 含量（质量分数）为 35.9%，接近原始 δ-Cu 相青铜的比例 32.6%；（4）横截面中 Sn 含量由内而外逐渐升高，Cu 含量由内而外逐渐降低，如图 10.14 所示；（5）α-Cu 相 Cu 含量减小的速度和 Sn 增加的速度较 δ-Cu 相快，如图 10.15 所示。

表 10.2　601 号样品化学成分（质量分数）　　　　　　　　（%）

元　素		Cu	Sn	Pb	O	C	Si
基体	平均	66.88	22.92	10.20	0	0	0
	α-Cu 相	83.29	16.71	0	0	0	0
	δ-Cu 相	69.64	30.36	0	0	0	0
过渡层	平均	35.81	36.82	5.24	18.54	2.37	1.22
	α-Cu 相痕像	18.45	42.52	13.17	21.81	1.87	2.18
	δ-Cu 相痕像	52.44	35.90	0	8.13	2.84	0.69
矿化层	平均	7.98	49.01	7.78	30.66	2.25	2.32
	α-Cu 相痕像	6.70	52.14	8.45	28.45	1.94	2.32
	δ-Cu 相痕像	6.09	48.53	8.99	30.28	4.09	2.02

XRD 物相分析显示漆古层主要成分为氧化锡（SnO_2）、孔雀石（$Cu_2(OH)_2CO_3$）和氧化铅（PbO），同时仍有 δ-Cu 相青铜基体存在，衍射峰弥散分布，表明锈蚀产物结晶程度较差，如图 10.16 所示。进一步对各物相进行了定量分析，得到漆古层中 SnO_2 的质量分数为 49.43%，孔雀石的质量分数为 38.15%，PbO 的质量分数为 5.97%，δ-Cu 相青铜基体的质量分数为 6.45%，与 EDS 所得结果基本一致。SnO_2 低角度的衍射峰半高宽为 1.5°，

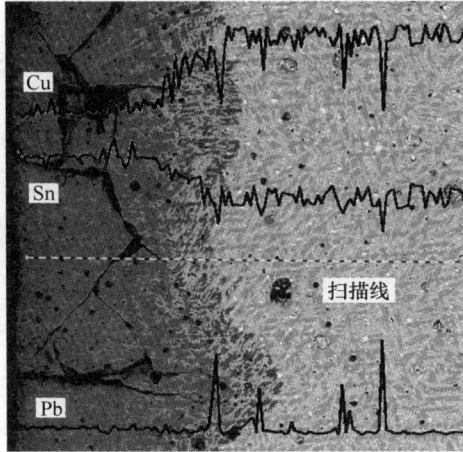

图 10.14 青铜器横截面的 EDS 元素线扫描图
（左侧为矿化层，右侧为基体）

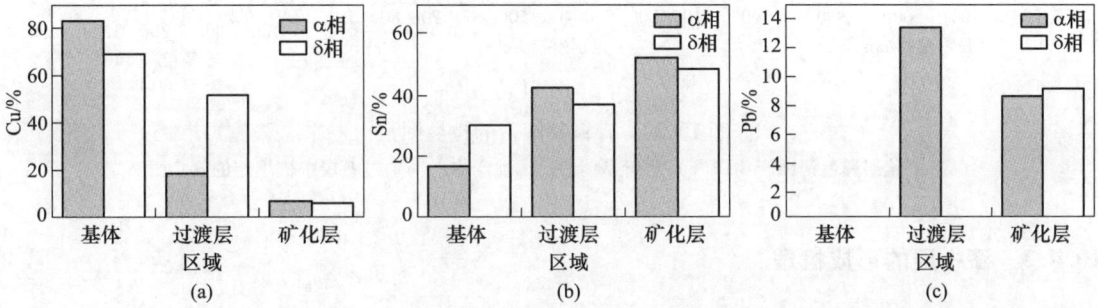

图 10.15 不同区域 α-Cu 相和 δ-Cu 相中化学成分（质量分数）的变化柱状图

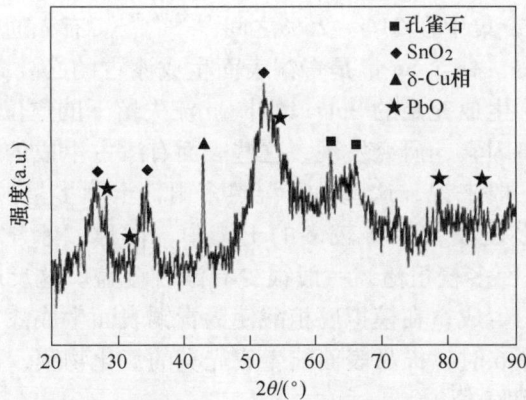

图 10.16 漆古的 X 射线衍射谱

衍射角为 26.6°，代入 Scherrer 公式计算得到 SnO_2 晶粒尺寸约为 5.4nm，与通过 TEM 分析的铜镜表面 SnO_2 晶粒尺寸基本一致[70]。

图 10.17 所示为青铜剑漆古中各特征区的拉曼光谱。

（1）完全矿化层（见图 10.17（a））：在 572cm^{-1} 处出现纳米尺度 SnO_2 的特征

峰[71-73]，峰形较宽且不对称，可能与其中有杂质或缺陷有关。

（2）靠近基体的橙黄色部位（见图 10.17（b））：在 150cm^{-1}、217cm^{-1}、397cm^{-1}、630cm^{-1} 处的峰对应 Cu$_2$O 的特征峰[74-75]。

（3）过渡层绿色部位（见图 10.17（c））：在 154cm^{-1}、180cm^{-1}、219cm^{-1}、270cm^{-1}、432cm^{-1} 处为 Cu—O 的振动峰，1493cm^{-1}、1100cm^{-1}、1067cm^{-1}、1367cm^{-1}、750cm^{-1} 处为 CO$_3^{2-}$ 的振动峰，其中 1100cm^{-1}、1067cm^{-1} 处为 C—O 的伸缩振动峰，3313cm^{-1}、3378cm^{-1} 处为 O—H 的伸缩振动峰[76]，与孔雀石的振动峰一致[76-77]，也就是被填充替换的 α-Cu 相，569cm^{-1} 处为纳米尺度 SnO$_2$ 的特征峰。

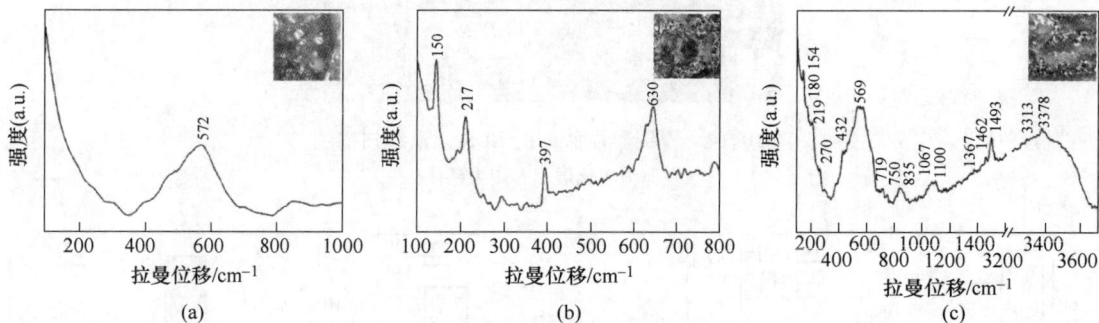

图 10.17　青铜剑漆古的拉曼图谱
（a）矿化层黑色锈蚀产物；（b）靠近基体橙色锈蚀产物；（c）过渡层中被填充的 α-Cu 相

10.4.3　漆古层的形成机理

众所周知，对古代青铜器表面漆古的研究主要集中在铜镜方面，影响其形成的主要因素是合金成分和埋藏环境。通过对文献中的漆古铜镜进行的统计分析发现，表面有漆古生成的铜镜 Sn 含量均较高，集中在 21%～26% 之间[61-62,76,78]。有人通过模拟腐植酸使锡青铜表面生成漆古的实验证实，高含 Sn 量是青铜表面生成漆古的必要条件，因为只有高含 Sn 的青铜才能在腐蚀过程中生成充足的 SnO$_2$ 填补 Cu 流失留下的空位，使表面致密[66]。

关于埋藏或收藏环境因素，研究发现，这些表面有漆古生成的铜镜多出土于江西、湖北、湖南等南方地区。一般来说，这些地区湿热多雨，土壤多呈酸性，土壤中水分充足，在这些地区出土的铜镜多浸渍在水分较多的土壤中，俗称"水坑"。与此相反，北方的"干坑"中出土的铜镜表面多较粗糙，一般很少有漆古覆盖。这反映出水坑的多水、酸性环境可能更有利于漆古的生成。在模拟腐植酸使锡青铜表面生成漆古的实验中也证实当腐植酸处理液 pH 值为 5.5～6 时，样品表面能生成光亮的氧化物膜，而高于或低于此 pH 值，都不能生成良好的氧化物膜[79]。

由上述可知，漆古多生成在潮湿、多水和酸性环境中的基体为高锡青铜的铜镜中。对于这把青铜剑来说，其出土地黄冈市黄州区位于巴河下游河谷和长江沿岸湖区，地下土壤主要为湖积壤土、亚黏土和腐植质淤泥。据考古发掘资料记载，埋藏该铜剑的墓葬为没有青膏泥封护的五花土墓葬，出土时该青铜剑浸渍在积水较多的泥坑中，这样的埋藏环境为腐植酸与铜剑的充分接触和反应提供了有利条件，促进了该青铜剑表面漆古的生成。另外，该青铜剑 Sn 含量较高，质量分数为 22.92%，也满足了漆古生成的必要条件。因此，导致该青铜剑表面生成了致密的漆古层。

结合以上分析，下面分别从 Cu、Pb、Sn 的腐蚀方面对该青铜剑表面漆古形成机理进行讨论：

（1）由金相微观组织图片和 SEM 图片可知，α-Cu 相优先发生选择性腐蚀，且腐蚀沿 α-Cu 相向基体内部推进。因为 α-Cu 相与 δ-Cu 相合金成分存在差异，导致电化学性质不同，晶界区、相界区处于阳极溶解的活性状态，当土壤中存在某些氧化剂时，形成腐蚀原电池，相界为阳极，晶粒为阴极，从而导致晶界区快速溶解，产生晶间腐蚀。随着腐蚀程度的加深，腐蚀沿晶界向基体延伸。土壤是固、液、气共同组成的复杂的混合体系，是特殊的固体电解质。一些学者通过电化学实验证实在电解质溶液中 Cu-Sn 合金中 α-Cu 相的耐腐蚀性较 δ-Cu 相差，α-Cu 相会优先发生腐蚀[80-81]。

因此，可以推测该青铜剑的腐蚀过程是：因 α-Cu 相的耐腐蚀性较差，α-Cu 相优先发生腐蚀，α-Cu 通过与氧反应首先生成 Cu_2O，然后 Cu_2O 在环境中 O_2、H_2O、CO_2 等作用下生成孔雀石（$Cu_2(OH)_2CO_3$）[56-57,82]。由于 Cu^{2+} 与埋藏环境中的腐植酸具有较强的络合作用，不断向表面迁移并向土壤中扩散。有人通过模拟实验进一步证实了 Cu 会选择性腐蚀并向土壤环境中的扩散[83]。

2）从合金化原理可知，在加 Pb 的 Cu-Sn 合金中，Pb 在 Cu 或 Cu-Sn 二元合金中无固溶关系，不能形成金属间化合物，Pb 只能以分离或游离状态存在[84]，如图 10.11 所示。Pb 的金属活泼性很强，在有氧条件下很容易被氧化生成 PbO，且大量的实验证明 PbO 在土壤环境中容易发生溶解并向土壤中扩散生成更稳定的相[85-86]。在此实验中，可以推测游离的 Pb 颗粒首先被氧化生成 PbO，PbO 发生选择性腐蚀向器物表面迁移并向周围埋藏环境中扩散。

（3）由金相显微镜可看出，矿化层中金属基体已完全腐蚀，且不同微区的锈蚀产物相同，拉曼光谱结果表明该锈蚀产物是 SnO_2。由此可以推断，α-Cu 相和 Pb 颗粒处发生选择性腐蚀后留下的空位被 SnO_2 填充。其可能的过程是 Sn 与埋藏环境中的 O_2、H_2O 等作用，生成凝胶状的 $SnO_2 \cdot xH_2O$，当 Cu^{2+} 和 Pb^{2+} 迁移到外层时，留下的空位被凝胶状的 $SnO_2 \cdot xH_2O$ 填充，经长时间的放置，水凝胶失去水分，形成细晶粒的 SnO_2。因为这种填充作用，因此形成了 SnO_2 和 $Cu_2(OH)_2CO_3$ 的混晶结构，与拉曼所得结果一致。由于 SnO_2 的密度比金属基体小，有一定的体积膨胀作用，因此能填补所有的空位，并保留器物的原始表面。

综合以上分析可知，青铜剑表面漆古的形成机理为自然腐蚀机制。另外，由于青铜剑的制作中不存在表面镀锡的特殊工艺，因此不符合"人工处理机制"，进一步证明了以上分析的正确性。

10.5 长江中游地区楚墓中出土青铜箭镞的锈蚀现象及锈蚀机理研究

青铜箭镞大部分是一种使用最广泛、制造量最大的一次性使用兵器，与要求甚高的青铜剑和青铜礼乐器相比，其制作质量和加工方法有很大的不同，特别是在材料的选用和表面处理等方面。因此，青铜箭镞的锈蚀最能反映古代青铜在经过 2000 多年漫长岁月后所产生的锈蚀过程和现象，这对于研究古代青铜锈蚀机理提供了最为真实和可靠的样本，也对现在的青铜器保护具有非常重要的理论和实际意义。

　　本节以长江中游地区湖北三峡、荆州、荆门、石首等地区春秋战国时期楚墓中出土的青铜箭镞残件为对象，从材料组织间的结合力、致密度、硬度及断裂等方面对其锈蚀层进行较为系统和全面的分析研究，以期从材料学和物理学角度对古代青铜器的锈蚀机理做深入探讨，为进一步青铜器保护工作提供参考。

10.5.1　青铜箭镞残件样品与实验方法

　　实验选取长江中游地区的湖北三峡、荆门、荆州、石首等地区春秋战国时期楚墓中出土的青铜箭镞残件作为研究对象，见表 10.3 和图 10.18。荆州雨台山墓 20 世纪 70 年代末期出土的青铜箭镞锈蚀较为严重，外观为浅绿色，该地区地貌复杂，属亚热带季风气候，雨量充沛。荆门纪山黄付庙出土的青铜箭镞表面为青灰色，锈蚀较为严重，该地区处于长江中下游地带，气候湿润。2000 年秋在三峡官渡口出土的青铜箭镞外观为绿色，锈蚀严重，该地区位于长江南岸，雨量丰富，气候潮湿。石首铁剑岗出土的青铜箭镞外观为青灰色，锈蚀较为严重，该地区位于长江边，雨量丰富，气候潮湿。

表 10.3　试验用的青铜箭镞残件

地　区	古墓名称	数量/件
荆州	雨台山	1
荆门	纪山黄付庙	2
三峡	官渡口	2
石首	铁剑岗	4

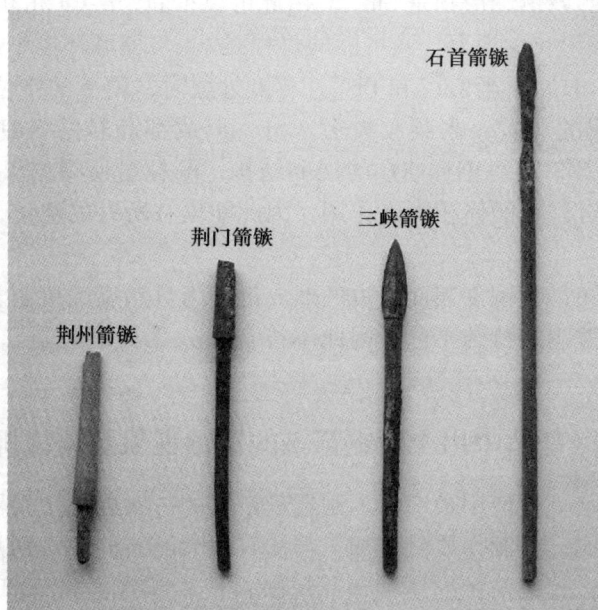

彩图

图 10.18　实验用的青铜箭镞残件

由于这些地区在战国时期处于楚国的中心地带，因此箭镞残件样品更突显出楚文化的特征。另外，与中原地区、新疆地区等相比，该地区具有箭镞出土量大和埋藏条件更加潮湿等特点。

由于青铜箭镞的特殊性，实验中采用了一些特殊方法，例如：（1）由于箭镞杆的横截面较小，进行了镶样处理，镶嵌料为导电型；（2）由于锈蚀产物的导电性很差，SEM 观察和 EDS 成分测量前，对样品进行了喷碳处理；（3）由于箭镞为细长呈圆形结构，且表面积较小，不适宜直接做表面的 XRD 测试。因此，在实验中采用粉末样品法进行测量，即首先将箭镞锈蚀层用刀片剥离下来，然后在玛瑙体中进行 10min 研磨，最后在 X 射线衍射仪（XRD）上进行测试和分析。由于样品的量比较少，测量结果的信号强度也较小，会给标定带来一些误差。（4）由于锈蚀层脆性很大，对于维氏显微硬度测量，选用了较小的载荷 50g 力，作用时间 15s。

10.5.2　光学显微镜金相组织形貌和化学成分

虽然青铜箭镞残件样品的制作年代大致相近，但由于出土于不同的楚墓，埋藏条件和侵蚀环境差异较大，从外观上可以看出它们之间的锈蚀颜色有明显的不同。例如，荆州箭镞外表呈浅绿色，荆门箭镞呈青灰色颜色，三峡箭镞外表呈绿色，石首箭镞外表呈青灰色。除了三峡箭镞表面有一些类似于“青铜病”粉状锈以外，其他箭镞的表面都很光滑。平均化学成分测量表明它们均为加 Pb 的 Cu-Sn 合金（Cu-Sn+Pb），其中 Cu 57%~67%，Sn 12%~16%，Pb 21%~31%，见表 10.4。

表 10.4　箭镞锈蚀层特征及箭镞主要平均化学成分

样品	外观颜色	显微组织特征	平均化学成分（质量分数）/%		
			Cu	Sn	Pb
荆州箭镞	浅绿色	锈蚀层：宽度 0.5mm，疏松，有垂直于表面放射性状开裂； 过渡层：宽度 0.2mm，较致密	57.31	12.22	30.47
荆门箭镞	青灰色	锈蚀层：宽度 0.06mm，疏松，有平行于表面的微裂纹； 过渡层：不明显	60.44	13.96	25.60
三峡箭镞	绿色（有粉状锈黏附）	锈蚀层：宽度 0.03mm，疏松，有大量垂直于表面放射性状开裂和平行于表面的剥离开裂； 过渡层：宽度 0.06mm	63.48	15.80	20.72
石首箭镞	青灰色	锈蚀层：宽度 0.2mm，疏松，有平行于表面的开裂破碎； 过渡层：宽度 0.3mm，较致密	66.86	11.78	21.36

从光学显微镜宏观上观察，其组织特征均为柱状晶结构，这与箭镞的铸造成型工艺是一致的，如图 10.19 所示。青铜箭镞基体的组织主要为 α-Cu 固溶体树枝晶、α+δ 共析相和颗粒状 Pb 分布在树枝晶之间，Pb 颗粒有大有小，弥散分布在基体组织中。图 10.19 中白色为富 Sn 的 δ-Cu 相（$Cu_{41}Sn_{11}$），性能硬而脆。

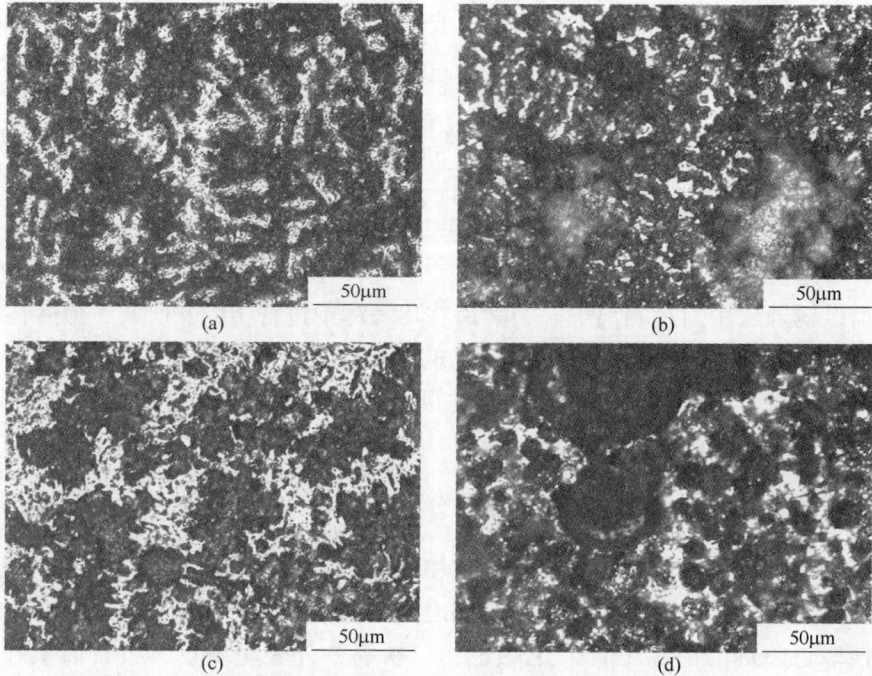

图 10.19　青铜箭镞腐蚀后基体的光学显微镜金相组织
（a）荆州箭镞；（b）荆门箭镞；（c）三峡箭镞；（d）石首箭镞

10.5.3　SEM 显微组织形貌和化学成分

　　进一步对样品横截面进行高倍的 SEM 观察，发现它们的显微组织形貌明显不同，有分层现象，且锈蚀程度、致密性和化学成分也不一样。每一特征层的化学成分含量见表 10.5。

表 10.5　青铜箭镞的平均化学成分（质量分数）　　　　　　　　（%）

样　品		Cu	Sn	Pb	C	O	Si	Al	Fe	P	Cl
荆州箭镞	锈层	6.75	47.10	13.22	4.69	21.41	2.08	1.13	2.30	1.32	—
	过渡层	18.41	35.39	18.78	6.94	17.02	1.66	—	—	1.80	—
	心部基体	76.13	14.49	9.38	—	—	—	—	—	—	—
荆门箭镞	锈层	6.28	38.24	13.57	16.94	15.75	1.47	—	7.08	—	0.66
	过渡层	17.61	40.37	8.29	6.56	18.30	1.95	—	3.89	—	3.02
	心部基体	79.44	18.96	1.60	—	—	—	—	—	—	—
三峡箭镞	锈层	17.42	33.60	1.12	10.54	23.34	1.53	—	4.10	1.00	7.36
	过渡层	30.28	27.27	4.31	9.05	15.89	0.58	—	1.64	0.23	10.75
	心部基体	78.35	18.29	3.37	—	—	—	—	—	—	—
石首箭镞	锈层	2.13	46.51	5.73	8.31	24.74	2.47	0.51	7.60	1.25	0.75
	过渡层	40.48	30.76	2.70	8.19	12.76	1.70	—	2.26	—	1.14
	心部基体	79.96	16.96	3.09	—	—	—	—	—	—	—

10.5.3.1 荆州箭镞

荆州雨台山墓出土的青铜箭镞明显分为 3 层，如图 10.20（a）所示，具体特征为：

（1）最外边的锈蚀层已经完全矿化，宽度为 0.5mm 左右，组织疏松，可以看到明显的柱状晶组织和少量的锈蚀坑，并有垂直于表面呈放射性状的粗大开裂，如图 10.20（b）所示。化学成分测量发现锈蚀层中除了 Cu、Sn、Pb 主要元素以外，还有 C、O、P、Si、Al、Fe 等杂质元素，锈蚀产物主要是碳酸盐和氧化物。

（2）中间过渡层宽度约为 0.2mm，组织较矿化的锈蚀层致密，如图 10.20（c）所示；其中杂质元素较少，与完全矿化层相比，仅有 C、O、P、Si 等杂质元素，产物主要为碳酸盐。

（3）心部未被腐蚀的基体部分组织最致密，如图 10.20（d）所示；化学成分为加 Pb 的 Cu-Sn 合金（Cu-Sn+Pb），没有测到其他杂质元素。

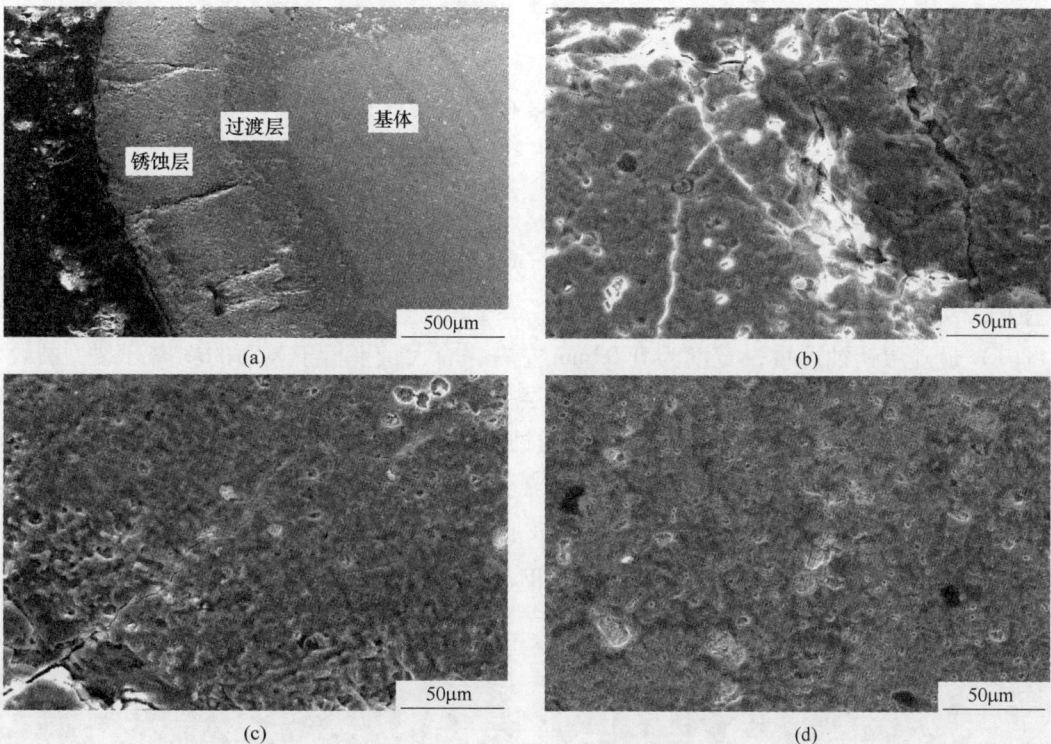

图 10.20 荆州箭镞的 SEM 形貌
（a）表层截面图；（b）最外层矿化层；（c）过渡层；（d）心部基体

10.5.3.2 荆门箭镞

荆门纪山黄付庙出土的青铜箭镞主要为锈蚀层和基体，中间层不明显，如图 10.21 所示，具体特征为：

（1）锈蚀层宽度约为 0.06mm，较荆州箭镞的锈蚀层要窄得多，致密性较差。在锈蚀层中也可看到明显的柱状晶组织和少量的锈蚀坑，并且有平行于表面的微裂纹存在；化学成分测量杂质元素为 C、O、Si、Cl、Fe，锈蚀产物主要是碳酸盐和氧化物，还含有少量的氯化物。

（2）中间有一个更窄（约0.02mm）且组织特征明显的过渡层，杂质元素的种类和锈蚀层相同，但含量不同，产物主要为氧化物，还有少量的碳酸盐和氯化物。

（3）心部基体部分与上面一样，为致密组织和纯的加Pb的Cu-Sn合金（Cu-Sn+Pb）。

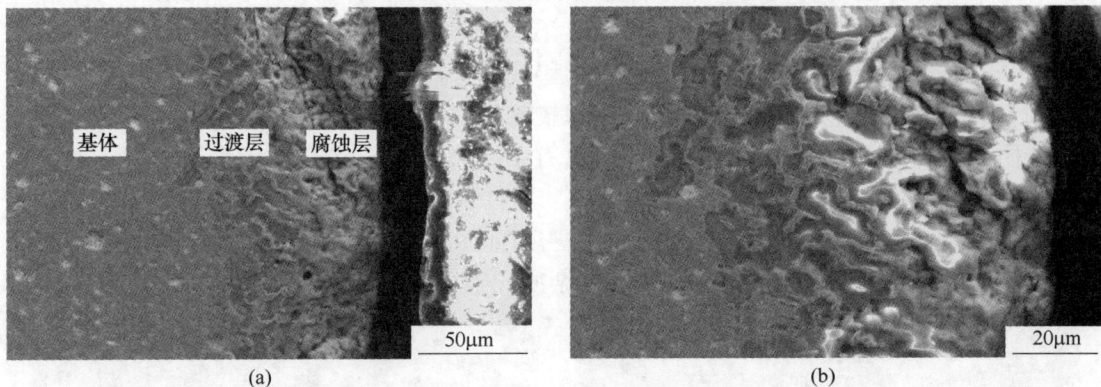

图10.21　荆门箭镞锈层不同倍数下的SEM形貌
(a) 500倍；(b) 1000倍

10.5.3.3　三峡箭镞

三峡官渡口出土的青铜箭镞也能看到明显的分层，但宽度均较窄，与荆门箭镞相近，如图10.22所示，具体特征为：

（1）最外层锈蚀严重，宽度为0.03mm左右，有大量平行于表面的剥离开裂型裂纹和垂直于表面呈放射性状的裂纹，使整个锈蚀层呈疏松状。化学成分测量发现其与上述的箭镞不同，出现了较多的杂质元素Cl；说明锈蚀产物中出现了引起"粉状锈"的主要产物副氯铜矿（$Cu_2Cl(OH)_3$）或氯铜矿（$Cu_4Cl_2(OH)_6$）等氯化物，这与外观发现的粉末状物的结果一致。

（2）中间的过渡层明显，宽度为0.06mm左右，组织较为致密，其化学成分中也含有Cl元素，说明也有氯化物。

图10.22　三峡箭镞锈层不同倍数下的SEM形貌
(a) 500倍；(b) 1000倍

（3）心部基体也为致密组织和纯的 Cu-Sn+Pb 合金。与其他样品相比，三峡箭镞的锈蚀程度较为严重。

10.5.3.4 石首箭镞

石首铁剑岗出土的青铜箭镞也有明显的分层现象，如图 10.23（a）所示，具体特征为：

（1）与荆州箭镞一样，最外侧的锈蚀层已经完全矿化，宽度为 0.2mm 左右，并且由于疏松而破碎，这种破碎应该是在样品制备过程中引入的，说明锈蚀层非常脆，如图 10.23（b）所示；其化学成分中杂质元素为 C、O、P、Cl、Si、Al、Fe 等，其中 Cl、P 和 Al 的含量很少，说明锈蚀产物主要为碳酸盐和氧化物，只有少量的氯化物。

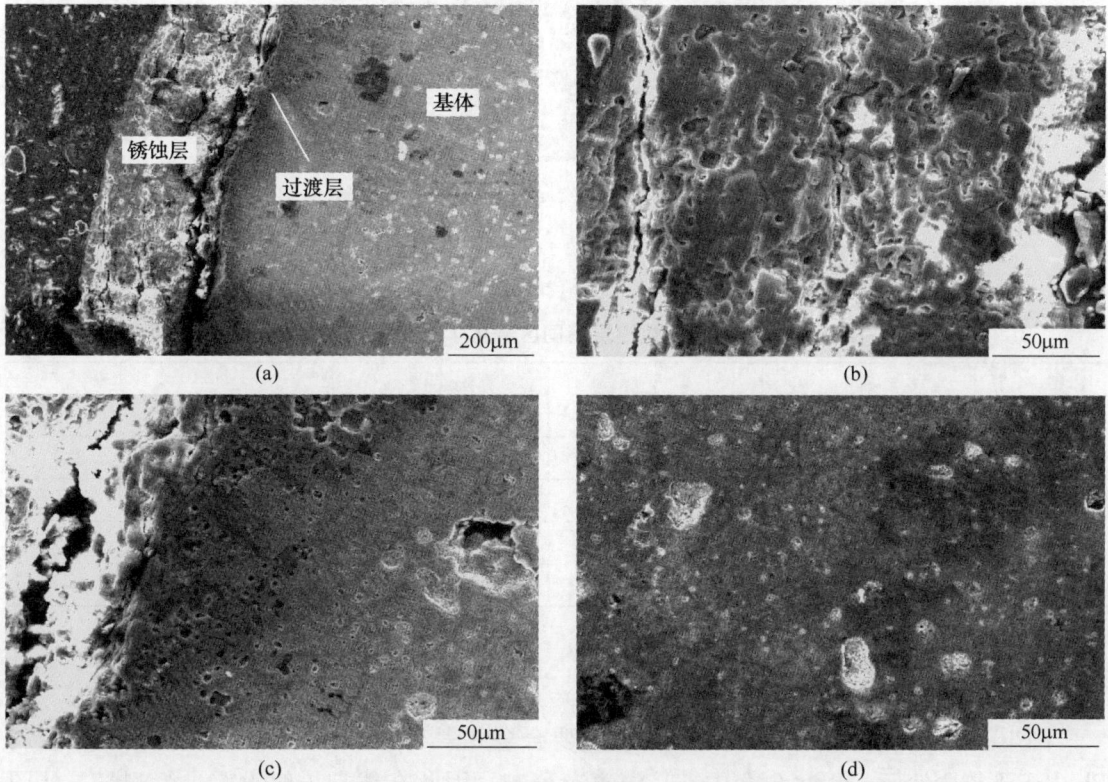

图 10.23 石首箭镞锈层的 SEM 形貌
（a）表层截面图；（b）锈蚀层；（c）过渡层；（d）心部基体

（2）中间过渡层较为致密，宽度约为 0.3mm，但仔细观察发现过渡层中有一种呈锯齿状或针状沿晶界向心部原始材料逐步发展和延伸的现象，如图 10.23（c）所示。这与上面所观察到的组织显然有所不同。进一步对过渡层不同组织区域进行仔细观察和成分分析，如图 10.24 和表 10.6 所示。可以看出，图 10.24 中 A、C 两点所在处是已经开始锈蚀，B、D 两点所在处是基体或即将开始锈蚀的区域，化学成分测定显示针状组织（A、C 处）与邻近的基体组织（B、D 处）的 α-Cu 相中合金元素的种类和含量均有较大的差异，其中针状组织中含有 C、O、Si、Cl、Fe 等杂质元素，而附近的基体为纯的 Cu-Sn 或 Cu-Sn+Pb 合金，没有杂质元素。这说明针状组织为已发生锈蚀或者正在发生锈蚀的部分，它也使我们首次看到了锈蚀的发展过程是通过晶界或者微裂纹逐步向心部扩展的。从晶体结构上来说，锈蚀部分可能已经转变为氧化物、碳酸物或氯化物等复杂结构，而未腐蚀部分仍然由 α-Cu 相与 α+δ 共析组织组成。

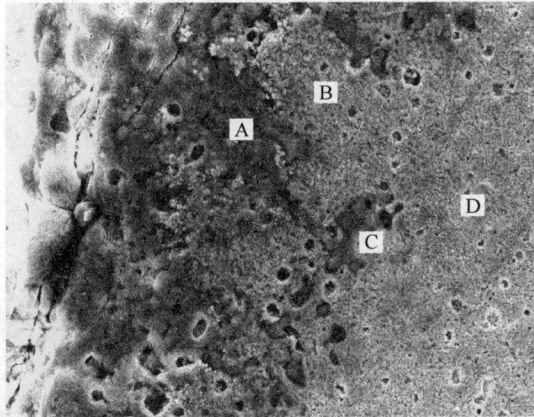

图 10.24　石首青铜箭镞过渡层的 SEM 形貌

（3）心部的基体组织与其他箭镞没有很大的区别，为致密的 Cu-Sn+Pb 合金。

表 10.6　石首箭镞过渡层不同区域化学成分（质量分数）　（%）

图 10.24 中的位置	Cu	Sn	Pb	C	O	Si	P	Cl	Fe
A 点	15.79	40.11	9.62	5.29	21.36	2.97	0.89	0.67	3.30
B 点	84.97	10.85	4.19	—	—	—	—	—	—
C 点	14.85	43.09	8.13	7.12	19.43	2.69	0.66	0.52	3.51
D 点	82.61	17.39	—	—	—	—	—	—	—

10.5.4　锈蚀层的化学成分分布特征

图 10.25 所示为样品从基体到锈层的主要合金元素 Cu、Sn 的 EDS 线扫描曲线。金属 Pb 由于不能固溶于 Cu-Sn 合金中，呈游离态分布，因此在线扫描时没有进行测量。从图中可以看出，不同地区所出土的青铜箭镞锈蚀层到心部基体的 Cu、Sn 元素含量的变化趋势相同，即锈蚀层中 Cu 的含量越到表面越少。由于 EDS 测量的归一性，Sn 的含量同时做相反的变化，但并不意味着 Sn 含量在增加，而是相对含量增加，绝对含量不变。总之，在青铜箭镞中 Cu 元素的腐蚀或流失较 Sn 元素严重。

10.5.5　显微硬度分布特征

图 10.26 所示为箭镞从锈蚀层到心部基体的维氏显微硬度的变化曲线（d 表示距离，H 表示维氏显微硬度值）。总的来看，锈蚀层的硬度明显低于心部基体。未锈蚀基体部分的显微硬度 HV 在 160~180MPa 之间，这是加 Pb 的 Cu-Sn 合金的平均硬度值。从理论上讲，氧化物的硬度要高于 Cu-Sn 合金材料，但是由于锈蚀层的致密程度差，容易破碎成粉

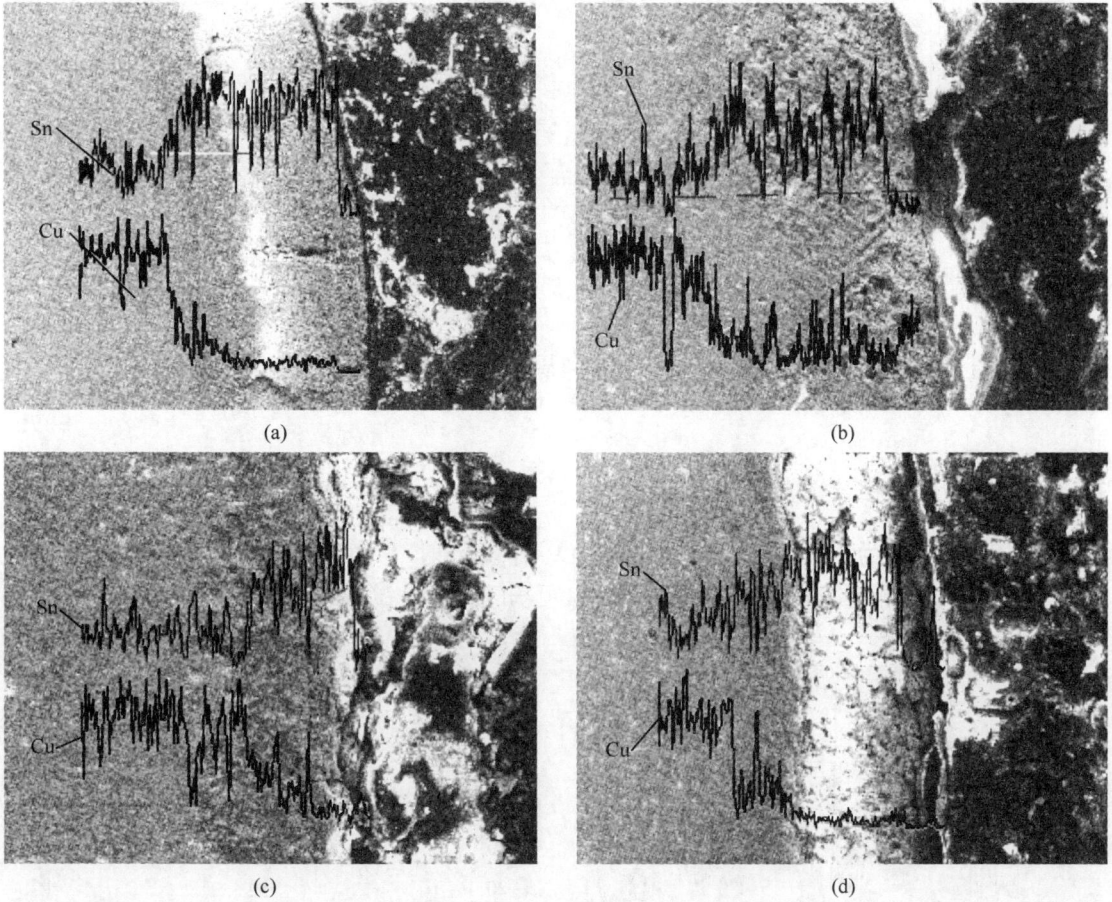

图 10.25　青铜箭镞 Cu 和 Sn 元素的能谱线扫描分布图
（a）荆州箭镞；（b）荆门箭镞；（c）三峡箭镞；（d）石首箭镞

状，从而导致其硬度下降。对不同地区箭镞的分析发现，由于锈蚀产物和锈蚀程度不同，其硬度值也有所不同，平均硬度值的关系为：$H_{荆州} < H_{荆门} < H_{三峡} < H_{石首}$。也就是说，锈蚀层硬度较低的原因主要是由于锈蚀产物较疏松的缘故。

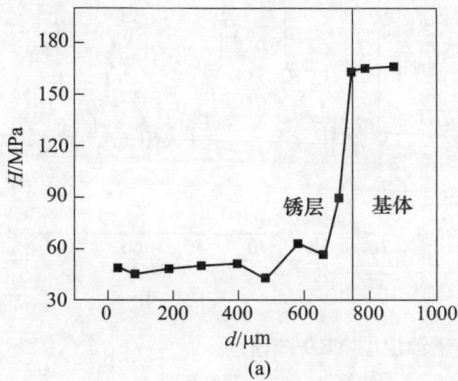

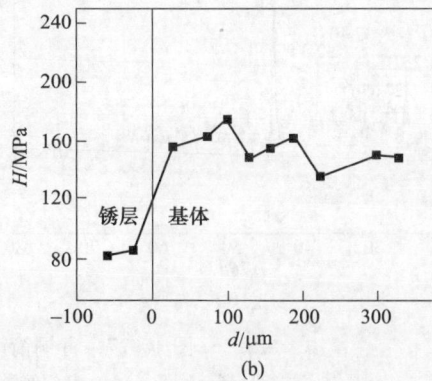

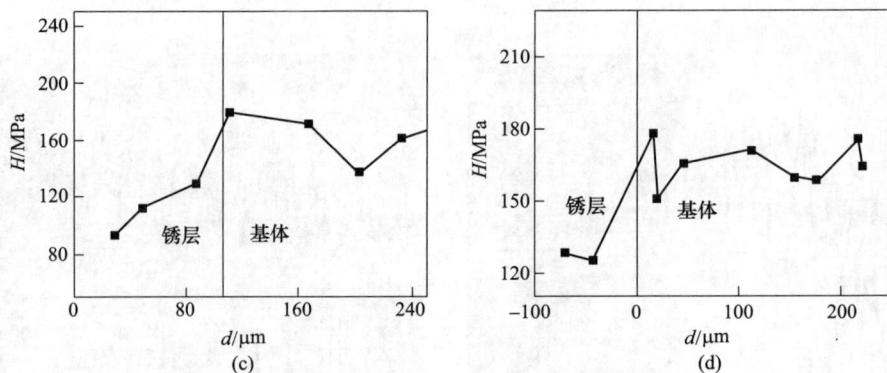

图 10.26　青铜箭镞锈蚀层到基体的维氏显微硬度变化特征

（a）荆州箭镞；（b）荆门箭镞；（c）三峡箭镞；（d）石首箭镞

10.5.6　锈蚀层的相结构特征

图 10.27 所示为青铜箭镞表面锈层的 X 射线衍射（XRD）图，表 10.7 ～ 表 10.10 所列为对应的物相结构数据。从表 10.7 可知荆州箭镞锈蚀层中主要含有孔雀石

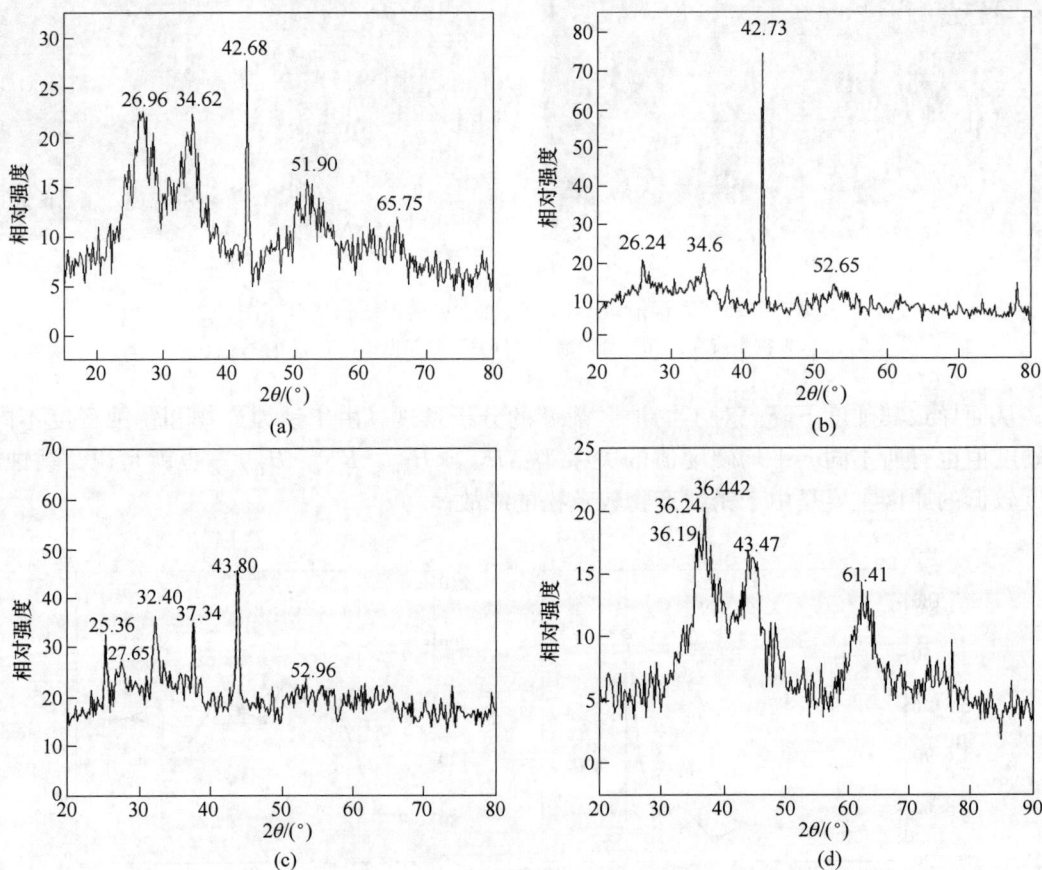

图 10.27　青铜箭镞锈蚀层的 XRD 图谱

（a）荆州箭镞；（b）荆门箭镞；（c）三峡箭镞；（d）石首箭镞

（$Cu_2(OH)_2CO_3$）、蓝铜矿（$Cu_3(CO_3)_2(OH)_2$）、赤铜矿（Cu_2O）和锡石（SnO_2），这与表 10.5 中化学成分中含有 Cu、Sn、C 和 O 等元素结果一致，其他元素 Si、P、Al、Fe 等是从土壤等环境中的杂质元素向箭镞扩散的结果。荆门箭镞表层腐蚀产物主要为锡石和少量的赤铜矿，也与表 10.5 中仅测到 Cu、Sn 和 O 元素的结果吻合。三峡箭镞表层锈蚀产物主要为氯铜矿（$Cu_4Cl_2(OH)_6$）、副氯铜矿（$Cu_2Cl(OH)_3$）、孔雀石和少量的赤铜矿，这也与表 10.5 中测到大量的 Cl 元素的结果一致。石首箭镞表层锈蚀产物含有白铅矿（$PbCO_3$）、赤铜矿和孔雀石，也与表 10.5 的结果吻合。

表 10.7 荆州箭镞锈蚀样品 X 射线衍射分析

序号	2θ	d/nm	I/I_0	物相及化学式	h, k, l
1	25.20	0.353	25.8	蓝铜矿 $Cu_3(CO_3)_2(OH)_2$	1, 1, 1
2	26.04	0.335	60.0	锡石 SnO_2	1, 1, 0
3	27.84	0.320	36.1	孔雀石 $Cu_2(OH)_2CO_3$	0, 0, 1
4	34.60	0.262	91.0	锡石 SnO_2	1, 1, 0
5	35.42	0.253	33.2	孔雀石 $Cu_2(OH)_2CO_3$	2, 4, 0
6	42.69	0.215	100	铜锡合金 β-Cu 相 Cu_3Sn	3, 0, 0
7	52.48	0.174	44.3	赤铜矿 Cu_2O	2, 1, 1
8	78.42	0.121	19.3	锡石 SnO_2	3, 2, 1

表 10.8 荆门箭镞锈蚀样品 X 射线衍射分析

序号	2θ	d/nm	I/I_0	物相及化学式	h, k, l
1	26.04	0.335	14.5	锡石 SnO_2	1, 1, 0
2	34.60	0.262	12.7	锡石 SnO_2	1, 1, 0
3	42.18	0.213	100	铜锡合金 β-Cu 相 Cu_3Sn	−1, −1, 3
4	52.48	0.174	8.0	赤铜矿 Cu_2O	2, 1, 1

表 10.9 三峡箭镞锈蚀样品 X 射线衍射分析

序号	2θ	d/nm	I/I_0	物相及化学式	h, k, l
1	25.36	0.351	51.57	蓝铜矿 $Cu_3(CO_3)_2(OH)_2$	1, 1, 1
2	27.65	0.332	17.89	孔雀石 $Cu_2(OH)_2CO_3$	0, 0, 1
3	32.44	0.275	52.63	副氯铜矿 $Cu_2Cl(OH)_3$	1, 1, 3
4	37.34	0.240	57.89	氯铜矿 $Cu_4Cl_2(OH)_6$	1, 2, 1
5	43.47	0.208	100	铜锡合金 β-Cu 相 Cu_3Sn	1, 0, 1
6	52.96	0.173	26.31	赤铜矿 Cu_2O	2, 1, 1

表 10.10   石首箭镞锈蚀样品 X 射线粉末衍射分析

序号	2θ	d/nm	I/I_0	物相及化学式	h, k, l
1	36.19	0.248	67.57	白铅矿 $PbCO_3$	—
2	36.24	0.247	76.58	孔雀石 $Cu_2(OH)_2CO_3$	1, 1, -3
3	36.44	0.246	100	赤铜矿 Cu_2O	1, 1, 1
4	43.47	0.171	67.50	铜锡合金 β-Cu 相 Cu_3Sn	1, 0, 1
5	61.41	0.150	81.08	赤铜矿 Cu_2O	2, 2, 0

10.5.7   青铜箭镞的锈蚀机理

众所周知，长期埋藏在地下墓地中的古代青铜器的锈蚀与其所处环境有很大的关系，如土壤中的酸碱度、墓室中的温度和湿度等。同时也与青铜器本身的化学组成有关，如含 Sn 高的青铜器物在适合的情况下，由于表层 Sn 被氧化形成坚硬、致密与光滑的氧化锡，能保护青铜器免受进一步的腐蚀。一般来说，青铜表面与环境介质之间只要存在电化学不均匀性就会产生电化学腐蚀。

实验选用的青铜箭镞残件试样来自不同地区的楚墓中，其埋藏条件有较大的差异，锈蚀状况也不同。除了从外观颜色上进行判断以外，更重要的是从其内部组织结构、化学成分分布及其锈蚀机理等方面进行深入的研究，分析其所具有的共同性和差异性。从 SEM 图可以看出，不论青铜箭镞的埋藏条件如何，它们的宏观结构特征是一样的，即分为完全矿化层、中间过渡层和心部原始材料等三个特征组织区（层）。但是，由于外部环境和锈蚀过程不同，各特征区（层）的宽度和所形成的锈蚀产物也不同，例如，锈蚀较严重的荆州雨台山的箭镞和石首铁剑岗箭镞的完全矿化层和过渡层均较宽，组织特征也很明显；而荆门普通楚墓出土的箭镞和三峡官渡口箭镞的完全矿化层较窄，且过渡层组织特征不明显。

从化学成分和锈蚀产物分析，由于埋藏环境不同，有较大的差异，如荆州箭镞锈蚀层中主要含有蓝绿色的孔雀石（$Cu_2(OH)_2CO_3$）、蓝铜矿（$Cu_3(CO_3)_2(OH)_2$）、赤铜矿（Cu_2O）和锡石（SnO_2），荆门箭镞锈蚀产物主要为锡石和少量的赤铜矿，三峡箭镞锈蚀产物主要为孔雀石、氯铜矿（$Cu_4Cl_2(OH)_6$）、副氯铜矿（$Cu_2Cl(OH)_3$）和少量的赤铜矿，石首箭镞表层锈蚀产物含有孔雀石、白铅矿（$PbCO_3$）和赤铜矿。从微区化学成分测定和 XRD 晶体结构分析都得到了较一致的结果。

在古代青铜箭镞的锈蚀分层结构中，过渡层是一个从原始材料向锈蚀物质转变的中间状态。深入研究和分析过渡层的组织和化学成分特征，对于解释锈蚀机理具有非常重要的意义。实验结果可以看出，较窄或不明显的过渡层对应于较少和较薄的锈蚀矿化层，而较宽的过渡层则对应于宽的锈蚀矿化层，并且过渡层的化学成分（除了个别元素以外）也是一样的，这说明过渡层的产物与完全锈蚀矿化层的产物基本是一样的。

本实验首次观察到了过渡层呈"锯齿状"或"针状"沿晶界向心部原始材料逐步发展和延伸的现象，如图 10.24 所示。通过 EDS 点扫描成分测试，显示出图中深色呈针状组织的化学成分与浅色组织的化学成分不同，而与过渡层的化学成分相同（见表 10.6）。这说明从微观材料学分析来看，青铜锈蚀过程首先是从界面能较高的 α-Cu 固溶体和 $\alpha+\delta$ 共析体晶界或孔隙等缺陷部分开始形成晶间腐蚀，然后逐步向内部扩展。也就是说，环境中的氧、水汽和杂质元素等主要通过沿晶界和孔隙等缺陷的扩散，与心部原始材料发生反应形成氧化物、碳酸盐和氯化物等导致青铜器产生锈蚀和矿化。

由于在室温下氧、水汽和杂质元素的扩散过程非常缓慢，因此青铜的锈蚀是一个漫长的物理和化学作用过程。另外，从电化学方面考虑，在潮湿的、盐碱性土壤或含氯离子的环境中，极易产生强烈的电化学腐蚀，所以对于某些埋藏条件的青铜箭镞来说，锈蚀矿化层和过渡层要宽一些，锈蚀现象更严重。同时，由于物理风化作用，在箭镞表面形成了疏松的层状结构，以及纵横交错的微裂纹，加速了水分、氧气等进入内层，锈蚀不断扩展、深入，直到器物粉化毁坏。因此，从材料科学的观点分析，获得致密和纯净的青铜材料有利于防止和减缓锈蚀现象发生和扩展。

从以上分析可见，实验测得的锈蚀产物和理论符合，验证了古代青铜器在地下环境中的腐蚀机理主要为电化学、孔蚀和晶间腐蚀。青铜器表面在锈蚀过程中的化学元素流失现象是研究青铜锈蚀机理的另外一个重要问题。

在青铜箭镞中，原始材料均为加 Pb 的 Cu-Sn 合金。由于 Pb 与 Cu 没有固溶关系，一般以游离态存在。在通常的铸造条件下，由 Cu-Sn 合金相图可知，当 Sn 含量超过 10% 时，显微组织为富 Cu 的 α-Cu 固溶体和 $\alpha+\delta$ 共析体组成。由于 Cu 元素比 Sn 元素更容易被腐植酸络合而流失，因此青铜中受腐蚀部分的 Cu 元素的化学稳定性更低。在青铜箭镞不断被氧化和溶滤过程中，Cu 几乎完全被流失而耗尽，所以在一定条件下致使 α-Cu 相优先被腐蚀，δ-Cu 相（富 Sn 相）则不易被腐蚀，结果 Cu 元素流失较 Sn 严重。这也就是含 Sn 量较高的青铜剑在经过数千年后依然闪闪发光的缘故。

10.5.8 锈蚀层微裂纹的形成机理

从图 10.20~图 10.23 可以看出，青铜箭镞中锈蚀矿化层、过渡层和心部原始材料三部分的致密程度是不相同的，这与它们在埋藏环境中的锈蚀程度有关，也影响着箭镞的力学性能。显微硬度的测试结果显示锈蚀层的硬度大大低于心部基体。从理论上讲，氧化物的硬度高于 Cu-Sn 合金材料，但是由于锈蚀层的致密程度差，容易破碎呈粉状，从而导致其硬度下降。

另外，在表面锈蚀层中还观察到了大量的微裂纹，它们是由于机械、化学和物理等自然风化作用形成疏松层所致。裂纹大致可以分为两类：一类是平行于表面的剥离开裂型裂纹（Ⅰ型裂纹），另一类是垂直于表面放射性状开裂裂纹（Ⅱ型裂纹）。

（1）Ⅰ型裂纹情况：该类型裂纹几乎存在于所有的锈蚀层中，并且越靠近表面，裂纹数量越多，在表面形貌图中都可见。它实际上是材料发生锈蚀形成氧化物等物质以后，晶粒之间的结合力减弱，当环境的温度和湿度发生变化时，由膨胀而发生的剥离开裂，进一步发展则最后形成所谓的"粉状锈"而脱落。

（2）Ⅱ型裂纹情况：该类型裂纹是由于当圆柱形的箭镞杆受到较大的膨胀时，锈蚀矿化层的塑性较差，抗变形能力低而产生的垂直于表面放射性状的开裂，如图 10.20 和图 10.22 所示。这类裂纹增加了材料中的缺陷密度，使得环境中杂质元素向材料内部的扩散过程加快，导致青铜箭镞锈蚀现象严重。

通过以上主要从材料科学的角度对长江中游地区战国晚期楚墓中出土的青铜箭镞锈蚀现象和机理的分析，得出以下结论：

（1）青铜箭镞主要分为完全矿化层、过渡层和心部原始材料三层。由于埋藏环境的差异，不同特征层的宽度和致密度也不相同，锈蚀层中有较严重的 Cu 元素流失。

（2）青铜的锈蚀过程是通过过渡层沿界面能较高的 α-Cu 固溶体和 α+δ 共析体晶界或孔隙等缺陷向内部扩散的结果。

（3）锈蚀层中存在平行于表面的剥离开裂裂纹（Ⅰ型裂纹）和垂直于表面放射性状开裂裂纹（Ⅱ型裂纹），它们与锈蚀层中晶粒之间的结合力减弱，以及受温度和湿度变化而引起的膨胀等因素有关。

10.6 古代青铜器的"向内生长"锈蚀及其生长机理

青铜器自身的情况及其保存环境对器物锈蚀情况有较大影响，所以青铜器表面的锈蚀情况呈现多样性：有的器物保存完好，表面完全没有锈蚀；有的器物虽有较厚的锈层，但器物外形保存完好，表面的古代打磨和使用痕迹仍清晰可见，且其表面光亮美观，并对器物有保护作用；有的器物则已完全矿化；还有器物表面被破坏，出现了粉状锈和脓包状的瘤状物等，严重影响其美观和寿命。

实际上，从更易分辨的角度看，古代青铜器的锈蚀现象可以简单地分为两种情况，即"向内生长"与"向外生长"，这种分类方法也更有利于青铜器修复人员有针对性地对不同的锈蚀情况采取相应的处理方式。

"向内生长"锈蚀是指外层的锈蚀层为光滑、致密的薄层状，内层的过渡层厚度不均，为 Cu 和 Sn 的氧化物或氢氧化物。它的典型特点是保留了器物的原始表面，器物表面的抛光、古代使用痕迹等细节仍清晰可见，锈蚀向内生长。例如，传统分类中的Ⅰ型锈蚀即对应于"向内生长"锈蚀[64]。其生长机理为阳离子控制下的腐蚀过程，是一个缓慢形成铜锈的过程，表面形成富锡的光滑锈层。锈层中 α-Cu 相优先腐蚀，留下许多岛状的 α+δ 共析组织。

"向外生长"锈蚀是指最外层的锈蚀层表面粗糙，外观形貌复杂，包括坑状、斑状、淋巴瘤状、薄层状和厚薄不均的壳状，表面还可见裂纹。锈蚀物的种类多为绿色的 Cu(Ⅱ) 盐，中间的锈蚀层为红色的铜氧化物，内层的过渡层含 Cu 量低，含 Sn 量高，还含有 O 和 Cl 等埋藏环境中的杂质元素。例如，传统分类中的Ⅱ型锈蚀即对应"向外生长"锈蚀[64]。其生长机理为阴离子控制下的腐蚀过程，并伴随以腐蚀界面较大的体积变化，结果会形成较厚不连续的腐蚀产物。一般认为，阴离子迁移控制下的"向外生长"锈蚀器物表面形成氧化物混合层，通常还会生成孔雀石和蓝铜矿，α+δ 共析组织优先腐蚀，留下最后腐蚀的 α-Cu 相。这类腐蚀与氯离子（Cl⁻）有关，多数发生在腐蚀性较强的环境中。

然而，在大量的青铜器锈蚀物的观察过程中，古代青铜器表面"向内生长"锈蚀情况还有较大差别，而这一现象尚未报道过，其形成原因也未系统研究过。本节选择几类典型的"向内生长"锈蚀器物，通过对其表面形态、锈层微观组织结构、合金成分等的系统对比分析，进一步细化了锈蚀特征与分类，提出了新的形成机理，对古代青铜器的后续分类保护具有重要的指导意义。

10.6.1 青铜锈蚀样品与实验方法

青铜锈蚀样品均出土于湖北省黄冈市黄州区的战国墓葬，样品信息见表 10.11，器物照片如图 10.28 所示。

横截面样品取自器物的残断部位，然后进行切割、镶嵌、研磨、抛光等常规金相处理，再进行显微组织观察与合金成分测定。锈蚀产物的物相分析在 X 射线衍射仪（XRD）上进行，实验为 Cu K_α 靶，扫描范围为 $10° \sim 90°$，扫描速度为 $4°/\text{min}$。

表 10.11 青铜样品信息

器物编号	器名	样品名	年代	样品来源	出土日期
070	铜镜	A	战国	樊家湾：采集	2010-5-7
601	铜剑	B	战国	汪家冲 M14：1	1992-5-6
612	铜剑	C	战国	曹家岗 M1：5	1992-12-15
648	铜尊	D	战国	埂子地 M5：6	2003-5-5

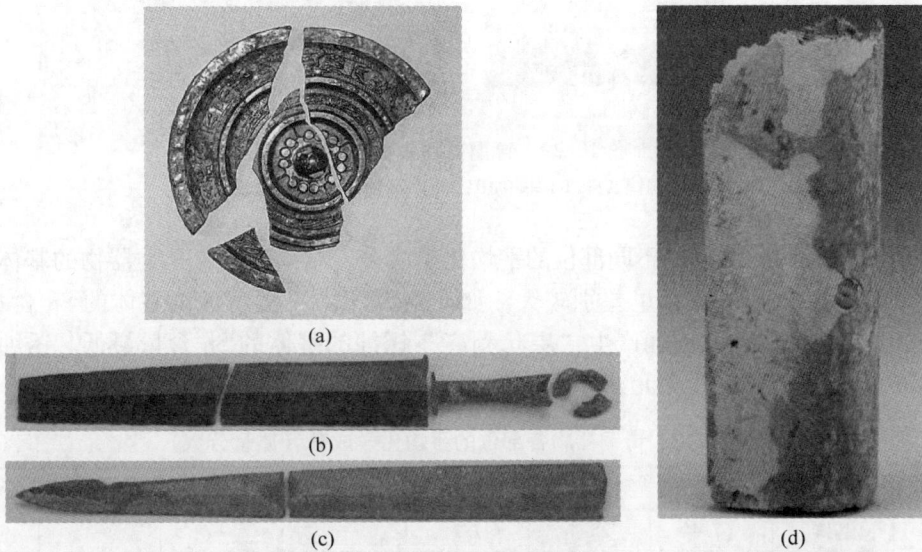

图 10.28 青铜器物照片
（a）铜镜 A；（b）铜剑 B；（c）铜剑 C；（d）铜尊 D

10.6.2 锈蚀产物的微结构特征

图 10.29 所示为几个青铜器物表面锈蚀物的对比图。可以看出器物的原始表面都保留完好，其中铜剑 B 和铜尊 D 的打磨痕迹仍清晰可见。但几类锈蚀物的致密程度相差较大，铜镜 A 及铜剑 B 表面的锈蚀致密、透亮，如一层玉质感的薄膜，为典型的"漆古"特征锈蚀。铜剑 C 的锈蚀形态有"漆古"锈蚀的特征，但表面有局部剥落，致密程度与结合强度略低于"漆古"锈蚀，在此将其称为"类漆古"锈蚀。铜尊 D 表面锈蚀物较疏松，且外层锈蚀平行于表面在自然状态下自动剥落，将其定义为"层状剥离"锈蚀。

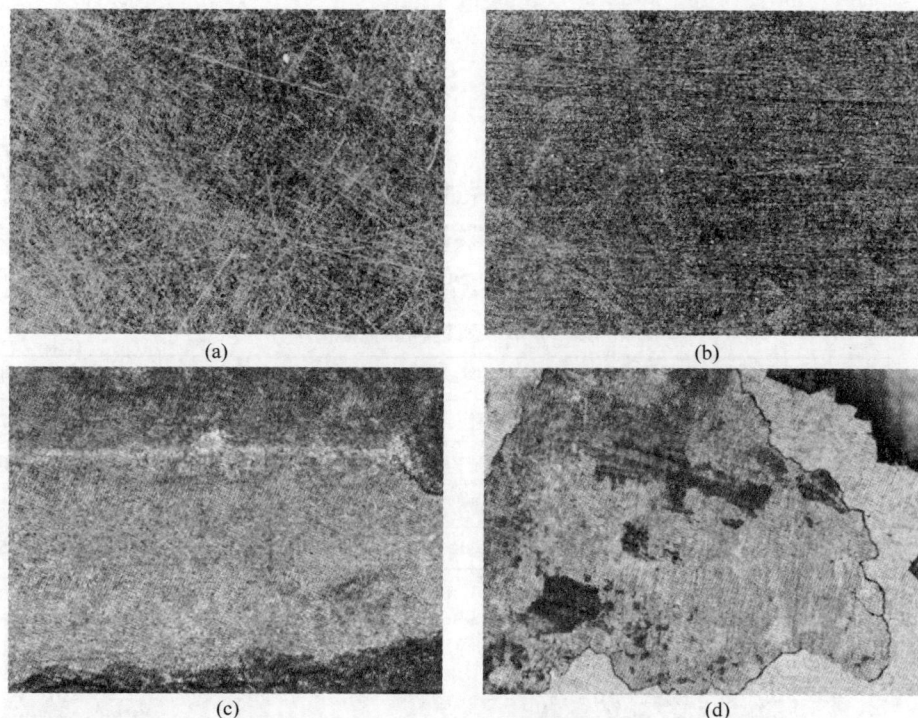

图 10.29 青铜器物表面锈蚀图
（a）铜镜 A；（b）铜剑 B；（c）铜剑 C；（d）铜尊 D

  表 10.12 所列为各器物的不同部位的平均化学成分。结果表明，几类器物的基体均为加 Pb 的 Cu-Sn 合金，但其 Sn 含量差别较大，如产生"漆古"类锈蚀的基体的 Sn 含量较高，"类漆古"锈蚀的基体次之，而产生"层状剥离"锈蚀的基体的 Sn 含量最低。锈蚀层中主要包括 Cu、Sn、Pb、O、C 等元素，还包括一些来自埋藏环境的 Si、P 等杂质元素。

表 10.12 青铜器物各部位的平均化学成分（质量分数）（%）

器物	测试位置	Cu	Sn	Pb	O	C	Si	P
铜镜 A	基体	67.4	25.4	7.2	—	—	—	—
	过渡层	44.6	35.5	5.1	11.3	2.5	1.0	—
	矿化层	24.2	48.3	5.5	17.5	3.2	1.1	—
铜剑 B	基体	66.9	22.9	10.2	—	—	—	—
	过渡层	37.5	36.2	6.9	15.1	2.9	1.4	—
	矿化层	7.6	50.4	8.9	27.9	2.7	2.5	—
铜剑 C	基体	71.6	17.5	11.0	—	—	—	—
	过渡层	35.3	33.9	9.8	15.8	3.4	1.8	—
	矿化层	4.6	40.3	11.1	33.6	7.3	2.8	—
铜尊 D	基体	81.9	8.5	9.7	—	—	—	—
	过渡层	11.7	22.3	22.2	36.9	3.9	1.7	1.3
	矿化层	3.5	39.2	17.2	30.3	6.5	2.2	1.3

图 10.30 和图 10.31 所示为青铜器物横截面锈蚀产物的光学金相显微镜和扫描电镜（SEM）形貌。可以看出锈蚀分为明显的两层：最外层是矿化层，中间为过渡层；并且均是 α-Cu 相首先被腐蚀，其中最外层矿化层中 α-Cu 相已完全腐蚀，但残留的 α+δ 共析组织差别较大。例如：（1）对于"漆古"类锈蚀产物，α+δ 共析组织保存较好，有大量残余，且铜镜的 α+δ 共析组织残余更多；（2）"类漆古"锈蚀产物中，大部分 α+δ 共析组织已腐蚀，残余量较少；（3）"层状剥离"锈蚀产物中，α+δ 共析组织则已完全腐蚀。对矿化层进行化学成分面扫描分析测试发现，"漆古"最外层锈蚀物中 Cu 的残余量最多，"类漆古"锈蚀次之，"层状剥离"最外层锈蚀中 Cu 的残余量最少，如图 10.31 所示。另外，对比矿化层的致密程度，发现"漆古"锈蚀最为致密，"类漆古"锈蚀次之，"层状剥离"锈蚀则非常疏松，且有较多孔洞。

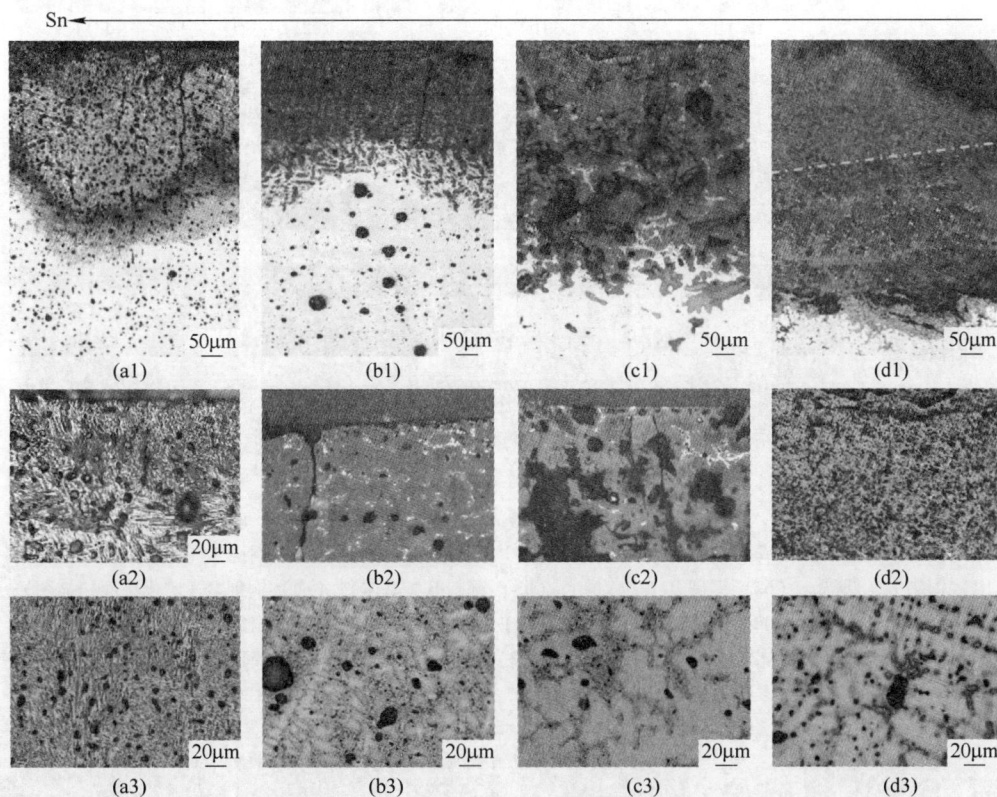

图 10.30 青铜器物横截面的光学金相显微镜组织

（a1）铜镜 A（低倍）；（a2）铜镜 A（矿化层）；（a3）铜镜 A（高倍）；（b1）铜剑 B（低倍）；
（b2）铜剑 B（矿化层）；（b3）铜剑 B（高倍）；（c1）铜剑 C（低倍）；（c2）铜剑 C（矿化层）；
（c3）铜剑 C（高倍）；（d1）铜尊 D（低倍）；（d2）铜尊 D（矿化层）；（d3）铜尊 D（高倍）

图 10.32 所示为青铜器物横截面 Cu、Sn 含量分布的 EDS 线扫描图。可以看出 Sn 含量由内而外逐渐升高，Cu 含量由内而外逐渐降低，其中铜镜 A、铜剑 B 中 Sn 含量的变化幅度更大。

为了弄清"层状剥离"锈蚀的剥离原因，对铜尊 D 锈蚀物横截面中剥离位置与未

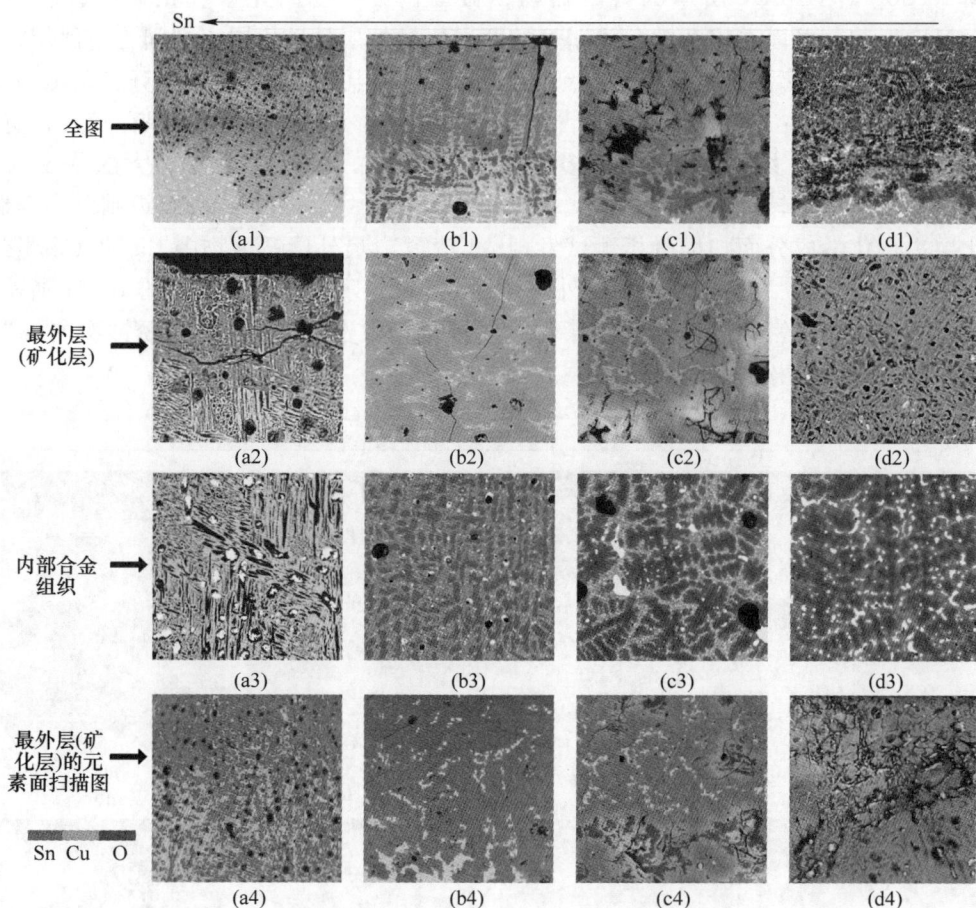

图 10.31 青铜器物横截面的 SEM 形貌与化学成分的 EDS 面扫描图

（a1）铜镜 A（低倍）；（a2）铜镜 A（矿化层）；（a3）铜镜 A（基体）；（a4）铜镜 A（矿化层面扫描图）；

（b1）铜剑 B（低倍）；（b2）铜剑 B（矿化层）；（b3）铜剑 B（基体）；（b4）铜剑 B（矿化层面扫描图）；

（c1）铜剑 C（低倍）；（c2）铜剑 C（矿化层）；（c3）铜剑 C（基体）；（c4）铜剑 C（矿化层面扫描图）；

（d1）铜尊 D（低倍）；（d2）铜尊 D（矿化层）；（d3）铜尊 D（基体）；（d4）铜尊 D（矿化层面扫描图）

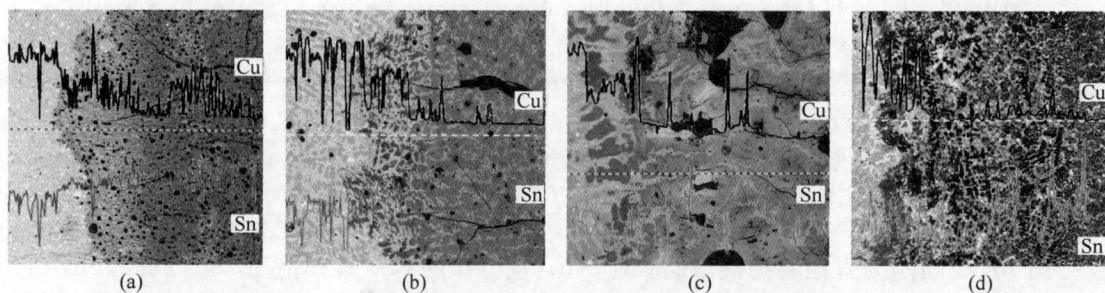

图 10.32 青铜器物横截面 Cu、Sn 含量的 EDS 线扫描分布图

（a）铜镜 A；（b）铜剑 B；（c）铜剑 C；（d）铜尊 D

剥离位置的连接区域进行了仔细地观察，如图 10.33 所示。结果表明剥离位置位于过渡层与矿化层之间，其中过渡层中仍有少量的 $\alpha+\delta$ 共析组织残留，而矿化层中的 $\alpha+\delta$ 共析组织已完全被腐蚀，表明"层状剥离"的发生位置应该位于没有 $\alpha+\delta$ 共析组织残留的区域。

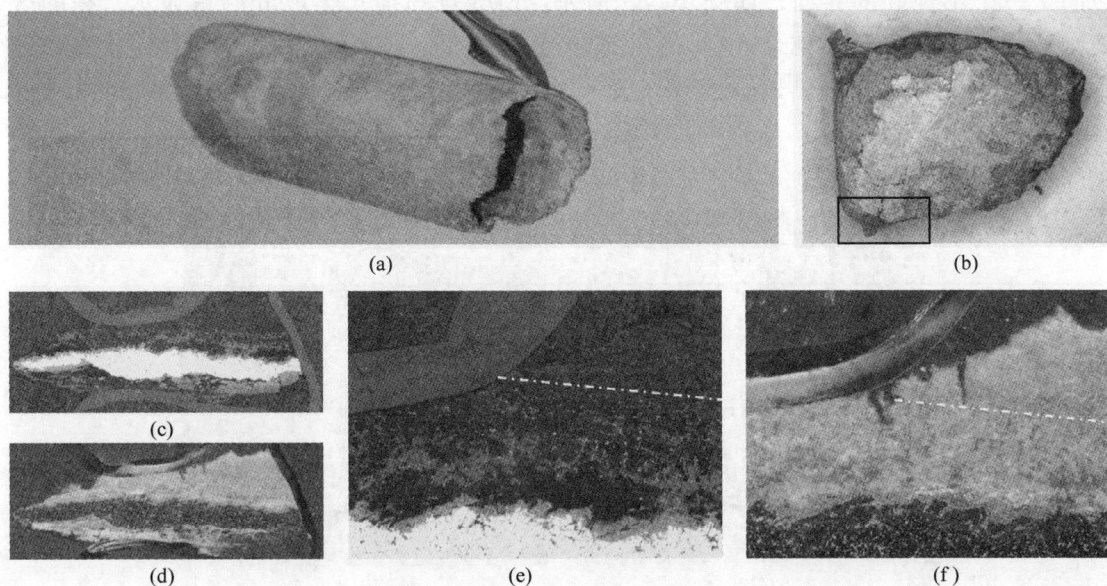

图 10.33 铜尊 D 样品光学显微镜照片

（a）样品像；（b）剥离区形貌；（c）横截面形貌（明场像，低倍）；（d）横截面形貌（暗场像，低倍）；
（e）横截面形貌（明场像，高倍）；（f）横截面形貌（暗场像，高倍）

XRD 物相分析显示几类锈蚀的锈蚀物的主要成分为 SnO_2 和孔雀石，同时仍有 δ-Cu 相青铜基体存在，衍射峰弥散分布，表明锈蚀产物结晶程度较差，如图 10.34 所示。进一步对各物相进行了定量分析，得到各类锈蚀中 SnO_2 的质量分数均高于孔雀石。

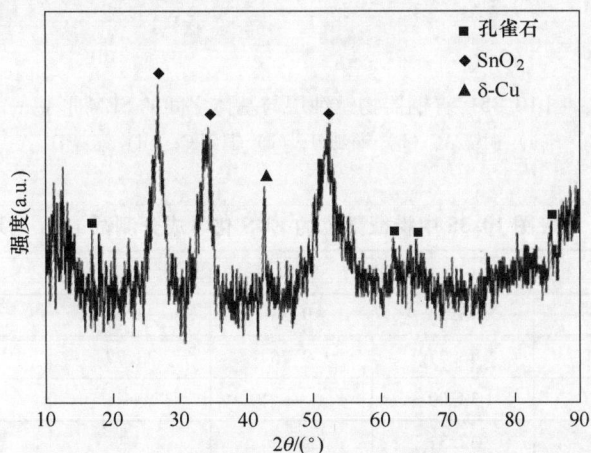

图 10.34 青铜锈蚀物 XRD 物相分析

10.6.3 "向内生长"锈蚀的形成机理

正如这个名字所说的那样，"向内生长"锈蚀意思就是锈蚀过程是从外向内发展的。在高倍 SEM 下观察锈蚀层与青铜内部原始材料之间的区域时，发现"锈蚀"与"未锈蚀"之间是一个不规则的界面，如图 10.35 所示。EDS 点扫描化学成分测量显示，亮的区域（或颜色浅区域），也就是 α-Cu 相和/或 α+δ 共析相，只含有 Cu 和 Sn 元素。而在颜色较深的区域，化学成分就更复杂一些，除了 Cu 和 Sn 以外，还含有 Pb、O、C 和 Si 等元素，见表 10.13。事实上，这种颜色和化学成分上的变化就是对应于"锈蚀"与"未锈蚀"的区域。

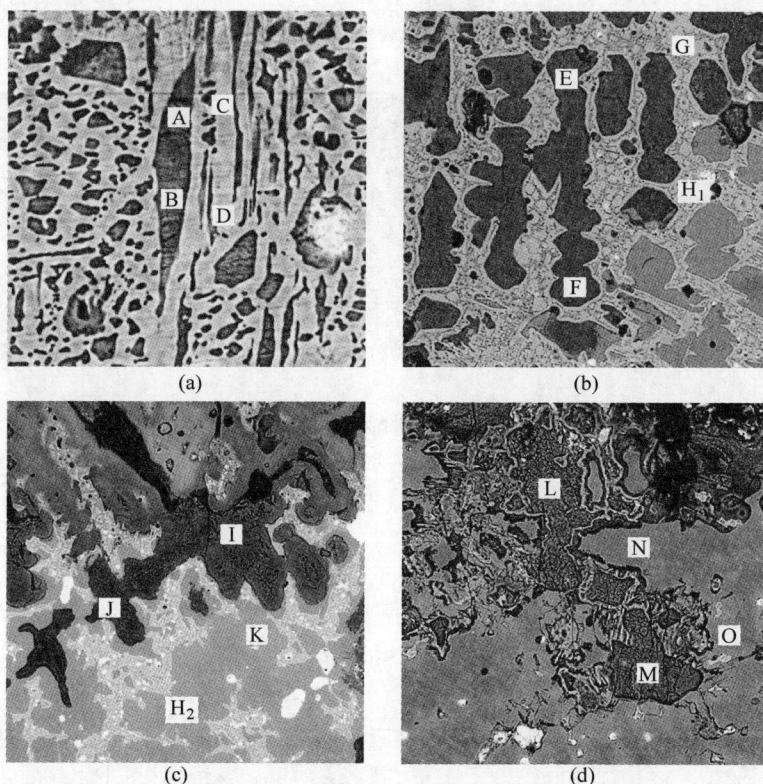

图 10.35　青铜器物锈蚀层与基体之间的 SEM 形貌

（a）铜镜 A；（b）铜剑 B；（c）铜剑 C；（d）铜尊 D

表 10.13　对应图 10.35 中特征部位的 EDS 化学成分测试结果（质量分数）　　（%）

点	Cu	Sn	Pb	O	C	Si
A	14.15	45.53	9.33	23.13	5.06	2.80
B	12.90	46.77	9.76	23.77	4.03	2.77
C	66.91	33.09	—	—	—	—
D	67.69	32.31	—	—	—	—
E	20.53	38.22	15.58	17.58	6.83	1.26

点	Cu	Sn	Pb	O	C	Si
F	22.57	38.29	12.51	19.95	4.69	1.99
G	68.47	31.53	—	—	—	—
H_1	67.22	32.78	—	—	—	—
I	27.12	35.18	9.01	18.43	8.57	1.69
J	28.04	34.82	9.71	17.76	8.01	1.66
K	87.12	12.88	—	—	—	—
H_2	87.88	12.12	—	—	—	—
L	92.42	—	—	7.58	—	—
M	92.11	—	—	7.89	—	—
N	96.08	3.92	—	—	—	—
O	96.96	3.04	—	—	—	—

一般来说，α-Cu 相的耐腐蚀性能不如 δ-Cu 相。从微观材料学的角度分析来看，因为 α-Cu 相与 δ-Cu 相合金成分存在差异，导致电化学性质不同，晶界区、相界区处于阳极溶解的活性状态。当土壤中存在某些氧化剂时，形成腐蚀原电池，相界为阳极，晶粒为阴极，从而导致晶界区快速溶解，产生晶间腐蚀。因而，对于本节所研究内容来说，环境中的杂质元素和水汽等通过过渡层中，优先沿界面能较高的 α-Cu 相之间或 α+δ 共析体之间的晶界，或孔隙等缺陷向青铜内部扩散，同时与 Cu-Sn 合金中的 Cu、Sn、Pb 发生反应，生成矿化物质，即产生锈蚀。并随着时间的延长，锈蚀过程缓慢向器物内部发展，锈蚀层厚度随着过渡层厚度的增加而增加。由于锈蚀过程是从器物的表面向内部发展，也就是"向内生长"，因此青铜器物的原始表面得以完整保留，显示出光滑的表面，这也是与"向外生长"锈蚀机制不同的地方。

另外，"向内生长"锈蚀是一个漫长的物理和化学过程，通常认为其形成主要归因于两个阶段，即开始阶段表面富 Sn 保护层的形成（Sn 氧化），然后 Cu^{2+} 从基体向表面的扩散（也称选择性 Cu 溶解）。从化学上来讲，"向内生长"锈蚀形成机理可以分别从 Cu、Sn、Pb 的腐蚀三方面分别进行讨论。

（1）Cu 通过与氧反应首先生成 Cu_2O，然后 Cu_2O 在环境中 O_2、H_2O、CO_2 等作用下生成孔雀石（$Cu_2(OH)_2CO_3$）。由于 Cu^{2+} 与埋藏环境中的腐植酸具有较强的络合作用，不断向表面迁移并向土壤中扩散。

（2）Pb 的金属活泼性很强，在有氧条件下很容易被氧化生成 PbO，且大量的实验证明 PbO 在土壤环境中容易发生溶解并向土壤中扩散生成更稳定的相[86-87]，因此，PbO 发生选择性腐蚀向器物表面迁移并向周围埋藏环境中扩散。

（3）Sn 与埋藏环境中的 O_2、H_2O 等作用，生成凝胶状的 $SnO_2 \cdot xH_2O$，当 Cu^{2+} 和 Pb^{2+} 迁移到外层时，留下的空位被凝胶状的 $SnO_2 \cdot xH_2O$ 填充，经长时间的放置，水凝胶失去水分，形成细晶粒的 SnO_2。因为这种填充作用，所以形成了 SnO_2 和 $CuCO_3 \cdot Cu(OH)_2$ 的混晶结构，与 XRD 所得结果一致。由于 SnO_2 的密度比金属基体小，有一定的体积膨胀作用，因此能填补所有的空位，并保留器物的形状和表面细节。

10.6.4 Sn 含量对"向内生长"锈蚀的影响

虽然本节中的样品都是典型的"向内生长"的锈蚀，但其锈蚀形态仍有较大差别，对其平均成分和微观结构进行对比分析发现，保存状况越好、表面锈蚀越致密的青铜器基体的 Sn 含量越高，且其最外层锈蚀物中 α+δ 共析组织的残余量越大。另外，观察"层状剥离"锈蚀产物的剥离区与未剥离区之间的过渡区发现，剥离发生在没有 α+δ 共析组织残留的矿化层与过渡层的界面上，表明 α+δ 共析组织的残留量对"向内生长"锈蚀的状态影响很大。

一般来说，典型加 Pb 的 Cu-Sn 合金的铸造组织主要由先凝固树枝状 α-Cu 相和富 Sn 的 α+δ 共析组织组成，由于 Pb 与 Cu 之间无固溶关系，Pb 只能以分离或者游离状态存在。大量研究发现，随着含 Sn 量的变化，青铜的组织也会发生明显的变化，对于含 Sn 量（质量分数）小于 24% 的青铜，随着含 Sn 量的增加，α-Cu 相树枝晶发育清晰，枝晶间间隙增大，同时 α+δ 共析组织所占比例增多。特别是当含 Sn 量（质量分数）接近和超过最大固溶度 15.8% 以后，α+δ 共析组织逐渐连成网状，并成为主相，α-Cu 相变为夹杂相。例如，在铜镜 A 中，α-Cu 相呈针状和孤立的条状分布在连接成片的 α-Cu 相共析组织基体上；铜剑 B 和铜剑 C 中，α+δ 共析组织比例较高，相互连接成网状；而铜尊 D 中的 Sn 含量较低，α+δ 共析组织的比例也较低，未形成网状结构。

"向内生长"锈蚀沿 α-Cu 相向内发展，当基体 Sn 含量较高时，晶粒间 α+δ 共析组织所占比例较大，将 α-Cu 相阻隔开来，α-Cu 树枝晶晶粒较小，锈蚀沿 α-Cu 树枝晶晶粒发展速率较慢。当基体 Sn 含量较低时，α-Cu 树枝晶晶粒较大，几乎连成片状，且晶粒间 α+δ 共析组织数量较少，锈蚀推进速度较快。

大量的研究已经证实，基体中 Sn 含量较高的青铜器，基体中 α+δ 共析组织连接成网状，其耐腐蚀性能也较高。因此，在最外层锈蚀中残留较多，并连成网状的 α+δ 共析组织由于其相互间以结合力非常强的金属键结合，锈蚀产物整体的结合力较强，不易发生锈层剥离。然而，对于基体中 Sn 含量较低的青铜器，最外层完全被矿化形成了孔雀石和 SnO_2 的混晶，过渡层中仅为锈蚀物与少量 α+δ 共析组织的混合，导致矿化层与过渡层之间界面处的应力集中水平高，应力阶跃大，且失去了 α+δ 共析组织的连接作用，最后产生裂纹，进一步通过裂纹开展导致锈蚀层的剥离。这与金相显微观察到的现象一致，也就是，"层状剥离"的位置位于矿化层和过渡层的界面上。

参 考 文 献

[1] Robbiola L, Blengino J M, Fiaud C. Morphology and mechanisms of formation of natural patinas on archaeological Cu-Sn Alloys [J]. Corrosion Science, 1998, 40 (12): 2083-2111.

[2] 祝鸿范, 周庚余, 陈萍. 处理青铜器有害锈的一种新方法 [J]. 文物保护与考古科学, 1989, 1 (1): 1-5.

[3] Scott D A. Bronze disease: A review of some chemical problems and the role of relative humidity [J]. Journal of the American Institute for Conservation, 1990, 29 (2): 193-206.

[4] Constantinides I, Adriaens A, Adams F, et al. Surface Characterization of artificial corrosion layers on copper alloy reference materials [J]. Applied Surface Science, 2002, 189 (1/2)：90-101.

[5] 王昌燧，袁玫，熊永红．青铜合金成分与粉状锈的生成 [J]．中国科学技术大学学报，1995，12(4)：448-453.

[6] 王宁，何积铨，孙淑云，等．模拟青铜器样品在典型电解质溶液中的电化学行为研究 [J]．文物保护与考古科学，2007，19 (4)：45-49.

[7] 李艳萍，成小林，程玉冰，等．考古现场青铜样品土壤埋藏腐蚀实验初探 [J]．考古与文物，2006，6：95-98.

[8] 周剑虹．青铜腐蚀与埋藏环境关系的初步研究 [D]．西安：西北大学，2006.

[9] 罗武干．古麋地出土青铜器初步研究 [D]．合肥：中国科学技术大学，2008.

[10] 吴来明．"六齐"、商周青铜化学成分及其演变的研究 [J]．文物，1986，11：76-84.

[11] 吴佑实，范崇正，铃木稔．青铜合金表面晶体棱角处优先生锈的量子力学证明 [J]．文物保护与考古科学，1994，6 (1)：1-8.

[12] 祝鸿范，周浩．青铜器文物腐蚀受损原因的研究 [J]．电化学，1999，3：314-318.

[13] 张晓梅，原思训，刘煜，等．周原遗址及强国墓地出土青铜器锈蚀研究 [J]．文物保护与考古科学，1999，11 (2)：7-18.

[14] 刘煜，原思训，张晓梅．天马—曲村周代晋国墓地出土青铜器锈蚀研究 [J]．文物保护与考古科学，2000，12(2)：9-18.

[15] 凡小盼，王昌燧，金普军．热处理对铅锡青铜耐腐蚀性能的影响 [J]．中国腐蚀与防护学报，2008，28 (2)：112-115.

[16] 肖璘，姚智辉，白玉龙，等．巴蜀带斑纹兵器的锈蚀产物分析及机理探讨 [J]．文物保护与考古科学，2006，18 (2)：20-27.

[17] 马清林，苏伯民，胡之德，等．春秋时期镀锡青铜器镀层结构和耐腐蚀机理研究 [J]．兰州大学学报（自然科学版），1999，40：67-72.

[18] 铁付德．青铜器腐蚀特征与土壤腐蚀性的关系 [J]．中原文物，1995，2：108-110.

[19] 黄薇．陕西不同地区土壤埋藏环境与青铜器锈蚀特征的研究 [D]．西安：西北大学，2006.

[20] Nord A G, Mattsson E, Tronner K. Factors influencing the long-term corrosion of bronze artefacts in soil [J]. Protection of Metals, 2005, 41 (4)：309-316.

[21] Nord A G, Tronner K, Boyce A J. Atmospheric bronze and copper corrosion as an environmental indicator：A study based on chemical and sulphur isotope data [J]. Water, Air, and Soil Pollution, 2001, 127：193-204.

[22] Picciochi R, Ramos A C, Mendonc M H, et al. Influence of the environment on the atmospheric corrosion of bronze [J]. Journal of Applied Electrochemistry, 2004, 34：989-995.

[23] Bernardi E, Chiavari C, Lenza B, et al. The atmospheric corrosion of quaternary bronzes：The leaching action of acid rain [J]. Corrosion Science, 2009, 51：159-170.

[24] Bernardi E, Bowden D J, Brimblecombe P, et al. The effect of uric acid on outdoor copper and bronze [J]. Science of the Total Environment, 2009, 407：2383-2389.

[25] Dos Santos L M, Lemos Salta M, Fonseca I T E. The electrochemical behaviour of bronze in synthetic seawater [J]. Journal of Solid State Electrochemistry, 2007, 11：259-266.

[26] 程德润，程波，陈举．古代某些青铜器的腐蚀和环境研究 [J]．考古与文物，1995，6：16-19.

[27] 吕庆，程德润．在 SO_2 存在下青铜腐蚀与相对湿度的关系 [J]．文物保护与考古科学，1997，9 (2)：20-23.

[28] 孙晓强，木质箱柜对青铜文物的腐蚀影响 [J]．中国博物馆，1995，3：81-85.

[29] 肖纪美,曹楚南. 材料腐蚀学原理 [M]. 北京:化学工业出版社,2002.

[30] 范崇正,王昌燧,王胜君. 青铜器粉状锈生成机理研究 [J]. 中国科学 (B 辑),1991,21 (3):239-245.

[31] 张玉忠. "青铜病"的机理及防治方法研究 [D]. 北京:北京化工大学,2000.

[32] Organ R M. A new treatment for "bronze disease" [J]. Museums Journal, 1961, 61:2-4.

[33] Lucey V F. Developments leading to the present understanding of the mechanism of pitting corrosion in copper [J]. British Corrosion Journal, 1972, 7:36-41.

[34] 祝鸿范. 青铜病的发生与小孔腐蚀的关系 [J]. 文物保护与考古科学,1998,10 (1):7-14.

[35] 祝鸿范,周浩,蔡兰坤. 青铜病的闭塞孔穴腐蚀特征的研究 [J]. 文物保护与考古科学,2002,14 (增刊):29-50.

[36] 程德润,赵明仁,刘成,等. 古代青铜器"粉状锈"锈蚀机理新探 [J]. 西北大学学报,1989,1 (19):30-38.

[37] 许淳淳,张玉忠. 模拟闭塞电池法研究青铜病的发展过程 [J]. 北京化工大学学报,2000,27 (4):75-78.

[38] 王菊琳,许淳淳,吕国诚. 三元青铜/环境界面上物质转移的化学行为研究 [J]. 材料研究学报,2004,6 (3):1-7.

[39] 王菊琳,许淳淳. 青铜在土壤中局部腐蚀过程的化学行为 [J]. 化工学报,2004,55 (7):1135-1139.

[40] 冯丽婷,刘清,包祥. 青铜器加速腐蚀的多孔氧电极研究 [J]. 中国腐蚀与防护学报,2006,26 (3):184-187.

[41] 冯绍彬,胡芳红,冯丽婷. 青铜器腐蚀研究现状 [J]. 腐蚀与防护,2009,30 (1):7-10.

[42] 冯丽婷,苏畅,冯绍彬,等. 粉状锈对青铜器腐蚀影响的电化学研究及其形成机理 [J]. 材料保护,2010,43(11):14-16.

[43] 黄宗玉,潘春旭,倪婉,等. 长江中游地区楚墓中出土的青铜箭镞的锈蚀现象及锈蚀机理研究 [J]. 文物保护与考古科学,2008,20 (4):16-25.

[44] 王昌燧,范崇正,王胜君,等. 蔡侯编钟的粉状锈研究 [J]. 中国科学 (B 辑),1990,20 (6):639-644.

[45] Chase T. Chinese Bronzes:Casting, Finishing, Patination and Corrosion [M]//Scott D A, Podany J, Considine B, et al. Ancient and Historic Metals. California, USA:The Getty Conservation Institute, 1994.

[46] 范崇正,吴佑实,王昌燧,等. 粉状锈生成的电化学腐蚀及价电子结构分析 [J]. 化学物理学报,1992,5 (6):479-484.

[47] 王宁,何积铨,孙淑云,等. 模拟青铜器样品在典型电解质溶液中的电化学行为研究 [J]. 文物保护与考古科学,2007,19 (4):45-49.

[48] Frost R L, Martens W N, Rintoul L, et al. Raman spectroscopic study of azurite and malachite at 298 and 77K [J]. Journal of Raman Spectroscopy, 2002, 33:252-259.

[49] Bouchard M, Smith D C. Catalogue of 45 reference Raman spectra of minerals concerning research in art history or archaeology, especially on corroded metals and coloured glass [J]. Spectrochimica Acta Part A, 2003, 59:2247-2266.

[50] Scott D A. Copper and Bronze in Art:Corrosion, Colorants, Conservation [M]. Los Angeles:Getty Conservation Institute, 2002.

[51] Robbiola L, Blengino J M, Fiaud C. Morphology and mechanisms of formation of natural patinas on archaeological Cu-Sn Alloys [J]. Corrosion Science, 1998, 40 (12):2083-2111.

[52] Sidot E, Souissi N, Bousselmi L, et al. Study of the corrosion behaviour of Cu-10 Sn bronze in aerated

Na₂SO₄ aqueous solution [J]. Corrosion Science, 2006, 48: 2241-2257.

[53] Souissi N, Sidot E, Bousselmi L, et al. Corrosion behaviour of Cu-10 Sn bronze in aerated NaCl aqueous media-electrochemical investigation [J]. Corrosion Science, 2007, 49: 3333-3347.

[54] Šatović, D, Valek Žulj L, Desnica V, et al. Corrosion evaluation and surface characterization of the corrosion product layer formed on Cu-6Sn bronze in aqueous Na₂SO₄ solution [J]. Corrosion Science, 2009, 51: 1596-1603.

[55] 王蕙贞, 魏国峰, 朱虹, 等. 商代青铜戈腐蚀机理与保护研究 [J]. 考古与文物, 2001, 3: 93-96.

[56] 张展适, 陈少华, 陈障茹, 等. 青铜文物腐蚀过程的模拟研究 [J]. 中国腐蚀与防护学报, 2006, 26 (2): 94-99.

[57] Preis W, Gamsjäger H. Thermodynamic investigation of phase equilibria in metal carbonate-water-carbon dioxide systems [J]. Monatshefte Für Chemie, 2001, 132: 1327-1346.

[58] Gettens R J. The corrosion products of an ancient Chinese bronze [J]. Journal of Chemical Education, 1951, 28 (2): 67.

[59] 孙淑云, 马肇曾, 金莲姬, 等. 土壤中腐殖酸对铜镜表面"黑漆古"形成的影响 [J]. 文物, 1992(12): 79-89.

[60] Gettens R J. Tin-oxide patina of ancient high-tin bronze [J]. Bulletin of the Fogg Art Museum, 1949, 11 (1): 16-26.

[61] 何堂坤. 几面表层漆黑的古铜镜之分析研究 [J]. 考古学报, 1987 (1): 119-130.

[62] 何堂坤. 也谈腐殖酸与"黑漆古"镜表面呈色的关系 [J]. 自然科学史研究, 1996 (2): 170-178.

[63] Robbiola L, Blengino J M, Fiaud C. Morphology and mechanisms of formation of natural patinas on archaeological Cu-Sn alloys [J]. Corrosion Science, 1998, 40 (12): 2083-2111.

[64] Robbiola L, Hurtel L P. Standard nature of the passive layers of buried archaeological bronze—The example of two roman half-length portraits [J]. Experimental Study, 1995: 109-117.

[65] 孙淑云, 周忠福, 李前懋, 等. 铜镜表面"黑漆古"中"痕像"的研究 [J]. 自然科学史研究, 1996 (2): 179-188.

[66] Pan C X, Liao L M, Hu Y L. Functions and morphology of metal lead addition to ancient Chinese bronzes [J]. Advanced Materials Research, 2007, 26-28: 523-526.

[67] Chase W T, Franklin U M. Early Chinese black mirrors and pattern-etched weapons [J]. Ars Orientalis, 1979, 11: 215-258.

[68] Scott D A. Metallography and microstructure of ancient and historic metals [J]. Getty Conservation Institute in Association with Archetype Books, 1991: 359-360.

[69] 王昌燧, 陆斌, 谭舜, 等. 黑漆古铜镜表面层纳米晶体分析 [J]. 电子显微学报, 1993(2): 161.

[70] 王昌燧, 陆斌, 刘先明, 等. 古代黑镜表层 SnO₂ 结构成分研究 [J]. 中国科学 A 辑, 1994(8): 840-843.

[71] 王春晓, 孙淑云, 韩汝玢, 等. "黑漆古"铜镜表面层材料结构的拉曼光谱学分析 [C]//第十五届全国光散射学术会议. 郑州, 2009.

[72] Zuo J, Xu C, Liu X, et al. Study of the Raman spectrum of nanometer SnO₂ [J]. Journal of Applied Physics, 1994, 75 (3): 1835-1836.

[73] Bouchard M, Smith D C. Catalogue of 45 reference Raman spectra of minerals concerning research in art history or archaeology, especially on corroded metals and coloured glass [J]. Spectrochimica Acta Part A Molecular & Biomolecular Spectroscopy, 2003, 59 (10): 2247-2266.

[74] Burgio L, Clark R J. Library of FT-Raman spectra of pigments, minerals, pigment media and varnishes,

and supplement to existing library of Raman spectra of pigments with visible excitation ［J］. Spectrochimica Acta Part A Molecular & Biomolecular Spectroscopy，2001，57（7）：1491.

［75］ Frost R L，Martens W N，Rintoul L，et al. Raman spectroscopic study of azurite and malachite at 298K and 77K ［J］. Journal of Raman Spectroscopy，2002，33(4)：252-259.

［76］ Bell I M，Clark R J，Gibbs P J. Raman spectroscopic library of natural and synthetic pigments（pre-approximately 1850 AD）［J］. Spectrochimica Acta Part A Molecular & Biomolecular Spectroscopy，1997，53A（12）：2159-2179.

［77］ 范崇正，铃木稔，井上嘉，等. 黑漆古青铜镜的结构成分剖析及表面层形成过程的探讨 ［J］. 中国科学（B辑），1994，24（1）：29-34，113-114.

［78］ 马肇曾，金莲姬，尹秀兰. 腐殖酸使锡青铜镜表面生成黑漆古的研究 ［J］. 考古，1994(3)：261-273.

［79］ 李冰洁，江旭东，潘春旭. 铜锡青铜合金腐蚀过程中的电化学与微结构特征研究 ［J］. 材料导报，2017，31（11）：138-143.

［80］ 王宁，何积铨，孙淑云，等. 模拟青铜器样品在典型电解质溶液中的电化学行为研究 ［J］. 文物保护与考古科学，2007，19（4）：45-49.

［81］ Geilmann W. Verwitterung von bronzen im sandboden. ein beitrag zur korrosionsforschung ［J］. Angewandte Chemie，2010，68（6）：201-211.

［82］ 汤琪，王菊琳，马菁毓. 土壤腐蚀过程中高锡青铜的形貌变化和元素迁移 ［J］. 中国有色金属学报，2011，21（12）：3175-3181.

［83］ 韩汝玢，孙淑云，李秀辉，等. 中国古代铜器的显微组织 ［J］. 北京科技大学学报，2002，24(2)：219-230.

［84］ Birkefeld A，Schulin R，Nowack B. In situ investigation of dissolution of heavy metal containing mineral particles in an acidic forest soil ［J］. Geochimica Et Cosmochimica Acta，2006，70（70）：2726-2736.

［85］ Rooney C P，Mclaren R G，Condron L M. Control of lead solubility in soil contaminated with lead shot：Effect of soil pH ［J］. Environmental Pollution，2007，149（2）：149-157.

［86］ Birkefeld A，Schulin R，Nowack B. In situ transformations of fine lead oxide particles in different soils ［J］. Environmental Pollution，2007，145（2）：554-561.

［87］ Rooney C P，McLaren R G，Condron L M. Control of lead solubility in soil contaminated with lead shot：Effect of soil pH ［J］. Environmental Pollution，2007，149（2）：149-157.

11 古代青铜器的锈蚀与自发对称性破缺现象

11.1 概述

一般来说，当古代青铜器发掘出土以后，或保存在博物馆，或保存在库房，或收藏在个人家中，也就是说是暴露在大气当中。在大多数情况下，古代青铜器在后期的收藏和保存过程中都会受到大气中湿度、CO_2 浓度和有害气体等因素的影响，从而在已有锈蚀表面生成所谓的二次锈蚀。有些二次锈蚀比较稳定，不会对青铜器造成危害，而有些则会进一步加速锈蚀继续生长，对青铜器造成不可逆的损坏，这也是青铜器保护中一直困扰人们的问题。因此，对二次锈蚀生长与转化机理及其与初次锈蚀关系的研究对青铜器的后期保存与保护具有重要的理论和实际意义。

我们在整理和总结博物馆收藏古代青铜器的锈蚀数据时发现，它们出土时的初次锈蚀产物与在博物馆放置保存期间生长的二次锈蚀产物之间存在某种联系，也就是它们的晶体对称性倾向于从对称性高的晶体向对称性低的晶体转变，实际上这个规律正好非常符合曾获得"2008 年诺贝尔物理学奖"的自发对称性破缺（SSB）理论。这一新的发现启发我们可以从一个新的角度，进一步深入分析和讨论二次锈蚀的生长与转化机理，为青铜器的后期保护提供新的科学依据和数据。

该发现的创新意义还在于，有可能实现青铜锈蚀产物的可预测性和可控制性，也就是说，可以使博物馆的文物保护从被动性的抢救性保护，实现主动性的预防性保护，为今后的青铜器除锈和后期保护提供了理论基础和思路。例如：（1）如果初次锈蚀为无害锈，通过合理选择保护环境使产生的二次锈蚀为无害锈，防止其向有害锈方向发展；（2）如果初次锈蚀为有害锈，也可以通过合理选择保护环境使产生的二次锈蚀为无害锈。比如说，当青铜器表面产生氯铜矿、副氯铜矿等有害锈蚀时，可以考虑将其转化为单斜晶系孔雀石等更加稳定而无害的锈蚀产物，这样既防止了有害锈蚀的进一步扩散，又保留了锈蚀的历史过程，具有历史价值和保护意义。

实际上，受到古代青铜器锈蚀现象服从自发对称性破缺现象的启发，更重要的是探究其在一般金属锈蚀中是否存在普适性。我们进一步通过统计与分析元素周期表中所有金属元素，以及利用基于 DFT 第一性原理计算金属锈蚀产物的形成能大小和实验模拟，发现绝大部分金属的锈蚀过程也都服从自发对称性破缺理论。下面分别进行介绍。

11.2 物理学中的自发对称性破缺现象及其普适性应用

11.2.1 自发对称性破缺简介

2008 年 10 月 7 日瑞典皇家科学院诺贝尔奖委员会宣布将 2008 年诺贝尔物理学奖授予美国科学家南部阳一郎（Yoichiro Nambu）和两位日本科学家小林诚（Makoto Kobayashi）

和益川敏英（Toshihide Maskawa）。其中发现了"亚原子物理学中自发对称性破缺机制"的南部阳一郎将获得诺贝尔物理学奖的一半奖金；小林诚和益川敏英将因发现"对称性破缺的来源，并预言了自然界至少存在三代夸克"分享另外一半奖金。授奖评语说：自发对称破缺似乎早在宇宙诞生时就存在，但直到小林和益川于1964年通过粒子试验才向世人证实了这一"神秘存在"[1-5]。

"自发对称性破缺"被认为是物理学，甚至自然界中的一个普适性规律。在物理上的解释是原来具有较高对称性的初始系统，存在很多不确定因子，出现不对称因素，导致其自发转变为具有较低对称性的状态。或者可以叙述为：当控制参数 λ 达到某个临界值的时候，具有较高对称性的原始状态开始变得不稳定，产生了许多具有较低对称性的稳定状态，从而使系统转向其中的一个状态[6]。

对称性破缺的本质是事物在外力或自身作用力下，出现了不稳定的因子，打破了原先稳定、平衡的状态，向不稳定、不平衡的动态发展的过程。对称性破缺分为两类：

（1）诱导破缺，由于外部原因造成的非对称。

（2）自发破缺，由于事物自身内部原因造成的非对称。也就是说，原来具有较高对称性的系统，出现了不对称因素，其对称程度自发降低。

研究发现大多数物质的简单相态或物相转变，例如晶体、铁磁体、一般超导体等，可以通过自发对称破缺观点来理解[7-8]。也就是说，当自发对称性破缺发生时，系统的基态是退化的。

对称性破缺是事物多样性的源泉，没有对称破缺的世界也将不再是世界，不同种类的相互作用、整个纷纭复杂的自然界等都是对称性破缺的产物。

11.2.2　对称性与对称性破缺的应用

实际上，人类对对称性的认识可以追溯到远古时代。从对自然界中的雪花、树叶、花朵、装饰图案等到令人惊叹的房屋建筑，如故宫、水立方等，人们无时无刻不感受到对称带来的美丽和魅力，人们仿佛处于一种由对称之美所营造的环境中。当一个系统失去对称性的时候，它将会进入一个与之前完全不同的状态，这就是对称破缺。

对称是指图形在空间中有规律的重现，或者说，对称是物体相同部分有规律的重复。对称性是指对象在某种变换下的不变性。例如，一个六边形的雪花，当旋转60°后，它又回到了原来的形状，我们说雪花具有六次旋转对称性；人的身体显然具有镜面对称性。在自然界中有许多对称性，例如：（1）空间对称：镜像对称、平移对称、结构对称，如图11.1所示；（2）时间对称：旧事物的重演，历史惊人的相似，都在一定维度和程度上表现了事物时间上的对称性；（3）逻辑对称：主观思维中的对称，逻辑学中的逻辑关系对称性；概念的对称性，文学和诗歌中的排比和对仗修辞，如：无边落木萧萧下，不尽长江滚滚来；横眉冷对千夫指，俯首甘为孺子牛。

在物理学中，对称性与守恒定律之间有极其深刻的联系。当一个系统失去对称性时，它将进入一个完全不同的另外一个系统，这就是对称性破缺的概念。例如，当两名体重相同的儿童在玩跷跷板时，如果他们坐在两端，跷跷板将保持水平状态；而当一名儿童离开跷跷板，则平衡状态被打破，这就是对称性破缺。另外一个例子是液态水的水分子具有更高的对称性，因为它可以向任意方向运动，而冰中水分子排列更加有序，其对称性被降低，这就是对称性破缺。在凝聚态物理中，对称性破缺是一个重要的基本概念，意味着形

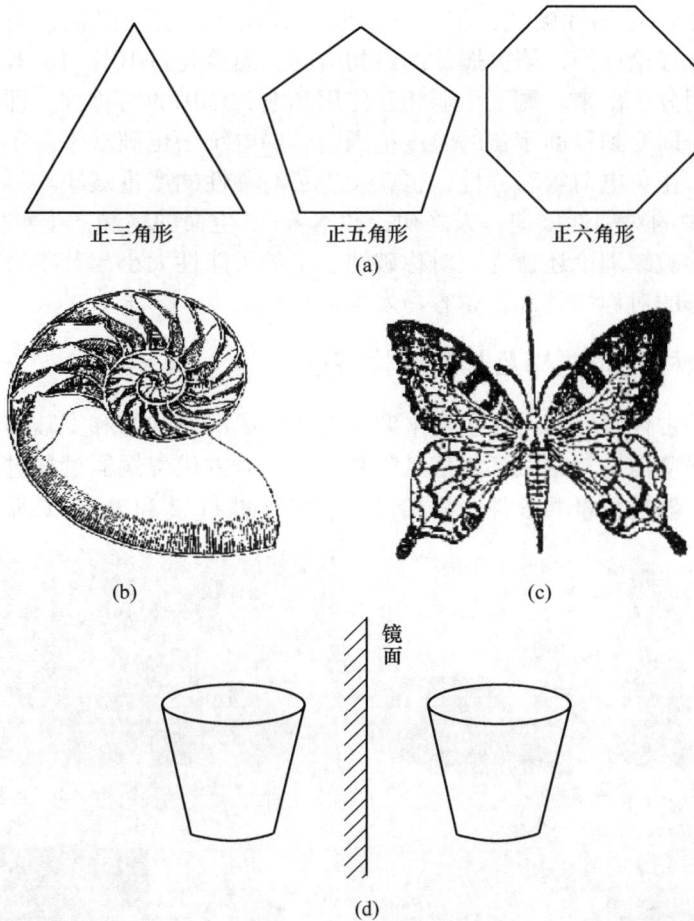

图 11.1 自然界中的对称性

(a) 几何图形的对称性；(b) 海螺壳的对称性；(c) 蝴蝶翅膀的对称性；(d) 物体照镜子时的物与像

成了有序相。例如，零度时水向冰的转变，居里温度以上时铁磁性向顺磁性的转变。

从广义上来讲，在自然界中，有序性是相对的、暂时的和从属的，而无序性是绝对的，永恒的和自在的。对称性破缺是事物多样性的源泉，是自然界一系列自主创造的机制和过程。时空、不同种类的粒子、不同种类的相互作用、整个纷纭复杂的自然界，包括人类自身，都是对称性自发破缺的产物。假如没有对称性破缺，整个世界将会失去活力，也将是单调、黯淡的，也不会有生物[9-10]。自然界同样也存在着诸多对称性破缺的例子。

（1）物理学中的对称性破缺：守恒与不守恒（1956 年李政道和杨振宁证明了弱作用的宇称不守恒性，1957 年获诺贝尔物理学奖）、平衡与非平衡、无序与有序等。

（2）生物学中的对称性破缺：生物学的左右不对称、遗传和变异等。例如，婴儿的出生与成长、鸡蛋到孵出小鸡、植物种子发芽与长大等过程，就是一个对称性破缺的过程。

（3）地理学中的对称性破缺：地球近似中心对称，但海洋、地层、山脉的差异使这种对称出现破缺；岩石的风化；地震等。

（4）化学中的对称性破缺：化学反应过程中的诱导破缺，"化学时钟"、手性分子的对称性破缺等。

（5）天文学中的对称性破缺：宇宙学大爆炸假说、恒星的演化、超新星爆发等。例如，宇宙学大爆炸理论认为，当大爆炸的最初瞬间，温度超过$10^{15} \sim 10^{23}$K时，对称性逐渐破缺，强相互作用分了出来。剩下了弱相互作用和电磁作用的对称性，即弱电统一。当宇宙温度由高变低，即变到目前宇宙的温度范围内，弱电统一也破缺了。宇宙丧失了大部分的对称性，只留下正负电荷等对称性，也就发生了对称性的严重破缺。

（6）社会学中的对称性破缺：人之初，性本善；"生命的精髓在于对称性破缺"。

另外，对称性破缺理论还认为，对称破缺发生的可能性大小与其本身的对称性密切相关，也就是说本身的对称性越高，越容易发生对称破缺[11]。

11.3 青铜锈蚀样品的选择及其微结构特征

本书所选用的古代青铜器试样主要来源于湖北省武汉博物馆和安陆市博物馆。在兼顾青铜器试样埋藏环境信息与馆藏环境信息的基础上，对古代青铜器试样进行筛选，主要以馆藏青铜器为主，器物数量共6件。样品详细情况如图11.2和表11.1所示。

图 11.2　古代青铜器试样（图中箭头所指为取样部位）

（a）商代青铜瓿（试样编号 ABG-2209-1）；（b）商代青铜爵杯（藏品号 3253）；

（c）春秋青铜簠（试样编号 ABF-5155）；（d）西汉青铜鼎（藏品号 1233）；

（e）西汉青铜剑（藏品号 1938）；（f）唐代青铜钵（藏品号 3668）

表 11.1 馆藏青铜器试样信息

器物类型	样品编号（藏品号）	年代	埋藏条件	取样部位
商代青铜瓿	ABG-2209-1	商代	土壤环境	口沿处
商代青铜爵杯	3253	商代	墓葬出土	口沿处
春秋青铜簠	ABF-5155	春秋	土壤环境	口沿处
西汉青铜鼎	1233	西汉	土壤环境	鼎底
西汉青铜剑	1938	西汉	墓葬出土	剑尖
唐代青铜钵	3668	唐代	墓葬出土	口沿处

通过锈蚀物的上下叠压关系等信息，识别和判断青铜器的初次锈蚀，以及在博物馆收藏中产生的二次锈蚀。样品表面所形成锈蚀结构采用激光拉曼光谱仪进行测试和分析，拉曼激光发光波长为 488nm，信号收集时间 200s，波谱范围为 $100\sim4000cm^{-1}$，物镜倍数 50。样品的显微组织观察和化学成分分析在热场发射电子枪扫描电子显微镜（FE-SEM）及能谱仪（EDS）附件上进行，加速电压 20kV。实验过程中采用面扫描测试平均成分。

11.3.1 商代青铜瓿

图 11.3 所示为商代青铜瓿（试样编号 ABG-2209-1）表面锈蚀产物的测试表征结果。

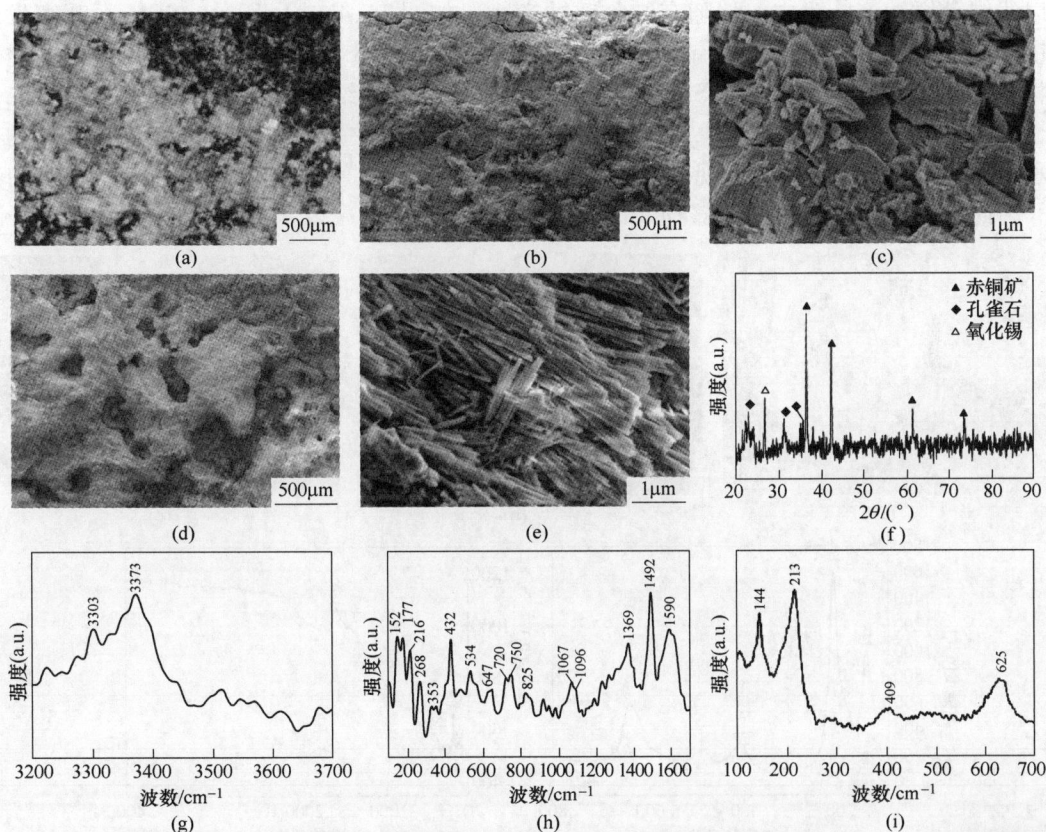

图 11.3 商代青铜瓿（试样编号 ABG-2209-1）表面锈蚀产物的测试表征
(a) 光学显微镜照片；(b) 深绿色锈蚀产物 SEM 形貌（低倍）；
(c) 图 (b) 的高倍形貌；(d) 浅绿色锈蚀产物的 SEM 形貌（低倍）；
(e) 图 (d) 的高倍形貌；(f) XRD 谱；(g) 赤铜矿和锡石的拉曼光谱；
(h) 孔雀石的拉曼光谱（$100\sim1700cm^{-1}$）；
(i) 孔雀石的拉曼光谱（$3200\sim3700cm^{-1}$）

彩图

该器物锈蚀产物主要由深绿色锈蚀产物和覆盖其上的浅绿色锈蚀产物组成。在 SEM 下观察，深绿色锈蚀产物由不规则的晶粒组成，浅绿色锈蚀产物主要由结晶较好的纤维状晶簇和结晶相对较差的柱状晶簇组成。EDS 测试结果显示，深绿色锈蚀产物化学成分主要含有 Cu、Sn、C 和 O 元素，还含有来源于土壤环境中的 Fe、K 和 Ca 元素；而浅绿色锈蚀产物化学成分只含有 Cu、C 和 O 元素。对比这两种锈蚀产物化学成分，并结合两者的叠压关系，说明前者深绿色锈蚀为初次锈蚀产物，而后者不含任何杂质元素的浅绿色锈蚀是在入馆后才生成的二次锈蚀产物。

XRD 测试的试样为上述两种锈蚀产物混合后的粉末，结果表明该锈蚀产物主要由赤铜矿、锡石和孔雀石相组成，如图 11.3（f）所示。拉曼光谱测试显示深绿色锈蚀产物为赤铜矿和锡石；而浅绿色锈蚀产物为孔雀石。可以看出，这件青铜觚的深绿色锈蚀为土壤埋藏环境的初次锈蚀产物，主要由赤铜矿、锡石和其他非晶混合物组成；浅绿色锈蚀为在博物馆收藏过程中的二次锈蚀产物，主要为孔雀石。

11.3.2 商代青铜爵杯

图 11.4 所示为商代青铜爵杯（藏品号 3253）表面锈蚀产物的测试表征结果。器物表面以浅绿色锈蚀产物为主，伴随有红色锈蚀产物，如图 11.4（a）所示。SEM 下观察发现该锈蚀产物呈层状分布，并含有大量细小的块状晶体。EDS 化学成分测试分析发现，锈蚀产物所含元素主要有 Cu、O、Sn 和 Pb 等。拉曼光谱测试结果显示红色锈蚀产物为赤铜矿，浅绿色锈蚀产物为孔雀石。但在孔雀石的拉曼光谱图中发现在 1602cm^{-1} 处有明显的自由水 H—O—H 的振动峰位出现，且孔雀石的结晶度不高，并且未发现杂质 Si 元素的存在。因此可判断该孔雀石是在器物入馆后形成的二次锈蚀。

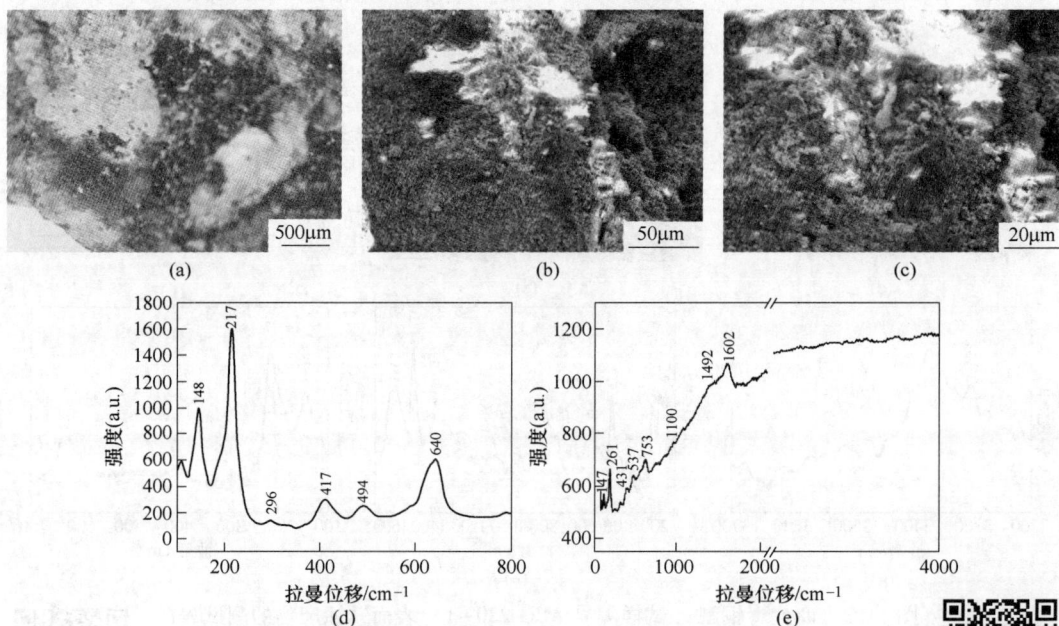

图 11.4 商代青铜爵杯（藏品号 3253）表面锈蚀产物的测试表征
（a）光学显微镜照片；（b）（c）SEM 形貌；
（d）赤铜矿的拉曼光谱（$100\sim1000\text{cm}^{-1}$）；（e）孔雀石的拉曼光谱（$100\sim3500\text{cm}^{-1}$）　彩图

11.3.3 春秋青铜簠

图 11.5 所示为春秋青铜簠（试样编号 ABF-5155）表面锈蚀产物的测试表征结果。从光学显微镜中可观察到该器物表面以绿色锈蚀产物为主，伴有蓝色锈蚀产物。进一步在 SEM 高倍下观察，蓝色锈蚀产物主要由形状不规则的晶粒组成，绿色锈蚀产物主要由形状

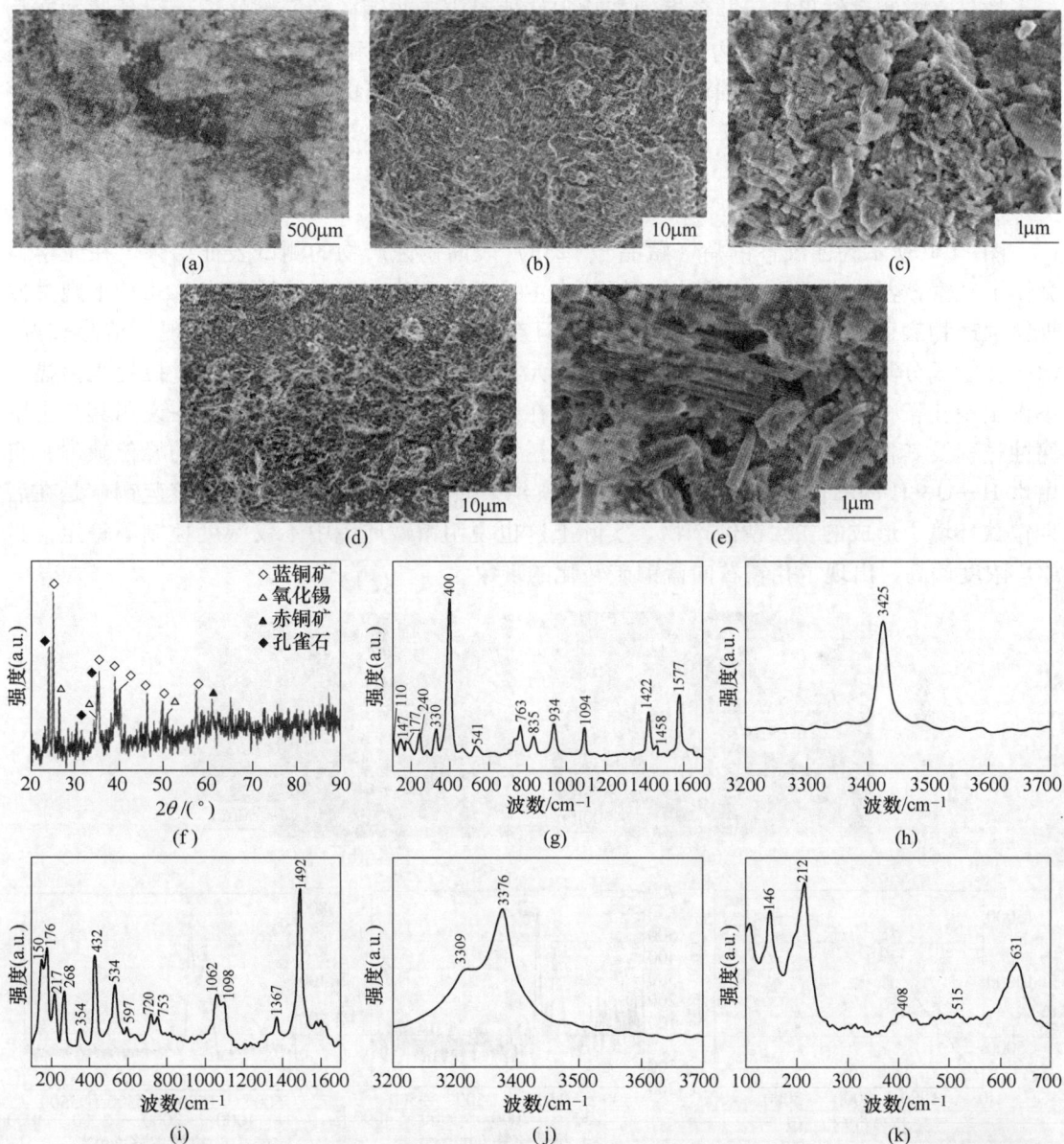

图 11.5 春秋青铜簠（试样编号 ABF-5155）表面锈蚀产物的测试表征
（a）光学显微镜照片；（b）蓝色锈蚀产物 SEM 形貌（低倍）；
（c）图（b）的高倍形貌；（d）绿色锈蚀产物 SEM 形貌（低倍）；
（e）图（d）的高倍形貌；（f）XRD 谱；（g）蓝铜矿的拉曼光谱（100~1700cm⁻¹）；
（h）蓝铜矿的拉曼光谱（3200~3700cm⁻¹）；（i）孔雀石的拉曼光谱（100~1700cm⁻¹）；
（j）孔雀石的拉曼光谱（3200~3700cm⁻¹）；（k）赤铜矿和锡石的拉曼光谱（100~700cm⁻¹）

彩图

不规则的晶粒和结晶较好的纤维状晶簇混合组成。EDS 测试显示绿色锈蚀产物化学成分主要有 Cu、Sn、Pb、C 和 O 元素，以及 Si 和 Al 等杂质元素，说明其是在入馆前的土壤埋藏环境中生成的初次锈蚀。而蓝色锈蚀产物化学成分主要有 Cu、C 和 O 元素，不含任何杂质元素，说明是入馆后新生成的二次锈蚀。XRD 测试结果表明锈蚀产物混合物主要由赤铜矿、锡石、孔雀石和蓝铜矿相组成。

拉曼光谱测试结果显示蓝色锈蚀产物很好地对应于蓝铜矿的标准峰；而绿色锈蚀产物为孔雀石，另外绿色锈蚀产物中还有一些峰对应于赤铜矿和锡石标准的拉曼峰。也就是说，这件青铜簋表面绿色锈蚀产物为孔雀石、赤铜矿和锡石的混合物，在入馆前就已经存在；而蓝色锈蚀产物为蓝铜矿，是在入馆后才新生成的二次锈蚀。

11.3.4 西汉青铜鼎

图 11.6 所示为西汉青铜鼎（藏品号 1233）表面锈蚀产物的测试表征结果。在光学显微镜下观察该器物表面主要以浅绿色锈蚀为主，无粉末状有害锈蚀的痕迹。SEM 下观察发现锈蚀产物表面较为平整，组织较致密，但有大量裂缝与小块状晶体出现，结晶较好。EDS 化学成分测试分析发现，锈蚀产物所含元素主要有 Cu、O、C 等元素。拉曼光谱显示不仅出现孔雀石、蓝铜矿等锈蚀，还有碳存在。孔雀石结晶较差和碳的存在说明其与土壤腐蚀过程及其青铜器后期使用有关，为初次锈蚀产物。而蓝铜矿中结合水的峰位缺失，自由水 H—O—H 的峰位非常明显，且并未观察到杂质元素 Si 的存在，表明该蓝铜矿是在后期馆藏环境中形成的二次锈蚀产物。实际上这也说明馆藏环境中不仅湿度控制不稳定，且 CO_2 浓度偏高，出现了孔雀石向蓝铜矿转化的现象。

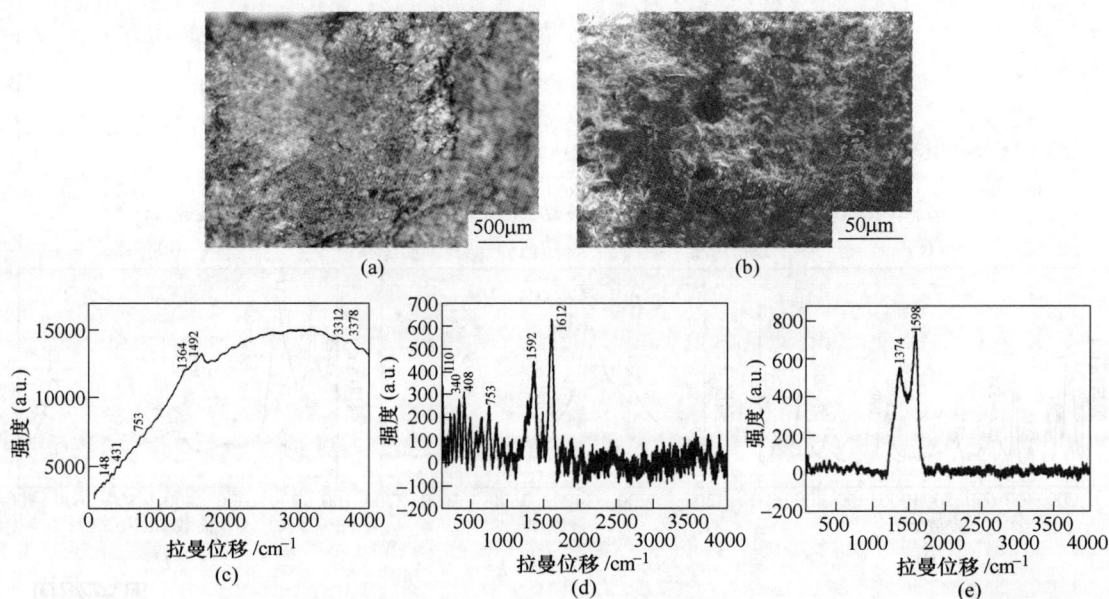

图 11.6 西汉青铜鼎（藏品号 1233）表面锈蚀产物的测试表征
(a) 光学显微镜照片；(b) SEM 形貌照片；(c) 孔雀石的拉曼光谱（100~3500cm⁻¹）；
(d) 蓝铜矿的拉曼光谱（100~3500cm⁻¹）；(e) 碳峰的拉曼光谱（100~2000cm⁻¹）

彩图

11.3.5 西汉青铜剑

图 11.7 所示为西汉青铜剑（藏品号 1938）表面锈蚀产物的测试表征结果。可以看出该器物表面以浅绿色锈蚀产物为主，有疑似粉末状有害锈蚀的痕迹。SEM 下观察发现，该锈蚀产物表面凹凸不平，层状结构明显，组织较疏松，有裂缝与小块状晶体出现，结晶较好。EDS 化学成分测试发现锈蚀产物所含元素主要有 Cu、O、Cl 等元素，其中 Cu、O 元素含量较高。拉曼光谱显示不仅有孔雀石、赤铜矿等锈蚀，还有氯铜矿存在，其中，孔雀石结晶较差，赤铜矿结晶较好，氯铜矿的拉曼图谱中 3350cm^{-1} 与 3439cm^{-1} 中结合水的峰位非常明显，且能观察到 1612cm^{-1} 自由水 H—O—H 振动峰位存在，此外，未观察到杂质元素 Si 的存在。根据实验结果可以认定孔雀石和赤铜矿为初次锈蚀产物，而氯铜矿是在入馆后形成的二次锈蚀产物，也表明在馆藏环境中出现了 Cl$^-$ 存在的现象。

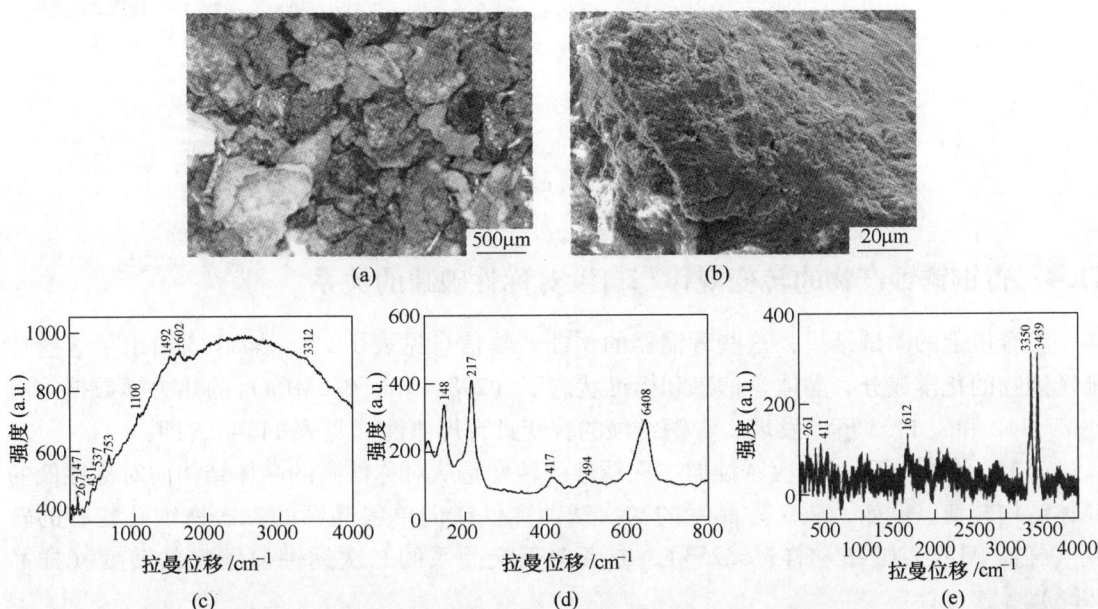

图 11.7 西汉青铜剑（藏品号 1938）表面锈蚀产物的测试表征
（a）光学显微镜照片；（b）SEM 形貌照片；（c）孔雀石的拉曼光谱（100~3500cm^{-1}）；
（d）赤铜矿的拉曼光谱（100~800cm^{-1}）；（e）氯铜矿的拉曼光谱（100~4000cm^{-1}）

彩图

11.3.6 唐代青铜钵

图 11.8 所示为唐代青铜钵（藏品号 3668）表面锈蚀产物的测试表征结果。器物表面以绿色锈蚀产物为主，无粉末状有害锈蚀的痕迹。在 SEM 下观察发现锈蚀产物表面较为平整，有少量裂纹与块状晶体，结晶良好，且分层现象较为明显。EDS 化学成分测试发现锈蚀产物所含元素主要有 Cu、O、C 等，其中 Cu、O 元素含量较高。拉曼光谱测试显示为孔雀石和水胆矾，均存在杂质元素 Si，表明锈蚀产物是在入馆前已形成。但在水胆矾锈蚀产物的拉曼光谱图中还可以清晰地观察到 1612cm^{-1} 处存在自由水 H—O—H 振动峰位，表明水胆矾在馆藏环境下有继续生长的痕迹。

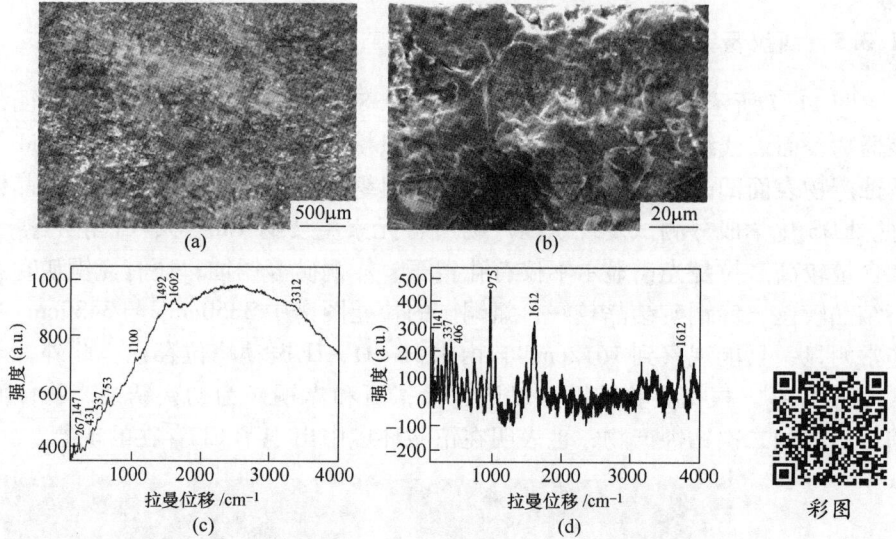

图 11.8   唐代青铜钵（藏品号 3668）表面锈蚀产物的测试表征

（a）光学显微镜照片；（b）SEM 形貌照片；（c）孔雀石的拉曼光谱（100~3500cm^{-1}）；

（d）水胆矾的拉曼光谱（100~3500cm^{-1}）

11.4   青铜锈蚀产物的转变规律与自发对称性破缺的关系

综合以上的测试结果，这些青铜器的锈蚀产物信息见表 11.2。表 11.3 给出了这些特征锈蚀物的化学成分、晶体学信息和标准状态下（298.15K，0.1MPa）的热力学数据。对比表 11.2 和表 11.3 可以发现，青铜锈蚀的转变具有规律性（见表 11.4），即：

（1）一般情况下，初次锈蚀向二次锈蚀的转变是从对称性高的晶体结构向对称性低的晶体结构转变。例如，从立方晶系的初次锈蚀赤铁矿向单斜晶系的二次锈蚀孔雀石的转变（样品 ABG-2209-1 和样品 3253），或者向正交晶系的二次锈蚀氯铜矿的转变（样品 1938）。

（2）相同晶系之间进行转换。例如，从单斜晶系的初次锈蚀孔雀石向单斜晶系的二次锈蚀蓝铜矿转变（样品 ABF-5155、样品 1233 和样品 3668），或者向单斜晶系的二次锈蚀水胆矾转变。

（3）同时伴随着吉布斯自由能降低。

表 11.2   馆藏青铜器试样锈蚀产物信息

序号	样品号	入馆前（初次锈蚀）	入馆后（二次锈蚀）
1	商代青铜瓿（编号 ABG-2209-1）	赤铜矿、锡石和非晶的混合物	孔雀石
2	商代青铜爵杯（藏品号 3253）	赤铜矿	孔雀石
3	春秋青铜簠（编号 ABF-5155）	赤铜矿、锡石和孔雀石	蓝铜矿
4	西汉青铜鼎（藏品号 1233）	孔雀石	蓝铜矿
5	西汉青铜剑（藏品号 1938）	赤铜矿和孔雀石	氯铜矿
6	唐代青铜钵（藏品号 3668）	孔雀石	水胆矾

表 11.3 铜及其锈蚀产物的晶体学和热力学信息

锈蚀产物名称	化学分子式	化学成分	晶系类型	空间群	晶胞参数	吉布斯自由能 $\Delta G_f^{\ominus}$ [12-16] /kJ·mol^{-1}
铜	Cu	Cu	立方晶系（面心立方）	$Fm\bar{3}m$（225号）	$a=0.3615$nm $z=4$	0
赤铜矿	Cu_2O	Cu 88.82%	立方晶系（简单立方）	$Pn\bar{3}m$（224号）	$a=0.4252$nm $z=2$	−146.0
锡石	SnO_2	SnO_2 99.60%，Cu 0.0014%	四方晶系（简单四方）	$P4_2/mnm$（136号）	$a=b=0.47382$nm $c=0.31871$nm $z=2$	−515.8
氯铜矿（有害锈）	$CuCl_2 \cdot 3Cu(OH)_2$	Cu 59.51%，H 1.42%，Cl 22.47%，O 16.60%	正交晶系（简单正交）	$Pnam$（62号）	$a=0.6030$nm $b=0.9120$nm $c=0.6865$nm $z=4$	−1339.5
孔雀石	$CuCO_3 \cdot Cu(OH)_2$	CuO 71.95%，CO_2 19.90%，H_2O 8.15%	单斜晶系（简单单斜）	$P2_1/c$（14号）	$a=0.9502$nm $b=1.1974$nm $c=0.3240$nm $\beta=98°45'$ $z=4$	−893.6
蓝铜矿	$2(CuCO_3) \cdot Cu(OH)_2$	CuO 69.24%，CO_2 25.53%，H_2O 5.23%	单斜晶系（简单单斜）	$P2_1/c$（14号）	$a=0.50109$nm $b=0.58485$nm $c=1.0345$nm $\beta=92.43°$ $z=2$	−1315.5
水胆矾	$CuSO_4 \cdot 3Cu(OH)_2$	Cu 56.20%，H 1.34%，S 7.09%，O 35.37%	单斜晶系（简单单斜）	$P2_1/c$（14号）	$a=0.602$nm $b=0.985$nm $c=1.308$nm $\beta=103°22'$ $z=4$	−1817.7
氯化亚铜（有害锈）	CuCl	CuCl	立方晶系（面心立方）	$F\bar{4}3m$（216号）	$a=0.549$nm	−119.86
氯化铜（有害锈）	$CuCl_2$	$CuCl_2$	单斜晶系（底心单斜）	$I2/m$（12号）	$a=0.6814$nm $b=0.3296$nm $c=0.6622$nm $\beta=118.29°$	−175.7
副氯铜矿（有害锈）	$Cu_2(OH)_3Cl$	Cu 59.51%，H 1.42%，Cl 22.47%，O 16.60%	三方晶系（斜方六面体）	$R\bar{3}$（148号）	$a=1.3654$nm $c=1.4041$nm $z=24(22, 25)$	−1341.8 (24, 26)

锈蚀产物名称	化学分子式	化学成分	晶系类型	空间群	晶胞参数	吉布斯自由能 $\Delta G_f^{\ominus}$ [12-16] /kJ·mol^{-1}
斜氯铜矿（有害锈）	$Cu_2(OH)_3Cl$	Cu 59.51%，H 1.42%，Cl 22.47%，O 16.60%	单斜晶系（简单单斜）	$P2_1/m$（11 号）	$a=0.5717nm$ $b=0.6126nm$ $c=0.5636nm$ $\beta=93.07°$ $z=2$	−1322.6 ±3.6
斜氯铜矿（有害锈）	$Cu_2(OH)_3Cl$	Cu 59.51%，H 1.42%，Cl 22.47%，O 16.60%	单斜晶系（简单单斜）	$P2_1/n$（14 号）	$a=0.6157nm$ $b=0.6814nm$ $c=0.9105nm$ $\beta=99.65°$ $z=4$	−1341.8

表 11.4　锈蚀产物的转化规律

序号	样品	入馆前（初次锈蚀）	入馆后（二次锈蚀）
1	商代青铜瓿（编号 ABG-2209-1）	赤铜矿（立方晶系，吉布斯自由能：−146.0kJ/mol）、锡石（四方晶系，吉布斯自由能：−515.8kJ/mol）	孔雀石（单斜晶系，吉布斯自由能：−893.6kJ/mol）
2	商代青铜爵杯（藏品号 3253）	赤铜矿（立方晶系，吉布斯自由能：−146.0kJ/mol）	孔雀石（单斜晶系，吉布斯自由能：−893.6kJ/mol）
3	春秋青铜簠（编号 ABF-5155）	赤铜矿（立方晶系，吉布斯自由能：−146.0kJ/mol）、锡石（四方晶系，吉布斯自由能：−515.8kJ/mol）、孔雀石（单斜晶系，吉布斯自由能：−893.6kJ/mol）	蓝铜矿（单斜晶系，吉布斯自由能：−1315.5kJ/mol）
4	西汉青铜鼎（藏品号 1233）	孔雀石（单斜晶系，吉布斯自由能：−893.6kJ/mol）	蓝铜矿（单斜晶系，吉布斯自由能：−1315.5kJ/mol）
5	西汉青铜剑（藏品号 1938）	赤铜矿（立方晶系，吉布斯自由能：−146.0kJ/mol）、孔雀石（单斜晶系，吉布斯自由能：−893.6kJ/mol）	氯铜矿（正交晶系，吉布斯自由能：−175.7kJ/mol）（有害锈）
6	唐代青铜钵（藏品号 3668）	孔雀石（单斜晶系，吉布斯自由能：−893.6kJ/mol）	水胆矾（单斜晶系，吉布斯自由能：−1817.7kJ/mol）

　　有趣和重要的是这种转变规律非常符合上述的自发对称性破缺规律[17-18]。实际上，从这些锈蚀产物转化的吉布斯自由能值来看，这种转变过程也符合能量最低原理。也就是说，青铜器在自然环境中长时间自发锈蚀反应过程遵循吉布斯自由能减少理论，即无其他功的封闭体系在一定温度和压强下，系统的吉布斯自由能在不可逆过程中总是减少，减少到吉布斯自由能最小时体系达平衡态[19]。

　　一般来说，当空气中含有游离的 CO_2 及水汽时，立方晶系的赤铜矿（Cu_2O）可以生成单斜晶系孔雀石，其化学反应式为：

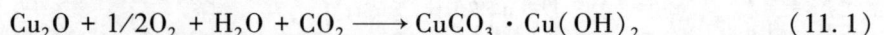

$$Cu_2O + 1/2O_2 + H_2O + CO_2 \longrightarrow CuCO_3 \cdot Cu(OH)_2 \tag{11.1}$$

其中，$\Delta_r G_f^{\ominus} = -116.112kJ/mol$。系统的吉布斯函数减小（$\Delta_r G_f^{\ominus}<0$），反应可自发进行。这是古代青铜器在保存过程中较为常见的锈蚀转变现象。

　　而对于西汉青铜剑（编号 1938）器物，当外界环境中存在过量 Cl$^-$ 时，则会产生立方晶系的赤铜矿向以正交晶系氯铜矿为主的锈蚀产物转变，其化学反应式为：

$$2Cu_2O + O_2 + H_2O + HCl \Longrightarrow CuCl_2 \cdot 3Cu(OH)_2 \qquad (11.2)$$

其中，$\Delta_r G_r^{\ominus} = -715.072kJ/mol$。

对于春秋青铜簠（编号 ABF-5155）、西汉青铜鼎（藏品号 1233）和唐代青铜钵（藏品号 3668）中初次锈蚀和二次锈蚀均为单斜晶系，但物质成分发生改变的情况也同样可以用对称性破缺理论和吉布斯自由能减少理论进行解释。对于这种同一晶体类型，空间结构和对称性相近的锈蚀产物，由于晶体中离子堆垛排列结构不同而引起的能量差值较小，因此较容易发生相互转化，其转化产物取决于外界环境中相应气体或离子含量。

实际上，这也说明为什么在自然界中经常会有孔雀石、蓝铜矿和水胆矾的共生现象，并且它们之间可以相互转化。例如，当外界环境中 CO_2 浓度高、pH 值低时，孔雀石会转化为蓝铜矿；而当潮湿环境中 CO_2 浓度较低时，蓝铜矿也会转化为孔雀石。该化学反应方程式为：

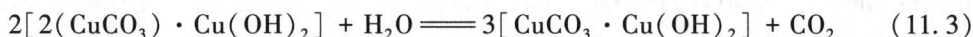

$$2[2(CuCO_3) \cdot Cu(OH)_2] + H_2O \Longrightarrow 3[CuCO_3 \cdot Cu(OH)_2] + CO_2 \qquad (11.3)$$

其中，$\Delta_r G_r^{\ominus} = -207.03kJ/mol$。当环境中含有一定浓度的 SO_4^{2-} 时，则会发生孔雀石到水胆矾的转化，具体反应式为：

$$2[CuCO_3 \cdot Cu(OH)_2] + SO_4^{2-} + 2OH^- \Longrightarrow CuSO_4 \cdot 3Cu(OH)_2 + 2CO_3^{2-} \qquad (11.4)$$

其中，$\Delta_r G_r^{\ominus} = -27.102kJ/mol$。但是在后期保存和收藏过程中，一般大气中 SO_4^{2-} 浓度很低，不足以使式（11.4）反应进行。而在海洋环境，通常会产生水胆矾锈蚀产物。所以水胆矾锈蚀产物会受到外界环境的影响，只有在 SO_4^{2-} 充足的条件下，才可能产生水胆矾锈蚀。

11.5 锈蚀转变自发对称性破缺对文物保护的意义

基于以上讨论，在古代青铜器馆藏和保存中，我们可以运用自发对称性破缺理论，以及吉布斯自由能降低原理，实现青铜锈蚀产物的可预测性和可控制性。也就是说，通过自发对称性破缺理论可以找到锈蚀产物转化的规律，提前预测可能生成的锈蚀产物。因而，通过有意识地控制保存环境，引导锈蚀产物向有利的方向转化，避免有害锈蚀的生长，为古代青铜器除锈和后期保护提供思路。

在实际应用中可以从两个方面选择保护方案：

（1）如果初次锈蚀为无害锈，通过合理选择保护环境使产生的二次锈蚀为无害锈，防止其向有害锈方向发展。例如，当青铜器表面产生氯铜矿、副氯铜矿等有害锈蚀时，可以考虑将其转化为单斜晶系孔雀石等更加稳定而无害的锈蚀产物。这样既防止了有害锈蚀的进一步扩散，又保留了锈蚀的历史过程，具有历史价值和保护意义。

（2）如果初次锈蚀为有害锈，则可以通过合理选择保护环境使产生的二次锈蚀为无害锈。

实际上，吉布斯自由能降低只是提供了一个在没有外力做功情况下，等温等压过程的化学反应方向判据，对于描述古代青铜器在保存环境中的锈蚀转变有局限性。而自发对称性破缺理论对于描述复杂条件下的锈蚀产物生长过程具有普适性。

另外，从表 11.5 所列的 Cu 与 Cu-Sn 合金的晶体学信息也可以看出，由铜或青铜产生初次锈蚀也服从自发对称性破缺规律。

表 11.5　铜和 Cu-Sn 合金中合金相的化学成分和晶体学基本信息

合金相	化学式	Sn 含量（质量分数）/%	点阵类型	空间群	晶格常数/nm		
					a	b	c
α-Cu 相	Cu	0~15.8	面心立方	$Fm\bar{3}m$	0.3615	0.3615	0.3615
β-Cu 相	Cu_5Sn	13.1~16.5	体心立方	$Im\bar{3}m$	0.2981	—	—
γ-Cu 相	$Cu_{31}Sn_8$	15.5~27.5	面心立方	$Fm\bar{3}m$	0.6116	—	—
δ-Cu 相	$Cu_{41}Sn_{11}$	20~21	面心立方	$F\bar{4}3m$	1.7980	—	—
ε-Cu 相	Cu_3Sn	24.5~25.9	底心正交	$Cmcm$	0.5529	4.7750	0.4323

　　实际上，金属锈蚀中的自发对称性破缺，或者晶体结构的对称性降低现象，又与一般相变引起的自发对称性破缺不同。它除了晶体结构发生变化以外，还伴随有化学成分的变化，以及化学反应。因此还要考虑吉布斯自由能降低的问题。这是我们需要进一步研究的问题。

　　通过以上的分析和讨论，我们可以看到，古代青铜器中的锈蚀现象表现出如下的规律：

　　（1）从晶体结构类型看，青铜锈蚀产物的生长次序体现出自发对称性破缺理论，总体表现为由对称性高的晶系向对称性低的晶系转变，且同一晶体类型的锈蚀可以相互转化，而出现共生现象。

　　（2）从热力学的角度看，锈蚀产物的生长遵循吉布斯自由能减少原理，大致沿着体系能量降低的方向进行。

　　（3）从外界环境因素看，锈蚀转化产物会复杂多样，转化产物取决于外界环境中湿度、相应气体或离子含量。

11.6　自发对称性破缺在金属锈蚀中的普适性

　　从古代青铜器锈蚀到自发对称性破缺的原创性工作，启示我们进一步思考一个问题：是否所有金属的锈蚀现象都服从自发对称性破缺规律？实际上是开辟了一个全新的研究领域，其重要意义在于实现一般金属从被动性防锈，发展到主动性防锈。

　　众所周知，金属锈蚀是一个长期困扰人们的难题，金属锈蚀造成的损失极其重大，据美国金属学会统计，全球每年因金属锈蚀造成的经济损失占生产总值的 4%，因锈蚀而报废的金属占总产量的 30%；我国每年因金属锈蚀造成的经济损失达 3000 多亿元。远远超过水灾、火灾、风灾和地震（平均值）损失的总和，还不包括间接损失。

　　金属具有优良的导电性和导热性、延展性好、有金属光泽等，这与其内部含有的自由电子密切有关。大部分金属是以化合态存在于自然界之中，少数是游离态。然而，当一种纯金属放置于潮湿的环境中时，该金属的表面就会发生化学变化，生成相应的锈蚀产物。金属的锈蚀主要分为：电化学锈蚀和化学锈蚀，它们的区别在于凝聚态 H_2O 是否存在于锈蚀环境的介质中，日常生活中金属的锈蚀一般是以电化学锈蚀为主，只有在无水介质或高温条件下才是以化学锈蚀为主[20]。

11.6.1 元素周期表中金属及其锈蚀产物的晶体学特征及其转变规律

表 11.6 总结出了元素周期表中，除了镧系和锕系外，其余大部分金属在潮湿环境下可能的锈蚀情况。从表中可知物质由金属变为相应的锈蚀产物（氧化产物）后具有一定的规律性，即相应的晶体学信息均表现为由具有较高对称性的金属转变为具有较低对称性的金属锈蚀产物，并伴随有吉布斯自由能的降低。

表 11.6　金属及其锈蚀产物的晶体学信息

主族或副族	元素	晶系	晶格类型	空间群	吉布斯自由能 /kJ·mol^{-1}	在潮湿环境中的腐蚀（氧化）产物	晶系	晶格类型	空间群	吉布斯自由能 /kJ·mol^{-1}
第一主族	锂 Li	立方晶系	体心立方点阵	$Im3m$	0	Li_3N	六方晶系	简单六方点阵	$P6/mmm$	−156.188
						Li_2CO_3	单斜晶系	底心单斜点阵	$C2/c$	−1132.44
	钠 Na	立方晶系	体心立方点阵	$Im\bar{3}m$	0	Na_2CO_3	单斜晶系	简单单斜点阵	$P1$ $21/n1$	−1047.67
	钾 K	立方晶系	体心立方点阵	$Im\bar{3}m$	0	K_2CO_3	单斜晶系	简单单斜点阵	$P21A$	−1104.57
	铷 Rb	立方晶系	体心立方点阵		0	Rb_2CO_3	单斜晶系	简单单斜点阵	$P21/c$	
第二主族	铍 Be	六方晶系	简单六方点阵	$P63/mmc$	0	BeO	六方晶系	简单六方点阵	$P63/mmc$	−569.442
	镁 Mg	六方晶系	简单六方点阵	$P63/mmc$	0	$Mg_5(CO_3)_4$-$(OH)_2(H_2O)_4$	单斜晶系	简单单斜点阵	$P21/c$	−569.567
	钙 Ca	立方晶系	面心立方点阵	$Fm3m$	0	$CaCO_3$	三方晶系	菱形点阵	$R\bar{3}c$	−1320.30
	锶 Sr	立方晶系	面心立方点阵	$Fm3m$	0	$SrCO_3$	三方晶系	菱形点阵	$R\bar{3}m$	−1137.63
	钡 Ba	立方晶系	体心立方点阵	$Im3m$	0	$BaCO_3$	正交晶系	简单正交点阵	$Pmcm$	
第一副族	钪 Sc	六方晶系	简单六方点阵	$P63/mmc$	0	Sc_2O_3	单斜晶系	底心单斜点阵	$C2/m$	−1819.41
第二副族	锆 Zr	六方晶系	简单六方点阵	$P63/mmc$	0	ZrO_2	单斜晶系	简单单斜点阵	$P21/n$	−1042.82
第三副族	钽 Ta	立方晶系	体心立方点阵	$Im3m$	0	Ta_2O_5	正交晶系	简单正交晶系	P_21_212	−1911.25
第五副族	锰 Mn	立方晶系	体心立方点阵	$I43m$	0	MnO（内层）	立方晶系	面心立方点阵	$Fm\bar{3}m$	−362.920
						Mn_3O_4（外层）	四方晶系	体心四方点阵	$I41/amd$	−1283.23
	锝 Tc	六方晶系	简单六方点阵	$P63/mmc$	0	TcO_2/TcS_2				

续表 11.6

主族或副族	元素	晶系	晶格类型	空间群	吉布斯自由能 /kJ·mol^{-1}	在潮湿环境中的腐蚀（氧化）产物	晶系	晶格类型	空间群	吉布斯自由能 /kJ·mol^{-1}
第六副族	铁 Fe	立方晶系	体心立方点阵	$Im\bar{3}m$	0	Fe_2O_3	三方晶系	菱形点阵	$R\bar{3}c$	−742.3
	锇 Os	六方晶系	简单六方点阵	$P63/mmc$	0	OsO_2	四方晶系	简单四方点阵	$P42/mnm$	−192.5
第八副族	镍 Ni	立方晶系	面心立方点阵	$Fm\bar{3}m$	0	NiO	立方晶系	面心立方点阵	$Fm3m$	−211.7
第九副族	铜 Cu	立方晶系	面心立方点阵	$Fm\bar{3}m$	0	$CuCO_3$ $Cu(OH)_2$	单斜晶系	简单单斜点阵	$P21/a$	−893.702
	银 Ag	立方晶系	面心立方点阵	$Fm\bar{3}m$	0	Ag_2S	单斜晶系	简单单斜点阵	$P21/c$	−40.6684
第十副族	锌 Zn	六方晶系	简单六方点阵	$P63/mmc$	0	$Zn_5(CO_3)_2-(OH_6)$	单斜晶系	底心单斜点阵	$C2/m$	−1345.99
	镉 Cd	六方晶系	简单六方点阵	$P63/mmc$	0	$CdCO_3$	三方晶系	菱形点阵	$R\bar{3}c$	−669.5
						CdS	六方晶系	简单六方点阵	$P63mc$	−156.481
第二主族	铝 Al	立方晶系	面心立方点阵		0	Al_2O_3	三方晶系	菱形点阵	$R\bar{3}c$	−1582.38
	镓 Ga	正交晶系			0	Ga_2O_3	单斜晶系	底心单斜点阵	$C2/m$	253.550
	铊 Tl	六方晶系	简单六方点阵	$P63/mmm$	0	Tl_2S	三方晶系	菱形点阵	$R3$	−93.7216
	锡 Sn	四方晶系	体心四方点阵	$I4/mmm$	0	SnO_2	四方晶系	简单四方点阵	$P42/mnm$	−519.652
	铅 Pb	六方晶系	简单六方点阵	$P63/mmm$	0	PbO	四方晶系	底心四方点阵	$Cmma$	−187.903

11.6.2 基于密度泛函理论的第一性原理计算：金属及其锈蚀产物的形成能变化规律

基于密度泛函理论（DFT）的第一性原理计算是指通过量子力学的密度泛函理论和计算材料的特性，设计不同的材料结构来研究与能量学和电子方面相关的问题。

对于化合物来说，能量越低越稳定，也就是晶胞的总能量越低，体系的稳定性越高。形成能是由单质生成化合物过程中所释放的能量，它表示的是金属间化合物形成的难易程度，形成能的大小等于生成物晶胞总能量之和减去反应物晶胞总能量之和。也就是说，若形成能为负值，反应才有可能自发产生，并且形成能越小，形成的化合物也就越稳定。判断某种材料的稳定性，选用形成能更为符合实际。金属及其锈蚀产物的晶胞能量和形成能的计算结果见表 11.7。

表 11.7　金属锈蚀过程中的形成能大小

种类	金属锈蚀产物	在空气下的反应方程式	形成能/kJ·mol^{-1}
CO_2			−1027.73
H_2O			−466.86
O_2			−864.66
N_2			−542.66
H_2			−24.80
Li	Li_2CO_3	$4Li+O_2+2CO_2 = 2Li_2CO_3$	−18.446
Na	Na_2CO_3	$4Na+O_2+2CO_2 = 2Na_2CO_3$	−17.413
K	K_2CO_3	$4K+O_2+2CO_2 = 2K_2CO_3$	−14.816
Be	BeO	$2Be+O_2 = 2BeO$	−12.805
Mg	MgO	$2Mg+O_2 = 2MgO$	−12.99
Ca	CaO	$2Ca+O_2 = 2CaO$	−14.29
Sr	SrO	$2Sr+O_2 = 2SrO$	−11.63
Ba	BaO	$2Ba+O_2 = 2BaO$	−3.709
Zr	ZrO_2	$Zr+O_2 = ZrO_2$	−11.379
Ta	Ta_2O_5	$4Ta+5O_2 = 2Ta_2O_5$	−39.126
Mn	MnO	$2Mn+O_2 = 2MnO$	−3.267
Tc	TcO_2	$Tc+O_2 = TcO_2$	−6.98
Fe	FeO	$2Fe+O_2 = 2FeO$	−3.086
Ni	NiO	$2Ni+O_2 = 2NiO$	−5.376
Cu	Cu_2O	$4Cu+O_2 = 2Cu_2O$	−3.243
Ag	Ag_2S	$4Ag+2H_2S+O_2 = 2Ag_2S+2H_2O$	−11.96
Zn	ZnO	$2Zn+O_2 = 2ZnO$	−9.248
Cd	CdS	$2Cd+2H_2S+O_2 = 2CdS+2H_2O$	−14.592
Al	Al_2O_3	$4Al+3O_2 = 2Al_2O_3$	−35.707
Ga	Ga_2O_3	$4Ga+3O_2 = 2Ga_2O_3$	−27.826
Tl	Tl_2S	$4Tl+2H_2S+O_2 = 2Tl_2S+2H_2O$	−10.749
Sn	SnO_2	$Sn+O_2 = SnO_2$	−10.79
Pb	PbO	$2Pb+O_2 = 2PbO$	−8.079

11.6.3　典型金属铜、铁、锌及其锈蚀产物的模拟实验

选取了实际应用中最为常见的铜、铁、锌三种金属，利用盐溶液高温蒸汽法模拟锈蚀

环境来验证金属的锈蚀情况，通过添加金属缓蚀剂实现了对金属锈蚀产物的可控性，初步验证了以上理论推测。限于篇幅和相关性，不在此做详细介绍，感兴趣的读者可以阅读我们发表的相关论文。

通过以上的初步研究，可以获得一个结论：绝大部分金属的锈蚀过程都具有自发对称性破缺现象，并同时满足吉布斯自由能降低理论，也就是说，金属在潮湿环境下的锈蚀过程是自然界中普遍存在的一条规律。其重要的实际应用意义在于：我们可以通过对金属锈蚀产物的可预测性，进一步控制锈蚀环境，实现锈蚀产物的可控性，即实现主动防锈。

参 考 文 献

[1] Kobayashi M, Maskawa T. CP-violation in the renormalizahle theory [J]. Progress of Theoretical Physics, 1973, 49 (2): 652-657.

[2] Yoichiro N. Symmetry breaking, chiral dynamics, and fermion masses [J]. Nuclear Physics, Section A, 1998, 638 (1): 35c-44c.

[3] Hosotani Y, Oda K, Ohnuma T, et al. Dynamical electroweak symmetry breaking in SO(5)×U(1) Gauge-higgs unification in the randall-sundrum warped space [J]. Physical Review D, 2008, 78 (11): 096002.

[4] Yoichiro N. Elementary particle physics: Spontaneous broken symmetry (Nobel Lecture) [J]. Chem. Phys. Chem., 2009, 10 (11): 1718-1721.

[5] Choi K, Jeong K S, Okumura K I, et al. Electroweak symmetry breaking in supersymmetric gauge-Higgs unification models [J]. Journal of High Energy Physics, 2004, 2004(2): 1-19.

[6] Stefan G, Gunter M S, Richard D W. Rigorous results on spontaneous symmetry breaking in a one-dimensional driven particle system [J]. J. Stat. Phys., 2007, 128: 587-606.

[7] Yao N Y, Potter A C, Potirniche I D, et al. Discrete time crystals: Rigidity, criticality, and realizations [J]. Phys. Rev. Lett., 2017, 118: 030401-1-030401-6.

[8] Chen S P, Wang C F, Zhou H T, et al. Symmetry breaking and switchable thermal dielectric behaviors triggered by order-disorder phase transition in a neutral co-crystallized organic adduct [J]. Chem. Phys. Lett., 2018, 715: 45-50.

[9] 杨舰，江洋. CP 对称性破缺起源的发现与自然辩证法 [J]. 自然辩证法研究, 1999, 32: 91-95.

[10] 王文清. 对称性破缺与生命起源 [J]. 生物物理学报, 1999, 15: 11-18.

[11] Großkinsky S, Schütz G M, Willmann R D. Rigorous results on spontaneous symmetry breaking in a one-dimensional driven particle system [J]. Journal of Statistical Physics, 2007, 128 (3): 587-606.

[12] Anthony J W, Bideaux R A, Bladh K W, et al. Handbook of Mineralogy. (Mineralogical Society of America VA, 1990), http://www.handbookofmineralogy.org/. Accessed 5 october 2019.

[13] Wagman D D, Evans W H, Parker V B, et al. The NBS tables of chemical thermodynamic properties [J]. J. Phys. Chem. Reference Data, 1982, 11: 2-154.

[14] Hannington M D. The formation of atacamite during weathering of sulfides on the modern seafloor [J]. Can. Mineral., 1993, 31: 945-956.

[15] Woods T L, Garrels R M. Phase relations of some cupric hydroxy minerals [J]. Econ. Geol., 1986, 81: 1989-2007.

［16］ Pollard A M, Thomas R G, Williams P A. Synthesis and stabilities of the basic copper（Ⅱ）chlorides atacamite, paratacamite and botallackite ［J］. Mineral. Mag., 1989, 53: 557-563.

［17］ Popkov V, Evans M R, Mukamel D. Spontaneous symmetry breaking in a bridge model fed by junctions ［J］. Journal of physics A: Mathematical and Theoretical, 2008, 41: 1751-8113.

［18］ Reppe T, Dressel C, Poppe S, et al. Controlling spontaneous mirror symmetry breaking in cubic liquid crystalline phases by the cycloaliphatic ring size ［J］. Chemical Communications（Cambridge, England）, 2020, 56（5）: 711-714.

［19］ MacLeod I D, Disease B. An electrochemical explanation ［J］. ICCM Bulletin, 1981, 7（1）: 16-26.

［20］ 肖纪美, 曹楚南. 材料腐蚀学原理 ［M］. 北京: 化学工业出版社, 2002.

12 青铜锈蚀的模拟与应用

12.1 概述

对于古代青铜器进行科学分析只是青铜器锈蚀产物及其锈蚀机理研究的第一步。鉴于古代青铜器作为文物的不可再生性，越来越多的研究者开始致力于青铜器腐蚀过程的模拟研究。通过模拟研究能够更全面、系统和深入地了解青铜锈蚀产物及其锈蚀机理，可为后期保护及真伪鉴别等提供科学依据。

古代青铜器表面经历漫长岁月才逐渐形成各种锈蚀产物。例如，在土壤环境中，大多数锈蚀产物的形成都经历了数百年甚至数千年；在大气环境中，青铜器表面需要数年或数十年才能出现新的锈蚀产物。显然，对于大多数研究不可能花费如此长的时间去重现上述自然腐蚀过程。因此需要尽可能模拟相应环境生成相似模拟锈蚀产物的前提下，通过提高反应速率，在短时间内生成出与之具有相同效果的锈蚀产物。

目前，常用的模拟研究方法包括："原位"环境模拟法[1-3]、混合盐溶液模拟法[4-8]和电化学模拟法[9-13]。"原位"环境模拟法是直接在古代青铜文物出土地或保存地的原始环境下进行模拟锈蚀的方法。这种简单、实用的方法在早期研究中十分常用，但由于实验周期长，近年来使用得越来越少。混合盐溶液模拟法是将青铜试样放置于不同的盐溶液中，经过一段时间后表面生成锈蚀产物。该方法可以通过提高离子浓度，将实验周期缩短到数天至数十天，是目前较常用的方法之一。电化学模拟法主要是利用电化学工作站模拟青铜锈蚀行为。这种方法不仅缩短了模拟实验周期，还可以实时监测试样在锈蚀过程的电化学行为。根据测试电化学参数的不同，又可以分为三种方法：开路电位法、循环伏安法和电流-时间法，其中电流-时间法是目前常用的方法。

然而，这些模拟研究方法存在 3 点不足：

（1）不能用于青铜器在气氛环境中的锈蚀过程模拟研究。虽然有研究者利用"原位"环境模拟法对大气环境和博物馆环境等气氛环境中的青铜锈蚀过程进行过研究，但是存在实验周期长、实验条件不可控、实验过程中不确定因素多等问题。

（2）对以孔雀石为代表的碳酸盐锈蚀产物的模拟研究少。因为受模拟环境的限制，一般方法生成的模拟锈蚀主要以氯铜矿和斜氯铜矿为代表的碱式氯化物及以水胆矾为代表的硫酸盐为主。孔雀石这种古代青铜器最常见的锈蚀产物，却只能通过电化学模拟法在存在 Cl^- 催化的溶液条件下模拟生成。

（3）不能对无 Cl^- 存在的环境中青铜器锈蚀过程进行模拟研究。众所周知，在青铜器的锈蚀过程中 Cl^- 起到了关键的自催化作用[14-16]，极大加速了青铜的锈蚀过程。因此，在大多数模拟实验中，都加入了过量的 Cl^- 以提高反应速度，缩短实验周期。

实际上，在含有过量有害气体（或物质）的潮湿气氛环境中，大量的馆藏古代青铜器会生成各种锈蚀产物。特别是，我们研究发现在过量 CO_2（无 Cl^- 催化）的气氛环境中也容易生成孔雀石锈蚀。显然，利用上述常规模拟研究方法很难模拟出馆藏文物气氛环境，并在短时间内生成与之相似的模拟锈蚀。

本章首先介绍我们利用电化学法对不同含 Sn 量的 Cu-Sn 合金腐蚀过程中的研究工作，发现相比于 δ-Cu 相，在电解质溶液中 α-Cu 相更容易发生腐蚀，为该两个合金相的优先腐蚀问题提供了新的实验依据。然后介绍我们提出的一种新的"盐溶液高温蒸汽模拟技术"和模拟产物，如孔雀石、氯铜矿、斜氯铜矿和水胆矾等，并深入分析了青铜在多种腐蚀环境下的锈蚀机理；该项研究进一步被应用于人工方法生长宝石级的大块孔雀石，还获得了国家发明专利"一种人工合成宝石级孔雀石的方法"（授权专利号：ZL201310144503.1）。最后，介绍我们在基于锈蚀产物进行古代青铜器真伪鉴别方面的研究方法与成果。

12.2 铜锡合金腐蚀过程中的电化学与微结构特征研究

青铜器的腐蚀是一个电化学过程，采用电化学的手段来监测青铜器在大气中的腐蚀过程更加准确。目前，研究青铜器的腐蚀应用较多的电化学方法有开路电位法[10-13]、循环伏安法[2,17]、电化学阻抗谱法[18-19] 等。利用这些方法研究青铜器的腐蚀可以大大缩短实验周期，并能实时观察青铜腐蚀过程的电化学行为。

在发掘出来的古代青铜器中，人们发现在通常情况下属于低锡青铜器的鼎和壶等腐蚀程度很重，而属于高锡青铜器的剑、戈、戟等的腐蚀程度很轻，所以合金比例对青铜的耐腐蚀性能有很大影响。研究表明对于 Cu-Sn 二元合金，含 Sn 量的多少对锈蚀产物有影响，一般认为，高锡青铜的耐腐蚀性优于低锡青铜。

另外，有关青铜组织中 α-Cu 相和 δ-Cu 相的优先腐蚀的问题争论已久。根据对古代青铜试样的观察，发现既有 α-Cu 相优先被腐蚀的现象，也有 δ-Cu 相优先被腐蚀的现象，甚至在同一青铜器上可以观察到两种截然相反的现象。

基于以上的分析，本节利用电化学法对 Cu-Sn 合金中 Sn 含量对其耐腐蚀性能的影响进行了系统研究，并对电化学腐蚀前后样品显微组织中 α-Cu 相和 δ-Cu 相优先腐蚀问题进行了观察，以期为古代青铜器的锈蚀防护提供基础数据和指导。

12.2.1 实验材料与方法

实验用腐蚀溶液分别为 0.01mol/L NaCl 溶液和 0.01mol/L Na_2SO_4 溶液。所有溶液均用分析纯试剂和高纯去离子水配制，实验在室温下进行。两个锡青铜样品为自行熔炼，一个是 Sn 含量在固溶线以下属于低锡青铜的 Cu-10%Sn（质量分数）样品（标为"样品 A"），另一个是 Sn 含量在固溶线以上属于高锡青铜的 Cu-20%Sn（质量分数）样品（标为"样品 B"）。

样品的电化学测试采用电化学工作站进行测试。采用标准三电极系统：工作电极（WE）为所检测的青铜样品，辅助电极（CE）为铂电极，参比电极（RE）为 Ag/AgCl 电极。

Tafel 曲线测试扫描速度为 10mV/min，测试范围为开路电位 $E_{ocp}\pm300mV$。通过电化学工作站自带软件拟合可以得到自腐蚀电位、自腐蚀电流密度等参数。

EIS 测试在开路电位下进行，频率范围为 100kHz～10mHz，由高频向低频扫描，激励信号采用幅值为 10mV 的正弦交流信号，并根据得到的阻抗谱图提出相应的等效电路图。

12.2.2　微观形貌特征与合金成分分析

图 12.1 所示为两个样品的金相微观组织形貌。这两个 Cu-Sn 二元合金样品均为铸造凝固组织，主要由富铜的树枝状 α-Cu 相和富锡的 α+δ 共析相组成，并存在一些气孔和铸造缺陷[20]。从图中可以清楚地看出，Sn 含量较低的样品以 α-Cu 相为主，α+δ 共析组织较少，如图 12.1（a）所示。而 Sn 含量高的样品中，α-Cu 相树枝晶发育清晰，α+δ 共析组织和 δ-Cu 相比例明显增加，如图 12.1（b）所示。

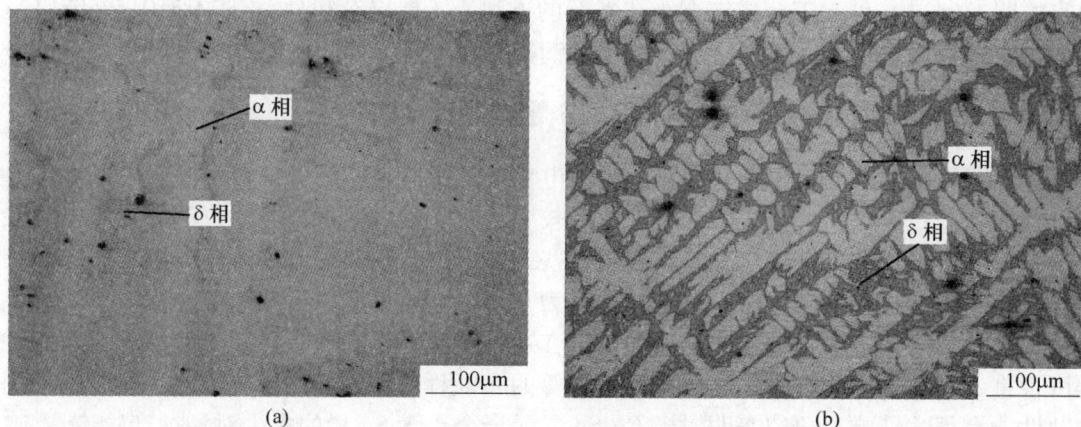

图 12.1　样品的金相显微组织
（a）样品 A；（b）样品 B

图 12.2 和表 12.1 所示为两个样品的背散射电子 SEM 形貌和相应的 EDS 成分测试结果。由于化学成分上的差异，从 SEM 图中可以明显看出 α-Cu 相与 δ-Cu 相的不同衬度，其化学成分主要是 Cu、Sn 元素，并且两个样品的平均合金含量与冶炼的合金配比基本相同。其中，样品 A 的 α-Cu 相中 Sn 固溶度为 11.75%，δ-Cu 相中 Sn 含量为 29.45%，低于

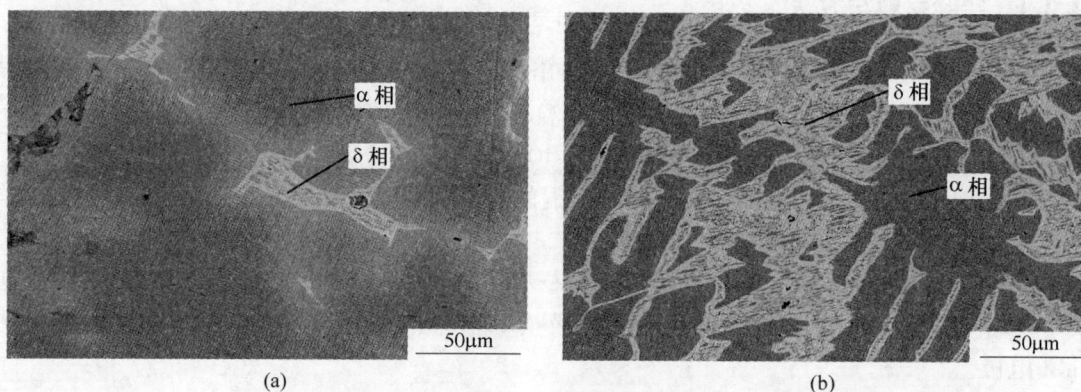

图 12.2　新打磨抛光（未侵蚀）样品表面的 SEM 照片
（a）样品 A；（b）样品 B

δ-Cu 相（$Cu_{41}Sn_{11}$）的理论 Sn 含量 32.6%，这可能是由于在 EDS 进行成分测量过程中，特征 X 射线在样品内部产生"梨形分布"，导致实际测量区域较大，并含有 α-Cu 相的贡献；同样，样品 B 的 α-Cu 相中 Sn 的固溶度为 13.30%，δ-Cu 相中 Sn 含量为 28.96%，也低于 δ-Cu 相（$Cu_{41}Sn_{11}$）的理论 Sn 含量。

表 12.1 图 12.1 对应样品的 EDS 成分分析

样　品	元素的质量分数/%	
	Sn	Cu
样品 A（平均成分）	10.59	89.41
样品 A（α-Cu 相成分）	11.75	88.25
样品 A（δ-Cu 相成分）	29.45	70.55
样品 B（平均成分）	20.85	79.15
样品 B（α-Cu 相成分）	13.30	86.70
样品 B（δ-Cu 相成分）	28.96	71.04

12.2.3　在电解质溶液中的腐蚀电化学特性

图 12.3 所示为两个 Cu-Sn 合金样品分别在 Na_2SO_4 溶液和 NaCl 溶液中的腐蚀电位-时间曲线。从图中可看出，当自腐蚀电位达到稳定后，样品 B 的腐蚀电位高于样品 A 的腐蚀电位，随着 Sn 含量升高，其自腐蚀电位正移，说明 Sn 含量的增加使其耐腐蚀性增强。

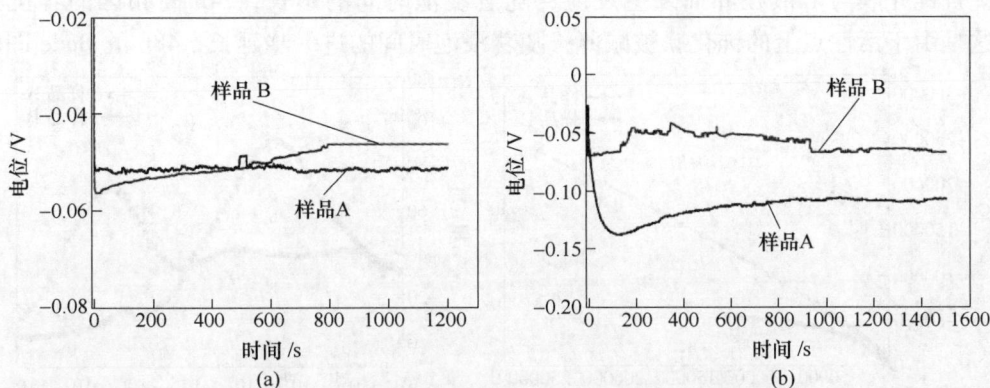

图 12.3　样品在电解质溶液中的腐蚀电位-时间曲线
（a）Na_2SO_4 溶液；（b）NaCl 溶液

图 12.4 所示为两个 Cu-Sn 合金样品分别在 Na_2SO_4 溶液和 NaCl 溶液中的 Tafel 曲线。由图可知，样品 A 比样品 B 的腐蚀电流密度更大，通过软件分析得到在 Na_2SO_4 溶液中样品 A 的腐蚀电流密度为 $5.69\mu A/cm^2$，样品 B 的腐蚀电流密度为 $2.01\mu A/cm^2$；在 NaCl 溶液中样品 A 的腐蚀电流密度为 $5.64\mu A/cm^2$，样品 B 的腐蚀电流密度为 $2.33\mu A/cm^2$，随 Sn 含量增加腐蚀电流密度减小。说明 Sn 含量的增加能够促使 Cu-Sn 合金的耐腐蚀性增强，腐蚀速度变慢。这与我们测得的自腐蚀电位的结果一致，证明高锡青铜的耐腐蚀性优于低锡青铜。

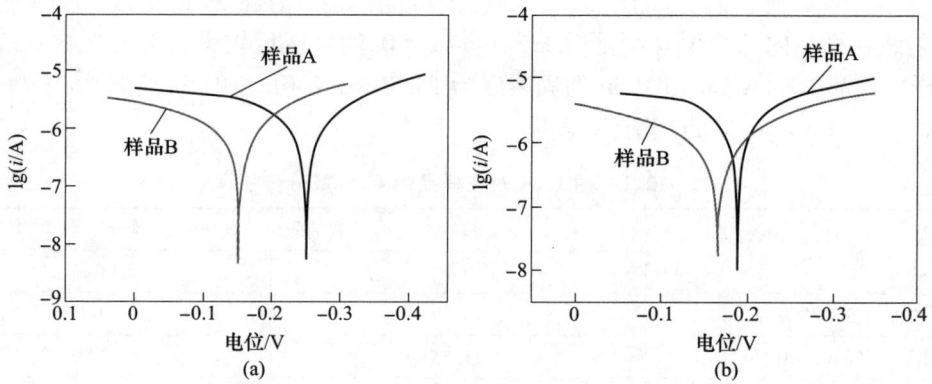

图 12.4　样品在电解质溶液中的极化曲线
(a) Na_2SO_4 溶液；(b) NaCl 溶液

图 12.5 所示为两个 Cu-Sn 合金样品在 Na_2SO_4 溶液中 48h 浸泡期间的阻抗谱响应。样品 A 在浸泡初期，阻抗谱为单容抗弧，说明金属基体已被活化，电极表面发生了均匀腐蚀；随着浸泡时间的进一步延长，48h 的 Bode 图出现了两个时间常数，表明在 6~48h 的时间段内，在样品表面生成了钝化膜。随着电解质溶液对钝化膜的不断侵蚀，钝化膜中的活性点在介质内出现破裂现象，表明样品进入了点蚀发展期。对于样品 B 来说，其在浸泡初期的阻抗谱由高频区的容抗弧和中频区的容抗弧组成，表明样品表面开始有钝化膜生成，并且钝化膜与溶液在界面发生反应；随着浸泡时间的延长，24h 高频区的容抗弧减弱，这是由于活性点上的钝化膜被减薄；随着浸泡时间的进一步延长，48h 的 Bode 图时间

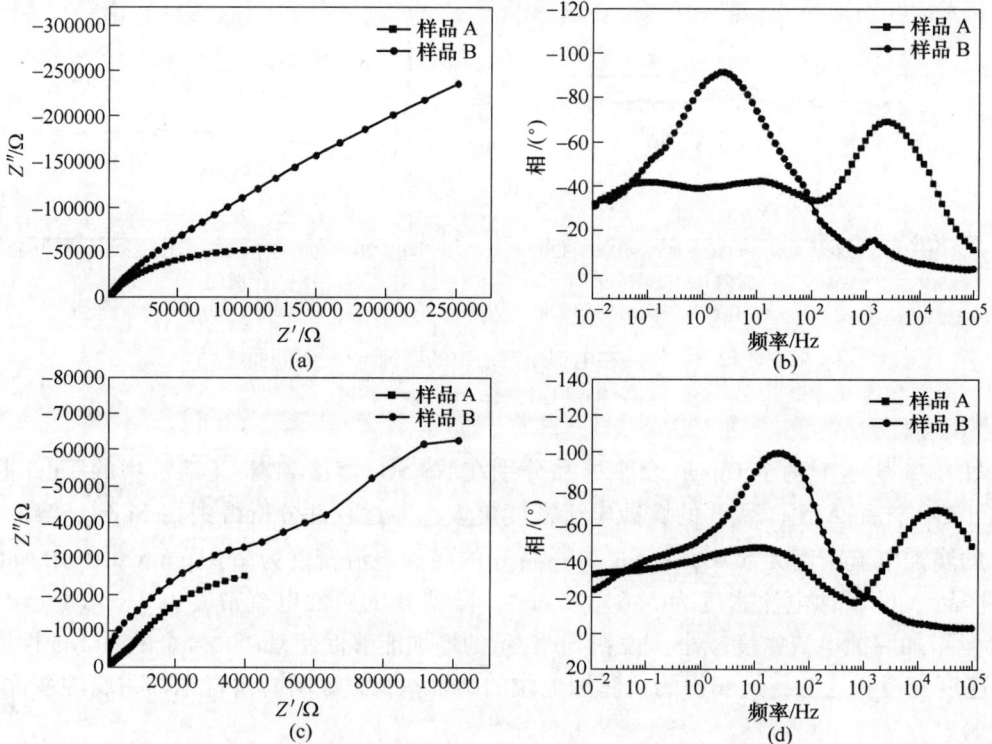

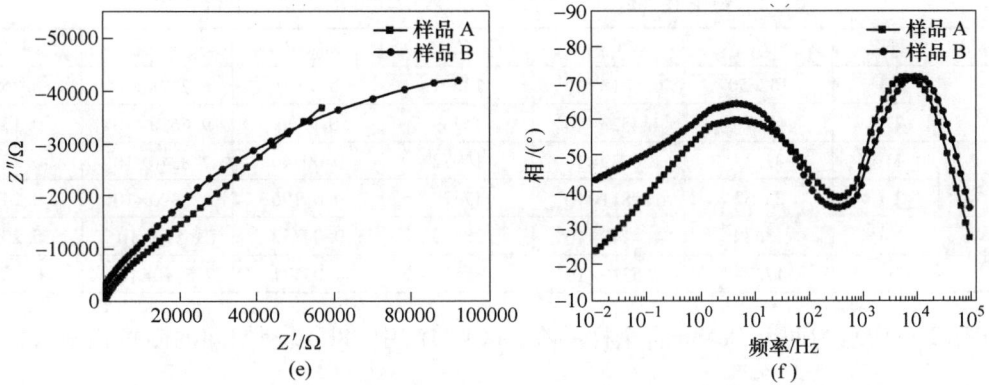

图 12.5 样品在 Na_2SO_4 溶液中 48h 浸泡期间的 Nyquist 图和 Bode 图

（a）（c）（e）分别为浸泡时间 6h、24h、48h 的 Nyquist 图；（b）（d）（f）分别为浸泡时间 6h、24h、48h 的 Bode 图

常数由一个变为两个，表明随着电解质溶液对钝化膜的不断侵蚀，钝化膜的活性点在介质中有破裂的现象，样品进入了点蚀的发展期。从三组 Nyquist 图中对比发现样品 B 的容抗弧直径均明显大于样品 A，表明样品 A 的表面活性较大，耐腐蚀性较差。此结果也与前面所测的开路电位-时间曲线和 Tafel 曲线测量结果相吻合。

基于以上分析，结合电化学阻抗谱的形状特征，我们利用图 12.6 的等效电路图来拟合分析图 12.5 中的电化学阻抗谱。根据这个等效电路，对不同组分青铜材料在 Na_2SO_4 溶液中的电化学阻抗数据进行拟合。不同组分青铜材料在 Na_2SO_4 溶液中的拟合数据见表 12.2。

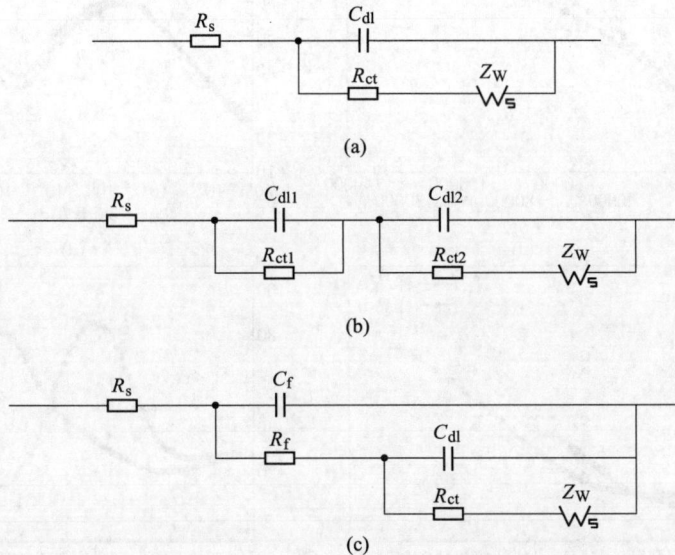

图 12.6 样品在 Na_2SO_4 溶液中的阻抗响应等效图

（a）样品 A，6h、24h；（b）样品 B，6h、24h；（c）样品 A 和样品 B，48h

R_s—溶液电阻；C_f，R_f—腐蚀产物膜电容和电阻；

C_{dl}，R_{ct}—双电层电容和电荷转移电阻；Z_W—扩散阻抗

表 12.2   青铜在 Na$_2$SO$_4$ 溶液中不同浸泡期间的阻抗谱拟合参数

时间/h	样品	R_s	C_{dl}	R_{ct}	W_o-R	W_o-T	W_o-P
6	1 号	132.50	9.6618×10^5	13691	0.1319	6.2278×10^7	0.3595
	2 号	61.76	4.4523×10^5	15439	0.6536	9.6630×10^7	0.1304
24	1 号	31.37	1.0739×10^5	16972	0.00146	2.8340×10^7	0.2318
	2 号	25.52	1.0811×10^5	17575	0.00106	6.5390×10^7	0.2411
48	1 号	13.49	4.4148×10^5	28422	0.03852	8.6510×10^{11}	0.2911
	2 号	17.74	7.5310×10^5	36520	0.03171	7.5310×10^{11}	0.3072

图 12.7 所示为两个 Cu-Sn 合金样品在 NaCl 溶液中 48h 浸泡期间的阻抗谱响应。在浸

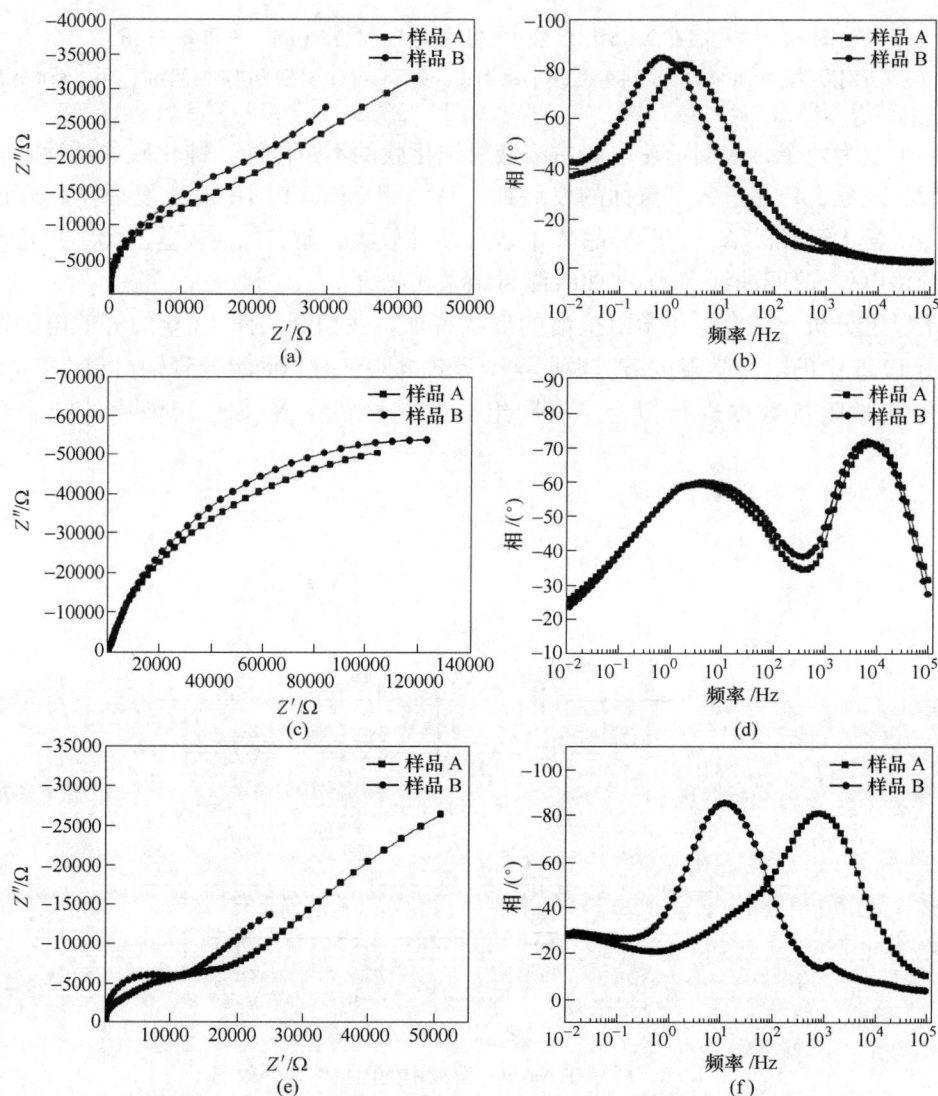

图 12.7   样品在 NaCl 溶液中 48h 浸泡期间的 Nyquist 图和 Bode 图

（a）（c）（e）分别为浸泡时间 6h、24h、48h 的 Nyquist 图；（b）（d）（f）分别为浸泡时间 6h、24h、48h 的 Bode 图

泡初期，阻抗谱为单容抗弧，表明金属基体已经被活化，电极表面发生了均匀腐蚀。随着浸泡时间的延长，24h 的 Bode 图中的一个时间常数转变为两个时间常数，说明在 6~24h 时间段内，样品表面出现了钝化膜，随着电解质溶液对钝化膜的不断侵蚀，钝化膜的活性点在介质中有破裂的现象，样品进入了点蚀发展期。随着浸泡时间进一步延长，浸泡 48h 的时间常数由两个变为一个，且 Nyquist 图表现为具有 Warburg 阻抗特征的阻抗谱，显示金属表面钝化膜发生了局部溶解，进入了稳定的点蚀期。将三组阻抗谱进行对比发现样品 B 的容抗弧直径均明显大于样品 A，说明样品 B 的耐腐蚀性优于样品 A。基于以上分析和阻抗谱形状，我们采用图 12.8 的等效电路图来拟合图 12.7 中的电化学阻抗谱，数据见表 12.3。

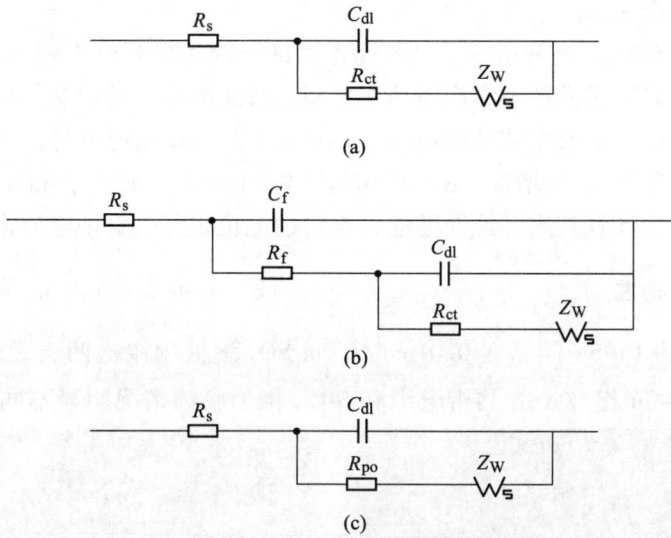

图 12.8　青铜样品在 NaCl 溶液中的阻抗响应等效图
（a）6h；（b）24h；（c）48h
R_s—溶液电阻；C_f，R_f—腐蚀产物膜电容和电阻；
C_{dl}，R_{ct}—双电层电容和电荷转移电阻；Z_W—扩散阻抗；R_{po}—孔内电阻

表 12.3　青铜在 NaCl 溶液中不同浸泡期间的阻抗谱拟合参数

时间/h	样品	R_s	C_{dl}	R_{ct}	W_o-R	W_o-T	W_o-P
6	1 号	11.91	$3.9868×10^5$	15559	0.1875	$2.5706×10^7$	0.3037
	2 号	15.03	$4.7885×10^5$	18509	0.0227	$2.5680×10^7$	0.3113
24	1 号	13.24	$4.1621×10^7$	22001	0.0037	$5.5690×10^7$	0.3007
	2 号	13.57	$4.4707×10^7$	27477	0.0043	$2.6530×10^7$	0.2935
48	1 号	64.12	$3.2585×10^7$	2892	0.0190	$1.9825×10^{11}$	0.1466
	2 号	79.80	$1.1562×10^7$	11593	2.0080	$5.3021×10^{11}$	0.2709

将在 Na_2SO_4 溶液中的阻抗图谱与在 NaCl 溶液中的对比，发现浸泡 48h Na_2SO_4 溶液中的样品时间常数由一个变为两个，样品表面进入点蚀发展期，而在 NaCl 溶液中的样品在浸泡 24h 的样品时间常数由一个变为两个，样品表面进入点蚀发展期，浸泡 48h 由两个时间常数变为一个时间常数，表明样品表面钝化膜开始局部溶解穿透，进入了稳定的点蚀

期，形成了肉眼可见的孔蚀，说明 Cl⁻ 对青铜材料的腐蚀作用更强。对照表 12.2 和表 12.3 的数据来看，在 NaCl 溶液中的 R_{ct} 值相对较小，也表明 Cl⁻ 对青铜材料的腐蚀作用更强。

3 组电化学实验的结果都表明，高锡青铜的耐腐蚀性均优于低锡青铜，其原因可以从以下两个角度进行分析：

（1）从合金成分的角度分析。金属 Sn 比 Cu 活泼性强，当在电解质溶液中侵蚀样品表面时，Sn 先发生氧化生成一层富 Sn 钝化膜保护样品不被进一步腐蚀，当钝化膜不断被侵蚀，膜表面有破裂时，Cu 才开始发生腐蚀。由于样品 B 的 Sn 含量更高，生成的钝化膜保护作用更强，腐蚀抑制能力更强，所以在实验中，样品 B 的自腐蚀电位正移，腐蚀电流密度减小，耐腐蚀性变强。

（2）从金相组织的角度分析。在对古代青铜试样的显微观察中发现有许多 α-Cu 相优先腐蚀的现象。有研究者模拟了青铜样品在典型电解质溶液中的电化学行为，测试了不同相组织的青铜在电解质溶液中的开路电位，实验证明 α-Cu 相更容易发生腐蚀[9]。从金相图中也可以看出随着 Sn 含量增加，α-Cu 相所占体积比减少，α+δ 共析组织和 δ-Cu 相所占体积比增大，因此会导致其耐腐蚀性增强，自腐蚀电位正移，腐蚀电流密度变小。

12.2.4 微区腐蚀特性

图 12.9 所示为 Cu-Sn 样品在 0.01mol/L Na₂SO₄ 溶液中浸泡两天后表面的腐蚀情况。从图中可以看出 α-Cu 相与 α+δ 共析组织和 δ-Cu 相的腐蚀情况明显不同，α-Cu 相的点蚀

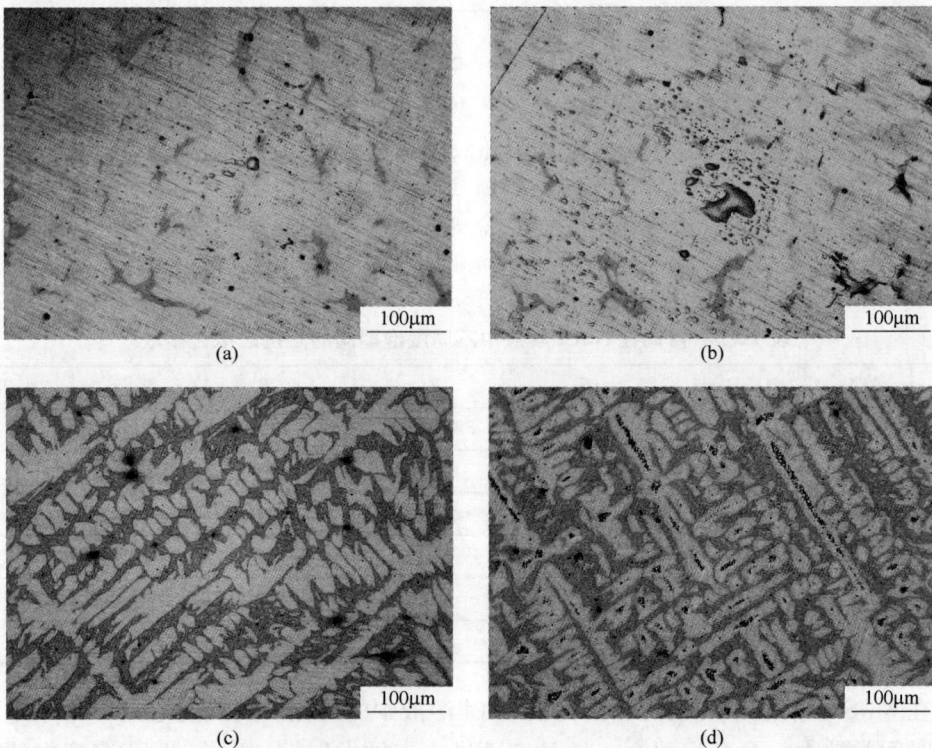

图 12.9 样品表面在 Na₂SO₄ 溶液中腐蚀前后对比图

（a）样品 A 腐蚀前；（b）样品 A 腐蚀后；（c）样品 B 腐蚀前；（d）样品 B 腐蚀后

坑密集分布，且 α-Cu 相点蚀坑数目明显多于 α+δ 共析组织，说明对于低 Sn 含量锡青铜在电解质溶液中的 α-Cu 相更易发生腐蚀。图 12.10 所示为 Cu-Sn 样品在 0.01mol/L NaCl 溶液中浸泡 48h 后表面的腐蚀情况。样品表面形成了明显的腐蚀坑，且腐蚀坑多集中在 α-Cu 相上，表明 α-Cu 相相较于 α+δ 共析组织首先发生了腐蚀，也说明 α+δ 共析组织的耐腐蚀能力优于 α-Cu 相。图 12.11 所示为样品表面腐蚀产物膜层的 EDS 谱。由图 12.11 可知，α-Cu 相腐蚀产物膜层表面氧含量均多于 α+δ 共析组织和 δ-Cu 相，α-Cu 相的腐蚀程度更大，表明 α-Cu 相的耐腐蚀性更差。腐蚀产物膜层表面不同元素的含量见表 12.4。

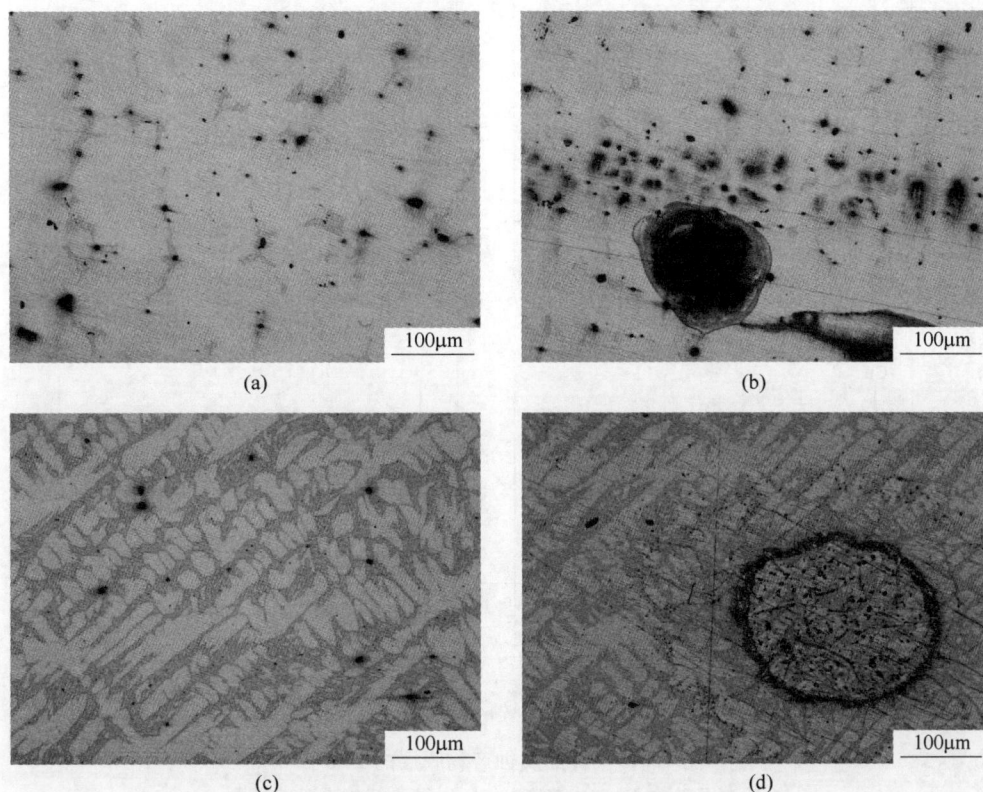

图 12.10 样品表面在 NaCl 溶液中腐蚀前后对比图

(a) 样品 A 腐蚀前；(b) 样品 A 腐蚀后；(c) 样品 B 腐蚀前；(d) 样品 B 腐蚀后

表 12.4 样品表面腐蚀产物膜层的 EDS 分析数据（质量分数）　（%）

元素		样品 A			样品 B		
		Cu	Sn	O	Cu	Sn	O
腐蚀前	α-Cu 相	88.25	11.75	—	86.70	13.30	—
	δ-Cu 相	70.55	29.45	—	71.04	28.96	—
Na₂SO₄	α-Cu 相	84.43	10.02	5.55	85.42	12.56	2.02
	δ-Cu 相	74.15	20.83	5.02	81.99	16.12	1.89
NaCl	α-Cu 相	81.79	10.81	7.40	82.47	13.27	4.26
	δ-Cu 相	72.16	24.01	3.83	73.20	24.13	2.67

这是由于 α-Cu 相是 Sn 溶解于 Cu 中形成的固溶体，是富铜相；而 δ-Cu 相是以金属间化合物 $Cu_{41}Sn_{11}$ 为基的固溶体，是富锡相。金属 Sn 比 Cu 活泼性强，当电解质溶液侵蚀样品表面时，Sn 先发生氧化生成一层富锡的钝化膜，保护样品不能被进一步腐蚀，当钝化膜不断被侵蚀，膜表面有破裂时，Cu 才开始发生腐蚀。因为 δ-Cu 相是富锡相，所以生成的钝化膜保护作用更强，腐蚀抑制能力更强。另外，模拟青铜器样品在典型电解质溶液中的电化学行为研究也表明 α-Cu 相比 α+δ 共析组织更容易发生腐蚀[9]。

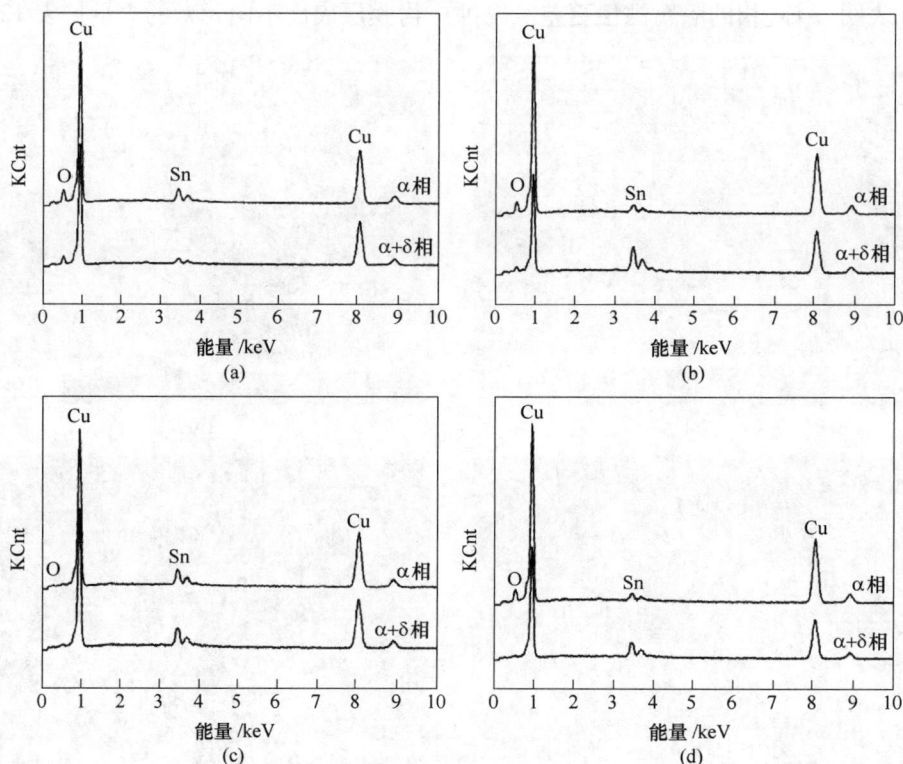

图 12.11　样品腐蚀产物膜层的 EDS 谱
（a）样品 A 在 Na_2SO_4 溶液中；（b）样品 A 在 NaCl 溶液中；
（c）样品 B 在 Na_2SO_4 溶液中；（d）样品 B 在 NaCl 溶液中

12.3　青铜锈蚀的盐溶液高温蒸汽模拟技术

在前面 10.3 节中提到在湖北省孝感市博物馆现藏一件商代带盖青铜提梁卣的内壁上发现经过十多年的保存过程中生长出了许多特殊的孔雀石锈蚀产物。这个馆藏青铜器的保存环境特点是"存在过量 CO_2，但是无 Cl^-"，也就是说，这种特殊孔雀石锈蚀的生长不能用传统的锈蚀机理进行解释，我们提出了一个新的锈蚀机理。为了进一步验证这个锈蚀机理，并为后期保护提供科学依据，我们发展了一个新的模拟锈蚀方法，即盐溶液高温蒸汽模拟技术，下面进行介绍。

12.3.1　盐溶液高温蒸汽模拟的原理

目前，对于气氛环境中青铜器锈蚀过程的模拟研究主要依靠"原位"环境模拟法，虽然方法简单、方便，但是存在实验周期长，实验条件不可控，实验过程中不确定因素多等问题。因此，需要进行 3 个方面的改进：（1）通过增高离子浓度、湿度和温度的方法提高反应速率，缩短实验周期；（2）将反应置于一个相对独立的封闭环境中，减少实验过程中不确定因素的干扰；（3）根据所模拟锈蚀产物的不同，选择不同的酸根，并控制酸根浓度和环境温度等关键实验条件。

基于上述思路，我们发展了一种新的模拟青铜器锈蚀过程的方法，即盐溶液高温蒸汽模拟法。具体的方法和原理是：

（1）将青铜试样悬空置于装有盐溶液的密封烧杯中，在水浴锅中加热至 90℃，使盐溶液中的水转变成水蒸气；

（2）根据所模拟的锈蚀产物的不同，选择不同的酸根；

（3）这些酸根或受热分解为气体，或少量溶解于水蒸气，并与悬空的青铜试样发生反应，若干天后，表面即可生成相应的模拟锈蚀产物。

利用这种新方法，通过模拟多种腐蚀环境，以及使用不同成分的青铜基体，在青铜表面成功制备了多种锈蚀产物。研究发现：（1）盐溶液中酸根的种类直接影响青铜锈蚀产物的生成种类；（2）环境参数，如温度、酸根浓度、青铜试样的合金成分，以及 Cl^- 的存在与否等，主要影响锈蚀产物的生成速率；（3）模拟实验的周期长短则影响着锈蚀产物的生成量。

12.3.2 各种锈蚀的模拟与实验条件

实验选取模拟古代青铜成分和冶炼过程而熔铸成的 Cu-10%Sn（质量分数）合金作为基材。为保证实验结果的重现性和可比性，试样切割成 10mm×10mm×3mm 的块材，打磨并抛光至镜面，超声清洗后干燥。实验在 4 种不同的过量 CO_2 气氛环境中模拟生成不同的锈蚀产物，如图 12.12 所示。具体如下：

（1）模拟试样 I-1。模拟在过量 CO_2 且无 Cl^- 催化的潮湿气氛环境中生成孔雀石锈蚀。

图 12.12 模拟锈蚀产物照片
（a）试样 I-1；（b）试样 II-1；（c）试样 III-1；（d）试样 IV-1

采用的配方和步骤为:

1) 将 1mol/L NaHCO$_3$ 溶液在 90℃ 下受热分解生成过量的 CO$_2$ 和 H$_2$O;

2) 每天更换新的溶液,持续反应 50 天。

(2) 模拟试样 Ⅱ-1。模拟在过量 CO$_2$ 且存在 Cl$^-$ 催化的强氧化性的潮湿气氛环境中生成孔雀石锈蚀。并作为试样 Ⅰ-1 的参比试样,对比研究 Cl$^-$ 对孔雀石锈蚀的催化作用。采用的配方和步骤为:

1) 将 1mol/L NaHCO$_3$ 溶液在 90℃ 下受热分解生成过量的 CO$_2$ 和 H$_2$O,并每天更换新的溶液;

2) 使用 1mol/L NaHCO$_3$ 溶液,持续反应 5 天;

3) 更换溶液时,涂抹 0.2mol/L CuCl$_2$ 溶液于试样表面,造成 Cl$^-$ 富集,重复操作 5 天;

4) 最后 10 天,停止涂抹 0.2mol/L CuCl$_2$ 溶液,但在 1mol/L NaHCO$_3$ 溶液中加入 1mol/L H$_2$O$_2$,利用强氧化剂 H$_2$O$_2$ 模拟强氧化性环境。模拟实验共计进行 20 天。

(3) 模拟试样 Ⅲ-1。模拟在过量 CO$_2$ 且存在过量 Cl$^-$ 催化的潮湿气氛环境中生成碱式氯化物锈蚀。并作为“模拟试样 Ⅱ-1”的参比试样,对比研究 H$_2$O$_2$ 存在下的强氧化环境对碱式氯化物锈蚀的抑制作用。采用的配方和步骤为:

1) 使用 1mol/L NaHCO$_3$ 溶液,持续反应 5 天;

2) 更换溶液时,涂抹 0.2mol/L CuCl$_2$ 溶液于试样表面,造成 Cl$^-$ 富集,重复操作 5 天;

3) 最后 10 天,停止涂抹 0.2mol/L CuCl$_2$ 溶液,继续使用 1mol/L NaHCO$_3$ 溶液。模拟实验共计进行 20 天。

(4) 模拟试样 Ⅳ-1。模拟在过量 SO$_4^{2-}$ 且存在 Cl$^-$ 催化的强氧化性的潮湿气氛环境中生成水胆矾锈蚀。并作为“模拟试样 Ⅱ-1”的参比试样,对比研究不同种类离子在相同条件下对锈蚀产物种类的影响。采用的配方和步骤为:

1) 使用 1mol/L Na$_2$SO$_4$ 溶液,持续反应 5 天;

2) 更换溶液时,涂抹 0.2mol/L CuCl$_2$ 溶液于试样表面,造成 Cl$^-$ 富集,重复操作 5 天;

3) 最后 10 天,停止涂抹 0.2mol/L CuCl$_2$ 溶液,但在 1mol/L Na$_2$SO$_4$ 溶液中加入 1mol/L H$_2$O$_2$,利用强氧化剂 H$_2$O$_2$ 模拟强氧化性环境。模拟实验共计进行 20 天。

为了验证利用盐溶液高温蒸汽法是否成功模拟了上述 4 种不同的气氛环境,以及在试样表面是否生成了相应的锈蚀产物,下面对 4 种条件下模拟生长的锈蚀产物及其锈蚀机理分别进行表征和讨论。

12.3.3　模拟孔雀石锈蚀的特点

12.3.3.1　模拟试样 Ⅰ-1

试样 Ⅰ-1 为在过量 CO$_2$ 且无 Cl$^-$ 催化的潮湿气氛环境中模拟生成孔雀石锈蚀。该试样表面主要由浅绿色锈蚀产物和深绿色锈蚀产物组成。

SEM 观察显示浅绿色锈蚀产物表面由瘤状集合体组成,而深绿色锈蚀产物表面粗糙,但未见瘤状集合体。进一步在 SEM 高倍下观察，浅绿色瘤状锈蚀产物主要由双锥状晶粒组成，而深绿色锈蚀产物主要由鲕状晶粒和形状不规则的晶粒组成，如图 12.13 所示。EDS 测试显示，两种锈蚀产物的化学成分均含有 Cu、C 和 O，其中深绿色物质的 Cu 和 O 含量更高，见表 12.5。XRD 测试显示，两种锈蚀产物的混合粉末中主要由孔雀石（$Cu_2(OH)_2CO_3$）和赤铜矿（Cu_2O）相组成，如图 12.14 所示。

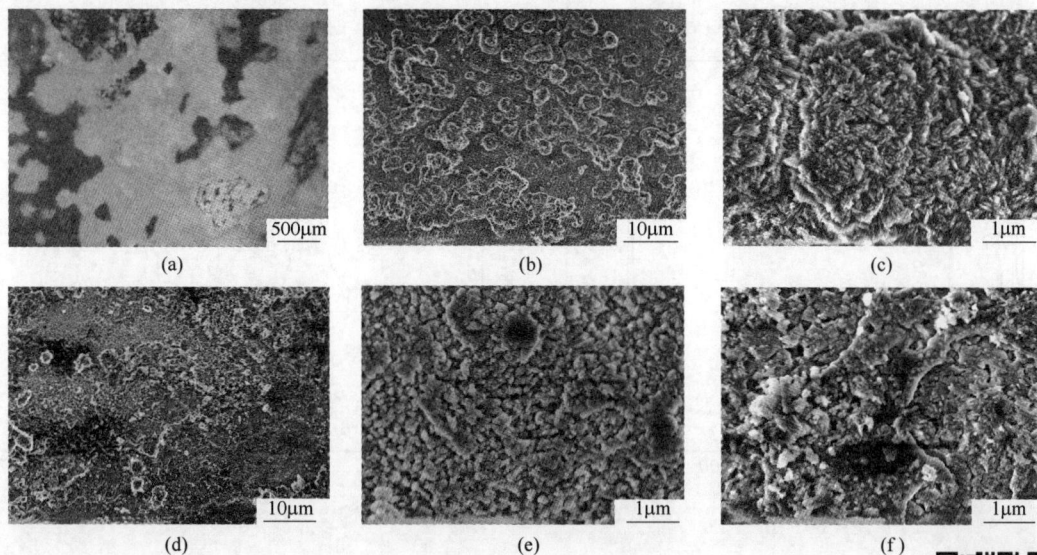

图 12.13 试样 I-1 锈蚀产物的原始表面

（a）光学显微镜照片；（b）浅绿色锈蚀产物的 SEM 形貌；（c）图（b）的高倍形貌；
（d）深绿色锈蚀产物的 SEM 形貌；（e）（f）图（d）的高倍形貌

彩图

表 12.5 锈蚀产物的平均化学成分

试样	区域	化学成分（质量分数）/%					
		Cu	Sn	C	O	S	Cl
模拟孔雀石锈蚀（试样 I-1）	图 12.13（b）	58.26	—	19.86	21.88	—	—
	图 12.13（d）	20.50	—	31.67	47.83		

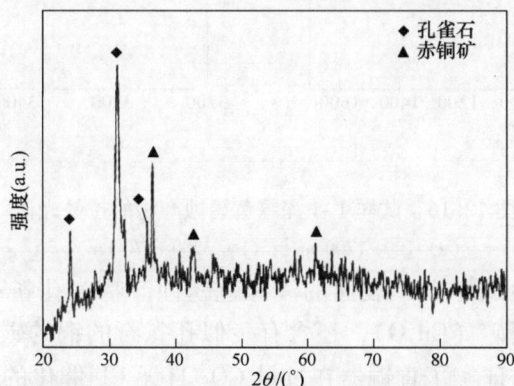

图 12.14 试样 I-1 锈蚀产物的 XRD 谱图

拉曼光谱测试显示：（1）浅绿色锈蚀产物的拉曼峰很好地对应于孔雀石的标准拉曼峰[21-23]，如图 12.15 所示；（2）深绿色锈蚀产物的拉曼光谱中，在 $100 \sim 1700 cm^{-1}$ 范围内的拉曼峰绝大部分都很好地对应于孔雀石的标准拉曼峰，但在 $3200 \sim 3700 cm^{-1}$ 范围内的拉曼峰则很不明显，特别是 $3309 cm^{-1}$ 和 $3379 cm^{-1}$ 处与孔雀石中 O—H 有关的 2 个拉曼峰，相比于浅绿色锈蚀产物很不明显，如图 12.16 所示；（3）深绿色锈蚀产物中，还有一些拉曼峰对应于赤铜矿标准的拉曼峰，如图 12.17 所示。

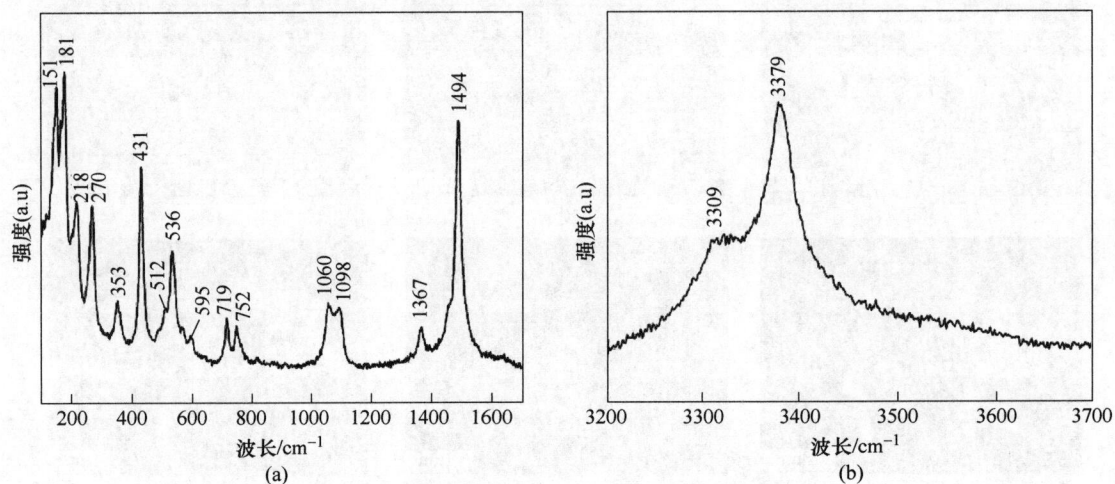

图 12.15 试样 Ⅰ-1 浅绿色锈蚀产物的拉曼光谱

（a）$100 \sim 1700 cm^{-1}$；（b）$3200 \sim 3700 cm^{-1}$

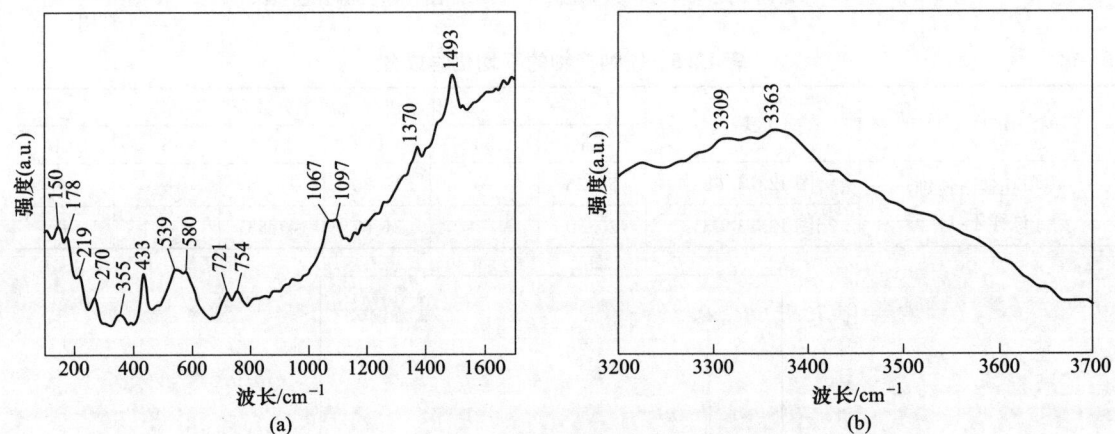

图 12.16 试样 Ⅰ-1 深绿色锈蚀产物的拉曼光谱

（a）$100 \sim 1700 cm^{-1}$；（b）$3200 \sim 3700 cm^{-1}$

综上所述，模拟锈蚀试样 Ⅰ-1 表面的浅绿色锈蚀产物为孔雀石（$Cu_2(OH)_2CO_3$），深绿色锈蚀产物中含有赤铜矿（Cu_2O），还含有疑似孔雀石的铜的碳酸盐锈蚀产物。这一结果成功达到了预期目标，证实了青铜器在过量 CO_2 且无 Cl^- 催化的潮湿气氛环境中可以生成孔雀石锈蚀，进一步揭示了青铜器在这种特殊的气氛条件下生成孔雀石锈蚀的机理：青铜先与空气中 H_2O 反应生成 Cu_2O，Cu_2O 在过量的 CO_2 和 H_2O 的气氛中继续生成孔雀石。

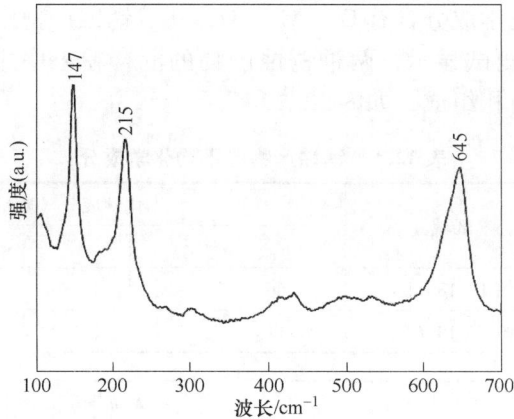

图 12.17 试样 I-1 深绿色锈蚀产物的拉曼光谱

其化学反应式为：

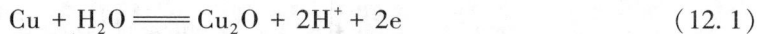

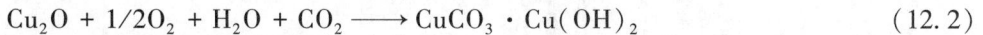

$$Cu + H_2O \Longrightarrow Cu_2O + 2H^+ + 2e \tag{12.1}$$

$$Cu_2O + 1/2O_2 + H_2O + CO_2 \longrightarrow CuCO_3 \cdot Cu(OH)_2 \tag{12.2}$$

12.3.3.2 模拟试样 II-1

试样 II-1 为在过量 CO_2 且存在 Cl^- 催化的强氧化性的潮湿气氛环境中生成孔雀石锈蚀，并作为试样 I-1 的参比试样，对比研究 Cl^- 对孔雀石锈蚀的催化作用。

该试样表面被一层绿色锈蚀产物完全覆盖。SEM 观察发现绿色锈蚀产物由瘤状锈蚀产物和块状锈蚀产物组成。进一步在 SEM 高倍下观察，瘤状锈蚀产物由针状晶簇组成，块状锈蚀产物由叶片状晶簇和形状不规则但棱角分明的晶粒组成，如图 12.18 所示。EDS 测

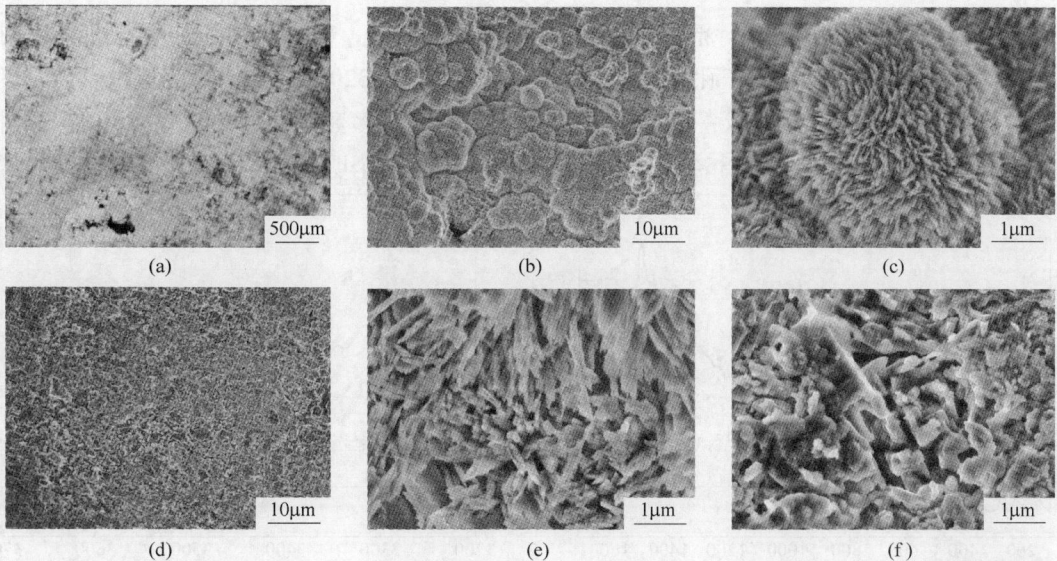

图 12.18 试样 II-1 锈蚀产物的原始表面

(a) 光学显微镜照片；(b) 瘤状锈蚀产物的 SEM 形貌；(c) 图 (b) 的高倍形貌；
(d) 块状锈蚀产物的 SEM 形貌；(e) (f) 图 (d) 的高倍形貌

彩图

试显示，瘤状锈蚀产物化学成分含有 Cu、C 和 O，块状锈蚀产物化学成分含有 Cu、C、Cl 和 O，见表 12.6。XRD 测试显示，两种锈蚀产物的混合粉末中主要由孔雀石、赤铜矿、氯铜矿、斜氯铜矿和锡石相组成，如图 12.19 所示。

表 12.6　锈蚀产物的平均化学成分

试样	区域	化学成分（质量分数）/%					
		Cu	Sn	C	O	S	Cl
模拟孔雀石锈蚀（试样Ⅱ-1）	图 12.18（b）	53.66	—	19.89	26.45	—	—
	图 12.18（d）	37.11	—	17.72	30.42	—	14.75

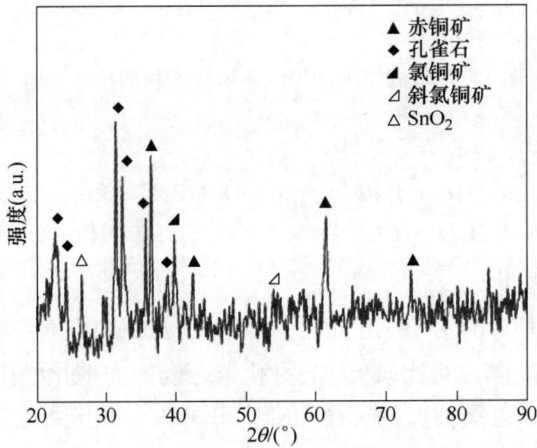

图 12.19　试样Ⅱ-1 锈蚀产物的 XRD 谱图

拉曼光谱测试显示：（1）瘤状锈蚀产物的拉曼光谱中，在 $100 \sim 1700 \mathrm{cm}^{-1}$ 范围内的拉曼峰绝大部分都很好地对应于孔雀石的标准拉曼峰，但在 $3200 \sim 3700 \mathrm{cm}^{-1}$ 范围内的未见明显的拉曼峰，如图 12.20 所示；（2）块状锈蚀产物的绝大多数拉曼峰都对应于孔雀石的标准拉曼峰，但在 $3312 \mathrm{cm}^{-1}$、$3354 \mathrm{cm}^{-1}$ 和 $3443 \mathrm{cm}^{-1}$ 处还有 3 个明显的拉曼峰，它们对应于氯

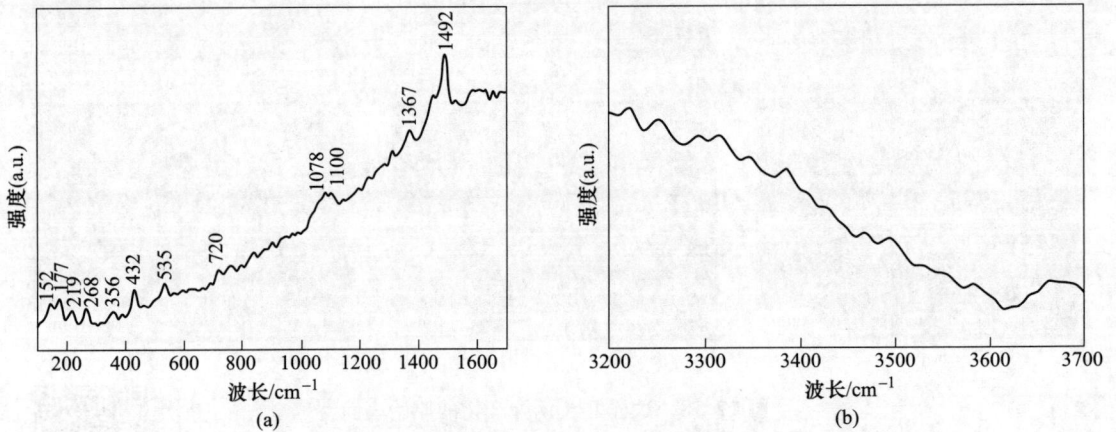

图 12.20　试样Ⅱ-1 瘤状锈蚀产物的拉曼光谱
（a）$100 \sim 1700 \mathrm{cm}^{-1}$；（b）$3200 \sim 3700 \mathrm{cm}^{-1}$

铜矿和斜氯铜矿[22]，如图 12.21 所示；（3）块状锈蚀产物中，还有一些拉曼峰对应于赤铜矿和锡石标准的拉曼峰，如图 12.22 所示。

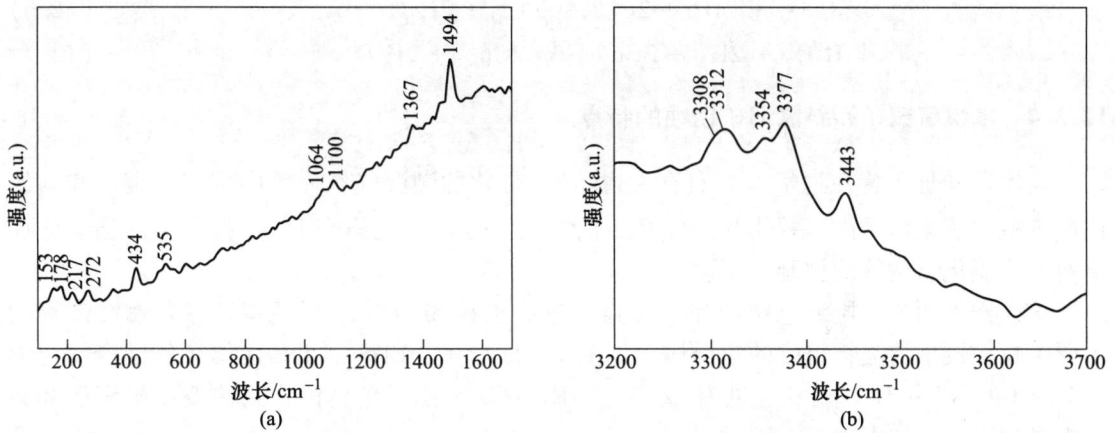

图 12.21　试样Ⅱ-1 块状锈蚀产物的拉曼光谱

（a）100~1700cm^{-1}；（b）3200~3700cm^{-1}

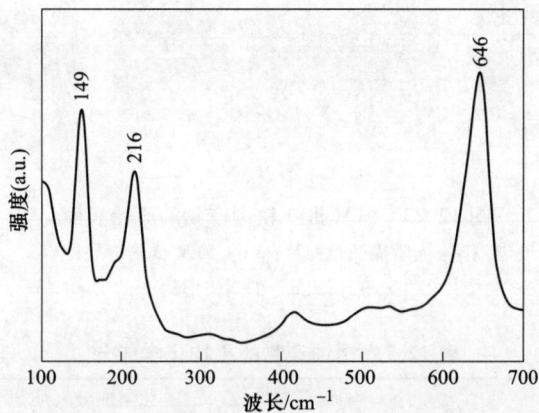

图 12.22　试样Ⅱ-1 块状锈蚀产物的拉曼光谱

　　综上所述，模拟锈蚀试样Ⅱ-1 表面锈蚀产物主要由孔雀石、赤铜矿和锡石组成，还含有疑似孔雀石的铜的碳酸盐锈蚀产物、氯铜矿和斜氯铜矿。这一结果成功达到研究的预期目标，证实了 Cl$^-$ 在形成孔雀石锈蚀过程中显著的自催化作用[24-25]。还证实了强氧化剂 H_2O_2 对青铜器生成碱式氯化物有明显的抑制作用。进一步揭示了青铜器在 Cl$^-$ 催化的强氧化气氛条件下生成孔雀石锈蚀的步骤和机理：（1）青铜先与空气中水蒸气反应生成 Cu_2O，反应式见式（12.1）。（2）表面 Cl$^-$ 富集，Cl$^-$ 的自催化作用加速 Cu_2O 的生成，见式（12.3）和式（12.4）。但是，过量的 Cl$^-$ 易导致锈蚀产物生成以氯铜矿和副氯铜矿为主，不利于进一步生成孔雀石锈蚀，见式（12.5）。（3）在强氧化条件下，H_2O_2 不但将 Cl$^-$ 氧化成 Cl_2，还将 Cu$^+$氧化成 Cu^{2+}，促使反应向生成孔雀石的方向发展，见式（12.6）和式（12.7）。

$$Cu + Cl^- \longrightarrow CuCl + e \qquad\qquad (12.3)$$

$$CuCl + xO^{2-} \longrightarrow xCu_2O + Cl^- + (1 - 2x)Cu^+ \tag{12.4}$$

$$4CuCl + O_2 + 4H_2O \longrightarrow 2Cu_2Cl(OH)_3 + 2HCl \tag{12.5}$$

$$H_2O_2 + 2H^+ + 2Cl^- \longrightarrow Cl_2 + 2H_2O \tag{12.6}$$

$$H_2O_2 + 2H^+ + 2Cu^+ \longrightarrow 2Cu^{2+} + 2H_2O \tag{12.7}$$

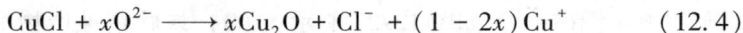

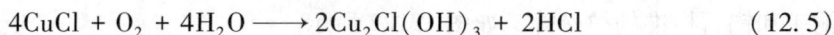

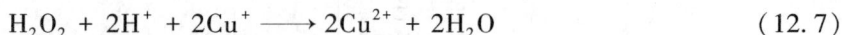

12.3.4　模拟氯铜矿和斜氯铜矿锈蚀的特点

模拟试样Ⅲ-1 为在过量 CO_2 且存在过量 Cl^- 催化的潮湿气氛环境中生成氯铜矿和斜氯铜矿等碱式氯化物锈蚀。并作为试样Ⅱ-1 的参比试样，对比研究 H_2O_2 存在下的强氧化环境对碱式氯化物锈蚀的抑制作用。

该试样表面被一层绿色锈蚀完全覆盖。进一步在 SEM 高倍下观察，绿色锈蚀产物为主要由粒径较小的晶粒组成的集合体，如图 12.23 所示。EDS 结果显示绿色锈蚀产物化学成分有 Cu、Cl 和 O 等元素（见表 12.7）。XRD 测试显示绿色锈蚀产物主要由氯铜矿和斜氯铜矿相组成，如图 12.24 所示。

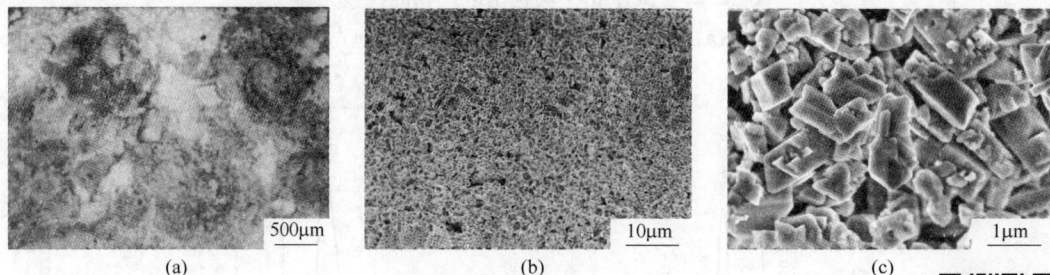

图 12.23　试样Ⅲ-1 锈蚀产物的原始表面
（a）光学显微镜照片；（b）SEM 低倍形貌；
（c）图（b）的高倍形貌

彩图

表 12.7　锈蚀产物的平均化学成分

试样	区域	化学成分（质量分数）/%					
		Cu	Sn	C	O	S	Cl
模拟碱式氯化物锈蚀（试样Ⅲ-1）	图 12.23（c）	62.33	—	—	20.59	—	17.08

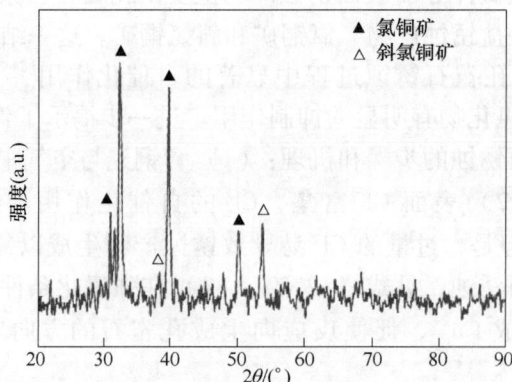

图 12.24　试样Ⅲ-1 锈蚀产物的 XRD 谱图

拉曼光谱测试显示绿色锈蚀产物的拉曼峰很好地对应于氯铜矿和斜氯铜矿的标准拉曼光谱[22]，如图 12.25 所示。

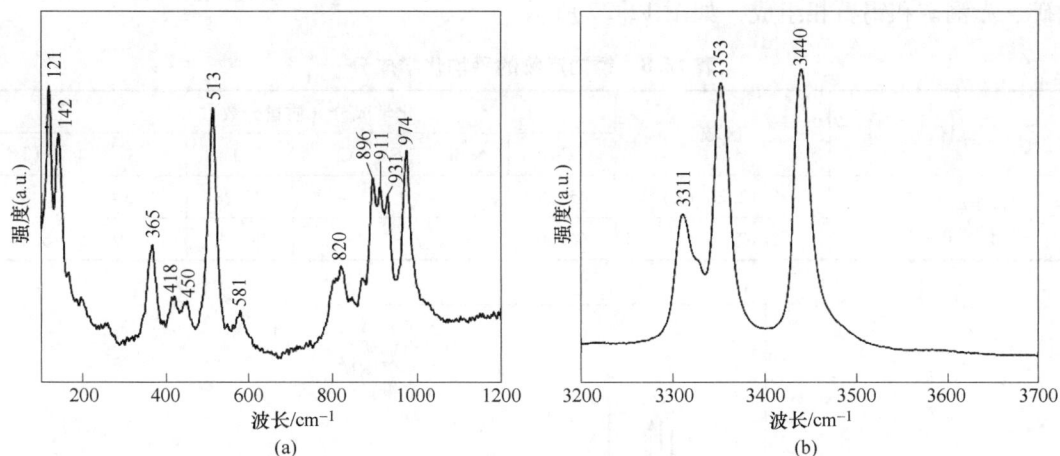

图 12.25　试样Ⅲ-1 锈蚀产物的拉曼光谱

（a）100~1100cm^{-1}；（b）3200~3700cm^{-1}

综上所述，模拟试样Ⅲ-1 表面锈蚀产物主要由氯铜矿和斜氯铜矿组成，其微观形貌与古代青铜器的氯铜矿和斜氯铜矿锈蚀产物的特征吻合。这一结果成功达到研究的预期目标，特别是通过其模拟腐蚀条件与模拟试样Ⅱ-1 的对比，证实了强氧化剂 H_2O_2 对抑制青铜器生成氯铜矿和斜氯铜矿等碱式氯化物的显著作用，其锈蚀机理与模拟试样Ⅱ-1 的前两个步骤完全一致。

12.3.5　模拟水胆矾锈蚀的特点

模拟试样Ⅳ-1 为在过量 SO_4^{2-} 且存在 Cl^- 催化的强氧化性的潮湿气氛环境中模拟生成水胆矾锈蚀。并作为试样Ⅱ-1 的参比试样，对比研究不同种类离子在相同条件下对锈蚀产物种类的影响。

该试样表面被一层深绿色锈蚀完全覆盖。在 SEM 高倍下观察，深绿色锈蚀产物主要由两种不同形态的晶粒集合体组成，一种集合体由粒径较大的柱状晶组成，晶簇呈放射状，另一种集合体由粒径较小的块晶粒组成，如图 12.26 所示。EDS 结果显示柱状晶锈蚀

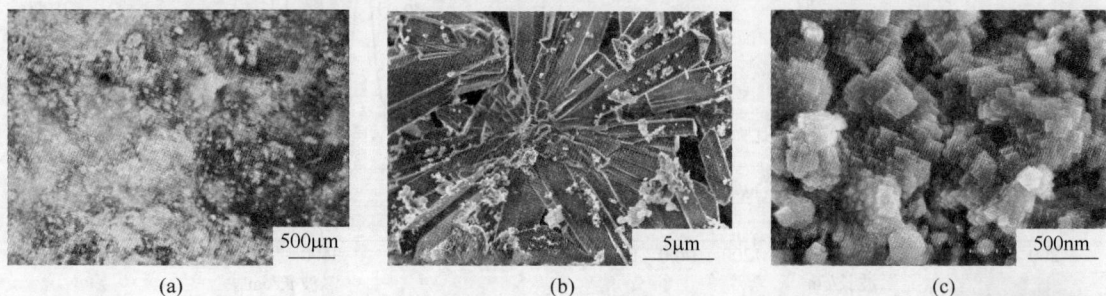

图 12.26　试样Ⅳ-1 锈蚀产物的原始表面

（a）光学显微镜照片；（b）柱状晶 SEM 形貌；（c）块状晶 SEM 形貌

彩图

产物化学成分含有 Cu、S 和 O 等元素，块状晶粒锈蚀产物化学成分含有 Cu、Cl 和 O 等元素（见表 12.8）。XRD 测试显示这两种锈蚀产物的混合粉末主要由水胆矾、氯铜矿、斜氯铜矿、赤铜矿和锡石相组成，如图 12.27 所示。

表 12.8　锈蚀产物的平均化学成分

试样	区域	化学成分（质量分数）/%					
		Cu	Sn	C	O	S	Cl
模拟水胆矾锈蚀（试样Ⅳ-1）	图 12.26（b）	65.37	—	—	27.28	7.34	—
	图 12.26（c）	66.06	3.56	—	20.38	3.69	6.31

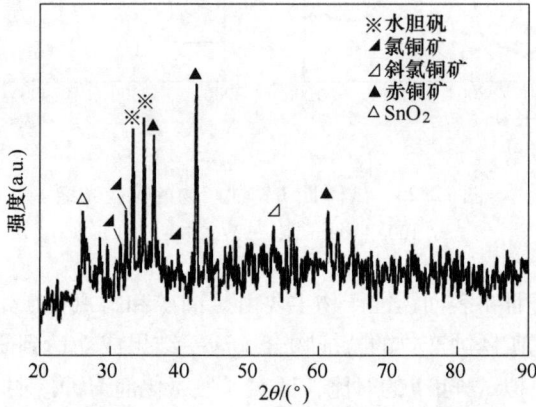

图 12.27　试样Ⅳ-1 锈蚀产物的 XRD 谱图

拉曼光谱测试显示绿色锈蚀产物的大部分拉曼峰对应于水胆矾的标准拉曼峰[22-23,26]，896cm^{-1}、930cm^{-1}、3311cm^{-1}、3356cm^{-1} 和 3442cm^{-1} 处还有 5 个明显的拉曼峰，它们对应于氯铜矿和斜氯铜矿的标准拉曼峰[22]，如图 12.28 所示。

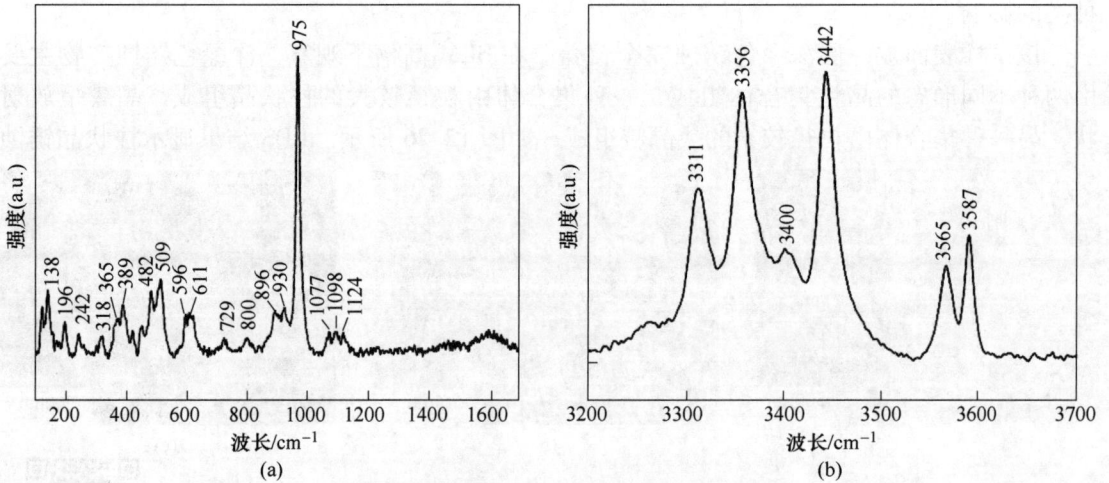

图 12.28　试样Ⅳ-1 锈蚀产物的拉曼光谱

（a）100~1700cm^{-1}；（b）3200~3700cm^{-1}

综上所述，模拟试样Ⅳ-1表面锈蚀产物主要由水胆矾、氯铜矿、斜氯铜矿、赤铜矿和锡石组成。这一结果成功达到了研究的预期目标，证实了青铜器在过量 SO_4^{2-} 且存在 Cl^- 催化的强氧化的潮湿气氛环境中可以生成水胆矾锈蚀，还证实了 H_2O_2 对水胆矾锈蚀产物的生成没有明显的抑制作用。进一步揭示了青铜器在这种特殊的气氛条件下生成水胆矾锈蚀的机理，其锈蚀机理与模拟试样Ⅱ-1的类似，仅第三个步骤有所区别，即 SO_4^{2-} 与 Cu^{2+} 反应生成水胆矾。

12.4 盐溶液高温蒸汽模拟法生长不同锈蚀产物的对比分析

通过对上述4件盐溶液高温蒸汽模拟法生长的锈蚀产物的微结构观察和化学成分分析可以获得以下认识：

（1）在过量 CO_2 气体和 H_2O 的气氛环境中，青铜合金可以在没有任何 Cl 元素存在的条件下，生成赤铜矿和孔雀石，证实了一些馆藏青铜器因博物馆环境中过量 CO_2 气体和 H_2O 导致新生成孔雀石的锈蚀机理解释。

（2） H_2O_2 对抑制氯铜矿和斜氯铜矿等有害锈的产生具有明显效果。并且通过模拟实验证实，在高浓度的 H_2O_2 环境中，加入一定量的 CO_2 或 SO_4^{2-} 可使氯铜矿和斜氯铜矿等有害锈转变成孔雀石或水胆矾等无害锈。这个结果为表面存在氯铜矿和斜氯铜矿等有害锈的青铜器的后期保护提供了一种简单、可行的除锈方法。

（3）盐溶液高温蒸汽法是一种简单、有效的锈蚀模拟方法，短时间内模拟生成的氯铜矿、斜氯铜矿等碱式氯化物，以及水胆矾等硫酸盐，在微观组织、锈蚀产物结构和化学成分等方面与古代青铜器的同类锈蚀产物无异，模拟生成的大部分孔雀石锈蚀与古代青铜器上的孔雀石锈蚀无异，但存在一些疑似孔雀石的物质，差别主要为其拉曼光谱在3200~3700cm^{-1}范围内缺失某些与结合水有关的拉曼峰。

12.5 盐溶液高温蒸汽模拟技术的应用——人工合成宝石级孔雀石

宝石级孔雀石属于自然界中的不可再生资源。人工生长宝石级孔雀石的重要性和商业价值不言而喻，可以与人造金刚石相比拟。我们利用以上的盐溶液-蒸汽合成技术，在过量 CO_2 气氛环境中，以纯铜（Cu）或铜-锡（Cu-Sn）合金为基体，生长出了具有宝石级尺寸的孔雀石颗粒，并获得了国家发明专利："一种人工合成宝石级孔雀石的方法"（ZL201310144503.1）。

众所周知，古代青铜器上产生的孔雀石锈蚀都是粉末状的，虽然绿色鲜艳美丽，但是与天然孔雀石完全不可比拟。

12.5.1 研究背景

目前，珠宝界使用的孔雀石为一种单矿物岩，主要组成矿物为孔雀石，化学式为 $Cu_2(OH)_2CO_3$，呈不透明的深绿色，具有色彩浓淡相间的条状花纹，因酷似孔雀羽毛上斑点的绿色而得名。孔雀石主要产于含铜硫化物矿床的氧化带，常作为铜矿的伴生物，是原生含铜矿物氧化后形成的表生矿物，可以作为寻找原生铜矿床的标志。自然界中，孔雀石常出现的形态有块状、钟乳状、肾状、葡萄状、粉末状、土状、被膜等。块大色美的孔雀石以其独一无二的孔雀绿环带状纹理深受珠宝爱好者的欢迎，多用于名贵的玉雕材料、各种首饰玉料、盆景石和观赏石等。近年来，由于天然孔雀石矿资源已日渐稀缺，宝石级孔雀石价格也随之一路攀升。采用人工合成的方法制备宝石级孔雀石将具有巨大的市场前景。

12.5.2 现有方法简介

12.5.2.1 人工制备粉末碱式碳酸铜（孔雀石）

目前，工业上人工制备碱式碳酸铜（孔雀石）粉末的方法已十分成熟。基本方法是：将铜盐与碳酸盐在溶液环境下一起反应，生成的碱式碳酸铜沉淀，烘干后得到碱式碳酸铜粉末[27]。

常采用的配方有 3 种：（1）采用 Na_2CO_3 溶液与 $CuSO_4$ 溶液反应制备；（2）采用 $NaHCO_3$ 固体粉末与 $CuSO_4 \cdot 5H_2O$ 固体粉末混合后放入沸水反应制备；（3）采用 $Cu(NO_3)_2$ 溶液与 Na_2CO_3 溶液反应制备。上述方法生成的最终产物——碱式碳酸铜粉末虽然化学成分与孔雀石无异，也可压结成块，但因不具备美丽的孔雀绿环带状纹理，因而无法将其用作宝石级玉料，没有市场价值。

12.5.2.2 化学沉淀法合成人工孔雀石

1982 年，苏联科学家首次利用化学沉淀法合成了由众多致密的小球粒团块组成的人工孔雀石[27]。具体方法是：将铜氨络离子 $[Cu(NH_3)_4]^{2+}$ 溶液和碳酸铜 $CuCO_3$ 溶液混合，缓慢加热，随着温度升高，铜离子溶解度降低达到过饱和而发生沉淀，形成孔雀石。这种方法生成的人工孔雀石根据纹理的不同可分为带状、丝状和胞状等三个品种，其中以胞状合成孔雀石品质最佳，可作为宝石级玉料；带状合成孔雀石次之；丝状合成孔雀石最次，完全无法作为宝石级玉料。这种方法通过控制 CO_2 气体的分压生成孔雀石结晶，而形成宝石级孔雀石独有的孔雀绿环带状纹理的难点在于需要实时控制铜的浓度，条件十分苛刻，一旦控制不好就会出现带状合成孔雀石这样的低品质产品，甚至丝状合成孔雀石这样的副产品。因此，虽然利用这种方法合成的孔雀石的化学成分、颜色、纹理、密度、硬度、光学性能、X 射线衍射图谱等方面都与天然的宝石级孔雀石十分相似，但至今仍无法被普及推广。

总之，国内外在人工合成宝石级孔雀石的技术仍属于科研难题。由于自然界中的宝石级孔雀石属于不可再生资源，随着国内外孔雀石矿资源的日益枯竭，而用于宝石级玉料的孔雀石的市场需求与日俱增。因此，需要发明并制备出人工合成宝石级孔雀石的简易技术。

12.5.3 关键技术方案

为了解决上述技术问题，我们提出了一个新的技术方案，即在过量 CO_2 的气氛环境中，以纯铜或铜锡合金为基体制备宝石级孔雀石颗粒，也就是盐溶液-蒸汽合成技术。该方法具有工艺简单，制备过程易于控制，生产效率高，对环境污染小等特点，所制备的宝石级孔雀石可用于名贵的玉雕材料、各种首饰玉料、盆景石和观赏石等。具体方法如下：

（1）方法 1。将抛光处理后的金属铜（Cu）或铜锡（Cu-Sn）合金悬空置于装有 $NaHCO_3$ 盐溶液的密封烧杯中，在水浴锅中加热至 70~90℃，并持续保温，盐溶液中的水转变成水蒸气，同时，$NaHCO_3$ 盐溶液受热不断分解生成 CO_2。在这种 CO_2 气氛中，悬空的金属铜或铜锡合金表面与 CO_2 反应。每天更换溶液，100~150 天后，表面即可生成绿色的孔雀石颗粒，最后用超声波清洗。

（2）方法 2。为提高反应速率，可对方法 1 的部分步骤进行适当改变。即第 1~10 天仍采用方法 1 的盐溶液配方和条件；第 11~15 天，在更新溶液时，在金属铜或铜锡合金表面涂抹 $CuCl_2$ 粉末，盐溶液配方和条件不变；第 16 天开始，停止涂抹 $CuCl_2$ 粉末，在方法 1 的盐溶液配方中加入 H_2O_2 溶液，反应条件不变，继续反应 35~60 天。共计反应 50~75 天后，表面也可生成绿色的孔雀石颗粒，最后用超声波清洗。

在前期实验室阶段，我们成功地制备出了亚毫米级至毫米级的人工孔雀石颗粒，其环带状纹理初步达到宝石级孔雀石的需要。但是，使用的设备主要为水浴锅，由于加热温度低，密闭性差，不具备高压条件，CO_2 气氛难以达到饱和，导致生长周期较长，尺寸仅能达到毫米级。进一步产业化中试将通过引入新的设备，优化实验参数，利用高温、高压条件，缩短生长周期，促进其颗粒尺寸达到厘米级，并保证其环带状纹理初步达到宝石级孔雀石的需要。

12.6 基于锈蚀产物的古代青铜器真伪鉴别研究

12.6.1 研究背景

目前已有研究表明，对于某些青铜器，利用锈蚀产物鉴别其真伪是可行的。例如，有人在对一些青铜赝品进行锈蚀产物分析时发现有 $Cu_2(OH)_3NO_3$（铜硝石），这种不溶于水的碱式硝酸盐很容易通过加热硝酸与铜反应而生成[28-29]。故认为如果在腐蚀产物中发现该物质，则相应器物的真实性就值得怀疑。还有人注意到在进行青铜锈蚀的模拟实验中，常常会得到一些主要的锈蚀产物与自然腐蚀的结果不完全一致。

然而，古代青铜器的锈蚀是一个相当复杂的问题，受到很多因素的影响。上述研究的样品数量较少，来源单一，主要只关注古代青铜器的锈蚀产物和生成机理，对于现代青铜器的作伪手法和锈蚀产物却知之甚少，导致其用于区分自然腐蚀与人工腐蚀本质的特征指标不具有普遍意义。此外，待测青铜器可能为历史文物，作为文物本身的不可再生性需在研究中最大限度地遵循"原位""无损"或"微损"等原则，以保证待测青铜器不受到损害。限于仪器和技术的发展水平，此前研究对测试样品要求较高，甚至会对被测青铜器造成一f定损伤。总之，目前已有利用青铜器的锈蚀产物鉴别其真伪的研究都不够系统，无法实现对于大多数青铜器的"无损"或"微损"鉴别。但是，这并不意味着两者无法比较，如果将对比研究的对象缩小为两者共有的某种特定的锈蚀产物，利用现代材料表征仪器和技术对其结构特征和性能进行准确表征和测试，理论上可以获得一些能够区分两者差别的特征指标。

一般来说，市场上的现代青铜器仿品虽然制作工艺及作旧工艺各异，但大致可分为两类，即中低档青铜器仿品和高仿青铜器。中低档青铜器仿品所采用的原材料为收集的现代杂铜或铜合金，工艺简单、制作粗糙；而高仿青铜器则是化学成分和制作工艺完全按照古代方法制作的青铜器。对于不同档次的现代青铜器仿品，必须采用针对性的鉴别方法和技术才能达到鉴别真伪的目的。

本节内容通过对现代仿品、模拟样品与古代青铜器的锈蚀产物进行对比研究，发现可以通过锈蚀产物中的一些"指纹"特征指标，对青铜器的真伪进行鉴别。

12.6.2　中低档青铜器仿品的鉴别

12.6.2.1　实验样品及其微结构特征

实验用中低档作旧仿品样品（YJDG-1）购于某古玩市场仿制品商店，是一件仿战国时期青铜带钩的现代工艺品。实验测得该试样为 Cu-Zn 合金，平均化学成分中 Cu 和 Zn 含量（质量分数）分别为 65.23% 和 34.77%，属于黄铜，并不是青铜的 Cu-Sn 合金。

该试样表面被绿色腐蚀产物覆盖，EDS 测试显示，绿色腐蚀产物化学成分含有 Cu、Zn、Pb、Si、C 和 O 元素。XRD 测试显示绿色腐蚀产物主要由赤铜矿、绿锌铜矾、三盐基硫酸铅和石英相组成，如图 12.29 所示。

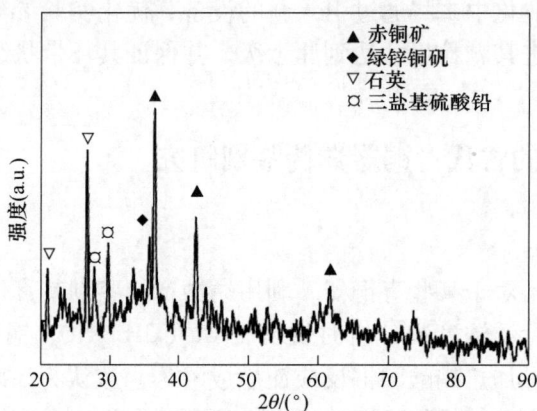

图 12.29　试样 YJDG-1 腐蚀产物的 XRD 谱图

12.6.2.2　鉴定指标与依据

一般来说，古代青铜器锈蚀产物的阳离子以 Cu、Sn 或 Pb 为主，这是因为中国先秦时期的青铜器主要为 Cu-Sn 或含 Pb 的 Cu-Sn 合金。

而一些中低档青铜器仿品表面锈蚀产物的阳离子却会出现现代铜合金中常见的元素，如 Zn、Ni、Al、Si、Be、Mn、Fe 等。例如，样品 YJDG-1 锈蚀产物中也出现了含有 Zn 的绿锌铜矾。这些元素的出现可能有 2 个原因：（1）由于金属 Sn 的原料价格远高于 Zn，而黄铜（Cu-Zn 合金）在经过做锈处理后产生的锈蚀产物从外观上与古代青铜（Cu-Sn 或加 Pb 的 Cu-Sn 合金）差别不大，因此出于经济考虑，大多数中低档青铜器仿品采用了 Cu-Zn 合金作为基体；（2）仿品的制作者仅仅是收集一些社会上的废铜进行重熔和铸造，并没有刻意冶炼特殊的铜合金，因此化学成分是无规律的，会出现一些现代才有的金属元素。

另外，在中低档青铜器仿品锈蚀产物中往往还会出现一些近现代的化工颜料和胶黏剂。例如，样品 YJDG-1 锈蚀产物中就发现了三盐基硫酸铅，这是一种现代白色颜料的主要成分。这是仿制者为了简单省事，在作锈的过程中添加一些白色、绿色、红色和蓝色的涂画料对伪锈进行着色。此外为了防止伪锈脱落还会使用一些胶黏剂对其进行加固。

对于这些中低档青铜器仿品的锈蚀产物成分和种类上的差别，利用能谱仪（EDS）、

X射线衍射仪（XRD）、拉曼（Raman）光谱仪、红外光谱（IR）仪等就能简便和快捷地获得，鉴别也非常容易。

12.6.3 高仿青铜器的鉴别

对于严格按照古法制作的高仿青铜器，仅从上述锈蚀产物成分和种类上的差别进行鉴别，则相当困难。然而，如果我们采用更高精度的仪器，通过对比"指纹"信息的差异，以及多参数测试，也完全能够进行真伪鉴别。这些"指纹"信息的微小差异，主要来自岁月的沉淀。或者说，几百年、几千年长时间形成的锈蚀产物，与几小时、几天形成的锈蚀产物，虽然在化学成分上是一致的，但是它们的微结构会有类似于"指纹"一样的差异。

12.6.3.1 模拟孔雀石锈蚀拉曼光谱中结合水（—OH）的特征峰

拉曼光谱技术是鉴别孔雀石的常用表征方法之一，广泛应用于古代青铜器锈蚀产物、古代壁画及书画颜料中孔雀石的"无损"或"微损"鉴别。

一般情况下，对于孔雀石的拉曼光谱测定与判断主要是通过比对 $100\sim1700cm^{-1}$ 范围内的拉曼峰，这是因为孔雀石中最重要的 CO_3^{2-} 振动峰都位于 $100\sim1700cm^{-1}$ 范围内。因此，关于孔雀石其他波数范围内拉曼峰的报道比较少见。

2002年，Frost等人[25]在测试来自澳大利亚的天然孔雀石矿后，首先报道了孔雀石拉曼光谱在 $3200\sim3700cm^{-1}$ 范围内存在2处较明显的拉曼峰，分别位于 $3386cm^{-1}$ 和 $3468cm^{-1}$ 处，并认为其与孔雀石中结合水（—OH）振动有关。然而，2003年，Bouchard等人[26]在测试了大量古代青铜锈蚀和彩色玻璃中孔雀石的拉曼光谱后发现，在 $3200\sim3700cm^{-1}$ 范围内存在的2处拉曼峰分别位于 $3308cm^{-1}$ 和 $3378cm^{-1}$ 处，而非Frost等人报道的拉曼峰位置。如此大相径庭的拉曼测试结果，却并未引起学术界足够的关注。

我们在测试大量古代青铜器孔雀石锈蚀，以及采用多种方法生成的模拟孔雀石锈蚀的拉曼光谱后，发现了两者差别，具体如下：

（1）对于古代青铜器情况。利用拉曼光谱测试了19件含有孔雀石锈蚀的古代青铜器锈蚀样品后，发现其中绝大多数在 $3200\sim3700cm^{-1}$ 范围内存在2处较明显的拉曼峰，分别位于 $3308cm^{-1}\pm3cm^{-1}$ 和 $3378cm^{-1}\pm3cm^{-1}$ 处，这与Bouchard等人的结果吻合[26]。其中，少数样品在 $3378cm^{-1}\pm3cm^{-1}$ 处的拉曼峰明显，而在 $3308cm^{-1}\pm3cm^{-1}$ 处的较差，但也会存在一个较宽的平台，原因是这些试样上的孔雀石腐蚀产物很可能是在最近十几年或几十年的博物馆环境中新生成的。

（2）对于模拟样品情况。利用拉曼光谱测试了3件用不同方法生成的模拟孔雀石锈蚀，结果显示其中部分测试点的拉曼峰完全对应于Bouchard等人测得的孔雀石标准峰，而另一些测试点的拉曼峰在 $100\sim1700cm^{-1}$ 范围内也能很好地对应于孔雀石标准峰，但在 $3200\sim3700cm^{-1}$ 范围内的拉曼峰却存在异常，即：1）或者仅在 $3378cm^{-1}\pm3cm^{-1}$ 处存在明显拉曼峰，而 $3308cm^{-1}\pm3cm^{-1}$ 处完全未见拉曼峰；2）或者在 $3200\sim3700cm^{-1}$ 范围内未见任何拉曼峰。显然，这与古代青铜器的孔雀石锈蚀形成了显著的差异。

一般认为，$3200\sim3700cm^{-1}$ 范围内的拉曼峰对应于孔雀石中结合水的O—H振动峰[21-22]。如果模拟孔雀石锈蚀在此范围内的拉曼峰很弱，说明在孔雀石结构中缺失了一些结合水。为了证实这一推断，下面对模拟孔雀石锈蚀和古代青铜上的孔雀石锈蚀中结合水的热稳定性进行了测试。

12.6.3.2　模拟孔雀石锈蚀的热分析 DTA-TG 曲线

热重分析（TG）和差热分析（DTA）是目前最常用的两种热分析方法。通过分析 TG 曲线，可知被测物质受热分解时的温度，并且根据失重，计算失去了多少物质；而分析 DTA 曲线，可知被测物质是否发生相变，这在 TG 曲线上是无法反映的。所以，这两种分析方法经常联机使用，即通过综合热分析仪得到材料的 DTA-TG 曲线。

对于孔雀石的热稳定性和分解温度，一直以来是研究者比较感兴趣的问题，因为这类研究有助于分析以孔雀石为颜料的壁画是否遭受大火的侵袭[29]。DTA-TG 曲线易受到实验参数和试样因素等多方面影响，所以现有文献中孔雀石的分解温度在 200~500℃ 这样一个很宽的范围内变化，绝大多数数据不具有可比性。但是，在同一实验参数下获得的 DTA-TG 曲线则具有可比性。

为了获得理想的 DTA-TG 曲线，必须选择纯度相对较高且具有一定量的孔雀石锈蚀作为试样，并设置相同的实验参数。因此，我们选取郧县辽瓦店子遗址出土战国青铜箭簇（YLJC-1）表面的绿色孔雀石锈蚀作为古代青铜器锈蚀产物样品代表，选取模拟孔雀石锈蚀试样 I-1 作为模拟锈蚀样品代表。共同实验条件为：温度区间为 20~800℃，升温速率为 10℃/min，气氛环境为氩气 20mL/min。DTA-TG 曲线测试结果（见图 12.30）如下：

（1）古代青铜器孔雀石锈蚀样品：分解温度范围为 296.7~362.1℃，峰值出现在 335.6℃，质量变化为 -30.38%。

（2）模拟孔雀石样品：分解温度范围为 274.5~337.5℃，峰值出现在 301.9℃，质量变化为 -26.98%。

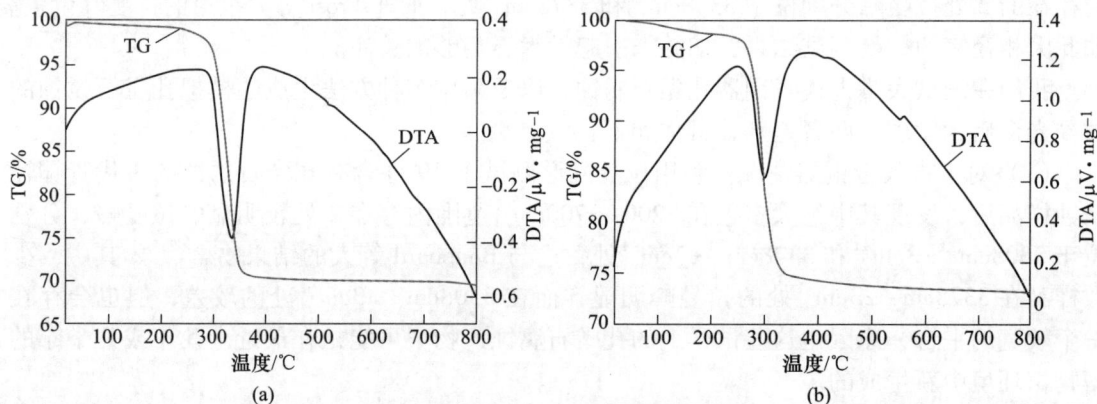

图 12.30　孔雀石锈蚀的 DTA-TG 曲线
（a）古代样品；（b）模拟样品

一般认为，孔雀石受热分解后生成 CuO、CO_2 和 H_2O，即发生如下反应[24]：

$$CuCO_3 \cdot Cu(OH)_2 \longrightarrow 2CuO + CO_2 + H_2O \tag{12.8}$$

两者对比可以明显看出，模拟样品的分解温度范围和峰值明显低于古代样品，这说明模拟孔雀石更易受热分解，也就是说，孔雀石中的结合水比 CO_2 更易受热分解。这证实了上面关于模拟孔雀石中可能缺失一些结合水的推测。

因此，对于"高仿青铜器"的"指纹"鉴别方法就是：利用拉曼光谱仪测量孔雀石锈蚀中结合水的结合强弱可以作为区分模拟锈蚀产物与古代天然锈蚀产物的重要特征指标。本质上来说，在锈蚀产物中形成结合水是古代青铜器经历了久远岁月的象征和特征。

12.6.3.3 基于纳米压痕技术获得模拟腐蚀产物中赤铜矿层的力学性能

虽然上述研究中发现了能够区别模拟孔雀石锈蚀与古代青铜器天然孔雀石锈蚀产物的特征指标，但是并非所有的仿伪青铜器锈蚀产物中都含有孔雀石。实际上，在古代青铜器锈蚀产物中，赤铜矿比孔雀石更常见。也就是说，探索赤铜矿锈蚀的特征指标对于鉴别青铜器的真伪更实用和更具有可操作性。

一般来说，赤铜矿是一种有结构缺陷的氧化物，这种结构缺陷直接影响其力学性能。然而，对于大多数古代青铜器来说，赤铜矿锈蚀层的厚度均在 $100\mu m$ 以内。由于厚度很小，常规的显微硬度计很难准确地获得其硬度和弹性模量等力学性能，但是可以采用近年来新发展出来的纳米压痕技术进行测量[30]。

我们采用纳米压痕仪测试了 3 件古代青铜器和 3 件模拟样品的赤铜矿层的硬度和弹性模量等数据，压痕深度为 1000nm，见表 12.9。可以看出：（1）不同古代样品的测试值差别较大，但同一试样的不同测试点的测试值波动较小；（2）不同模拟试样的测试值差别较大，并且同一试样的不同测试点的测试值也波动较大。也就是说，虽然两者的硬度和弹性模量值都无规律可循，但是，与模拟样品相比，古代样品中赤铜矿层力学性能具有更高的均一性，也就是更加致密。

表 12.9　赤铜矿层的力学性能

试样	硬度/GPa	弹性模量/GPa
春秋簠（ABF-5062）	2.844±0.148	44.733±2.190
战国铜凿（YLTZ-1）	3.167±0.032	42.541±1.372
战国带钩（YLDG-1）	1.983±0.137	36.026±0.913
模拟孔雀石锈蚀试样（Ⅰ-1）	1.789±0.599	43.871±7.315
模拟孔雀石锈蚀试样（Ⅱ-1）	2.834±0.189	44.777±14.416
模拟碱式氯化物锈蚀试样（Ⅲ-1）	2.997±0.479	37.061±7.55

可以得出结论：赤铜矿层力学性能的均一程度可以作为区分模拟锈蚀产物与古代天然锈蚀产物的重要特征指标。从本质上来说，赤铁矿的均匀性和致密性也是古代青铜器经历了久远岁月的象征和特征。反过来说，仿伪青铜器由于时间短，锈蚀层是一个疏松结构。

参 考 文 献

[1] 李艳萍，成小林，程玉冰，等. 考古现场青铜样品土壤埋藏腐蚀实验初探 [J]. 考古与文物，2006，6：95-98.

[2] Hassairi H，Bousselmi L，Triki E，et al. Assessment of the interphase behaviour of two bronze alloys in archaeological soil [J]. Materials and Corrosion，2007，58（2）：121-128.

[3] 李涛. 山东蓬莱出土古代青铜器的腐蚀研究 [D]. 合肥：中国科学技术大学，2007.

[4] Bernardi E，Chiavari C，Lenza B，et al. The atmospheric corrosion of quaternary bronzes：The leaching

action of acid rain [J]. Corrosion Science, 2009, 51: 159-170.

[5] Bernardi E, Bowden D J, Brimblecombe P, et al. The effect of uric acid on outdoor copper and bronze [J]. Science of the Total Environment, 2009, 407: 2383-2389.

[6] Marušić K, Otmačić-Ćurković H, Horvat-Kurbegović Š, et al. Comparative studies of chemical and electrochemical preparation of artificial bronze patinas and their protection by corrosion inhibitor [J]. Electrochimica Acta, 2009, 54: 7106-7113.

[7] Casaletto M P, de Caro T, Ingo, G M, et al. Production of reference "ancient" Cu-based alloys and their accelerated degradation methods [J]. Applied Physics A: Materials Science & Processing, 2006, 83: 617-622.

[8] Novakovic J, Papadopoulou O, Vassiliou P, et al. Plasma reduction of bronze corrosion developed under long-term artificial ageing [J]. Analytical and Bioanalytical Chemistry, 2009, 395: 2235-2244.

[9] 王宁, 何积铨, 孙淑云, 等. 模拟青铜器样品在典型电解质溶液中的电化学行为研究 [J]. 文物保护与考古科学, 2007, 19 (4): 45-49.

[10] Souissi N, Bousselmi L, Khosrof S, et al. Electrochemical behaviour of an archaeological bronze alloy in various aqueous media: New method for understanding artifacts preservation [J]. Materials and Corrosion, 2003, 54: 318-325.

[11] Souissi N, Bousselmi L, Khosrof S, et al. Voltammetric behaviour of an archaeological bronze alloy in aqueous chloride media [J]. Materials and Corrosion, 2004, 55 (4): 284-291.

[12] Sidot E, Souissi N, Bousselmi L, et al. Study of the corrosion behaviour of Cu-10Sn bronze in aerated Na_2SO_4 aqueous solution [J]. Corrosion Science, 2006, 48: 2241-2257.

[13] Hassairi H, Bousselmi L, Triki E. Bronze degradation processes in simulating archaeological soil media [J]. Journal of Solid State Electrochemistry, 2010, 14: 393-401.

[14] Souissi N, Triki E. Early stages of copper corrosion behaviour in a Tunisian soil [J]. Materials and Corrosion, 2009, 60 (4): 1-7.

[15] Serghini-Idrissi M, Bernard M C, Harrif F Z, et al. Electrochemical and spectroscopic characterizations of patinas formed on an archaeological bronze coin [J]. Electrochimica Acta, 2005, 50: 4699-4709.

[16] Hassairi H, Bousselmi L, Triki E, et al. Assessment of the interphase behaviour of two bronze alloys in archaeological soil [J]. Materials And Corrosion-Werkstoffe Und Korrosion, 2007, 58 (2): 121-128.

[17] Souissi N, Triki E. Early stages of copper corrosion behaviour in a Tunisian soil [J]. Materials and Corrosion-Werkstoffe Und Korrosion, 2010, 61 (8): 695-701.

[18] 廖晓宁. 铜及青铜合金在静态和动态薄液膜下的腐蚀行为研究 [D]. 杭州: 浙江大学, 2012: 51-53.

[19] 钱兆红. 铝在中性介质中腐蚀特性的电化学和原位 SECM 研究 [D]. 济南: 山东大学, 2012: 29-30.

[20] 韩汝玢, 孙淑云, 李秀辉, 等. 中国古代铜器的显微组织 [J]. 北京科技大学学报, 2002 (2): 219-230.

[21] Bernard M C, Joiret S. Understanding corrosion of ancient metals for the conservation of cultural heritage [J]. Electrochimica Acta, 2009, 54: 5199-5205.

[22] Beldjoudi T, Bardet F, Lacoudre S, et al. Brunella, Surface modification processes on European Union bronze reference materials for analytical studies of cultural artifacts [J]. Surface Engineer, 2001, 17 (3): 231-235.

[23] Constantinides I, Adriaens A, Adams F, et al. Surface characterization of artificial corrosion layers on copper alloy reference materials [J]. Applied Surface Science, 2002, 189 (1/2): 90-101.

［24］张展适，陈少华，陈障茹，等．青铜文物腐蚀过程的模拟研究［J］．中国腐蚀与防护学报，2006，26（2）：94-99.

［25］Frost R L，Martens W N，Rintoul L，et al. Raman spectroscopic study of azurite and malachite at 298K and 77K［J］. Journal of Raman Spectroscopy，2002，33：252-259.

［26］Bouchard M，Smith D C. Catalogue of 45 reference Raman spectra of minerals concerning research in art history or archaeology，especially on corroded metals and coloured glass［J］. Spectrochimica Acta Part A，2003，59：2247-2266.

［27］屈小英，周华．工业无机化学实验［M］．北京：科技文献出版社，2008：77.

［28］何雪梅，沈才卿．宝石人工合成技术［M］．北京：化学工业出版社，2004：204.

［29］Otto H. X-ray fine structure investigation of patina samples［J］. Freiberger Forschungshefte B，1959，37：66-77.

［30］Oliver W C，Pharr G M. Measurement of hardness and elastic modulus by instrumented indentation：Advances in understanding and refinements to methodology［J］. Journal of Materials Research，2004，19（1）：3-20.

13　商周青铜器铭文与纹饰的錾刻技术

13.1　概述

中华文明源远流长，青铜技术灿烂辉煌。早在商周时期的青铜时代，华夏先民创造了具有独特民族风格、鲜明时代特征的青铜艺术。大量青铜器以端庄凝重、神秘华丽、铭文丰富的特有风格，屹立于世界文化艺术之林，成为中国古代文明最为灿烂的文化遗存。

青铜器的铭文，也称金文，是中国青铜器艺术成就和社会地位的重要象征。青铜铭文既是记载历史的重要文献，又被认为是书法艺术的遗珍瑰宝。它上承甲骨文挺拔的风格，下开篆书、隶书、楷书严谨的先河，给人以历史的启迪和美的享受。因此，金文与甲骨文一起是中国目前所知早期的有系统的成熟文字，是世界文明发展史中重要的文化宝库。

一般认为，商朝早、中期青铜器上开始出现铭文，但数量很少，多是所谓图像铭文。商朝晚期，铭文开始频繁见于青铜器，从数字到数十字。西周时，长篇铭文的铜器大量增加，有的铭文长达数百字，而到了春秋战国时期，由于简牍、帛布更广泛用作书写载体，青铜器铭文由盛转衰。有统计显示商周时期有铭文的青铜器约为 14000 件，其中西周中期之前的占 2/3[1]。

长期以来，青铜器铭文的制作方法一直是青铜器研究中的难题。很多研究者进行了探讨，大多数人认为，在商周时期，以范铸法制作的铭文（下文简称为"铸造铭文"或"铸铭"，以区别于"失蜡法"）占大多数，而以錾刻方法（刻铭）则极少[2]。但是，由于铸造铭文工艺过程的复杂性，具体的制作问题一直没有得到很好的解决。

对于铸法制作的铭文来说，由于存在从"模"到"范"，再到浇铸成青铜器的多次翻制过程，铭文也会出现"阴文（凹）"与"阳文（凸）"之间的多次转换。一般认为主要为以下 3 种模式：

（1）先在模上刻写阴文铭文，翻到芯上制成阳文，最后浇铸形成青铜器阴文铭文；

（2）直接在范或者芯上刻写阴文铭文，铸成的青铜器上为阳文铭文；

（3）在范或者芯上制作阳文铭文，然后浇铸形成青铜器阴文铭文。

然而，由于商周青铜器上阳文铭文极少见，多为阴文铭文，因此，许多研究者又提出了一些具体的方法，如：铭模活块翻制法（又称嵌入法）[3-5]、泥条堆塑法[2]、"假内范"和"假外范"翻制法[5]、兽皮刻字印范法[6]、母版复制法和模型法[7]等。也有研究者通过对一件考古发掘的一个西周晚期刻字陶范的研究，提出了堆塑泥条芯作铭法，即先在"范芯"上刻写阴文铭文（反书）底稿，再在其上堆塑泥条，制成阳文，最后浇铸青铜器，制成阴文。并认为这种方法是西周时期周原地区制作青铜器纹饰和铭文的常用技术或方法[8]。

长期以来，大家公认的观点是：商代到春秋时期的青铜器铭文一般为铸造成型，战国秦汉时期的青铜器铭文大都为錾刻制成[4]。或者说，我们一般习惯将刻铭与铁质工具相联系[2]。认为在东周（春秋战国时期）随着冶铁业的兴起，由于比青铜坚硬的钢铁工具的出现，才开始在青铜器上直接镌刻文字。并认为，从春秋晚期起出现刻纹铜器，到战国早、中期趋于成熟，部分铜器铭文也用镂刻[1,9-11]。还有人认为，刻纹铜器最早起源于吴越地区，在战国早期有一个集中向外传播的过程[12]。

这些观点主要是基于两个假设，即：

（1）铁（钢）比青铜强度（硬度）高，只有铁（钢）制工具才能在青铜器上进行錾刻或雕刻；

（2）青铜工具不能在青铜器上进行錾刻或雕刻。

然而，从材料学的角度来说，这种判断是不准确的，甚至是错误的。也可以说，这是对青铜材料和钢铁材料的特性不熟悉和不理解所得出的结论。

在人类发展史上，铁器时代独立于青铜时代，不仅是两种金属元素的不同，更重要的差别是钢铁的冶炼、加工、性能和应用与青铜有很大的不同，对技术上的要求更高、更先进。例如，生铁只能通过降低碳含量冶炼成钢才具有实用价值，而这个技术古人探索了上千年。

实际上，在前期研究中，一些考古发现已经指出了商周时期铭文制作方法的研究方向，只是没有引起大家的重视，以及没有从材料科学专业进行更深入的探讨。例如，1990年，S. Boucher[13]曾提出，当青铜器工具中的锡含量（质量分数）在20%时，即有足够高的硬度可在锡含量8%~12%的青铜器上进行錾和刻，并认为加入一定量的铅可以提高青铜的延展性，更便于錾刻。2012年，在殷墟遗址中曾发现了四件錾刻铭文的青铜器，并认为铭文錾刻技术在商代晚期已经出现[3]。还有人提出商代工匠在青铜器中提高铅含量，能够降低硬度，是为了便于后期的錾刻加工[14]。也有人认为少数铭文因铸迹不清晰，用刀重新刻过，如散氏盘（西周晚期）[10]。

这里的问题是，在殷商时期，如果工匠们就已经发现了更加简单、方便、易行的錾刻方法制作铭文，甚至是纹饰，他们为什么不让它发扬光大呢？

实际上，以古人的聪明才智，他们不仅发现了青铜可以錾刻青铜的事实，并且有可能放弃了烦琐和难度很高的范铸法——铸造铭文方法，转而发展和完善了一套錾刻技术，用于青铜器铭文及纹饰的制作，甚至可能有专门的作坊、专门的人员，以及专门的设备工具等，专门从事青铜器铭文及纹饰的制作。其规模可能不亚于青铜冶炼、青铜器铸造等领域。如果考古可以发现制玉作坊、骨加工作坊，一定也有专门的铭文錾刻作坊。

本章拟以材料科学的理论和实验数据为基础，为大家揭开商周时期青铜器铭文的制作之谜。理论上，以材料表面张力、接触角、浸润性等理论，论证了范铸法铸造铭文的难度和不可行性；实验上，验证了高锡青铜的硬度可以大大高于普通青铜，也高于现代的普通商用钢制錾刻工具，证实了青铜器铭文（纹饰）錾刻或镌刻材质和技术上的可行性。通过对青铜器铭文实物和典型的铭文图谱照片的系统分析和讨论，提出了铭文錾刻的必须性、工具与方法、特征与辨识等。最后对典型錾刻铭文的特征进行阐述和解读。事实上，古人不仅利用高锡工具在青铜器上錾刻铭文，也会作为辅助手段，利用同样的技术在青铜器上錾刻纹饰，使其更加饱满和丰富，达到最佳的政治、宗教、艺术等效果。

13.2   商周时期青铜器铭文錾刻的必须性

13.2.1   錾刻或雕刻的发展历史

錾刻或者雕刻，是人类为了生存本能的一项技术，发展至今已有数万年历史。在旧石器时代，原始人通过对石片或石核进行简单加工就可以获得可用于日常生活的打制石器。进一步通过在不同材料上更加精细的雕刻而产生了艺术品，例如，奥瑞纳文化（Aurignacian Culture，距今4万~2.9万年）中在鲕粒石灰石上雕刻完成的"维伦多尔夫的维纳斯"（Venus of Willendorf），拉斯科洞窟中有动物形象和解剖细节的岩画，梭鲁特文化（Solutrian Culture，距今2.1万~1.8万年）中岩壁上用线条刻画多种动物的形象和马格德林文化（Magdalenian Culture，距今1.7万~1.15万年）中用骨头、石头或鹿角制作的动物雕像，刻画在投矛器上的浮雕，以及厚背石刀、鹦鹉嘴状雕刻器等，都是早期人类利用工具在不同材料上完成的雕刻制品的实例。

磨制石器的出现标志着新石器时代的到来。古人通过对工具的进一步加工，使得器物形态上的划分更加细致，出现了斧、锛、凿、刀、镶、镞等。这一时期，人们开始了对玉石的加工，例如红山文化时期的玉猪龙、良渚文化中的玉琮等玉器表面都有雕刻而成的纹饰且制作精美。

到了青铜器时代及铁器时代以后，金属工具的出现，使雕刻或錾刻技术进一步发展，人们开始利用青铜刀在甲骨上刻字，有先书后刻和以刀为笔直接刻写两种形式，刻工运刀如用笔，表现出书法的某些用笔特征，以及在青铜器、金银器等金属器件上进行雕刻和制作铭文。

直到现在，雕刻或錾刻工艺仍然是被广泛使用的一项技艺。我们仍然会在木制品、陶制品、玉器、金属器等器件上进行雕刻和加工。不同的是，与前人的雕刻作业相比，现在所使用的雕刻工具和技术大多都融合了现代科技。例如，根据雕刻方法的不同可分为蚀刻、手工雕刻、激光雕刻、标记雕刻、机械雕刻、辊模雕刻等。随着各种机器的发展，手工雕刻也更加先进。例如在玉雕作业中，现在使用到的横轴式雕刻机、铁轴雕刻机和高精度雕刻机等雕刻机器为手工雕刻提供了更加高效便捷的技术支持。同时，随着各种科技的发展，机械雕刻也得到了发展。例如数控玉雕机的产生，使得雕刻速度提升，且更加精准，适合大批量生产。

众所周知，在中国古代有寓道于器的文化理念，在青铜器上制作铭文是寓道于器思路的继续贯彻。

在商代时期，青铜器上开始出现铭文，也可以看作是装饰的一种，字数一般较少，内容多为表示族氏、方国名和私名。例如族徽，或称为图像铭文，即通过标名器主的族属，将具有精神内涵的青铜器归属于特定族氏。再就是人物称谓类型，如"父丁""祖丁""妇好""亚启"等。商代也有少量记事铭文，如亚鱼鼎、亚鱼簋、戍嗣子鼎、四祀邲其卣等，字数可达40多字，主要反映的是祭祀与战争，即"国之大事，在祀与戎"。商代铭文被称为"金文"，与甲骨文具有同等重要的地位，是研究汉字发展演变的重要资料。另外，许多内容都可与文献和甲骨文相互比照印证，对商史的研究与甲骨文一样，是第一手资料，有着重要的历史和文化价值，其内容对家族史、祭祀制度、社会生活和意识形态的研究更显重要。

西周时期，不仅有铭文的青铜器的数量大大增多，更是出现了多达数百字的长篇铭文，例如，著名的毛公鼎有 32 行 497 字，是到目前为止最长的青铜器铭文。文字的力量进一步在青铜器上展现。文字所表达的内容开始等同甚至超过铜器原本已经被全社会认可的普遍政治意义和宗教信仰意义。做器者通过文字表达着更为具体的内涵。这些铭文集中于赏赐、记事、册命、纪功、劝诫、祭祀、战争等方面。例如，利簋的内容是纪功；何尊、大盂鼎、大克鼎、毛公鼎、天亡簋、散氏盘等长篇铭文，均通过记事、纪功、册命、劝诫之类的文字，使得青铜器在政治领域的意义更为个性化、明确化。

13.2.2　青铜器铭文制作方法辨析

实际上，青铜器上铭文的制作方法，可以从以下两个方面进行判断和确定。

（1）这些铭文是通过范铸法铸造青铜器时做上去的，还是铸后做上去的？如果是先做好青铜器，再产生的铭文，则必然是"刻铭"。比如说，商王或者周王赏赐一个青铜器，接受赏赐的人或者家族，为了纪念这件荣耀的事件，而在青铜器上制作一篇"铭文"，这个铭文只能通过錾刻的方法制作。这种情况是很有可能发生的，因为在夏商周时期，礼器青铜器的制作和管理都是由皇家专门机构和人员负责，一般的个人和小团体是不能有青铜作坊的。从铭文制作的工艺难度上看，刻铭要比铸铭简单，更容易实施和操作。另外，刻铭方法在字体风格的体现、制作部位和字数多少的确定等方面也更加灵活机动，方便把控，也更能体现铭文制作者的个性风格，甚至身份地位。如果出现过刻铭方法，那么这应该是古人更愿意采取的，甚至也可能是使用最多的一种铭文制作方法。

（2）为什么青铜器上阴文（凹文）多，而阳文（凸文）比较少？如果铭文为阳文（凸文），则制作方法必定是铸铭，特别是在范或芯上阴刻反书铭文，比较方便。如果铭文为阴文（凹文），其制作方法可能是铸铭，也可能是刻铭。

对于使用范铸法制作阴文（凹文）铭文情况，又分为两种情况：

1）首先在模上刻写阴文（凹文）铭文，然后再在范上形成阳文（凸文）铭文，最后，铸造青铜器，并获得阴文（凹文）铭文。该方法的主要问题在于：通过中间的制范过程，会损失原来刻写在模上的阴文（凹文）铭文的许多细节；另外，需要对范上的阳文（凸文）铭文进行修饰和整理，以及在浇铸铜液凝固后的收缩等，都会损失模上原文的书写细节，以及书法风格。

2）直接在范上制作阳文（凸文）铭文，然后铸造青铜器，获得阴文（凹文）铭文。例如，在芯上阴刻字为底稿，然后在上面堆塑泥条，制成阳文（凸文）铭文，最后浇铸得到阴文（凹文）铭文，即所谓的堆塑泥条芯作铭法[8]。该方法在范上制作反字铭文，有很大的难度，并且很难保持铭文的书写风格和细节。

实际上，范铸法制作铭文的最大问题是，由于翻模和铸造，难以保持铭文的书写细节和风格，特别是对于纤细的笔画更难以制作，或者不能制作。例如，在关键的制范过程中，需要采用塑形好的泥料，按捺压实压紧才能把字形完全复制下来。另外，脱模时字体还会变形，还需要进行修整等工序。特别是对于西周时期存在长篇铭文，有人也认为在模上制作铭文存在各种技术障碍和不合常理之处[2]。

总的来讲，利用铸造方法制作铭文，是一件极其复杂和麻烦的事情。具体原因后面再从材料科学方面给予解释。

因此，青铜器上的阴文（凹文）铭文，绝大多数应该是采用錾刻方法制作的，只有极少数是采用铸造方法，这与实际出土带有纹饰的模和范较多，而带有文字的模和范较少的现象是一致的[15]。

13.3　青铜器铭文錾刻在材质和技术上的可行性

一般认为，铸造铭文为商代和西周时期的主要青铜器铭文制作方法。这是由于人们基于一个基本认知，即青铜刀不能錾刻青铜。也就是，认为青铜的强度低于钢铁，所以直到东周（春秋战国时期）随着冶铁业的兴起，由于比青铜坚硬的钢铁工具的出现，才开始在青铜器上直接镌刻文字[1-2,9-12]。

实际上，这种观点是错误的。理由有 2 个：（1）不同锡含量的 Cu-Sn 合金的硬度相差很大；（2）某些 Cu-Sn 合金的硬度会大于某些碳素钢。也就是说，青铜的强度（硬度）低和钢的强度（硬度）高，都不是绝对的。如果古人掌握了这个规律，对 Cu-Sn 合金中锡含量变化对性能的影响有直观的认识和判断，利用含锡量高的青铜制作錾刻工具，在含锡较低的青铜器上直接錾刻（镌刻）文字，是一件很容易的事情，对于制作出丰富多彩的长篇铭文，是完全可能的。

另外，与已经发展了一千多年的青铜冶炼和青铜工具制作相比，实际上，钢铁冶炼和钢铁工具的制作更加复杂，难度更大。在春秋战国时期，冶铁业刚刚兴起，能否制作出高质量的铁（钢）制錾刻工具，还有很大的疑问。

众所周知，炼钢先炼铁。钢从生铁而来。用铁矿石冶炼而得的生铁，含碳量较高，并且含有许多杂质（如硅、锰、磷、硫等）。因此，生铁缺乏塑性和韧性，力学性能差，除熔化浇铸外，无法进行压力加工，因而限制了它的用途。为了克服生铁的这些缺点，使它在应用上能起到更大的作用，还必须在高温下利用各种来源的氧，把生铁里面的碳与杂质氧化清除到一定的程度，以得到一定成分和一定性质的铁碳合金——钢。这种在高温下氧化清除生铁中碳和杂质的方法叫炼钢。一般认为，直到西汉后期由于在"铸铁柔化术"或"炒铜"等一些关键技术上的突破，中国的钢铁冶炼和钢铁工具制备才发展成熟，进入完全的铁器时代[10]。

图 13.1 和表 13.1 所示为 Cu-Sn 合金的维氏显微硬度随锡含量增加的变化曲线。可以

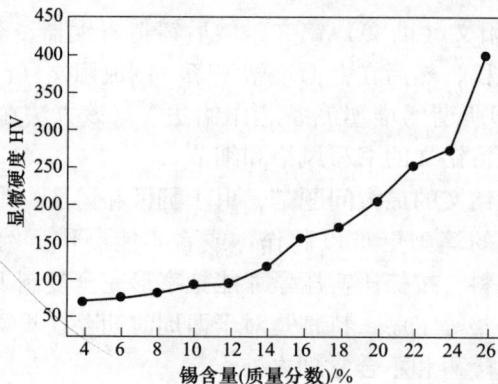

图 13.1　Cu-Sn 合金的维氏显微硬度随锡含量增加的变化曲线

看出，当锡含量（质量分数）达到26%时，Cu-Sn合金的平均硬度要高出一倍以上，并且高于在同样实验条件下测试的2把普通商业购置的钢刻刀（见表13.2）。

表 13.1　Cu-Sn 合金中锡含量与维氏显微硬度的关系

锡含量（质量分数）/%	0	6	8	10	12	14	16	18	20	22	24	26
维氏显微硬度 HV	71	74.7	82.2	91.2	93.8	117.0	156.9	169.8	203.4	253.7	274.1	399.6

表 13.2　不同条件下 Cu-Sn 合金和现代商用碳钢刻刀及其维氏显微硬度

金属与条件（质量分数）	维氏显微硬度 HV	参考文献
现代商用碳钢刻刀 1	309.36	—
现代商用碳钢刻刀 2	268.28	—
模拟青铜（铸态，24% Sn）	283.52	[16]
古代青铜容器（淬火，20% Sn）	495.34	[17]
古代青铜容器的"富锡层"（淬火，25% Sn）	591.37	[17]
古代青铜戈（18.16% Sn）	169.88	[18]
古代青铜夹刻刀（28.62% Sn）	395.88	[18]
古代青铜剑（18.57% Sn）	250.33	[19]
古代青铜剑"富锡层"（38.51% Sn）	606.43	[19]

我们的测试也显示出高锡青铜具有高的硬度，见表13.2。例如：（1）含锡量24%的青铜铸造模拟样品的硬度 HV 为 283.52[16]。（2）对于经过淬火处理的含锡量20%的古代青铜器，由于存在大量的针状组织，使其硬度 HV 高达 495.34，而对应的锡量为25%的富锡层中，硬度 HV 进一步提高到了 591.37[17]。（3）一把含锡量18.16%的战国青铜戈的硬度 HV 为 169.88，一把含锡量28.62%的战国青铜夹刻刀的硬度 HV 为 395.88[18]。（4）对一把春秋战国时期的青铜复合剑的分析显示，剑身的锡含量为18.57%，对应的硬度 HV 为 250.33；而其表面"富锡层"的锡含量高达38.51%，其硬度 HV 也达到了难以置信的 606.43[19]。（5）对于一把战国复合青铜戈，其含锡量较高的刃部的硬度是其纯铜脊部的3倍以上[20]。这些数据虽然不是在同样的实验条件下进行的测量，但是，锡含量对 Cu-Sn 青铜硬度的影响还是非常显著的。

在 Cu-Sn 合金中，锡含量对其强度（硬度）的影响主要是由于不同的锡含量改变了合金显微组织和合金相的组成。图13.2所示为 Cu-Sn 合金相图。一般情况下，在 Cu-Sn 合金中主要存在4种合金相[21]，即：

（1）α-Cu 相。面心立方（fcc）晶体结构，锡在 α-Cu 相中的最大固溶度（质量分数）为15.8%，具有较好的塑性和韧性。

（2）δ-Cu 相。$Cu_{41}Sn_{11}$，复杂立方晶格；锡含量范围20%～21%，属于低温相，硬而脆（Cu-Sn 合金中硬度最高的组织）。

（3）β-Cu 相。Cu_5Sn，体心立方（bcc）晶格；锡含量范围13.1%～16.5%，属于高温相，在586℃以上高温下稳定存在，韧性较好（相比 δ-Cu 相），冷却后，分解为 α-Cu 相和 δ-Cu 相。

（4）γ-Cu 相。$Cu_{31}Sn_8$，复杂立方晶格；锡含量范围15.5%～27.5%，高温相，冷却

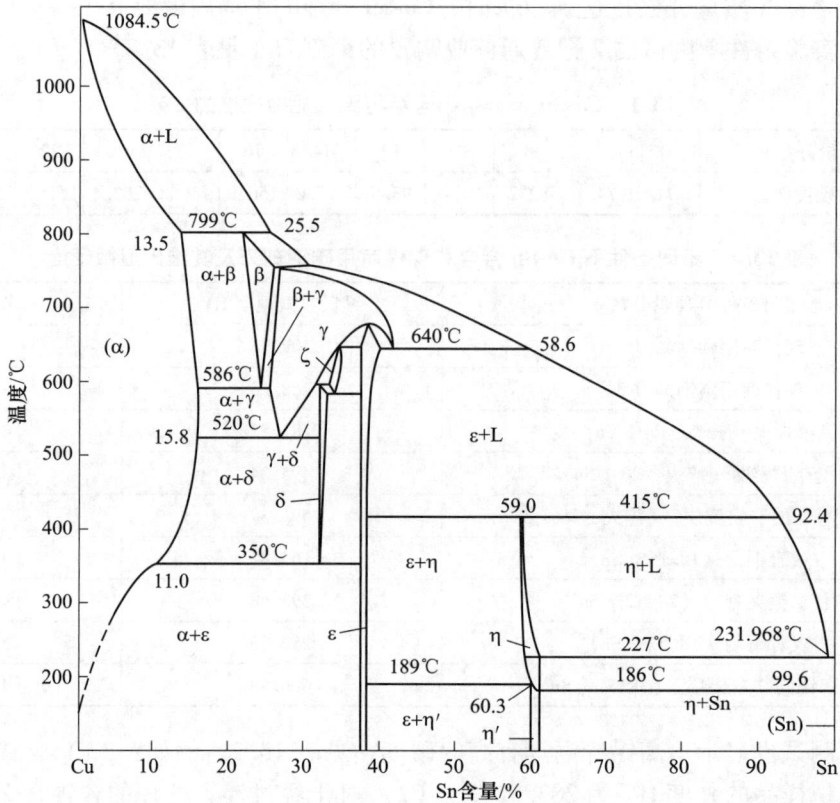

图 13.2　Cu-Sn 合金相图

后，分解为 α-Cu 相和 δ-Cu 相。

其他合金相，在室温下一般较难生成，如 ε-Cu 相（Cu_3Sn，密排六方结构）等。

一般来说，由于 fcc 结构的晶格间隙较大，锡在 α-Cu 相中的最大固溶度（质量分数）可以达到 15.8%。然而，对于实际的铸造组织来说，由于冷却速度较快及成分偏析等，当 Cu-Sn 合金中存在一定的锡含量以后，其组织为 α-Cu 相，以及在晶界处析出 δ-Cu 相，形成 α+δ 共析组织。随着锡含量的增加，α-Cu 相逐渐减少，α+δ 共析组织逐渐增加，δ-Cu 相逐渐成为主相，甚至全部变为 δ-Cu 相。另外，当锡含量（质量分数）高于 20% 时，铸造高温下为 β-Cu 相和/或 γ-Cu 相，如果急冷则可获得致密的针状 δ-Cu 相，其硬度还会进一步提高[17,19]，见表 13.2。

在现代的教材中，一般认为合金或合金钢的概念是 1818 年由著名的英国科学家迈克尔·法拉第（Michael Faraday，1791—1867 年）首次提出来的，他也被认为是合金钢研究的先驱人物[22]。我们对法拉第的熟知是他于 1821 年发现了电磁感应，奠定了现代文明的基础，被称为"电学之父"和"交流电之父"，也是"发电机之父"。然而，法拉第也是一个伟大的冶金学家，他的科学研究生涯是从合金钢研究开始的。1818 年他与人合作研究合金钢，首创了金相分析方法。当时，法拉第也只是凭直觉在钢中加入各种元素，以期提高钢的性能，并没有后来的冶金热力学和相图等作指导。他在钢中加入金属元素，如 Ni、Cr、Cu，甚至贵金属，如 Au、Ag、Pt、Rh、Pd、Ti 等。法拉第研究合金钢的目的在 1820

年的论文中曾有所阐述："探讨人工配制的合金，在制造刀具（剃刀）方面是否比纯钢为优；是否较不容易氧化；制造反射镜的可能性。""镍与铁或钢的合金，发现它们在实验室或暖房里并不像铁那样容易生锈。""钢与 1.5%铑的合金有良好的可锻性，比普通钢硬，可以制造优良刀具（剃刀）。"法拉第在合金钢方面的研究，当时并没有产生直接有意义的结果，因为那时的工业生产除了一些刀具，如剃刀、手术刀外，对合金钢并没有很大的需求。但是，法拉第的原创性试验对后来的发展具有启发性，深远意义不能低估。后来，被称为现代合金钢的奠基人的英国冶金学家哈德菲尔德（R. A. Hadfield，1858—1940 年），1882 年开始通过更系统和深入的研究，最终推动了现代合金和合金钢研究与应用的快速发展。

然而，在青铜时代，铁或钢的生产主要为直接从铁矿石冶炼出的生铁（或称为铸铁，含碳量 2.11%~6.69%），然后再经过脱碳处理（又称铸铁柔化术或"炒钢"）获得碳素钢（含碳量为 0.03%~2%）。

一般的灰口铸铁的平均布氏硬度 HBS 为 150~280（相当于 HV 160~300）。碳素钢的硬度决定于含碳量的多少和淬火效果，也就是固溶强化和马氏体强化机制，如：现代的高碳钢可以达到铬氏硬度 HRC 60~65（相当于 HV 700~800），中碳钢为 HRC 50~55（相当于 HV 500~600）[23,24]。我们在市场上购置的用于刻章的刻刀为钢刀，其硬度 HV 在 200~300 之间，见表 13.2。从考古发掘的铁器工具来看，其硬度 HV 都不超过 300[10,25]。

从大量的统计数据来看，中国古代青铜器中锡的平均含量（质量分数）具有如下规律[10]：

（1）对于青铜戈和戟，商代低于 8%，西周时期 10%~14%，东周时期高于 13%。

（2）对于青铜容器，商代中期为 6.6%，殷商时期为 5.08%，西周时期为 5.21%；

（3）也有统计认为 Sn 含量大多在 10%左右，一般不超过 20%[26]。

（4）已发表有刻纹青铜器的锡含量分别为 10%~12%[27] 和 11%~13%[11]。也就是说，按照我们的测量结果，如图 13.1 所示，一般铸态组织的古代青铜器的硬度 HV 应该在 100~200，不超过 250。

按照上面的分析，除了铁（钢）制工具以外，含锡量高于 24%，以及再辅以淬火处理的青铜工具的硬度 HV 已经高达 400 以上，完全可以用于在大多数青铜器上錾刻铭文。

实际上，在春秋战国时期出版的一本典籍《考工记》中的"六齐"曾写道："金有六齐：六分其金而锡居一，谓之钟鼎之齐；五分其金而锡居一，谓之斧斤之齐；四分其金而锡居一，谓之戈戟之齐；参分其金而锡居一，谓之大刃之齐；五分其金而锡居二，谓之削杀矢之齐；金锡半，谓之鉴燧之齐。"可见，除了铜镜之外，刃具类青铜器中的锡含量也是最高的，也表达了同样的道理。《考工记》记录的内容是对其前面时代（商代和西周时期）和当时的科技和手工业技术发展的总结。

在实际应用中，为了避免 δ-Cu 相的高脆性，古人还可能通过对高锡青铜进行淬火处理，来降低脆性，提高韧性。如元人伪撰《格物粗谈》写到"铜锡相和，硬且脆，水淬便硬"。此"硬"为"坚硬""刚强"之意。与现在材料学中的"硬度"概念有别，应理解为：铸态 Cu-Sn 青铜既硬又脆，水淬过后，脆性就减少了。其材料科学原理为：将高锡含量青铜在 586℃相变温度以上保温后，进行急冷淬火，可以将硬度低于 δ-Cu 相的高温 β-Cu 和 γ-Cu 相保留到室温，从而使其脆性降低，但是仍有较高的硬度。换句话讲，古人已经通过经验的总结，懂得了钢和青铜淬火的差别与作用，虽然他们没有现代材料科学理论做指导。

总的来说，在铁器出现以前的青铜时代，利用高锡青铜工具在普通青铜器上錾刻铭文是可行的。

13.4 商周时期青铜器铭文錾刻的工具与方法

在很多考古发现和文献中都有青铜工具的记载，如刀、锥、凿、斧、锛、削、钻、锯等类器物[10,26,28-30]。一般把它们分类为青铜农具、采矿与冶铸铜工具、甲骨文刻刀，以及生活工具等[31-34]，实际上，它们也可能是用于青铜器铭文和纹饰錾刻的。由于这些青铜工具出土较少，与青铜礼器相比，并没有引起很多的重视和研究。

众所周知，在人类的发展历史上，旧石器时代是以使用打制石器为标志，或者用石头在石头或者岩石上进行雕刻图案。打制石器的方法主要有：碰砧法、摔击法（投击法）、锤击法、砸击法（两极打击法）和间接打击法等。制作的器物种类包括：砍砸器、刮削器、尖状器、雕刻器、斧形器、镞形器、刀形器和石球状器等。而在一万多年前的新石器时代，除了陶器的出现和发展以外，玉器制作开始出现，不过这些玉器雕琢使用的是石质工具。进入青铜时代以后，由于青铜有较高的硬度，特别是容易成型制成不同形状的工具，人们开始使用青铜工具打磨和雕琢玉器，特别是晚商时期在甲骨文上刻写文字。

实际上，玉雕，以及在陶器、石头和甲骨上刻字，从技术上讲，都是一样的工艺。古人将雕琢玉器的青铜工具和在甲骨上刻字的方法，同样用于在青铜器上錾刻铭文，应该是一个顺理成章的事情。至于"不同锡含量的青铜，具有不同的硬度"现象，对于一个熟练的青铜器工匠来说，在大量的青铜器制作实践过程中，也是不难发现的。因此，他们会制作出各种各样的铭文錾刻青铜工具。但是，由于这些是实用器和生产工具，在贵族墓葬中一般会很少出现；又由于对于一个手工业者来说，是贵重和专用工具，一般不会随意丢弃，这也是我们在遗址中很少发掘到这类器物的原因。

关于古人在青铜器上进行铭文錾刻时，究竟使用了怎样的具体工艺和錾刻过程，我们可以想象，同时也是难以想象。原因就是在古代没有电力的情况下，所有的机械加工和产品制作都是靠人力和手工完成的。他们会发挥聪明才智，将所使用的技术和技巧运用到极致，这是我们不可想象的。例如：商代工匠靠人力如何制作重达832.84kg的"后母戊鼎"，这是我们现代人难以想象的，对于现在依靠电力机械，要制作这么大的青铜器都不是一件容易的事情。

现在，我们对铜錾刻的定义是指用錾刀在铜质器物上刻划，是器物成型后的进一步加工技术。工艺技法主要有：阳錾、阴錾、平錾、浮雕、铲雕、镂空雕刻等。如果认为在中国的商周时代就存在铭文錾刻，那么这些现代工艺和技法就已经传承了3000多年了。

如果进行设想，商周时代的工匠可能使用了较现在更复杂、更多样、各专业的铭文錾刻的工具与方法，甚至与青铜冶炼、青铜器铸造一样，青铜器錾刻可能是一个专门的专业工种，有专门的工匠、专门的作坊、专门的管理，对其重视程度不亚于制作一件青铜器。

以制作工艺为例，现在因为有电力机械（数控机床等）驱动，可以在金属上的任何位置很容易地錾刻或者刻画出各种大小、粗细不同的文字和花纹。而对于古代工匠来说，如果要在青铜器不同部位錾刻铭文，则需要不同特殊的工具，或者称为"台架（夹具）"，以实现对青铜器进行固定、加（施）力、调整等操作。对于不同大小尺寸和现状的青铜器，这种"台架（夹具）"有时候可能很大，很复杂，不亚于现代机械制造中能够进行复杂机械零件加工的机床。也可能就是利用这些装备，很容易地实现了在青铜器的不同部位进行铭文錾刻，例如，容器（鼎、壶等）的外面、内壁、甚至内底部等，以及在弧形曲面盘状青铜器的内壁和外壁上。

最为重要的是利用这些工具进行铭文錾刻，不仅较铸造铭文方便、快捷、易制作多字数铭文，还能够保持铭文撰写者的书写文体风格和特点。

因此，只有錾刻方法，才能够解释书风变化多样，精彩纷呈的商周青铜器铭文特征。

13.5 青铜器铸造铭文的特征与制作上的不可行性

在认识青铜器錾刻铭文（刻铭）的特征之前，让我们先了解和认识青铜器上范铸法铸造铭文（铸铭）的特征、工艺和困难。

如前所述，商周时期青铜器上的铭文，除了族徽、族名和人名以外，多为记载分封、赐命、祭祀、征伐、事功、赏、宴、婚嫁等事宜，文字可达数百字。铭文多位于青铜器的内底或内壁等显要部位。如果是铸造铭文，则称为铸前文，即在青铜器铸造实施以前就写好了铭文，然后与青铜器一起制作。一般认为的制作工艺有[10]：

（1）商代青铜器的铸铭。在器模或专用的泥模上，用朱墨书写铭文，刻出阴文，然后翻制泥芯或用泥捺印成为阳文泥版，黏附到泥芯上，铸后成为阴文。或者直接于芯上刻制阴文反字，获得阳文铸铭。

（2）西周青铜器的铸铭。篇幅长短而有不同做法。1）字数不很多的仍用模具翻成泥版，于湿态与芯黏合；2）对占有大面积器壁的长篇铭文，或者是在泥芯上镂刻阳文反书，铸后成为阴文；或者是采用花纹模印技术，即通过芯盒的分块施工翻制出多个带铭文的阳文泥芯，或称为芯盒翻制法。

实际上，在青铜器的制作上，铸造的特点是便于制作具有对称性的器型，以及较大的装饰图案。而铸造细小的纹饰，难度极大，且不易获得精美的图案，一般都需要对模和范进行多次修饰加工。因此，如果是铸造铭文，在分析其书写特征之前，需要考虑以下问题：

（1）模和范制作过程中的影响问题。众所周知，在古代青铜器的范铸法铸造过程中，模与范加工工艺复杂，制作时间长，约占整个器物制作过程90%以上的工作量。除了制作逼真的模以外，范的制作更为重要，特别是要完全"复制"出模的所有特征和细节，有很大的难度，如泥料的选择与处理、精准的夯范与脱模、焙烧温度与时间的掌控、收缩量的计算等。一般还要在浇铸前，对范进行最后的细节上的修整和加工。

可见，如果是范铸法制作铭文（阴文），这些处理都会影响到铭文的原始书写和笔画风格，也就是说，如果原始铭文是刻写在模上的阴文，那么范上的铭文则为阳文，在经过制范过程中的各种处理和修整。特别是泥范和泥芯在阴干后，还需要进行1100℃以上的高温焙烧以形成陶质的范与芯，在这个过程中，范和芯会发生收缩和变形，需要再次修整。这些处理和加工过程必定会改变原来的书写字体特征，如笔画的粗细、笔锋的弯转变化等，特别是很细的笔画可能很难被完整保留。如果是在范上制作阳文铭文反字，则更难表现书法文体与风格，因为写反字本身就非常困难；如果在范上刻写阴文反字，则在青铜器得到阳文铭文，这是一个可能的方法，但是写反字要表现出所谓的书法文体与风格，实际上也很困难。

（2）浇铸铜液过程中的影响问题。铜液在浇铸过程中，主要存在 2 个问题：铜液凝固时的收缩问题和铜液与固体黏土范之间的浸润性问题。

1）铜液凝固时的收缩。一般认为，铸件在液态、凝固态和固态的冷却过程中，会发生体积减小的现象，也就是收缩现象。因此，收缩是铸造合金本身的物理性质，也是铸件中许多缺陷如缩孔、缩松、热裂、应力、变形和冷裂等产生的基本原因。因此，它是获得符合要求的几何形状和尺寸，以及致密优质铸件的重要铸造性能之一。金属从液态到常温的体积改变量称为体收缩。金属在固态时的线尺寸改变量，称为线收缩。相对收缩量称为收缩率。金属铸造时的收缩一般与温度（热胀冷缩）和固态相变有关。

任何一种液态金属注入铸型以后，从浇铸温度冷却到常温都要经历三个互相联系的收缩阶段：液态收缩阶段、凝固收缩阶段、固态收缩阶段。液态金属浇入铸型后，由于铸型的吸热，金属温度下降，空穴数量减少，原子之间距离缩短，液态金属的体积减小；温度继续下降时，液态金属凝固，发生由液态到固态的状态变化，原子间距进一步缩短；金属凝固完毕后，在固态下继续冷却时，原子间距还要缩短，对于某些金属可能还会发生固态相变，也会引起体积的收缩或膨胀。

铸造合金在不同阶段的收缩特性不同，对铸件质量也有不同的影响。例如：

① 液态收缩。充满铸型瞬间，液态金属冷却至开始凝固的液相线温度的体收缩为液态收缩。由于在此阶段中，金属处于液态，因此体积的缩小仅表现为型腔内液面的降低。

② 凝固收缩。对于纯金属和共晶合金，凝固期间的体收缩只是由于状态的改变，而与温度无关，故具有一个定值（Cu 的体收缩为 4.2%）。具有一定结晶温度范围的合金由液态转变为固态时，收缩率既与状态改变时的体积变化有关，又与结晶温度范围有关。液态金属注入铸型后，首先在表面形成硬壳，其中还处于液态的金属在此外壳中冷却时，由于液态收缩和凝固收缩使体积缩小。如果所减小的体积得不到外来金属液的补充，则在铸件中形成集中于某处的或分散的孔洞——缩孔或缩松。因此，液态收缩和凝固收缩是铸件产生缩孔和缩松的基本原因。有一些合金，在凝固过程中体积不但不收缩，反而膨胀，如某些 Ga 合金、Bi-Sb 合金，故凝固收缩率为负值。

③ 固态收缩。在固态收缩阶段，铸件各个方向上都表现出线尺寸的缩小。因此，这个阶段对铸件的形状和尺寸的精度影响最大。金属的线收缩是铸件中产生内应力、变形和裂纹的根本原因。

2）铜液与固体黏土范之间的浸润性。按照表面科学理论，表面张力是指液体内部分子的吸引力使表面上的分子处于向内的一种作用力，这种力使液体尽量缩小其表面积，而形成平行于表面的力；或者说是促使液体表面收缩的能力，表示表面上单位长度上所受拉力，单位为 N/m。表面张力的大小与液体的性质、纯度和温度有关。表面能是恒温、恒压、恒组成情况下，可逆地增加物系表面积须对物质所做的非体积功。或者说是表面粒子相对于内部粒子所多出的能量。表面张力乘表面的面积即为表面能。表面张力越大，表面积越大，所具有的表面能也越大。

表面张力仅与液体的性质和温度有关，例如，在室温（20℃左右）下，大部分液体的表面张力在 0.020 ~ 0.040N/m 范围以内，但也有大于此数的，如水的表面张力为

0.072N/m，水银表面张力为 0.470N/m。液态金属的表面张力都比较大，如液态铜在 1100℃时的表面张力为 1.397N/m，在 1131℃时为 1.103N/m，在 1150℃时为 1.255N/m。一般情况下，温度越高，表面张力（表面能）就越小[35-36]。另外，杂质也会明显改变液体的表面张力，比如洁净的水有很大的表面张力，而沾有肥皂液的水的表面张力就比较小。

液体表面张力的大小会影响液体与固体之间接触角 θ 的大小，也就是浸润性（润湿性）。接触角 θ 的定义是：液体在固体表面达到平衡时，在气、液、固三相交界处，气-液界面和液-固界面之间的夹角，其大小可以通过杨氏方程（$\delta_s = \delta_{sl} + \delta_l \cos\theta$）进行计算，如图 13.3 所示。一般认为，接触角小于90°时，液体与固体之间具有浸润性，角度越小，则浸润性越好，称为"亲水"；反之，接触角大于90°时，则浸润性差，或者称为"疏水"，当 $\theta > 150°$ 时，称为超疏水，如荷叶上的水珠。

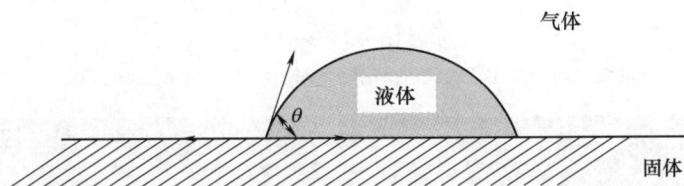

图 13.3　接触角

一般情况下，液体的表面张力越大，其与固体之间的接触角 θ 越大，浸润性（润湿性）就越小。与水相比，液态铜液的表面张力很大，其相应的接触角 θ 也很大，导致其浸润性（润湿性）很小，即使有一些活性杂质元素的影响。

对于青铜器铸造来说，在浇铸过程中，由于很大的表面张力作用，铜液与泥范之间的接触角 θ 增加，使得两者在表面上不能获得完全和充分的接触与浸润。这就会导致几种情况的出现：

① 对于泥范上的细小沟槽部位，由于毛细管现象，不能得到充分的填充，也有可能不能被铸造出来。

② 在泥范上，根据器型和纹饰需要，原来被设计为直角变化的部位，由于表面张力的作用，浸润性减小，会呈现出圆滑变化的特征。

③ 如果是铸造法制作铭文，不论是阴文，还是阳文，其文字书写的风格和文体都不可能得到准确的表现，特别是一些细小的笔画部分，如在笔画的末端，将不会出现笔锋。

因此，总结以上分析，结合我们对湖北省博物馆收藏青铜器铭文的近距离观察，如图 13.4 和图 13.5 所示，以及参阅相关文献照片，如图 13.6 和图 13.7 所示[37]，总结范铸法制作的阴文（凹）铭文应该具有以下特征：

（1）多用于字数较少的铭文（族徽），如单字或少字，且字形和笔画较为粗大和简单的铭文，具有端庄古朴的特点。

（2）铭文的凹部位基本平整，并且较深，因为对范上铭文进行过修整。

（3）铭文书写时可能呈直角或坡形转折的地方（也就是上表面向下转折的部位），如果放大观察，呈圆弧状。可以认为，在模上书写的原始字体，再经过翻模制范和铜液浇铸

图 13.4　天御尊

（商代后期，湖北省武汉市汉南区纱帽山出土，湖北省博物馆藏）

图 13.5　曾侯谏方鼎

（西周早期，湖北随州叶家山墓地出土，湖北省博物馆藏）

图 13.6　夙父辛卣[37]

（商代晚期，宝鸡青铜器博物馆藏）

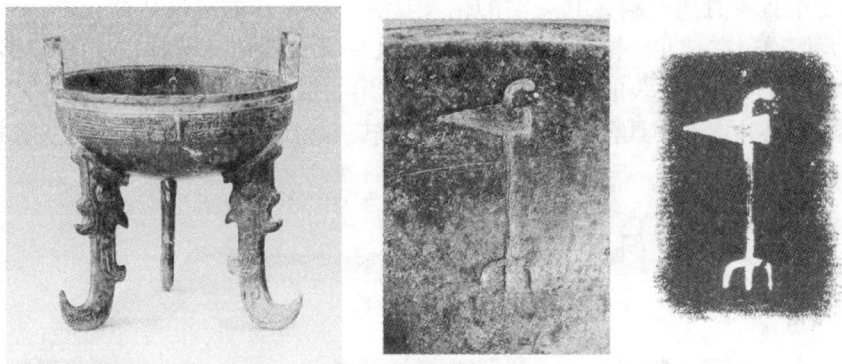

图 13.7 戈鼎[37]

（西周早期，宝鸡青铜器博物馆藏）

后，原来的现状发生了变化。这也是区分铸铭和后面要讲到的刻铭的最主要标志。

（4）铭文书写时的笔锋消失。原因同上，也是区分铸铭和刻铭的最主要标志。

（5）存在铸铭后，再用刀进行修复的现象。

这些细节特征，如果不能直接用肉眼判断，可以借助放大镜或者显微镜做进一步的观察。

13.6 青铜器錾刻铭文（刻铭）的特征与辨识

在很多书籍和文献中，对商周时期青铜器铭文有很多的描述和赞美[1,38-39]。如：认为自商到西周，青铜铭文风格经历了奇肆的发展期、雄浑的成熟期和规整与飘逸兼有的繁盛期；商晚期多原始苍浑，常采取加粗的方式装饰线条，以示美化庄重；西周早期受晚商影响，字多肥笔，笔画多波磔，带有甲骨文的刀刻意味（以大盂鼎为例）；西周中期线条式样与笔法逐渐规范成熟，粗细均匀，首尾一致，重视曲线之美，用笔内敛均匀，极似玉箸体，肥笔波磔减少，融入作品自身的个性（以墙盘、大克鼎、小克鼎为例）；西周晚期金文书法艺术的鼎盛时期，结体规律性更强，婉转流畅，精巧均匀，章法上字与字、行与行之间井然有序，具有苍劲古朴的书风，为秦汉书法奠定了基础（以散氏盘、毛公鼎、虢季子白盘为例）等。另外，还有对两周（西周和东周）时代燕国的青铜器铭文研究认为，西周时代吸收晚商之雄浑厚重与西周的秩序初成，具有浑厚丰美的装饰性、匀称圆浑的线条整体感、篇章秩序感等；东周时代形成了独特的质直、简率风格，即方劲瘦硬、精美流畅、华美绮丽、传统法度等[39]。

但是，如果我们从材料科学和材料加工技术上分析，要实现这些文字书写艺术或风格的表达与实现，只可能是采用了錾刻技术。

铭文錾刻技术应该是来自石器时代的石雕和玉雕，与契刻甲骨文的手法相同。但是，由于所采用的錾刻工具，以及被书写和錾刻的材质差异，所获得的铭文的几何特征，或者称微痕特征会有不同。例如，同一名工匠，使用同样的高锡材质的高硬度青铜工具（刻刀），在甲骨上刻字与在石头、玉，或者青铜等材质上刻写相同的文字所产生的文字微痕特征会有不同，有些差异会比较小，有些可能差异大一些。

对于一般的含锡量（质量分数）在 10% 左右青铜器来说，其硬度小于玉石等石质材料，韧性小于甲骨等骨质材料，其刻写的铭文具有一些特殊的微痕特征。

下面是我们通过在湖北省博物馆近距离观察几件青铜器铭文实物，如图 13.8~图 13.10 所示，以及结合查阅已经发表的青铜器照片，总结出的錾刻铭文（刻铭）的如下特征：

（1）铭文书体边缘处，具有明显的直角或坡形转折特征（这是区分铸铭的关键标识）。

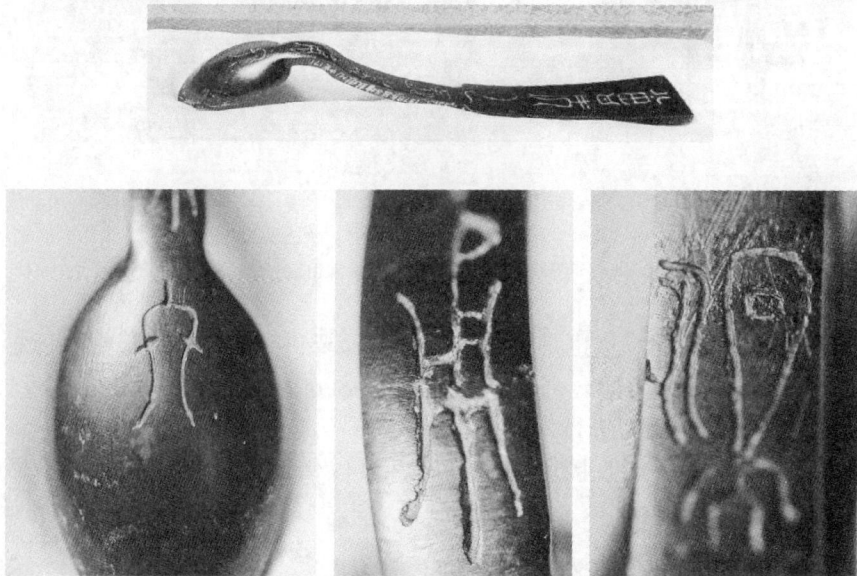

图 13.8 铜勺
（战国早期，湖北随州擂鼓墩曾侯乙墓出土，湖北省博物馆藏）

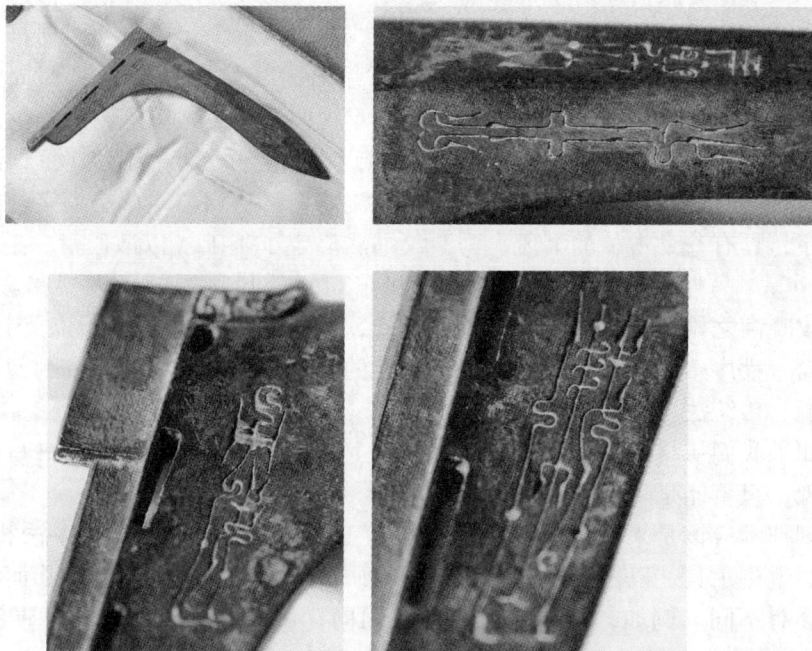

图 13.9 戟
（战国早期，湖北随州擂鼓墩曾侯乙墓出土，湖北省博物馆藏）

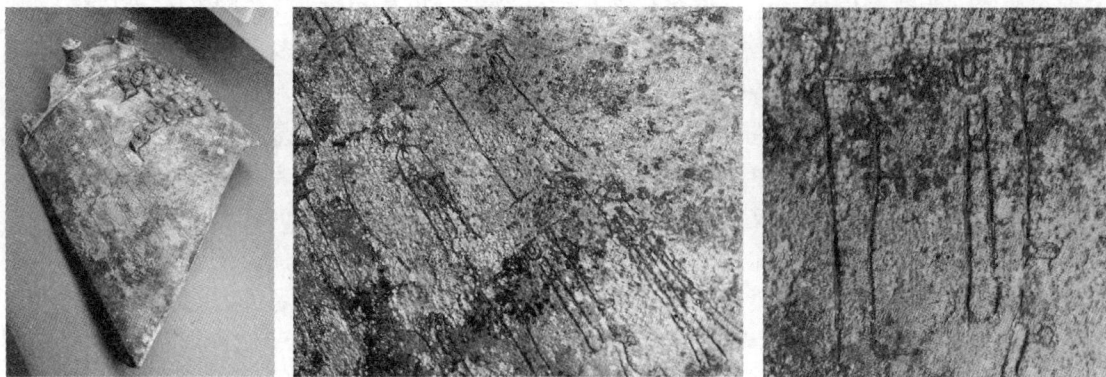

图 13.10　编钟
(春秋晚期，湖北随州文峰塔曾侯與墓出土，湖北省博物馆藏)

（2）在铭文的凹部位，有高低不平的"小岛状"残留，因为在錾刻时，一般的刻刀很难彻底挖去不需要的部分。

（3）铭文书体边缘，有时会有崩裂、崩口或者崩缺的痕迹（这是区分铸铭的关键标识）。

（4）对于同一笔划，有时候会有 2 次或者多次錾刻的痕迹，也称多个刃位。也就说，会出现断断续续的现象，边缘有断痕，而铸铭则比较流畅（这是区分铸铭的关键标识）。

（5）由于錾刻时的力度不同，铭文深浅会有不同的变化。如同一个字，或者同一组字会有不同；另外，不同工匠制作的不同铭文的深浅也会有较大的变化。

（6）如果用刻刀，铭文字体具有明显的笔锋，线条多窄细，用笔多僵直，变化较少。如果用锥形工具，錾和琢，则是另外的风格（这是区分铸铭的关键标识）。

（7）由于工匠对铭文的重视程度和青铜器的珍贵程度不同，以及不同工匠自身技术和艺术水平的差异，錾刻铭文也呈现出多种风格和特点。例如，有些铭文采用先书写，后錾刻，字体风格显得很规范，具备了后世书法认为的用笔、章法、结字诸要素；而有些则是直接刻写，显得比较随意。相比较而言，一般的铸铭特征具有对称性和重复性的特点。

（8）不同的錾刻工艺，铭文的字形也会不相同，具有不同的微痕特征，如翘茬、倾斜型断层、赫兹破裂锥形面，以及切、划、琢、錾、铡、崭、标、扣等。

（9）铭文的錾刻风格可能具有地域性、时代性，甚至政治性的差异。

实际上，錾刻铭文非常容易辨识，特别是在面对铭文实物的情况下，用肉眼或者使用简单的放大镜，借助以上特征就可以判断铭文是錾刻，还是铸造。例如，图 13.10 所示为一个编钟上的铭文，字体纤细修长，并且凹痕很浅，显然不可能是用模范法铸造出来的铭文，必须是錾刻才能有这样的效果和风格。另外，通过与铸造纹饰的特征对比，也能很容易看出差别。可能会遇到的特殊情况是，某些铸造铭文，后期会用刀进行修整，有时候也会呈现出刻铭的特征。

13.7　商周青铜器上的錾刻纹饰

按照以上的铸造铭文与錾刻铭文的特征与可行性分析，实际上，在商周青铜器上，除了大多数铭文为錾刻以外，还有许多装饰花纹（纹饰）也是通过錾刻方法制作而成的，因为用錾刻方法制作细小的花纹比铸造方法要简单、灵活和方便得多。辨别这些纹饰为錾刻，除了上面铭文中所述的特征以外，还有两个明显特征是：纤细和浅显，有时候还比较随意。这一方面可以排除铸造（范铸）法的可能性，另一方面也是錾刻者比较容易实现的一种方式。例如，图 13.11 中，在青铜器作册折觥（西周早期）头部的角上，可以清楚地看到中间的环行花纹是铸造纹饰。也就是说，在铸造青铜器时，同时在模上做的纹饰，最大的特点是严格地呈现出对称性。而周边的其他纹饰则是补刻上去的，宏观上看有一定的对称性，实际上两侧的花纹还是有明显的差别，并不是对称分布。另外，在一件普通青铜器牺尊（西周）上，如图 13.12 所示，在青铜器铸造完成以后，为了使青铜器更丰满、更生动，再在一些空白部位加刻了一些纹饰，但是花纹有一定的随意性。

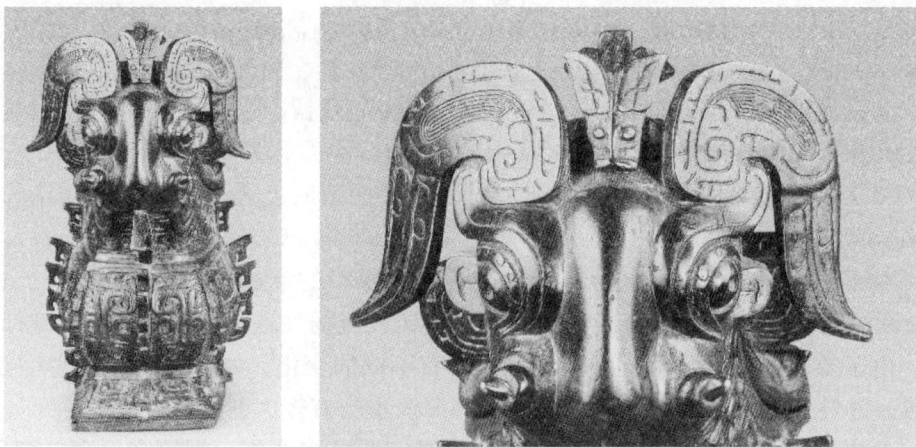

图 13.11　作册折觥[37]

（西周早期，陕西省扶风县庄白村一号窖藏出土，宝鸡青铜器博物院藏）

图 13.12　牺尊[40]

（西周，湖北省荆州市江北农场出土，荆州博物院藏）

这样的例子还有很多。这些錾刻纹饰的特征也非常容易与铸造纹饰区分开和辨识，只要将两者进行对比就能看出差别。铸造纹饰的边缘是圆浑的，对称性很强；而錾刻纹饰的边缘尖锐平直，呈明显的刀刻痕迹，更特别的是，它们都是凹型纹饰。与前面分析铸造凹型铭文一样，由于多次模—范—浇铸的转换，以及中间的多次修饰等加工过程，范、芯和浇铸时的收缩等影响，要铸造出边缘尖锐平直，并保留原始模上的纹饰刻痕是不可能的。这些纹饰只能是在青铜器完成以后再錾刻上去的。有关这方面的工作，还可以进一步深入开展研究。

实际上，在古代青铜器铭文和纹饰制作中，还可能使用了腐蚀法。这在现代的铜加工中应用非常广泛，在古代是否也有使用，现在发现有一些青铜器上的铭文有被腐蚀的痕迹，但是还需要我们发现更多的证据。

13.8 典型錾刻铭文和纹饰的欣赏和特征解释

在本节中，我们选择一些具有代表性的商周青铜器，对其铭文和纹饰的特征进行分析和解释，特别是錾刻铭文和纹饰的识别，以及与铸造法的区别，以期举一反三，对大家有所启发。在今后的观察中，特别是在对照实物的观察和研究中，我们要注意其中的特征差异，得出自己的判断。

（1）大盂鼎，如图 13.13 所示[37]，又称廿三祀盂鼎，时代为西周早期。道光初年（1849 年）陕西省眉县出土，中国国家博物馆藏，中国首批禁止出国（境）展览文物。

大盂鼎的铭文很长，共 291 个字，对研究周代分封制和周王与臣属关系具有重要的史料价值。对其金文书法也有众多溢美之词，认为其书法体势严谨，结字、章法都十分质朴平实，用笔方圆兼备、端严凝重，雄壮而不失秀美，布局整饬中又见灵动，并达到了十分精美的程度。

然而，从技术上分析，这些笔画纤细、字体小、凹痕浅的文字完全不可能是通过范铸法铸造而成的，也就是说，只有使用錾刻法才能实现这些书写特征和风格。从图 13.13 中也可以看出，錾刻的特征非常明显，特别是凹型笔画的深浅变化，正是錾刻工艺的表达特长。另外，需要指出的是，錾刻铭文的工匠具有较高的技术和艺术水平，并且很严谨、认真地完成了这个作品，这也说明了这件青铜器在当时的重要性。

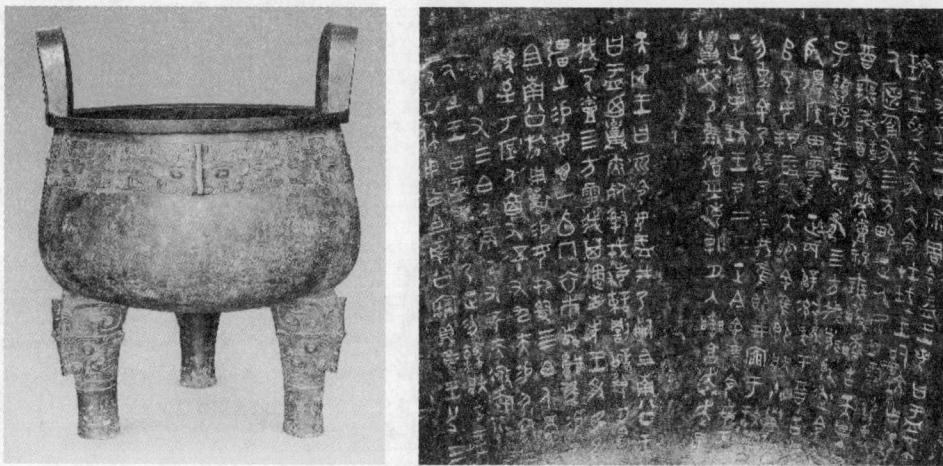

图 13.13 大盂鼎及其錾刻铭文特征图[37]

（2）史墙盘，如图 13.14 所示[37]。时代为西周中期。1976 年出土于陕西省扶风县法门镇庄白村 1 号铜器窖藏出土，宝鸡周原博物院藏，中国首批禁止出国（境）展览文物。

该青铜器盘型巨大，底部有铭文 284 字，铭文前段颂扬西周文、武、成、康、昭、穆、共（恭）七代周王的功绩，后段记叙微氏家族高祖、烈祖、乙祖、亚祖、文考和做本盘者自身六代的事迹。墙盘所记述的周王政绩与司马迁的《史记·周本纪》中的内容非常吻合，具有极高的历史文献和史料价值。

图 13.14　史墙盘及其錾刻铭文特征图[37]

从文字的形态特征来看，这也是一件典型的錾刻铭文青铜器。与大盂鼎一样，在当年这件青铜器是重要人物的重要器物，所以选用了具有顶级技术和艺术水平的錾刻工匠来完成作品。

（3）何尊，如图 13.15 所示[37]。时代为西周早期。1963 年陕西省宝鸡县贾村镇出土，宝鸡青铜器博物院藏，中国首批禁止出国（境）展览文物。在尊内底部有铭文 12 行 122 字，其中出现了最早的"中国"，而备受瞩目。

图 13.15　何尊及其錾刻纹饰特征图[37]

　　这里主要看何尊的正面的纹饰特征，它主要由铸造纹饰和錾刻纹饰组成，并且特征非常明显。铸造纹饰呈凸型、对称性强，其中位于上部和下部的一些很细的纹饰，也是铸造的；而錾刻纹饰则为凹型，看似有对称性，但不是完全对称，有一定的随意性。另外，还可以看到在铸造纹饰（半球形）的周边有被錾刻修饰的现象。铸造和錾刻的痕迹也符合书中给出的特征。

　　（4）盘龙兽面纹罍，如图 13.16 所示[41]。时代为西周早期。2013 年湖北省随州市叶家山 111 号墓出土，湖北省博物馆藏。

图 13.16　盘龙兽面纹罍及其錾刻纹饰特征图[41]

　　曾国立国七百余年，其青铜技术一脉相承，具有很高的技术和艺术水平。这件青铜器出土于曾国早期的曾侯犺墓中，上面有很多高浮雕纹饰，被认为多见于周文化边缘地区。但是，如果仔细观察可以发现，青铜器盖外侧上的凹型纹饰具有明显的錾刻特征，在其他部位也有类似的花纹。这些纹饰被认为是錾刻而成的原因是线条纤细、凹痕浅，以及同一个线条还有不连续的问题。另外，花纹看似有对称性规律，但还是有很明显的差别。这些都是范铸法不可能有的特征，也就是说，只能是錾刻而成的。很显然，古人在制作完成青铜器以后，又根据需要在一些空白部位通过錾刻增加了一些纹饰，使得整个器物显得丰满华丽，更好看。

　　（5）豕尊，如图 13.17 所示[42]。时代为商代后期。1981 年湖南省湘潭市湘潭县九华乡船形山出土，湖南博物院藏。

　　颈部和腹部的鳞甲文为錾刻，其他部位为铸造，对比观察特征和差别非常明显。

　　（6）不栺方鼎，如图 13.18 所示[37]。时代为西周早中期。1971 年 9 月陕西省扶风县高堆乡齐镇村西周墓出土，扶风县博物馆藏。铭文典型的錾刻特征，笔画多为直线，弯曲部分有断续不自然，这也是在青铜器上錾刻的典型特征。

　　（7）许公簋，如图 13.19 所示[43]。时代为春秋中期。传世品，中国国家博物馆藏。该器物的底部和器盖内部都有铭文，也是典型的錾刻铭文，特征主要有：直线多，弯曲少，文字纤细，单刀单侧錾刻痕迹明显。另外，凹型线条浅，也排除了是范铸法制作的可能性。

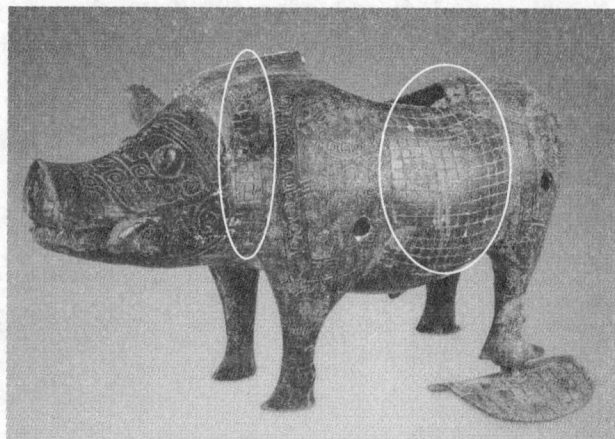

图 13.17　豕尊及其铸造与錾刻纹饰特征图[42]

图 13.18　不栺方鼎及其錾刻铭文特征图[37]

图 13.19　许公簋及其錾刻铭文特征图[43]

（8）盠驹尊，如图 13.20 所示[37]。时代为西周中期，1955 年陕西省眉县马家镇李村西周铜器窖藏出土，中国国家博物馆藏。

图 13.20 盠驹尊及其錾刻铭文和纹饰特征图[37]

这个青铜马的身上有铭文和纹饰，它们的錾刻痕迹非常明显。在铭文中可以看到除了上面讨论的錾刻特征外，还可以看到同一个字中有的笔画较粗（或者称为肥笔），有的笔画非常纤细，这明显就是刀刻的特征，或者说用范铸法是不可能获得这个效果的。再看纹饰部分，似乎希望获得某种对称性，但是仔细对比其并不是完整的对称性，并且线条的粗细深浅都不一致，这实际上是由于錾刻硬物是较难掌控力度引起的。而如果是范铸法制作，由于可以在模和范上对纹饰进行多次修饰，这个图案会应该更加规整。根据铭文内容，这个青铜器是周王亲赐，然后盠为颂扬周王美德，在马身上加上了铭文和纹饰作为纪念。也就是说，这些文字和图案是青铜器铸造以后才有的，所以只能是錾刻上去的。

（9）逨钟，如图 13.21 所示[43]。时代为西周晚期。1987 年陕西省眉县杨家村窖藏出土，中国国家博物馆藏。

图 13.21 逨钟及其錾刻铭文和纹饰特征图[43]

在编钟上錾刻铭文的情况很多。这可能是由于编钟铸造完成以后，需要再进行补充说明的原因。在这件逨钟上，我们可以看到不仅有文字，还有多个纹饰。由于是铸后的文字和图画，只可能是錾刻的，另外，从其微痕特征分析，也很容易得出刻铭和刻饰的结论。

（10）八年吕不韦戈，如图 13.22 所示[37]。时代为秦王政八年（公元前 239 年）。1978 年 6 月山西省宝鸡市配件厂拣选，宝鸡青铜器博物馆藏。对照铭文的特征，可以看出戈背面的"诏事"二字为铸造，其他所有文字均为典型的刻铭。可能是制作工匠"奭"所刻写，与前面的大盂鼎（见图 13.13）和史墙盘（见图 13.14）等重器相比，该工匠的刻字技术水平很低，或者是草草完成。

图 13.22　八年吕不韦戈及其錾刻铭文和铸造铭文特征图[37]

总结本章的内容，主要有如下结论：

（1）铸造法制作"凹型"铭文的困难和不可行性，基于 2 个原因：1）翻模铸造特性原因，即多次模—范—浇铸的转换，以及其间的修饰等加工过程；2）材料学原因，即高温青铜液体与黏土范之间在表面张力和接触角特性方面差异较大，导致它们之间的浸润性降低，很难实现完全的亲润。这 2 个原因导致不可能在青铜器表面获得细节丰富的凹型纤细铭文和纹饰。

（2）錾刻法制作"凹型"铭文的可行性，基于 3 个原因：1）材质上的原因，含锡量高的青铜具有非常高的强度（硬度），可用于在硬度较低的低含锡量青铜上进行錾刻，甚至雕刻；2）商周时期，铁（钢）器制作水平处于初级阶段，其强度（硬度）远远低于高锡青铜工具，不可能用于錾刻；3）与铸造工艺相比，錾刻工艺更简单、更灵活、更方便、更多样，可以实现青铜器凹型铭文的多样性、艺术性、多字数、多部位等特征的表达。

（3）关于錾刻技术开始使用的时间。目前，最早是 2012 年在殷墟遗址（商代晚期）中发现了四件錾刻铭文的青铜器[3]；湖南博物院收藏的豕尊（见图 13.17）的时代也是商代晚期[42]。另外，商代有较长铭文的青铜器，如收藏于美国旧金山亚洲艺术博物馆的商代晚期帝乙时期青铜器小臣艅犀尊，以及收藏于故宫博物院的商代晚期帝辛时期青铜器二祀邲其卣、四祀邲其卣和戍嗣子鼎等。这些作品被认为在点画上强调轻重对比，甚至出现装饰化的肥笔；在章法布局上，上下字排列紧密，大小穿插，浑然天成。如果对照前面的特征分析，要实现这些书法风格，只能是錾刻的方法，而不可能是范铸法。这样似乎可以确定青铜铭文和纹饰錾刻技术的起始时间为商代晚期。

然而，从现代材料学上来说，古人什么时候开始使用錾刻技术，本质上决定于他们是否掌握了青铜的合金化技术，换句话说，是否掌握了制备不同的青铜器物需要采用不同的金属元素配比的规律。实际上，这也说明古人已经知道了高锡含量的青铜工具的强度和硬度大大高于低锡含量的青铜工具，可以进行錾刻处理。所以，錾刻技术的起始时间可能还要早于商代晚期。

（4）在商周时期，甚至以后，可能存在一个强大的、独立的、装备齐全、专业性高、专业人员众多的青铜器錾刻和雕刻机构（作坊），早期可能受控于皇家贵族，后来慢慢散布到民间的普通工匠。

参 考 文 献

[1] 王宏理. 中国金石学史（上、下册）[M]. 上海：华东师范大学出版社，2015.

[2] 张昌平. 商周青铜器铭文的若干制作方式——以曾国青铜器材料为基础 [J]. 文物，2010（8）：61-70.

[3] 岳占伟，岳洪彬，刘煜. 殷墟青铜器铭文的制作方法 [J]. 中原文物，2012（4）：62-68.

[4] 吴静霞. 商周青铜器铭文的制作工艺和西周颂鼎复制 [J]. 文物保护与考古科学，2008，20（4）：55-58.

[5] 李峰. 西周青铜器铭文制作方法释疑 [J]. 考古，2015（9）：78-91.

[6] 陈初生. 殷周青铜器铭文制作方法评议 [J]. 暨南大学学报（哲学社会科学版），1998，20（1）：117-121.

[7] Škrabal O. Writing before inscribing：On the use of manuscripts in the production of Western Zhou bronze inscriptions [J]. Early China，2019，42：273-332.

[8] 郭士嘉，种建荣，雷兴山. 孔头沟遗址铭文芯与西周铭文制作方法 [J]. 江汉考古，2020（3）：107-114.

[9] 史树青. 我国古代的金错工艺 [J]. 文物，1973（6）：66-72.

[10] 华觉明. 中国古代金属技术——铜和铁造就的文明 [M]. 郑州：大象出版社，1999：192.

[11] 南普恒，王晓毅，陈小三，等. 山西隰县瓦窑坡 M30 出土刻纹铜斗的制作工艺 [J]. 考古，2020（7）：107-116.

[12] 滕铭予. 东周时期刻纹铜器再检讨 [J]. 考古，2020（9）：93-111.

[13] Boucher S. Surface Working, Chiseling, Inlays, Plating, Silvering, and Gilding in Small Bronze Sculpture from the Ancient World [R]. The J. Paul Getty Museum, Malibu, California, 1990：161-178.

[14] 杨欢. 美国佛利尔艺术馆藏商代青铜器含铅量分析研究 [J]. 江汉考古，2017（3）：130-136.

[15] 中国社会科学院考古研究所. 安阳孝民屯（三）：殷商遗存·铸铜遗物（上、下册）［M］. 北京：文物出版社，2020.

[16] Li Y, He K, Liao C W, et al. Measurements of mechanical properties of α-phase in Cu-Sn alloys by using instrumented nanoindentation［J］. Journal of Materials Research, 2012, 27（1）：192-196.

[17] Li Y, Wu T T, Liao L M, et al. Techniques employed in making ancient thin-walled bronze vessels unearthed in Hubei Province, China［J］. Applied Physics A, 2013, 111（3）：913-922.

[18] 廖灵敏，黄宗玉，潘春旭，等. 湖北枣阳九连墩战国楚墓青铜器的材料学特征研究［J］. 考古，2008（8）：69-76.

[19] Xie C, Fu C L, Li S S, et al. A special composite ancient bronze sword and its possible making technique from materials science analysis［J］. Materials, 2022, 15（1）：2491-2503.

[20] Li B J, Jiang X D, Tu Y, et al. Study on Manufacturing Process of Ancient Chinese Bi-metallic Bronze Ge ［J］. Archaeological and Anthropological Sciences, 2020, 12（2）：62-70.

[21] 中国有色金属工业协会组织，唐仁政，田荣璋. 二元合金相图及中间相晶体结构［M］. 长沙：中南大学出版社，2009：7, 454, 1259.

[22] 郭可信. 金相学史话（4）：合金钢的早期发展史［J］. 材料科学与工程，2001，19（3）：2-9.

[23] 肖诗纲. 现代刀具材料［M］. 重庆：重庆大学出版社，1992.

[24] 张继祥. 金属机械性能试验实用数据手册［M］. 北京：国防工业出版社，1982.

[25] 华道安. 中国古代钢铁技术史［M］. 李玉牛，译. 成都：四川人民出版社，2018.

[26] 何堂坤. 中国古代金属冶炼和加工工程技术史［M］. 西安：陕西教育出版社，2009.

[27] 何堂坤. 刻纹铜器科学分析［J］. 考古，1993（5）：465-468.

[28] 孔德铭. 殷墟墓葬中青铜生产工具组合的初步研究［J］. 殷都学刊，2007（4）：48-53.

[29] 成小林. 三件超高锡青铜工具金相组织的分析研究［C］//中国国家博物馆文物保护修复论文集. 北京，2019：54-60.

[30] 李伯谦，唐际根. 青铜器与中国青铜时代［M］. 合肥：中国科学技术大学出版社，2020.

[31] 李聪. 商周时期青铜斧、锛、凿研究综述［J］. 农业考古，2016（4）：129-134.

[32] 徐良高. 中国青铜时代的生产工具［J］. 三代考古，2013（1）：169-182.

[33] 王建峰. 殷墟青铜生产工具初步研究［D］. 长春：吉林大学，2018.

[34] 王林. 安徽出土先秦青铜生产工具初探［D］. 合肥：安徽大学，2019.

[35] 严鑅. 械铜表面张力的温度系数［J］. 金属学报，1965，8（2）：251-258.

[36] 郑瑞伦，穆峰. 晶体铜的表面能与表面张力［J］. 西南师范大学学报（自然科学版），1993，18（1）：26-31.

[37] 王春法. 宅兹中国-宝鸡出土青铜器与金文精华［M］. 北京：北京时代华文书局，2020.

[38] 阮荣春，张同标，刘慧，等美术考古一万年（下卷）［M］. 上海：上海大学出版社，2008：319-326.

[39] 陈思. 两周燕国青铜器铭文风格演化及源流探析［J］. 首都博物馆论丛，2020：1-8.

[40] 李伯谦. 中国出土青铜器全集（湖北上）［M］. 北京：科学出版社，2018.

[41] 湖北省博物馆. 华章重现——曾世家文物［M］. 北京：文物出版社，2021：112-115.

[42] 李伯谦. 中国出土青铜器全集（湖南）［M］. 北京：科学出版社，2018.

[43] 深圳博物馆，中国国家博物馆. 吉金铸史——青铜器里的古代中国［M］. 北京：文物出版社，2019.

14　材料检测技术在青铜文物鉴定中的应用

14.1　概述

青铜文物是中华文明璀璨的艺术瑰宝，是古代劳动人民智慧的结晶，在历史上有着特殊的代表性。近年来，随着人民生活水平不断提高，越来越多的人把精力与视线放在青铜文物的珍藏与鉴赏上，但随之而来的却是各种目的的文物作伪。伪造的青铜文物损害了人民的利益，侵害了传承的文化。因此，面对一件古色古香的青铜器，如何区别真假，对于收藏爱好者来说至关重要。

传统的文物鉴定主要是"眼学"，这种鉴定方法主要依据两个方面：（1）青铜器的制作痕迹，即古代工匠在制作过程中留下的痕迹，如范线、铸接痕迹、垫片等，还有一些后期使用过程中的修补痕迹等。（2）观察历史痕迹，即青铜文物经过千年或数百年的流传与周围的环境发生各种的化学反应等生成的锈蚀、底子、皮壳等。然而随着现代科技的飞速发展，特别是随着计算机技术的发展，作伪者完全有能力制作出与古代青铜器完全相同的制作痕迹和锈蚀形貌，使得基于"眼学"这种方法得出的结论不一定正确，俗称"打眼"。另外，"眼学"鉴定极大地依赖专家的经验、修养，且判断较为主观，常常造成对同一件青铜器各位专家意见不一致的现象，而民众对于这些意见也是莫衷一是。

因此，文物鉴定的科学化问题亟待解决，即总结出一套科学的、可被掌握的、可被重复的鉴定文物的方法。近年来，前沿科学已经成为考古研究不可缺少的一个方面，理工科技工作者与考古界紧密结合，已经越来越被认为是一种非常重要的交叉与融合，古代青铜器的科技鉴定已成为一种行之有效的方法。

从现代材料学角度出发鉴定古代青铜器，主要从器物基体合金、锈蚀物和表面工艺微痕三个方面展开。综合利用金相显微镜（OM）、体视显微镜、扫描电子显微镜（SEM）、便携式 X 射线光谱仪（XRF）、X 射线衍射仪（XRD）和显微共焦激光拉曼（Raman）光谱仪等现代材料表征技术和仪器对其进行分析。

14.2　基于金属基体的鉴定方法

铜合金是以纯铜为基体加入一种或几种其他元素所构成的合金，常用的铜和铜合金分为：红铜（即紫铜）、黄铜、白铜和青铜等几大类。其中，红铜是纯铜，黄铜是铜锌（Cu-Zn）合金，白铜是铜镍（Cu-Ni）合金，它们都是以其金属基体的颜色命名的。青铜的种类较多，主要有锡青铜（Cu-Sn 合金）、铝青铜（Cu-Al 合金）、铍青铜（Cu-Be 合金）、硅青铜（Cu-Si 合金）等。

中国古代的青铜主要是锡青铜（Cu-Sn 合金）、加铅的 Cu-Sn 合金（Cu-Sn+Pb）两种。

以 Sn、Pb 含量（质量分数）不小于 2% 为标准。黄铜材质的文物在宋元之后才大量出现。所以，我们可以利用科学仪器对青铜器合金成分进行检测，再与其年代对应，即可对其进行初步判断。

例如，对于表面没有锈蚀，或锈层非常薄可以轻微打磨露出基体的器物，用便携式的 XRF 合金分析仪测其合金比例，判断其是否在合理的合金配比范围内进行鉴别。对于锈层较厚的青铜文物，由于 Cu、Pb 等金属离子的选择性腐蚀，Sn 元素富集，含量已经接近甚至会超过 Cu 的含量，这也是符合规律的，也可以作为一种鉴别方法。

14.2.1   整体合金成分

图 14.1 所示为湖北省黄冈市黄州区博物馆馆藏战国青铜剑，其合金成分见表 14.1。结果表明其基体为加 Pb 的 Cu-Sn 合金，Sn 含量较高。可能由于在几千年的保存过程中 Cu 离子发生了选择性腐蚀，使得 Sn 元素富集，Sn 的含量已经超过铜的含量，这也是符合规律的，可以判断为真品。其中的 Fe 元素可能是来自土壤中的杂质元素。

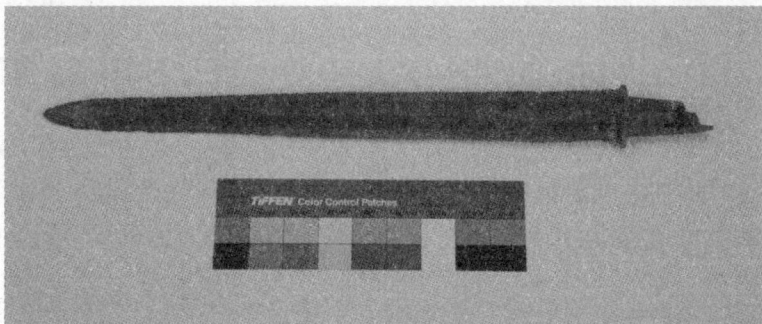

图 14.1   黄州区博物馆馆藏战国青铜剑

表 14.1   青铜剑各部位合金成分（质量分数）   （%）

部位	Cu	Sn	Pb	Fe	余量
1	6.74	66.09	16.51	6.46	4.2
2	6.58	66.85	16.15	6.72	3.7
3	7.64	67.01	15.80	5.08	4.47
4	6.58	66.85	16.15	6.72	4.7

图 14.2 所示的四把剑为东周时期的巴蜀剑，其合金成分见表 14.2。结果表明为 Cu-Zn 合金（黄铜）。黄铜乃宋元代之后才大规模使用，在此之前黄铜器很少，这与记录中的东周时期冲突。另外，其锈蚀物的颜色与黄铜器表面锈蚀颜色不同，系为整器造假，在其表面伪造青铜的锈蚀。

图 14.3 所示分别为清代和明代的铜鼓，其各部分的合金成分见表 14.3 和表 14.4。结果表明器物为 Cu-Zn 合金（黄铜）。器物年代在宋元之后，元素含量正常，符合时代特征，可判断为真品。

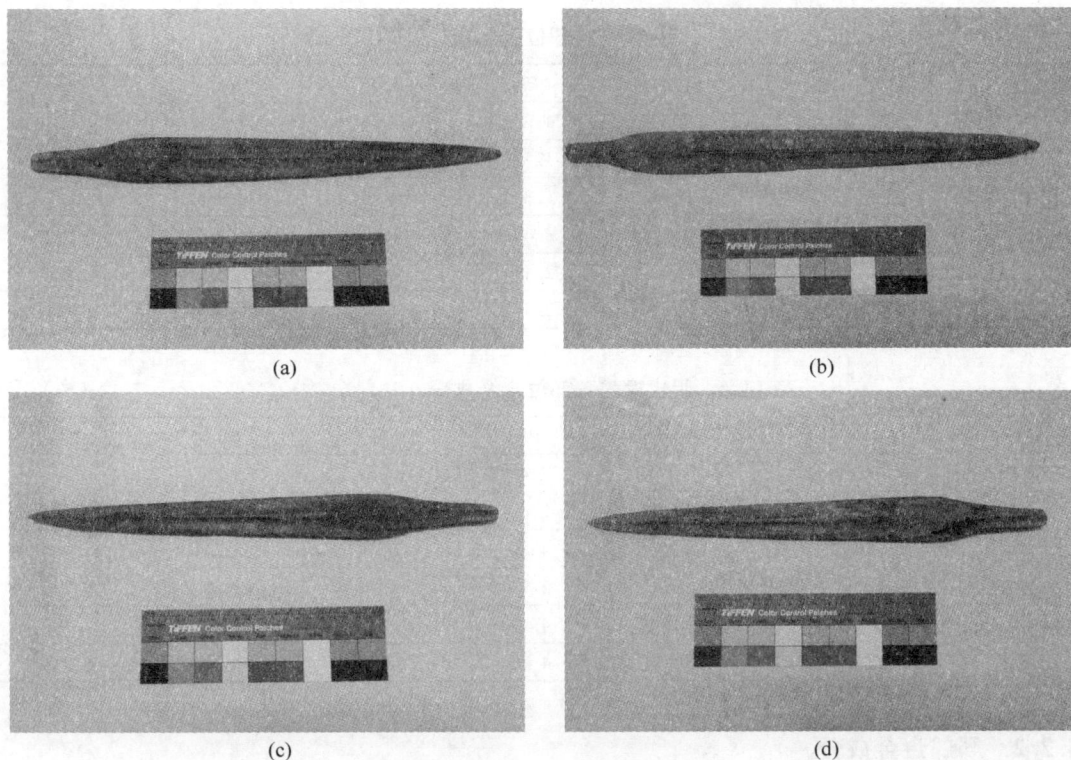

图 14.2　巴蜀青铜剑

（a）1 号；（b）2 号；（c）3 号；（d）4 号

表 **14.2**　**巴蜀剑的合金成分**（质量分数）　　　　　　　　　（%）

器件	Cu	Zn	Sn	Pb	Fe	余量
1 号巴蜀剑	80.67	16.496	0.493	1.465	0.836	0.04
2 号巴蜀剑	45.221	37.335	0.94	8.328	1.604	6.572
3 号巴蜀剑	5845	34.178	435	5.838	2.01	0.694
4 号巴蜀剑	74.488	20.635	1.394	2.422	0.744	0.317

图 14.3　铜鼓

（a）清代；（b）明代

表 14.3　清代铜鼓各部位合金成分（质量分数）　　　　　　　（%）

部位	Cu	Sn	Pb	Fe	Zn	余量
鼓面	79.568	0.860	1.261	0.165	17.914	0.232
口沿	80.836	1.188	1.577	0.100	15.934	0.365
口沿下	79.24	0.813	1.324	0.282	18.088	0.253
锈层	76.655	0.837	2.482	0.517	18.354	1.155
耳（左）	73.268	0.898	2.474	0.542	22.519	0.299
耳（右）	73.366	0.915	2.407	0.294	22.654	0.364

表 14.4　明代铜鼓各部位合金成分（质量分数）　　　　　　　（%）

部位	Cu	Sn	Pb	Fe	Zn	余量
鼓面金黄色部位	60.38	0.97	2.41	0.62	35.15	0.47
鼓面金黄色部位	59.39	1.00	2.68	0.56	35.86	0.51
鼓面黑色部位	61.71	1.90	4.30	5.83	25.22	1.04
鼓面黑色部位	61.72	1.56	3.91	3.72	28.20	0.89
耳（左）	44.71	1.59	4.17	14.07	33.27	2.19
耳（右）	46.68	1.57	4.70	13.76	32.74	0.55

14.2.2　局部合金成分

一件青铜器物各个部位之间的成分含量也可能不尽相同，这是由于其不同部位功能不同。《考工记》中曾记载："金有六齐：六分其金而锡居一，谓之钟鼎之齐；五分其金而锡居一，谓之斧斤之齐；四分其金而锡居一，谓之戈戟之齐；三分其金而锡居一，谓之大刃之齐；五分其金而锡居二，谓之削杀矢之齐；金锡半，谓之鉴燧之齐。""六齐说"的出现说明中国古代工匠已深刻了解青铜成分对其性能的影响，并在实践过程中根据使用要求选取不同的合金配比，使青铜器达到最优性能。

青铜复合兵器是"金有六齐"之说的创造性应用。青铜复合兵器中最常见的是青铜复合剑，剑的中脊和两刃是用两种成分不同的青铜，通过两次铸造法利用榫卯结构铸接而成。由于剑脊与剑从成分的差异导致剑身出现了两种色泽，因此又将这种剑称为"双色剑"。图 14.4 所展示的是湖北省黄冈市黄州区国儿冲 5 号墓出土的战国青铜复合剑。可看出其剑脊、剑刃之间颜色有明显差异，其各部分合金含量见表 14.5。发现剑脊与剑刃均由

图 14.4　青铜复合剑示意图

加 Pb 的 Cu-Sn 合金制作而成，但剑刃的 Sn 含量明显高于剑脊。另外，两部分的微量元素（Sb、Ag）含量明显不同，表面两部分的锈蚀产物不同，颜色也有较大差异。也就是说，这把双色复合剑符合时代特征，可以判断为真品。

表 14.5　复合剑表面的元素含量（质量分数）　（%）

部位	Cu	Sn	Pb	Fe	As	Sb	Ag	余量
剑脊	24.101	66.481	2.420	1.189	5.039	0.157	0.426	0.187
剑刃	18.790	76.967	1.607	6.870	7.780	—	—	0.082

图 14.5 所示为一盏汉代的青铜灯，经检测器物支架为纯 Cu，其他部位为加 Pb 的 Cu-Sn 合金，见表 14.6。合金成分差异较大，但其表面锈蚀物颜色完全相同，这与之前的青铜复合剑各部分合金成分不同且锈蚀物颜色不同形成鲜明对比。可以断定，此器物应为后期人为制作，最后统一上色，人工制锈。

图 14.5　青铜灯

表 14.6　青铜灯各部位合金成分（质量分数）　（%）

部位	Cu	Sn	Pb	Fe	As	Sb	Ag	余量
口沿	72.8	8.2	17.0	1.2	—	0.1	0.2	0.5
底座	65.8	18.4	13.0	0.6	—	0.2		1.8
支架	98.1	—	0.6	0.3		0.7		0.2
支架中心	56.7	14.6	25.7	0.2		0.2	0.2	2.4

图 14.6 所示为春秋时期的"曾子牧臣"青铜鼎，仔细观察发现鼎的底部有一块白色的部位，与鼎的其他部位颜色明显不同，其各部位合金成分见表 14.7。结果表明白色部分为 Pb 块，其余部位为加 Pb 的 Cu-Sn 合金（Cu-Sn+Pb），因此其锈蚀产物颜色与其他部位明显不同。推测其可能为铜鼎底部破缺后，使用低熔点的 Pb 进行补铸造成的。此器物成分含量符合时代特征，应为真品。

图 14.6 "曾子牧臣"青铜鼎

表 14.7 "曾子牧臣"青铜鼎各部位合金成分（质量分数）　　　（%）

部位	序号	Cu	Sn	Pb	Fe	Zn	余量
底部 1	292	1.832	—	98.105	—	—	0.063
底部 2	293	3.435	—	95.104	1.459	—	0.002
腹部 1	294	8.301	28.387	59.118	3.991	—	0.203
腹部 2	296	52.198	17.232	28.589	1.727	0.128	0.126

　　图 14.7 所示为战国的楚式鼎，其各部位合金成分见表 14.8。结果表明器身的主要成分为加 Pb 的 Cu-Sn 合金，合金配比符合规律，但垫片的主要成分却是 Pb。垫片的主要作用是在范铸过程中控制铜器的厚度，将范与泥芯隔开，以形成一定的范腔空间，因此垫片的熔点通常应不低于青铜本体合金的熔点。但此器物中，垫片成分为 Pb，Pb 熔点仅为 327.5℃，远低于 Cu-Sn 合金的熔点，不符合正常垫片材质的熔点要求，因此判断该器物系为作假。垫片与器身上覆盖的泥土，可能是为了伪装成出土时覆盖的泥土。

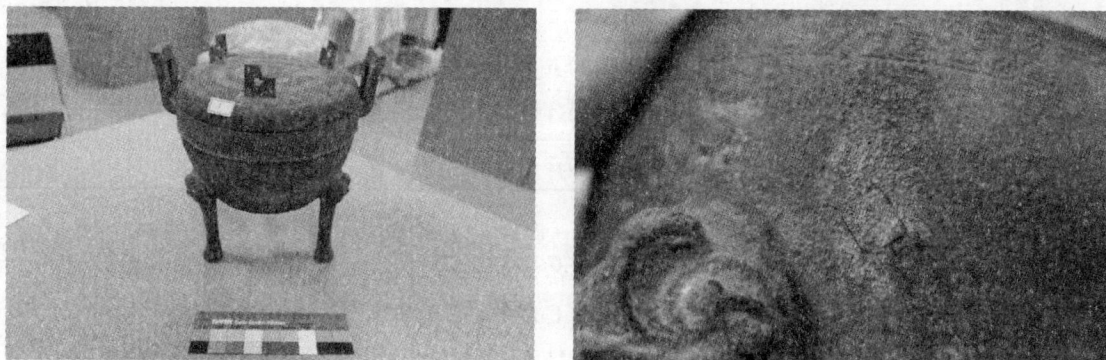

图 14.7　楚式鼎

表 14.8　楚式鼎各部分的元素含量（质量分数）　　　　（%）

部位	Cu	Sn	Pb	Fe	Au	Zn	Ag	余量
盖面	52.4	12.8	26.8	5.5	—	1.0	—	1.5
盖钮	60.4	10.9	16.0	7.9	—	1.5	—	4.0
耳部	64.6	9.6	21.4	2.7	—	0.8	—	0.8
腹部	60.8	13	22.0	1.1	—	0.3	0.3	1.0
足部	54.7	11.8	22.9	5.4	—	1.1	—	4.1
腹部垫片 1	16.0	0.1	81.9	1.6	—	0.4	—	—
腹部垫片 2	10.1	1.9	85.9	0.3	—	0.2	—	1.6

部分精美的青铜器表面，常有错金银工艺，因此对于金银合金的成分检测，也可作为其鉴定依据。大量研究表明，出土的春秋战国时期的金器和错金铭文都不是纯 Au 制作而成，而是金银合金（Au-Ag 合金），即在金基体中加入少量的银。

图 14.8 所示的是战国早期的错金银铭文剑，剑首处有交错的金银铭文，各部分合金成分见表 14.9。剑身成分为加 Pb 的 Cu-Sn 合金，且金属比例合理，其错金铭文处不是纯 Au，而是 Au-Ag 合金，且 Au∶Ag 的比例接近 10∶1，符合一般规律，可判断为真品。

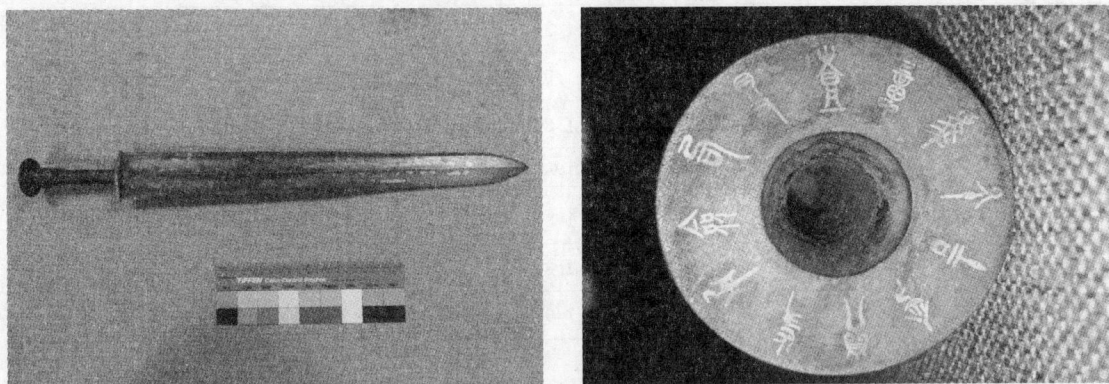

图 14.8　铭文剑及其剑柄底铭文细节图
(a) 铭文剑；(b) 铭文

表 14.9　铭文剑各部位元素含量（质量分数）　　　　（%）

部位	Cu	Sn	Pb	Fe	Au	Zn	Ag	余量
错银铭文	52.0	11.7	2.7	0.3	—	0.2	32.6	0.5
错金铭文	57.1	16.3	4.3	0.2	19.7	0.3	1.8	0.4
错金铭文	42.4	14.7	1.0	0.3	35.0	0.2	3.8	0.5
错银铭文	42.0	9.8	1.7	0.4	—	0.2	44.0	0.6
剑身	78.1	14.6	7.1	—	—	0.2	—	—

图 14.9 所示为一把战国早期的错金铭文剑，剑身一侧印有金色的铭文"蔡侯产乍畏爻"，其各部位合金成分见表 14.10，铜身为加 Pb 的 Cu-Sn 合金，各部分制作工艺也符合

一般规律。但剑身的铭文为纯 Au，不符合一般规律，如此判断，此铭文应为伪铭。

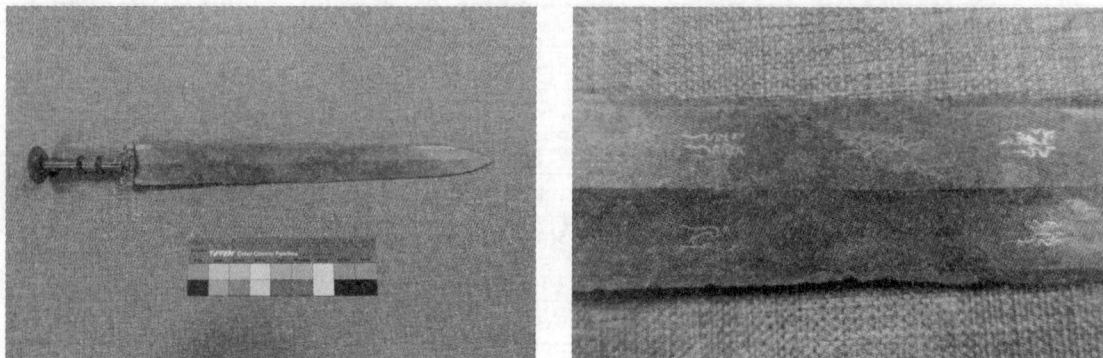

图 14.9　错金铭文剑及其器身铭文图
(a) 错金铭文剑；(b) 铭文

表 14.10　错金铭文剑各部位元素含量（质量分数）　　　　　　（%）

部位	Cu	Sn	Pb	Fe	Au	Zn	Ag	余量
剑格	9.4	67.8	16.4	5.8	—		0.3	0.3
剑刃	28.0	47.3	27.1	1.3	—	0.1	0.2	0.2
铭文（蔡）	37.2	8.8	4.9	1.9	48.0	0.7	—	2.7
铭文（侯）	38.7	9.9	5.1	1.8	41.5	0.8	—	2.2
铭文（产）	46.6	10.9	6.7	1.6	32.2	0.8	—	1.2
铭文（乍）	25.6	7.7	5.7	1.8	56.6	0.5	—	2.1
铭文（畏）	40.0	12.4	8.1	2.8	34.8	0.9	—	1.0
铭文（爻）	45.4	10.1	7.1	1.9	33.0	0.9	—	1.6

14.2.3　金相组织

有一些青铜文物在范缝、浇冒口会存在部分多余的金属毛料，在不影响整体外观的情况下，可取得少量基体样品。而在鉴定过程中，将这些样品进行金相制样，以此可以获取基体中的金相组织信息，为鉴定提供依据。

典型 Cu-Sn 二元合金的铸造组织主要由先凝固的树枝状 α-Cu 相和富锡的 α+δ 共析相组成，并存在少量气孔和杂质等铸造缺陷。大量研究表明一些经过了几千年的青铜器的微观组织中存在着不同数量的纯铜颗粒，需要强调的是这些纯铜颗粒的形成是需要漫长时间的，是金属时效的产物。一般认为存在纯铜颗粒的青铜器应为古代制作。而作伪品不可能有如此长的时效过程来完成这种反应。所以，能否观察到纯铜颗粒便成了我们区别文物真伪有力的科学手段。即在微观组织中能观察到纯铜颗粒的文物一定是古代制作的。

图 14.10 所示为一个青铜提梁盉，其金相组织形貌如图 14.11 所示。可以看出 α-Cu 固溶体树枝晶偏析明显，枝晶间隙均匀分布少量角状的 α+δ 共析组织，形态细小，并发现少量纯铜颗粒，为长期（千年）腐蚀所致，可判定为真品。

图 14.10　提梁盉

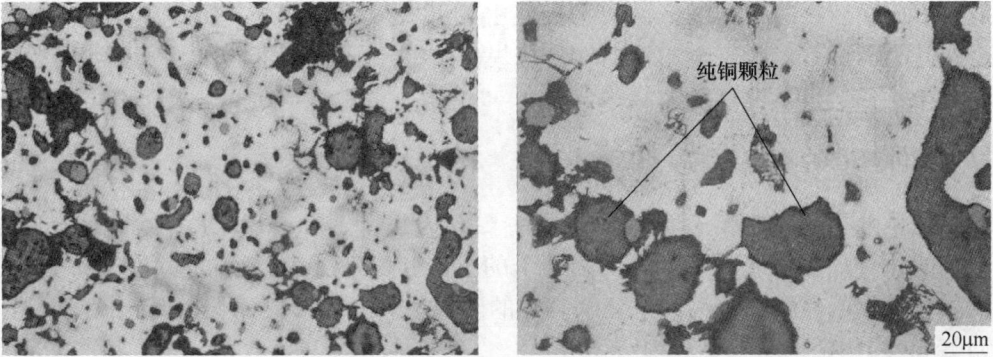

图 14.11　提梁盉残片金相形貌

图 14.12 所示为一对青铜编钟，其金相组织形貌如图 14.13 所示。可以看出 α-Cu 固溶体树枝晶偏析明显，枝晶间隙均匀分布少量角状的 α+δ 共析组织，并发现少量纯铜颗粒，为长期（千年）腐蚀所致，可判定为真品。

图 14.12　编钟

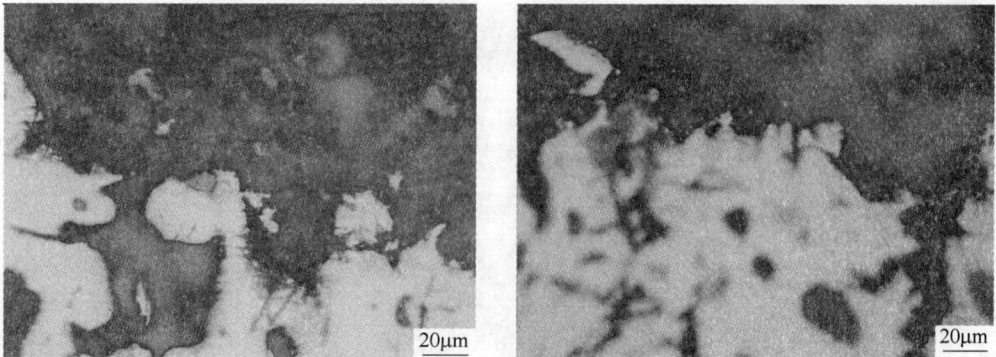

图 14.13　编钟残片金相形貌

14.3　基于锈蚀产物的鉴定方法

　　青铜表面锈蚀物的检测是青铜文物鉴定中不可缺少的一部分，历经千年变化的青铜，一般会在其表面留下色彩斑斓的锈蚀物。这些锈蚀物会告诉我们青铜文物是经历过千年沧桑，还是人工作"锈"。

14.3.1　锈蚀产物的物相结构

　　按阳离子分类，青铜器表面的锈蚀物主要分为：Cu、Sn、Pb 等金属元素的化合物，其中以铜的化合物最为常见。根据其阴离子的不同，可细分为：铜的氧化物和氢氧化物、铜的碳酸盐、铜的硫酸盐、铜的氯化物和铜的磷酸盐等。详细的分类如下：

　　（1）Cu 的化合物。主要分为：

　　1）氧化物和氢氧化物：赤铜矿（Cu_2O）、黑铜矿（CuO）、斯羟铜矿（$Cu(OH)_2$）；

　　2）碳酸盐：孔雀石（$Cu_2(OH)_2CO_3$）、蓝铜矿（$Cu_3(OH)_2(CO_3)_2$）；

　　3）硫酸盐：胆矾（$CuSO_4 \cdot 5H_2O$）、块铜矾（$Cu_3(SO_4)(OH)_4$）、青铅矾（$PbCuSO_4(OH)_2$）、水胆矾（$Cu_4SO_4(OH)_6$）；

　　4）氯化物：氯铜矿（$Cu_2(OH)_3Cl$）、副氯铜矿（$Cu_2(OH)_3Cl$）、斜氯铜矿（$Cu_2(OH)_3Cl$）、羟氯铜矿（$Cu_2(OH)_3Cl$）、氯化亚铜矿（$CuCl$）；

　　5）硫化物：辉铜矿（Cu_2S）、靛铜矿（CuS）。

　　（2）Sn 的化合物。氧化物：锡石（SnO_2）。

　　（3）Pb 的化合物。主要分为：

　　1）氧化物：黑铅矿（Pb_2O）、铅黄（PbO）、黄铅矾（$PbO \cdot PbSO_4$）；

　　2）碳酸盐：白铅矿（$PbCO_3$）、水合白铅矿（$Pb_3(CO_3)_2(OH)_2$）；

　　3）硫酸盐：黄铅矾（$PbO \cdot PbSO_4$）、铅矾（$PbSO_4$）、青铅矾（$PbCuSO_4(OH)_2$）；

　　4）氯化物：磷氯铅矿（$Pb_3(PO_4)_3Cl$）、氯铅矿（$PbCl_2$）；

　　5）磷酸盐：磷氯铅矿（$Pb_3(PO_4)_3Cl$）。

　　（4）其他。主要为 Ca 的碳酸盐：方解石（$CaCO_3$）。

　　一般认为，阴离子的不同主要受到腐蚀环境的影响，例如，碳酸盐锈蚀多生成于土壤环境，氯化物锈蚀多生成于海洋环境，而硫酸盐锈蚀则多见于空气环境。

　　高仿青铜器生成的铜锈及人工作锈颜料主要成分有羟基氧化铁（FeOOH）、碳酸铁（$Fe_2(CO_3)_3$）、二氧化钛（TiO_2）、铁红（Fe_2O_3）、青金石（$Na_3CaAl_3Si_3O_{12}S$）、氧化铬（Cr_2O_3）等，还含有有机胶、有机颜料等成分。

　　因此，在鉴定过程中可采用工具刮取器物表面微量的锈蚀物（不损害器物的情况下），采用拉曼、XRD 或红外光谱（IR）等方式检测其物相结构，来判别是为正常的青铜锈蚀还是矿物颜料。

　　图 14.14 标称为滇文化大铜鼓。通过显微观察发现其锈层结构明显异常，疑为人工作锈痕迹；进一步用拉曼检测锈蚀产物，成分是酞菁蓝、钛白粉，如图 14.15 所示，可判定为仿制品。

图 14.14　滇文化大铜鼓及其表面锈蚀物细节图
（a）滇文化大铜鼓及其取样部位；（b）取样部位表面锈蚀物细节图

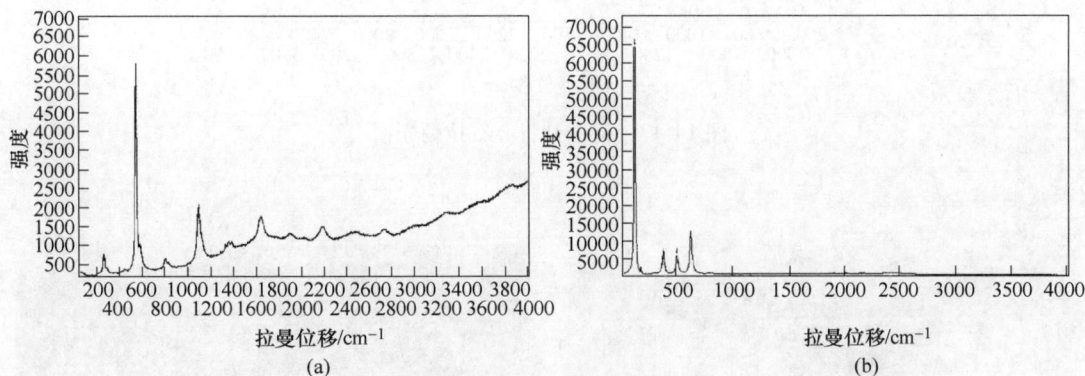

图 14.15　滇文化大铜鼓锈蚀物拉曼光谱
（a）酞菁蓝；（b）钛白粉

　　图 14.16 标称为春秋晚期的青铜鼎。观察其锈层截面，发现其锈层结构明显不同于古代青铜器的锈蚀，对其进一步检测发现蓝色的锈蚀物为青金石，如图 14.17 所示，可判定为仿制品。

　　图 14.18 记录为商代的青铜爵。显微观察其锈蚀物发现蓝色锈与绿色锈交错分布，且有许多泥土嵌在锈层中，不符合锈蚀结构的一般规律。进一步拉曼光谱检测其蓝色锈蚀物为青金石，如图 14.19 所示，可判定为仿制品。

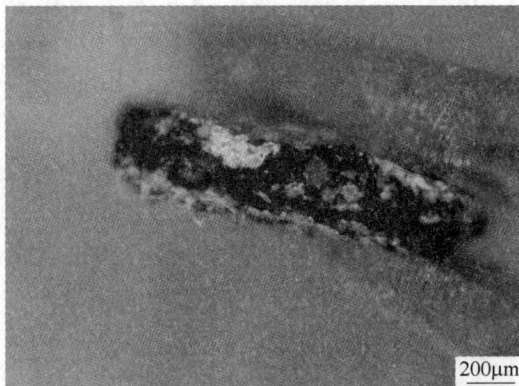

(a)　　　　　　　　　　　　　　　　(b)

图 14.16　青铜鼎及其残片锈蚀物细节

（a）青铜鼎；（b）残片锈蚀物细节

彩图

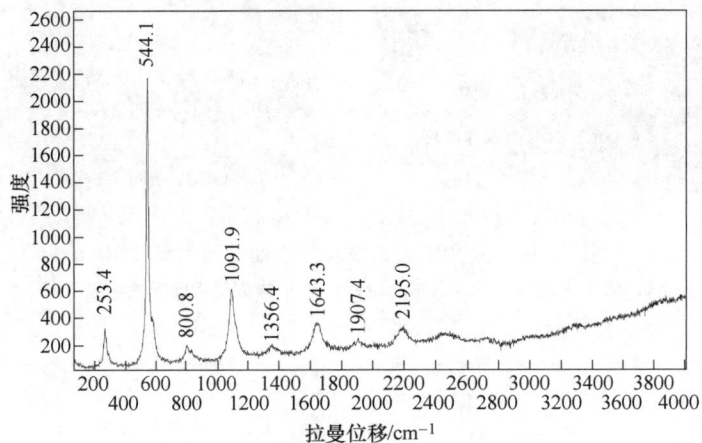

图 14.17　青铜鼎青金石拉曼光谱

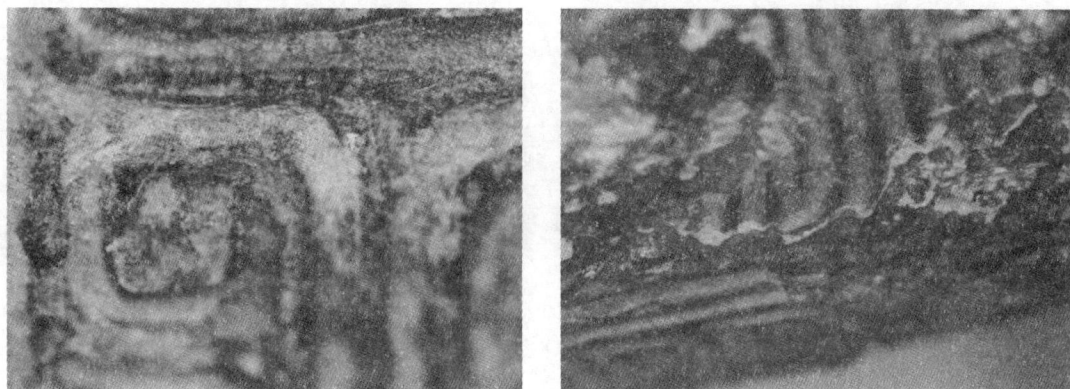

图 14.18 青铜爵及其表面锈蚀细节

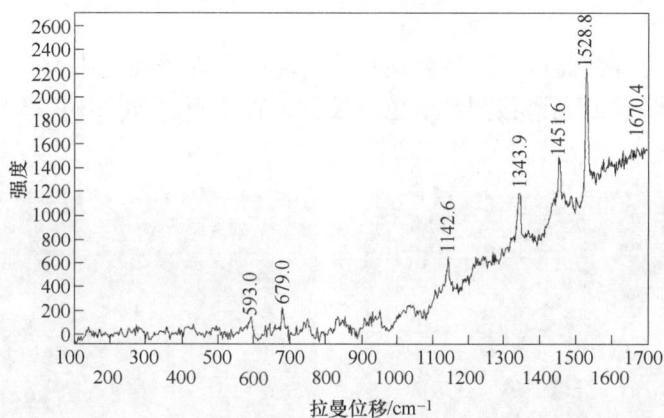

图 14.19 青铜爵表面蓝色锈蚀拉曼光谱（青金石）

图 14.20 所示为一只青铜马。显微观察其锈蚀物发现蓝色锈与绿色锈交错分布，且有许多泥土嵌在锈层中，不符合锈蚀结构的一般规律，进一步拉曼光谱检测其蓝色锈蚀物为青金石，绿色锈为酞菁绿，如图 14.21 所示，可判定为仿制品。

图 14.20 青铜马及其锈蚀物细节图

彩图

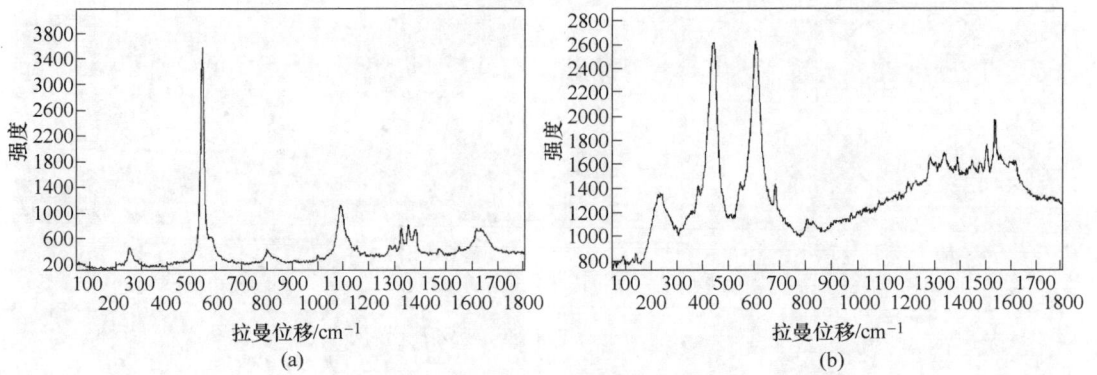

图 14.21 青铜马其锈蚀物拉曼光谱
（a）蓝色青金石；（b）绿色酞菁绿

图 14.22 所示为青铜摇钱树。显微观察其锈蚀物发现锈蚀物中有一些纤维，疑为作伪遗留的痕迹，进一步拉曼光谱检测其蓝色锈蚀物为青金石，如图 14.23 所示，可判定为仿制品。

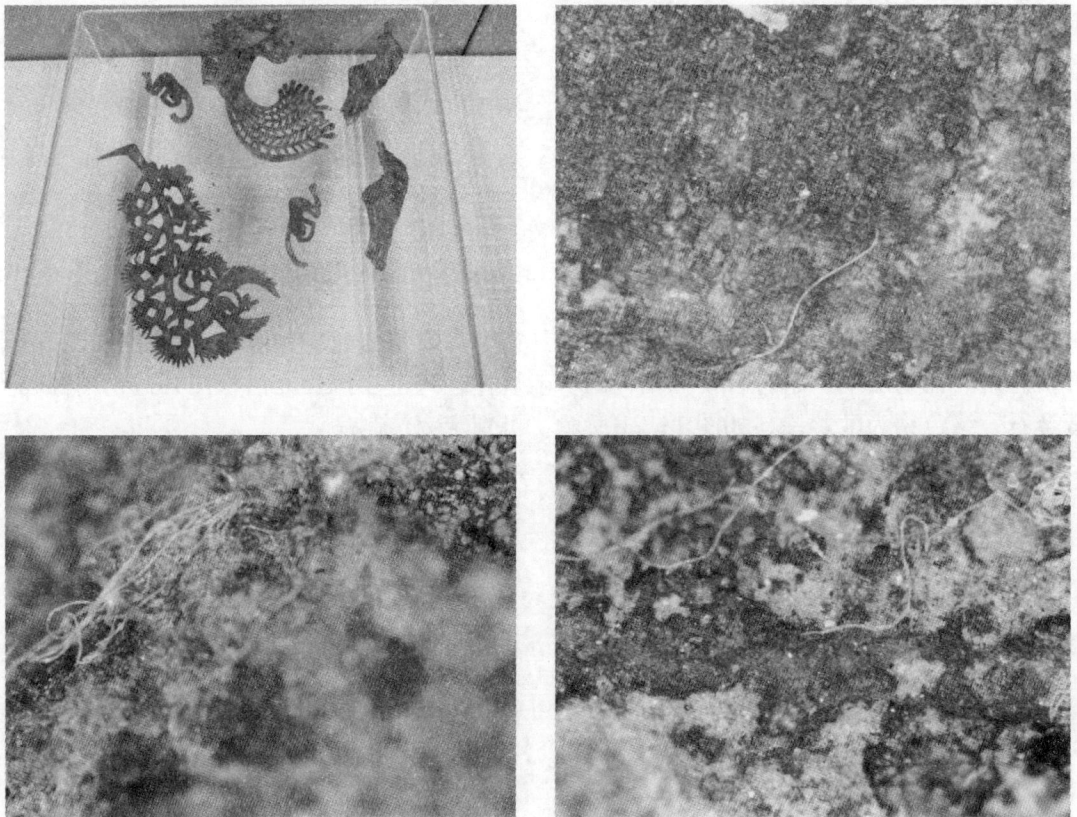

图 14.22 摇钱树及其锈蚀物细节图

彩图

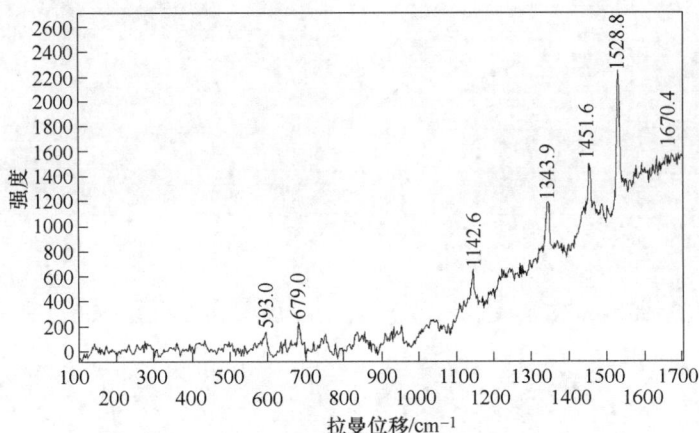

图 14.23 摇钱树锈蚀物拉曼光谱（青金石）

在以上案例中检测出的锈蚀物主要为青金石（$Na_3CaAl_3Si_3O_{12}S$）、酞菁蓝（$CuC_{32}H_{16}N_8$）、酞菁绿（$CuC_{32}Cl_{16}N_8$）、二氧化钛（TiO_2）。这些物质并非常见的古代青铜器锈蚀物，而是现代常用的矿物颜料，因此应为后天人工做旧所致，系伪锈。

14.3.2 锈蚀产物的显微结构

根据锈蚀物的结构特征对锈蚀进行分类，可分为两型：

（1）Ⅰ型锈蚀：分为两层，外层的锈蚀层为光滑、致密的薄层状，内层的过渡层厚度不均，此类锈蚀横截面有明显的层状结构，且锈蚀物与金属基体结合非常牢固，见图 10.1（a）。

（2）Ⅱ型锈蚀：分为三层，最外层的锈蚀层表面粗糙，外观形貌复杂，包括坑状、斑状、淋巴瘤状、薄层状和厚薄不均的壳状，表面还可见裂纹，见图 10.1（b）。

另外，大量研究表明经过数千年的锈蚀，青铜表面会有其金相组织的痕像，即金相中原本的 α-Cu 和 δ-Cu 相的痕像仍然清晰可见。其形成原理是：α-Cu 相与 δ-Cu 相不是同步发生腐蚀的，α-Cu 相优先被腐蚀，然后 δ-Cu 相才发生矿化变质。因此，α-Cu 和 δ-Cu 相矿化变质的过程都被局限在自身所处的区域内，最后合金中原本的显微组织形态被保留了下来。

将这些痕像与基体的金相组织进行对比研究，发现它们的形貌和尺度均一致。这些痕像是需要经过长期的腐蚀过程，而作伪品不可能有如此长的时效过程来完成这种反应的。所以，能否观察到痕像便成了区别文物真伪的有力的科学手段。在微观组织中能观察到痕像的文物应为古代制作。

图 14.24 所示为一把青铜剑。观察发现青铜锈蚀过程中保留了器物的原始表面，锈蚀是从表面向内生长的。用显微镜观察其表面发现，锈蚀物保留了基体微观组织的痕像，这是典型的Ⅰ型锈蚀的微观组织结构，是需要经过长期的锈蚀过程才能形成的。其表面合金成分见表 14.11。基体的主要成分是含 Pb 的 Cu-Sn 合金，但是 Sn 含量较高，符合正常的铜锈的一般规律，可能与 Cu 的选择性腐蚀有关，可判定为真品。

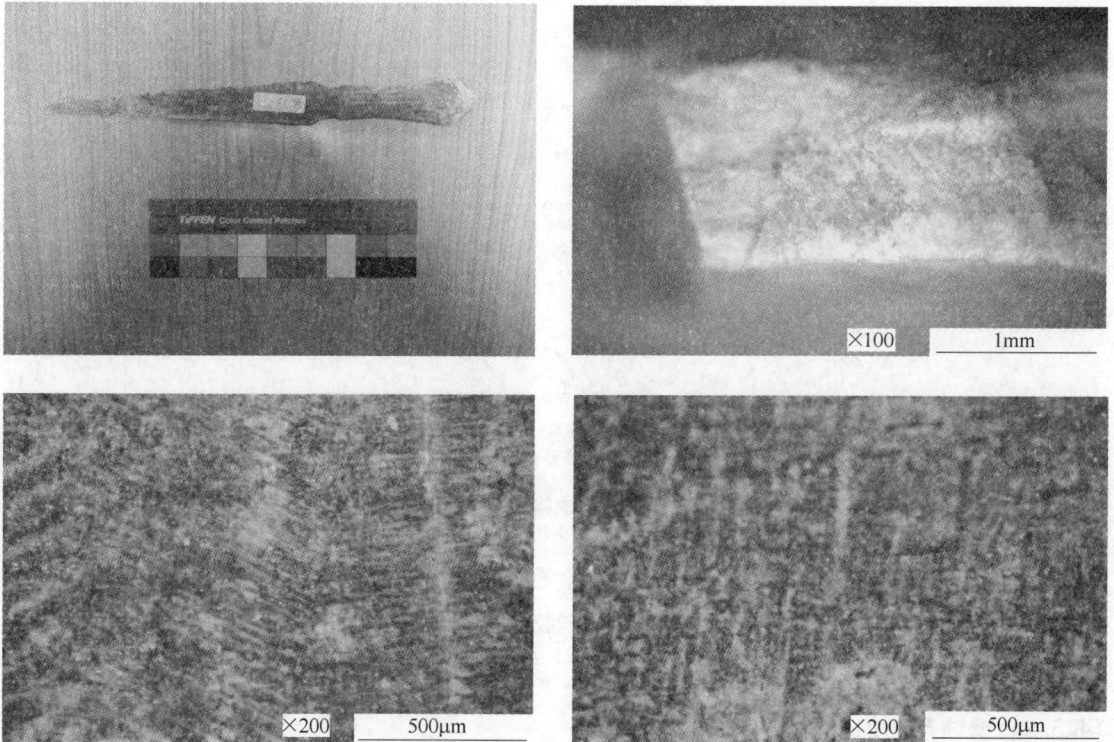

图 14.24　青铜剑及其锈层细节图

表 14.11　青铜剑各部位合金成分（质量分数）　　　　（%）

部位	Cu	Sn	Pb	Fe	余量
剑脊	58.7	35.3	5.3	0.6	0.1
剑首	61.5	30.4	7.1	0.3	0.7

图 14.25 所示为另一把青铜剑。观察其断面发现青铜锈蚀过程中保留了器物的原始表面，锈蚀是从表面向内生长，其横截面结构是典型的 I 型锈蚀层状结构。其表面合金成分见表 14.12。基体的主要成分是含 Pb 的 Cu-Sn 合金，但是 Sn 含量较高，符合正常的铜锈的一般规律，可能与 Cu 的选择性腐蚀有关，可判定为真品。

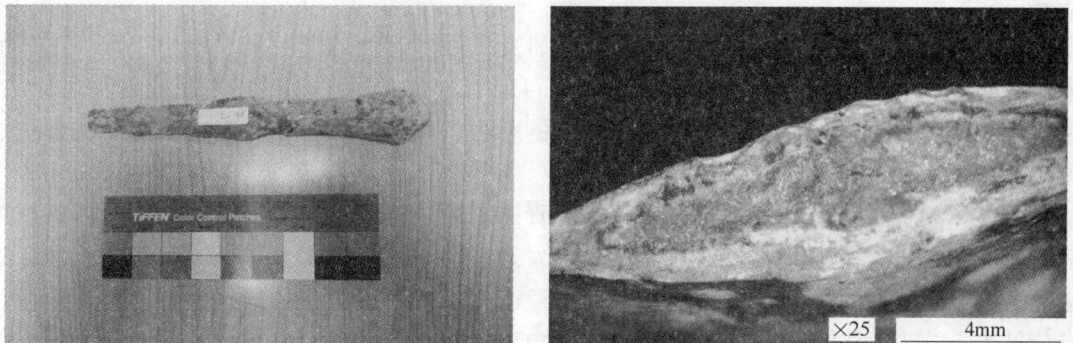

图 14.25　青铜剑及其锈层细节图

表 14.12　青铜剑各部位合金成分（质量分数）　　　　　　　　（%）

部位	Cu	Sn	Pb	Fe	余量
剑身	34.1	58.4	5.7	1.2	0.6
剑脊	24.3	68.7	4.7	1.4	0.9

14.4　锈蚀产物的表面微痕

与所有文物鉴定思路一样，就是要给鉴定的器物找茬，也就是说，发现与真器不一样的地方，因为作伪青铜器在制作工程中必然会有一些破绽留在器物上。然而，有些细节无法通过肉眼观察到，需要借助显微镜观察其表面细节，许多破绽就自然浮出水面。

例如，有许多作伪的青铜器物在制作的过程中会不经意间将一些刷毛、纤维或者毛发留在锈层中，一般肉眼很难察觉。

图 14.26 所示的记录为春秋晚期的青铜鼎。但是通过显微镜观察发现其锈蚀物中有许多白色的纤维，可判定为仿制品。

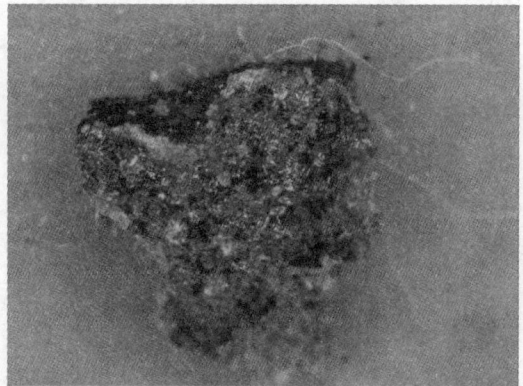

图 14.26　青铜鼎及其锈层细节

图 14.27 所示为青铜摇钱树，其绿色的锈蚀物与蓝色的锈蚀物不规律地交错分布，且在其锈蚀物中发现了一些突出的纤维，而这些纤维的颜色与锈蚀的颜色一致，可判定为仿制品。

彩图

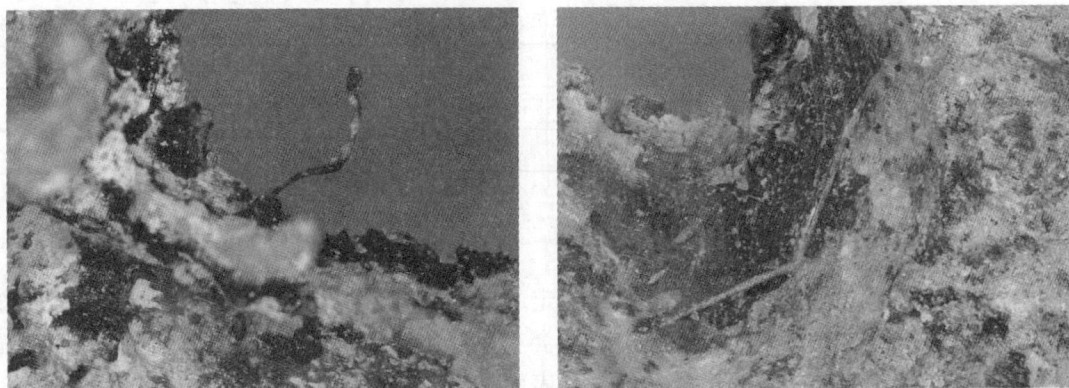

图 14.27 摇钱树及其锈蚀物细节

图 14.28 所示的储贝器，在其表面锈蚀物中发现嵌在锈蚀中的纤维，还有一些类似于毛发的物质，纤维表面颜色与锈蚀颜色一致，可判定为仿制品。

彩图

图 14.28 储贝器及其锈蚀物细节图

彩图

图 14.29 所示的青铜马，其蓝色锈蚀、绿色锈蚀和泥土交错分布，许多泥土都嵌在锈蚀物中，还有一些纤维在锈蚀物中，与锈蚀物颜色一致，这些

纤维都可能是作伪者在作伪过程中把一些工具上的刷毛残留在器物表面，可判定为仿制品。

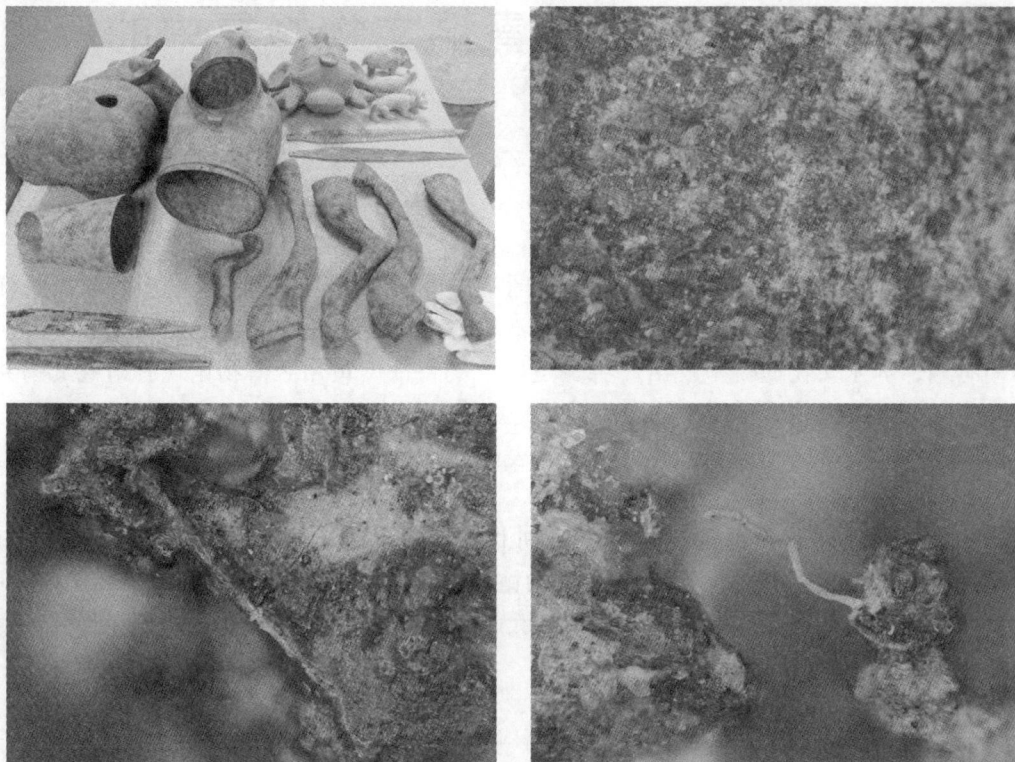

图 14.29　青铜马及其锈蚀物细节图

彩图

近年来，随着现代科学技术飞速发展，造伪技术也逐步提高，传统的青铜文物的鉴定方法已经不再能满足青铜文物鉴定的需要。本章从现代材料学角度出发，从器物基体合金、锈蚀物和表面工艺微痕三个方面对文物进行鉴定，通过实例分析发现材料检测技术在青铜文物的鉴定应用中有极大的潜力及优越性，是一种行之有效的方法。

15 材料检测技术在青铜文物修复中的应用

15.1 概述

黄州区现隶属于历史文化名城湖北省黄冈市，位于湖北省东部，大别山南麓，长江中游北岸。经过几千年的历史积淀，文化绵延不竭，遗留下大量珍贵的文物和重要史迹。约在东周时期，鄂东文化面貌呈现出"吴头楚尾"的特征。黄州区博物馆现有馆藏文物共计3000余件（套），这些珍贵的文物藏品独具地方特色，特别是一批珍贵的东周青铜器、漆木器、陶器等，是鄂东地区楚文化的实物代表。因此对这一地区出土的古代青铜器进行科学研究和修复保护具有重要的意义。

2015年1月，受黄州区博物馆委托，湖北省博物馆文保中心对其馆藏658件（套）青铜器进行整理，编制《黄冈市黄州区博物馆馆藏青铜文物保护修复方案》。2016—2019年，湖北省博物馆和黄州区博物馆联合武汉大学、宜城博物馆等多家单位开展此批青铜器的科学研究和保护修复工作。

15.2 文物概况

黄州区博物馆馆藏的青铜器是春秋战国时期长江中下游地区青铜文明发展的一脉体现，是楚文化青铜器十分重要的组成部分，其工艺精湛、种类数量众多、纹饰华美、组合完整、造型极具特色，具有重要的研究价值、观赏价值和历史文化价值。

然而，由于这些文物年代久远，出土前棺椁大多腐烂，墓坑塌陷居多，加之铜器胎体较薄，因此这些青铜器在出土时多已严重残破、变形、锈蚀，出土后无适宜的保存条件和环境，使得其中有相当一部分青铜器已呈现濒危状态；表面硬结物、通体矿化、疖疮锈、穿孔等情况不同程度的存在，"有害锈"蔓延，特别是部分珍贵的国家三级文物自然损毁情况极为严重，有些青铜器上的铭文和精美的纹饰因锈蚀加剧和破裂严重而难以辨认。如再不进行及时的修复和保护，文物的历史价值将大打折扣，更为严重的是有些文物将会失去文物的价值。部分病害严重的青铜器如图15.1所示。

此批文物年代主要集中在战国时期，占628件。兵器数量多达398件，包括铜剑182件、铜戈56件、铜戟45件、箭镞50件（套）、铜矛29件、（戈）尊17件、（矛）镦8件和其余各类兵器，兵器种类齐全，是一座较为完整的"冷兵器库"，对于研究东周时期青铜剑的形制、制作工艺有重要价值。此外，还有相当数量的生活用具、车马器、食器、酒器等，是解读战国和其他历史时期黄州地区人们日常生活状态的百科全书。658件青铜器中，大部分为近30年黄州地区出土文物，共计483件，其余175件为黄州地区采集、征集和当地财政局移交。文物出土地集中在禹王城一带。其中，曹家岗、汪家冲、张家咀、龙王山等楚墓群出土器物居多。

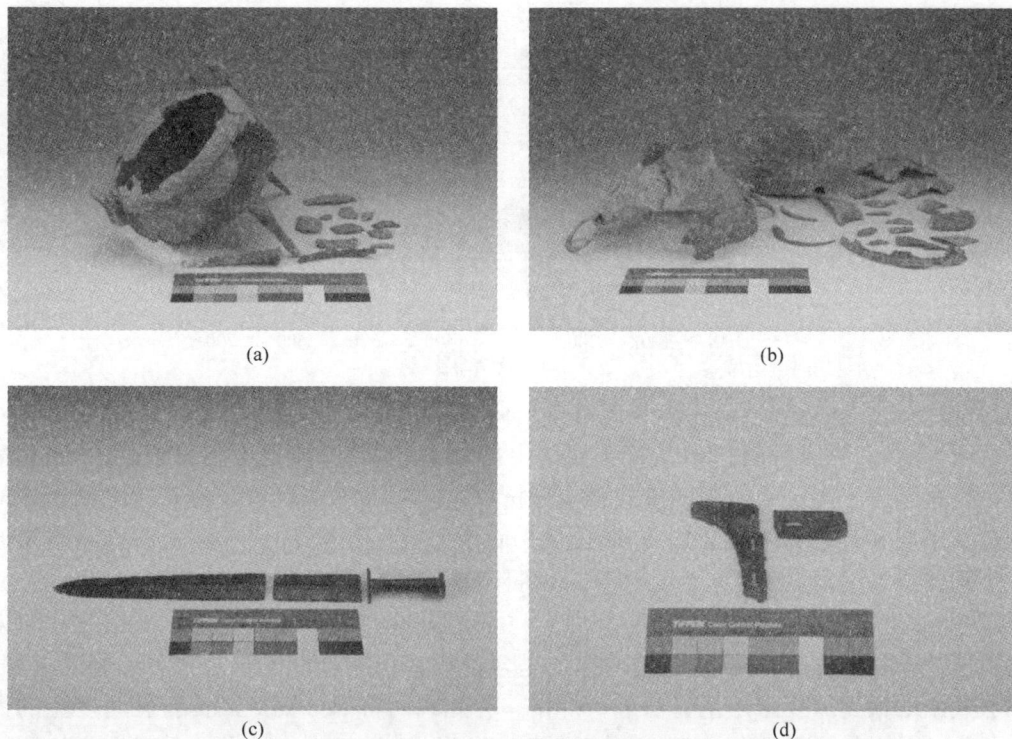

(a)

(b)

(c)

(d)

图 15.1 部分病害严重的青铜器

15.3 材质检测

　　该项目修复的 658 件文物大部分属于青铜器。因过去几十年间在文物入库时未能对文物材质进行统一检测，因此也没能对文物材质做细致的区分，均统一称为青铜器。事实上，其中有少量铜铁复合器、黄铜器、红铜器等其他材质的文物。不同材质的文物，在收藏保管、保护修复、陈列展览过程中，需要区别对待。为此，在文物修复前，对大部分文物的材质采用便携式合金分析仪进行了全面的检测（见图 15.2）。选取器物较为平坦部位直接检测，为减少对文物的破坏，未对锈层进行打磨。

图 15.2 便携式合金分析仪检测青铜器材质

由于检测数据较多，在此对各组数据进行统计分析，如图 15.3~图 15.7 所示。

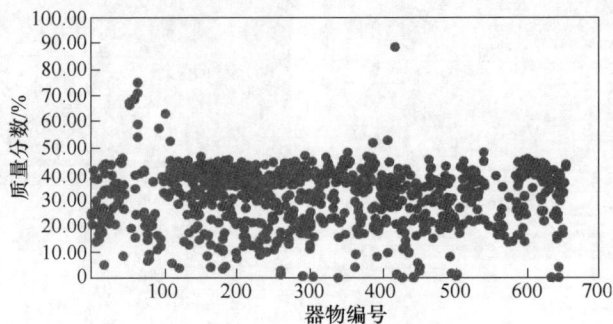

图 15.3　Sn 含量分布

从图 15.3 中可以看出，Sn 含量主要集中在 20%~40%，要比实际青铜器的 Sn 含量高出较多，这是由于实验中使用便携式合金分析仪检测时，并未对青铜器进行除锈，检测结果中包括锈层和青铜基体两部分的 Sn 含量，而锈层中往往富 Sn，导致最后检测结果的偏高。个别器物 Sn 含量极低（不足 1%），说明该器物并非青铜器。

Pb 含量分布也比较宽泛（见图 15.4），主要集中在 0~10%，因此，根据这一结果对于判断器物中是否含 Pb，器物是锡青铜还是含铅的锡青铜难以实现。在后期修复过程中，有部分残断的铜剑需要采用销钉法进行焊接，为此我们将部分铜剑断面打孔时产生的铜屑进行收集，并在扫描电镜（SEM）的能谱仪（EDS）上进行合金成分定量检测，检测结果见表 15.1。结果显示，170、199、242、297、599、605、616、621 此八件铜剑均不含铅

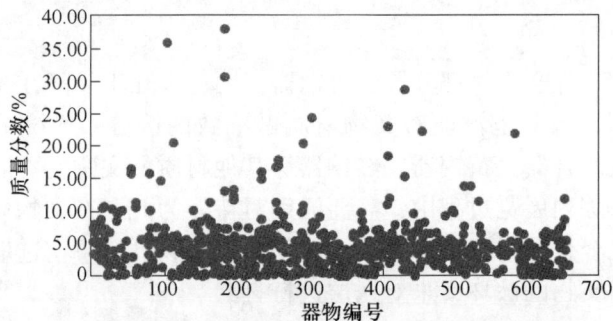

图 15.4　Pb 含量分布

表 15.1　能谱仪（EDS）测得的部分青铜剑的合金成分

合金类型	样品编号①	取样部位	元素含量（质量分数）/%		
			Cu	Sn	Pb
锡青铜	170	剑身	74.97	25.03	—
	199	剑身	77.02	22.98	—
	242-1	剑茎	80.03	19.97	—
	242-2	剑身	79.80	20.20	—
	297	剑茎	78.75	21.25	—

合金类型	样品编号①	取样部位	元素含量（质量分数)/%		
			Cu	Sn	Pb
铅锡青铜	599	剑身	77.02	22.98	—
	605	剑身	76.39	23.61	—
	616	剑身	76.38	23.62	—
	621	剑茎	77.11	22.89	—
	545	剑身	72.92	23.68	3.40
	593	剑茎	73.70	21.48	4.82
	596	剑茎	69.15	15.74	15.11
	601-1	剑茎	65.13	20.12	14.75
	601-2	剑身	63.62	19.99	16.39
	602-1	剑身	65.29	20.51	14.20
	603-1	剑身	66.72	17.65	15.63
	603-2	剑茎	61.87	15.34	22.79
	604	剑身	63.35	15.83	20.82
	642	剑身	51.69	13.30	35.01

① 样品编号规则：器物序号（-X)。

(Pb)，而这 8 件器物合金分析仪测量值见表 15.2。可以看出，这 8 件器物的铅（Pb）含量测量值均小于 0.5%。

表 15.2　便携式合金分析仪测得的部分青铜剑表面成分

器物序号	元素含量（质量分数)/%					
	Cu	Sn	Pb	Fe	Ag	其他
170	10.87	43.70	0.47	0.30	0.09	42.05
199	45.51	30.36	0.17	0.31	0.03	19.96
242	7.03	43.49	0.11	1.75	0.13	44.34
297	6.36	43.00	0.36	1.49	0.09	44.21
599	10.85	45.04	0.16	0.42	0.14	40.67
605	13.80	45.45	0.28	0.00	0.11	38.94
616	4.31	44.07	0.39	3.54	0.12	45.29
621	9.44	43.70	0.05	3.94	0.04	40.44
545	3.87	44.51	0.80	4.22	0.05	42.76
593	13.02	38.38	0.94	0.92	0.06	43.56
596	5.63	40.46	3.23	0.45	0.13	46.00
601	7.36	41.56	3.51	0.27	0.15	43.06
602	6.89	40.67	3.57	0.83	0.17	42.99
603	27.23	24.23	4.85	3.00	0.13	31.17
604	6.62	41.21	4.87	0.76	0.16	41.74
642	6.14	37.33	5.78	2.04	0.15	40.92

再看 545、593、596、601、602、603、604、642 号这 8 件青铜剑，能谱检测结果表明其均为含铅的锡青铜，其合金分析仪测量值见表 15.2，表明含铅的锡青铜的合金分析仪检测值基本均高于 0.5%。

基于以上分析，可以将 0.5% 作为 Pb 含量的阈值区间。对于合金分析仪检测出青铜器的 Pb 含量，如果小于 0.5%，则可认为该器物不含 Pb，为锡青铜，如果高于 0.5%，则可认为该器物含 Pb，为含铅的锡青铜。另外在含铅的锡青铜中，将同一器物采用能谱仪与便携式合金分析仪检测的 Pb 含量进行对比，前者普遍要高于后者，为 4~5 倍。通过能谱仪检测的铜屑的结果一般认为比较接近青铜器的真实合金含量，而合金分析仪在铜器表面检测时，因锈层的干扰，含量与真实值相差较远。通过这两种检测数值的比较，也可以认为，对于锈层较厚的器物，其真实 Pb 含量是合金分析仪检测值的 4~5 倍，以此快速判断器物的 Pb 含量范围。

图 15.5~图 15.7 所示分别为 Fe、Zn、Ag 三种元素的分布图。Fe 元素分布较为分散，大部分均小于 5%，有 5 件器物含量超过 80%，证明为铁器或有铁器部件。Zn 元素分布也较为分散，大部均不足 1%，有 7 件器物含量超过 15%，证明为黄铜器。Ag 元素分布与 Fe、Zn 一致，有 2 件器物含量极高，证明为错银青铜器。

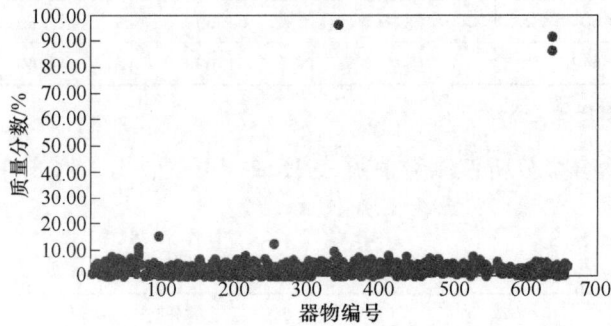

图 15.5　Fe 含量分布

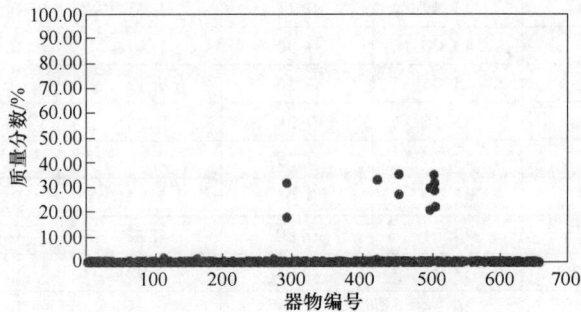

图 15.6　Zn 含量分布

根据上述分析，总结出该项目中涉及器物的材质有：铁器 5 件（3 件铜铁复合器），错银青铜器 2 件，黄铜器 8 件，红铜器 1 件，其余均为青铜器。青铜器包括两类，锡青铜 80 件，其余均为含铅的锡青铜。不同材质青铜器修复前照片如图 15.8 所示。

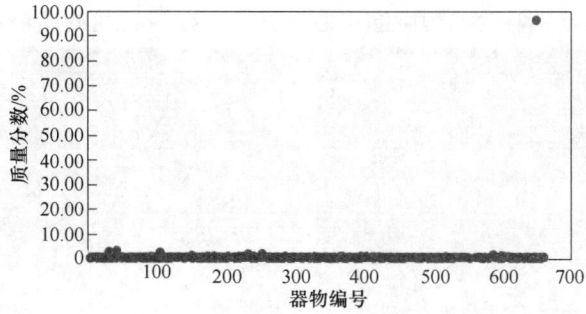

图 15.7 Ag 含量分布

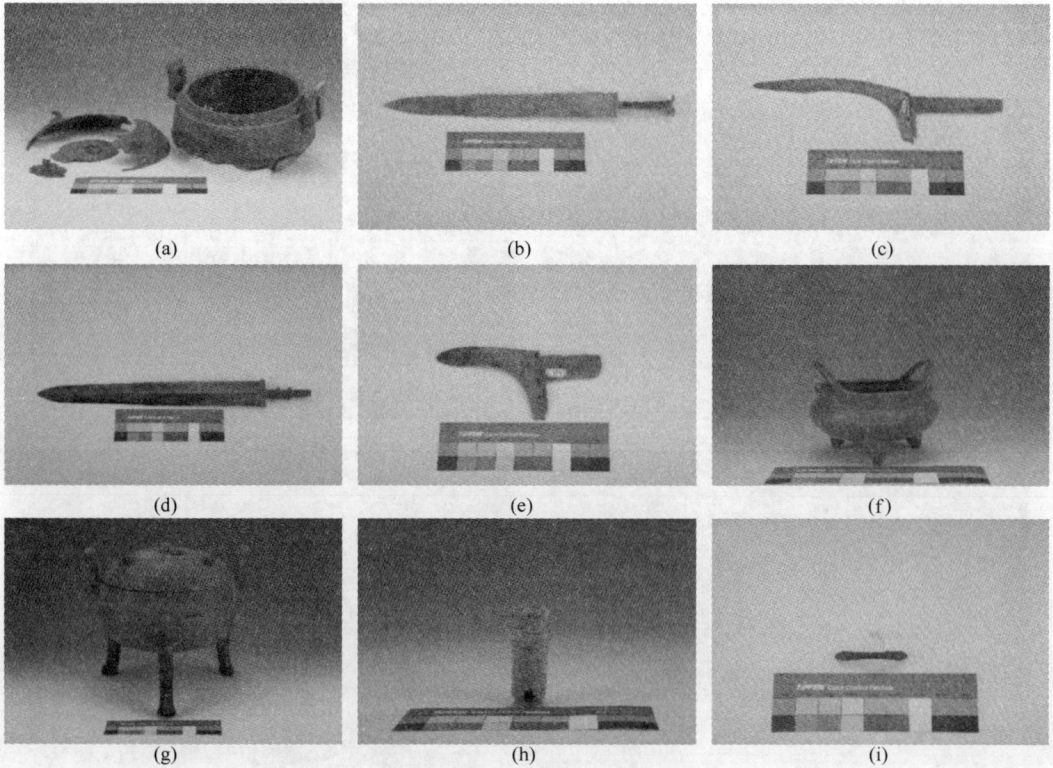

图 15.8 不同材质青铜器修复前照片

（a）（b）（c）铅锡青铜；（d）（e）锡青铜；（f）黄铜；（g）铜铁复合器；（h）错银器；（i）红铜器

15.4 锈蚀物检测

古代青铜器上的锈蚀产物既具有审美价值，又是悠久历史的见证，但一些有害锈也会使青铜器保存寿命受到威胁。黄州区博物馆馆藏青铜器数量众多，所包含青铜锈蚀的种类也较为全面，对其进行系统研究具有重要的科学价值，也可为后期青铜器的修复提供指导依据。

此批青铜器表面的Ⅱ型锈蚀主要为粉状锈和瘤状物，如图 15.9 所示。其中，159 号器物剑脊的铸造痕迹仍清晰可见，而粉状锈部分的原始表面被破坏，外层的锈蚀已剥落呈凹坑状；297 号器物剑刃部的打磨痕迹仍十分明显，而剑从部分的表面却被粉状锈破坏，磨痕被破坏看不出，锈层呈凹坑状；390 号器物表面的瘤状物向外生长，破坏了其原始表面，且瘤状物旁边的锈层因应力作用也出现了裂痕，这些表面的锈蚀都是典型的Ⅱ型锈。

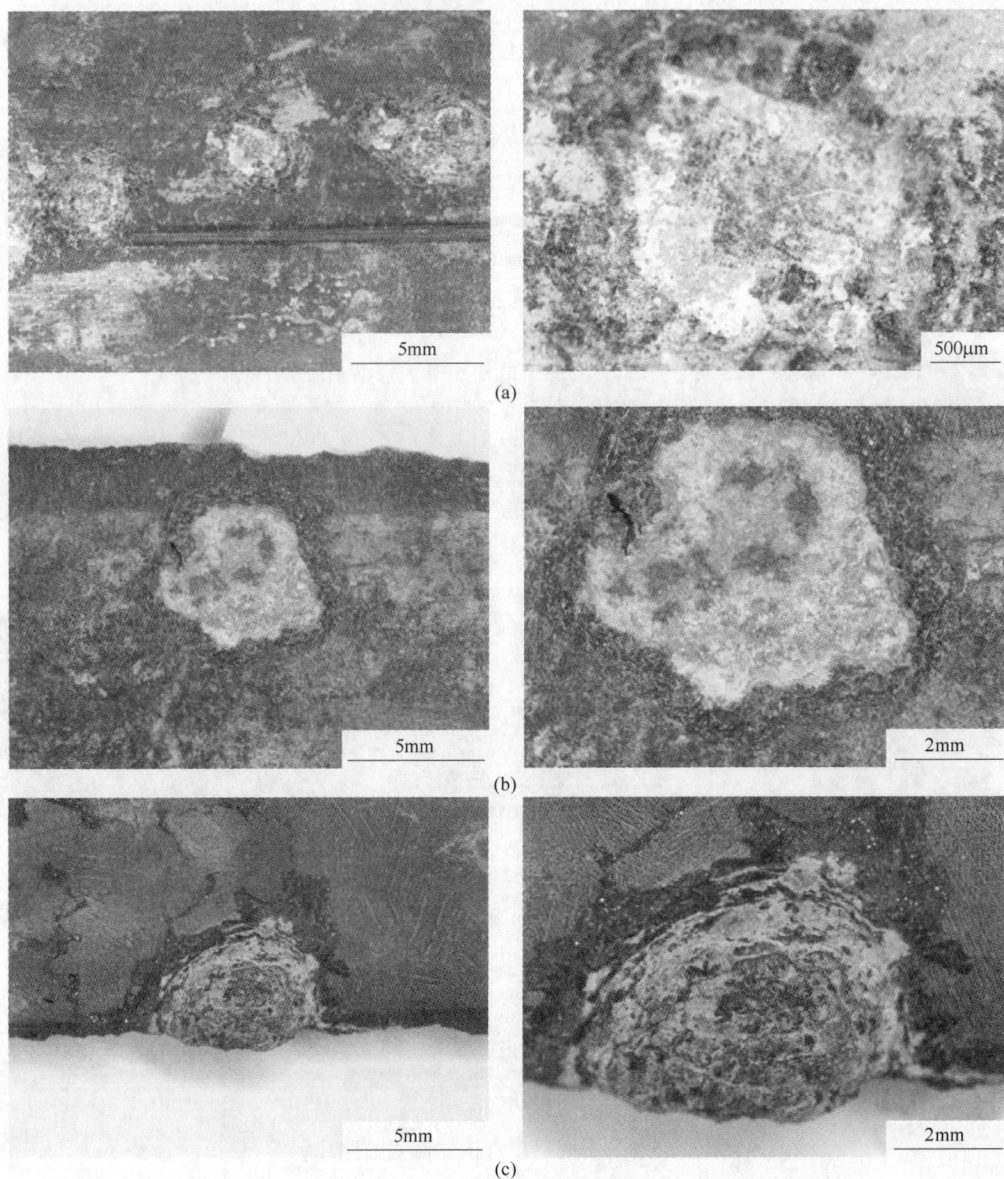

图 15.9　器物表面锈蚀物
(a) 159 号；(b) 297 号；(c) 390 号

　　在本章研究中，我们首先根据锈蚀物的形态对所有的锈蚀物进行初步筛选，找出典型的Ⅱ型锈蚀物，采用便携的 X 射线荧光光谱分析仪（XRF）、装配有能谱仪（EDS）的扫描电镜（SEM）、X 射线衍射仪（XRD）、激光扫描共聚焦显微拉曼（Raman）光谱仪等检测手段，对锈蚀物的元素组成和成分进行检测分析。检测结果表明，Ⅱ型锈中粉状锈、瘤状物中含有 Cl^-，还有一些锈蚀物成分为氯铜矿和斜氯铜矿，从而确定此批青铜器中，有 41 件器物感染了有害锈。有害锈不仅破坏了器物的原始表面，还具有一定的传染性。若不去除有害锈，不但影响美观，而且会影响器物的保存寿命。部分器物有害锈检测见表 15.3。

表 15.3 有害锈分析检测表（部分）

序号	名称	器物照片	显微图片	检测结果
022	铜剑			
064	铜剑			见下表

检测结果（序号064）：

元素	Cu	Sn	Pb	Ag	Bal	Zn
含量（质量分数）/%	45.1	15.2	0.2	0.7	0.06	25.9
元素	Fe	K	Al	P	Si	Cl
含量（质量分数）/%	0.6	0.0	0.2	0.7	0.7	10.6

续表 15.3

序号	名称	器物照片	显微图片	检测结果
077	铜剑			
083	铜剑			

续表15.3

序号	名称	器物照片	显微图片	检测结果
102	铜剑			
136	匕首			（见下表）

检测结果（XRD图谱，图例：■ 氯铜矿 ★ 石英；纵轴 强度(a.u.)，横轴 2θ/(°)）

元素	Cu	Sn	Pb	Ag	Bal	Zn
含量（质量分数）/%	33.9	24.3	4.5	0.0	18.5	0.1
元素	Fe	K	Al	P	Si	Cl
含量（质量分数）/%	0.0	0.1	0.6	0.0	1.2	13.1

续表 15.3

序号	名称	器物照片	显微图片	检测结果
159	铜剑			
166	铜剑			

15.5 制作工艺研究

青铜器常见的制作工艺包括铸造、锻打、表面处理、修补等。对此批青铜器的制作工艺进行全面研究，一方面可以深度挖掘其中蕴含的科技水平，丰富科技史料，提高对文物再认知的水平；另一方面可以使保护修复过程更有针对性，对于蕴含重要工艺信息的细节要充分保护，减少保护修复过程造成的信息遗失。

范铸工艺是先秦时期制作青铜器采用最为广泛的技术。以本章中主要的器型为对象，从范缝、浇冒口、铸接痕、成分差异等工艺特征，揭示部分器物的铸造工艺特征。

15.5.1 范铸工艺

本章研究中涉及的铜剑数量最多，但从形制上来分，也仅有窄格型、宽格型、扁茎型、窄格带箍型和纹饰格型五类。从范铸工艺上来分，前4类均属双合范铸造一次铸造。范缝在剑刃平面沿剑身、剑柄一周，浇口一般在剑柄近首处一侧。图15.10所示为青铜剑双合范示意图。剑身部位的范缝在剑刃部位，因此经过磨砺、开刃后消失，但剑柄、剑箍、剑格甚至剑首部位的范缝一般清晰可见，剑茎近首处的浇口也可看出。图15.11所示为窄格剑（序号291）的范铸痕迹图，在剑柄近首处，有明显的浇口痕迹，呈断口形态，剑柄和剑格处有明显的范缝。

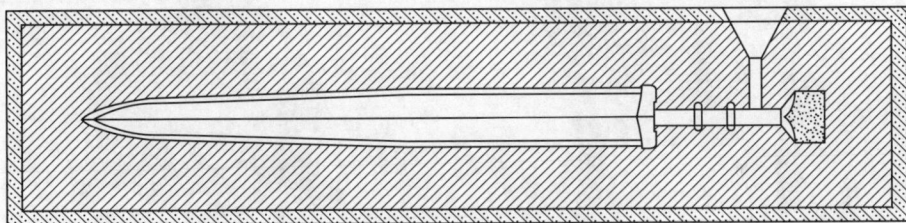

图15.10 铜剑双合范铸造示意图

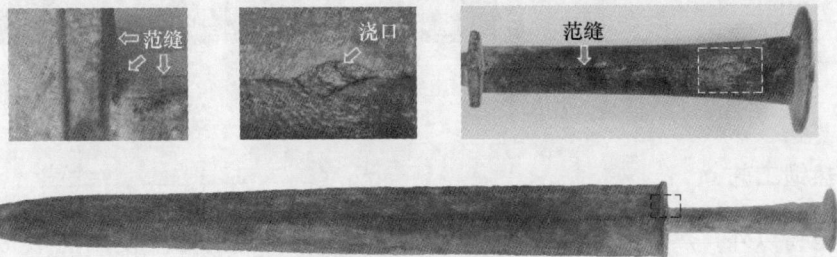

图15.11 铜剑范铸痕迹图

铜戈一般也为双合范一体铸造，图15.12所示为铜戈（序号350）的范铸痕迹图。浇口在内末端，内上下缘、阑处范缝清晰可见，刃部的范缝因铸后打磨开刃而消失。

铜鼎一般采用3+1合范工艺铸造，图15.13所示为铜鼎（序号013）的范铸痕迹图。该鼎为典型的战国时期楚式铁足铜鼎，鼎盖上铸有三兽钮、腹耳、兽蹄形铁足。鼎身采用3+1合范铸造，即外范采用三块侧范和一块圆底范拼合，内范为一整块泥芯，鼎底部圆形

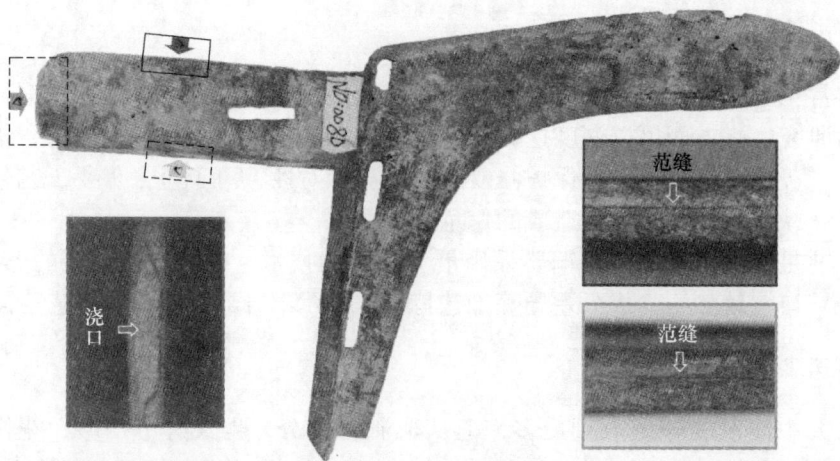

图 15.12 铜戈范铸痕迹图

范缝清晰可见，侧范范缝也能辨认。兽钮、腹耳和蹄形铁足采用铸接的办法与器身相连，器身与附件连接处，附件根部铜液包裹痕迹明显。

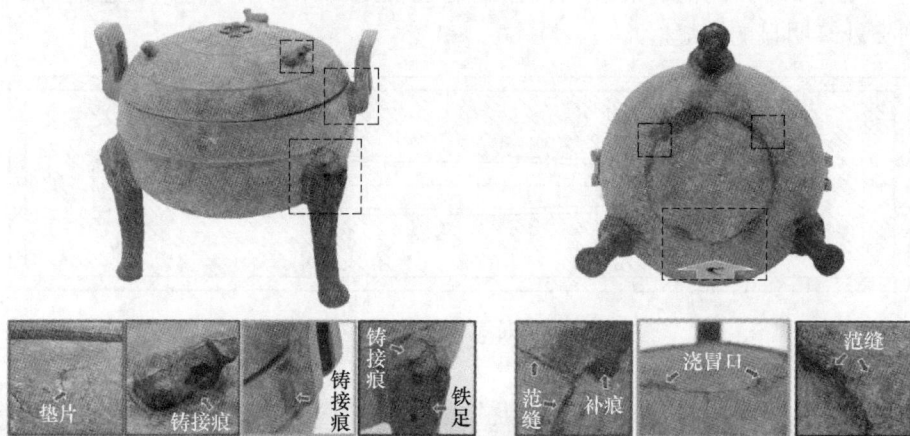

图 15.13 铜鼎范铸痕迹图

15.5.2 热锻工艺

除了范铸以外，热锻是另一种成型工艺。本章研究的铜器中使用热锻工艺的器物不多，仅有 3 类器物，包括洗、盒、匜，共计 11 件。这类器物的外观特征有：（1）均为敞口型器物，开口直径远远大于深度，这样才能加工到器物底部；（2）均为薄壁青铜器，器壁厚度一般不超过 1mm，因为锻打过程，就是利用铜合金的延展性，将原来器物厚度减小，制作成器壁面积更大的器物，以达到节约铜料的目的；（3）器壁通常有较大韧性，用力按压后均可变形，这是因为锻打后，器物的金相组织从原来的 α-Cu 固溶体树枝晶转变为等轴晶及孪晶，提高了组织的韧性；（4）器物通体无纹饰，也无铸接附件，附件一般是采用铆接的方式与主体连接。

图 15.14 所示为一件铜洗（序号 020）的形貌和显微组织图。洗为典型的敞口型器物，器壁厚度仅 0.84mm，口沿与底部的金相组织均为 α-Cu 固溶体等轴晶及孪晶，等轴晶内含有较多滑移线，证明器物主体部分均为锻打成型。器物通体无纹饰，两侧的环钮均采用铆式后铸的办法与器身连接，内壁铆式后铸凸块上的"十"字形，应为附件的浇冒口。

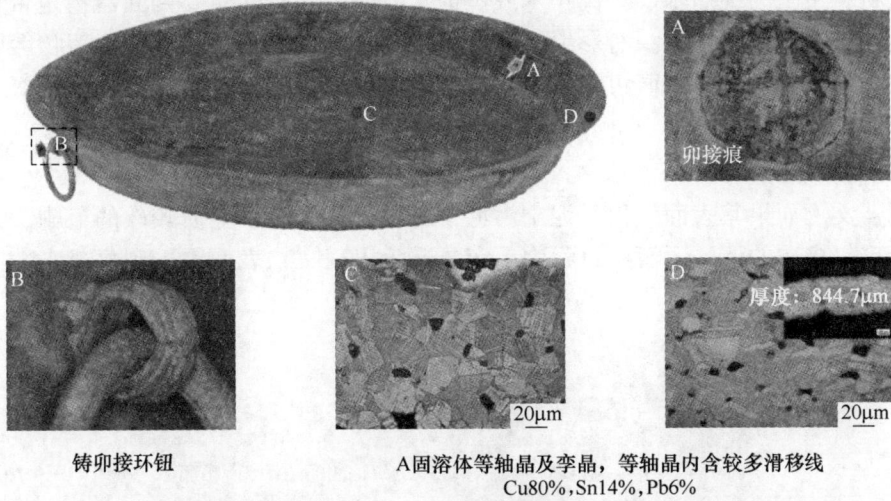

铸卯接环钮　　　　A固溶体等轴晶及孪晶，等轴晶内含较多滑移线
Cu80%，Sn14%，Pb6%

图 15.14　铜洗范铸痕迹

15.6　保护修复过程

青铜器修复，根据器物病害的不同，一般可分为清洗、除锈、矫形、补配、焊接、缓释封护和做旧等步骤，如图 15.15 所示。

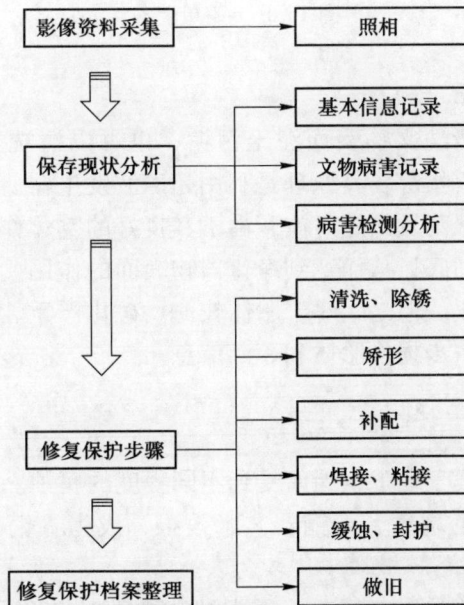

图 15.15　保护修复工作的流程图

15. 6. 1　清洗

青铜器在埋藏和保存环境中，表面往往会覆盖大量泥土、灰尘、土垢及可溶性盐等，一方面影响器物外观，另一方面也会加速器物的腐蚀。因此首先需对器物进行必要的清洗。清洗材料主要为纯净水、去离子水或蒸馏水，清洗开始前，要判断器物是否可以进行清洗，过于脆弱的青铜文物，有彩绘、镶嵌等特殊表面处理工艺及织物残留物等附着物的青铜器必须慎重处理，必要时可采取局部清洗。清洗完之后的青铜文物需要彻底干燥，避免水的侵蚀。

15. 6. 1. 1　简单清洗

青铜器文物如果其表面仅仅是泥土污垢，可用去离子水、毛质较软的毛刷、无砂百洁布等进行反复多次的清洗。清洗过程中一定要避免出现文物表面留下刮痕或丧失文物所包含的历史信息，如图 15. 16 所示。

图 15. 16　简单清洗

15. 6. 1. 2　超声波清洗

超声波清洗器既可以清洗文物表面泥土污垢，也可以清洗文物表面硬结物、锈蚀产物、可溶盐及化学试剂残留物等。其原理是利用超声波发生器所发出的高频振荡信号，通过换能器转换成高频机械振荡发出超声波，由于其良好的空化作用，溶液中质点的扩散速度加快，反应进行得更加彻底，从而达到净化器物表面的作用。其优势在于可以对文物进行批量清洗，减少人工作业。但是，对于胎体较薄、矿化严重、表面彩绘的器物，不能使用超声波清洗，以防止进一步损伤胎体和表面信息。

15. 6. 2　除锈

青铜器大多数曾经埋藏于地下，因而受到不同程度的腐蚀。大多数腐蚀产物不仅没有破坏古代艺术作品，反而更增添了青铜器艺术效果，成为青铜器庄严古朴、年代久远的象征。

Ⅱ型锈蚀表面粗糙，外观形貌复杂，通常器物的原始表面因为这类锈层的干扰而消失。如果经检测证明为无害锈，且未覆盖明显的纹饰、铭文，则通常还是予以保留，若大面积地覆盖重要的纹饰或铭文，则应适当去除，以展示出纹饰或铭文。如果经检测为有害锈，则需要彻底清除。除锈的原则是：锈蚀处理时尽量少用化学试剂，多用物理方法，以避免损坏文物光滑表面或对多孔隙文物内部造成腐蚀；除锈尽可能最小干预青铜器，而提高器物的稳定性、坚固性，以达到修旧如旧。

15.6.2.1 物理除锈

物理除锈有手工操作和机械操作两种方法。手工操作方法一般是指利用手工方法用如不锈钢针、雕刻刀、凿子、錾子、手术刀等工具，将青铜器表面的硬结物、粉状锈蚀、瘤状物等剔除的操作方法。如 595 号错银铜尊，经过清洗后，纹饰表面仍有大量硬结物，则使用手术刀对纹饰处的硬结物进行去除，如图 15.17 所示。

图 15.17 手工除锈

15.6.2.2 化学除锈

在除锈处理中，化学方法可以有选择地去除某一类或某一层腐蚀产物，而不影响其他产物。当青铜器表面附着物致密坚硬，用物理方法清除比较困难时，可使用适当的化学试剂进行处理，使其软化，再结合物理方法则可以比较容易清除。化学方法的另一个重要作用是清除或转化有害锈。青铜器物埋藏环境中的氯离子是造成锈蚀的主要原因，对于出土青铜器来说，氯化亚铜（CuCl）的存在是器物继续锈蚀的内因，只要外界条件有利，它就会对器物造成损害。因而对于一般青铜器的保护处理，关键就是对氯化亚铜及粉状锈进行机械、物理和化学的清除处理。机械、物理方法往往只能清除器物表面的锈蚀，且容易有疏漏，对锈层深处的氯化亚铜难以涉及。而适当的化学方法则可以较为完全地清除、转化或封闭氯化亚铜。常见的处理方法有：倍半碳酸钠（$NaHCO_3 \cdot Na_2CO_3 \cdot 2H_2O$）浸泡法，氧化银（$Ag_2O$）、锌粉局部封闭法，$H_2O_2$ 氧化法等。图 15.18 所示为 077 号铜剑经过机械除锈后使用糊状锌粉涂抹在机械除锈后的凹坑处。

15.6.3 矫形

古代青铜器在埋藏环境中，由于受到自身材质、墓葬塌陷、挤压碰撞，以及出土后各种人为因素的影响，造成的损毁往往使青铜器支离破碎、整器变形，这就需要对青铜器加以整形。青铜器的变形无一例外的都是由于受到自然力、人为等外力作用而产生的一种变

图 15.18 化学除锈

形，整形就是通过在青铜器的变形部位施加一种相反的力，使变形部位朝相反的方向再一次变形，以达到整形的目的。

15.6.3.1 捶打法

捶打法是青铜器整形中最常用的方法。它是利用铅锤或锡锤敲击变形部位使之改变变形方向的一种整形方法。因为锡和铅的金属硬度大大低于青铜的硬度，所以使用铅、锡锤锤击变形的部位可以大大减少对器物的损害。捶打法是最常用的手段之一，简便易行。但对使用者的技术要求较高，力度控制不好的时候会造成器物破碎。

15.6.3.2 模压法

模压法又称扭压法。顾名思义，是给变形器物做一套模具夹住，并在台钳上施加压力扭压，并不断缓慢改变器物受力位置而使之恢复器形。一般先根据器物的形状用锡制作相应的内模和外模，将变形铜器夹在两块模具之间，然后将模具夹在大台钳口内逐渐加压，使变形的部位向相反的方向变形。加压时，要随时观察压力点的恢复情况，如果压力过大时，适当减少压力，间隔一段时间再一次施压，经过不断地施压、释放、再施压、再释放直至铜器变形部位的复原。这种方法由于制作模具较为烦琐，执行起来有一定难度，有时也可以灵活地、因地制宜地采用其他一些方式。本章研究项目中大部分器物的矫形均采用该方法。图 15.19 所示为 156 号铜剑采用模压法进行矫形。

15.6.4 补配

对于残缺的青铜器，要充分展示器物的完整性，就需要进行补配。对残缺严重文物的修复，一定要尊重器物的客观现实，不能凭自己的主观臆断来妄自决定器物原貌。在文物修复中，对残缺部分补配要严格遵守文物保护修复的理念和原则：严格执行不改变文物原状，不对文物造成新的破坏，实行最小干预，使用的材料可进行再处理，修复后的器物可识别与整体协调，保证文物的真实性。因此，补配从某种程度上来说，是青铜器修复中最为关键的步骤。

由于铜器种类繁多，形状各异，残缺情况多种多样，补配方法也因此各有不同。通常有原子灰补配、打制补配和铸造补配等，如图 15.20 所示。

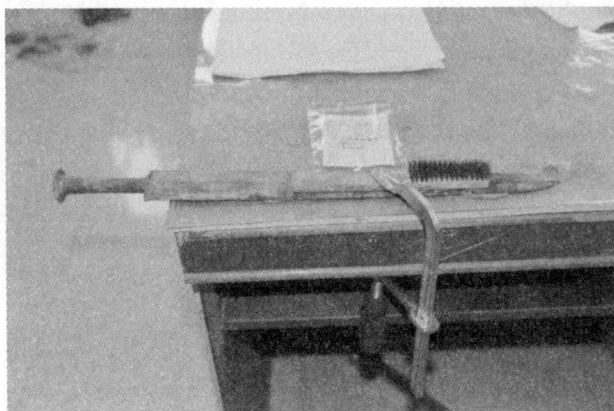

图 15.19 模压法

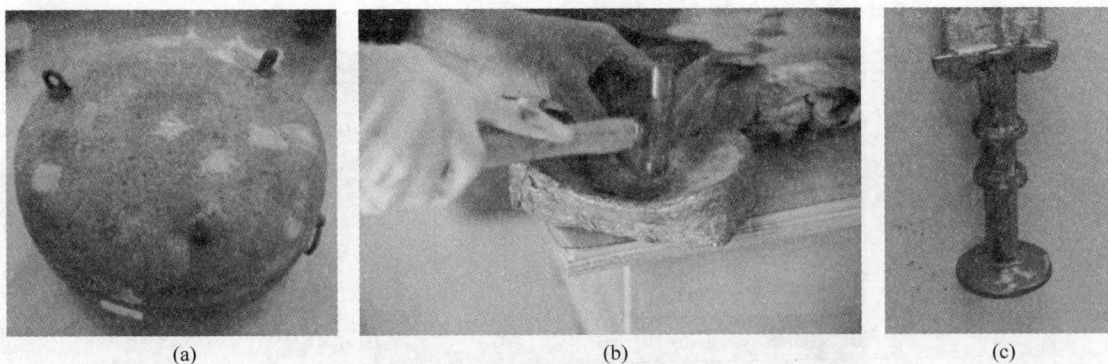

(a)

(b)

(c)

图 15.20 各类补配方法
（a）原子灰补配；（b）打制补配；（c）铸造补配

15.6.5 焊接与粘接

青铜器有断裂、残缺等病害时，都需要采用焊接或粘接，以实现青铜器结构上的稳定和审美上的完整。具体使用焊接还是粘接需根据青铜器的腐蚀程度、器物所承受的应力等具体情况来确定。当青铜器金属基体保存较好时，可采用焊接方法（见图 15.21），常用的焊料为 Pb-Sn 合金，焊接较粘接的强度大；当金属矿化较严重时，失去了金属属性，不具备焊接条件时，则需采用粘接的方法（见图 15.22）。焊接或粘接一般包括拼对、焊（粘）接、打磨和填补等步骤。

15.6.6 缓蚀与封护

缓蚀，顾名思义，缓解进一步腐蚀。青铜器在空气中保存，不可避免地会产生自然腐蚀过程。缓蚀的作用，就是通过缓蚀剂，进一步延缓这一过程，以达到更长久地保存青铜器的效果。

在青铜器保护过程中，缓蚀是重要步骤，缓蚀剂以一定浓度和形式存在于介质中时，

图 15.21　焊接工艺

图 15.22　粘接工艺

可以防止或者延缓金属腐蚀。常见的缓蚀剂有：苯并三氮唑（BTA）、BTA 衍生物、2-氨基-5-巯基-1,3,4-噻二唑（AMT）、2-巯基苯并恶唑（MBO）、2-巯基苯并噻唑（MBT）、1-苯基-5-巯基四氮唑（PMTA）等。本章研究选用 3% 的 BTA 乙醇溶液作为缓蚀剂。BTA 是一种奶白色的针状结晶，密度很小，熔点为 96~100℃，易溶于醇、丙酮、氯仿等有机溶剂中，在水中溶解度很小。BTA 能与铜及其铜盐形成稳定配位化合物（$2Cu + O_2 + 4C_6H_4N_2 \cdot NH \Longrightarrow 2(C_6H_4N_2 \cdot N)_2Cu + 2H_2O$），在铜与铜合金表面生成不溶性、透明保护膜。生成的膜紧密地覆盖在青铜文物的表面上，阻止了器物的进一步腐蚀。

　　封护，是在青铜器表面涂敷天然或合成材料，隔绝氧气、水分和其他有害气体，以达到防止或减缓器物腐蚀的过程。封护材料的选择需遵守"可再处理""不改变文物原状"的原则。常见的封护材料有微晶石蜡、虫白蜡、蜂蜡、丙烯酸树脂、聚氨酯材料、有机硅、氟碳材料、聚乙烯醇缩丁醛、派拉伦等。在此次封护过程中，选用了 B-72 这种丙烯酸树脂。B-72 化学性能稳定，具有一定的强度和弹性，透明性能好，附着能力强，防腐效果好，坚固持久，如图 15.23 所示。

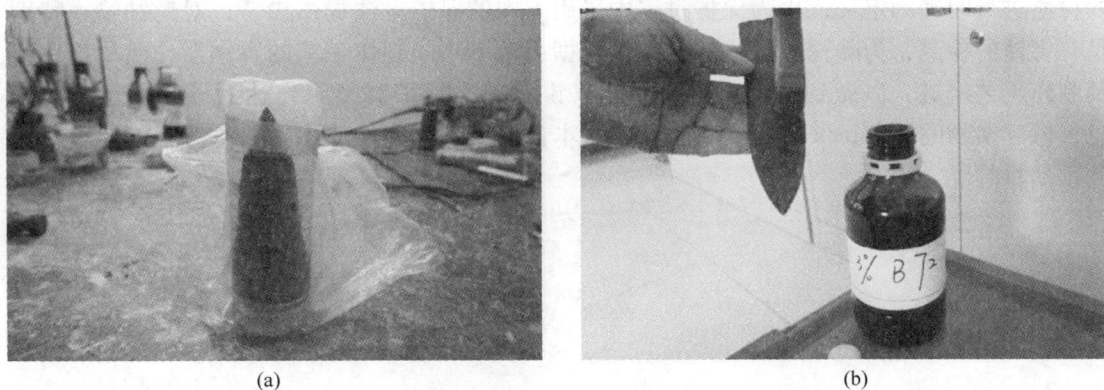

图 15.23 缓蚀（a）与封护（b）

15.6.7 做旧

青铜器经过、补配、焊接恢复原型后，要恢复它的本来面貌，还需要对它的表面进行做旧处理，使其色调风格和谐。一般情况下，做旧要遵循可识别与整体协调原则，上色前，首先在补配、除锈、焊接等部位涂抹原子灰，观察器物补配区域附近的颜色，用虫胶调和出矿物颜料接近的色调，再均匀涂抹在原子灰上，同时尽量将上色区域控制在原子灰的区域，而不覆盖到器物原始锈层部位，如图 15.24 所示。

图 15.24 对补配、焊接部位进行做旧

15.7 结语

文物保护与修复原本就是一门多学科融合的科学体系。文物保护与修复的对象是文物的物质形态，因此首先就需要在物质形态上对文物有更深刻的认识，本章研究中使用多种先进的科学检测方法也正是此目的。这批青铜文物的保护修复过程中，以"科学修复"为宗旨，在前期调查工作的基础上，制定了比较翔实的保护实施方案，运用科学的保护修复方法与传统的修复技术对器物进行保护修复，并且留取了大量原始资料。对于青铜器的科学分析研究对其后期的修复与保护具有重要的指导意义：金属文物材质的检测，既对文物

的材质进行明确的定义，也为保护过程中采用不同的保护方法提供参考；对锈蚀物，特别是有害锈的检测，为除锈方法的选择提供依据；对于不同制作工艺的青铜器，应尽量保留其制作工艺痕迹，以做到最小干预。总体来讲，此次保护修复工作达到了既揭示文物信息，恢复文物的原貌，又延缓文物寿命的基本目标，基本完成原保护修复方案的要求，达到预期目的。

16 关于古代青铜器研究的几点思考和展望

16.1 概述

人类发现金属和发明冶金术已有近万年的历史，对古代冶金技术或者古代青铜器的研究也有悠久的历史。汉代已有学者考释青铜器铭文，到北宋出现了著录研究青铜器的专书，如吕大临的《考古图》等。元、明两代之后，清代对青铜器的收集、刊布与研究达到高潮，发展出了中国独有的《金石学》。现代考古学对青铜器的研究更已成为一个热门领域，研究方向包括：编辑青铜器著录，探索青铜器背后的历史价值、艺术和文化内涵，以及青铜器的铸造加工技术等。然而，这些研究绝大多数是基于历史学方法，研究人员也多是来自于历史学、考古学、社会学、艺术，以及科技考古等领域的专家学者。

古代青铜器的研究终究是一个材料学问题。作为一种金属材料，古代冶金技术及铜和铜合金（青铜）的起源与发展，应该更符合材料科学技术发展的一般规律。对于研究者来说，不仅要有在材料专业及相关领域学士、硕士、博士阶段的专业基础学习和实验实践训练，更要有长期从事材料科学与工程领域科学研究与应用开发的经历和成果，才能深刻理解古代冶金术和青铜起源与发展丰富的物质与技术内涵。也就是说，对于古代青铜器的研究，特别需要资深材料学家的深度参与。

作为在古代青铜器现代材料学方面的初步研究，本书抛砖引玉，希望更多材料领域专家学者参与开展相关的研究工作，将古代青铜器研究一步一步推向深入，揭示中国古代工匠超人的聪明才智，以及无限的创造性和创新性，提高文化自信，展现中华民族"天行健，君子以自强不息"的奋斗精神。

下面是基于现代材料学的理论和研究方法，或者说基于材料科学与工程四要素"成分与组织结构→制备→性能→应用和使用效能"之间的相互关系，提出几点思考和展望，供大家参考。

16.2 古代青铜技术中合金化的起源和发展问题

在第1章和第6章中多次提到合金化现象的发现及合金化技术的发明，在古代青铜起源和青铜技术的发展中具有非常重要意义，并进一步提出观点认为，如果古人针对不同器物能够有意识地采用不同的金属成分配比，也就是掌握了青铜的合金化技术，表明他们已经完全掌握了青铜技术，进入了成熟期。这是因为在现代材料研究中，制备新材料的核心就是"炒菜法"，即：根据不同的应用需要→添加不同元素→采取适当的加工工艺→获得材料特殊性能（强度、韧性、耐磨、耐腐蚀、耐低温、耐高温等），它需要的前提条件是拥有纯的单质（金属）元素，然后还要进行不同元素配比的多次试验与试错。

古人"不同器物，采用不同金属配比"的科学思想，产生于什么时候？这个时间点，应该早于春秋时期《考工记》中"六齐"的记载，是中国青铜技术发展史上的一个重要时间节点。寻找这个时间点和地域具有重要意义，应高度重视，但在现在的研究和文献中还没有涉及。

本书中虽然提供了一些数据，但是它们来自不同的地域，时间上也缺少相关性，只能是抛砖引玉。因此，进一步研究的设想是系统研究具有明确青铜器发展脉络遗址出土的青铜器，梳理和统计出同一地区、不同时期青铜器中金属元素配比的变化规律与特征，弄清在不同文化体系下"不同青铜器，采用不同金属配比"的时间段，进而梳理出清晰的发展脉络与分期进程。这样获得的结果具有可比性，更可信。例如：相对集中的湖北随州曾国早、中、晚期青铜器，河南安阳商代遗址，四川三星堆遗址，湖北武汉盘龙城遗址，以及江西新干县大洋洲青铜遗址等。该项研究对进一步完善中国青铜文明和青铜技术的发展历史具有重要意义。

当然，研究的前提是青铜器必须是"实用器"，而非"明器"。

16.3 古代青铜和冶金术起源的时间问题

众所周知，农业起源、人类起源与文明起源并称为考古学领域的三大终极问题。作为文明起源的重要标志之一，在中国大地上，金属工具的出现或者青铜起源的时间，是我们一定要弄明白的重大问题。这里还包括两个方面的内容：起源的"外来说"或"西来说"问题，以及起源的"本土说"问题。

一般来说，"外来说"或"西来说"是认为欧亚大陆的冶金术起源于西亚，然后传播至中亚草原和中国。首先影响到新疆地区，然后到达黄河地域，即新疆地区是冶金术传播的中心环节。也有人认为，北方地区和西北地区的冶金术传自西亚，而海岱地区与中原地区属于同一系统，即青铜技术起源"本土说"。

技术从来都不是孤立的，它必定存在于一系列技术构成的技术生态中；文化也不是孤立的，它必定存在于诸多文化现象构成的文化生态中。技术生态与文化生态的叠加与交互，才是人类真实的文明。

基于材料学研究方法，可以为这些问题的解决提供理论依据和技术支撑，以及逻辑上的解读。

对于"外来说"或"西来说"，青铜技术的发展可能缺少逐步发展的痕迹，其特征会表现出一些特殊性，如突然出现或突然消失；最早和最开始就已经进入较为高级的阶段等。

对于"本土说"，基于材料学理论和技术发展规律，其起源与发展具有一些逻辑上的特征，比如说，最初的金属冶炼设施比较简陋，规模较小，金属器物造型比较简单，金属配比也没有规律，说明是无意添加，或者是多金属矿石冶炼的结果，也就是还没有冶炼纯金属的能力；然后随着时间的增加，金属冶炼设施变得更为复杂和规模增大，器物变得多样化，除了普通简单器物以外，开始出现容器或空腔器等制作难度较高、形制复杂的器物，青铜的金属成分配比也开始变得有规律，说明是有意添加，即具有了合金化的理念等。

近年来，已经有越来越多的考古证据显示，长江中下游地区可能是青铜技术起源"本土说"的重要发源地。众所周知，长江中下游铜矿带是中国的四大矿区之一。长江中游地区的铜矿遗址主要有湖北大冶、安徽铜陵和江西瑞昌。其中湖北大冶的铜绿山古铜矿遗址，不仅是铜矿业遗址，还可能是中国青铜技术起源"本土说"的另一个发源地。该遗址上遗留的炼铜炉渣达 40 万吨以上，占地 14 万平方米左右，推算累计产铜不少于 8 万~12 万吨。年代上限一种说法是商代中期，还有一种说法是夏或商早期。现在看到的是地下采矿遗址，如果考虑到地面开采铜矿，其时代应该还要早。再结合在其周边地区铜和青铜冶炼遗址的考古发现，如大溪文化遗址、油子岭文化、屈家岭文化和石家河文化遗址等，具有"本土说"的发展特征。进一步还需要更多的考古发现来实证"中国青铜器技术的本土说起源于长江中游"这一重要论断。

16.4　青铜技术的传承与文字的发明

与制陶器、制玉器、制骨器和制瓷器等相比，制作青铜器，不仅技术难度有"天壤之别"，其多技术领域交叉的复杂程度及所涉及管理和技术等层面的范围，使其很难做到口耳相传和代代相传等家族式的简单传承关系。也就是说，金属冶炼技术和青铜器制作技术必须要通过专业性的培训来实现技术的代代传承。就像现在通过大学、大专、中专、技校等教育来培训未来能够从事材料研发和生产的技术人才和产业工人一样，这样才能保证由天才人物偶然发现和创新发明的青铜技术，经历数百年，甚至数千年的长时间发展，不会中断。

这种专业培训就涉及如何培训，是否有教材的问题，这也是一个新的课题。

笔者认为，"文字的发明"也许与冶金技术的传承有关联，或者说，为了传承冶金技术和青铜器的制造技术，促使古人发明了某种记录方式，甚至有可能就是后来的象形文字。否则，青铜技术不可能在远古时期传承几百年，甚至几千年，而不断完善和连续发展。

关于中国"文字的发明"有许多理论和观点，笔者并不是这方面的专家。这里提出一个新的思路，感兴趣的学者可以再深入进行研究，特别是希望在出土的大量先秦时期竹简中，能够找到证据或者蛛丝马迹。

16.5　古代青铜器（金属器）的直接测年问题

在第 5 章中，笔者提出了一个具有原创性的古代金属器直接测年方案，即以材料"时效"为理论基础，以纳米测试技术为手段，通过建立古代青铜器保存时间与力学性能和物理性能可测量之间的对应关系，实现古代青铜器的测年断代。该方法属于比较测年法，通过对比标准时效曲线，获得未知年代青铜器的年代。

研究重点主要包括：

（1）标准时效曲线和数据库的建立。由于铜锡（Cu-Sn）合金中，α-Cu 固溶体性能与锡含量有关，需要对不同锡含量的青铜器进行测试，建立多个时效曲线或数据库。

（2）收集不同历史时期已知年代古代青铜器样本。

（3）时间-性能对应关系的精确测量。利用纳米测试技术（纳米压痕仪、原子力显微镜（AFM）、四电极电阻率测试仪等）测量不同锡（Sn）含量青铜器的性能。

研究难点主要包括：

（1）收集尽可能多的已知年代青铜器样本。

（2）利用外推法，模拟古代样品的保存时间，以弥补样品不足。该研究方法在材料科学研究中已有较多研究和应用，如桥梁和压力容器等的寿命预测。但是对于青铜超长期自然时效的外推法，还是首次，需要建立新的模拟公式。

（3）需要与仪器厂家合作，开发出具有无损检测功能的专用仪器设备，实现对完整器的测试。

该测年方法在理论和技术上是可行的；在原理上，相比碳-14法和释光法，更为简单明了，受影响因素较少；在仪器设备方面也较为经济和具有普适性。

进一步的深入研究，有望解决古代青铜器（金属器）直接测年这一世界性难题。

16.6 古代青铜器铭文与纹饰的制作方法——蚀刻

在第13章中，论述了古人利用铸造和錾刻方法，在青铜器上制作铭文和纹饰的问题。然而，实际的情况可能更为复杂和多样。例如，如果仔细观察著名的"越王勾践剑"上菱形纹饰和鸟篆体铭文相互之间的叠压关系，会发现它们既不像铸造，也不像錾刻而成的，如图16.1所示[1]。一些学者曾提出中国古代青铜兵器上的菱形纹饰是采用天然植物酸或天然酸性盐作为蚀刻剂，通过"蚀刻工艺"做出来的[2-3]。

众所周知，在现代蚀刻工艺中，铜和铜合金蚀刻工艺具有易控制和加工精度高等特点，广泛用于电子工业线路板、印染滚筒刻花，以及艺术标牌、铭牌等。现在也有青铜器仿制者采用蚀刻方法伪造铭文，甚至在欧洲有专门铜质的蚀刻盔甲制品。

在古代青铜器上是否采用了蚀刻工艺制作铭文和纹饰，以及采用了什么配方的蚀刻剂，这是一个有趣的课题，还需要更多的考古证据支持。

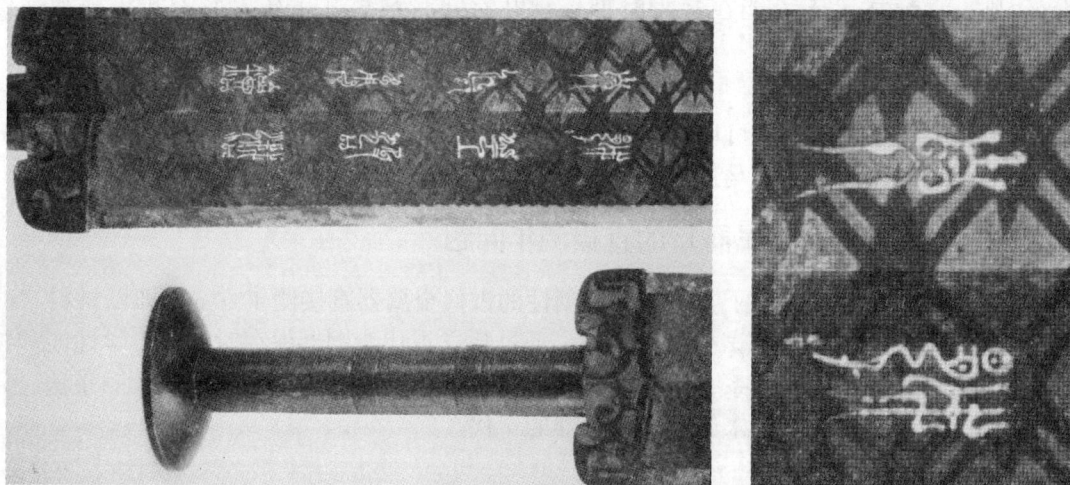

图 16.1 越王勾践剑[1]
（湖北省博物馆藏）

以上列出了几个在古代青铜器现代材料学研究中比较重要的方向。实际上，在古代青铜加工工艺及古代青铜锈蚀机制与防治等方面，也有许多问题需要基于材料学理论进行深入研究和探索，例如，依据自发对称性破缺理论实现古代青铜器从被动防锈向主动防锈转变。

　　除了历史和考古视角以外，对古代青铜器的研究与解读，更需要借助于材料科学技术的理论和发展规律，需要有资深材料科学家的参与，才能完全地还原历史真相。可以说，除了没有电力，古人凭着他们的聪明才智和灵巧双手，在数千年前就已经把青铜冶炼和青铜器制作技术发挥到了极致，也留下了无数的谜团，有待我们从材料学专业的角度进行探索和解读。

　　近年来，国家大力支持和重视文化遗产研究和保护工作，科技与考古不断融合，发展迅速。多学科专业人士的参与，不仅促进了考古领域的发展，同时也为其他学科提供了新的研究机遇。希望材料科学与工程领域更多的专家学者共同参与到古代青铜器的研究中来。

参 考 文 献

［1］湖北省博物馆．楚国八百年［M］．北京：文物出版社，2022：46-50.

［2］Chase W T，Franklin U M. Early Chinese black mirrors and pattern-etched weapon［J］. Arts Orienralis，1979，11：219-226.

［3］谭德睿，廉海萍，吴则嘉，等．东周铜兵器菱形纹饰技术研究［J］．考古学报，2000（1）：111-146.

后　记

时间过得真快，从 2017 年 12 月 18 日第一次收到本书责编给我约稿邮件，到现在将要出版竟然已经 5 年时间了。起因是她在网上看到了我的《科技与考古》慕课，希望能出版一本这方面的书。在她的不懈努力下，本书 2018 年 7 月被列入了"十三五"国家重点图书出版规划项目，2020 年 11 月又获得了 2020 年度国家科学技术学术著作出版基金资助。

我是一个长期从事材料物理研究的学者。从大学本科、硕士和博士教育，到毕业后在大学工作，一直从事的材料物理领域的学习和教学科研工作。2000 年以前，主要从事金属材料领域的研究，其中博士学位论文《复合零部件异种金属焊接接头显微结构特征及其转变机理研究》曾获得了"2002 年全国优秀博士学位论文"。2000 年以后，开始主要做碳纳米材料和光催化纳米材料等领域的研究工作。先后培养了数十位物理和材料专业的博士生和硕士生，承担了 50 多项科研项目，发表了 400 多篇论文和专利，出版了教材和专著，获得了科研项目奖励等。2004 年 6 月，武汉大学成立"科技考古研究中心"。我代表物理科学与技术学院参加了该中心的筹建，并担任了中心副主任和领导小组组长。从此开始了与考古和历史结缘，科技与考古也成了我课题组的一个研究方向，开始培养这方面的研究生，开展相关的科研工作。

2012 年春季学期，我第一次在学校开设了"科技与考古"通识课，并受到了学生们的广泛欢迎，每次选课几乎都是爆满，教学班人数也从 100 人增加到了 200 人，上课次数也从一年一次，增加到一年两次，还多次得到学校教学项目的支持和资助。

2017 年 3 月 27 日，第一次在中国大学 MOOC"爱课程"平台上开设"科技与考古"线上慕课，参加人数一度达到了 1 万多人。2019 年 1 月，获得了教育部"国家精品在线开放课程"证书；2020 年 11 月，获得了教育部首批"国家级一流本科课程"证书。2021 年 5 月 22 日，上课的学生还写了一个专访《潘春旭：承先人瑰宝，展时代风貌》介绍这门课的教学和发展情况。特别是有学生受到课程内容的启发，积极申报和开展业余科研活动，并获得学校资助，甚至在国际大赛中获奖；还有一些理工科的学生后来报考了国内外文博领域的研究生，走上了多学科交叉的人生道路。

另外，我也以"科技与考古"为主题在不同场合做了几十场科普报告。2021 年 1 月 21 日，我还在 B 站（Bilibili）开设了自媒体账号"潘春旭科技与考古频道"，与社会公众进行交流和互动，推广利用科技方法进行考古研究的理念，以及普及科学知识助力科技创新。同时，也通过网络直播使大学课堂走向社会，称为"公开课"。

俗话说，"有一失，必有一得"。虽然 2017 年就计划要写这本书，但是迟迟没有动笔。2020 年初，武汉突如其来的新冠疫情，以及长达 76 天的武汉封城，正好让我有相对集中和安静的时间，完成了计划已久的撰写与整理。然而，后面的疫情蔓延，又让出版计划拖到了 2022 年。

在拙著即将出版之时，感觉在书中还有一些未表达详尽的想法，希望再与读者进行交流。

正如在"前言"中说的本书著者和合作者都不是考古专业出身，甚至也不是传统意义上"科技考古"的研究者，然而，长期从事材料学和物理学教学与研究的思维定式，使我在遇到古代青铜器等文物样品时，更多考虑的是这样一些问题，如：这个样品在材料学和物理学上有什么意义？与其他样品有什么不同？创新点在哪里？期望能从文物样品中提炼出关键的科学与技术问题，而不仅仅是做一个常规的组织观察和化学成分检测，或者配合考古发掘写一个测试报告。

有时候，会听到说"这些已经有很多人研究过了"，意思是传统领域和方向没有什么新的内容可以再研究了。但是，如果我们站在材料和物理专业的角度进行分析和讨论，就会产生不同的思路和创新点。例如本书中提到的"富锡层"形成机制与模拟计算、"加 Pb 的 Cu-Sn 合金"的表述问题、锈蚀与"自发对称性破缺"的关系，以及利用纳米科技进行青铜器直接测年断代等。这一点，期望读者能够从本书中感觉出来。

近年来，国家大力支持和重视文化遗产研究和保护工作，科技与考古不断融合，发展迅速。多学科专业人士的参与，不仅促进了考古领域的发展，同时也为其他学科提供了新的研究机遇。希望材料科学与工程领域，有更多感兴趣的专家学者共同参与到古代青铜器的研究中来。

对古代青铜器的研究，历来受到人们的重视，发表专著和论文数以千计、万计。本书只是抛砖引玉，做一个尝试。我感觉自己的知识范围、能力水平、精力体力等都非常有限，无法在本书中回答和研究关于古代青铜器的所有问题，只能寄希望于我的学生，以及广大的读者引起重视，今后进行更深入和全面的研究。

最后，在本书出版之际，向长期支持我的文博专家、同事和各单位表示真诚的感谢！他们是：湖北省博物馆文保中心周松峦主任、保管部蔡路武主任、胡雅丽研究馆员、魏蓓馆员、胡涛馆员、翁蓓馆员、胡百馆员；孝感市博物馆蒋俊春馆长；安陆市博物馆张浪馆长；武汉博物馆夏建建研究馆员；黄冈市黄州区博物馆吴仁超馆长、涂寅主任、吕建国主任；中国国家博物馆赵丹丹副研究馆员、张然副研究馆员；秦始皇帝陵博物院文物修复师马宇先生；武汉大学历史学院张建民教授、刘礼堂教授、王然教授、余西云教授、倪婉副教授（副处长）、陈官涛副教授、杨华教授、张昌平教授、李英华教授、李涛副教授；武汉大学动力与机械学院张国栋教授；武汉大学物理科学与技术学院贾俊基教授、傅强高级工程师、汪大海高级工程师、研究生廖成伟博士、王中驰博士、黄亚敏博士、吴涛涛、谢驰。项目合作单位武汉市文化局、湖北省博物馆、武汉博物馆和黄冈市黄州区博物馆等。

潘春旭

2022 年 12 月于武汉大学珞珈山